中国年鉴精品工程
High Quality Project of China's Yearbook

连云港年鉴

LIANYUNGANG YEARBOOK

2019

连云港市地方志编纂委员会办公室

方志出版社
Publishing House of Local Records

图书在版编目（CIP）数据

连云港年鉴. 2019 / 连云港市地方志编纂委员会办公室编. -- 北京 : 方志出版社，2019.12
ISBN 978-7-5144-4042-3

Ⅰ. ①连… Ⅱ. ①连… Ⅲ. ①连云港市—2019—年鉴
Ⅳ. ①Z525.33

中国版本图书馆CIP数据核字（2020）第001401号

连云港年鉴（2019）

编　　者：连云港市地方志编纂委员会办公室
责任编辑：顾　洁

出 版 者：方志出版社
　　　　地址　北京市朝阳区潘家园东里9号（国家方志馆4层）
　　　　邮编　100021
　　　　网址　http://www.fzph.org
发　　行：方志出版社图书经销中心
　　　　电话（010）67110500
经　　销：各地新华书店
印　　刷：南京凯德印刷有限公司

开　　本：889×1194　1/16
印　　张：25
字　　数：1044千字
印　　数：0001~1700册
版　　次：2019年12月第1版　2019年12月第1次印刷

ISBN 978-7-5144-4042-3　　定价：260.00元

2018年，连云港市致力高质、开放、绿色、协调、共享发展，继续实施港产城融合发展战略，以"一带一路"支点城市的全新姿态站在新的发展起点上

俞德春 摄

山海港城

LIANYUNGANG YEARBOOK

连云港市主城区——海州区中心地带　　韩世泳 摄

2018年，连云港市加快“生态、智慧、健康、文明”城市建设，城市建成区面积扩大至310平方千米　刘 聪 摄

连云新城 王健民 摄

2018年，以市体育中心、海州区体育馆、北固山森林公园健身步道等为代表的一批公共体育设施覆盖城乡。图为连云港市体育中心　　市体育局 供图

月牙岛湿地公园 张言华 摄

郁洲公园 祝凤梅 摄

连霍高速公路连云港市东端起点零公里处，以“一带一路”为主题的新丝路公园 王健民 摄

江苏省最大的海岛——连岛 张言华 摄

灌云潮河湾 张言华 摄

临洪河口湿地 张言华 摄

每天清晨，王继才、王仕花都要准时护送国旗走过208级台阶，登上开山岛的山顶举行升旗仪式　　灌云县 供图

王继才生前是连云港市灌云县开山岛民兵哨所所长、燕尾港镇开山岛村党支部书记。1986年开始，王继才与妻子王仕花奉命守卫开山岛，抱定“守岛就是卫国，国安才能家宁”的坚定信念，32年如一日，排除困难、坚守孤岛、为国戍海，自己动手修缮营房、建设哨所，坚持每天巡海岛、护航标、写日志，坚决与走私、偷渡等不法分子作斗争，有力捍卫了国家利益，把人生最美好的年华无私奉献给国防和海防事业。王继才先后荣获“全国优秀共产党员”“全国爱国拥军模范”等称号。2014年，王继才夫妇被评为全国“时代楷模”。2018年7月27日，王继才在执勤时突发疾病，经抢救无效去世，年仅58岁。

2018年8月，中共中央总书记、国家主席、中央军委主席习近平对王继才先进事迹作出重要指示，江苏省委、省政府、省军区、连云港市委相继在全省、全市开展向王继才同志学习活动。省政府评定王继才为烈士。中央宣传部、中央军委政治工作部、江苏省委在北京共同召开学习宣传王继才先进事迹座谈会，王继才先进事迹报告会先后在江苏省13个市巡回举行。2019年2月，王继才、王仕花夫妇当选“感动中国2018年度人物”。9月17日，王继才被授予“人民楷模”国家荣誉称号。9月25日，王继才、王仕花夫妇被中央宣传部、中央组织部等九部委授予“最美奋斗者”称号。

人民楷模——王继才

LIANYUNGANG YEARBOOK

① 开山岛位于黄海前哨，面积只有0.013平方千米，但战略位置十分重要　　吴晨光 / 视觉江苏网

② 王继才、王仕花夫妇准备升国旗　　灌云县 供图

③④ 巡岛　　灌云县 供图

⑤ 2012年元旦，江苏省委、省军区领导以及天安门国旗班护卫队官兵代表在开山岛举行特别升旗仪式　　张晓晖 摄

2014年9月12日，开山岛民兵哨所被江苏省委、省政府、省军区授予“海防模范民兵哨所”荣誉称号

市革命纪念馆 供图

2014年，开山岛夫妻哨被评为全国“时代楷模”，图为王继才、王仕花夫妇接受中央电视台《时代楷模》栏目

肖 勇/视觉江苏网

2018年9月7日，全国"时代楷模"王继才同志先进事迹报告会在南京举行。省委常委、宣传部部长王燕文到会讲话 万程鹏／视觉江苏网

2019年8月31日，由中国美术馆馆长吴为山创作的王继才铜像雕塑在开山岛落成 牟进勇／视觉江苏网

1 2018年1月8日，2017年度国家科学技术奖励大会在人民大会堂举行。由连云港中复神鹰碳纤维有限公司牵头，江苏鹰游纺机有限公司参与申报的“干喷湿纺千吨级高强／百吨级中模碳纤维产业化关键技术及应用”项目获得国家科技进步奖一等奖。图为中复神鹰碳纤维公司董事长、项目第一完成人张国良带领获奖团队在国家科学技术奖励大会上 开发区 供图

2 2018年4月29日，“辉煌号”邮轮停靠在连云港港码头69号泊位，开启连云港至日本邮轮航线的首航之旅。连云港港成为江苏首个开通国际邮轮的港口 王 春／视觉江苏网

3 2018年5月，国务院批复连云港出口加工区整合优化为连云港综合保税区，规划面积2.97平方千米 耿玉和／视觉江苏网

2

连云港综合保税区
3

① 2018年5月3日，2018高性能纤维及复合材料工程技术创新论坛暨全国高性能纤维材料产业（连云港）发展大会在连云港市举行　　市工信局 供图

② 2018年，连云港市获批新药18个，一类创新药3个，3家药企名列中国医药研发产品线最佳工业企业前三名，打造“中国医药创新看江苏，江苏医药创新看连云港”的城市品牌。图为8月24日，第二届中国（连云港）国际医药科技大会上，4家院士工作站揭牌　　朱泓明 / 视觉江苏网

③ 2018年9月19日，第五届中国（连云港）丝绸之路国际物流博览会在连云港工业展览中心举办，来自27个国家和地区的420家企业参展　　朱泓明/视觉江苏网

③

1

① 2018年11月23日，连云港市入选国家海洋经济发展示范区。示范区面积119.6平方千米，重点围绕国际海陆一体化深度合作、海洋服务业集聚发展、蓝色海湾综合发展、公共智慧海洋服务等方面发挥示范引领效应。图为竹岛海域紫菜养殖　张言华 摄

② 2018年11月28日，连云港中欧班列（土耳其方向）正式开通运营，首次实现“连云港—哈萨克斯坦—阿塞拜疆—格鲁吉亚—土耳其”沿线站到站全程铁路运输　港口集团 供图

① 2018年12月14日，省委、省政府在连云港市举行全省重大项目现场推进会议。省委书记娄勤俭出席并宣布连云港石化产业基地千亿项目集中开工。图为会议现场　　王　振摄

② 2018年12月26日，青盐铁路正式开通运营，连云港从此步入"高铁时代"。图为G482次列车首次驶入连云港火车站　　王健民 / 视觉江苏网

③ 2018年12月，花果山国际机场启动建设。主要建设一条长2800米的跑道，3万平方米航站楼和16个机位，满足年旅客吞吐量250万人次。图为机场效果图

年度视点

LIANYUNGANG YEARBOOK

❶ 2018年12月，连云港大剧院建设装修完成，准备投入使用。大剧院建筑面积1.8万平方米，由大小剧院、音乐厅、图书馆等构成，市民在家门口即可享受高档次综合文化服务　　　　王健民 摄

1949年10月1日下午3时，新海连特区在新浦召开庆祝中华人民共和国成立大会，举行升国旗仪式，千余名群众参加

市革命纪念馆 供图

20世纪50年代，全市掀起经济建设热潮。市麻纺厂、变压器厂、红旗化工厂等均建成于此时期，初步奠定全市现代工业发展的基础。图为20世纪80年代的连云港变压器厂波纹油箱生产线

赵 鸣 摄

1963年，连云港市新浦汽车总站“雷锋车”组成立。2012年，“雷锋车”组被中央宣传部树立为全国重大先进典型。广大“雷锋车”手坚守“宁愿自己千般苦，不让旅客一时难”的诺言，几十年如一日坚持不懈学雷锋，义务为旅客服务。图为新时代的“雷锋车”手　　市委宣传部 供图

1973年，周恩来总理发出“三年改变港口面貌”的号召，连云港港被列为全国八个重点港口之一。2018年，连云港港有4个港区，万吨级以上泊位71个，完成货物吞吐量2.36亿吨，集装箱运量474.56万标准箱　　王健民 摄

1984年，国务院明确连云港市为全国首批实行进一步对外开放的14个沿海港口城市之一，连云港市拉开了加快改革、扩大开放、跨越发展的大幕。是年12月19日，国务院批准设立国家级连云港经济技术开发区。图为开发区建设初期与今日对比　　胡卫星 摄

70年回眸

LIANYUNGANG YEARBOOK

李家岭 摄

改革开放初期，连云港市还是一个海滨小城，经过40余年的建设、发展，成为基础设施基本齐全、载体功能基本完备、生态环境良好的中等城市，先后被授予“中国优秀旅游城市”“国家环保模范城市”“国家园林城市”“国家卫生城市”等称号。图为20世纪90年代初和2018年的连云港市主城区　　报业集团 供图

1985年3月26日，中国民航连云港站正式通航。至2018年，连云港机场开通27条航线，通航25个国内外城市。图为2019年9月，连云港市文化广电和旅游局、中国联合航空公司联合上海美术电影制片厂携手打造的全球首架全机体西游文化主题彩喷客机　市文广旅局 供图

1986年，苏北地区第一所综合性大学——淮海大学建成开学。1990年，在此基础上建立淮海工学院。2019年7月6日，淮海工学院更名为江苏海洋大学，成为全国第六所、江苏省首个海洋大学

吉凤竹/视觉江苏网

1988年8月，国务院批准确定40处国家重点风景名胜区，连云港市云台山风景区名列其中。2016年8月，云台山风景区的主体景区——花果山景区升级为国家AAAAA级景区。2018年，花果山国家地质公园正式获得批准命名　云台山景区 供图

1990年12月24日，连云港市及所辖赣榆县、东海县、灌云县被评为全国粮食生产先进单位，连云港市成为国家重要的商品粮生产基地。图为2018年，东海县张湾乡四营村，收割机在抢收水稻

耿玉和／视觉江苏网

1991年，国务院生产委员会等七部委明确连云港为新亚欧大陆桥东方桥头堡。1992年12月1日凌晨，新亚欧大陆桥从连云港港发出首列过境国际集装箱运输专列，标志着新亚欧大陆桥正式投入运营。图为新亚欧大陆桥开通运营仪式　　　　赵　鸣摄

1996年12月，历时四年建设的宁连一级公路竣工通车。此后，连云港市相继建成连徐、汾灌、连盐、连临等多条高速公路，高速公路密度位居全国前列。图为宁连高速公路　　　　交通集团 供图

1997年7月25日，首届“连云港之夏”开幕。至2019年，已连续举办20届，成为连云港城市名片。图为2002年连云港之夏开幕式　　吉志强 摄

1997年12月3日，市委、市政府印发《连云港市市属企业改制实施方案》，连云港市开始实行现代企业制度试点和企业产权制度改革。由连云港制药厂、连云港中药厂改制的恒瑞医药、康缘药业等一批行业龙头企业崛起。图为恒瑞医药今昔对比　　市工信局 供图

1998年12月21日，中国大陆科学钻探2号预先导孔在东海县开钻，这是世界上第一口钻入大陆古山脉最深部位的科学深井。2005年3月8日，圆满完成钻探工作任务，钻探深度5158米　　于先云 / 视觉江苏网

1999年10月20日，中国单机容量最大的核电站——连云港田湾核电站正式开工。田湾核电站规划建设8台百万千瓦级压水堆核电机组，2006年5月，1号机组并网发电。至2018年底，一期、二期工程4台机组投入商业运行，累计发电量超2000亿千瓦时　　核电公司 供图

2000年10月16日，市行政审批中心率先在全省成立。“一站式”服务模式经验做法被中纪委、监察部向全国推荐。2019年，连云港市建成智慧城市运营中心，在数字政府、互联网+政务服务等领域进一步发展。图为连云港市智慧城市运营中心

吉凤竹 / 视觉江苏网

2001年12月24日，国家火炬计划连云港新医药产业基地获得科技部批准，恒瑞医药、康缘药业、豪森制药、正大天晴制药、中金医药包装、连云港千樱医疗设备6家企业被认定为国家火炬计划连云港新医药产业基地的骨干企业。2018年，4家制药企业名列中国医药百强前30位。图为2019年（第36届）全国医药工业信息年会在连云港市召开

陈　宫 / 视觉江苏网

70年回眸

LIANYUNGANG YEARBOOK

2003年12月10日，连云港市被国家旅游局命名为中国优秀旅游城市。至2018年，连云港市有国家AAAAA级景区1个，AAAA级景区10个，全年接待游客3805万人次。图为海上云台山景区　　云台山景区 供图

修正案把习近平新时代中国特色社会主义思想确立为我们党和国家的行动指南，我国的发展进入到新的历史方位。为适应这些重大变化，党和国家随之出台更多重大的举措、推出更多有力的措施。年鉴如何全方位地、开创性地记述这些历史性变化，如何充分记述我们党领导人民进行的伟大斗争、建设的伟大工程、推进的伟大事业、实现的伟大梦想，是新时代地方志工作需要深入思考探究的问题。中国年鉴精品工程正是呼应新时代新变化新要求，致力于在全国地方志系统进一步培育精品意识、打造精品年鉴，从而以点带面，在提高年鉴质量方面探索出一条切实可行之路，充分发挥中国精品年鉴的辐射效应，引领带动全国范围内年鉴质量的全面提高，切实推动年鉴事业转型升级。

实施中国年鉴精品工程要全面把握以人民为中心的发展理念。以人民为中心，贯穿于改革开放以来我们党推进中国特色社会主义文化建设的全过程。新时代把握新机遇，年鉴作为记录新时代地方年度历史的重要载体，应当以习近平新时代中国特色社会主义思想为指导，牢固确立以人民为中心的理念。中国年鉴精品工程始终坚持人民是历史的创造者和改革开放事业的实践主体，始终坚持文化发展为人民服务、为社会主义服务，充分记录人民的首创精神，凸显人民在文化建设中的主体作用，不断满足人民的精神文化需求。年鉴工作要深深扎根于人民之中，坚持以事系人，记载人民群众中的先进典型，内容充分体现社会民生和为民服务的举措。在此基础上，实施中国年鉴精品工程还要建立精品长效机制，逐步推进精品年鉴传播最优化和效益最大化，使精品年鉴能够不断满足人民群众对美好生活的新需要新期待，在铸就中华文化新辉煌的过程中更好地构筑中国精神、中国价值、中国力量的方向上不断努力。

实施中国年鉴精品工程是坚定文化自信的体现。习近平总书记说，文化兴国运兴，文化强民族强。没有高度的文化自信，没有文化的繁荣兴盛，就没有中华民族的伟大复兴。中华优秀传统文化是中华民族的文化根脉，其蕴含的思想观念、人文精神、道德规范，不仅是我们中国人思想和精神的内核，对解决人类问题也有重要价值。地方志是中华优秀传统文化的精神之脉，是中华优秀传统文化基因的真正传承者和发展者。精品年鉴正是从中华民族世世代代形成和积累的优秀传统文化中汲取营养和智慧，记录传承的文化基因，记录思想精华，展现精神魅力。实施中国年鉴精品工程，以时代精神激活中华优秀传统文化的生命力，推进中华优秀传统文化创造性转化、创新性发展，把传承和弘扬中华优秀传统文化同坚定文化自信统一起来，有助于引导人民树立和坚持正确的历史观、民族观、国家观、文化观，不断增强中华民族的归属感、认同感、尊严感、荣誉感。

用精品记录新时代，用奋斗铸就新辉煌。地方志植根于历史，内涵于历史，镌刻于历史之上，是中华民族在漫长历史中形成的区别于其他民族的独特精神标识，精品年鉴是地方志的“守护者”“传承者”，是地方志成果创造性转化创新性发展的“探路者”“先行者”。习近平总书记强调，凡是传世之作、千古名篇，必然是笃定恒心、倾注心血的作品。希望全国年鉴工作者齐心协力，坚持历史唯物主义立场、观点、方法，立足中国、放眼世界，立时代之潮头，通古今之变化，发思想之先声，推出一批有思想穿透力的精品力作，培养一批年鉴专家，充分发挥存史、育人、资政作用，为推动全国年鉴事业转型升级作出新的更大贡献。

是为序。

中国地方志指导小组秘书长
中国地方志指导小组办公室主任　冀祥德

编 辑 说 明

一、《连云港年鉴》是由连云港市地方志编纂委员会办公室负责编纂的年度资料性文献，创刊于1999年，每年公开出版1卷，本卷为第21卷。

二、本卷年鉴以马克思列宁主义、毛泽东思想、邓小平理论、“三个代表”重要思想、科学发展观、习近平新时代中国特色社会主义思想为指导，坚持辩证唯物主义和历史唯物主义的立场、观点和方法，系统记述2018年连云港市自然、政治、经济、文化、社会和生态建设基本情况和发展情况，旨在为社会各界和海内外人士了解连云港提供基本信息、为宣传连云港提供基本资料、为研究连云港提供基本素材。

三、本卷年鉴依据本行政区域经济社会发展特点，参照有关分类标准，采用分类编排法，设类目、分目、条目3个层次，个别地方设子分目，条目为记述的基本层次。条目标题加【 】标示。与2018卷年鉴相比，2019卷年鉴在类目上有部分调整。如新增参与“一带一路”建设、连云港港类目，进一步突出地方特色；新增乡村建设、社会治理类目，社会事务管理类目中新增“退役军人事务管理”分目；将原体量庞大的服务业分解为商贸服务业、软件和信息服务业、旅游业、房地产业、金融业、交通等类目；在相关类目设市县区机构改革、供给侧改革、城市综合执法体制改革、文化体制改革、医疗卫生体制改革等条目，进一步突出时代特色。全卷设特载、大事记、市情概览、中共连云港市委、连云港市人大、连云港市政府、政协连云港市委员会、连云港市纪委监委、民主党派·工商联、群众团体、法治、军事、经济管理、参与“一带一路”建设、连云港港、交通、海洋经济、开放型经济、农业、工业、商贸服务业、信息服务业、旅游业、房地产业、金融业、城市建设与管理、乡村建设、生态建设、科学技术、教育、文化、体育、卫生健康、收入与消费、社会事务、社会治理、区县、人物、附录39个类目。设分目262个，收入条目1075条、随文图照218幅、表格84张。

四、本卷年鉴记述起讫时间原则上为2018年1月1日至2018年12月31日。为突出年鉴的时效性，卷首专题图片中的部分图片、附录中的“政府工作报告”和特载中的有关内容选用了2019年资料。

五、本卷年鉴交叉和相关内容采用参见法。个别地方设“相关链接”，收录相关资料，以扩展条目内容的信息含量。

六、本卷年鉴中的全市综合性统计资料，由市统计局提供。统计资料使用现行法定计量单位。一次文献中数字、计量单位等保持原貌。“组织机构及负责人名录”分目，市级机构收录处级以上单位及其负责人；县区级机构收录党委、人大、政府、政协四套班子负责人。

七、本卷年鉴稿件资料按照连云港市地方志编纂委员会审定的《〈连云港年鉴（2019）组稿计划》，由全市各有关部门、单位和县区专人撰写，并经各单位负责人审阅。为全面反映相关领域的发展情况，《连云港年鉴》编辑部采编和补充了部分内容，并以“年编”署名。

八、本卷年鉴的检索方法有目录和索引两种。目录在卷首，编排至条目；索引在卷末，编制二级主题索引。

九、本卷年鉴同步出版全文检索光盘，并全文载入连云港市人民政府网（www.lyg.gov.cn）、连云港史志网（www.lygsz.gov.cn），同时加入中国知网（www.cnki.net）。

目 录

特 载

大 事 记

市情概览

中共连云港市委

连云港市人大

连云港市政府

政协连云港市委员会

连云港市纪委监委

民主党派·工商联

群众团体

法　治

军　事

经济管理

参与“一带一路”建设

连云港港

交　通

海洋经济

开放型经济

农　业

工　业

商贸服务业

信息服务业

旅 游 业

房地产业

金 融 业

城市建设与管理

乡村建设

生态建设

科学技术

教　育

文　化

体　育

卫生健康

收入与消费

社会事务

社会治理

区　县

人　　物

附　　录

索　　引

特载

人民楷模——王继才守岛卫国 32 年

王继才生前是连云港市灌云县开山岛民兵哨所所长、燕尾港镇开山岛村党支部书记。开山岛位于黄海前哨，面积只有 0.013 平方千米，但战略位置十分重要。1985 年部队撤编后，设立民兵哨所，但因条件艰苦，先后上岛的 10 多位民兵都不愿长期值守。1986 年，王继才接受守岛任务，从此与妻子王仕花以海岛为家，克服常人难以想象的困难，在没水没电、植物都难以存活的孤岛上坚守 32 年。1993 年，开山岛民兵哨所被国防部嘉奖为“以劳养武”先进单位，并被评为江苏省军区一类民兵哨所。2014 年，王继才夫妇被评为全国“时代楷模”。2018 年 7 月 27 日，王继才在执勤时突发疾病，经抢救无效去世，年仅 58 岁。

2018 年 8 月初，中共中央总书记、国家主席、中央军委主席习近平对王继才先进事迹作出重要指示：“王继才守岛卫国 32 年，用无怨无悔的坚守和付出，在平凡的岗位上书写了不平凡的人生华章。我们要大力倡导这种爱国奉献精神，使之成为新时代奋斗者的价值追求。”习近平指出，对像王继才那样长期在艰苦岗位甘于奉献的人，各级组织要积极主动帮助他们解决实际困难，在思想、工作和生活上给予更多关心爱护。

习近平总书记的重要指示在全国、全省引起强烈反响。8 月 9 日，中共江苏省委、江苏省政府、江苏省军区作出向王继才学习的决定；同日，中共连云港市委作出决定，开展向王继才学习活动。8 月 16 日，连云港市举行王继才先进事迹报告会，追思王继才的英雄事迹，传承弘扬王继才的英雄精神。8 月 17 日，省政府根据《烈士褒扬条例》第八条第一款第一项规定，评定王继才为烈士。

9 月 7 日，王继才先进事迹报告会在南京召开。省委常委、宣传部部长王燕文到会并讲话，省委常委、省军区政委孟中康主持报告会。王继才妻子、灌云县开山岛民兵哨所

人民日报

RENMIN RIBAO

人民网网址：http://www.people.com.cn

2018 年 8 月

7

星期二

戊戌年六月廿六

人民日报社出版

国内统一连续出版物号

CN 11-0065

代号 1-1

第 25595 期

今日 24 版

习近平对王继才同志先进事迹作出重要指示强调

要大力倡导爱国奉献精神 使之成为新时代奋斗者的价值追求

新华社北京 8 月 6 日电 中共中央总书记、国家主席、中央军委主席习近平近日对王继才同志先进事迹作出重要指示强调，王继才同志守岛卫国 32 年，用无怨无悔的坚守和付出，在平凡的岗位上书写了不平凡的人生华章。我们要大力倡导这种爱国奉献精神，使之成为新时代奋斗者的价值追求。

习近平指出，对王继才同志的家人，有关方面要关心慰问。对像王继才同志那样长期在艰苦岗位甘于奉献的同志，各级组织要积极主动帮助他们解决实际困难，在思想、工作和生活上给予更多关心爱护。

王继才生前是江苏省灌云县开山岛民兵哨所所长。开山岛位于我国黄海前哨，面积只有两个足球场大，战略位置十分重要。1985 年部队撤编后，设立民兵哨所，但因条件艰苦，先后上岛的 10 多位民兵都不愿长期值守。1986 年，26 岁的王继才接受了守岛任务，从此与妻子以海岛为家，与孤独相伴，在没水没电、植物都难以存活的孤岛上默默坚守，把青春年华全部献给了祖国的海防事业。2014 年，王继才夫妇被评为全国“时代楷模”。今年 7 月 27 日，王继才在执勤时突发疾病，经抢救无效去世，年仅 58 岁。

8 月 7 日，《人民日报》头版头条报道了习近平对王继才先进事迹的重要指示

名誉所长王仕花作题为《开山岛永远是我们的家》的报告；灌云县委副书记伏开清作题为《爱国奉献的一面旗帜》的报告；灌云县人武部政委刘军作题为《“蓝色国土”守护神》的报告；灌云县电视台记者徐云邦作题为《坚守住每个人的“开山岛”》的报告；王继才之子、武警南京边检站执勤一科副科长王志国作题为《像父亲那样，做新时代的奋斗者》的报告。

9月12日，由中宣部、中央军委政治工作部、江苏省委共同举办的学习宣传王继才先进事迹座谈会在北京召开。中共中央政治局委员、中宣部部长黄坤明出席会议并讲话，强调要深入贯彻落实习近平总书记重要指示精神，广泛学习宣传王继才先进事迹和崇高精神，营造崇尚英雄、学习模范、争当先进的浓厚氛围。同日，由江苏省委宣传部主办，江苏省广播电视总台、连云港市委宣传部、幸福蓝海影视文化集团联合制作出品的电影项目《两个人的海岛》在北京启动。9—10月，王继才先进事迹巡回报告会先后在江苏省13个设区市和10多个中直机关举行，从不同角度、不同侧面，讲述王继才守岛卫国32年的先进事迹和爱国奉献精神，直接听众21万人次。同时举办英雄图片事迹展、理论研讨会、主题党性教育等多种形式的学习活动。11月4日，连云港市举行学习王继才先进事迹理论研讨会暨《榜样力量，港城温度》首发式。2019年2月，王继才、王仕花夫妇当选“感动中国2018年度人物”，颁奖词是“浪的执着、礁的顽强。民的本分、兵的责任。岛再小，也是国土。家未立，也要国先安。三十二年驻守，三代人无言付出，两百面旗帜收藏了太多风雨。涛拍孤岛岸，风颂赤子心。”9月17日，王继才被授予“人民楷模”国家荣誉称号。9月25日，王继才、王仕花夫妇被中共中央宣传部、中共中央组织部、中共中央统战部、中央和国家机关工委、中央党史和文献研究院、教育部、人力资源和社会保障部、国务院国资委、中央军委政治工作部授予“最美奋斗者”称号。（年　编）

连云港市迈入高铁时代

【青盐铁路开通】 2018年12月26日，青盐（青岛—盐城）铁路正式开通运营，连云港站首发至青岛、盐城的动车。2008年12月，连盐铁路获得国家发展改革委批准立项，同意新建连云港至盐城、北京铁路，批复的标准为单线，设计时速160千米。2009年12月7日，国家发改委下发《国家发展改革委关于新建青岛至连云港铁路项目建议书的批复》，同意新建青岛至连云港铁路。2010年12月26日，连盐铁路首次开工建设。2011—2013年，连盐铁路暂停建设。2013年12月7日，连盐铁路恢复开工建设。2014年11月9日，青连铁路开工建设。2018年6月，经中国铁路总公司批复青连铁路和连盐铁路合并为铁路“青盐线”（青盐铁路）。起点为青岛北站，途经日照、连云港，终点为盐城北站，线路全程428.75千米，允许最高速度200千米/小时。8月17日，青盐铁路连盐段开始联调联试，10月24日开始试运行，12月26日正式通车。全线共设置青岛北站、红岛站、洋河口站、青岛西站、董家口站、两城站、日照西站、岚山西站、赣榆北站、赣榆站、连云港站、海州站、董集站、灌云东站、响水县站、滨海港站、阜宁东站、射阳站、盐城北站19个站点。连云港境内总长196千米，

12月26日，青盐铁路开通，连云港站首发至盐城、青岛的动车

王健民　摄

其中正线长129千米、支线长67千米，投资约143亿元。

青盐铁路开通初期开行动车组列车6对，具体为：北京南—盐城北G481/G482次1对，石家庄—盐城北G2059/G2060次1对，沈阳—连云港G2630/31、G2632/29次1对，济南东—连云港G2633/G2634次1对，济南东—盐城北G2635/G2636次1对，青岛北—盐城北D1691/D1692次1对。2019年1月5日运行图调整后，安排开行动车组列车12对。青盐铁路是全国"八纵八横"高速铁路网中第一纵"沿海通道"的一部分，青盐铁路开通后，改写了连云港市赣榆区、盐城市响水县、滨海县、射阳县等地不通客运火车的历史，极大方便了市民出行，由连云港可乘高铁或动车组通达北京、沈阳、青岛、石家庄、济南等地。从连云港到北京，全程只需5个多小时，行程时间缩短三分之二，到石家庄较之前减少7个多小时。

【连淮扬镇铁路建设】 连淮扬镇铁路是江苏省中部贯通南北的重要通道，是江苏省连接苏北、苏中、苏南地区的南北纵向主通道，具有京沪高铁辅助通道的重要功能。通过连淮扬镇铁路，连云港人可迅速到达省城南京，或通过镇江接入沪宁城际铁路，3小时到达上海。2014年9月30日，国家发改委批复连淮扬镇铁路可行性研究报告，项目全长305.2千米，总投资464.62亿元，设计时速250千米/小时，途经连云港、淮安、扬州、镇江四市，全线设置灌云、灌南、涟水、淮安东、宝应、高邮等站点。2014年开工建设，2018年底进入铺轨阶段。

【连徐高铁建设】 连徐高铁即连云港至徐州铁路客运专线，是国家《中长期铁路网规划》中"八纵八横"高速铁路主通道横向"陆桥通道"的组成部分，是"十三五"江苏省开工建设的首个铁路项目，也是以江苏省投资为主建设的首条时速350千米的高铁。项目正线全长180.4千米，线路自陇海铁路连云港站引出，经连云港市东海县，徐州市新沂市、邳州市，预留线位接入徐州枢纽马庄站，全线共设6座车站。2016年11月5日，连徐高铁先导段在连云港市开工建设。2018年进入铺架施工阶段，11月9日，连徐高铁首座连续梁合龙。

（年 编）

市县区机构改革

按照国家、省、市统一部署，2018年底，连云港市启动市县区机构改革工作。2019年1月20日，连云港市召开市级机构改革动员部署会议，会上公布《连云港市机构改革方案》。根据方案，连云港市对应中央和省级机构改革，调整优化相应机构和职能。改革后，全市共设置市级党政机构47个，其中党委机关13个、政府部门34个，比改革前机构数减少18个，其中党委机关减少3个、政府部门减少15个。市级党政机构核定部门领导职数减少8.57%。东海县、灌云县、赣榆区分别设置党政机构37个，其中党委机构10个，包括纪检监察机关1个，工作机关9个；政府工作部门27个。灌南县设置党政机构35个，其中党委机构8个，包括纪检监察机关1个，工作机关7个；政府工作部门27个。海州区设置党政机构35个，其中党委机构11个，包括纪检监察机关1个，工作机关10个；政府工作部门24个。连云区设置党政机构33个，其中党委机构11个，包括纪检监察机关1个，工作机关10个；政府工作部门22个。

建立健全和优化市委对重大工作的领导体制机制 将市监察局的职责，市人民检察院查处贪污贿赂、失职渎职以及预防职务犯罪等反腐败相关职责整合，组建市监察委员会，与市纪律检查委员会合署办公，履行纪检、监察两项职责，实行一套工作机构、两个机关名称。不再保留市监察局。组建市委财经委员会、市委军民融合发展委员会、市委审计委员会，作为市委议事协调机构；将市委全面深化改革领导小组改为市委全面深化改革委员会，市依法治市领导小组改为市委全面依法治市委员会，市国家安全领导小组改为市委国家安全委员会，市委网络安全和信息化领导小组改为市委网络安全和信息化委员会，作为市委议事协调机构；市委网络安全和信息化委员会的办事机构为市委网络安全和信息化委员会办公室，作为市委工作机关。将市委外事工作领导小组改为市委外事工作委员会，作为市委议事协调机构。市委外事工作委员会的办事机构为市委外事工作委员会办公室，设在市政府外事办公室。组建市委教育工作领导小组，作为市委议事协调机构。市委教育工作领导小组日常工作由市委教育工作委员会承担。

1月12日，连云港市监察委员会挂牌成立　王振　摄

市委教育工作委员会与市教育局合署办公，实行一套工作机构、两个机关名称。

加强市委职能部门的统一归口协调管理职能 市委组织部统一管理市委机构编制委员会办公室。将市事业单位登记管理局的行政职能划归市委机构编制委员会办公室，对外加挂市事业单位登记管理局牌子。不再保留承担行政职能的事业单位市事业单位登记管理局。市委组织部统一管理公务员工作，将市人力资源和社会保障局的公务员考试录用、职位管理、考核奖惩以及培训和工资福利等公务员管理职责划入市委组织部，对外加挂市公务员局牌子。市考核工作委员会办公室设在市委组织部。市委宣传部统一管理新闻出版和电影工作。将市文化广电新闻出版局（市版权局）的新闻出版、电影管理等职责划入市委宣传部，对外加挂市新闻出版局（市版权局）牌子。市委宣传部不再保留市委对外宣传办公室牌子，相关职责由市委宣传部承担。市委统一战线工作部统一领导民族宗教工作。市民族宗教事务局归口市委统一战线工作部领导，仍作为市政府工作部门。市委统一战线工作部统一管理侨务工作。将市政府外事与侨务办公室侨务工作职责划入市委统一战线工作部，对外加挂市政府侨务办公室牌子。将市政府外事与侨务办公室的海外华人华侨社团联谊等职责划归市侨联行使。

新组建和优化职责的机构 组建市自然资源和规划局。将市国土资源局和市规划局的职责，以及市海洋与渔业局海域管理职责，市发展和改革委员会的组织编制主体功能区规划职责，市水利局的水资源调查和确权登记管理职责，市农业委员会（市林业局）林业管理职责，市环境保护局、市城乡建设局的自然保护区、风景名胜区、自然遗产、地质公园等管理职责，以及相关市辖区的相应职责整合，组建市自然资源和规划局，作为市政府工作部门，对外保留市林业局牌子，加挂市海洋局牌子。设立市自然资源和规划局相关市辖区分局，作为市自然资源和规划局的派出机构。不再保留市国土资源局、市规划局、市海洋与渔业局。

组建市生态环境局 将市环境保护局的职责，市发展和改革委员会的应对气候变化和减排职责，市经济和信息化委员会的减排相关职责，市国土资源局的监督防止地下水污染职责，市水利局的编制水功能区划、排污口设置管理和流域水环境保护职责，市农业委员会的监督指导农业面源污染治理职责，市海洋与渔业局的海洋环境保护职责，以及县（区）的相应职责等整合，组建市生态环境局，作为市政府工作部门。不再保留市环境保护局。

组建市农业农村局 将市委农村工作办公室（市政府农村工作办公室、市扶贫办公室）和市农业委员会的职责，以及市海洋与渔业局的渔业管理职责，市发展和改革委员会的农业投资项目、市国土资源局的农田整治项目、市水利局的农田水利建设项目等管理职责、市农业资源开发局承担的行政职能等整合，组建市农业农村局，作为市政府工作部门，对外加挂市政府扶贫工作办公室牌子。市委农村工作领导小组办公室设在市农业农村局。不再保留市委农村工作办公室（市政府农村工作办公室、市扶贫办公室）、市农业委员会。不再保留承担行政职能的事业单位市农业资源开发局。

组建市文化广电和旅游局 将市文化广电新闻出版局（市文物局）和市旅游局的职责整合，组建市文化广电和旅游局，作为市政府工作部门，对外保留市文物局牌子。不再保留市文化广电新闻出版局、市旅游局。

组建市卫生健康委员会 将市卫生和计划生育委员会职责，以及市民政局承担的市老龄工作委员会办公室职责、市安全生产监督管理局的职业安全健康监督管理职责等整合，组建市卫生健康委员会，作为市政府工作部门。市卫生健康委员会对外加挂市中医药管理局牌子。保留市老龄工作委员会，日常工作由市卫生健康委员会承担。不再保留市卫生和计划生育委员会。

组建市退役军人事务局 将市民政局的退役军人优抚安置职责，市人力资源和社会保障局的军官转业安置职责等整合，组建市退役军人事务局，作为市政府工作部门。按中央有关改革部署实施。

组建市应急管理局 将市安全生产监督管理局的职责，以及市政府办公室的应急管理职责，市公安局的消防管理相关职责，市民政局的救灾职责，市国土资源局的地质灾害防治相关职责，市水利局的水旱灾害防治相关职责，市农业委员会的森林防火相关职责，市地震局的地震应急救援行政职能，以及防汛防旱、减灾、抗震救灾、护林防火、场外核应急等指挥部（委员会）有关职责整合，组建市应急管理局，作为市政府工作部门。不再保留市安全生产监督管理局。

组建市市场监督管理局 将市工商行政管理局、市质量技术监督局、市食品药品监督管理局（市食品安全委员会办公室）职责，以及市科学技术局（市知识产权局）的知识产权保护协调和专利管理职责，市物价局的价格监督检查相关职责，市商务局的打击侵犯知识产权和假冒伪劣商品、参与反垄断调查等相关职责整合，组建市市场监督管理局，作为市政府工作部门，对外保留市知识产权局牌子。保留市食品安全委员会，日常工作由市市场监督管理局承担。不再保留市工商行政管理局、市质量技术监督局、市食品药品监督管理局（市食品安全委员会办公室）。

组建市医疗保障局 将市人力资源和社会保障局的城镇职工和城镇居民基本医疗保险、生育保险、新型农村合作医疗职责，市民政局的医疗救助职责，市物价局的药品和医疗服务价格管理职责，以及相关市辖区的相应职责等整合，组建市医疗保障局，作为市政府工作部门。市医疗保障局向相关市辖区派驻医疗保障机构。将市司法局和市政府法制办公室的职责整合，重新组建市司法局，作为市政府工作部门。不再保留市政府法制办公室。

优化市审计局职责 将市发展

和改革委员会的重大项目稽查、市财政局的市级预算执行和其他财政收支情况的监督检查、市政府国有资产监督管理委员会的国有企业领导干部经济责任审计以及市属国有企业监事会职责等划入市审计局。

不再设立的机构　不再设立市社会治安综合治理委员会及其办公室、市维护稳定工作领导小组及其办公室，有关职责交由市委政法委员会承担。将市委防范和处理邪教问题领导小组及其办公室职责交由市委政法委员会、市公安局承担。市委政法委员会指导协调有关工作，市公安局承担具体业务工作。

与中央和省级机关基本对应的其他机构　市委办公室、市委市级机关工作委员会、市委巡察工作办公室、市委老干部局作为市委工作机关。市政府办公室、市发展和改革委员会、市教育局、市科学技术局、市工业和信息化局、市公安局、市民政局、市财政局、市人力资源和社会保障局、市住房和城乡建设局、市交通运输局、市水利局、市商务局、市体育局、市统计局、市信访局、市政府外事办公室、市地方金融监督管理局、市机关事务管理局、市政府国有资产监督管理委员会，作为市政府工作部门。其中，将同市委办公室合署办公的市委研究室调整为单独设置，作为市委工作机关。将市委保密委员会办公室（市国家保密局）、市委机要局（市国家密码管理局）并入市委办公室，对外保留市委机要局、市国家保密局、市国家密码管理局牌子。将市档案局（市档案馆）的行政职能划归市委办公室，对外加挂市档案局牌子。市档案馆作为市委直属事业单位。不再保留市委保密委员会办公室，不再保留单设的市委机要局。不再保留承担行政职能的事业单位市接待办公室，相关工作由市委办公室承担。调整市委老干部局管理体制，将市委老干部局由市委组织部管理的机关调整为市委工作机关，归口市委组织部管理，对外保留市委离退休干部工作委员会牌子。重新组建市发展和改革委员会。将市粮食局和市沿海地区发展办公室的职责，以及市经济和信息化委员会的社会信用体系建设、经济运行调节和电力、煤炭相关管理等职责，市物价局的定价管理相关职责，市商务局、市民政局组织实施重要物资和应急储备物资的收储、轮换和日常管理职责划入市发展和改革委员会，对外加挂市粮食和物资储备局牌子。不再保留市粮食局、市物价局、市沿海地区发展办公室。优化市教育局职责，将市政府教育督导室由市教育局内设机构调整为设在市教育局。优化市科学技术局职责，将市外国专家局的行政职能划归市科学技术局，不再保留承担行政职能的事业单位市外国专家局。组建市工业和信息化局。在市经济和信息化委员会基础上组建市工业和信息化局，不再保留市经济和信息化委员会（市中小企业局）。组建市住房和城乡建设局。将市城乡建设局（市园林局、市房屋征收局）、市住房保障和房产管理局和市民防局（市人民防空办公室）职责，以及市地震局承担的相关行政职能整合，组建市住房和城乡建设局，作为市政府工作部门。市住房和城乡建设局对外加挂市人民防空办公室、市园林局、市地震局牌子。不再保留市城乡建设局（市房屋征收局）、市住房保障和房产管理局、市民防局。不再保留承担行政职能的事业单位市地震局。组建市政府外事办公室。在市政府外事与侨务办公室（市政府港澳事务办公室）外事工作职责基础上组建市政府外事办公室，作为市政府工作部门，对外保留市政府港澳事务办公室牌子。不再保留市政府外事与侨务办公室。重新组建市交通运输局。将市港口管理局相关职责划入市交通运输局。市交通运输局对外挂市港口管理局、市地方铁路建设办公室牌子。将市地方海事局、市运输管理处、市公路管理处、市航道管理处除行政执法以外的其他相关行政职能划归市交通运输局。优化市商务局职责。将市港口管理局（市口岸管理委员会）口岸管理职责划入市商务局。市商务局对外加挂市口岸办公室牌子。不再保留市港口管理局（市口岸管理委员会）。调整市信访局管理体制将，市信访局由市委办公室、市政府办公室的部门管理机构调整为市政府工作部门，市委信访局与市信访局合署办公，实行一套工作机构、两个机关名称。组建市地方金融监督管理局。将市人民政府金融工作办公室的行政职能，市商务局的典当行、融资租赁公司、商业保理公司监管职责，市经济和信息化委员会的融资担保公司监管职责，市委农村工作办公室的从事信用互助的农民专业合作社管理职责等整合，组建市地方金融监督管理局，作为市政府工作部门，对外加挂市政府金融工作办公室牌子，不再保留承担行政职能的事业单位市人民政府金融工作办公室。

因地制宜设置的机构　市委台湾工作办公室作为市委工作机关。市城市管理局、市政务服务管理办公室作为市政府工作部门。优化市城市管理局职责，在市城市管理局加挂市城市管理综合行政执法局牌子，不再保留市城市管理行政执法局牌子。将市政务服务管理办公室由市政府派出机构调整为市政府工作部门，划入市政府办公室的电子政务工作职责。市政务服务管理办公室对外加挂市行政审批局牌子；对外加挂市大数据管理局牌子，承担大数据政策制定、开放共享统筹管理等职责。　（曹德伟）

连云港市改革开放40年

改革开放40年来，在党中央、国务院和江苏省委、省政府的正确领导和关心支持下，连云港市抢抓战略机遇，综合实力明显增强，经济结构不断优化，生活水平节节提高，社会发展日新月异。特别是近年来，全市上下主动融入国家“一带一路”合作倡议，深入推进以港兴市、产业强市、创新驱动、绿色发展、协调共进五大战略，城市形象和精神面貌焕然一新，经济社会实现了更高质量发展。

一、综合实力显著增强，运行质量稳步提高

1.经济总量不断扩大

地区生产总值实现跨越增长。改革开放以来，全市经济总量不断扩大，综合实力显著增强。1978年，全市地区生产总值为10.45亿元，到1994年首次突破百亿达到110.61亿元，到2010年首次突破千亿达到1201.79亿元，2017年达到2640.31亿元，比1978年增长了251.7倍。其中，第一产业增加值从1978年的4.81亿元，提高到2017年的313.42亿元，增长了64.2倍；第二产业增加值从1978年的3.84亿元，提高到2017年的1179.86亿元，增长了306.3倍；第三产业增加值从1978年的1.79亿元，提高到2017年的1147.03亿元，增长了639.8倍。第二、第三产业增加值双双突破千亿大关。人均地区生产总值从1978年的321元，提高到2017年的58577元，增长了181.5倍。

财政收入快速增加。改革开放以来，全市财政收入不断实现突破，对保证政府职能实现、促进社会经济的稳定发展发挥了重要作用。2017年，全市实现财政一般预算收入214.85亿元，与1978年的1.86亿元相比，增长了114.5倍。

2.发展速度明显加快

改革开放以来，受宏观经济影响，全市经济发展带有一定的波动性，大致呈现三个高峰两个低谷，由此形成波浪形发展的几个阶段。这种阶段性波动带有几个特点：一是总体呈螺旋式稳步上升态势；二是高峰时期持续时间长，低谷时期时间短；三是低谷期受宏观经济形势或客观自然环境影响明显，存在一些主观难以把握和控制的因素；四是近年来发展形势与全国基本一致，由高速发展逐步转向中高速发展，进入高质量发展阶段。按可比价格计算，改革开放以来全市地区生产总值年均增长10.6%。其中，第一产业年均增长5.6%，第二产业年均增长13.1%，第三产业年均增长12.2%，人均地区生产总值年均增长9.7%。

3.经济结构不断优化

产业结构不断优化升级。历史上全市一直以农业为主，产业结构长期为“一、二、三”格局，到1990年改变为“一、三、二”。1992年邓小平视察南方重要讲话以后，全市工业进入了快速发展阶段，直到1998年，国民经济以“农”为主的结构才得以改变，开始呈现“二、一、三”格局，到1999年进一步优化为“二、三、一”。2017年，全市三次产业结构调整为11.9∶44.7∶43.4，与1978年46.1∶36.8∶17.1相比，农业比重持续下降，非农产业比重稳步上升。其中，第一产业比重下降34.2个百分点，第二产业比重上升7.9个百分点，第三产业比重上升26.3个百分点。

就业结构逐步优化。改革开放以来，全市就业规模稳步扩大，2017年全市从业人员为250.6万人，比1978年增加了108.57万人，占总人口的47.1%，比1978年提高了3.2个百分点。其中，第一产业从业人员77.9万人，第二产业81.5万人，第三产业91.2万人，三次产业就业结构为31.1∶32.5∶36.4。与1978年比，第一产业从业人员比重回落47.6个百分点，第二和第三产业比重分别提高23.2个和24.4个百分点，就业结构从“一、三、二”格局，转变为“三、二、一”格局。二、三产业吸纳了大量自然增加的劳动力和由于劳动生产率提高而解放出来的农业产业大军，产业人口非农化步伐不断加快。

4.发展质量不断提高

坚持以推动经济转型升级为中心，不断推进供给侧结构性改革，经济运行质量不断提升。产业密度由1978年的14万元/平方千米，上升到2017年的3467万元/平方千米，产业层次明显提升；外贸依存度由1988年的1.1%，上升到2017年的21.1%，出口依存度由1988年的0.8%，上升到2017年的10%，经济开放程度大幅度提高。

二、农村改革活力显现，现代农业加快发展

1.农村综合实力显著增强

改革开放以来，全市不断调整农业生产结构，农业生产持续稳定健康发展，农村综合实力不断增强。2017年全市实现农林牧渔业总产值615.41亿元，与1978年的5.48亿元相比，增长了111.3倍。其中，农业总产值287.75亿元，比1978年的4.55亿元增长了62.2倍；林业总产值15.96亿元，比1978年的0.05亿元增长了318.2倍；牧业总产值118.63亿元，比1978年的0.59亿元增长了200.1倍；渔业总产值152.96亿元，比1978年的0.29亿元增长了526.4倍。

2.粮食综合生产能力不断提升

采用新技术，推出新品种，促进了粮食产量不断提高，综合生产能力明显提升。特别是2004年开始，全市粮食持续丰收，连续12年实现增产。2017年，全市粮食播种面积752万亩，总产量362.35万吨，是1978年120.24万吨的2.28倍，年均增长2.1%。

3.现代农业加快发展

现代农业加速集聚。2017年，“一带一路”连云港农业国际合作示范区获批全国首批十大国家农业对外开放合作试验区，赣榆泥鳅和蓝莓、东海鲜切花和草莓、灌云设施蔬菜、灌南食用菌等被授予省级现代农业特色产业基地称号。全市高效设施农业面积达112万亩，“连天下”农产品品牌影响力不断扩大。全市拥有国家出口农产品质量安全示范区4个、省级5个，示范基地19个，示范区、基地总数全省第一。农产品出口额突破5亿美元，位居全省前列。

生态农业快速发展。2017年，全市建成市级生态循环农业示范区8个，赣榆区获批省级现代生态循环农业试点县。畜禽粪污综合利用率稳步提高，东海县、灌云县入选全国畜禽粪污资源化利用重点县；东海县获批全国第一批畜牧业绿色发展示范县。

4.农村三次产业融合步伐加快

龙头企业发展效应明显。“龙头企业+基地+农户”和“公司+基地+农户”等多种订单农业合作模式，带动数十万户农民实现订单种植，提高了农民在农产品加工产业链、延伸配套环节等方面的参与度和话语权，分享到了加工领域的更多收益，成为农民发家致富的好项目。全市农业产业化龙头企业数量不断增长，带动农户88.5万户，实现销售收入276亿元。

休闲观光农业致富农民。农户

结合现代农业生产发展休闲观光农业，体现了农的性质、玩的氛围、乐的感觉，把生态环境、民俗文化等潜在资源转化成了旅游产品，形成了农业、餐饮、住宿、交通运输、商业、旅游等产业融合的乡村旅游发展新模式。全市获批全国农业与乡村旅游星级企业10家，省级休闲观光农业示范村9个，市级休闲观光农业示范村50个，省级农业特色小镇8个。

三、工业经济快速发展，创新能力不断提升

1.工业总量快速扩张

改革开放以来，连云港市出台了一系列发展工业、鼓励投资的政策措施，从放宽市场准入、优先优惠工业用地，到实行新办工业企业税费优惠政策，全市工业快速发展，规模不断壮大。2017年，全市实现工业增加值958.61亿元，是1978年3.45亿元的277.9倍，按可比价计算年均增长13.2%；工业总产值6150.17亿元，是1978年8.31亿元的740.1倍，按可比价计算年均增长18.5%；产品销售收入5484.25亿元，是1978年4.43亿元的1238倍，年均增长20%。

2.工业化进程稳步提高

计划经济时期，特别是上世纪五十年代末期开始，连云港相继建成了一大批工业企业，初步奠定了全市工业发展基础。改革开放之初的1978年，全市工业增加值占地区生产总值比重在30%以上，但那是建立在服务业增加值占地区生产总值比重不到20%的基础上。1980—2003年工业占地区生产总值比重一直在30%以下徘徊，2004年超过30%，并逐年上升。2017年，全市工业增加值958.61亿元，占地区生产总值比重达到36.3%，比1978年提高了3.3个百分点。

3.支柱产业初步确立

近年来，全市坚持港产城融合发展，致力走新型工业化、产业高端化道路，加快形成临港产业主导、新兴产业引领、传统产业转型的工业体系，逐步形成一纵一横“T”型产业布局和“三新一高”产业格局。工业支柱产业的初步确立，对国民经济和社会的稳定发展具有举足轻重的支撑作用，为全市工业经济在发展中升级、在升级中发展提供了强有力的保障。2017年，全市化工、建材、医药、钢铁、食品等五大行业完成总产值3390.45亿元，占全市规模以上工业的55.1%。

4.创新驱动战略加快实施

高新技术产业快速发展。近年来，新医药、新材料、新能源等高新技术产业形成了明显优势，培育了国家级新医药、新材料产业基地，突破国外技术封锁的万吨级碳纤维基地投产，建成了亚洲最大的风电叶片生产基地，从叶片、塔架到电机构建出整套风电设备制造链条。2017年，全市高新技术产业实现总产值2157.97亿元，占规模以上工业总产值的35.1%；实现新产品产值703.99亿元，占规模以上工业总产值的11.5%。

创新平台建设力度加大。国家知识产权试点城市通过验收，国家创新型城市建设成功通过首轮评估。中科院能源动力中心大型燃气轮机项目获批建设国家重大科技基础设施，市科技创业中心、淮海工学院大学科技园获批国家级孵化器。国家级连云港高新区、国家级农业科技园区运行良好。

创新驱动战略加快实施。万人发明专利拥有量、PCT（专利合作协定）申请量苏北领先。企业创新能力不断提升，恒瑞医药入选福布斯全球百家最具创新力公司，中复神鹰获评国家科技进步奖一等奖，正大天晴入围国家科技进步奖二等奖。正大天晴、豪森和恒瑞在“2017年中国医药研发产品线最佳工业企业”排名中分列第一、第二和第四位。全市R&D占地区生产总值比重1.92%。

四、消费市场繁荣稳定，投资规模快速壮大

1.消费市场规模效应明显

改革开放以来，全市消费水平快速提高，对经济增长的贡献率逐步提升，成为拉动经济增长的首要因素。特别是近几年，消费市场规模效应开始显现，苏宁广场、万达广场、利群等城市综合体相继建成，新商业模式加快发展，市场流通领域明显呈现向商业中心区、新型流通业态、流通骨干企业等集中趋势，市场建设格局提升到新的发展层次。2017年，全市实现社会消费品零售总额1038.31亿元，是1978年3.72亿元的279.1倍，年均增长15.5%。

2.投资规模快速壮大

改革开放以来，为加快经济建设步伐，全市不断加大固定资产投入力度，盛虹炼化、田湾核电、高铁、30万吨航道、BRT快速公交等一大批重大投资项目投入建设。特别是近几年，城市影响不断扩大，对客商和项目形成“热岛效应”，固定资产投资增速保持高位运行。2017年，全市完成固定资产投资2603.63亿元，是1978年0.93亿元的2800倍，年均增长22.6%。

改革开放后，历经几次重大改革，连云港市逐步建立起适应社会主义市场经济要求的投资体制，呈现出国有企业、集体企业、个体私营企业、股份制企业、外资企业等多元化的投资主体。20世纪80年代，私营和其他经济主体逐渐进入投资领域，民间投资开始加速发展。2017年，全市民间投资完成1648.4亿元，占全市投资比重为63.3%，占据了全市固定资产投资的大半壁江山，成为全市吸纳就业、推动发展的重要增长极。

3.房地产开发扩大了城市规模

改革开放初期，在邓小平发表两次关于房地产和住房制度改革的谈话以后，住房制度改革、土地有偿使用、房屋商品化和城市房地产综合开发四大政策开始确立。连云港市从提高住房公积金、出售公房和集资建房3个方面探索住房制度改革，房屋建设市场化开始起步，市场机制在房地产领域逐步得到运用和发展，房地产业作为一个独立的新兴产业应运而生，经营性房地产公司出现，行政性房地产中介机构诞生，房地产市场逐步形成。2017年，全市房地产开发投资274.93亿元，是1990年的670.6倍，年均增长46.6%。

改革开放后，城市建设力度明显加大，城市改造速度明显加快，新区建设、旧城改造、道桥广场、公用设施、园林绿化及景区开发等力度全面加大，城市空间结构布局更趋科学合理有序，极大促进了城市发展进程，奠定了成为大城市的基础。2017年，全市建成区面积306.6平方千米，是1984年的11.1倍；市区常住人口210.11万人，是1978年35.91万人的5.85倍；城镇化率61.7%，比1982年第三次全国人口普查时上升了49.9个百分点，年均提高1.4个百分点。

城乡一体化步伐加快。改革开放以来，全市不断深化户籍制度改革，全面推进城乡就业体制和教育体制改革，加快建立和完善社会保障体系，提高城乡社会服务均等化水平，促进了农村居民的生活方式、机制观念、人文心态从传统的农业文明向现代工业文明转变，加快了城乡一体化发展步伐。

五、加快融入“一带一路”，对外开放硕果累累

1.“一带一路”建设加快推进

2013年，习近平总书记提出“一带一路”倡议后，连云港市主动融入，加大力度融入“一带一路”建设。全市紧紧围绕“将连云港—霍尔果斯串联起的新亚欧陆海联运通道打造为‘一带一路’合作倡议的标杆和示范项目”的目标定位，抓机遇、促落实、树标杆、做示范，“两基地”建设成效明显。2017年，上合物流园专用铁路、铁路装卸场站、大宗商品交易中心、智慧物流信息中心等一批重点项目加快建设，成功获批国家级示范物流园区，物流量已近千万吨规模。中哈物流合作基地效益不断提高，散粮筒仓建成运营，成功开行哈国过境小麦和乌国通用汽车东行过境班列，进出货物和集装箱量快速增长。

2.双向开放不断深入

改革开放初，全市对外经济往来和交流几乎空白。改革开放40年来，全市对外开放力度不断加大，利用两个市场和两种资源的水平不断提高。先后接待了来自日本、美国、法国、韩国等100多个国家和地区的客商，与世界上200多个国家和地区发展了贸易关系，出口产品遍布全球100多个国家和地区。尤其是近年来，东西双向开放力度不断深入。向东开放优势不断扩大，与日韩、东南亚港航贸易合作进一步加强；向西开放文章加快做好，与上合组织、欧洲等陆桥运输合作进一步强化，与哈国铁、立陶宛克莱佩达港、格鲁吉亚波季港等港航企业合作关系不断深化。欧洲班列成为全国唯一获准开行至伊斯坦布尔方向的直达班列。对外经贸不断深化，港城企业在“一带一路”沿线国家开展投资，港口控股集团收购哈萨克斯坦“霍尔果斯—东门”经济特区无水港项目49%的股权。2017年，全市完成进出口总额82.11亿美元，是1988年的1375.4倍，年均增长28.3%。其中，出口总额39.07亿美元，是1988年的932.6倍，年均增长26.6%。

3.实际利用外资成效突出

1984年，连云港市被确立为国家首批14个沿海对外开放城市之一，随后成立了全市第一家外商投资企业——中国江苏三得利食品有限公司，当年实际利用外资840万美元，由此拉开了全市利用外资发展外向型经济的序幕。2017年，全市实际利用外资及港澳台资6.78亿美元，是1984年的80.8倍，年均增长14.2%。经过多年发展，全市外资投资领域在制造业为主的前提下，逐步覆盖了农业、工业、交通邮电业、商业贸易、饮食娱乐业、房地产业等国民经济主要行业，投资产业结构由劳动密集型向技术密集型转移，促进了全市经济持续健康发展。

六、强化基础设施建设，交通枢纽地位确立

改革开放以来，特别是上世纪90年代初新亚欧大陆桥贯通后，连云港利用沟通东西、连接南北重要战略区位优势，构建现代化立体交通网络。2004年，连云港市被交通部规划为全国7个国家级综合运输枢纽之一。全市港口、铁路、公路、航空相互衔接的立体交通网络初步形成，交通枢纽地位初步确立。

1.公路运输快速增长

2017年末，全市境内等级公路12117千米，其中高速公路里程达354千米，一级公路611千米。公路客运量4607万人次，是1978年1013万人次的4.55倍，年均增长4%；公路货运量9283万吨，是1978年133万吨的69.8倍，年均增长11.5%。

2.港口综合枢纽能力不断提升

港口物流平台不断发展壮大，海关多式联运监管中心挂牌运行，公路货运交易中心上线运作，“点点通”等综合服务平台建成运营。口岸便利化水平进一步提高，赣榆、灌河两翼港区新一轮临时开放获批，空港开放通过国家验收，港口综合枢纽能力不断提升。2017年，港口货物吞吐量2.28亿吨，是1978年0.06亿吨的38.5倍，年均增长13.4%。

3.铁路建设全面提速

连云港境内的陇海铁路是全国最早建设的铁路线之一，贯穿中国东、中、西部，是华东、华中、西北最主要及最重要的铁路干线。经过多年发展铁路建设全面提速，2017年，连盐铁路建成调试，连淮扬镇、连青铁路加快推进，连徐高铁全面开工，连云港的“高铁时代”到来。2017年，连云港境内铁路客运量完成396万人次，是1978年137万人次的2.89倍，年均增长2.8%；铁路货运量4928万吨，是1978年301万吨的16.4倍，年均增长7.4%。

4.民航旅客吞吐量突破百万

连云港民航机场是在白塔埠军用机场基础上组建而成，1985年3月26日开通第一条民用航线。1989年12月航站区竣工，1993年9月机场二期工程扩建结束。2016年1月，机场实现空港对外开放，开通国际航班。民航建站以来开行航线历经更迭，进入新世纪后得到了大规模的整合和扩容，航线已达到27条，通达25个大中城市。2017年，机场飞机起降首次过万达1.12万架次，旅客吞吐量首次突破百万达109.29万人次。

七、居民收入大幅提高，人民生活明显改善

1.城乡居民收入水平显著提高

改革开放以来，全市城乡居民生活发生了巨大变化，收入水平显著提高。2017年，全市城镇居民人均可支配收入30293元，是1978年273元的110.96倍，年均增长12.8%；农村居民人均可支配收入15273元，是1978年102元的149.7倍，年均增长 13.7%。在岗职工人均工资 69726 元，是 1978 年 494 元的 141.1 倍，年均增长 13.5%。

2.城乡居民消费结构深刻变化

城乡居民物质消费由量的满足逐步向质的提高转变，消费水平由温饱型向宽裕型转变，消费档次由普通型向高档型转变，消费结构由生存型向发展型转变，消费领域由狭窄型向宽广型转变，消费观念由抑制型向开放型转变，居民总体生活水平和生活质量全方位提高。2017 年，城镇居民人均生活消费支出 19315 元，是 1984 年 502 元的 38.5 倍，年均增长 11.7%；农村居民人均生活消费支出 10825 元，是 1984 年 409 元 的 26.5 倍，年均增长 10.4%。

吃饭从满足吃饱到吃出健康。2017 年，城镇居民恩格尔系数为 31.8 %，比 1978 年的 58 % 下降了 26.2 个百分点；农村居民恩格尔系数为 32.1%，比 1978 年的 68% 下降了 35.9 个百分点。根据联合国对世界各国生活水平的划分标准，连云港居民生活水平已经属于相对富裕。

穿衣从朴素单调到名牌时尚。2017 年，城镇居民人均用于衣着方面支出 1646 元，占全部消费支出 8.5 %；农村居民人均衣着支出 660 元，比重为 6.1%。穿衣已由过去单纯为了防寒取暖向美化享受生活方面发展，追求个性化特征明显。

用品从简易实用到高档享受。改革开放初期，电风扇、缝纫机、手表、收音机就是城市居民的奢侈品，农民家庭耐用消费品近乎没有。而目前彩电、冰箱、洗衣机、音响、电炊具、热水器、空调、家用电脑等已成为家庭的必需品。2017 年，每百户城镇家庭拥有空调城镇家庭 153 台，农村家庭 94 台；拥有彩电城镇家庭 140 台，农村家庭 137 台。

出行从缓慢不畅到快速便捷。城乡居民交通通信方式产生了革命性变化，从电报、自行车到网络、机动车。2017 年，每百户城镇家庭拥有汽车 23 辆，农村家庭 15 辆；拥有摩托车城镇家庭 25 辆，农村家庭 48 辆；拥有移动电话城镇家庭 245 部，农村家庭 240 部。

住房从拥挤简陋到宽敞舒适。2017 年，城镇居民人均住房建筑面积 48 平方米，是 1984 年 9.8 平方米的 4.9 倍，年均增长 4.9 %；农村居民人均住房建筑面积 51 平方米，是 1984 年 14.1 平方米的 3.6 倍，年均增长 4%。

娱乐从单调枯燥到丰富多彩。人们在物质生活得到较好改善的同时，精神生活也得到了充实与提升，对子女和自身教育培训投入稳步增加。2017 年，城镇居民用于教育文化娱乐支出 3261 元，占全部消费支出的 16.9%，比 1984 年提高 9.9 个百分点；农村居民用于教育文化娱乐支出 2019 元，占全部消费支出的 18.7%，比 1984 年提高 13.7 个百分点。

财产从捉襟见肘到家财万贯。2017 年，全市住户存款 1289.74 亿元，是 1978 年 0.38 亿 元 的 3394 倍，年均增长 23.2 %。人均储蓄存款达到 28544 元，是 1978 年 11.7 元的 2440 倍，年均增长 22.1%，平均每户家庭拥有银行存款约 9 万元。

八、生态建设快速推进，社会事业不断发展

1.生态文明建设日益得到重视

改革开放以来，全市经济增长主要由大量资本、能源和原材料以及劳动力等生产要素推动，依靠低附加值的粗放式生产带动经济增长，长期以来处于产业链低端。这种传统、粗放的经济发展模式，在带来多年经济高速增长的同时，也带来了环境污染、资源浪费等问题。党的十六届三中全会上提出了科学发展观，从传统的单纯追求数量增加的发展模式向注重质量和后代人福利的发展模式转变，生态文明建设日益得到重视。近年来，全市深入贯彻落实生态优先、绿色发展理念，实施空间布局优化、海洋经济培育、产业转型升级、宜居城镇建设、生态保护修复和环境综合治理等六大工程，成功获批“三线一单”试点城市。环境质量明显改善，国省断面水体优三类比例不断提升，空气质量优良率稳居全省首位。

2.教育事业加快发展

改革开放以来，全市教育日新月异，一年一个台阶，一年一个境界，教育实施水平得到了大幅提升。特别是新世纪以来，全市加快实施“科教兴市”战略，着力打造教育公共服务平台，形成学历教育和非学历教育协调发展、职业教育和普通教育相互沟通、职前教育和职后教育有效衔接的终身教育体系，教育事业实现了全面协调可持续发展，教育强市步伐不断加快。

高等教育飞跃发展。连云港的高等教育起源于 20 世纪 80 年代中期，30 多年来从无到有，取得了长足进步。2017 年，全市高等学校 5 所，专任教师 0.23 万人，在校学生 3.99 万人，毕业学生 1.09 万人。

中等职业教育初具规模。连云港中等职业教育起步较早。近年来，全市高度重视发展职业教育，规模不断扩大，体系不断完善，服务经济社会能力不断增强。2017 年，全市共有中等职业教育学校 26 所，专任教师 0.35 万人，在校学生 5.73 万人。

基础教育不断加强。全市教育条件逐步改善，教育质量明显提高，教育发展成果斐然。2017 年，全市共有幼儿园 600 所，专任教师 1.24 万人，在园幼儿 25.14 万人；普通小学 445 所，专任教师 2.48 万人，在校学生 44.46 万人；普通中学 177 所，专任教师 2.1 万人，在校学生 23.97 万人。

3.卫生服务能力明显增强

改革开放以来，全市医疗卫生条件得到极大改善，逐步建立了一系列医疗、预防、妇幼保健、中医针灸等医疗机构，形成了一个遍及城乡、布局比较合理的医疗卫生网，医疗事业不断发展。尤其是近年来，全市医疗卫生投入不断加大，第一人民医院新院区投入使用，农村卫生、公共卫生体系建设、重大疾病预防控制以及卫生改革等重点工作不断加强，医疗卫生服务规模、服务水平得到有效改善和提高。2017 年，全市医疗卫生机构 2703 个，是 1978 年 431 个 的 6.3 倍；医疗卫生机构床位 2.42 万张，是 1978 年 0.48 万张的 5 倍；卫生技术人员 2.75 万人，是 1978 年 0.69 万人的 4 倍。

4.保障体系不断完善

近年来，全市努力构建以社会保

险、社会救助、社会福利为基础内容，制度完善、体系健全、保障有力、服务高效、覆盖城乡的社会保障体系，全面实施了最低生活保障制度，社会保障事业逐步完善，社会保障体系不断健全，在苏北率先实现城乡居民养老保险制度一体化。2017年，城乡居民基本养老保险参保人数达到171.88万人。医保覆盖面进一步扩大，城乡居民医保住院合规医疗费用报销达到70%，全市所有定点医疗机构全部开通省内异地就医联网结算。

（谢陈祥）

连云港辉煌70年

2019年是新中国成立70周年。70年来，港城人民不畏艰难、同心协力，艰苦创业，锐意进取，使连云港以全新的面貌崛起在祖国黄海之滨。特别是改革开放以来，连云港抢抓国家首批沿海开放城市、新亚欧大陆桥东桥头堡、江苏沿海开发、"一带一路"等重大战略机遇，深入推进以港兴市、工业兴市、产业强市战略，综合实力明显增强，城市面貌焕然一新。先后获得"中国优秀旅游城市""国家创新型试点城市""国家园林城市""国家卫生城市""世界水晶之都"等称号。

一、发展时期和发展战略

1.国民经济恢复阶段

新中国成立后，面对工业经济基础和农业生产抗灾能力极差的城市状况，连云港市（时称新海连市）扶持工、农、渔业生产，千方百计恢复交通运输，组织物资交流，平抑市场物价，经济状况从1950年开始好转。1953年，新海连市从山东划归江苏，全市人民开展以实现工业化为目标的大规模的经济建设，对农业、手工业和资本主义工商业进行社会主义改造。新海连市"一五"时期发展计划编制实施，国民经济各项建设事业快速发展。为加快全市经济建设步伐，在"艰苦奋斗，勤俭建国"方针指导下，全市广大农村和工矿企业进一步掀起"战天斗地"、增产节约和劳动竞赛热潮，连续克服较为严重的自然灾害，经济建设初步取得可喜成就。特别是国家156个重点工程之一的锦屏磷矿和新海电厂及淮北盐场扩建工程的完成，初步奠定社会主义工业化建设的经济基础。1957年，全市实现地区生产总值3.07亿元，是1952年的1.99倍，年均增长14.8%；财政收入1.54亿元，是1952年的1.65倍，年均增长10.5%；工业总产值1.24亿元，是1952年的1.8倍，年均增长12.4%；港口货物吞吐量首次突破100万吨，达到105万吨，是1952年的2.28倍，年均增长17.9%；粮食产量45.4万吨，油料产量3.2万吨，水产品产量2.5万吨，均达到新中国成立后最高水平。

2.在探索中曲折前进阶段

1958年，全市响应党中央号召，开展"大跃进"和人民公社化运动。由于忽视客观规律，经济结构严重失衡，国民经济造成严重的后果。1961年，全市按照"调整、巩固、充实、提高"的方针，对国民经济进行调整，制定和实施一系列正确的政策和措施，使1961—1965年的国民经济得到比较顺利的恢复和发展。1961年10月1日，新海连市更名为连云港市。这一时期相继建立起一大批工业企业，包括对连云港经济影响较大的罐头厂、麻纺厂、变压器厂、造纸厂、红旗化工厂等，初步奠定连云港市现代工业发展的基础。1966年5月，"文化大革命"爆发，至1969年，国民经济基本停滞，并出现倒退。1970年后，社会秩序逐步好转，特别是通过"工业学大庆""农业学大寨"运动的开展，工农业生产在其后的6年间保持持续、较快的增长。1973年，国务院总理周恩来发出"三年改变港口面貌"的号召，连云港港被列为国家重点建设的八大港口之一和对外贸易口岸，港口建设开始走向健康快速发展轨道。1976年，全市地区生产总值8.36亿元，是1965年的1.89倍；财政收入1.5亿元，是1965年的1.42倍；工业总产值5.19亿元，是1965年的2.19倍；港口货物吞吐量303万吨，是1965年的1.14倍。

3.改革开放和社会主义现代化建设新时期

1978年6月6日，经中共中央批准，外交部、公安部、总参谋部、中国旅游事业管理总局联合发出通知，连云港市被列为对外开放城市。1978年12月，十一届三中全会召开，拉开全国经济体制改革的序幕。在这一期间，连云港市深入贯彻"解放思想，实事求是"的精神，以坚持改革总揽全局，在广大农村逐步推行承包和联产计酬责任制，鼓励多种经营，发展乡镇企业；在工交企业则提倡挖潜、革新、改造，而连云港口建设重点也由改造老港区转向开发新港区，经过拨乱反正，全市经济工作重点走向狠抓生产建设上来。1979年，灌云县南岗公社小陶大队率先试点包产到户。1980年起，全市全面推

连云港港　　陈立东/视觉江苏网

行家庭联产承包责任制，并鼓励农村重点户、专业户的发展。1981年起，全市绝大多数国有企业实行盈亏包干的经济责任制。1984年4月，连云港市被确立为国家首批对外开放沿海港口城市。是年12月19日，国务院批准设立国家级连云港经济技术开发区。全市改革开放由农村向城市推进，进入经济体制改革全面展开的新阶段。全市先后在国有企业推进扩大企业自主权、利润递增包干和承包经营责任制的试点，开展“三改一联”和企业承包责任制改革。到1988年，实行承包责任制的企业占到全市预算内工业企业的95%以上，大中型企业全部实行不同形式的承包经营责任制。其间，加快港口、铁路、公路、通信等基础设施建设，先后兴建全国三大碱厂之一的连云港碱厂，江苏最大的食品合资企业、连云港首家外资企业——中日合资三得利食品有限公司、全国最长的拦海大堤——连云港拦海大堤。1991年5月，国务院确认连云港为新亚欧大陆桥东方起点。1992年12月，新亚欧大陆桥从连云港发出首列国际集装箱专列，新亚欧大陆桥正式开通运营，连云港掀起东西双向开放的热潮。连云港恒瑞集团于1998年组建，医药行业成为全市新的支柱产业；田湾核电站于1999年开工建设，宁连、连徐、汾灌高速公路建成通车。

2005年7月，市委提出建设国际性海滨城市，实施战略东进，明确以新海城区、东部城区和赣榆为三极，以规划中的海滨新城为核心的“一心三极”城市布局；立足于推进港口、产业、城市互动发展，勾画了“一体两翼”组合大港宏伟蓝图。2009—2011年，国务院下发四个涉及连云港发展的国家规划，《江苏沿海地区发展规划》明确提出要把连云港建设成为辐射带动能力强的新亚欧大陆桥东方桥头堡；《长江三角洲地区区域规划》将连云港市列为长三角新的经济增长点；在连云港市设立国家东中西区域合作示范区，批准《国家东中西区域合作示范区建设方案》，进一步明确连云港作为服务中西部地区对外开放重要门户的战

2019年8月，中国（江苏）自由贸易试验区获批。图为9月2日，中国（江苏）自由贸易试验区连云港片区企业服务中心挂牌成立 王春/视觉江苏网

略地位；《全国主体功能区规划》指出“连云港是重点开发区域的重中之重”。连云港市将推进沿海开发、抢抓多种战略机遇和深化新一轮改革开放紧密结合，确立新能源、新材料、新医药、高端装备制造业（简称“三新一高”）产业发展定位，发展新兴产业，改造提升传统产业，并相应地逐步发展与之配套服务的第三产业，推动产业转型升级。2008年，港口吞吐量突破亿吨，成为全国沿海第14个亿吨大港，集装箱突破300万标箱，位居全球百强集装箱港。

2013年9月7日，国家主席习近平在哈萨克斯坦提出“丝绸之路经济带”构想当日，在中哈两国元首的共同见证下，连云港市政府与哈萨克斯坦国有铁路股份有限公司签署中哈国际物流合作项目协议，成为“一带一路”建设的首个实体平台。是年11月29日，国务院总理李克强在上海合作组织成员国总理第十二次会议上，明确提出“中国愿在新亚欧大陆桥东端的连云港，为成员国提供物流、仓储服务”。2014年，连云港被确定为新亚欧大陆桥经济走廊首要节点城市、中哈物流中转基地和上海合作组织出海基地。2016年10月，连云港口岸成为国内唯一获准开行至伊斯坦布尔等方向直达班列的口岸。2017年6月8日，习近平总书记在哈萨克斯坦首都阿斯塔纳出席中哈亚欧跨境运输视频连线仪式时，作出“将连云港—霍尔果斯串联起的新亚欧陆海联运通道打造为‘一带一路’合作倡议的标杆和示范项目”的重要指示。是年12月，在江苏省委十三届三次全会上，省委书记娄勤俭提出“要提升连云港的发展站位，作为‘一带一路’战略支点来规划发展、重点支持，加快推动沿海地区开发开放”。2018年，江苏省委、省政府下发《中共江苏省委江苏省人民政府关于高质量推进“一带一路”交汇点建设的意见》，明确提出“推动连云港成为“一带一路”交汇点建设的强支点。”2019年，国务院印发《中国（江苏）自由贸易试验区总体方案》。《中国（江苏）自由贸易试验区涵盖南京片区、苏州片区、连云港片区三个片区。其中，连云港片区20.27平方千米。

二、发展成就

1. 经济发展取得历史性成就

1949年，全市境内地区生产总值只有1.16亿元。新中国成立70年来，尤其是改革开放以来，全市经济总量不断扩大，综合实力显著增强。1978年，全市地区生产总值突破10亿元达到10.45亿元，1994年首次突破百亿达到110.61亿元，到2010年首次突破千亿达到1201.79亿元。2018年，全市实现地区生产总值2771.7亿元，是1949年的2389.4倍，年均增长9.4%。其中，第一产业增加值325.57亿元，是1949年的471.8

倍，年均增长 6.2%；第二产业增加值 1207.39 亿元，是 1949 年的 4163.4 倍，年均增长 11.3%；第三产业增加值 1238.74 亿元，是 1949 年的 6881.9 倍，年均增长 10.5%。

人均地区生产总值不断提高。1949 年，全市人均地区生产总值仅为 71 元，1954 年达到 136 元，1987 年首次超过 1000 元达到 1075 元，1993 年超过 2000 元后快速增加，到 2005 年突破万元达到 10910 元。2018 年，全市人均地区生产总值达到 61332 元，是 1949 年的 863.8 倍，年均增长 6.2%。

财政实力明显增强。1949 年，全市财政总收入仅为 721 万元，1953 年超过亿元达到 1.31 亿元，然后经过 42 年发展到 1995 年超过十亿达到 10.55 亿元，再经过 12 年到 2007 年突破百亿达到 122.85 亿元。2018 年，全市财政总收入为 540.42 亿元，是 1949 年的 7495.4 倍，年均增长 13.8%。国家分税制改革后，全市一般公共预算收入从 1997 年的 9.86 亿元快速增长至 2018 年的 234.31 亿元，年均增长 17.2%。

产业结构不断优化升级。历史上全市一直以农业为主。按可比口径计算，1949 年，连云港市的农业产值占工农业总产值的比重达 85% 以上，产业结构长期为“一、二、三”格局。自 1985 年开始，全市加快产业结构优化调整。到 1990 年，全市三次产业结构比例为 46.1:36.8:17.1，改变为“一、三、二”格局。1992 年，全市工业进入快速发展阶段，到 1998 年，国民经济以“农”为主的结构得到改变，三次产业结构比例为 33.2:34.1:32.7，开始呈现“二、一、三”格局；到 1999 年全市三次产业结构比例为 32.1:34.9:33.0，优化为“二、三、一”格局。2018 年，第三产业占比 20 年来首次超过第二产业，三次产业结构调整为 11.7:43.6:44.7，呈现“三、二、一”格局。

农业现代化稳步推进。多种经营发展迅速。连云港市土地类型多样，平原、山地、丘陵、水面、浅滩一应俱全，为发展多种经营提供了天然条件。1978 年前，以粮为纲，农业产业结构单一，调整步伐缓慢，农林牧渔业总产值中农业所占比重高达 68.6%。改革开放以后，全市调整农业经济结构，发展多种经营，加快推进高效设施农业。高标准农田、高效设施农业占比分别达到 59% 和 20%。全市有花果山农业示范区、赣榆现代农业示范区等国家级农业园区 4 家，有国家级龙头企业 2 家，省级龙头企业 49 家，市级龙头企业 230 家。形成食用菌、泥鳅等十大特色主导产业。“一带一路”连云港农业国际合作示范区获批全国首批十大国家农业对外开放合作试验区，赣榆泥鳅和蓝莓、东海鲜切花和草莓、灌云设施蔬菜、灌南食用菌等被授予省级现代农业特色产业基地称号。“连天下”农产品品牌影响力不断扩大。获批全国海洋经济发展示范区。全市获批全国农业与乡村旅游星级企业 10 家，省级休闲观光农业示范村 9 个，市级休闲观光农业示范村 50 个，省级农业特色小镇 8 个。

工业经济快速发展。70 年来，全市工业经济实现快速发展，是全市经济快速崛起的重要推动力量。2018 年，全市工业企业 8620 家，是 1949 年的 210.2 倍；工业增加值 961.89 亿元，是 1949 年的 3699.6 倍，年均增长 12.6%。工业增加值在地区生产总值中的比重稳步上升，1949 年工业占 22.4%，2000 年首次超过农业达到 29.7%，2018 年为 34.7%。企业规模不断壮大。70 年来，全市工业企业规模不断壮大，特别是近年来一批具有发展潜力的大型骨干企业和集团快速崛起。2016 年，《连云港市培强培优企业行动计划（2016—2020 年）》出台，进一步推动全市工业转型升级。2018 年，全市总产值过百亿工业企业 7 家，其中恒瑞医药突破 200 亿元。中复连众、天明机械成为国家制造业单项冠军示范企业。高新技术产业快速发展。高技术产业、先进制造业、战略性新兴产业快速发展，工业经济向中高端迈进。新医药、新材料、新能源等高新技术产业形成明显优势。新医药产业拥有骨干企业 30 多家，形成新型抗肿瘤药、新型肝病药物、麻醉镇痛药物、新型中成药、新型药用包装材料、医用消毒灭菌设备等六大特色集群，成为国内同行中有相当影响力的“健康港”，恒瑞、正大天晴、康缘、豪森等四大药企跻身中国药品研发 20 强。新材料方面，突破国外技术封锁的万吨级碳纤维基地投产，建成亚洲最大的风电叶片生产基地及全国硅资源和硅工业生产基地。新能源方面，田湾核电 3 号、4 号机组投入运营，成为江苏乃至全国举足轻重的能源基地。2018

2018 年，连云港市打造“一带一路”支点建设示范标杆项目。图为 8 月 28 日，中哈物流基地首开“连云港—塔什干”冷链物流业务　　港口集团　供图

年，全市高新技术产业总产值占规模以上工业的比重达到43.7%。形成石化、冶金、装备制造三大千亿元级产业集群，12个百亿元级特色产业。4家医药企业名列工信部“2018中国医药工业企业百强”前50强。

服务业发展亮点频现，对全市经济发展的支撑作用日益突出。2018年，全市服务业实现增加值1238.74亿元，是1949年的6881.9倍，年均增长10.5%，比地区生产总值增长快1.1个百分点；占地区生产总值的比重达到44.7%，比1949年提高了29.2个百分点，近20年来首次超过第二产业。

立体交通网络日趋完善。70年来，全市交通运输业发展迅猛，初步构建了公、铁、水、空较为完备的综合交通运输体系。全市高速公路、国省干线公路和农村公路协调发展，形成以G15沈海高速、G25长深高速、G30连霍高速为主骨架的“两纵一横”高速公路网，和4条国道、10条省道的“四纵五横”高等级干线公路网。2018年末全市公路总里程达1.2万千米，密度达160千米/百平方千米。铁路综合客运枢纽投入使用，连青、连盐铁路实现通车运营，动车直达首都北京，港城阔步跨入高铁时代。江苏“十三五”开工建设的第一个重大铁路项目——徐连高铁东接在建的连盐铁路和连淮扬镇铁路，西连在建的徐盐铁路，高效便捷、内联外通的高铁路网即将形成。2018年，铁路客运总量404.48万人次，货运总量5473.17万吨。“一体两翼”组合大港基本形成。。2018年，港口货物吞吐量2.36亿吨，集装箱474.56万标箱，海河联运1189万吨。机场在运航线30条，通达北京、上海、广州、徐州、厦门、哈尔滨等27个国内城市和泰国曼谷。2018年飞机起降1.5万架次，旅客吞吐量151.62万人次，货邮行吞吐量8188吨。花果山国际机场开工，千万人次级别的航空枢纽建设拉开序幕。

旅游经济持续增长。2018年末，全市拥有国家等级旅游景区总数42家。其中，AAAA级及以上景区11家，AAA级景区20家，AA级景区11家。全市拥有旅行社116家，星级饭店20家，特色旅游镇村15个。2018年旅游接待人数3805万人次，实现旅游收入跨上500亿台阶达531亿元。

实施科技创新工程，国家创新型城市、国家知识产权试点城市建设稳步推进，高效低碳燃气轮机试验装置国家重大科技基础设施项目获批建设。市科技创业中心、淮海工学院大学科技园获批国家级孵化器。国家级连云港高新区、国家级农业科技园区运行良好。综合保税区、国家海洋经济发展示范区获批。万人发明专利拥有量、PCT（专利合作协定）申请量苏北领先。中复神鹰T1000碳纤维、正崴新能源正式投产；中复连众、天明机械成为国家制造业单项冠军示范企业。全市连续九年共16个项目获国家科技进步奖，4家企业跻身全国医药企业创新力20强，恒瑞医药入选福布斯全球百家最具创新力公司。

2.重点领域改革实现历史性突破

新中国成立70年来，尤其是改革开放以来，全市不断推进重点领域改革。国资国企改革深入推进，组建六大国企集团，产业集聚度和企业竞争力得到增强。启动“三互”“三个一”口岸大通关体制改革，实现船舶进出港数据“一单五报”。深化农村改革，东海农村产权交易平台、县乡村三级土地流转服务网络、农村信用体系建设等多项改革经验全国推广。深化财税、价格改革，初步建立政府全口径预算制度，政府性债务管理进一步规范，市场决定价格机制进一步健全。深化金融改革试点，连云港市获批国家知识产权质押融资试点城市。全市有上市企业7家，其中恒瑞医药总市值稳居中国医药第一股，成为全省市值最大的上市公司。深化医药卫生体制改革，公立医院全部实施药品零差率销售，国家基本药物制度全面实施。深化行政审批制度改革，大幅削减行政许可项目，行政审批项目集中办理率达100%。启动“三证合一”登记制度。加快推进“放管服”改革，在全省率先开展“强区放权、市区同权”改革，委托和下放3395个权力事项。全面推进政务公开，推广“互联网+政务服务”，政务服务实现镇村全覆盖，90%审批业务实现网上办理，企业开办登记平均用时1.5天。2018年，新一轮机构改革有序推进，全市共设置党政机构47个。

3.对外开放实现历史性飞跃

改革开放40年来，全市对外开放力度不断加大，利用两个市场和两种资源的水平不断提高。与世界上200多个国家和地区发展贸易关系，出口产品遍布全球100多个国家和地区。尤其是近年来，东西双向开放力度不断深入。向东开放优势不断扩大，与日韩、东南亚港航贸易合作进一步加强；向西开放文章加快做好，与上合组织、欧洲等陆桥运输合作进一步强化，与哈国铁、欧亚资源、立陶宛克莱佩达港、格鲁吉亚波季港等港航企业合作关系不断深化。欧洲班列成为全国唯一获准开行至伊斯坦布尔方向的直达班列。2018年，全市完成进出口总额95.47亿美元，是1988年的1599.1倍，年均增长27.9%。其中，出口总额41.59亿美元，是1988年的992.6倍，年均增长25.9%。

实际利用外资成效突出。1984年，成立全市第一家外商投资企业——中国江苏三得利食品有限公司，是年实际利用外资840万美元，由此拉开全市利用外资发展外向型经济的序幕。经过多年发展，全市外资投资领域逐步覆盖了农业、工业、交通邮电业、商业贸易、饮食娱乐业、等国民经济主要行业，投资产业结构由劳动密集型向技术密集型转移，促进全市经济持续健康发展。2018年，全市实际利用外资及港澳台资6.03亿美元，是1984年的71.8倍，年均增长13.4%。

“一带一路”支点建设加快推进。2013年，“一带一路”倡议提出之后，连云港市主动融入。港口控股集团收购哈萨克斯坦“霍尔果斯—东门”经济特区无水港项目49%股权，恒瑞医药、正大天晴向美国公司转让技术，中复连众坦桑尼亚连续管生产线投产，连云港港、天明机械、新海发电走进中亚市场。上合物流园加快建设。铁路装卸场站地基处理全部完工，园区自身公路、内河、铁路、保税等功能优势逐步显现，上合物流园获批江苏省级粮食物流产业园。2018年，上合物流园集装箱量呈急剧上升态势，园区集装箱量超过2万标准箱，比2017年增长3倍多；物流业总收入达2.3亿元，增长超过50%。中哈物流基地效益提高。从连云港中哈物流基地发出的国际班列已经实现中亚地区主要站点的全覆盖，并延伸形成至土耳其伊斯坦布尔、德国杜伊斯堡南北两条中欧班列线路，运营水平从日均0.8列增至2.1列，特别是连云港至阿拉木图、塔什干点对点直达班列，领先优势明显，2018年接卸铁合金、小麦、棉纱等货物的东行集装箱超过1万车，比2017年增长近40%。

4.城乡面貌发生历史性变化

1958年，连云港市现代城市建设起步，是年5月动工兴建百货公司大楼。1962年9月铺设市区第一条柏油马路——民主路。改革开放前，连云港城市规模小，建设陈旧，城乡二元结构明显。改革开放后，城市空间结构布局日趋优化，明确港产城融合发展思路。不断加快新型城镇化和城乡发展一体化建设，加快构筑"中心城区、中小城市、重点镇"三级市域城镇体系。不断深化户籍制度改革，全面推进城乡就业体制和教育体制改革。不断深化土地制度改革，以改革创新激发市场活力。2012年在全市范围内启动首批11个乡镇、19个村统筹城乡发展试点工作，取得明显成效。全市城乡一体化进程加快推进。2018年，全市建成区面积达310平方千米。年末户籍人口534.34万人；城镇常住人口282.95万人，是1949年（17.11万人）的16.54倍，是1978年（35.91万人）的7.88倍。新区建设、旧城改造、道桥广场、公用设施、园林绿化及景区开发等全面展开。顺利完成新浦、海州两区合并，赣榆撤县建区。连云区与连云新城、徐圩新区与板桥工业园实现一体化发展。江苏省第一座跨海大桥——连云港田湾跨海大桥建成投运，120千米海滨大道全线贯通，形成串联沿海的快速连接线，山海相拥、港岛辉映的海滨城特色得到彰显。体育中心、科创城一期、工业展览中心等重大服务设施建成。

生态文明建设日益得到重视。长期以来，全市深入贯彻落实生态优先绿色发展理念，实施空间布局优化、海洋经济培育、产业转型升级、宜居城镇建设、生态保护修复和环境综合治理等六大工程，获批"三线一单"（生态保护红线、环境质量底线、资源利用上线和环境准入负面清单）试点城市。环境质量明显改善，国省断面水体优三类比例不断提升。2018年，全市空气优良率77.3%，居全省前列；近岸海域水质优良率达91.7%，劣四类海水全部消除。近岸海域水质优良率达91.7%，森林覆盖率28.3%，海洋牧场面积150平方千米。先后荣获"国家园林城市""国家森林城市""全国绿化模范城市""国家卫生城市"称号。国家和省级生态乡镇覆盖率分别达25%、85%。

5.人民生活水平实现历史性提高

小康社会建设成效显著。2018年，全市高水平全面建成小康社会综合实现程度为91%。六大类目标实现程度分别为：经济发展82.9%、人民生活95.5%、三大攻坚98.5%、民主法治95.7%、文化建设84.0%、资源环境89.3%。在全部57个具体监测指标中，28个指标达到或超过目标值，占指标总数的49.1%。

新中国成立70年来，尤其是改革开放以来，全市城乡居民生活状况发生翻天覆地的变化。居民收入快速增长，2018年，城镇常住居民人均可支配收入32749元，是1978年（273元）的120倍；农村常住居民人均可支配收入16607元，是1978年（102元）的162.8倍。城乡居民消费结构由"量"的满足实现向"质"的提高转变，消费水平由"温饱型"向"宽裕型"转变，消费结构由"生存型"向"发展型"转变。2018年，城镇居民人均生活消费支出20445元，是1984年（502元）的40.7倍；农村常住居民人均生活消费支出11545元，是1984年（409元）的28.2倍。城镇居民恩格尔系数为31.6%，比1978年（58%）下降26.4个百分点；农村居民恩格尔系数为31.5%，比1978年（68%）下降36.5个百分点。根据联合国对世界各国生活水平的划分标准，连云港居民生活达到相对富裕水平。2018年，全市居民居住、交通通信、医疗保健支出增速居居民消费前三位。全市努力构建以社会保险、社会救助、社会福利为基础内容的社会保障体系。在苏北率先实现城乡居民养老保险制度一体化，城乡居民养老、居民医保参保人数分别为103万人、380万人，城乡居民医保住院费用报销比例分别为89.1%、70.2%。基本实现参保全覆盖。全市所有定点医疗机构全部开通省内异地就医联网结算。小学、初中适龄儿童入学率均保持100%。教育教学质量稳步提升，在苏北率先基本实现教育现代化。2015年，连云港市入选中央电视台发布的"全国十大幸福城市"，在全国地级市排名第三。文化事业发展步伐加快，率先完成省级公共文化服务标准化试点建设。社会主义核心价值观建设全方位推进，群众性精神文明建设富有成效。"现代乡贤"方敬当选全国道德模范。王继才、王仕花夫妇被中宣部授予全国"时代楷模"荣誉称号，王继才被授予"人民楷模"国家荣誉称号。

（赵维娜　谢陈祥）

责任编辑　郭　云

大事记

1月

6—9日 中国人民政治协商会议连云港市第十三届委员会第二次会议在市文化艺术中心召开。市政协主席张同生代表市政协第十三届委员会常务委员会向大会作工作报告。市政协副主席徐大勇作提案工作情况的报告。会议应到委员411人，实到委员394人。会议期间，委员们听取和讨论中共连云港市委书记杨省世讲话；听取和审议市政协十三届委员会常务委员会工作报告、提案工作情况的报告和有关决议；列席连云港第十四届人民代表大会第二次会议，听取和讨论连云港市人民政府工作报告及其他有关报告。会议选举伏广志、徐建军为政协连云港市第十三届委员会常务委员。会议通过《政协连云港市第十三届委员会提案委员会关于二次会议提案初步审查情况的报告》《政协连云港市第十三届委员会第二次会议关于常务委员会工作报告的决议》《政协连云港市第十三届委员会第二次会议决议》。

7—10日 市第十四届人民代表大会第二次会议在市文化艺术中心召开。市委书记、市人大常委会主任杨省世主持大会。市长项雪龙代表市人民政府向大会作政府工作报告。大会应到代表415人，实到397人。大会选举刘海涛为市监察委员会主任，选举王修杰、孙小岚、曹明丽、缪毅为市十四届人大常委会委员，选举产生连云港市出席江苏省第十三届人民代表大会代表。会议表决通过《连云港市第十四届人民代表大会第二次会议关于连云港市人民政府工作报告的决议》《关于连云港市2017年国民经济和社会发展计划执行情况与2018年国民经济和社会发展计划的决议》《关于连云港市2017年预算执行情况与2018年预算的决议》《关于连云港市人大常委会工作报告的决议》《关于连云港市中级人民法院工作报告的决议》《关于连云港市人民检察院工作报告的决议》《连云港市地方立法条例》。

8日 2017年度国家科学技术奖励大会在人民大会堂举行。由连云港中复神鹰碳纤维有限公司牵头，江苏鹰游纺机有限公司参与申报的“干喷湿纺千吨级高强／百吨级中模碳纤维产业化关键技术及应用”项目获得国家科技进步奖一等奖。

11日 连云港市监察委员会成立。

△ 首届连云港市专利奖评选出专利金奖10个，专利优秀奖20个。

18日 2018年江苏省暨连云港市文化科技卫生“三下乡”集中服务活动在东海县温泉镇举行。省委常委、宣传部部长、统战部部长王燕文，副省长王江出席启动仪式，为“三下乡”各服务分团授旗，并慰问先进典型代表。

20日 连云港市召开市级机构改革动员部署会议，会上公布《连云港市机构改革方案》。改革后，全市共设置市级党政机构47个，其中党委机关13个、政府部门34个，比改革前批复设立的机构数减少18个，其中党委机关减少3个、政府部门减少15个。

24日 政协第十二届全国委员会常务委员会第二十四次会议通过政协第十三届全国委员会名单，市政协副主席、九三学社江苏省委副主委、省政协常委、九三学社连云港市委主委、市农科院院长徐大勇被推荐担任第十三届全国政协委员会农业界别委员，是全市首位全国政协委员。

2月

5—6日 省委书记娄勤俭在连云港调研。他强调，连云港要全面贯彻中共十九大精神，以习近平对江苏工作的一系列重要指示为工作指南，抓住“一带一路”交汇点重大机遇，围绕“六个高质量发展”细化目标任务举措，解放思想、主动作为，强化系统思维、把握发展规律，发挥好“一带一路”建设的战略支点作用。

26日 连云港市召开全市领导干部会议，宣布中共江苏省委关于连云港市委、市政府主要领导职务调整的决定。省委决定：项雪龙任连云港市委书记，提名为连云港市人大常委会主任候选人，不再担任连云港市市长职务；杨省世不再担任连云港市委书记、常委、委员和连云港市人大常委会主任职务；方伟任连云港市委委员、常委、副书记，提名为连云港市市长候选人。

28日 徐圩新区与东华能源股份有限公司举行烷烃资源深加工基地及新材料项目签约仪式。该项目主要利用进口高纯度烷烃，建设大型烷烃资源深加工基地。项目首期投资约200亿元，建设丙烷脱氢制丙烯和聚丙烯装置以及以碳纤维为代表的高端聚丙烯复合材料工厂。

3月

2日 “与雷锋车同行，共建文明港城”2018年全市学雷锋志愿服务活动启动仪式在苍梧绿园中心广场举行，全市60个优秀志愿服务项目和品牌负责人集聚于此，通过形式多样的志愿服务活动，助力文明城市创建，在全市范围内开展新一轮学雷锋志愿服务活动。

6日 广西钦州市委书记王革冰率党政代表团到连云港市考察港口建设、临港产业发展等方面的先进经验和做法。连云港市委副书记、代市长方伟陪同考察。王革冰一行先后考察了恒瑞医药、连云港港庙岭集装箱作业区、中哈（连云港）物流合作基地、江苏斯尔邦石化有限公司等地，了解企业发展历程、经营业绩、创新体系、人才队伍等有关情况以及国际货物运输等业务情况。双方围绕临港产业发展、港口发展等方面合作发展进行了座谈交流。

7日 副省长费高云到连云港市检查安全生产工作安排以及全国“两会”期间安全生产重点措施落实情况。

11日 由江苏省委宣传部、连云港市委、市政府主办，江苏省文联协办，连云港市委宣传部、连云港市文联承办的“中国梦·丝路情”组歌专题音乐会在北京音乐厅上演。

△ 四川省自贡市人大常委会党组书记、主任谭豹一行就城市规划、生态文明建设、环境保护到连云港市调研。

15日 浙江卫星石化股份有限公司与美国能源传输公司、英国航海家气体运输公司合作协议签约仪式在北京举行，卫星石化在连云港投资的轻烃综合加工利用项目进入到实质性推进阶段。

△ 连云港港口集团与中国建设银行在北京签订战略合作协议。根据协议，中国建设银行将在法律法规和国家政策允许范围内，向连云港港口集团提供全方位的服务。

△ 连云港市海州区建宁小学办公室原主任王某涉嫌贪污犯罪案由海州区监委调查终结，并移送海州区检察院审查起诉。这是江苏省办结的首例县级留置案。

20日 市政府与兴业银行南京分行签署战略合作协议。市委副书记、代市长方伟，兴业银行南京分行行长官恒秋出席签约仪式并为兴业银行连云港分行揭牌。根据协议，未来三年，兴业银行南京分行将为连云港市提供200亿元融资支持。

22日 连云港市灌南县人民检察院就山东荣成伟伯渔业有限公司非法捕捞水产品案提起刑事附带民事公益诉讼，以非法捕捞水产品罪对19名犯罪嫌疑人提起公诉，同时请求判令46名被告及山东荣成伟伯等3个单位通过建立海洋牧场等方式修复受损环境，或赔偿生态环境修复费用1.3亿余元。这是全国最大海洋偷捕案。2017年5月31日，江苏省渔政部门在连云港海州湾查获4艘非法捕捞作业的渔船，非法捕捞渔获物重达910万千克。

28日 由省委宣传部、省委外宣办、省委网信办、省新闻出版广电局和省记协联合主办的“江苏好记者讲好故事巡讲活动”在市革命纪念馆举行。来自苏州、启东、淮安等媒体的9位新闻记者进行了演讲。

30日 连云港直达东南亚泰越航线投入运营。

4月

8日 市委、市政府在市文化艺术中心召开全市“高质发展，后发先至”动员大会。大会动员全市上下深入贯彻落实习近平总书记、李克强总理和省委省政府对连云港发展作出的一系列重要指示，精准把握新时代新思想新目标新要求，顺应发展潮流，牢记使命担当，为推动连云港“高质发展，后发先至”而努力奋斗。市委书记项雪龙作题为《高质发展，后发先至，为高水平全面建成小康社会而努力奋斗》的讲话。市委副书记、代市长方伟主持会议。

10—11日 省政协副主席、党组副书记阎立率“加快我省铁路建设”调研组到连云港市调研，并召开座谈会，听取全市铁路建设发展情况汇报。

12日 连云港银丰食用菌科技有限公司菌包出口白俄罗斯启运仪式在灌云县举行。白俄罗斯共和国驻上海总领事马采利·瓦列里，市委副书记、代市长方伟出席启运仪式。全年有150条货柜发送到白俄罗斯蘑菇园，年出口鲜菇2000吨。

△ 市政府与紫金财产保险股份有限公司签署战略合作协议。市委副书记、代市长方伟，紫金财产保险股份有限公司党委书记、董事长李明耀出席签约仪式。根据协议，未来五年，紫金财险公司将助力连云港市实体经济发展、支持创新创业、改善公共服务、辅助社会管理、服务“三农”建设，丰富保险供给。

15日 连云港市首届全民健身运动会在淮海工学院体育场开幕。市全民健身运动会由市政府主办，市体育局、市级机关工委、市农工委、市委宣传部、市教育局、市总工会、市残联、市体育总会等32家市级机关、团体和企业共同承办，于4月至10月在全市各地举行，其间开展61项全民健身竞赛展演项目，形成竞赛展演、健身活动、服务指导三大板块。

17日 连云港市召开申报国家历史文化名城领导小组（扩大）会议，部署全市申报国家历史文化名城工作。

21日 省政府在连云港市召开全省沿海化工园区整治工作会议，贯彻落实中央和省委省政府相关部署要求，全面推进沿海化工园区整治和环境保护重点工作。

22日 第六届连云港读书节开幕式暨“共享书香，接力阅读”大型图书漂流活动在苍梧绿园启动。市

4月15日，连云港市首届全民健身运动会在淮海工学院开幕
市体育局　供图

委书记项雪龙出席开幕式并启动读书节活动。市全民阅读工作领导小组成员单位代表及广大市民万余人观看开幕演出，参与图书漂流活动。

24日　全国首个“一带一路”巡回法庭在中哈连云港物流合作基地揭牌。

25日　车牛山岛“交直流混合”的海岛智能微电网通过国家电力部门验收，正式投入运行。该项目配备国内首个交直流混合、三端口变流器，为外海岛屿的高品质用电提供了解决方案。

25—26日　市委副书记、代市长方伟赴上海、浙江考察拜访企业及研发中心，洽谈相关合作事宜。

26日　连云港市全面推广启用新能源汽车专用号牌，纯电动汽车、插电式混合动力汽车和燃料电池汽车均可以申领此类号牌。

29日　“辉煌号”连云港—日本邮轮航线首航活动在港口69号泊位举行。连云港港成为江苏首个国际邮轮母港。

5月

3日　由中国纺织工业联合会主办，中国工程院环境与轻纺工程学部、中国化学纤维工业协会、连云港市政府承办的高性能纤维及复合材料工程技术创新论坛暨2018年全国高性能纤维材料产业（连云港）发展大会在连云港市举行。大会就高性能纤维及复合材料生产、制备和应用研究，高性能纤维发展现状、趋势，以及航空、轨道交通、新能源汽车、环保过滤、安全防护等领域对高性能纤维需求及进展等议题进行了交流探讨。

4日　连云港市与清华大学签订全面合作框架协议。根据协议，双方在战略咨询、人才交流、协同创新、产学研以及重大项目等多个方面开展深层次合作。

5日　省科技厅正式同意依托淮海工学院组建江苏省海洋生物资源与生态环境重点实验室，是全市首家省级学科重点实验室。

△　中国港口协会公布2017年全球集装箱港口100强榜单，连云港港名列第32位。

6日　“山海廉韵，与廉同行”廉政文化示范车开通，是全省首批廉政公交。

10日　连云港至盐城铁路开始静态验收。

11日　连云港市政府印发《连云港市臭氧污染治理专项行动方案》。根据方案，一旦全市出现1天臭氧超标现象，并且预测未来会持续时，即组织实施应急管控，重点是减少臭氧前驱物污染排放。

14日　正大天晴药业集团自主研发的原研新药盐酸安罗替尼胶囊获得国家药品监督管理局批准的注册批件，是2018年国内批准的首个1.1类新药。

16日　连云港市新机场项目获得国务院和中央军委批复立项。

17—18日　省政协副主席阎立带领省发展改革委、经信委等相关职能部门负责人，到连云港市调研石梁河水库片区扶贫开发情况，并召开该片区整体帮扶工作专题协调会。

18日　以“网聚文明力量、助力高质发展”为主题的2018年连云港市网络文化季启动仪式举行。

△　由市科协联合市委宣传部、科技局、教育局、地震局、民防局、气象局、海州区人民政府等单位共同举

5月3日，高性能纤维及复合材料工程技术创新论坛暨全国高性能纤维材料产业（连云港）发展大会在连云港市举行　　市工信局　供图

办的连云港市暨海州区第三十届科普宣传周启动仪式在海州体育馆开幕。活动期间，全市举办12大类500余项重点科普宣传活动。

20日 生态环境部到连云港市就全市集中式饮用水水源地整治工作开展督查。

22日 原新海连市委书记梁如仁革命文物捐赠仪式在市革命纪念馆举行。市委副书记、代市长方伟，梁如仁之子梁建华及梁如仁亲友参加捐赠仪式。

△ 连徐高铁连云港段首片箱梁架设，连徐高铁连云港段上部结构施工全面展开。

△ 连云港市第三届戏剧节在市文化艺术中心大剧院开幕。

24日 市公安局挂牌成立市公安局生态环境犯罪侦查支队，专门惩治环境与食品药品犯罪。这是全省设区市公安机关首个生态环境犯罪侦查支队。

24—25日 省长吴政隆就解放思想大讨论活动以及“不忘初心、牢记使命”主题教育，深入连云港市灌南、灌云县调研并到联系点召开座谈会。他强调，要全面推动绿色发展，全面深化改革扩大开放，打好打赢污染防治攻坚战，加快产业转型升级。

26日 连云港经济技术开发区与杭州锦江集团签署投资协议，总投资75亿元、设计产能1吉瓦的铜铟镓硒（CIGS）薄膜太阳能电池项目落户连云港经济技术开发区。

28日 宿连航道项目列入交通运输部“十三五”调整规划。宿连航道工程是连云港市、宿迁市地方政府推动的规划建设项目，是苏北地区横向沟通的首条高等级航道。

29日 全市普通国省道指路标志调整工作完成，新增指路标志252块，更换版面292块，拆除标志33块。此次调整自2017年10月25日开始施工，共对全市15条国省道进行调整，对204国道海州至灌南段、267省道赣榆段等在建道路同步实施指路标志调整。

△ 《福布斯》杂志发布2018年全球最具创新力企业百强榜单，中国共有7家公司上榜。连云港企业恒瑞医药排名第64位，比2018年上升18位，是全国唯一入选的制药类企业。

30日 连云港市政府印发《连云港市卫生计生健康扶贫工作三年行动计划（2018—2020）》。此次健康扶贫行动以全市建档立卡的36万农村低收入人口、149个经济薄弱村为主要帮扶对象。

31日 连云港市第三届技能状元大赛暨百万技能人才技能竞赛岗位练兵活动闭幕。此届技能大赛全市有1万多名职工报名，360人参加决赛。12名选手获得一等奖，并被市政府授予“连云港市技能状元”称号。

6月

1日 中国石油和化学工业联合会化工园区工作委员会发布2018中国化工潜力园区10强，徐圩新区连续四年上榜。

3日 首届“连云港市自主工业品牌30强”颁奖活动举行。

△ “科技之光，点亮未来”——第四届连云港市青少年科技创新市长奖暨优秀科技工作者颁奖典礼举行。

5—6日 省政协主席黄莉新到东海县石梁河库区，就加快片区脱贫攻坚整体帮扶工作进行专题调研。

6日 由市政府主办，市旅游局、同程旅游网站承办的“西游东渡 山海连云”连云港旅游（上海）推介会暨夏季旅游产品上线仪式在上海举行。

8日 全国政协常委、省政协副主席、致公党江苏省委主委麻建国一行到连云港市，就中欧班列开通运行情况进行调研。

△ 由中国生物多样性保护与绿色发展基金会、中国生态文明研究与促进会、中国环境报社、中国环境文化促进会、江苏省经信委和连云港市政府共同举办的2018首届中国（连云港）绿色制造大会在花果山酒店举行。国务院参事谢伯阳、中国工程院院士金涌、生态环境部政策法规司副司长赵柯、工信部生态设计与绿色制造促进会执行副会长兼秘书长迟晓光、中国石油和化学工业联合会副会长周竹叶出席会议并进行主旨演讲。盛虹石化集团向绿色发展专项基金捐赠公益基金，举行“绿色制造与发展示范基地”揭牌仪式。

△ 世界最大滚装船“礼诺猎手”号在连云港港东方公司69泊位靠泊，第一个航次装载628台上汽集团名爵轿车以及工程机械、大件设备等发往英国，是连云港港至欧洲滚装航线首航。

10日 生态环境部副部长、国家核安全局局长刘华到连云港市就核电安全工作进行专题调研。

12日 国务院正式批复连云港出口加工区整合优化为连云港综合保税区。

16日 全市主城区最长、建设标准最高的城市下穿隧道——连云港铁路综合客运枢纽人民路下穿隧道开放并试通车。

19日 市委、市政府召开简政放权优化营商环境推进会。市委书记项雪龙出席会议并讲话。会上印发一系列优化营商环境的政策文件。

21日 副省长马秋林率省有关部门负责人到连云港市调研科技创新工作情况。

△ 经中铁总公司批复，新建青连铁路、新建连盐铁路将合并为铁路“青盐线”，线路编号3079。青盐线下、上行起点为青岛北站，终点为盐城北站，线路全程428.75千米，允许速度最高200千米/小时。

25日 全省首家依托实体三甲综合医院建设的互联网医院——连云港市互联网医院（“港城云医院”）正式启动运营。“港城云医院”是连云港市第二人民医院与江苏康缘集团有限责任公司共同推出的智慧医疗平台。

26日 徐红星院士工作站在海州经济开发区揭牌。

7月

4日 位于孔望山龙洞庵830岁的流苏树被全国绿委办、中国林学会评为“中国最美古树”，是江苏省唯一入选的古树。

△　全国第一条垃圾干化生产线一期工程，在连云港经济技术开发区晨兴环保垃圾焚烧电厂开始带料调试。该项目从德国引进，一期工程投资近1.7亿元，设计日处理规模为750吨，每年可节约燃煤1.5万吨，飞灰产生量可降低35%以上，一氧化碳生成量可降低60%以上。

17日　首届新亚欧陆海联运通道建设司法协作研讨会在连云港市举办。与会人员围绕“一带一路”倡议下人民法院的职能定位与具体实践、司法保障新亚欧陆海联运通道建设的现实挑战与创新举措、新亚欧陆海联运通道争端解决的机制探索与法律适用等议题开展专题研讨。辽宁大连、浙江湖州等中院以及上海海事法院共21家“一带一路”沿线城市法院在连云港市签署司法协作框架协议，共同服务保障新亚欧陆海联运通道建设。

18—22日　市委副书记、代市长方伟率连云港市经贸代表团赴日本开展经贸交流活动。先后拜访中国驻日本大使馆、日本国际贸易促进协会，拜会日本迪爱生株式会社、味之素冷冻食品株式会社、太阳边界公司、三菱日联银行、日立产业信息控制株式会社、丰田通商株式会社、松本株式会社、中远海运（日本）株式会社等企业，访问友好城市堺市、佐贺，举办连云港（东京）投资说明会、连云港—关西合作交流会、连云港（堺市）旅游文化产业展。

22—25日　市委副书记、代市长方伟率连云港市经贸代表团赴韩国，拜会SKC SOLMICS公司、大象株式会社、兴亚海运株式会社、韩国中小企业经营者协会、哈贝任美容仪器有限公司、首尔创业孵化器，拜访韩中亲善协会，并访问友好城市光阳市，推进经贸合作。

25—26日　省政协副主席、党组副书记阎立率部分全国和省市县政协委员开展“四级委员联动看灌云”活动。“四级”政协委员深入到园区、企业，视察新型工业化项目、物流产业园和美丽乡村建设等情况，并与干部群众座谈交流。

26日　省政协副主席、党组副书记阎立一行到连云港市，就“加快发展中欧班列和国际铁路联运”进行专题调研。

27日　时代楷模——王继才因病抢救无效去世，年仅58岁。中共中央总书记、国家主席、中央军委主席习近平对王继才先进事迹作出重要指示强调：“王继才同志守岛卫国32年，用无怨无悔的坚守和付出，在平凡的岗位上书写了不平凡的人生华章。我们要大力倡导这种爱国奉献精神，使之成为新时代奋斗者的价值追求。”

△　上合组织（连云港）国际物流园被国家发展改革委、国土资源部、住房城乡建设部评为全国第二批国家级示范物流园区。

29日　江苏海外联谊会国情考察团到连云港市考察。考察团考察了徐圩新区、连云港石化产业基地规划展示馆、连云港港、中哈（连云港）物流合作基地、市规划展示中心、云台山等处。省海外联谊会还捐赠26万元资金用于连云港市农村卫生院建设。

△　江苏省百强民营企业名单发布，恒瑞医药、新海石化、镔鑫钢铁、亚新钢铁4家企业榜上有名，分别位列第80位、第86位、第87位、第97位。

△　全市首个装配式房建工程——恒安花园开工建设。

8月

8日　中共江苏省委宣传部授予赣榆税务局“爱心妈妈”团队为江苏“时代楷模”。江苏“时代楷模”赣榆税务局“爱心妈妈”团队先进事迹发布会在南京举行。

8—9日　省人大常委会执法检查组到连云港进行执法检查。省人大代表、副省长陈星莺参加执法检查。

9日　省委、省政府、省军区决定，在全省开展向王继才学习的活动。

15日　江苏省政府评定王继才为烈士。

16日　连云港市举行王继才先进事迹报告会，追思王继才的英雄事迹，传承弘扬王继才的英雄精神。

19日　农业农村部发布疫情公告，连云港连成牧业有限公司发生非洲猪瘟疫情。疫情发生后，海州区委区政府迅速启动应急响应机制。疫区生猪全部扑杀并实施无害化处理，面上排查和防控全面有序开展，疫区群众生产生活秩序保持稳定。

20日　连云港市在深圳市举办投资说明会，深化合作交流，推进互利共赢。市委副书记、代市长方伟出席会议并致辞，副市长吴海云主持会议，来自珠三角地区的企业家代表、高校科研院所代表300余人出席

8月8日，赣榆区税务局“爱心妈妈”团队被授予“江苏时代楷模”称号
邵丹/视觉江苏网

会议。

21 日 连云港市赣榆籍现役军人李明获得“最美江苏兵”荣誉称号。

21—22 日 省人大常委会常务副主任、党组副书记陈震宁率调研组到连云港市围绕提高人大常委会审议质量开展调研。调研组召开座谈会，市人大常委会负责人汇报换届以来人大工作情况和提高人大常委会会议审议质量的做法，部分全国及省人大代表、区县人大常委会主任结合履职情况提出意见建议。调研组一行考察了东海县牛山街道代表之家、灌云县人大常委会委员工作室和人大代表工作站等建设情况。

24 日 以“新时代·新医药·新平台”为主题的第二届中国（连云港）国际医药技术大会在连云港市举行。会议期间，举行医药产业前沿技术院士专家报告会、政产学研用协同创新高端对话、“一带一路”医院院长论坛、网络药理学与生物医药发展国际论坛、中美生物医药技术峰会、中欧生命科学峰会、项目对接及商务洽谈、医药专家企业行、国际医药技术创新成果展、医药技术专题 10 个分论坛等众多活动。大会吸引 26 个国家和地区的 110 名高层次海外专家参会，征集连云港市人才需求 455 个、技术需求 161 个，海外医药类创新成果 335 项，达成意向合作项目 97 个，其中拟签约项目 36 个，4 家院士工作站揭牌成立。

24—25 日 全国政协副主席、农工党中央常务副主席何维一行，在连云港市考察医药健康产业发展情况。

27 日 省委常委、统战部部长杨岳到连云港市调研统战工作。

28 日 全省科学技术奖励大会暨科技创新工作会议在南京召开。连云港市江苏金港湾投资有限公司参与的“重大工程混凝土结构耐久性智能监测与评估及加固技术”等多个项目获得省科学技术奖，恒瑞医药孙飘扬、豪森药业吕爱锋获得第二届“江苏省专利发明人奖”；位于连云港经济技术开发区的中科院能源动力中心高效低碳燃气轮机国家重大科技基础设施揭牌入选“年度十大科技事件”；中复神鹰碳纤维有限责任公司被评为“年度十大创新企业”；张国良被评为“年度十大创新创业人物”。

29 日 省政协主席黄莉新到连云港市，就“一带一路”建设工作情况进行专题调研。

△ 市委、市政府召开全市健康城市建设动员大会。市委书记项雪龙出席会议并讲话。市委副书记、代市长方伟就健康城市建设作具体部署。

9 月

3 日 全市首届海鲜烹饪技能大赛在花果山酒店举办。

4 日 连云港市政府印发《关于加快推进企业信息化的意见》。意见指出，到 2020 年，全市企业信息化水平整体显著提升，制造业重点领域基本实现数字化，大中型工业企业两化融合发展水平达到苏北前列。

7 日 王继才先进事迹报告会在南京召开。省委常委、宣传部部长王燕文到会并讲话，省委常委、省军区政委孟中康主持报告会。

11 日 由江苏省人民政府与香港贸易发展局（香港贸发局）共同举办的苏港合作联席会议第六次会议在连云港市举行。副省长陈星莺、香港贸发局总裁方舜文出席会议。会上，双方签署苏港合作联席会议第六次会议纪要。双方代表围绕“苏港利用香港平台，共同进行‘一带一路’建设”、“发挥香港国际创科中心优势，推进苏港两地科创合作”、“搭建苏港青年人才交流平台，推动苏港两地人才交流”等 2019 年度重点工作主题进行深入的交流探讨。

△ “风从海上来·改革进行时”网络主题活动采访团走进连云港。市委书记项雪龙就连云港市推进“高质发展、后发先至”、建设“一带一路”战略支点、强化党的基层组织建设和打造一流营商环境等改革发展议题，接受人民网、新华网、央视网、中国经济网、中国军网、中国新闻网、中青在线、澎湃新闻网、中江网、浙江在线、中国宁波网、温州新闻网、南通网等中央和省、市主流网络媒体集中采访。

△ “国宝——圆明园兽首”连云港特展在花果山大酒店举行，展出圆明园十二生肖兽首中的牛首、猴首、虎首、猪首四兽首。

△ 连云港首届西游文化季活动之一——猴王争霸 2018 中国·连云港西游文化嘉年华在花果山景区举行，省委宣传部副部长、省委网信办主任徐缨，复旦大学教授钱文忠出席活动。

12 日 由中宣部、中央军委政治工作部、江苏省委共同举办的学习宣传王继才先进事迹座谈会在北京召开。中共中央政治局委员、中宣部部长黄坤明出席会议并讲话，强调要深入贯彻落实习近平总书记重要指示精神，广泛学习宣传王继才先进事迹和崇高精神，营造崇尚英雄、学习模范、争当先进的浓厚氛围。

8 月 24 日，第二届中国（连云港）国际医药技术大会在连云港市举行。图为项目签约仪式 刘成贺 摄

△ 国务院国资委副主任沈莹到连云港市调研城市建设及企业发展等工作。

△ 第四届连云港警用装备和公共安全产品博览会开幕式暨吉祥物揭晓仪式举行。卡通孙悟空形象的吉祥物“云小圣”成为安博会首位形象代言人。安博会布展面积3万多平方米，中国电子信息、浙江大华、以色列迪芬斯、意大利莱奥纳多等国内外近300家知名安防企业和科技公司参展，展出大型装备、无人系统、视频技术、应急救援等十类高精尖安防产品万余种。

12—13日 由公安部主办的第四届新亚欧大陆桥安全走廊国际执法合作论坛在连云港市举行。来自30个国家、4个国际组织的高级执法安全官员，以及外交部、国家发改委、国务院国资委、国际发展合作署等有关部委，39家央企、18家省属国企和大型民企，23所公安院校，24个省级、12个地市级公安机关代表，相关专家学者共375人应邀出席。论坛以“携手开启执法能力建设合作新篇章”主题，举办开幕式、面向未来执法能力建设部长级圆桌会议、“安全发展、共享繁荣”分论坛和国际班列安全研讨会等活动。

14日 副省长费高云带队到连云港市调研港口和铁路建设工作。

14—16日 由江苏省政府主办，省农委、省商务厅、省贸促会和连云港市政府承办的第二十届（2018）江苏农业国际合作洽谈会在连云港市举办。会议期间，举办连云港现代农业投资说明会、“一带一路”花卉产业国际合作暨千种新花卉研讨会、对话“连天下”农业品牌建设研讨会、2018新时代绿色渔业研讨会及现代农业现场考察等专场活动。农洽会共有1000多家境内外企业参展，有2000多种农产品参加展示展销，参会参展人数17万人次。

19—21日 以“共享丝绸之路发展新机遇，共创多元物流服务新模式”为主题的第五届中国（连云港）丝绸之路国际物流博览会在市工业展览中心举行。副省长王江，中国贸促会副会长卢鹏起，印度驻上海总领事馆总领事瑞峰，商务部原副部长周可仁，商务部欧洲司副司长索鹏，中外运长航集团党委委员、副总经理范端炜，中国服务贸易协会副秘书长宋东今，市委书记项雪龙共同启动开幕。市委副书记、代市长方伟主持开幕式。连博会设新亚欧陆海联运通道建设展区、江苏“一带一路”交汇点建设展区、连云港特色物流展区、大型物流装备展区（室外展场）四个展区，集中展示“一带一路”战略支点建设成就和现代物流业发展成果。连博会期间，签约合作项目57个，总投资627亿元。

9月19—21日，第五届中国（连云港）丝绸之路国际物流博览会在连云港工业展览中心举行。图为展会现场　朱贵杰/视觉江苏网

△ 副省长王江在连云港市召开防范化解金融风险工作座谈会，了解全市金融运行和风险防范化解情况。

△ 连云港举行智慧城市建设战略合作签约仪式，市政府分别与深圳桑达实业股份有限公司、华为技术有限公司签署战略合作框架协议，推进连云港智慧城市建设工作。连云港市与深圳桑达实业共同组建工作机构，在产业发展、智慧安防、智慧环保、智慧照明、智慧交通、智慧旅游、智慧农林等方面开展合作；与华为技术有限公司在“一带一路”大数据产业发展、新型智慧城市建设、“平安城市”建设、智慧园区建设、传统产业升级改造、智能制造产业发展、培育信息化领域专业人才、信息产业创新发展、推动连云港企业走出去等九个方面开展合作。

21日 《连云港日报》创刊60周年纪念大会举行。会议宣读市委书记项雪龙致《连云港日报》创刊60周年的贺信。

27日 党中央决定，追授江苏省灌云县开山岛民兵哨所原所长、开山岛村党支部原书记王继才“全国优秀共产党员”称号。

30日 在全国第五个烈士纪念日，市四套班子领导以及各界群众代表到市革命纪念馆举行公祭活动，缅怀烈士功绩，表达崇高敬意与哀思。

△ 全市首届农民丰收节——全市农业技能大赛举行启动仪式。全市首届中国农民丰收节的活动主题是：庆祝丰收、弘扬文化、振兴乡村，活动时间从9月中旬开始到10月10日，主要采取1个主会场+5个分会场+N个镇村活动的方式进行。

10月

11日 省交通运输厅在连云港市召开对接会，专题会商连云港综合交通运输体系发展战略及规划。

13—15日 日本佐贺市市长秀岛敏行率友好代表团一行25人到连云港市访问，访问团一行实地考察了赣榆区徐福生态园、港口、花果山等地，举办缔结友城20周年纪念植树等活动。市委副书记、代市长方伟会见秀岛敏行一行。双方表示进一步深化两市之间的互利合作。

14—15 日 省长吴政隆就推进解放思想大讨论活动、落实中央巡视反馈意见整改工作到连云港市调研，并在联系点召开座谈会。

16—18 日 市委书记项雪龙率市经贸代表团在英国开展招商推介活动。其间，举办连云港（伦敦）招商合作推介会，项雪龙会见江苏驻英国经贸代表处主任赵辛生，考察英国帝国理工大学数据中心、吉凯恩集团特尔福德工厂和 IP 集团。

17 日 在北京举行的 2018 年全国脱贫攻坚奖表彰大会暨脱贫攻坚先进事迹报告会上，连云港市赣榆区黑林镇党委书记马秀云获贡献奖。

19 日 连淮扬镇铁路轨道铺设动员会在位于连云港董集的跨盐河特大桥举行，连通苏北苏南的重要干线连淮扬镇铁路全线正式进入铺轨阶段。

20 日 连天下农产品即日起正式使用“中国农产品质量安全”专用公共标识，连云港市成为全国首个获准使用该标识的设区市。

19—22 日 市委书记项雪龙率市代表团前往德国柏林等 6 个城市，考察博世集团、巴斯夫集团、大陆集团、欧绿保集团、钾盐集团、全球胺公司、西门子集团等企业，并与企业高层交流洽谈，推介连云港市投资环境，达成多项实质性合作协议。

21 日 由连云港市质检中心主持制定的国家标准《电子封装用球形二氧化硅微粉中 α 态晶体二氧化硅含量的测试方法 XRD 法》正式发布，并将于 2019 年 1 月 1 日实施。

23 日 日本堺市副市长佐藤道彦友好代表团一行 19 人到连云港市进行友好访问。市委副书记、代市长方伟会见佐藤道彦一行。堺市代表团就堺市观光环境、世界文化遗址等作推介，到花果山景区参加两市结为友好城市 35 周年植树仪式，共同栽下象征友好和平的樱花树。

23—24 日 省政协副主席、党组副书记阎立一行到连云港市，调研全市渔业科技创新工作。

△ 市委书记项雪龙率市代表团在法国开展经贸招商活动。其间，项雪龙会见法国机械冶金工业联合会高层，考察拜访罗盖特集团，并分别出席中法创新产业园、罗盖特“五年规划”合作项目签约仪式。

26 日 连云港市召开纪念连云港解放 70 周年座谈会。全国人大常委会原副委员长、中国关心下一代工作委员会主任顾秀莲，中国人民对外友好协会陈昊苏，中共中央党史研究室章百家，八路军研究会陈知建，总参谋部战略研究会刘念远、延安精神研究会苏希胜，中共党史人物研究会刘丹，省人大常委会原副主任张艳等出席座谈会。市委书记项雪龙出席会议并讲话。

31 日 中国好人榜发布仪式暨全国道德模范与身边好人（江苏·连云港）现场交流活动在市广播影视文化产业城 1 号演播厅举行。中央文明办中国文明网总编辑董青、省委宣传部副部长葛莱出席仪式，市委书记项雪龙致辞。活动现场进行赠送道德传家宝、社会爱心帮扶、承办城市交接仪式等环节，并为第六届连云港市道德模范、第五届“最美港城人”颁奖。

2018 年，连云港港名列全球集装箱港 100 强第 32 位 。图为一艘大型远洋运输轮在连云港港集装箱码头卸运集装箱 王春／视觉江苏网

11 月

1 日 中共中央总书记、国家主席、中央军委主席习近平主持召开民营企业座谈会并发表重要讲话。恒瑞医药董事长孙飘扬作为全国医药行业代表作题为《营造产业自主创新环境，提升民族药企核心竞争力》的发言。

2 日 国家发展改革委印发《淮河生态经济带发展规划》，连云港市被定位为“淮河经济带生态出海口”。

4 日 江苏新闻界在灌云县开山岛向全国发出《开山岛倡议》，倡议广大新闻工作者贯彻落实习近平总书记重要指示精神，学习宣传王继才先进事迹，牢记新时代使命任务，在各自岗位上倡导践行爱国奉献精神。

5 日 首届中国国际进口博览会在上海开幕，连云港市多个重大采购项目在进博会期间签约，其中斯尔邦石化与 UOP 公司签订的重大采购合同入选省级重大采购签约项目。

6 日 何梁何利基金 2018 年度颁奖大会在北京举行。连云港市鹰游集团、中复神鹰碳纤维有限责任公司董事长、技术总负责人张国良获得“科学与技术创新奖”。

7 日 盛虹炼化一体化项目签约仪式在连云港市举行。根据协议，盛虹炼化（连云港）有限公司在徐圩新区投资建设炼化一体化项目，总投资约 775 亿元，建设内容主要包括 1600 万吨／年炼油、280 万吨／年对二甲苯、110 万吨／年乙烯以及储运设施、配套公用工程等。

7—8日 省委书记娄勤俭就贯彻落实习近平总书记在民营企业座谈会上的重要讲话精神、支持民营企业发展壮大在连云港市调研。

11日 市委副书记、代市长方伟会见美中经贸促进会会长贝聿恺一行，双方就开展合作进行深入交流。

12日 《连云港市突发事件预警信息发布管理办法》出台。

12—13日 乌兹别克斯坦的媒体代表团一行14人到连云港市访问。乌兹别克斯坦媒体代表团一行着重了解连云港市港口、上合组织物流园、中哈物流基地等处建设发展情况，表示发挥乌兹别克斯坦媒体的宣传优势，增进连云港与乌兹别克斯坦多个领域的友好合作和交流。

13日 2018年江苏省工业互联网发展示范企业（星级“上云”企业）认定名单中，恒瑞医药、中复连众、康缘药业、日出东方、盛虹石化和斯尔邦石化6家企业被认定为五星级“上云”企业，数量接近全省总数的1/4，五星级上云企业获评总量全省第一。

19日 省政协组织委员和专家赴灌云县开展“送科技下乡”活动，启动仪式在灌云县小伊乡后场村举行。省政协副主席、党组副书记阎立出席活动并致辞。

21日 亚洲最大耙吸式挖泥船“浚洋1”到达连云港港一号锚地，投入30万吨级航道二期工程建设。

18—22日 市委副书记、代市长方伟率市经贸代表团在新加坡开展经贸交流活动。其间，方伟出席第十二次新加坡——江苏合作理事会系列活动、连云港（新加坡）港航物流合作恳谈会，拜访新加坡有关机构和企业。

22日 《连云港市国家知识产权示范城市培育工作方案（2018—2020年）》印发。方案指出，到2020年，全市知识产权创造、保护、运用水平大幅提升，综合实力达到苏北领先，力争跻身国家知识产权示范城市行列。

23日 国家发展改革委、自然资源部联合下发《关于建设海洋经济发展示范区的通知》，支持全国14个海洋经济发展示范区建设。江苏连云港海洋经济发展示范区获批，重点推动国际海陆物流一体化模式创新，开展蓝色海湾综合整治。连云港海洋经济发展示范区总建设面积约148.5平方千米，主要包括大型综合性智慧港口、现代化国际合作物流园和滨海国际商贸生态宜居旅游新城三个片区。

11月7日，盛虹炼化一体化项目推进调研会暨项目签约仪式举行
王振 摄

△ “东方三号”拖轮在连云港港37号泊位拖轮基地完成交接，由港口自主建造的首艘无限航区全回转拖轮启用，填补连云港港自主造船能力的空白。

27日 副省长马秋林率调研组到连云港市，就中科院高效低碳燃气轮机试验装置国家重大科技基础设施项目推进情况进行调研。

30日 由中共连云港市委、中共上海市闵行区委共同主办，连云港市委宣传部和闵行区委宣传部承办的连云港—闵行“文化+”合作洽谈会在上海举办。市委书记项雪龙、闵行区委书记朱芝松出席洽谈会并致辞。市委常委、宣传部部长滕雯推介连云港市文化旅游合作项目。连云港市与闵行区相关部门以及行业协会代表、企业代表近200人参加洽谈会。

12月

3日 由连云港市人民政府主办的2018连云港（上海）产业合作推介会在上海举办。20个项目集中签约，总投资超过240亿元，涉及临港石化、新医药、新材料、装备、物流等产业。连云港（上海）临港石化产业合作交流会暨石化产业高质量发展论坛、连云港（上海）新医药产业合作交流会、连云港（上海）新材料产业合作交流会分别举办。

4日 市委书记项雪龙、代市长方伟率市党政代表团赴常州市考察，学习在推动高质量发展，特别是重抓产业、聚力创新等方面的经验做法。

5日 市委书记项雪龙、代市长方伟率市党政代表团赴无锡考察，学习无锡在推动高质量发展，特别是产业发展、科技创新、生态文明建设等方面的好经验、好做法。省委常委、无锡市委书记李小敏陪同考察。

6日 市委书记项雪龙、代市长方伟率市党政代表团赴苏州考察，学习苏州在推动高质量发展，特别是产业升级、开放创新和生态环保等方面的好经验、好做法，进一步解放思想、寻找差距、拓宽思路，更好谋划明年工作，奋力推动“高质发展、后发先至”。省委常委、苏州市委书记周乃翔，市委副书记、市长李亚平陪同考察。

△ 西藏自治区党委副书记、自治区主席齐扎拉率西藏自治区党政代表团到连云港市考察。代表团一行考察了连云区墟沟街道院前社区、江苏核电有限公司、江苏康缘药业股份有限公司、连云港港，详细了解连云港市在产业发展、科技创新、社会治理方面的举措和经验。

8日 中远海运集团的“罗宾亨特”轮靠泊连云港港新东方国际货柜码头29号泊位，开启南非远洋首航之旅。

12日 庆祝改革开放40周年

暨连云港解放70周年文艺晚会，在市文化艺术中心举行。演出围绕“高质发展、后发先至”主题主线，以“逐海·大港连云、弄潮·产业奋进、扬帆·城市放歌”三个主篇章，全面展现解放70年暨改革开放40年以来，连云港发展的重大历史时刻、动人瞬间和发展亮点。

14日 省委、省政府在连云港市举行全省重大项目现场推进会议。省委书记娄勤俭出席并宣布连云港石化产业基地千亿项目集中开工。集中开工的10个重大项目，集中在连云港市徐圩新区，分别是盛虹炼化（连云港）有限公司炼化一体化项目、江苏瑞恒新材料科技有限公司基础化工等系列产品项目、中化芳烃衍生系列产品及电子化学品项目、江苏赛科特种化学品项目、连云港荣泰化工仓储有限公司商储罐区（二期）低温储罐项目、徐圩新区增量配电网工程（一期）、徐圩新区LNG储配站工程、石化公共管廊二期延长段、东港污水处理厂达标尾水净化工程、徐圩新区固危废处理处置中心刚性安全填埋场一期工程，总投资1005亿元。

△ 市第一人民医院于金明院士工作站揭牌。

16日 中船重工七一六研究所完成国内首款加固型国产万兆光纤网卡开发。该型网卡整体技术和功能性能指标达到Intel主流万兆网卡性能。

17日 海州区举行纪念《镜花缘》成书200周年暨文化旅游推介会。

21日 连云港市举行“高质发展、后发先至”现场观摩会。市委书记项雪龙、代市长方伟分别带领各县区、市各有关部门主要负责人，深入高新区、灌南县、灌云县、徐圩新区和连云区等地，实地观摩“高质发展、后发先至”首战之年重大项目建设取得的进步。

22日 连云港市临洪河口湿地迎来一批南下的候鸟。监测显示，2018年过境候鸟及留鸟历史记录由290余种累计增至302种，其中丹顶鹤等重返港城；过境候鸟数量稳步递增，其中红嘴鸥群单次观测最多达2000余只，反嘴鹬单次观测首超5万只，翼展达1.5米的东方白鹳一次飞临达到30余只。

△ 中核集团田湾核电4号机组100小时满功率运行考核试验结束，具备商业运行条件，田湾核电二期工程按期全面投产。

23日 经全国农业产业化联席会议审定，连云港市农业发展集团晋级为农业产业化国家级重点龙头企业，成为全市近5年来唯一入选的企业。

△ 省政府办公厅专门转发国务院第五次大督查通报，推广东海县在防范化解政府债务风险方面的经验。

26日 青岛至盐城铁路（青盐铁路）开通运营，港城正式迈入“高铁时代”。其中，连云港至盐城段线路全长约234千米，设11个车站，速度200千米/小时。工程于2013年12月开工建设，2018年5月初整体工程基本建成。工程总投资约271.73亿元。

2018年，新建青岛至连云港铁路和新建连云港至盐城铁路合并为铁路“青盐线”，12月26日通车。图为连盐铁路建设现场　耿玉和/视觉江苏网

△ “丝路飞歌”中国（连云港）—中亚五国“丝路迎新年”晚会在连云港广电影视城一号演播厅举行，中国、哈萨克斯坦、吉尔吉斯斯坦、乌兹别克斯坦、塔吉克斯坦、土库曼斯坦六国演艺界人士呈现一场各自特色的跨国演出。晚会以丝路文化交融为主线，突出“江苏特色、丝路风情、中国气派、国际表达”。

26日 连云港与香港卫视文旅合作签约仪式在花果山大酒店举行。连云港广电传媒集团、市旅游局分别与香港卫视签署相关文旅合作方面的协议。连云港广电传媒集团将在宣传平台置换、宣传资源共享、栏目节目生产、大型活动互动、地方形象宣传、文化创意产业合作等方面，与香港卫视进行全面合作。

27日 中复连众集团在连云港举行LZ84-6.0兆瓦叶片启运暨B75叶片下线仪式。叶片由上海电气、中复连众共同研发，风机叶片刷新亚洲最长玻纤叶片纪录。

29日 连云港市消防救援支队举行迎旗、授衔和换装仪式。

（黄永艳）

责任编辑　郭　云

市情概览

自然地理

【位置面积】 连云港市地处江苏省东北部，位于北纬 33°58′55″～35°08′30″、东经 118°24′03″～119°54′51″之间。东濒黄海，与朝鲜、韩国、日本隔海相望，北与山东日照市接壤，西与山东临沂市和江苏徐州市毗邻，南连江苏宿迁市、淮安市和盐城市。东西最大横距约 129 千米，南北最大纵距约 132 千米。土地总面积 7615.71 平方千米，海域面积 6677 平方千米，城市建成区面积 310 平方千米。连云港南连长三角，北接渤海湾，西依大陆桥，处于连接新亚欧大陆桥产业带、亚太经济圈、环渤海经济圈和长三角经济圈的“十”字结点位置，为陆上丝绸之路和海上丝绸之路交汇点，是新亚欧大陆桥东桥头堡、中国首批沿海开放港口城市、中国优秀旅游城市和中西部最便捷出海口岸。

【地形地貌】 连云港市位于鲁中南丘陵和淮北平原接合部，地势由西北向东南倾斜，依次为低山丘陵、残丘垄岗、山前倾斜平原、滨海平原、沿海滩涂和云台山地，平均比降 1‰—9‰。依据地貌特征，全境分为西部低山丘陵区、中部平原区、东部沿海滩涂区和云台山区四个区域。地貌以平原为主，兼有山地、丘陵、岗地，地形多样，层次分明。山体主要分布在市区和东海县、灌云县，共有 99 座山体 362 个山头。市境东部沿海有云台山，为沂蒙山余脉，有大小山峰 251 座，其中南云台山玉女峰海拔 624.4 米，为江苏省最高峰。东部滨海区海岸类型齐全，大陆标准岸线 204.82 千米，其中 40.2 千米深水基岩海岸为江苏省独有。江苏省境内大多数岛屿分布在连云港境内，包括东西连岛、平山岛、达山岛、车牛山岛、竹岛、鸽岛、高公岛、羊山岛、开山岛、秦山岛、牛尾岛、牛背岛、牛角岛等 20 个，总面积 6.94 平方千米。其中东西连岛为江苏第一大基岩海岛，面积 6.07 平方千米。达山岛、车牛山岛、平山岛合称为“前三岛”。

【气候水文】 气候　连云港市处于暖温带与亚热带过渡地带，四季分明，寒暑宜人，光照充足，雨量适中。常年平均气温 14.5℃，历年平均降水

山海之城——连云港　　张言华　摄

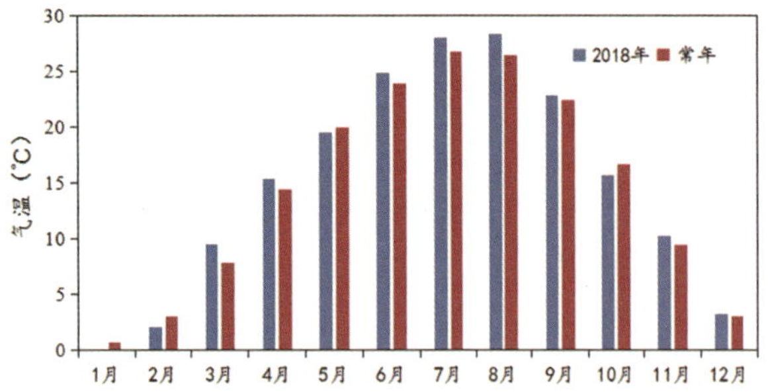

2018 年连云港市月平均气温与常年值对比示意图

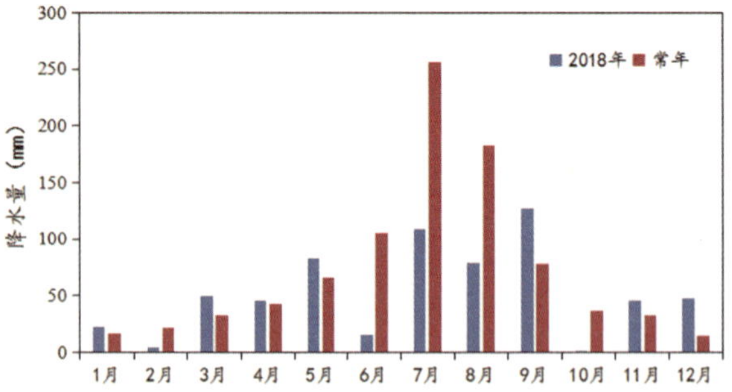

2018 年连云港市月平均降水量与常年值对比示意图

883.9 毫米，常年无霜期 215 天。主导风向为东南风。由于受海洋调节，气候类型为湿润性季风气候。日照和风能资源为江苏省最多，也是最佳地区之一。2018 年，全市年平均气温 15℃，比常年偏高 0.5℃。年降水量 630.9 毫米，与常年相比偏少。年日照时数 2333.7 小时，与常年持平。冬季（2017 年 12 月至 2018 年 2 月）平均气温 1.7℃，较常年偏低 0.5℃；春季（3—5 月）平均气温 14.8℃，较常年偏高 0.8℃；夏季（6—8 月）平均气温 27℃，较常年偏高 1.3℃；秋季（9—11 月）平均气温 16.3℃，较常年偏高 0.1℃。2018 年极端最低气温 -12.3℃，1 月 12 日出现在东海；年度极端最高气温 37.9℃，6 月 13 日出现在市区。市区全年日最高气温≥35℃的高温日数为 9 天，年高温日数与常年相比偏多。市区终霜 4 月 8 日（少 7 天），初霜出现在 11 月 19 日，无霜期 224 天，比常年长 9 天。与常年相比，2018 年主城区降水量偏少，其他地区降水量正常；时间上分配不均，1 月大部分地区降水量偏多，2 月大部分地区降水量异常偏少；春季大部分地区降水量偏多；夏季大部分地区降水量正常，市区降水量显著偏少，东海偏少；秋季降水量分布不均，大部分地区正常；12 月全市降水量异常偏多。

小麦全生育期（2017 年 10 月 1 日至 2018 年 6 月 10 日）总积温 2643.5℃，比 2017 年同期减少 85.6℃；总降水 286.7 毫米，比 2017 年减少 186.5 毫米；总日照时数为 1524.7 小时，比 2017 年增加 17.5 小时。水稻全生育期（5 月上旬至 10 月上旬）总积温 3958.6℃，较常年 3844.7℃偏多 113.9℃；降水量 414.3 毫米，较常年 698.3 毫米偏少 284 毫米；日照 1212.8 小时，较常年 1073.1 小时偏多 139.7 小时。（马晨晨）

水文　境内水系属于淮河流域沂沭泗水系，沂沭地区的主要排洪河道新沂河、新沭河等均从境内入海，故有“洪水走廊”之称。境内河网稠密，有省级骨干河道 82 条，其中灌河、临洪河等 17 条为直接入海河流。全市有大中小型水库 152 座，其中石梁河水库为江苏省最大人工水库，总库容 5.3 亿立方米。2018 年，全市水资源总量 118.22 亿立方米，利用率达 82.9%。（李　军）

【自然资源】 土地资源　连云港市土地总面积 7615.71 平方千米，其中耕地面积 39.16 万公顷、园地 1.53 万公顷、林地 1.46 万公顷、草地 9.26 万公顷、建设用地 18.04 万公顷、未利用土地 6.71 万公顷。境内的土壤，受成土母质、水文、海拔、海陆变迁及人类活动的影响，在残积、洪积、冲积和沉积四种因素作用下，形成棕壤土、紫色土、潮土、砂姜黑土、盐土 5 个土类，14 个亚类，21 个土属，63 个土种。土壤分布呈现垂直、水平双重分布规律。垂直分布表现为从高海拔至低海拔，依次分布着棕壤类土壤的生草棕壤、粗骨棕壤、酸性棕壤、白浆化棕壤和潮棕壤。水平分布表现为紫色土类、潮土类、砂姜黑土类及盐土类的区域性分布。（夏燕红）

植物资源　连云港市植物种类多样，有维管束植物 164 科、642 属、1277 种。其中，蕨类植物 24 科、33 属、47 种，裸子植物 4 科、10 属、16 种，被子植物 136 科、599 属、1214 种。平原地区土壤肥沃，境内盛产水稻、小麦、玉米、大豆、花生等粮食和油料作物。山区则生长林木、果品、茶叶等各种经济作物。连云港是国家重要的粮棉油、林果、蔬菜等农副产品生产基地。珊瑚菜、金镶玉竹为江苏省珍稀名贵特产。云台山的云雾茶为江苏三大名茶之一。全市有古树名木 548 株，其中一级古树 59 株、二级古树 69 株、三级古树 364 株、其他 56 株。（舒　彤）

动物资源　连云港动物资源主要分水生、陆生和鸟类，有原生动物、多孔动物、腔肠动物、线形动物、环节动物、拟软体动物、扁形动物、软体动物、节肢动物、棘皮动物、毛颚动物、尾索动物、头索动物、脊椎动物 14 个门、2242 种。水生动物中的海洋水产品占连云港水产品总量的 72.8%。主要经济鱼类为带鱼、鲫鱼、黄鱼、加吉鱼 4 大类。近海水域和内陆水域

2018 年，连云港发现史前物种枝额虫，又称“仙女虾”　王健民　摄

连云港市境内海岛地理位置与面积一览表

表 1

海岛名称	北纬（度）	东经（度）	面积（平方米）	岸线长（米）
平岛	35°08′	119°55′	156435	2722
平岛东礁	35°09′	119°55′	1077	148
达山岛	35°01′	119°53′	133448	1973
花石礁	35°00′	119°54′	3548	267
达山南岛	35°00′	119°53′	903	139
达东礁	35°00′	119°54′	1242	147
车牛山岛	35°00′	119°49′	66274	1154
牛尾岛	34°59′	119°49′	6218	307
牛背岛	34°59′	119°49′	18677	857
牛角岛	34°59′	119°49′	3737	259
牛犊岛	34°59′	119°49′	3938	305
秦山岛	34°52′	119°17′	142380	2603
小孤山	34°47′	119°27′	1203	152
竹岛	34°46′	119°21′	85767	1307
连岛	34°45′	119°29′	6073107	17497
鸽岛	34°45′	119°23′	14932	513
羊山岛	34°42′	119°29′	205890	2685
开山岛	34°32′	119°52′	17764	725
大狮礁	34°32′	119°52′	531	91
船山	34°31′	119°53′	135	41

主要生产对虾、海带及淡水鱼类。陆上动物主要为人工饲养的畜禽品种，达 12 科、18 属、90 多个品种。连云港有鸟类 225 种，其中列入国家珍稀保护鸟类 31 种。（沙 莎）

海洋资源 连云港市境内有岛屿 20 个，总面积 6.94 平方千米。拥有全国八大渔场之一的海州湾渔场、全国四大海盐产区之一的淮北盐场、全国最大的紫菜养殖加工基地、河蟹育苗基地和对虾养殖基地。前三岛海区为江苏省唯一的海珍品基地，赣榆区拥有全省第一家以海洋产业为主的省级海洋经济开发区。2018 年，连云港市海水产品总量 45.42 万吨，其中海水捕捞 13.09 万吨、海水养殖 32.33 万吨。海水养殖面积 4.92 万公顷。捕捞品种主要有小黄鱼、鲅鱼、鲳鱼等。（沙 莎）

矿产资源 境内已探明矿产资源 49 种，其中非金属矿产 33 种、金属矿产 11 种、能源及水气矿产 5 种。蛇纹石、磷、脉石英、大理岩、建筑用砂、金红石、榴辉岩系列矿产（石榴子石、绿辉石）、花岗岩等非金属矿产是连云港市主要特色矿产。蛭石、云母、石榴子石、红宝石等特色非金属矿产，是江苏省唯一产地。东海县水晶储量、品位居全国之首，是中国最大的硅产业基地和水晶工艺品、硅微粉、碳化硅等产品的加工和出口基地，2003 年被国家工艺美术协会授予“中国水晶之都”称号，2016 年被世界手工艺理事会授予“世界水晶之都”称号。2018 年，全市有矿山企业 21 家。（夏燕红）

【自然灾害】 全年灾害性天气主要有暴雨 2 次、台风影响 2 次、强对流天气 3 次、高温日 9 天、大雾 42 天、霾 49 天、暴雪 1 次、寒潮 1 次。秋季（9—11 月）出现大雾次数 7 次，市气象台及时发布大雾预警信号，全市未产生灾情。1 月、11 月、12 月出现三次连续性雾和霾天气，影响范围较大，时间较长。全年出现 3 次降雪过程，其中 1 月 4 日凌晨，连云港市出现暴雪天气，降雪南北分布差异较大。全市受灾人口 87 人，紧急转移安置 72 人，农作物受灾面积 10 公顷，直接经济损失 84.2 万元，其中农业损失 84 万元。3 月 4 日，连云港市出现一次雷暴大风天气过程，过程雨量达大雨，局地达暴雨量级。程伴随的强降水、大风等天气给周末和春运期间旅客出行造成较严重影响。5 月 16 日，连云港市自西向东出现雷雨大风等强对流天气，全市大部分地区出现 7 级以上的大风，造成东海县、赣榆区部分乡镇麦田倒伏、蔬菜大棚倒塌及房屋损坏，受灾人口 23.67 万人。其中，赣榆区 2.9 万人，东海县 20.77 万人；农业受灾面积 8726 公顷，其中赣榆区 230 公顷，东海县 8496 公顷，东海县农作物绝收面积 168 公顷；全市房屋倒塌 3 间，严重损坏 56 间，一般损坏 704 间；直接经济损失 4081 万元。9 月 18 日，连云港市大部地区出现明显降水过程。强降水造成连云港市部分路段严重积水，交通拥堵。东海县 8 个乡镇出现灾情，受灾人口 4.87 万人，紧急转移 19 人，农作物受灾面积 4002 公顷，房屋一般损坏 158 间，严重损坏 2 间，倒塌 4 间，直接经济损失 2228 万元。7 月 22 日，受台风“安比”影响，连云港市出现明显风雨。此次过程除少量田地出现玉米倒伏外，无大范围灾情发生。（马晨晨）

历史人文

【历史】 连云港历史悠久。早在四五万年之前，就有原始先民在这里生息繁衍。二涧遗址、大伊山石棺墓证实 6500 年前此地受北辛文化和青莲岗文化影响，形成了独特的地域文化。藤花落龙山文化古城和将军崖岩画则证实此地在 6000 年前已跨入早期文明的门槛。2002 年出土的海州双龙汉代女尸的考古价值堪与湖南长沙马王堆汉墓出土的女尸媲美。被誉为“东方天书”的将军崖岩画，经北京大学太极文化研究所研究员王大有考证，确认为 8000 年前的少昊氏祭天遗迹，是全国最古老的岩画。东汉时期的艺术珍品——孔望山摩崖造像，据考证比敦煌莫高窟还要早

300年。堪称文化瑰宝的郁林观石刻、雄峙近千年的海清寺阿育王塔等丰富的文化遗存，昭示着连云港灿烂的古代文明。

【建置】 秦始皇二十六年（公元前221年）置朐县，使连云港地区第一次有了明确的行政建置。北朝东魏武定七年（549年）置海州，辖六郡十九县，以“东滨渤海，西绾徐郯，北控齐鲁，南蔽江淮”的区位优势，成为苏北、鲁南沿海地区的政治、经济、文化中心和军事重镇。唐代，海州开凿80千米长的官河，沟通运河与海运，使海州港成为繁华的商港、南北货集散的码头和海上补给粮饷的军港，宿城出现新罗人居住的村落。宋代，海州年运销原盐47万石，盐、茶、紫菜、粮、油等大宗商品经海州港口转销，许多新罗人长期侨居海州经商。宋神宗时，朝廷将海州作为与高丽等海外国家来往的四大重要口岸之一，在海州建高丽亭馆接待海外商旅。元、明两代，改漕粮河运为海运，海州港是中转之处，时称海州为“淮口巨镇”。清康熙二十四年（1685年）在海州云台山设江海关，成为清初四大海关之一。雍正二年（1724年），海州升为直隶州，辖赣榆县、沭阳县。民国元年（1912年），海州改称东海县，后又分置为东海县、灌云县。是年，陇海铁路终端港建成，因面向连岛、背倚云台山而取名为连云港。民国年间，市境为江苏省第八行政督察区，辖赣榆县、东海县、沭阳县、灌云县。中华人民共和国成立后，于1949年11月成立新海连市。1950年5月，新海连市和东海县合并为新海县，年底恢复新海连市和东海县建置，隶属山东省临沂专区。1953年1月，新海连市和东海县、赣榆县划归江苏省管辖，隶属徐州专区。1954年11月，新海连市改为省辖市，受徐州专区督导。1961年9月，新海连市更名为连云港市。1962年6月，徐州专区所辖的连云港市升格为省辖市，成为江苏省7个省辖市之一。1983年1月，江苏省实行市领导县体制，连云港市辖赣榆县、东海县和灌云县。2018年，连云港市辖赣榆区、海州区、连云区、东海县、灌云县、灌南县，为江苏13个设区市之一。

【区划】 1948年11月，全境解放后设立新海连特区。1949年11月，撤销新海连特区，成立新海连市，设新龙区、新华区、民主区、锦屏区、浦西区、前云区、后云区和连云港办事处。1949年12月，前云区、后云区合并成立云台区。1951年8月，新龙区、新华区、民主区撤销，以龙尾河为界，河以东称龙尾区，河以西称盐河区。1952年，连云港办事处改称连云区，锦屏区改称海州区。1955年9月，龙尾区、盐河区合并成立新浦区，隶属新海连市。1961年9月，新海连市更名连云港市。1983年6月，新浦区、海州区和新坝公社、锦屏公社、新浦农场合并成立新海区。1986年6月，新海区撤销，分设为新浦区、海州区。1996年7月，原属淮阴市的灌南县划归连云港市管辖。2001年10月，云台区撤销。2014年5月，国务院批复同意连云港市部分行政区划调整，撤销新浦区、海州区，设立新的连云港市海州区；同意撤销赣榆县，设立连云港市赣榆区。至2018年底，连云港市辖赣榆区、海州区、连云区、东海县、灌云县、灌南县。全市有51个镇、9个乡、30个街道，265个社区、1429个村。

2018年连云港市行政区划一览表

表2　　单位：个

区域名称	所辖街道乡镇名称	乡	镇	街道
赣榆区	镇：青口、柘汪、石桥、金山、黑林、厉庄、海头、塔山、赣马、班庄、城头、城西、宋庄、沙河、墩尚	—	15	—
海州区	镇：锦屏、新坝、板浦、浦南 街道：朐阳、新海、新浦、海州、幸福路、洪门、宁海、浦西、新东、新南、路南、花果山、南城、郁洲、云台	—	4	15
连云区	乡：前三岛 街道：墟沟、连云、云山、板桥、连岛、海州湾、宿城、高公岛、中云、猴嘴、朝阳、徐圩	1	—	12
东海县	乡：驼峰、李埝、山左口、石湖、曲阳、张湾 镇：白塔埠、黄川、石梁河、青湖、温泉、双店、桃林、洪庄、安峰、房山、平明 街道：牛山、石榴	6	11	2
灌云县	乡：小伊、南岗 镇：伊山、杨集、燕尾港、同兴、四队、圩丰、龙苴、下车、图河、东王集 街道：侍庄	2	10	1
灌南县	镇：新安、堆沟港、田楼、北陈集、张店、三口、孟兴庄、汤沟、百禄、新集、李集	—	11	—
合　计		9	51	30

【人口】 2018年底，全市户籍总人口534.34万人，比2017年底增加1.81万人，增长0.3%。在年末总人口中，市区人口224.06万人，增长0.65%；男性278.76万人，女性255.58万人，男女性别比为109（女性＝100）。全市总户数为145.92万户，增加3.48万户，增长2.44%；平均每户人口3.66人。年底常住人口452万人，增长0.04%；其中城镇常住人口282.95万人，增长1.5%。常住人口城镇化率62.6%，增长0.9%。全年死亡人口34690人，出生人口75031人，人口出生率10.83‰。全市人口密度为701.6人/平方千米。

【民族】 2018年，全市有汉族、蒙古族、回族、藏族、维吾尔族、苗族、彝族、壮族、布依族、朝鲜族、满族、侗族、瑶族、白族、土家族、哈尼族、哈萨克族、傣族、黎族、傈僳族、佤族、畲族、高山族、拉祜族、水族、纳西族、景颇族、科尔克孜族、土族、达斡尔族、仫佬族、羌族、布朗族、撒拉族、毛南族、仡佬族、锡伯族、阿昌族、塔吉克族、怒族、鄂温克族、德昂族、京族、鄂伦春族、赫哲族、基诺族等52个民族。其中汉族人口占99.72%，少数民族人口占0.28%。

（刘从鸿）

【宗教】 连云港市是江苏省宗教工作重点市之一，佛教、道教、伊斯兰教、天主教、基督教五大宗教齐全。2018年，全市经登记并赋码换证的宗教活动场所556个，宗教教职人员230人，信教群众14.74万人，约占全市总人口的2.8%。其中，佛教寺庙27座，佛教教职人员49人，信教群众1.22万人；道教场所5处，道士4人，信教群众约2000人；伊斯兰教清真寺3处，阿訇2人，信教群众约900人；天主教活动场所5处，神父1人，信教群众约5600人；基督教活动场所516处，其中教堂80个、固定处所436处，基督教教职人员174人，其中牧师11人、长老26人、按立传道115人、神学生22人，信教群众12.67万人。

（王　超）

【人文】 连云港地区自古人文荟萃。秦代方士、赣榆人徐福从这里东渡扶桑，带去先进的生产工具和百工技艺，受到日本民众的崇拜，被称为中外文化交流第一人。秦始皇4次东巡，3次到此并立石建有"秦东门"。南城鲍照是南北朝时期著名诗人，开东晋一代诗风，被称为"上挽曹刘之逸步、下开李杜之先鞭"，是中国诗歌史上一颗闪亮的巨星。清代乾嘉学者凌廷堪、许乔林、许桂林也都生长、生活在这片土地上。晚清出生于海州望族的沈云沛，官至邮传部右侍郎，在其任上力排众议，将东陇海铁路的出海口定在海州，使海州从此迈进现代港口城市的大门。近代以来，连云港地区的名人更是层出不穷。水利学家武同举、职业教育家江问渔、作家朱自清、画家彦涵、表演艺术家朱琳都出生在这块土地上。尤令连云港人骄傲的是被称为"汪氏三杰"的汪德耀、汪德昭、汪德熙三兄弟，他们出生于古镇板浦，先后留学法国、美国并获博士学位。汪德耀是中国著名的细胞生物学家，曾任厦门大学校长、国家肿瘤细胞实验室负责人。汪德昭是中国著名的物理学家、大气电学家、水声学专家、中国水声事业的奠基人、中科院院士。汪德熙是中国著名的高分子化学家、核化学化工事业主要奠基人之一、中国科学院院士，为中国的核燃料萃取、核工业发展作出过巨大贡献。连云港地区还留下不少达官显贵、文人墨客在此或为官或游历或寓居的古迹和史话。春秋战国时期，孔子以鲁相身份与齐侯会盟于夹谷山，书写了一段外交史上化干戈为玉帛的佳话。孔子曾到此登山观海留下了文化遗存"孔望山"。唐代书法家李邕曾任海州刺史，在此留下传世名碑《娑罗树碑》和《海州大云寺禅院碑》。宋代文学家石曼卿、苏东坡或为官或游历海州，写下数十首与海州有关的诗篇。宋代著名女词人李清照到此游历，将其看到的碑刻记于与丈夫赵明诚合著之《金石录》中。明代文学家吴承恩以海州、云台山为背景，写下被誉为中国四大古典名著之一的《西游记》。《儒林外史》的作者吴敬梓、《镜花缘》的作者李汝珍也都长期在这里生活，从这里汲取丰富的营养，写出为世人称誉的文学巨著。晚清著名政治家林则徐、魏源、陶澍都曾宦游这里并留下文章和诗词。

连云港市史前文化具有龙山、岳石、青莲岗文化交汇特征。出土于东海尹湾汉墓的西汉简牍入选《中国档案文献遗产名录》。民间艺术具有南北交汇的特征，地方剧种有海州小戏（今淮海戏）、童子戏等。海州五大宫调、淮海戏、徐福东渡传说、东海孝妇传说、淮盐制作技艺5个项目入选国家级非物质文化遗产保护名录。到2018年底，全市有文物保护单位188

3月28日，连云港市东磊风景区内"玉兰花王"盛开，树高17米，树龄超过800年

王健民/视觉江苏网

个，其中国家级9个、省级28个、市级94个、县区级57个。

【风俗】古海州历史悠久，儒家传统文化、宗教文化、南北文化在连云港地区交融渗透，使连云港市民俗具有豫东、鲁南的基本民俗特色，又有苏北、皖北淮海地区的习俗风貌。以祭海、捕鱼、起网、号子等为特征的渔民习俗，以修滩、晒盐、扒摊和祭奠为主要内容的盐民习俗，彰显连云港民俗文化的地域特色。

【方言】连云港市处在南北方言的交接过渡地带，既有北方方言的特点，又受南方方言的影响。境内方言有两类，一类是属于中原官话郑曹片的青泉（青口、温泉）小片，方言特征是没有入声，古入声清音字及次浊字今读阴平、全浊字今读阳平。另一类是属于江淮官话洪巢片的海伊（海州、伊山）小片，方言特征是有入声，除少数入声字变成舒声外，入声自成一类。随着城市发展，大量的外地人定居城区，使连云港方言发展变化加大，有向普通话靠拢的明显趋势。

【市花市树市歌】2005年2月22日，连云港市第十一届人民代表大会常务委员会第十五次会议决定：连云港市市花为玉兰，市树为银杏。1997年问世的连云港市歌《在海一方》，为乔羽作词、郁洲萍作曲。歌曲在传统民歌基础上，糅进了现代通俗唱法的技巧，歌曲表达既有海的美丽辽阔，又有时代特色和百姓情趣。在中央电视台首届“城市之歌”音乐电视展播评比中获得最高奖——最佳城市形象歌曲奖。（年　编）

经济社会发展

【经济规模】2018年，中共连云港市委、市政府立足连云港市情实际，着眼连云港长远发展，作出重大决策部署——“高质发展、后发先至”，建设大港口、构建大交通、推动大开放、发展大产业、促进城市建设大提升、实现连云港大发展，加快推进全面小康社会进程。全市经济总量不断扩大。全年实现地区生产总值2771.7亿元，比2017年增长4.7%。其中，第一产业增加值325.57亿元，增长2.6%；第二产业增加值1207.39亿元，增长1.9%；第三产业增加值1238.74亿元，增长8.2%。人均地区生产总值61332元，增长4.5%。工业经济平稳运行，内生动力不断增强。全市有规模以上工业企业1508家，工业产值比2017年下降8.2%，工业增加值下降6.7%。规模以上工业实现主营业务收入2493.7亿元。工业用电量106.52亿千瓦时。实现工业应税销售收入2675.7亿元，工业增值税103.4亿元，企业所得税72亿元。制造业投资快速增长，全年完成制造业投资929.17亿元，占全市项目投资比重为61.2%。248个市重点工业项目完成投资557.4亿元。实施各类重点技术改造项目308个，年内完成投资305亿元。工业经济创新成效显现，高新技术产业产值占规模以上工业产值的43.7%，其中，新医药、新材料、新能源和高端装备制造等“三新一高”产业占高新技术产业产值的97%。4家医药企业名列工业和信息化部“2018中国医药工业企业百强”前50强，中复神鹰千吨级SYT55（T800）生产线正式投产，以盛虹炼化为主的投资千亿元石化项目年底集中开工，镔鑫特钢建成全国首家封闭式智能物料仓。企业运行质效提升。全市26家强优工业企业实现应税销售收入1483.7亿元，占全市的55.5%，增长23.6%。

【经济结构】产业结构　2018年，全市第一产业比重趋于下降，第二、三产业比重不断上升，三次产业结构呈现出一种逐步高度化、合理化的良好发展势头。全市三次产业结构为11.7∶43.6∶44.7，产业结构优化为“三、二、一”，第三产业占比20年来首次超过第二产业，居首位。现代农业加快发展。实现农林牧渔业总产值637.41亿元，按可比价计算增长2.4%。其中，农业产值304.65亿元，林业产值16亿元，牧业产值115.89亿元，渔业产值155.49亿元，农林牧渔服务业产值45.38亿元。全年粮食总产量364.03万吨。高标准农田、高效设施农业占比分别达到59%、20.2%，“合作社+家庭农场+基地+农户”等多种经营快速推进，葡萄架下养鸡养鹅、稻虾共生等立体种养模式进一步推广，种养效益和农产品品质量显著提升。三次产业融合发展步伐加快。农业信息化快速发展，9家单位入选省农委公布的农业信息化示范基地名单，创建涉农电商产业园11个，利用网络开展农业营销的各类主体数量8400多家。加快调整工业结构，做大做强战略性新兴产业，高新技术产业产值占规模以上工业比重达43.7%。新医药、新材料产业增势强劲，应税销售收入连续15个月保持两位数增长。主导产业增势明显。全市钢铁产业应税销售收入突破400亿元，增长24%。全市30强工业企业产值增长15.7%，高于全市平均水平24.6个百分点，拉动全市8.4个百分点。其中，镔鑫钢铁增速达59.7%，兴鑫钢铁、斯尔邦、虹港石化、润众制药增速超过30%。全市有5家企业销售过百亿元，10家企业销售过50亿元，重点企业对全市的带动作用逐步增强。轻重工业占比总体稳定。全市规模以上轻重工业比例由年初42.5∶57.5调整为12月40.7∶59.3，总体保持稳定。服务业支撑作用进一步凸显。全市服务业增加值1238.74亿元，占地区生产总值比重为44.7%。旅游经济持续增长。全市新增灌云伊甸园、伊芦山梅园和赣榆秦山岛3家国家AAA级旅游景区，国家等级旅游景区达42家。金融业增长居全省前列。12月底，全市金融机构贷款余额2945.04亿元，增长18.9%，比全省平均增幅高6.4个百分点。金融机构存款余额3261.64亿元，增长8.3%，比全省平均增幅高0.3个百分点。银行存贷比为90.3%，比全省平均高出9.8个百分点，在全省排名第二位。交通运输业快速发展。全年交通运输业实现增加值115.83亿元，增长8.6%，高于全市地区生产总值增长3.9个百分点。

所有制结构　全力推进“准入环境便捷行动”“民营经济壮大行动”，持续深化商事制度改革，市场活力进一步释放，大众创业成效明显，民营经济快速发展。全市民营经济完成增加值1457.92亿元，民营经济增加值占地区生产总值比重为52.6%。大众创业活力凸显，全年新增私营企业1.97万家，年底实有私营企业9.08万家；新增私营企业从业人员5.96万人，总数达54.39万人。新增个体工商户6.32万户，年底实有个体工商户28.53万户；新增个体从业人员9.96万人，总数达43.96万人。民间投资力度加大。全市完成民间投资1075.1亿元，占全部投资的57.7%，成为全市吸纳就业、推动发展的重要增长极。

需求结构　三大需求拉动有力，运行质量稳步提升。随着人民生活水平的不断提高，消费市场日趋转旺，全市消费对经济增长的贡献率达52%，成为拉动经济增长"三驾马车"中的首要因素。消费拉动作用逐步增强。消费品市场运行良好，全市实现社会消费品零售总额1121.31亿元，增长8.3%，居全省第六位。城乡消费实现均衡增长。农村居民收入快速增长，城镇化步伐不断加快，促进农村消费升级，激发农村消费需求。东海县、灌云县、灌南县实现零售额467.46亿元，增长8.2%；市区实现零售额653.85亿元，增长8.4%。零售业呈下降态势。分行业看，批发业实现零售额209.54亿元，增长60.5%；零售业实现零售额748.53亿元，下降2.3%；住宿业实现零售额31.22亿元，增长70.7%；餐饮业实现零售额132.02亿元，增长9%。固定资产投资稳步增长。全市完成固定资产投资1859.28亿元，增长6.7%，比全省平均增速高1.2个百分点。制造业投资拉动作用明显。全市完成制造业投资929.17亿元，增长18.1%，占全市项目投资的比重为61.2%。民间投资快速增长。全市完成民间投资1075.1亿元，增长14.1%，比全市高7.4个百分点。高新技术产业投资拉动作用上升。全市完成高新技术产业投资235.51亿元，增长23.5%，占全部投资的12.7%。房地产投资快速增长。全市完成房地产开发投资341.52亿元，增长24.2%，居全省第五位。进出口较快增长。全市完成进出口总额95.47亿美元，居全省第三位。其中，进口总额53.88亿元，出口总额41.59亿美元。（刘　军）

【供给侧改革】2018年，连云港市推进供给侧结构性改革，无效和低端供给进一步减少，产能利用率逐步回升，实体经济企业成本不断降低。市政府印发《2018年度供给侧结构性改革去产能工作目标任务》，全年淘汰整合冶金化工企业18家，化解船舶产能30万载重吨。在全省率先实现存量房交易"四价合一"、商品房预售资金监管县区"一网运行"，推进"租售并举"住房制度改革，推动组建国有房屋租赁投资服务公司，研发上线政府主导的住房租赁监管服务平台。商品住宅去化周期得到有效控制，公租房分配率98.26%，居全省第一。全市商品住宅去化周期为11.72个月。市金融服务平台在苏北率先上线试运行，到年底，接入平台企业3822家，解决企业融资需求7000余万元。壮大地方金融组织体系，引进兴业银行连云港分行、百年人寿连云港中心支公司等金融业机构5家。成立江苏股权交易中心连云港分中心，并正式设立区域股权交易省内首家城市专版。重新编印《连云港市涉企政策汇编》降成本分卷和产业政策分卷。全年降低企业成本20亿元以上。执行重大技术装备进口关键原材料、零部件进口关税减免和进口环节增值税减免政策，天明机械、中复连众等企业降低成本1000余万元。执行降低部分社会保险费率政策，职工基本养老保险费率由20%降至19%，失业保险费率由2%降至1.5%，工伤保险平均费率降低0.1%。印发《2018年补短板重大项目投资计划》，确定加快补齐产业发展、创新驱动、基础设施、生态环保、扶贫开发等方面短板和薄弱环节，130个补短板重大项目全年完成投资550亿元。（刘成文　郭欣勇）

【社会事业】2018年，连云港市居民收入实现较快增长。全市居民人均可支配收入25864元，比2017年增长8.8%。保障体系不断完善。城乡居民养老、居民医保参保人数分别为103万人、380万人，基本实现参保全覆盖。企业职工养老保险增加2.28万人，基金征缴62.93亿元。市区"五险"保费征缴总收入63.76亿元。企业退休人员基本养老金实现十四连调，城乡居民基础养老金七连调，被征地农民社会保障待遇五连调。全年配建保障性住房552套，面积3.69万平方米。教育事业加快发展。全年新建中小学、幼儿园42所，改造中小学校舍45.9万平方米，义务教育学校实现集团办学、结对共建全覆盖。文化服务水平提升。全年建成综合性文化服务中心803个，全市覆盖率达87.1%。全年举办群众性展演展映活动2万余场次。健康城市建设有序推进。医疗卫生服务不断优化，医联体建设实现全覆盖。基层诊疗人次占总诊疗人次比例达70.1%，县域内就诊率90.3%。国家卫生县城和省级卫生乡镇实现全覆盖，灌云县、赣榆区建成全省基层卫生十强县区。体育事业稳步发展。山海休闲体育城市加快打造，举办中国首个"齐天大圣"元素品牌的西游文化精品赛事——第二届（2018）连云港花果山国际越野赛。（年　编）

责任编辑　徐　敏

中共连云港市委

综述

【概况】 2018年，中共连云港市委以习近平新时代中国特色社会主义思想为指导，贯彻中共十九大精神和中央、省委决策部署，着眼推动新一轮发展，召开“高质发展，后发先至”动员大会，将“高质发展，后发先至”确立为全市工作的主题主线。深入推进“高质发展，后发先至”三年行动计划，统筹抓好稳增长、促改革、调结构、惠民生、防风险各项工作，经济社会发展和党的建设实现新的进步。市委履行管党治党主体责任，全面从严治党取得新成效。开展解放思想大讨论活动，解决“七个不”（精神不振、思路不清、标准不高、作风不实、能力不足、自律不严、正气不够）等突出问题。落实习近平总书记重要批示精神，开展向王继才学习系列活动。按照“六个一”（配强一名好书记、建设一个好班子、打造一个好阵地、选准一条好路子、完善一套好制度、营造一个好的干群关系）要求，实施基层党建“堡垒工程”，基层党组织凝聚力战斗力显著增强。市委常委会带头强化自身建设，深化作风建设，加强党风廉政建设，抓好中央、省委巡视反馈意见整改落实，稳步推进监察体制改革，有序开展巡察工作，保持惩治腐败高压态势，政治生态持续向好。《江苏连云港认真贯彻落实习近平总书记4次见证中哈物流基地建设时的重要指示精神，立足四个维度畅通“一带一路”陆海联运通道》《江苏认真贯彻习近平总书记关于王继才同志先进事迹的重要指示精神，大力弘扬“时代楷模”爱国奉献精神，不忘初心，坚守心中的“开山岛”》被中央办公厅信息综合室专报采用。

6月19日，市委召开简政放权优化营商环境推进会　　王振　摄

【十九大精神学习】 2018年，市委把学习习近平新时代中国特色社会主义思想和中共十九大精神作为首要政治任务，举办4期1082名市管干部和180名乡镇（街道）党政正职参加的学习习近平新时代中国特色社会主义思想轮训班；各县区举办科级干部轮训班12期，轮训科级干部5313人；市级机关举办1600余场学习培训会，党员干部全部参加学习培训。举办专题辅导报告会3期、“农业供给侧结构性改革”等专题研讨班12期、“互联网思维与新经济模式创新”等专题培训班10期，培训各级党政干部近6000人次。把习近平新时代中国特色社会主义思想纳入党员干部教育培训长期规划，列为党校主课，习近平新时代中国特色社会主义思想作为专题教学单元不少于40个学时；在各类专题培训班次中将新思想作为必学内容，课程占比不低于40%。

【经济发展】 2018年，市委在错综复杂的宏观形势下推进工业立市、产业强市，经济运行稳中有进。全年完成一般公共预算收入234.31亿元，增长9.1%，主要经济指标达到预期目标。临港大项目取得重大突破，省委、省政府在连云港市举行全省重大项目现场推进会议，盛虹炼化一体化等千亿元项目集中开工，国家级石化产业基地建设迈出关键性步伐。“三新一高”产业、石化、冶金等主导产业增势明显。新建项目开工率和竣工率均创历史最好水平。产业加快转型升级步伐，淘汰落后产能、调整产业结构，发展质量效益大幅提升。改造提升传统产业，工业技改投资增长11%，高耗能行业投资持续下降，低端落后产能加速出清。万元GDP能耗下降3%。高新技术产业产值占比达43.7%，较2017年提高8.6个百分点。“互联网+商贸”、邮轮旅游、文化创意、跨境电商等新业态加速涌现，全市网络零售额、旅游综合收入分别增长40%、15.9%。高效设施农业占耕地面积的20.2%。科技创新亮点纷呈，恒瑞医药跻身全球创新百强，高效低碳燃气轮机试验装置国家重大科技基础设施项目获批建设。国家创新型城市、国家知识产权试点城市建设研发投入占比达1.92%，创新红利持续释放，为转型升级注入动力。

4月8日，全市“高质发展、后发先至”动员大会在市文化艺术中心举行
王振　摄

【改革开放】 2018年，全市抢抓“一带一路”机遇，全面深化改革，扩大对外开放，增强发展的动力活力。68个国家和省、市级重点改革项目扎实推进。深化“放管服”改革，营商环境显著改善。推动国有企业改革，激发国企发展的内生动力。谋划形成推进“一带一路”支点城市建设的“建设大港口、构建大交通、推动大开放、发展大产业、促进城市建设大提升”思路举措，制定三年行动计划，明确266个具体项目，对外开放水平持续提升。推进标杆示范项目，中哈物流场站进出集装箱量、上合组织国际物流园物流量分别比2017年增长8.7%、70.6%。举办连博会、第二届国际医药技术大会、连云港论坛等重大展会，深化对外交流合作。综合保税区、国家海洋经济发展示范区获批，灌南经济开发区、东海高新区获批省级开发区。

【生态建设】 2018年，市委践行绿色发展理念，严格落实中央环保督察“回头看”反馈问题整改要求，交办事项全部办结。彻底整治灌云、灌南化工园区，依法关停取缔环保不达标企业，园区环保基础设施提档升级。推进环境综合治理，全年空气优良率排名全省第二。以河长制、湾长制为抓手，城市和建制镇污水处理设施基本实现全覆盖，地表水国省考断面全面消除劣五类，入海河流水质明显改善。在全省率先出台实施海洋生态红线保护规划。开展国家生态文明建设示范市创建，实施湿地保护、山体修复、海岸线整治等工程，新增造林面积1.33万公顷，生态环境质量有效改善。

【社会生活】 2018年，市委实施就业创业富民增收行动，新增城镇就业6.2万人，转移农村劳动力2.7万人，1.1万低收入户劳动力实现就业，圆满完成年度脱贫任务。全体居民人均可支配收入增长8.8%。统筹推进“生态、智慧、健康、文明”连云港建设，国家级卫生城市实现县区全覆盖；中心城区功能不断完善，棚户区改造新开工住宅建设2.6万套；完成农村危房改造1801户，新建改建农村公路810千米，农村人居环境加快提升。在全省率先扩大四星级普通高中招生计划比例，教育现代化水平保持苏北领先。医联体建设实现全覆盖，市妇幼保健院扩建、省海滨康复医院等工程有序推进。城乡低保标准稳步提高。深化法治连云港建设，推进“最安全城市”创建，开展扫黑除恶专项斗争，推行社区网格治理，安全生产形势平稳，社会大局和谐稳定。　（市委办）

重要会议

【“高质发展，后发先至”动员大会】 2018年4月8日，连云港召开全市“高质发展，后发先至”动员大会。市委书记项雪龙作题为《高质量发展，后发先至，为高水平全面建成小康社会而努力奋斗》的动员讲话。动员全市上下深入贯彻落实中央和省委、省政府精神，精准把握新时代新思想新目标要求，顺应发展潮流，牢记使命担当，为推动连云港“高质发展，后发先至”而努力奋斗。项雪龙指出，到2020年，全市推动“高质发展、后发先至”的主要奋斗目标是：地区生产总值和居民人均可支配收入增速明显高于全省平均水平，主要经济指标超过全国平均水平，确保高水平全面建成小康社会；产业投入实现翻番，累计达到3500亿元；工业应税销售收入、工业增值税分别达4000亿元和180亿元，年均增长20%以上；一般公共预算收入达330亿元以上，年均增长15%以上；高新技术产业产值占比达40%，全社会研发投入占比达2.5%；空气优良率达到80%以上，继续保持全省领先。项雪龙从落实工业立市、产业强市战略、加快推动经济发展高质量，落实以港兴市战略、加快推动开放发展高质量，落实绿色发展战略、加快推动生态环境高质量三个方面作了具体部署。

【市委常委（扩大）会议】 2018年，中共连云港市委先后召开4次常委（扩大）会议。

2月2日，市委书记杨省世主持召开市委常委会（扩大）会议，项雪龙、张同生、万闻华等市四套班子领导出席。会议传达省人大十三届一次会议、省政协十二届一次会议精神，并就连云港市贯彻落实提出要求。

2月7日，市委书记杨省世主持召开市委常委会（扩大）会议，张同生、万闻华等市四套班子领导出席。会议学习传达省委书记娄勤俭在连云港调研讲话精神，要求全市上下要认真学习领会、深入贯彻落实，把省委对连云港的殷切期望转化为追赶超越的现实行动，体现到推动高质量发展、建好"一带一路"战略支点的扎实成效上。

7月26日，市委书记项雪龙主持召开市委常委会（扩大）会议，方伟、万闻华等市四套班子领导参加。会议传达省委十三届四次全会、全省组织工作会议精神，听取市委十二届六次全会筹备情况汇报，审议并原则通过《连云港市党政干部鼓励激励实施细则（试行）》《连云港市容错纠错机制实施办法（试行）》《连云港市推进党政领导干部能上能下实施细则（试行）》《市委关于中央巡视江苏反馈意见的整改落实工作方案》。

11月9日，市委书记项雪龙主持召开市委常委会（扩大）会议，方伟、张同生、万闻华等市四套班子领导参加。会议学习传达省委书记娄勤俭到连云港市调研指示精神，并就全市贯彻落实提出具体要求。

【市委十二届六次全体会议】 7月27日，中国共产党连云港市第十二届委员会第六次全体会议召开。市委委员、市委候补委员出席会议。部分地市级离退休老干部，市纪委委员、监委委员和有关方面负责人，各县区板块、市各部门和驻连部省属单位负责人，省级开发区和各乡镇（街道）主要负责人，强优企业党组织主要负责人和部分党代表列席会议。会议由市委常委会主持。市委书记项雪龙代表市委常委会讲话。市委副书记、代市长方伟就"三项机制"（干部鼓励激励、容错纠错、能上能下机制）有关文件作说明。会议审议并通过《中国共产党连云港市第十二届委员会第六次全体会议决议》。

【市委十二届七次全体会议】 12月28日，中国共产党连云港市第十二届委员会第七次全体会议召开。会议由市委常委会主持。市委书记项雪龙代表市委常委会作工作报告。市委副书记、代市长方伟部署2019年经济工作。全会学习贯彻习近平新时代中国特色社会主义思想和党的十九大精神，全面落实中央经济工作会议和省委十三届五次全会部署，总结2018年经济社会发展和党的建设成绩，研究部署2019年工作。会议审议并通过《中国共产党连云港市第十二届委员会第七次全体会议决议》。

【市委全面深化改革领导小组会议】 7月19日，市委书记、市委全面深化改革领导小组组长项雪龙主持召开市委全面深化改革领导小组会议，听取特色田园乡村建设试点、旅游业改革创新先行区建设、农村集体产权制度改革、创新型城市建设、城市社区治理与服务等重点改革事项进展情况汇报，审议《市委全面深化改革领导小组关于贯彻落实党的十九大精神，进一步做好改革落实工作的实施意见》《关于营造企业家健康成长环境，弘扬优秀企业家精神，更好发挥企业家作用的实施意见》《连云港市盐业监管体制改革方案》3个文件，研究部署下一阶段改革工作。

（市委办）

调研督查

【调研工作】 2018年，连云港市委研究室围绕经济形势研判，开展县区和部门"家家到"调研。围绕乡村振兴、农民集中居住等省委省政府重点关注和推进的重大举措，总结提炼灌南征收工作的典型做法，形成《"严实"作风，创出灌南征收速度》调研报告，获得市委书记项雪龙批示肯定；撰写《大力实施增减挂钩，全力助推乡村振兴》调研材料。挖掘赣榆区"民情助理、党建专员"做法，撰写典型经验材料，在省委内刊《调查与研究》上发表。围绕"一带一路"支点建设，调研中欧班列、自贸区等经验做法，撰写《关于我省精准打造国际班列品牌的调研与思考》一文在省委内刊《动态研究与决策建议》上发表。起草建设"一带一路"战略支点三年行动计划，向省委省政府报送支持"一带一路"战略支点建设若干事项。开展物流产业助力战略支点调研，调研成果在《新华日报》上发表。围绕市委、市政府推进重点片区开发等，开展连云新城开发建设、旅游产业转型发展等专项调研，形成报告。开展全市新社会阶层人士统战工作课题研究，成果获全市统战理论研究一等奖。2018年，市委研究室在省级以上刊物发稿88篇，其中国家级11篇、调研报告30篇，全年刊发《领导参考》13期、《调查与研究》16期。

【督查工作】 2018年，市委督查室围绕全市重点工作和领导批办交办任务，全年开展实地督查调研40余次，撰写各类书面材料50余篇，5篇文稿在省级期刊刊载。

重大决策部署督查　市委督查室、市政府办公室、市纪委监委成立3个督查调研组，分别从县区（功能板块）、市相关部门2个层面对贯彻落实市委市政府重大决策部署8个方面的工作进行督查。市委督查室、市委农工办对各县区扶贫工作情况开展"家家到"督查，对照任务清单逐一督促销号。针对利群集团收购乐天玛特超市引发的不稳定事端工作，召集网信、公安等部门会商会办，有效推动解决问题。围绕全市岗岭地区产业扶贫及医药产业发展等工作，多次开展实地调研并撰写调研报告。年底，在中央、省委出台统筹规范督查检查考核工作文件的基础上，下发《中共连云港市委办公室关于统筹规范督查检查考核工作的通知》，做好全市督查清理整顿报备。

主要领导批办事项督查 市委督查室梳理汇总市委主要领导2018年批办事项90余件，以督办单形式发给相关部门和单位，对其中21件重点事项进行实地督查和明察暗访，督促批办事项第一时间得到落实。按照省委书记娄勤俭关于“一带一路”交汇点建设的批示，迅速排查问题，跟踪督办，推动解决有关问题。对连镇铁路灌云、灌南站取土问题和灌云县下车镇康居示范村出现危房问题等进行跟踪了解并及时上报有关情况。市委督查室陪同省委督查组赴灌云督查危房改造情况、赴港口调研中欧班列运量情况，形成书面报告。配合省级部门开展党政机关办公用房清理整改“回头看”、中央环保督查反馈意见整改、中央巡视组反馈意见整改落实等工作，均取得较好效果。12月初，围绕习近平总书记对江苏重要指示精神进行全面“回头看”自查，成立3个联合督查组，对各县区（功能板块）、市相关部门的工作开展情况进行督查，形成汇总材料报省委办公厅。

重要会议及文件落实督查 2018年，市委印发《市委常委会2018年工作要点》，市委督查室以清单化的方式列出督查事项，明确督办要求和责任主体。对全市贯彻落实《省委常委会2017年工作要点》重点任务完成情况展开全面督查，并上报汇报材料。对各地各部门学习贯彻落实市委主要领导在2月27日市委常委会会议、2月28日全市目标绩效管理总结部署会议上讲话精神的情况开展专项督查，掌握各县区、各有关单位“三年行动计划”制定及重点任务落实情况。梳理汇总全市民营企业家座谈会上各企业家发言，形成《民营企业家在座谈会上反映的问题和所提建议清单》，第一时间反馈至相关责任单位，督促有关问题逐项落实。成立会风会纪督查小组，印发《会风会纪督查工作规范》，先后组织对全市“高质发展，后发先至”动员大会、市委第十二届六次全会、全市重大项目现场观摩活动等15次重要会议活动的会风会纪情况开展督查，严实纪律作风。 （市委办）

组织工作

【概况】 2018年，中共连云港市委有基层党组织1.36万个，其中党委555个、总支1506个、支部1.16万个；党员27.78万人。全年发展党员3742人，其中女性1522人。市委组织部制定出台全面从严治党纵深推进三年行动计划和干部、人才、基层党建、党员干部教育以及组织部门自身建设等“1+4+1”制度体系，组织工作政治性、原则性、战斗性、纪律性不断增强。

【党政干部“三项机制”出台】 2018年7月27日，中共连云港市委十二届六次全会召开，市委下发实施《连云港市党政干部鼓励激励实施细则（试行）》《连云港市容错纠错机制实施办法（试行）》《连云港市推进党政领导干部能上能下实施细则（试行）》“三项机制”。“三项机制”中鼓励激励实施细则坚持实事求是、客观公正，综合考评、注重实绩，突出重点、奖优奖勤，分级管理、简便易行的原则，主要采取选树先进、选拔重用、考核奖励、关心爱护4种方法进行鼓励激励，切实做到让能干事、会干事、干成事的干部得褒奖、有实惠、受重用。容错纠错实施细则重点强调做到“三个区分开来”，对容错的12种情形和不予容错的9种情形逐一进行了界定。能上能下实施细则主要明确了7个类别、25种干部“下”的具体情形，重点是解决领导干部能下的问题。

【机关党建】 2018年，连云港市各级党政机关通过专题研讨、集中培训、网络学习和组织“学习十九大、永远跟党走”微党课大赛等形式，学习贯彻习近平新时代中国特色社会主义思想和中共十九大精神，开展市级机关党组织意识形态领域风险点排查，各单位加强对门户网站、工作微信群、公众号等新媒体的运用和管理。市级机关近500个党支部召开专题组织生活会，并通过“高质发展、后发先至，我该怎么做”、“学习王继才、奉献新时代”大讨论、“走近乡亲、了解乡情”民情微调研等活动，将“解放思想大讨论”引向深入。市机关工委制定《机关党建三年规划》，通过党建片会、工作督查、现场指导等方式，结合落实巡察问题整改，推动党组（党委）落实党建工作领导责任。印制《基层党组织工作纪实手册》，落实领导干部参加双重组织生活制度。“七一”期间，开展市级机

2018年，连云港市实施基层党建堡垒工程。图为海州区新南街道玉带社区党委组织返乡过年的党员补习党课 耿玉和/视觉江苏网

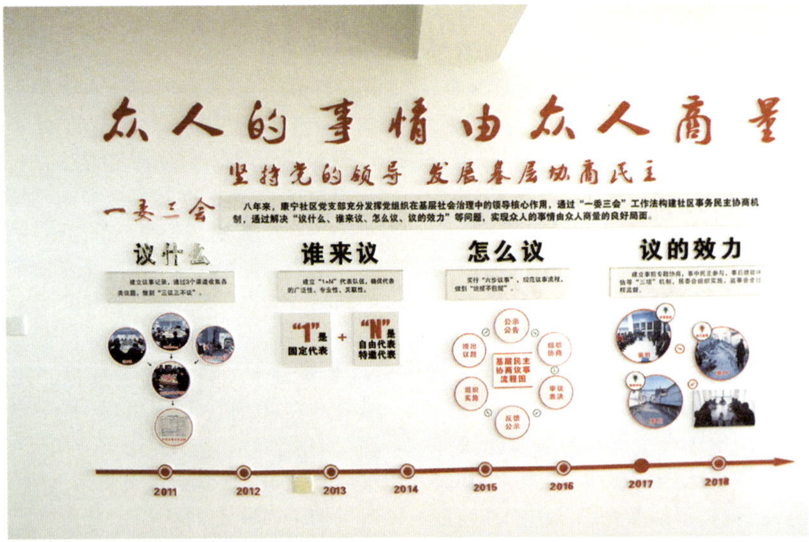

2018年，连云港市全面推行“一委三会”村、社区治理模式。图为“一委三会”示意图
市政法委　供图

关“两优一先”评选，表彰优秀共产党员40人、优秀党务工作者20人、先进基层党组织20个。举办8期机关党务干部专题培训班，培训机关党务干部500余人。举办发展对象培训班4期，培训323人，全年发展党员70人。探索“互联网+党建”模式，推进融党性教育、成果展示、现场体验、智慧互动为一体的机关智慧党建馆建设。党费惠民对口帮扶26个村；推进“党员之家”示范点建设，建成市级基层党组织示范点2个。市级机关党员开展“亲水放流”、义务植树等志愿服务活动。在全国文明城市创建中，市机关工委两次组织为期1个月的“为文明守候、为创城添彩”志愿服务活动，80多家单位6000多名机关干部走上街头，帮助劝导交通。市机关工委开展“党风廉政教育月”活动，组织学习监察法知识竞赛。制作廉政微视频《规矩用权，服务人民》《小圣说纪》。举办机关专场廉政警示教育报告会，组织500余名机关党员干部旁听职务犯罪法院庭审，到监狱、廉政教育基地接受教育。2018年，市级机关纪工委审结案件25起、27人，纪律处分10人，其中开除党籍4人、留党察看1人、严重警告2人、警告3人；恢复党员权利1人。举办3期“机关作风聚焦”电视栏目，对机关作风和群众反映的问题进行电视聚焦，通过“一把手”上线与群众参与、明察暗访与转办督办相结合的方式，回应社会关注，抓好跟踪整改，受到群众好评。通过创文明处室（窗口）、优质服务实例评选，培育创建各类服务品牌120个，选树典型82个。（机关工委）

【基层党建】 2018年，连云港市围绕“六个一”目标，实施基层党建“堡垒工程”。加强村（社区）基层党组织书记队伍建设，明确勤政、公正、廉政基本要求，将好书记标准细化为党性强靠得住、抓稳定会管理、能带富办法多、懂政策善服务、人品正威信高。从致富带富能人、本土大学生、复员退伍军人、退休回乡干部等群体中，培养选拔村（社区）书记320余人。实施村社后备干部培育“千人计划”，计划3年选聘1000名原籍大学毕业生、复退军人回村任职，作为后备干部重点培养，2018年公开选拔450人。出台村（社区）干部薪酬待遇保障办法、农村（社区）合格党员行为规范。新建、改扩建村（社区）党群服务中心252个。全面推行“一委三会”（村〔居〕党组织、村〔居〕民议事会、村〔居〕民监事会，村〔居〕民委员会）村社治理模式，打造法治、德治、自治有机融合的基层治理体系。实行街道“大工委”、社区“大党委”工作机制，选聘兼职委员988人，推动528家驻区、挂钩单位与社区共驻共建。以钟佰均为典型，开展“书记的一天”纪实活动，市县联动举办基层党组织书记培训班68期、培训3100余人次。明确市县“书记项目”54个，召开市委党建工作领导小组重点任务推进会、基层党建“三项建设”现场观摩会、机关党建现场观摩会、城市区域化党建暨共驻共建工作推进会等。出台《村社干部行为对照负面清单》，给村社干部行为划出“红线”，让党员群众监督更有依据。市县乡三级联合开展村级班子综合分析研判，清理不合格不胜任村书记236人，劝退村委会主任52人，清理“空挂”成员500余人。建立健全村（社区）组织运行和党员教育管理制度体系。针对一些党组织党内政治生活不及时、不坚持、不规范情况，市委组织部分领域编印《党支部工作规范化手册》，制定组织生活清单化操作办法，下发《基层党组织工作纪实手册》，有效规范支部运行。在农村，深化富民党建“六百行动计划”（百名村支书创业富民、百名妇女青年致富先锋、百名能人返乡创业、百个旅游富民特色村、百个科教兴农项目、百个党员创业带富示范基地）。在社区，实施“红色物业”工程，构建街道社区党组织、物业公司、驻区单位多位一体的组织体系，优化全要素网格化社会治理，通过网格精准服务居民群众。在全市推行包片联户制度，村干部每月至少走访1遍包片农户，每名街道“大工委”、社区“大党委”委员至少联系1个社区或3—5户困难家庭。（赵淮阳）

【干部选拔任用】 2018年，市委组织部按照高素质专业化要求，健全选人用人、识人察人、管人育人机制。树立“以高质发展论英雄、凭实绩实干用干部”的鲜明导向，推动能者上、平者让、庸者下。完成市政协常委、市监委主任、市人大常委会委员以及出席省人代会代表等选举工作。将全市103家市管班子分成12个干部工作责任区，分4个批次对县区、功能板块中期运行以及市级机关、市属国企领导班子日常运转进行压茬调研、分析研判，通过工作成效度、班

子契合度、人岗相适度、专业配备度等“五个维度”，把全市每个班子、每名干部分析透、研判准，为市委使用干部提供依据。规范选人用人行为，在市委直属党委实行党委会讨论决定科级干部任免票决制。

【人才工作】 2018年，连云港市人才资源总量约84万人，全市高层次人才主要集中在企业经营管理与专业技术人才领域。全市在职“百千万”人才工程国家级人选6人、国家有突出贡献中青年专家6人、国务院特殊津贴专家31人、省突出贡献专家43人、市特殊津贴专家232人。累计有182名中青年高层次人才入选省“六大人才高峰”行动计划。全市有国家级博士后科研工作站21家，省级博士后创新实践基地23家，累计进站博士后114人，在站博士后60人，新招收进站博士后10人。全市高、中、初级专业技术人才比例7.9∶45.7∶46.4。全年全市引进接收各类人才1.5万人，其中博士78人、硕士1106人。新引进外国专家69人，新建2家引智工作站，市外国专家局与比利时退休专家咨询组织和葡萄牙退休专家顾问协会签订人才合作意向书。市农科院邀请的农业专家丸山芳宏获得省外国专家友谊奖，市第二人民医院等7家单位被命名为第三批江苏省外国专家工作室。新聘任苏北发展特聘专家60人，新增留学回国人员60人。5人入选国务院特殊津贴专家，9人入选省有突出贡献中青年专家，6人入选苏北创业领军人才奖，选拔产生市特殊津贴专家14人。3家企业被批准为国家级博士后科研工作站，3家企业设立省级博士后创新实践基地，1家被评为省级示范博士后工作站。1人获得江苏服务业专业人才特别贡献奖。

实施人才引培工程，市委组织部制定支持企事业单位聚才用才、人才安居政策，出台《校企合作培育实用型人才实施方案》等人才培养政策。市财政每年安排5000万元人才发展专项资金。市人社局、市人才办出台政策，对新医药、新材料、石化产业领域的民营企业高端人才每年按人才对全市贡献额度的50%进行奖励；全市有867名高层次人才获得引进资助，获得安家补贴1415.8万元；建成并交付使用756套人才公寓，博士免费租住，硕士租金标准相当于市场价的1/3；为388名高层次人才发放2561万元“购房券”。全市高层次人才中入选省“双创计划”人才50人；“港城英才计划”升级为“花果山英才计划”，首批资助高层次人才74人、团队1个，发放资助资金1380万元。开展第三批市“海燕计划”，资助29名留学回国人员到连云港市实施科技项目，资助总额77万元。37个博士后项目获国家、省、市博士后科研资助资金支持，22个产业人才项目入选省第十五批“六大人才高峰”资助；75名市级领军人才入选项目支持。

（赵淮阳　程继云）

【公务员管理】 2018年，连云港市招录公务员435人，并进行初任培训。市人社局培训公务员2.2万人次。承办“一带一路”战略机遇与区域发展苏南苏北公务员对口培训班，连云港市45人、全省其他12个市49人参加培训。对全市政务突出贡献集体和服务先进个人进行记功奖励；奖励全市法治建设突出贡献集体17个、记个人三等功58人、个人嘉奖148人。给予中国（江苏）第13期援圭亚那、马耳他医疗队，全市第二轮修志工作集体记二等功及个人记功奖励。

【事业单位管理】 2018年，连云港市支持具备条件的事业单位赴高校招引人才，全年发布赴高校招聘岗位323个。部分市属事业单位向高校优秀人才发布招聘岗位51个，签约硕士35人、博士1人。根据事业单位编制增减等情况，全市审批264家事业单位岗位设置变更方案（市直30家）。建立岗位聘用审核与工资审核联动机制，办理岗位变动聘用备案1.69万人次（市直2387人次）。发挥高等级专技岗作用，评定24人具备三级岗资格、1人具备二级岗资格。全年组织人事考试20余项，参加人数5万余人次。完成591名工勤人员等级工晋升培训考核，完成86名技师、57名高级技师选拔推荐。市人社局向省人社厅争取到石化、医药石化（医药）高级职称评审权。出台《深化职称制度改革实施办法》，1月起，对符合条件的县区下放中级职称评审权。按照属地管理原则，将县区人员初级职称初定或考核认定工作下放县区职称办办理。将市属高校中初级职称全部下放至学校评审。取消国家明文规定取消的职业资格许可和认定项目。

2018年，根据省公务员局印发的《关于做好全省参照公务员法管理事业单位有关数据统计工作的通知》要求，市人社局完成全市2007年以来经省审批328家参公单位的职能、编制、人员及变更情况的统计梳理工作。截至2018年，全市参公单位中，撤销或编制改为行政的88家；未发生变更195家。发生变更的133家中需要重新确认审批的45家，无须重新审批88家。完成市城管支队等5家参公单位192人和市社保处、医保处2家新参公单位74人参公人员登记的审核审批。

（程继云）

宣传工作

【概况】 2018年，连云港市委宣传部围绕打造导向鲜明的开放之城、文明向善的美德之城、独具魅力的人文之城的目标，开展理论宣讲2000余场次。在全省率先出台《落实意识形态工作责任制考评办法》。开展“高质发展、后发先至”“从沿海开放城市到‘一带一路’支点”等重大宣传活动。年内，中央和省级主流媒体到连云港市采访60余次；全市在中央、省主流媒体刊播首发性稿件1600余篇，比2017年增长33%。在全省13个设区市和10多个中直机关举行王继才先进事迹报告会30余次，直接听众20余万人次。全市3人当选省级先进典型。以连云港籍华人侨领李冬霞在阿联酋创业奋斗、传播中华文化的艰辛历程为题材，赴阿联酋拍摄制作《沙漠中的华人之光》纪录片。

连云港市各项文明创建工作取

12月26日，连云港市举行“讲身边故事 树行业新风 促高质发展”讲演总决赛
王华／视觉江苏网

得丰硕的成果，精神文明建设工作的吸引力感染力影响力持续增强，有力提升“文明连云港”的知名度、美誉度。在省内率先出台《连云港市文明行为促进条例》，市区89条主次干道沿街商铺LED屏持续滚动播放创文宣传内容。“新乡贤文化促进新实践养成”创新案例入选全国宣传干部学院《宣传干部培训教学案例》，全省新乡贤文化建设现场会在赣榆区召开。全年推出中国好人15人（组）、江苏好人23人（组），“中国好人”上榜数连续第二年位居全省首位。推选第六届市道德模范，市委书记项雪龙在“美·德照亮港城”颁奖典礼上为道德模范颁奖。中央文明办在连云港市举办中国好人榜发布仪式暨全国道德模范与身边好人现场交流活动，全国各地2000多万人次网民在线观看。

【理论学习】 2018年初，市委宣传部举办学习宣传中共十九大精神知识竞赛，收到答题卡近3万份。先后印发《全市县以上党委（党组）中心组党的十九大精神学习专题与要点及学习篇目》《市委宣传部、市委组织部关于做好学习贯彻〈习近平谈治国理政〉第二卷学习教育工作的通知》《关于认真组织学习〈习近平新时代中国特色社会主义思想三十讲〉的通知》《2018年度县处级以上党委（党组）理论学习中心组专题学习计划》《关于印发〈连云港市2018年度学习型党组织建设工作要点〉的通知》。邀请中央党校副教育长韩庆祥作“习近平新时代中国特色社会主义思想”专题学习辅导；邀请南京大学原党委书记洪银兴作《建设现代化经济体系培育高质量发展新动能》专题辅导；邀请省委宣传部部务委员赵金松作《牢牢掌握意识形态工作领导权》专题辅导。开展“精品一课”征集活动，征集理论学习课件80个。开展征集“高质发展、后发先至”千字文活动，征集稿件60篇，在《连云港日报》“求实”版刊发30篇专题读书调研。在全市县处级以上领导干部中开展“高质发展、后发先至”专题读书调研活动。4月12日，市委宣传部、报业传媒集团、广电传媒集团开展“讲身边故事、树行业新风、促高质发展”讲演活动，共举办3场。4月，市委宣传部、市委教育工委、广电传媒集团开展“理论沙龙·新时代大家谈”讲演活动，共举办3场。开展“弘扬爱国奉献精神，做新时代奋斗者”专题学习教育活动。开展“我为‘高质发展、后发先至’献一策”活动，征集对连云港发展的意见建议。

【理论宣讲】 2018年，市委宣传部组织县处级领导干部“理论下基层、我来讲一课”活动，推出“理论沙龙·新时代新作为”大家谈、“讲身边故事、树行业新风、促高质发展”讲演、“牢记初心使命，决胜后发先至”大家谈等学习活动，开展理论宣讲2000余场次。赣榆区“乡‘理’乡亲·理论走乡村”系列理论宣传品牌获全省宣传思想文化工作创新奖，东海县理论“五学”（创新项目化“研学”、邀请名师“助学”、宣讲团巡回“讲学”、开辟专栏“导学”、掌上微测试“考学”）新模式、灌云县打造“五抓五促”（抓思想教育，促组织功能增强；抓业务培训，促岗位技能提升；抓执法管理，促党员风采展现；抓改革创新，促工作作风转变；抓市场管理，促科学发展再深入）冬训模式等创新做法，取得良好成效。开展解放思想大讨论活动。确定97个全市宣传思想文化战线大调研课题，编发《大调研优秀成果汇编》。重点宣传连云港“一带一路”战略支点建设、推动高质量发展的新作为新气象。策划实施《40年新闻故事》等大型全媒体新闻行动，组织省庆祝改革开放40周年调研活动。中央网信办“风从海上来·改革进行时”网络媒体走进连云港采风活动引发全国300多家网络媒体转发。

【意识形态工作】 2018年，市委专题研究部署意识形态工作，在全省率先出台《落实意识形态工作责任制考评办法》，落实意识形态工作“六个纳入”（纳入重要议事日程、纳入党建工作责任制、纳入党的纪律监督检查范围、纳入领导班子和领导干部目标管理、纳入党委政府绩效考核、纳入班子成员民主生活会和述职报告的重要内容），对各县区、功能板块和市直单位开展责任制落实情况进行动态督查。成立意识形态工作问题专项整改小组，做好中央巡视江苏反馈意见的整改。成立省内首家市级互联网企业和网络社会组织联合党委，策划网络春晚、互联网公益创投大赛等活动，原创网评推送数量位居全省前列，《看海》获第六届省网络短片大赛评委会大奖。市委网信办（市互联网信息办）成立，首次发布《连云港市互联网发展状况报告》，出台信息化发展三年行动计划等制度文件。建立健全舆情风险排查机制，在全省率先实现市县（区）联动值班，确保7×24“秒级响应”。组织网络安全专项检查，净化网上环境，市委网信办被中央宣传部、中央网信办等十部委通报表彰为全省唯一一家国家网络安全宣传周活动先进单位。

【舆论引领】2018年，市委宣传部制定《创建全国文明城市宣传和氛围营造工作方案》，开设“文明创建在港城”等10多个专题专栏。召开现场观摩会，打造150余个示范点。落实习近平总书记对王继才先进事迹的重要指示，市委下发向王继才学习决定，先后在全省13个设区市和10多个中直机关举行报告会30余次、直接听众20余万人次，开展英雄图片事迹展、理论研讨会、主题党性教育、文艺创作、公益广告等学习活动。策划省暨市庆祝第19个记者节学习宣传王继才先进事迹、弘扬爱国奉献精神“五个一”现场学习教育活动。组建新闻协调小组，加强新闻协调、新闻策划、新闻阅评、新闻发布、新闻服务，发挥导向和引领作用。评选表彰连云港新闻奖、第二批新闻战线名记者、名编辑、名主持、名评论员。印发《连云港市新闻发布工作实施细则》，组织新闻发言人培训班。围绕庆祝改革开放40周年，开展大型全媒体新闻行动《40年新闻故事》，推出重点专题报道近200篇。开展市委、市政府重点工作、重大活动宣传，市委十二届六次全会、解放思想大讨论、申报国家历史文化名城、国际医药技术大会、连博会、文博会等宣传。

【社会主义核心价值观弘扬】2018年，市委宣传部印发中共十九大精神宣传标语、宣传挂图，开展十九大精神“进高校、上公交”活动。举办2018年江苏省暨连云港市文化科技“三下乡”集中服务活动。围绕改革开放40周年、连云港解放70周年主题，举行“9·30”烈士纪念日连云港市向革命烈士献花活动；组织社会各界学习参观改革开放40年陈列馆、图片展；举行“看今朝”连云港市纪念改革开放40周年主题摄影比赛；拍摄纪录片《1948年——新海连市解放风云录》。开展第五届最美港城人系列评选活动；开展城市精神主题歌曲征集；举行“新时代·青年说”全国文明城市创建专题分享会；制作刊播“美·德照亮港城”公益短片。打造开山岛事迹陈列馆为江苏省爱国主义教育基地，制定下发《连云港市爱国主义教育基地综合评价指数体系》，拍摄爱国主义教育基地宣传片、纪录片，举行“寻爱国印记 港城少年行”主题教育活动。赣榆税务爱心妈妈成为首个入选江苏“时代楷模”的团队；推出樊振、陈继祥、李明3名省级先进典型；持续开展港城先锋、岗位学雷锋、“港城叶欣仁”选树宣传活动。高新区郁洲街道推出自行设计的吉祥物“郁宝”卡通形象，南城街道打造特色手绘文化墙，形成“一街一品”的品牌效应。东海好人馆、连云好人公园、海州好人街巷等好人文化宣传阵地遍布城乡公共空间。

【重大题材宣传报道】2018年，市委宣传部围绕全国、省“两会”、第五届连博会、第二十届江苏农洽会、第二届国际医药技术大会、首届连云港论坛、首届中国（连云港）绿色制造大会等活动，在《人民日报》、中央电视台《新闻联播》、《经济日报》等主流媒体刊播300余篇稿件。围绕“高质发展，后发先至”及“一带一路”支点城市建设主题，策划“从沿海开放城市到一带一路支点”“产业创新、改革、开放发展”等集中采访活动，《人民日报》、中央电视台分别刊发多篇重点报道，《经济日报》推出专版。以上海合作组织青岛峰会为契机，组织10余家媒体深度专业解读，传播连云港市“一带一路”支点建设影响。中央电视台《新闻联播》播出直播中哈物流基地和上合物流园建设情况；组织长篇通讯在《人民日报》（海外版）刊出；邀请中央电视台俄语频道拍摄并播出中哈共建“一带一路”五周年专题片，中国国际电视台推出“中哈粮食过境业务将实现常态化运营”报道，省广电台《“一带一路”江苏风》《潮起扬子江》栏目推出连云港市相关报道等。推送连云港市新乡贤文化建设、赴圭亚那医疗援助、信守承诺归还生命钱、爱心救助患病农民工子、南京医科大学康达学院学生捐献器官、交警勇救自燃汽车等正能量稿件。其中，“环卫技能大赛”系列短视频在境外“推特”“脸书”等社交软件24小时内关注度破60万人次。全市在中央、省核心媒体刊播稿件1600余篇，其中《人民日报》78篇、中央电视台新闻107篇（《新闻联播》17篇）、《新华日报》604篇（头版92篇）、《江苏新时空》204篇。（赵全全）

【志愿服务】2018年，连云港市注册志愿者83万余人，注册志愿组织2287个，开展文明交通、全民阅读以及服务连博会、农洽会等志愿活动1.7万余场次。连云港市东海“耕读传家”农民阅读志愿服务项目入选全国学雷锋100个最佳志愿服务项目。连云港市连续三年入选全国学雷锋志愿服务先进典型“四个100”，苏北唯一。东海樊振获“全国最美志愿者”称号。2个社区被评为省优秀志愿服务社区，3个团队被评为省优秀志愿服务组织，7人被评为省优秀志愿者。“关爱鸟类湿地，守护绿水青山”等26个项目参加第三届江苏省志愿服务展示交流会，获1金2银2铜。围绕春节、元宵节等重要节日，开展以春运便民、文化惠民、文明旅游、移风易俗等为主要内容的志愿服务活动。举行“与雷锋车同行，共建文明港城”2018年全市学雷锋志愿服务活动启动仪式暨千名志愿者集中服务活动，集中开展50个特色品牌志愿服务。深入实施《连云港市志愿服务回馈激励办法》，全面保护礼遇志愿者权益。在市图书馆、东海水晶博物馆、市第一人民医院等20个公共场所建成“与雷锋车同行”志愿服务站，深化窗口单位志愿服务活动。在海州民主社区、万润社区、新孔社区等10个社区打造志愿服务微站，采取“社区+志愿服务组织”形式，探索“文明驿站”“志愿

3 月 23 日，连云港职业技术学院的“连之心”大学生志愿者到花果山街道，对共享单车进行维护 赵俊/视觉江苏网

服务夜市”等新载体。集中发布年度全市十大类 100 项重点志愿服务项目，聘请江苏财会职业学院专家团队为重点项目做专题培训和优化指导。

共青团志愿服务 2018 年，团市委推进“希望工程·圆梦行动”助学筹岗工作，筹集助学金 163 万元，资助贫困学子 392 人，发动青商、青联等组织提供助学岗位 426 个。开展“百家社区志愿行”活动，吸引志愿者组织 144 个，志愿者 1 万余人次，覆盖社区 20 余家，服务社区居民 1 万余人。全年招募志愿者 1 万人，建立服务阵地 18 个，服务国际医药技术大会、连博会等大型赛会 1.5 万余小时；在江苏志愿服务展示交流会集中展示 12 个优秀志愿服务项目，其中“关爱鸟类湿地、守护绿水青山”项目获金奖。

巾帼志愿服务 2018 年，市妇联开展“与爱同行姐妹互助活动”，组织巾帼志愿者开展关爱困境妇女、儿童，推动家庭文明、关爱空巢老人、科学家教、保护环境等活动。启动“百万家庭创文明，垃圾分类我先行”实事项目，发动广大志愿者、妇女以及家庭参与“垃圾不落地·环境更美丽”创文主题活动。开展“娘家人”公益联盟服务百企集中行动。开展“文明出行·助力创文”主题活动，以海州区妇联为试点单位，在洪门街道发起成立文明交通劝导志愿宣传队。

文艺志愿服务 春节期间，百名书法家在民主路新浦广场义务为民送福送春联。市阅读办、市广电交通台、市书法家协会、新浦汽车总站主办“带本好书”回家过年活动。活动中，市书法家协会的 10 名书法家在新浦汽车总站为旅客们书写近 500 幅春联和福字。2 月 12 日，市文联、市书法家协会组织 20 名书法家走进同科汇丰国际小区，为居民义务书写春联。市戏剧家协会联合民进市委文艺支部举办送文化、送春联到基层活动，书法家们为基层群众书写春联。5 月 23 日，在灌云县下车乡青山村举办“到人民中去”文艺志愿服务活动暨“处处文明风，心曲暖人民”走进灌云青山村文艺志愿服务。11 月 30 日，连云港市戏剧家协会走进岗埠中学，为岗埠中学师生表演经典淮海戏《皮秀英四告》。

（王 飞 唐建勇 蔡 青）

【未成年人德育教育】 2018 年，全市开展“传承红色基因”“文明小义工”“新时代好少年推选”等“扣好人生第一粒扣子”系列活动，推选 1 名江苏新时代好少年、10 名连云港新时代好少年。举办“厚德·传承——大师牵小手”名家讲座校园行活动，开展“为中华崛起而读书”“我的 2035”“红领巾读书”等系列征文活动，征集作品上万篇，多部作品获省表彰。举办第四届红色小讲解员大赛、第二届“信仰之旅”红色夏令营等活动。突出家庭培育，通过小手拉大手，使优良家风与学风、教风、班风有机结合。开展自我保护情景剧大赛、法治宣传进校园、校园周边环境整治等活动，为未成年人健康成长提供良好的社会环境。新建 5 所中央级少年宫、20 所市级乡村学校少年宫，全市建成乡村学校少年宫 156 所。6 家未成年人实践基地通过省测评考核，新建未成年人思想道德建设教育基地。依托“健康连云港育苗基地”，拓展未成年人校外教育活动阵地。推进“直通车”走进基层学校开展心理健康宣讲，持续开展“守望花开——关爱农村留守女童”特色活动。开展“万名小记者共创文明城”活动，征集微视频 360 多个、绘画作品 1000 多幅、征文作品近万篇，发放文明创建宣传材料 2.6 万多份，编辑出版《万名小记者共创文明城作品集》，有力提升未成年人文明素养。做强“童”字系列美育品牌，征集“童心里的诗篇”作品 5000 多件，21 件获奖。东海“自清文化”未成年人德育品牌、赣榆“鞠躬礼”推广工程被中央文明办简报、《精神文明报》宣传推广。

【中国好人榜发布仪式在连云港举行】 10 月 31 日，中国好人榜发布仪式暨全国道德模范与身边好人现场交流活动在连云港市举行。中央文明办中国文明网总编辑董青、省委宣传部副部长葛莱出席仪式，市委书记项雪龙致辞。活动现场发布了 10 月“中国好人榜”106 名好人，还进行赠送道德传家宝、社会爱心帮扶、承办城市交接仪式等环节，并为第六届连云港市道德模范、第五届“最美港城人”颁奖。 （王 飞）

【全国文明城市创建】 2018 年，在中央文明办测评中，连云港市作为首次参评城市，文明城市得分 86.94 分，位列全国 113 个地级提名城市第 31 位；未成年人思想道德建设工作得分 95.99 分，排名全国第 10 位。

10 月 31 日，由中央文明办主办的“山海港城、美德之城”——中国好人榜发布仪式在连云港市举行　　广电台　供图

创建文明城市宣传引导　市人大常委会法工委、市文明办推动《连云港市文明行为促进条例》在全省率先出台。赣榆区“新乡贤文化促进新实践养成”创新案例入选全国宣传干部学院《宣传干部培训教学案例》。市工业投资、城建控股、金融控股、交通控股、港口控股、碱业公司、农业发展等企业集团以及市交通局、城建局、城管局等主创单位合力推进 33 条道路的“创文主题铸造工程”，公益广告扮靓城市景观。海州区推进“海州好人”文化建设，首批 35 个“海州好人”文化铸造工程全部完工；高新区特色手绘文化墙形成“一街一品”的品牌效应。报业集团、广电集团全媒体开设“文明创建在行动”“文明城·文明人”等 10 余个专题专栏，“连云港发布”、连云港手机台等新媒体平台策划推出“微观好人”“文明在身边”等微专题。市政协分 6 个专题开展专项民主监督活动。市级机关工委、团市委组织 80 家市级机关党员和大学生志愿者走上街头，开展“为文明站岗、为创城添彩”文明交通志愿劝导活动。报业集团、摄影家协会等单位面向社会开展“聚焦文明”网络摄影大赛，团市委面向青年群体策划“城市文明有我们——青春建功高质发展、携手共创文明港城”演讲分享会，市妇联面向广大家庭举办“做文明人、建文明家、创文明城——百万家庭共创文明城”活动，市总工会面向广大职工举办“文明创建、工人在行动”活动，市教育局、苍梧晚报社面向少年儿童开展“小手拉大手”“万名小记者共创文明城”等主题活动，形成群众广泛参与创建、支持创建的浓厚氛围。

城市文明形象提升　市住建局推进洪门街道等 10 余条便民路及支路改造，完善老旧小区道路、绿化、照明、停车、电动车充电、二次供水等基础设施，打通文昌路等一批“断头路”，改造老旧路灯 1.2 万余套。交通控股集团新辟优化公交线路 11 条，新增 230 辆新能源公交车上线运营，城市公共交通分担率达 30.8%，市民出行更便捷。市城管局新建精品公厕 10 座，提档升级市区公厕 809 座；连云区在全市率先使用“公厕信息牌”，并新建公厕 8 座，实现专人值班、定时清扫。市住建局对 51 个老旧小区的软、硬件设施进行全方位改造，市市场监督管理局投入 75 万元用于农贸市场创文宣传和整治提升。市区垃圾分类投放设施覆盖率 45%，生活垃圾无害化处理率 100%，地表水国省考断面基本消除劣五类，空气优良率排名全省第二。全年清理违规流动摊点 3.5 万余处、占道和店外经营近 6.4 万处，清除道路沿线张贴物约 2.2 万处、破旧损坏店招店牌近 2 万平方米。市公安局查处行人闯红灯、非机动车逆向行驶等违法行为，市交通局开展巡游出租汽车百日专项整治行动，文明出行成为更多市民的生活习惯。市文旅局督导 113 家旅游行业单位整改存在问题；云台山景区推进“圣湖路文明旅游示范路”建设。市市场监督管理局投入 40 多万元增印“文明餐桌”宣传画和桌贴桌牌，营造文明用餐环境。全市培育和打造 12 个氛围营造示范点、20 个文明示范社区、75 个文明交通示范路口、120 个食品销售示范店等一批示范点位。网格化智慧平台驱动“12345”在线服务平台成为市民文明监督、反映问题的主渠道。全年采集案件 20 万余起，相关部门认真处理。市级机关企事业单位、省级以上文明单位与 177 个社区开展挂钩联动共

2018 年，赣榆区在全国率先开展乡贤文化建设，建成全省第一家乡贤馆。图为赣榆乡贤馆　　赣榆区　供图

10月24日，“城市文明有我们——‘青春建功高质发展、携手共创文明港城’主题演讲分享会”举行　　市委宣传部　供图

建活动。　　（吕修军）

【境外媒体宣传】 2018年，市委宣传部多批次邀请美国明尼苏达电台、《俄罗斯龙报》《欧洲时报》、南美《海外侨报》、日本《中文导报》、英国《金融时报》、韩国《中央日报》、日本《关西华文报》、加拿大红枫林传媒集团、瑞典《北欧时报》，以及中国香港、澳门等境外媒体，宣传报道“一带一路”倡议提出五周年连云港的发展变化。制作改革开放40周年纪录片《绽放连云港》在香港卫视等媒体播出。通过境外主流媒体的“脸书”、“推特”账号及其他载体，推送连云港市美景美图、人文故事、公益活动、具有传播力的稿件素材2300余条。

【文化交流】 2018年，连云港市举办世界名校龙舟赛，邀请俄罗斯、丹麦、西班牙、意大利、德国及美国的6所国外大学及6所国内高校近200名选手参赛。国内外高校学子通过龙舟竞渡、包粽子等中国传统方式共度端午。在阿联酋迪拜酋长国举办“丝路回响——中国文化艺术周”活动，连云港知名书画家创作作品40余幅，从地理、人文、情感等方面展示中华文明、文化。江苏在香港举办“水韵江苏·相约香港”文化嘉年华活动中，连云港市女子民乐团、东海水晶、剪纸艺术亮相，剪纸作品《西游记组图》获得香港特别行政区长官林郑月娥及现场嘉宾的广泛好评。与捷克新博尔市水晶学校合作办学，选派19名留学生赴捷克学习交流水晶制作工艺。与韩国曾坪郡青少年访问团开展文化交流，增进中韩青年友谊。　　（赵全全）

统战工作

【概况】 2018年，连云港市委统战部开展“聚力高质发展、争当岗位表率”活动，实施统战成员岗位争创计划，组建民主党派智库，引导党外人士开展“我为‘高质发展、后发先至’献一策”活动。推进统一战线“开展精准扶贫、助推小康建设”活动，支持民主党派开展“温暖工程”、非公企业开展“百企帮千户”等系列活动，开展捐资扶贫助学、送书送医送药等活动50余次，带动贫困户劳动力新增就业3000余人。实施“商会联商、能人返乡”创业活动，建立商会人才联络站，成立北京、福建、扬州等异地连云港商会组织，全市有异地连云港商会12家。召开全国连云港商会工作座谈会，成立市青年企业家联合会，动员各类商会、企业家开展以商引商、返乡创业等活动，创办各类项目实体183个。

【多党合作】 2018年，市委统战部在各民主党派中开展“不忘合作初心，继续携手前进，助推港城发展”专题教育，举办纪念中共中央发布“五一口号”70周年座谈会、主题征文等系列活动，并在《连云港日报》开设纪念活动宣传专栏，推进政党协商，协助市委制定印发政党协商年度工作计划和《民主党派重点考察调研实施意见》，就综合交通体系建设、临港产业发展、乡村振兴战略等议题，广泛征求党外人士意见建议。引导和支持民主党派开展“双创双增”活动（以党派之间互动、党派内部联动的方式，开展创新创优，增强凝聚力和创造力，增强服务发展的本领和水平），打造同心圆文化广场、社情民意工作站等党派工作品牌。

【经济领域统战】 2018年，市委统战部围绕促进“两个健康”（促进非公有制经济人士健康成长、促进非公有制经济健康发展），开展非公经济人士“不忘创业初心、接力改革伟业、助推后发先至”理想信念教育实践活动，学习习近平总书记在民营企业座谈会上的重要讲话精神，举办报告会，组织新生代企业家赴深圳大学等高校院所学习深造。召开非公经济领域服务高质发展座谈会，完善政企双月座谈会等机制，开展企业大走访大调研活动，《连云港日报》开辟非公经济信息之窗，为非公经济人士学习交流搭建互动平台。开展以班子建设好、团结教育好、服务发展好、自律规范好为内容的商会建设，发挥市总商会党委的引领作用，推进餐饮业、眼镜业商会等符合条件的商会建立党组织。

【港澳台统战】 2018年，市委统战部牵头组织赴香港参加“水韵江苏、相约香港”江苏嘉年华活动，推动连云港市与港澳台在经贸、文化等领域进行广泛交流，提升连云港在境内外的美誉度和知名度。走访慰问部分在连云港市投资的香港代表人士，邀请香港学生领袖文化交流考察团等200余人到连云港市考察，为连云港和港澳台经济间的互动搭建良好平台。

【党外代表人士队伍建设】 2018年，

市委统战部实施“三百”工程（百名党外领军人物同心工程、百名新生代创新创业人才能力提升工程、百名新的社会阶层骨干凝聚力工程），分类推进党外代表人士的选拔培养。推进统一战线“双覆盖、双提升”教育培训计划，举办统战系统干部西安交通大学专题培训班、党外人士研讨班、新的社会阶层人士新加坡国际教育培训班等10余期。

【新的社会阶层人士统战】 2018年，连云港市有新的社会阶层人士20万人。市委统战部出台《以统战文化为引领推进新的社会阶层人士统战工作社会化的实施意见》，开展新的社会阶层人士调查摸底活动，建立300余人组成的重点代表人物库，构筑代表人物网格化、学习交流常态化的工作体系。新的社会阶层人士联合会成立，主要由民营企业和外商投资企业技术管理人员、中介组织和社会组织从业人员、自由职业人员、新媒体从业人员四类群体自愿组成。12月26日，连云港市新的社会阶层人士联合会成立大会召开。

【纪念“五一口号”发布70周年座谈会】 4月24日，纪念中共中央发布“五一口号”70周年座谈会在市行政中心召开，市委常委、秘书长、统战部部长王东升出席会议。民革市委会主委李萌、民盟市委会主委龚成龙、民建市委会主委朱振亚、民进市委会主委徐善明、致公党市委会主委高健、九三学社市委会主委徐大勇、农工党市委会副主委王志坚、无党派人士代表钱梅等作交流发言。会议号召各民主党派和无党派人士将“五一口号”纪念活动与学习习近平总书记重要讲话精神相结合，与全市“高质发展、后发先至”主题主线相结合，立足岗位，高质量调查研究，高质量议政建言。

【政党协商会】 “临港产业发展和两基地建设”政党协商会 5月25日，市委召开政党协商会，就连云港市临港产业发展和中哈物流基地、上合组织物流园建设情况听取市各民主党派、工商联负责人和无党派人士代表的意见和建议。各民主党派、工商联负责人和无党派人士代表就加快配套设施建设、完善创新人才培养体系、加强招商引资力度以及提升物流业发展水平等方面提出意见和建议。

“综合交通运输体系建设”政党协商会 9月4日，市委召开政党协商会，就全市综合交通体系建设情况听取市各民主党派、工商联负责人和无党派人士代表的意见和建议。各民主党派、工商联负责人和无党派人士代表就加快铁路建设、改善农村公路建设规划、强化各铁路站点的旅游服务功能、加快推进新机场的建设、加强交通建设与城市形象之间的联系等方面提出意见和建议。

“乡村振兴”政党协商会 12月27日，市委召开政党协商会，就全市实施乡村振兴战略情况听取市各民主党派、工商联负责人的意见和建议。座谈会上，市委农工办、市农委分别通报2018年全市实施乡村振兴战略情况，并介绍下一步推进举措。各民主党派、工商联负责人就推进田园乡村建设、推动工商资本下乡、加强区域公用品牌建设等方面提出建议。

（吉正兵）

12月26日，连云港市新的社会阶层人士联合会成立大会召开

统战部 供图

机构编制

【党政机构改革】 2018年，连云港市编办根据中央和省的机构改革规定，成立专门工作小组，根据省委、省政府对市县党政机构改革的指导意见，细化全市党政机构改革方案。推进第二批经济发达镇改革试点，优化调整柘汪镇相关职能。下放管理权限，按照审批和监管相对分离的要求，指导试点镇实行审管分离，规范权力运行。推进灌南县域综合行政执法体制改革试点，明确综合行政执法局执法主体地位，建立执法、监管协作配合机制，综合行政执法体制改革取得阶段性成果。推进“简政放权、强镇惠民”改革试点，采取“1+2+N”改革模式，确保2020年在全市所有乡镇形成“集中高效审批、强化监管服务、综合行政执法”的基层政府治理结构。开展机构编制监督检查，组织市直各单位和各县区对机构编制问题进行自查和清理整顿。

【事业单位改革】 2018年，连云港市各县区推进从事生产经营活动事业单位改革，深化医药卫生体制改革，做好环保机构监测监察执法垂直管理制度改革。探索编制管理周转池制度，打破部门间编制壁垒。推行县管校聘管理体制改革，建立动态调整机制。做好事业单位监管和登记管理，优化事业单位信用评价体系。利用“互联网+政务服务”，实现全市登记管理“不见面审批”。

【机关绩效管理】2018年，市委编办将市委市政府重点工作和省对市高质量发展考评放在重要位置，逐条分解省考评指标。加大市委、市政府领导批示交办事项、重要指标争先进位、招商引资等新增考评指标考核力度。首次实施积分制考核，注重工作的过程推进。组织各考评牵头部门开展半年考核，会同市委改革办、市政府督查室、市发改委等部门对各单位绩效目标完成情况进行联合督查，并将督查情况计入半年考评得分。年度绩效考评总得分由半年考评得分和年终考核得分共同构成，所占权重分别是30%和70%。（曹德伟）

台湾事务

【概况】2018年，连云港市台商投资环境不断优化，台资产业集聚不断加快，新批台资项目10个，总投资6.76亿美元，协议利用台资1.86亿美元，总投资和协议投资额分别比2017年增长262%、67.2%，其中德邦兴华化工、奔骋商业管理公司投资总额均超过1亿美元。连台交流交往不断深入，2018年对台货轮直航航线3条、班次194次，进出口货物吞吐量221万吨、集装箱13.5万标准箱。

【经贸合作】2018年，全市有经贸团组28批82人次赴台。邀请台湾电电公会、正崴集团、台玻集团、统一集团、台湾正修科技大学等20多个团组到连云港市考察、洽谈合作。邀请深圳市台商协会10位重点台商参加连云港深圳招商活动。加强与台湾三三会、海贸会、工业总会、工商协进会、电电公会及华新丽华集团、台玻集团、正崴集团等行业公会和知名企业对接联络，县区赴台或台资密集区开展小分队招商活动10余次，围绕现代制造业、服务业、文化创意、科技园区等开展产业对接与合作，组织开展多场推介交流活动。

【交流交往】2018年，全市有人大、政协、文教、卫生、妇女、民政、旅游、农业、林业、水利、社联等机关、部门和行业22批199人次与台湾开展定向民间交流，涉及台湾台北市、新北市、台中市、高雄市、南投县、宜兰县、台东县等县市的里长联谊会、文创协会、行业公会、体育会、旅游观光协会、老年人服务协会、妇女联合会等组织。通过双向参访，两地在教育改革、文化产业合作、体育竞技开展、社区管理经营、养老服务发展、观光农业、林业产业、森林防火、职工合法权益维护、妇女社会地位提升等方面进行深入交流，共享基层行业治理经验。分两批次邀请52名新北市里长到连云港座谈交流、参观考察。为增进两地青少年交流与沟通，在新海高级中学、海州高级中学、灌云县体育馆等地举办“花果山”杯、“盛德厚学”杯连台中学生篮球邀请赛；墟沟小学34名师生赴台参加2018年“新莺出谷”两岸合唱音乐会。

2018年台湾考察访问连云港市主要团组情况表

表3　单位：人

时间	团组名称	人数
2月	台湾赐芳集团	4
3月	台湾柏瑞克公司	4
4月	台湾统一集团、三新纺织公司	6
5月	台湾旺旺集团	3
5月	台北新北市联谊总会	33
5月	台湾玻璃集团	3
5月	台湾标的建筑事务所	2
6月	台湾电电公会、正崴集团	5
6月	台湾双连赡养中心	3
6月	台湾新北市光复高中	31
7月	台湾绿能建筑考察团	2
7月	台湾宜诺管理有限公司	2
7月	台湾政治大学	2
7月	台湾八阳股份有限公司	3
7月	台湾南湖高中	14
8月	台湾中视传媒	8
8月	台湾外科医学会、宏恩医院、台湾“中华国际抗衰老研究所”、台北瑞妮丝医院、台湾“中华医护暨健康管理学会”	5
8月	台湾“中华文创旅游经贸发展协会”	5
8月	台北海州同乡会	3
9月	台湾正崴集团、光鼎电子	4
9月	台湾宜兰农会	20
9月	台北新北市联谊总会	19
10月	两岸企业家峰会现代服务业及文化创意产业合作推进小组	11
10月	台湾电电公会、正崴集团、环琪集团	20
11月	台湾正修科技大学	6
11月	台湾赐芳集团	4
12月	台湾石秀湾实业有限公司	3

【服务平台建设】 2018年，连云港市台湾同胞投资权益保障协调委员会开展连云港台商“一带一路”西部行活动，组织台协会成员沿中哈物流基地、河南、陕西、新疆和哈萨克斯坦一线考察，为在连台商寻找商机，引导台商、台企融入连云港“一带一路”建设；帮助符合国家产业政策和扶持范围的台资企业申请财政专项资金及申报高新技术企业。 （曹相芹）

【“一带一路”苏台海洋经济交流合作研讨会在连云港召开】 7月23日，2018“一带一路”苏台海洋经济交流合作研讨会在淮海工学院召开。会议由江苏省台研中心、淮海工学院、连云港市台办共同主办，连云港市台湾研究会承办，淮海工学院海洋经济与文化平台协办，旨在加强“一带一路”倡议下两岸海洋经济与教育合作发展。两岸海洋科学领域专家学者，省、市台办及海洋渔业系统、淮海工学院涉海院系的近百人参加会议。研讨会上，江苏省政协常委、科技委副主任汤建鸣作题为《江苏海洋经济发展分析与思考》的报告，台湾海洋大学校长张清风作题为《大学的创新发展——以台海大为例》的报告，淮海工学院校长宁晓明作题为《深化苏台涉海高校合作、助推江苏海洋经济发展》的报告，台湾高雄技术大学副校长俞克维作题为《台湾海事人才培育政策发展》的报告，江苏省社会科学院经济所所长胡国良作题为《对接“一带一路”倡议，打造苏台海洋产业开放合作平台》的报告。与会人员就两岸海洋经济与教育合作发展进行研讨和交流，提出未来的可行构想。

（年 编）

老干部工作

【概况】 2018年，连云港市有离休干部1189人。其中，机关383人、事业单位299人、企业507人；80～89岁778人、90岁以上411人，平均年龄88.7岁。享受副省部级医疗待遇1人、地市级待遇76人、县处级待遇543人、科级待遇294人、其他待遇275人；抗日战争前期30人、抗日战争后期156人、解放战争时期1003人。退休干部3.8万人，平均年龄72.7岁，其中地厅级46人，县处级935人，科级6953人，其他3.03万人；机关1.29万人，事业单位2.36万人，企业1675人。

【学习培训】 2018年，全市老干部开展赴农村送学活动20余次。市县召开“我看改革开放新成就”等各类座谈会100余场次，7000余人次参加。市委老干部局举办离退休干部党支部书记培训班和县处级退休干部读书班各2期、老干部工作者业务培训班1期，83名县处级老干部、97名离退休党支部书记和89名老干部工作者参训。市老干部大学举办书法、绘画、钓鱼等名师高研班7期，500余人次参加培训。以114个非建制党组织、236个离退休干部党支部为单元，覆盖党员1.05万人，将社区离退休干部党建工作融入城市党建部署，每季度举办1次以老干部为主要听众的大党课，800余名离退休干部党员和机关干部党员参加。

【离退休干部作用发挥】 2018年，全市围绕“奉献新时代、共建新江苏”主题实践活动，在老干部中开展主题征文、文艺节目编创、书画摄影作品创作等活动21场。开展“银发生辉”离退休干部志愿服务活动，赴东海县曲阳乡，灌云县南岗乡，灌南县张店镇，赣榆区厉庄镇、宋庄镇，海州区浦西街道西桥社区、新浦街道站北社区，连云区墟沟街道东园社区，送文艺、送农技、送医疗、送春联、送温暖。市老干部健康与旅游俱乐部“不忘初心庆七一”千人健步走、市老干部体育协会庆祝八一建军节联欢会、市诗词楹联协会“走进鹰游·纪念改革开放40周年”主题诗会、第29届“迎中秋、庆国庆”老干部门球比赛、市老干部合唱团“连云港市职工迎国庆暨庆祝改革开放40周年歌咏比赛”展演等活动精彩纷呈。以“不忘初心·发挥余热”为主题，开展市级老干部文体活动团体负责人采访活动，在《连云港日报》开辟专栏。

【离退休干部政策落实】 2018年，市老干部局、财政局、卫健委等单位联合召开市直离休干部工作协调会，在离休干部中开展“访亲连心”活动，发放市直618名离休干部健康体检表。发放离休干部家庭医生签约知识手册、致离休干部的一封信，加强和改进离休干部医疗保障工作。市区各定点医疗机构均设立老干部（专家）门诊，实行就诊免挂号费政策。在市第一人民院专设老干部病区，病房床位数增至112张；市一院新海新区医院增挂老干部病房牌子，启用老年医学病区。市直离休

3月17日，全国首届花果山杯“一带一路”城市老干部旅游健身嘉年华活动在花果山景区举行 朱泓明/视觉江苏网

干部定点医院增加到8家，持卡就医治疗，无须个人缴纳周转金和垫付医药费。启用新版IC卡，换发市直离休干部统筹医疗病历本，简化就医流程。易地安置离休干部定点医院服务范围与当地离休干部相同。

【文体活动】 2018年，全市开展适合离退休干部身体条件、兴趣爱好的文体活动82场次，离退休干部参加1.3万余人次。举办市离退休干部乒乓球选拔赛并组队参加省全省老干部乒乓球邀请赛。在庆祝改革开放40周年全省离退休干部文艺演出中，连云港市代表队原创戏歌联唱节目《奋战在"一带一路"交汇点》参加演出。市委老干部局、连云港日报社老干部书画研究会联合开展迎新春送春联活动。组织市老干部到灌云县南岗乡曹赵村开展义务写春联活动。组织全市离退休干部迎新春文艺演出、全市老干部文艺展演、全市离退休干部书画摄影集邮作品展、全市老干部迎新年排球联谊赛等文体活动，提高老干部文体活动的参与度和文化颐养质量。（肖长森）

党校工作

【概况】 2018年，市委党校围绕市委"高质发展、后发先至"部署要求，开发一批教学专题，组织主体班学员学习研讨；举办干部教育培训班27期，培训学员2324人次。其中，举办市管干部进修班、青年干部培训班、乡科级干部进修班、青年选调生能力提升专题培训班11期，聚焦"高质发展，后发先至"专题研讨班13期，全市社区和"两新"组织党组织书记培训示范班2期，村党组织书记示范培训班1期。举办乡镇党委书记"高质发展、后发先至"专题研讨班、全市领导干部"263专项行动"专题培训班、全市精准脱贫专题研讨班、"放管服"改革专题研讨班等专题研讨班13期。在校刊《理论视界》开设"高质发展、后发先至"专栏，推出系列理论文章8篇；完成调研课题32个，其中《后发先至引领连云港经济高质量发展的路径与对策研究》立项为全省党校系统重点课题。

【习近平新时代中国特色社会主义思想教学】 2018年，市委党校把学习贯彻习近平新时代中国特色社会主义思想摆在干部教育培训最突出的位置，覆盖全部主体班次，占各班次理论课总课时的50%以上。按照"总论—分论"的思路，切实增强习近平新时代中国特色社会主义思想教学的系统性、针对性，提高学员运用科学理论分析和解决实际问题的能力。成立学习贯彻习近平新时代中国特色社会主义思想和中共十九大精神宣讲团，广泛开展理论宣讲。设置研究选题，撰写、发表一批重点文章，宣传解读习近平新时代中国特色社会主义思想；把研究阐释习近平新时代中国特色社会主义思想与研究推进连云港"高质发展，后发先至"紧密结合，完成全省党校（行政学院）系统学习贯彻中共十九大精神专项课题6个、全市党校系统学习贯彻中共十九大精神专项课题10个。

【党性教育】 2018年，市委党校依托连云港市各个历史时期形成的特色资源，打造"开山岛夫妻哨"事迹陈列馆、抗日山烈士陵园、市革命纪念馆、"雷锋车"事迹陈列馆等党性教育基地，开展上一次党史课、观看一场教学片、参观一个专题展、重温一次入党誓词的"四个一"现场教学活动；把全国"时代楷模"王继才先进事迹作为党性教育的生动教材，开发教学专题，增强党性教育的感染力。

【新型智库建设】 2018年，市委党校以市情调研为重点，突出问题导向，围绕全市"高质发展、后发先至"决策部署，组织教师调查研究，编印《决策咨询参考》16期。完成全省党校（行政学院）系统重点调研课题、市社科基金课题、市软科学课题、全市党校系统调研课题等32个。举办淮海经济区市级党校庆祝改革开放40周年理论研讨会暨第25届协作交流会。12篇理论文章入选第六届江苏党的建设高层论坛暨"习近平新时代中国特色社会主义思想与党内政治文化建设"理论研讨会、全国党校系统学习贯彻习近平总书记乡村振兴战略思想理论研讨会、全省党校系统庆祝改革开放40周年理论研讨会。编印《党校智库（2017—2018）》，刊发理论研究成果。

【"港城大讲堂"专题报告会】 2018年，市委党校举办"港城大讲堂"专题报告会4期。邀请省政府办公厅政务公开办公室主任张旻，就"高质量推进新时代政务公开"作专题报告；邀请军事科学院战争研究院研究员赵小卓，就"当前我国周边形势及热点问题"作专题报告；邀请国防大学朱成虎少将，就"贸易战与中美关系发展趋势"作专题报告。举办连云港市2018年度企业上市暨资本运作专题报告会，邀请南京证券、中天运会计师事务所江苏分所、江苏股权交易中心的3名专家，分别围绕企业上市、企业改制和区域性股权交易中心如何挂牌等主题作报告。（陈　超）

责任编辑　张卫怀

连云港市人大

综述

【概况】 连云港市第十四届人民代表大会有代表415人。其中，中共党员307人，占74%；民主党派28人，占6.7%；女性123人，占29.6%。连云港市第十四届人民代表大会下设财政经济委员会、法制委员会2个专门委员会；常务委员会下设办公室、研究室、法制工作委员会、内务司法委员会、财政经济委员会、预算工作委员会、环境资源城乡建设委员会、教科文卫委员会、民宗侨台外委员会、农业经济委员会、人事代表联络委员会。2018年，连云港市人大常委会举行常委会会议9次，制定《连云港市地方立法条例》《连云港市城市文明行为促进条例》《连云港市集中式饮用水水源保护条例》3部地方性法规，听取审议“一府两院”工作报告18项，作出决议决定8项，开展执法检查6次、专题询问1次，依法任免国家机关工作人员89人次。

【地方立法】 参见《法治》

【决议决定】 2018年，市十四届人大常委会第十次会议依法作出《关于扎实推进“高质发展、后发先至”的决议》，把市委的决策部署依法转化为全市人民的共同行动。全市生态环境保护大会暨污染防治攻坚战工作推进会召开后，市人大常委会作出《关于坚持高质发展、后发先至，依法推动打好污染防治攻坚战的决议》。市十四届人大常委会第十三次会议依法对2018年度市级预算调整方案和2017年度市级财政决算等作出决议，促进优化财政资源配置、提升社会公共服务能力。

【人事任免】 2018年，市人大常委会坚持党管干部原则，根据人大常委会主任会议和市委、市政府、市检察院、市中级人民法院提请，共任免国家机关工作人员89人，举行宪法宣誓8次。

1月7日，市十四届人大常委会第七次会议任命：苏士军、王奎杰、蒋彩霞为连云港市监察委员会副主任；鲍洪才、郑云龙、赵广东、宋金玲为连云港市监察委员会委员。

2月27日，市十四届人大常委会第八次会议决定接受杨省世辞去连云港市第十四届人民代表大会常务委员会主任职务，决定接受项雪龙辞去连云港市人民政府市长职务，决定任命方伟为连云港市人民政府副市长、代理市长。

3月30日，市十四届人大常委会第九次会议任命：相旭东为连云港市中级人民法院刑事审判第一庭庭长、审判委员会委员，李作超为连云港市中级人民法院刑事审判第二庭庭长，童衡为连云港市中级人民法院少年及家事案件审判庭庭长，周文博为连云港市中级人民法院民事审判第一庭庭长，李利为连云港市中级人民法院民事审判第二庭庭长，徐峰为连云港市中级人民法院民事审判第三庭庭长，李进为连云港市中级人民法院行政审判庭庭长，曹新海为连云港市中级人民法院立案庭庭长，徐同凯为连云港市中级人民法院审判监督庭庭长，杜兴淼为连云港市中级人民法院执行裁判庭庭长，陈庆太为连云港市中级人民法院刑事审判第一庭副庭长，马卫东为连云港市中级人民法院刑事审判第一庭副庭长，葛进为连云港市中级人民法院刑事审判第二庭副庭长，张清磊为连云港市中级人民法院刑事审判第二庭副庭长，李叶葳为连云港市中级人民法院少年及家事案件审判庭副庭长，谢善娟为连云港市中级人民法院民事审判第一庭副庭长，刘井鑫为连云港市中级人民法院民事审判第一庭副庭长，曹守军为连云港市中级人民法院民事审判第二庭副庭长，任慧为连云港市中级人民法院民事审判第二庭副庭长，乙斌为连云港市中级人民法院民事审判第三庭副庭长，忻越为连云港市中级人民法院民事审判第四庭副庭长，张伟为连云港市中级人民法院民事审判第五庭副庭长，李季为连云港市中级人民法院行政审判庭副庭长，王小姣为连云港市中级人民法院行政审判庭副庭长，罗来成为连云港市中级人民法院审判监督庭副庭长，李红梅为连云港市中级人民法院执行裁判庭副庭长，张克晓为连云港市人民检察院副检察长、检察员，黄桂萍、闫贵伦为连云港市人民检察院检察委员会委员。

免去：相旭东连云港市中级人民法院少年及家事案件审判庭副庭长职务，李作超连云港市中级人民法院执行裁判庭 庭长职务，童衡连云港市中级人民法院民事审判第一庭副庭长职务，周文博连云港市中级人民法院民事审判第二庭庭长职务，李利连云港市中级人民法院审判监督庭庭长职务，徐同凯连云港市中级人民法院立案庭庭长职务，杜兴森连云港市中级人民法院审判监督庭副庭长职务，谢善娟连云港市中级人民法院行政审判庭副庭长职务，乙斌连云港市中级人民法院民事审判第五庭副庭长职务，忻越连云港市中级人民法院民事审判第三庭副庭长职务，张伟连云港市中级人民法院刑事审判第二庭副庭长职务，杜东风连云港市中级人民法院刑事审判第一庭庭长职务，王秀叶连云港市中级人民法院民事审判第三庭庭长职务，刘场连云港市中级人民法院民事审判第二庭副庭长职务，曹洋连云港市中级人民法院民事审判第二庭副庭长职务，陆建国、张焰、周兴国、刘浦连云港市中级人民法院审判员职务，张仕明连云港市人民检察院副检察长、检察委员会委员（挂职）职务，王绪华连云港市人民检察院检察委员会委员、检察员职务，宋金玲、万树早、丁建华连云港市人民检察院检察委员会委员职务，曲新生连云港市人民检察院检察员职务。

4月26—27日，市十四届人大常委会第十次会议决定免去王奎杰市人大常委会委员职务。

6月27—29日，市十四届人大常委会第十一次会议任命华本太为连云港市人民政府副市长（挂职）。

8月30—31日，市十四届人大常委会第十二次会议任命商振江为连云港市商务局局长，决定免去任瑜连云港市商务局局长职务。

10月30—31日，市十四届人大常委会第十三次会议任命王友君为连云港市民防局局长，决定免去武晓敏连云港市人大常委会环境资源城乡建设委员会副主任职务，决定撤销史道友连云港市民防局局长职务。

12月18—19日，市十四届人大常委会第十四次会议任命陈书军为连云港市人民政府副市长，王永士为连云港市退役军人事务局局长，闫杰、黄文波、张奇、乔永礼、董亚楠、伏云、陈其庆、丁燕鹏为连云港市中级人民法院审判员，李佳杰为连云港市人民检察院检察员。决定免去：尹哲强连云港市人民政府副市长职务，高旭明、杜东风连云港市中级人民法院审判委员会委员、审判员职务，胡必柱、蒋连生、宋长前、李德刚、徐明山、宋跃成连云港市中级人民法院审判员职务，接受缪毅辞去连云港市人大常委会委员职务，待报连云港市人民代表大会备案。（乔立贺）

重要会议

【市十四届人大第二次会议】 1月7—10日，连云港市第十四届人大第二次会议召开。大会听取和审议市人民政府工作报告、市人大常委会工作报告、市中级人民法院工作报告、市人民检察院工作报告。审查《连云港市2017年国民经济和社会发展计划执行情况与2018年国民经济和社会发展计划草案的报告》《连云港市2017年预算执行情况和2018年预算草案的报告》。大会表决通过《连云港市第十四届人民代表大会第二次会议关于连云港市人民政府工作报告的决议》《关于连云港市人大常委会工作报告的决议》《关于连云港市中级人民法院工作报告的决议》《关于连云港市人民检察院工作报告的决议》《关于连云港市2017年国民经济和社会发展计划执行情况与2018年国民经济和社会发展计划的决议》《关于连云港市2017年预算执行情况与2018年预算的决议》《连云港市地方立法条例》。会议选举产生连云港市出席江苏省第十三届人民代表大会代表43人；选举刘海涛为市监察委员会主任，王修杰、孙小岚、曹明丽、缪毅为市十四届人大常委会委员；举行宪法宣誓仪式。

【市十四届人大常委会第七次会议】 1月7日，连云港市十四届人大常委会第七次会议召开。会议决定任命苏士军、王奎杰、蒋彩霞为连云港市监察委员会副主任，鲍洪才、郑云龙、赵广东、宋金玲为连云港市监察委员会委员。

【市十四届人大常委会第八次会议】 2月27日，连云港市十四届人大常委会第八次会议召开。市委书记、市长项雪龙列席会议并作人事议案说明。会议决定接受杨省世辞去连云港市第十四届人民代表大会常务委员会主任职务，决定接受项雪龙辞去连云港市人民政府市长职务，决定任命方伟为连云港市人民政府副市长、代理市长。

【市十四届人大常委会第九次会议】 3月30日，连云港市十四届人大常

1月7—10日，连云港市第十四届人民代表大会第二次会议召开

王振 摄

委会第九次会议召开。会议听取和审议市政府关于《畜禽规模养殖污染防治条例》贯彻实施情况的报告，表决通过《关于依法做好市人大常委会任命的法官检察官监督工作的意见》《市人大常委会关于〈加快我市旅游业发展的议案〉的决定》，通过相关人事任免。

【市十四届人大常委会第十次会议】 4月26—27日，连云港市十四届人大常委会第十次会议召开。会议审议《连云港市文明行为促进条例（草案）》的议案、市政府关于科技创新工作情况、2017年度环境状况和环境保护目标完成情况的报告、全市民族工作情况的报告，对市人大常委会相关审议意见办理情况开展评议，表决通过市人大常委会关于扎实推进全市“高质发展、后发先至”的决议，通过相关人事任免。

【市十四届人大常委会第十一次会议】 6月27—29日，连云港市十四届人大常委会第十一次会议召开。会议审议关于提请审议《连云港市集中式饮用水水源保护条例（草案）》的议案；听取和审议市政府关于平安社区建设情况的报告并开展专题询问；听取和审议市政府关于打造“一带一路”标杆示范项目，带动开放发展高质量情况的报告、关于2017年市级决算草案的报告、关于2017年度市级预算执行情况和其他财政收支情况的审计工作报告；对市文广新局、市审改办、市建设局、市法院关于人大常委会审议意见办理情况开展评议；通过《连云港市文明行为促进条例》；通过市人大常委会关于批准2017年市级决算的决议；通过相关人事任免。

【市十四届人大常委会第十二次会议】 8月30—31日，连云港市十四届人大常委会第十二次会议召开。会议听取和审议市政府关于2018年上半年全市国民经济和社会发展计划执行情况的报告、关于2018年市区地方政府债务限额及上半年全市预算执行情况的报告；听取和审议市人大常委会执法检查组关于检查《中华人民共和国河道管理条例》和《江苏省河道管理条例》实施情况的报告；听取市政府相关部门主要负责人履职情况报告，对市城管局、食药监局、海洋与渔业局、物价局主要负责人履职情况开展评议；表决通过关于批准连云港市2018年市区地方政府债务限额等决议决定；通过相关人事任免。

【市十四届人大常委会第十三次会议】 10月30—31日，连云港市十四届人大常委会第十三次会议召开。会议听取和审议市人大常委会执法检查组关于检查《中华人民共和国义务教育法》和《江苏省实施〈中华人民共和国义务教育法〉办法》实施情况的报告，听取和审议市政府关于市十四届人大二次会议代表建议办理情况、关于全市“十三五”规划中期评估、关于全市突出环境问题清单的报告，听取和审议市法院关于开发区法院成立后工作开展情况的报告，听取和审议市检察院关于开发区检察院成立后工作开展情况的报告，听取和审议市政府及有关单位2017年度预算执行和其他财政收支审计查出问题整改情况的报告并开展满意度测评，对重点建议办理情况进行评议，表决通过《连云港市集中式饮用水水源保护条例》、关于修改《连云港市海洋牧场管理条例》的决定、关于坚持高质发展后发先至依法推动打好污染防治攻坚战的决议，批准连云港市2018年市级预算调整方案，通过相关人事任免。

【市十四届人大常委会第十四次会议】 12月18—19日，连云港市十四届人大常委会第十四次会议召开。会议听取和审议市政府关于《中华人民共和国中小企业促进法》贯彻实施情况的报告，关于“七五”普法规划中期实施情况的报告，关于加快全市旅游业发展的议案办理情况的报告；听取部分省人大代表履职情况报告并开展评议；听取和审议市政府关于市人大常委会相关审议意见落实情况的报告并开展评议；表决通过市人大常委会关于批准连云港市2018年市本级国有资本经营预算调整方案的决议、《市人大常委会关于推进公益诉讼加强公益保护工作的意见》《连云港市人大常委会议事规则》；通过相关人事任免。

【市十四届人大常委会第十五次会议】 12月29日，连云港市十四届人大常委会第十五次会议召开。会议学习市委十二届七次全会精神，表决通过关于召开市十四届人大三次会议的决定，通过市十四届人大三次会议议程、市十四届人大三次会议主席团和秘书长建议名单（草案）、市十四届人大三次会议列席人员范围的决定，通过补选的市十四届人大代表的代表资格审查报告。（乔立贺）

人大监督

【工作监督】 经济领域工作监督　2018年，连云港市人大常委会调研全市“十三五”规划实施情况，审议市政府中期评估报告，针对宏观环境变化、重点指标推进中遇到的困难，督促有关方面主动应对。听取和审议上半年计划执行情况报告，调研打造区域产业品牌、省对全市财政专项转移支付等情况，建议政府及相关部门加强分析研判、狠抓项目投入、促进转型升级。听取和审议打造“一带一路”标杆示范项目带动开放发展高质量情况报告，调研口岸单位服务“一带一路”建设情况，聚力推进战略支点建设。听取和审议全市科技创新工作报告，促进有关方面深化改革，更大力度实施创新驱动战略。听取和审议《中华人民共和国中小企业促进法》贯彻实施情况报告，推动改善中小企业经营环境。

重大风险防范化解　常委会依法就地方政府债务限额作出决议，主任会议专门听取政府全口径债务情况汇报，促进政府化解隐性债务、加强债务管理、防范债务风险。审议预算执行、审计整改情况等报告，完善预算联网监督系统，组织代表团“一对一”审议部门预算，重点关注预算支出及政策落实情况，切实防范财政金融风险。调研国有资产管理情况，促进国有资产保值增值。

生态领域工作监督 2018年，市人大常委会组织全市五级人大代表开展“助推绿色发展”专项行动，分代表团对绿色种植、化工园区整治、乡村环境整治、城市水体保护、城区绿化、垃圾分类处理6个方面进行视察调研，常委会综合形成的调研报告得到市委、市政府主要领导批示，市政府对所提的16条建议逐一列出问题清单、任务清单、责任清单，推进建议落地见效。听取和审议年度环境状况和环境保护目标完成情况、突出环境问题清单报告，督促有关方面落实责任、明确分工、着力攻坚。

乡村振兴工作监督 2018年，市人大常委会组织在连云港市的全国和省人大代表、市县两级人大围绕乡村振兴开展专题调研，提出深化农业供给侧结构性改革、稳妥推进农村集中居住、抓好特色小镇田园乡村建设等建议，为党委决策提供参考。听取和审议畜禽规模养殖污染防治条例贯彻实施情况报告。专题调研乡村旅游、乡村清洁、农业产业化、农村集体产权制度改革等情况，助推乡村振兴战略实施。推进精准脱贫，审议全市民族工作情况报告，聚焦民族村精准扶贫工作，督促有关方面实施产业帮扶，加快贫困民族村脱贫步伐；开展《江苏省扶贫工作条例》执法检查，督办评议关于加大低保政策兜底工作力度的代表重点建议办理情况，督促精准扶贫举措落到实处。

【法律监督】 2018年，市人大常委会听取和审议“七五”普法规划中期实施情况报告，举办宪法专题讲座，落实宪法宣誓新要求。围绕学习贯彻监察法举办讲座、开展调研，助推监察体制改革试点工作依法有序开展。组织开展河道管理条例执法检查，推动政府查找河道管理中存在的问题和薄弱环节。开展农产品质量安全法、档案法、旅游法和《江苏省档案管理条例》《江苏省旅游条例》执法检查，开展《江苏省核事故预防和应急管理条例》贯彻实施情况调研，促进有法必依、执法必严。对市政府报备的3个规范性文件进行合法性审查。集中视察市中级人民法院、检察院工作，制订《关于依法做好市人大常委会任命的法官检察官监督工作的意见》，组织代表评价庭审和办案卷宗活动，选择性旁听法院审判委员会和检察院检察委员会会议，专题审议市中级人民法院、检察院关于开发区人民法院、检察院工作情况报告。制订《关于推进公益诉讼加强公益保护工作的意见》，强化检察机关履行维护公益的法律监督职能。 （乔立贺）

11月24日，全国人大代表、市委书记项雪龙赴东海县牛山街道开展“走基层、进家站、联选民”活动 王超 摄

代表工作

【代表履职平台建设】 2018年，连云港市基层人大工作规范化建设现场交流会召开，人大代表之家（站）建设由实现固定场所、制度建设、代表活动、意见处理、台账资料、服务管理“六有”向“六优”转变。推进“互联网+代表履职”平台建设，建立代表履职服务管理手机APP、网上“代表之家”，发挥“三微两端一平台”作用，为代表高效履职创造条件。依托人大代表之家（站），开展五级人大代表“走基层、进家站、联选民”活动，全市4800多名人大代表累计接待选民1.3万人次，收集关于港口和铁路建设、居民医保、就业创业、交通出行等方面意见建议1.34万条。市县乡三级人大交办督办收集到的意见建议，确保事事有答复、件件有回音。

【代表履职服务管理】 2018年，市人大常委会组织市人大代表参加“两代表一委员”专题培训班，开展会前集中视察重大项目和民生实事工程，举行政情通报会，市政府分管领导到会通报社会事业发展情况，邀请代表参加执法检查、视察调研、列席常委会会议等，拓宽代表知情知政渠道。出台《关于进一步加强市人大代表小组活动的指导意见》，强化联系指导和经费保障，推动代表在绿色发展、精准扶贫中展现作为，小组活动亮点纷呈。落实人大代表守则，有序推进代表向原选举单位报告履职情况并接受评议；评选表彰优秀人大代表、优秀代表建议、先进代表小组、先进代表之家。

【议案建议】 2018年，市人大常委会对市十四届人大二次会议主席团交常委会审议的1件代表议案和246条建议进行科学交办、全程跟踪、重点督办、工作评议、绩效考核。“一府一委两院”高度重视议案建议办理工作，代市长方伟领办人大1号议案《关于加快我市旅游业发展的议案》，从体制机制、整合资源、提升品质等方面推动突破，议案

2018年连云港市人大常委会重点议案建议一览表

表4

序号	建议内容	提建议人	承办单位
1	关于打造“一带一路”战略支点，推动“两基地”发展的建议	张军雄	发改委主办，港口局、港口控股集团、交通局、经信委、商务局、上合组织物流园协办
2	关于建立我市融资再担保体系的建议	戴继森	金融办主办，金融控股集团协办
3	关于建立军地医联体，推进军民融合发展的建议	王东等11名代表	卫计委主办
4	关于加快我市旅游业发展的议案	李东红等10名代表	旅游局主办，宣传部、农工办、发改委、公安局、交通局、商务局、城管局、林业局协办
5	关于对天缘食品公司进行整体拆迁的建议	陈士松等11名代表	农委主办，规划局、国土局、海州区协办
6	关于加大低保政策兜底加快脱贫攻坚进程的建议	庄小佃等10名代表	民政局主办，东海县、赣榆区、灌南县、灌云县、海州区、监察局、连云区、农工办协办
7	关于公共厕所建立所长制管厕的建议	孙泽清	城管局主办，赣榆区、高新区、海州区、连云区、市开发区协办
8	关于促进我市对于民间养老机构发展的建议	陈士松等11名代表	民政局主办，财政局、规划局、国土局协办
9	关于培育发展第三方征信机构，建立市场主体“信用档案”，助力创建国家信用示范城市的建议	阮洪河等12名代表	经信委主办，财政局协办
10	关于推进连云港城市地下空间开发利用的建议	李启珍等11名代表	民防局主办，规划局、城建局、住房局协办
11	关于优化药品零售企业布局的建议	钱　涛	食药监局主办
12	关于加大对民族村政策资金支持力度的建议	冯泉瑞	民宗局主办，财政局协办
13	关于促进乡村旅游发展，加大乡村旅游扶贫力度的建议	刘静等10名代表	农工办主办，旅游局协办

办理取得明显成效；冯龙等代表提出的《关于优化我市主城区基础教育资源配置的建议》被市政府纳入民生实事项目加以推进；汪勤友等代表提出的《关于加快推进我市建筑业发展的建议》、石美霞等代表提出的《关于规模化畜禽养殖业污染治理的建议》等被市政府及有关部门采纳。所有建议全部办理，建议所提问题57.3%得到解决，37.4%计划逐步解决，5.3%因条件所限暂缓解决。（乔立贺）

责任编辑　张卫怀

连云港市政府

综述

【概况】 2018年，连云港市政府全面贯彻中央、省市委的决策部署，以“高质发展、后发先至”为主题主线，深化供给侧结构性改革，深入推进“以港兴市、产业强市、创新驱动、绿色发展、协调共进”五大战略，统筹做好改革发展稳定各项工作。全年全市实现地区生产总值2771.7亿元，比2017年增长4.7%。实现一般公共预算收入234.31亿元，增长9.1%。完成固定资产投资1859.28亿元，增长6.7%。实现社会消费品零售总额1121.31亿元，增长8.3%。进出口总额95.47亿美元，增长16.2%，居全省第三位。居民消费价格基本稳定，城乡居民人均可支配收入增长8.8%。2018年，全省重大项目现场推进会在连云港召开，盛虹炼化一体化项目和花果山国际机场相继开工。青盐铁路建成通车，铁路综合客运枢纽一期工程投入使用，连云港市迈入高铁时代，204、268等国省干线完成改造通车。恒瑞医药董事长孙飘扬参加习近平总书记主持召开的全国民营企业座谈会并发言，中科院高效低碳燃气轮机试验装置获批建设。旧城改造推进力度空前，棚户区改造新开工房屋建设2.6万套，征收房屋590万平方米，群众住房难问题加快解决。深化“放管服”改革，在全省率先开展“强区放权、市区同权”改革，委托下放权力事项3395项。政务服务实现镇村全覆盖，90%以上业务网上办理，企业开办登记平均用时1.5天。《政府工作报告》200项重点任务和十大民生工程50件实事顺利实施，民生幸福指数不断提高。

【民生实事】 1月，经市十四届人大二次会议审议通过，市政府下发《关于实施2018年连云港市十大重点民生工程50件实事的通知》，至年底基本完成。

链接

2018年连云港市十大重点民生工程50件实事

一、就业创业工程

1. 扩大就业。新增城镇就业6万人，转移农村劳动力2.5万人，开发公益性岗位2000个。城镇失业人员再就业1.6万人。新增城镇个私经济从业人员4万人。

2. 助力创业。新建省市级创业示范基地6家，新建“一村一品一店”示范村100个，打造巾帼电商示范基地20个。新培育示范型家庭农场100家、示范型农民专业合作社100个。实施青年创业扶持“三百工程”。扶持自主创业1万人。新增私营企

2018年，连云港深入推进“以港兴市、产业强市、创新驱动、绿色发展、协调共进”五大战略，各项事业取得新成就。图为连云港东部城区　张言华　摄

业1万户、个体工商户2万户。

3. 强化培训。组织各类职业培训22万人次，其中培训新型职业农民3万人次。开展创业培训6700人次。为1万名妇女提供就业岗位服务。开展巾帼电商和农村青年电商培训各1000人次。

二、教育强基工程

4. 改善办学条件。新改扩建中小学16所，新建幼儿园26所，改造中小学、幼儿园校舍45万平方米。建设特殊教育中心新校区。

5. 促进教育公平。义务教育学校通过实施集团化办学、组建教育共同体、开展结对共建等形式，实现义务教育均等化建设全覆盖，教师教干交流比例达到15%以上。进城务工人员随迁适龄子女全部就读公办学校。

6. 优化教育服务。在部分小学试行弹性离校制度，提供课后照看服务。推广应用“云海在线”智慧教育平台，为全体师生免费提供优质教育资源和家校互动服务。实现家庭教育指导中心县区全覆盖，10家试点乡镇（街道）成立家庭教育指导站。实现中小学标准化校车安全运行。

7. 资助贫困学生。向建档立卡家庭、低保家庭等贫困家庭学生发放助学金7500万元。办理贫困大学生助学贷款1亿元。实施“希望工程·圆梦行动”，为贫困大学新生筹集助学岗400个。

8. 加强产教融合。建成市级校企合作服务平台。创建省职业学校现代化实训基地3个、现代化专业群4个。建成省现代化示范性职业学校或优质特色职业学校1所。

三、医疗惠民工程

9. 扩大医疗资源供给。市妇幼保健中心完成外装，市康复医院精神卫生中心、健康体检中心主体工程完工，市第二人民医院西院区综合病房楼开工建设。建成省级示范基层医疗卫生机构20个以上，新增群众满意乡镇卫生院4个以上。

10. 提升公共卫生服务。明确家庭医生签约服务收费标准，家庭医生签约覆盖率达到40%以上，重点人群签约率达到70%以上。乡镇卫生院、

2018年，连云港市开展全民健身运动。图为苍梧绿园晨练的市民
刘良福 摄

社区卫生服务中心健康小屋覆盖率达到50%以上。

11. 实施健康宝贝工程。加强出生婴儿缺陷综合防治，提供孕前至产后全过程和0—6岁儿童的“6+3+3”模式12项妇幼健康技术服务项目。

12. 开展妇女健康行动。优化免费婚检服务，免费婚检率达到80%以上。实现城乡适龄妇女“两癌”免费筛查全覆盖。建设市级高危孕产妇危急重症医疗救治中心。

13. 提高残疾人康复水平。免费实施白内障手术1000例，实施0—14岁残疾儿童基本康复训练1000人，发放残疾人辅助器具3000件。

四、居住改善工程

14. 整治老旧小区。改造老旧小区50个，新建改建便民道路50条。棚改新开工2万套，基本建成2万套。实现10年以上老旧小区物业管理覆盖率80%以上。

15. 改造危旧房。治理改造城镇危旧房5万平方米，维修治理直管公房3万平方米。改造农村危旧房1500户。

16. 强化住房保障。发放廉租房货币补贴1000户，分配公租房（廉租房）600套、人才公寓200套。新增住房公积金40亿元，扩面3万人；投放住房公积金56亿元，支持1.2万户家庭改善住房条件。实现低收入困难职工家庭住房公积金贷款全额贴息达100%。

17. 改善居住环境。新创建“最美农家示范户”1000户。新增农村无害化卫生户厕4万座、普及率达到88%。建设垃圾分类小区60个。完成70个小区亮化出新工程，创建省、市级示范物管项目35个。新建省级绿化村40个。

五、文体利民工程

18. 丰富群众文化生活。组织大中型文化展演500场次、大中型文化展300场次、群众性展演3000场次、农村公益电影放映1.6万场次，引进高雅艺术演出50场次。举办非遗大集等传承展示活动150场次以上。

19. 加强文化载体建设。建成基层综合文化服务中心370个以上，农家书屋与文化大户融合发展200个。打造山海文化生态保护实验区，建设非遗展馆（展厅）、传承基地、生产性保护示范基地60个。建成市档案便民查询中心。

20. 开展全民阅读活动。举办第六届连云港读书节、农民读书节等阅读推广活动500场次，打造阅读新空间100家、社会阅读组织100家。

21. 完善公共体育设施。市全民健身活动中心地下工程主体完工，体育馆、健身馆主体施工。改造升级50个社区体育健身设施，完善城市“10分钟体育健身圈”。

22. 开展全民健身运动。举办市首届全民健身运动会，开展全民健身活动300项。举办“市长杯”青少年

足球联赛、校园篮球高中联赛等青少年体育竞赛12项以上。体育场馆实现免费、低收费开放，有条件的中小学体育场地实现免费开放。免费开展群众体质监测1.5万人次。

六、交通畅达工程

23. 完善交通路网。打通杏坛路、文苑路、银杏路、陇海西路等4条道路。建成烧香河桥、大庆路桥，实施310国道东海段、324省道灌云段等国省干线公路路面改善提升工程。

24. 提升农村道路。新建改建镇村公路600公里、桥梁30座。全市19个农业重点乡镇新修田间道路240公里，新建改建生产农桥、涵687座。

25. 优化便民出行。铁路综合客运枢纽一期工程投入使用。新辟优化调整公交线路10条以上，新增230辆新能源公交车，节能环保车型比例达到95%以上，建设电动汽车充电桩50个，更新公交站亭电子站牌100个。新建路外停车泊位2500个以上（牵头单位：市交通局、市交通控股集团、市公安局）。

26. 强化交通整治。治理城市交通堵点乱点，建成25个文明示范路口、6个“护学岗”。启动城乡道路指路信息一体化建设。开展机动车停车收费集中整治。

七、市政配套工程

27. 完善市政设施。新建改建供水、燃气等管道30公里，改造完成二次供水泵房95座。改造低压接线25万户，实施18个小区供电线路改造。建成凤凰新城消防站。

28. 提升信息化水平。光纤宽带和4G网络实现全覆盖。新增有线数字电视用户3万户，城乡有线电视高清信号覆盖率达75%，实现2万户机顶盒免费高清升级。国家AAAA级以上旅游景区实现无线网络全覆盖。

八、公共安全工程

29. 保障饮水安全。开工建设蔷薇河饮用水源上游截污导流工程。完成县级以上饮用水水源地保护区整治，改造农村供水管网340公里，惠及16万人。

30. 强化食品药品安全。新建开放式便民食品快检中心3所，食品抽检率达4‰。药品生产企业检查全覆盖，药品批发企业日常监管率达到100%。提升“明厨亮灶”覆盖面，公立学校食堂覆盖率达到100%。

31. 实施“雪亮工程”。推进公共安全视频监控联网应用项目，新建城市管理视频监控点位3000路。构建四级社区警务网格单元体系。

32. 营造放心消费环境。新培育省级价格诚信单位10家，新增市级放心消费示范区10个、先进示范单位30家。

33. 保障菜篮子。完成10个菜市场保供稳价、食品安全、卫生环保等公益性功能保障机制建设。创建“示范平价商店”20家、“食品销售示范店”120个，帮扶150家以上食品小作坊改进加工条件。

34. 抓好米袋子。建成县区级标准化粮食质量监测站3个，建设粮食产后服务中心6家。培育放心家庭农场20家、放心农产品生产基地20个。农产品质量安全检测合格率达到97%。

九、生态环境保护工程

35. 提升空气质量。实施工业、燃煤、机动车、扬尘等污染管控，实现市区乡镇（街道）空气质量监测全覆盖。全年空气优良率保持全省领先。

36. 整治黑臭河道。推行河长制，实施市区河道常态化保洁。完成大浦河、大浦副河等6条黑臭水体整治。建设新沭河排污通道尾水生态净化工程，实现入海达标排放。

37. 改善土壤环境。设置土壤环境质量监测点位，建成监测网络，开展土壤污染治理与修复试点。规模化畜禽养殖场粪污收集、处理利用设施覆盖率达到70%。

38. 建设生态河湖。新增湿地修复面积4000亩，自然湿地保护率达到48%，基本建成临洪河口省级湿地公园，打造潮河湾省级湿地公园。疏浚县乡河道369公里，整治村庄河塘500条。

39. 修复海洋生态。完善海州湾“湾长制”运行机制。恢复羊山岛海岛属性。开展人工鱼礁投放和增殖放流。完成连云港港30万吨级航道一期工程生态补偿项目。

40. 实施城乡绿化。开展森林城市创建，完成绿化造林15万亩，完成水利造林4900亩。瀛洲公园开工建设，西凤凰山公园投入使用，市区新增绿地270公顷。完成龟腰山等6处破损山体生态治理。开展交通干线沿线环境综合整治“五项行动”，建设路网绿化体系，新增绿化600万平方米。

41. 开展生态创建。启动全市生态文明示范区创建，建成10个省级生态文明示范乡镇（街道）和5个生态文明示范村。在玉带河片区和徐圩新区试点建设海绵城市。

十、社会服务和保障工程

42. 提高保障水平。城乡基本养老保险、医疗保险基本实现全覆盖。实施统一的城乡居民医疗保险制度，财政补助每人每年不低于500元。将建档立卡低收入困难群体城

2018年，连云港市继续实施城乡综合环境整治，城乡环境质量明显提升。图为农村宜居新环境　刘良福　摄

乡居民大病保险起付线由1万元降至5000元，各费用段报销比例提高5个百分点。

43. 精准扶贫脱贫。投入资金1.65亿元，实施库区移民后扶项目，改善移民村生产生活条件。修建石梁河、沂河淌贫困片区干线公路和农村公路。扶持经济薄弱地区特色产业发展，创建市级"一村一品一社"40个。为6万名建档立卡低收入人口等困难群体代缴最低标准城乡居民养老保险费。实现4万人脱贫、50个村达到新"八有"标准。

44. 加大社会救助。稳步提高城乡低保标准，农村低保月标准不低于455元。政策范围内住院自付医疗费用救助比例高于70%、年封顶线高于当地医保封顶线50%。启动困难群众价格补贴发放联动机制，足额发放少数民族清真饮食补贴。

45. 优化养老服务。提升市级智慧养老服务平台运营水平。新建标准化居家养老服务中心（站）30个。推进养老机构医疗卫生服务全覆盖，新建医养融合机构2家。实施既有住宅适老化改造试点项目3个。

46. 关爱特殊群体。为5000名环卫工人购买防寒棉衣，为7500名特困职工、环卫工人、劳模购买意外伤害保险。建设乡镇（街道）残疾人之家45家。为4.6万名困难残疾人发放生活补贴，为2.6万名重度残疾人发放护理补贴，为1000名贫困重度残疾人开展托养服务、购买商业保险，为2万名残疾人免费缴纳城乡居民养老保险费。

47. 呵护留守儿童。开展"海生草"关爱行动，为750名困境留守儿童提供关爱服务。实施"暖冬关爱"项目，为3000名困境留守儿童提供关爱物资。

48. 开展博爱行动。每个县区打造一所博爱家园。开展造血干细胞捐献活动，造血干细胞血样采集不少于800份。实施百万应急救护培训，新增培训救护员7000人、普及救护知识5.7万人次。

49. 加强司法援助。加强乡镇（街道）公共法律服务中心、村（社区）司法服务站建设。实现村居法律顾问全覆盖。县区法律援助、医患纠纷调处服务中心覆盖率达100%。

50. 优化政府服务。整合政务服务一张网，推行项目代办制和不见面审批，最大限度便企利民。整合公共服务热线资源，拓展"12345"政府热线服务功能，群众有效诉求处理回复率达100%。

【决策咨询】 2018年，市政府办公室围绕综合经济、产业发展、深化改革、城乡建设、扩大开放、招商引资、乡村振兴、生态环保、民生事业等方面，深入一线开展调研，为政府决策提供重要参考。编发《领导参阅》46期、《研究与建议》16期、《新经济》6期。完成《新时代我市更高站位建设"一带一路"战略支点的路径研究》等2个市委书记、市长圈定重大课题。《国企要当好改革发展的"领头羊"》《推进农村一二三产融合发展》在《群众》杂志刊发。起草完成《连云港市"高质发展 后发先至"三年行动计划》，多项研究成果转化为政府决策部署。编发《政务信息》264期、《发展动态》198期、《市长直报》27期，被市领导批示40期；上报信息1650余条，被国务院办公厅采用21条、被省办公厅采用306条，被国务院领导、省领导批示13条。其中，《连云港市反映田湾核电站与驻地"共生共荣"发展面临的困难及建议》被省长吴政隆批示，推动了江苏核电与连云区合作签约。（刘　璐）

重要会议

【市政府全体（扩大）会议】 1月11日，市政府召开全体（扩大）会议，贯彻落实省委十三届三次全会、市委十二届五次全会精神，部署安排2018年政府重点工作。

8月1日，市政府召开全体（扩大）会议，深入贯彻落实省委十三届四次全会、市委十二届六次全会精神，总结2018年上半年工作，安排下半年任务，动员全市上下进一步认清形势、统一思想，坚定信心、扎实工作，确保完成全年目标任务。

【市政府常务会议】 1月22日，市长项雪龙在市行政中心433会议室主持召开市十四届政府第十七次常务会议，审议《连云港市生态环境保护工作责任规定（试行）》《连云港市基于空间控制单元的环境准入制度及负面清单管理办法（试行）》《连云港市随机抽查事项清单和监管责任清单》《连云港建设旅游强市三年行动计划（2018—2020年）》《连云港市文化旅游投资有限公司组建方案》《连云港市公共消防设施管理办法》《关于深化公安执法规范化建设的实施意见》《大浦、墟沟污水处理厂污水处理服务价格调整方案》，听取2003—2016年市政府文件清理工作情况汇报。

2月8日，市长项雪龙在市行政中心433会议室主持召开市十四届政府第十八次常务会议，审议《连云港市公共厕所管理办法》《连云港市基层卫生人才队伍建设计划（2018—2020）》，听取全市安全生产工作情况、2017年度县区目标任务绩效考评情况、2017年度市级机关绩效考评情况、2017年度市属国有企业绩效考评情况和2017年度银行业机构绩效考评情况汇报，部署重点工作。

3月19日，代市长方伟在市行政中心433会议室主持召开市十四届政府第十九次常务会议，审议《连云港市人民政府工作规则》《关于深化统计管理体制改革，提高统计数据真实性的实施方案》《2018年全市旧城改造计划》《市开发区全链审批事项赋权清单》《连云经济开发区审批事项赋权清单》《连云港市市级机关会议费管理办法》，集中学习《中华人民共和国统计法》，通报统计执法检查情况，听取2017年度连云港市质量奖评审情况汇报。

4月2日，代市长方伟在市行政中心433会议室主持召开市十四届政府第二十次常务会议，审议《连云港市建设"一带一路"战略支点三年行动计划（2018—2020）》《连云港市"高质发展后发先至"三年行动计划（2018—2020）》《连云港市申报国家历史文化名城实施方案》《连云港市海洋生态红线保护实施规划（2016—2020）》《关于加强养殖用海管理工作的意见》，听取国家东中西区域合作示范区建设重点任务和支持政策落实情况汇报，传达省重大产业项目现场推进座谈会精神，部署清明节防火工作。

4月27日，代市长方伟在市行政中心433会议室主持召开市十四届政府第二十一次常务会议，审议《连云港市开展“证照分离”改革试点工作实施方案》《连云港市国家森林城市建设总体规划（2017—2026）》《2018年连云港市海洋伏季休渔管理工作方案》《连云港市企事业单位公务用车制度改革方案》《市区巡游出租汽车运价管理模式改革方案》，听取市临港石化产业发展办公室、医药产业发展办公室、新材料产业发展办公室筹建情况和全市2017年度重点产业项目专项考核情况汇报，通报中央电视台报道连云港市灌云、灌南化工园区环境污染问题情况和省“263”办考核情况，部署环保相关工作。

5月13日，代市长方伟在市行政中心433会议室主持召开市十四届政府第二十二次常务会议，审议《2018年县区目标考评办法》《2018年度市级机关绩效考评办法》《2018年度市属国有企业绩效考评办法》《全市银行业机构对地方经济发展贡献度考评办法》《关于加快推进现代产业发展政策的意见》《连云港市强优企业高质发展三年行动计划（2018—2020）》《连云港市健康城市建设行动计划（2018—2020）》《连云港市生态河湖“高质发展后发先至”三年行动计划（2018—2020）》《关于进一步加强全市散葬乱埋治理工作的意见》《市级机关招商引资有效信息考评细则》《连云港市哲学社会科学优秀成果奖励办法》，听取全市河长制工作情况、防汛防旱工作情况和金融工作情况汇报，通报生态环境部约谈情况、中央环保督察反馈意见落实整改情况，部署环保相关工作。

6月1日，代市长方伟在市行政中心433会议室主持召开市十四届政府第二十三次常务会议，审议《关于推进电子证照应用的实施意见》《关于推行行政审批告知承诺制度的实施意见（试行）》《关于建成“一网通办”平台全面推行四级联动不见面审批的实施意见》《关于加快推进“12345”在线平台建设，服务保障全市营商环境的实施意见》《海州区行政权力事项赋权清单》《连云区行政权力事项赋权清单》《海州经济开发区审批事项赋权清单》《关于进一步规范政府举债融资行为，防范化解地方债务风险的实施意见》《连云港市农民资金互助合作社转籍工作方案》，听取市区非标三、四轮车整治工作情况、赋予徐圩新区新建石化化工项目备案权限的情况汇报。

6月20日，代市长方伟在市行政中心433会议室主持召开市十四届政府第二十四次常务会议，审议《关于推动金融服务实体经济，加快地方金融改革发展的实施意见》《连云港市推进企业上市挂牌工作三年行动计划（2018—2020）》《连云港市普惠金融创新试验区建设实施意见》《关于加强政务诚信建设的实施办法》《关于建立完善守信联合激励和失信联合惩戒制度的实施意见》《连云港市公共信用信息管理办法（试行）》《关于进一步严肃财经纪律，加强行政事业单位财务管理的实施意见》《市区非标三、四轮车集中整治工作方案》《连云港市市属国有企业重大事项管理办法》《连云港市国有企业职工家属区“三供一业”分离移交工作流程和维修改造标准》《连云港市提升污水收集处理能力三年行动计划》《连云港市提升固体废物收集处理能力三年行动计划》《连云港市提升废气收集处理能力三年行动计划》《连云港市提升清洁能源保障能力三年行动计划》《连云港市集中式饮用水水源保护条例（草案）》《连云港市山体绿化及宕口修复三年行动方案（2018—2020）》《2018年市区城乡低保提标方案》，听取增加2018年普通高中招生计划情况、加强地方预算执行管理加快支出进度情况汇报，集体学习《地方党政领导干部安全生产责任制规定》，解读“双随机、一公开”制度，部署中央环保督察“回头看”工作。

7月16日，代市长方伟在市行政中心433会议室主持召开市十四届政府第二十五次常务会议，审议《连云港市质量提升行动实施方案》《全市消防工作“高质发展，后发先至”三年行动计划》《连云港市城乡供水“高质发展，后发先至”三年行动方案》《连云港市城乡污水处理“高质发展，后发先至”三年行动方案》《连云港市农村人居环境整治三年行动方案》《连云港市地下综合管廊管理办法（试行）》《连云港市城市公共交通规划（2017—2030）》《关于进一步加强“四好农村路”建设的实施方案》《关于进一步规范市区房地产市场管理的若干意见》《连云港市盐业监管体制改革方案》。

8月23日，代市长方伟在市行政中心433会议室主持召开市十四届政府第二十六次常务会议，学习《中华人民共和国水污染防治法》《中共中央国务院关于防范化解地方政府隐性债务风险的意见》，审议《中共连云港市委连云港市人民政府关于推进安全生产领域改革发展的实施意见》《连云港市华侨归侨侨眷权益保护办法》《连云港农业对外开放合作试验区总体规划》《连云港市市级行政事业单位国有资产处置管理办法》，听取全市饮用水水源地环境保护整治、“263”专项行动和化工园区整治、全市安全生产工作、药品和疫苗监管、动物疫情防控工作情况汇报，部署国务院大督查迎检工作。

9月1日，代市长方伟在市行政中心433会议室主持召开市十四届政府第二十七次常务会议，审议《连云港市建设公园城市行动方案》《连云港市公共资源交易平台市县一体化管理工作方案》《连云港市公共资源交易投诉管理办法》《连云港市公共资源交易信用信息管理运用办法（试行）》《连云港市第五批市级文物保护单位》。

9月26日，代市长方伟在市行政中心433会议室主持召开市十四届政府第二十八次常务会议，审议《关于深化科技体制机制改革，推动高质量发展的若干政策》《关于深化投融资体制改革的实施方案(2018—2020)》《关于支持重点产业加快发展政策的实施细则》《连云港市环境信息化暨监测监控能力提升三年行动计划》《关于进一步深化基本医疗保险支付方式改革的实施方案》《关于支持连云港海关发展推动高水平开放的意见》,听取中国(江苏)第13期援圭亚那、马耳他医疗队集体和个人申报立功奖励的情况汇报。

10月19日,代市长方伟在市行政中心433会议室主持召开市十四届政府第二十九次常务会议,传达吴政隆省长来连调研讲话精神、中央第四环境保护督察组向江苏省反馈"回头看"及专项督察情况,审议《连云港市畜禽养殖废弃物资源化利用实施意见》《连云港市畜禽养殖废弃物资源化利用工作考核办法(试行)》《关于进一步加强市区土地出让与储备工作的意见》《关于做好连云港市施工围挡设置和管理工作的意见》《连云港口岸提升跨境贸易便利化水平工作方案》,听取全市信访工作情况、扶贫开发工作情况、畜禽养殖废弃物资源化利用工作情况和2018年度市政府特殊津贴专家选拔情况汇报。

11月2日,代市长方伟在市行政中心433会议室主持召开市十四届政府第三十次常务会议,审议《连云港市突发事件预警信息发布管理办法》《连云港市深化教育体制机制改革实施办法》《关于加快推进连云港农业对外开放合作试验区建设的意见》《连云港海上溢油应急预案》《连云港海上危险化学品事故应急预案》《连云港市改革完善全科医生培养与使用激励机制实施方案》,解读《中华人民共和国核安全法》,听取连云港市参加省第十九届运动会情况和全市城乡居民基本医疗保险政策调整情况汇报。

11月13日,代市长方伟在市行政中心433会议室主持召开市十四届政府第三十一次常务会议,传达省委书记娄勤俭到连云港调研讲话、全省地方政府隐性债务化解工作推进会、市委常委会扩大会议精神,审议《连云港市加强个人诚信体系建设的实施意见》《连云港市加强涉审中介机构信用管理的实施意见》《连云港市全面加强电子商务领域诚信建设的实施办法》《连云港市国家生态文明建设示范市规划(2018—2022)》《关于加快改善农民群众住房条件,推进城乡融合发展的实施意见》,听取全市民生实事推进情况、市二轮修志工作申报立功奖励情况汇报。

11月30日,代市长方伟在市行政中心433会议室主持召开市十四届政府第三十二次常务会议,审议《市政府重大决策出台前向市人大及其常委会报告工作制度》《关于加强农村社区治理与服务的实施意见》《连云港市县(区)政府耕地保护责任目标考核办法》《连云港市石梁河水库管理办法(草案)》,听取创建全国文明城市工作情况、市人文纪念园(一期)项目情况汇报。

12月18日,代市长方伟在市行政中心433会议室主持召开市十四届政府第三十三次常务会议,听取2018年全市主要经济指标完成情况以及2019年主要经济指标计划、重点项目投资计划、政府性投资项目、民生实事和城建项目编制情况汇报,审议《连云港市市区加油加气站规划(2018—2025)》《连云港市公安机关警务辅助人员管理办法(试行)》,听取市公安边防支队集体和个人表彰以及2019年度全市公务员招录计划情况汇报。

12月24日,代市长方伟在市行政中心433会议室主持召开市十四届政府第三十四次常务会议,审议《连云港市数字政府建设顶层设计方案》《连云港市区部分区域烟花爆竹禁止燃放工作方案》《关于市区部分区域禁止燃放烟花爆竹的通告》《连云港市公众参与政府立法办法》《关于进一步加快连云港综合保税区发展的若干意见》,听取2019年度市级全口径预算编制情况汇报。 (刘 璐)

服务型政府建设

【行政审批改革】 2018年,连云港市政府分两批赋权3395项权力事项,在国家级园区、省级开发区、市辖区和县、乡镇四个层级协同推进。在全省率先开展"强区放权、市区同权"改革,向海州区、连云区赋权531项市级权力。通过探索商业银行企业开户用时通报制度以及推进企业注册全程电子化、招商银行QUICK号业务、企业名称自主申报等举措,大幅提升改革成效。东海县在全省率先实现不动产登记"1小时领证",并在各县区复制推广经验。办理施工许可案例达标率持续提升,推进"e审通"电子审图系统、网上中介超市和"区域评"省级以上开发区全覆盖等工作。"集中批"试点地区结合实际调整赋权事项,优化审批流程,大幅削减环节、压减材料、再造流程,解决"一长四多"问题。全市"不见面"审批体系不断完善,按照省最新标准先后公布两批1150项"不见面审批"事项清单,数量全省第一;全程不见面事项由首批80项扩展到300余项,企业、群众办事更加便利。全市企业开办"一网通办"并联审批平台,开通银行开户预审核系统,申请人一次提交材料,即可办理营业执照、单位公章、银行开户、税务登记等事项;推行手机工商通、银行U盾等网络身份认证,延伸线下服务范围,实现工商、税务、银行等事项即时办理,企业开办登记平均办理用时省内最少。配发个人CA数字证书和部门电子签章,推动电子证照、电子签章在政务服务网中应用。实现纳税申报、发票申领、信用查询、营业执照办理等300余项业务全程不见面审批,实现医保业务在政务服务网上100%不见面审批,实现公积金查询、提取、贷款等16项业务不见面办理。 (曹德伟 柏春桂)

【政务服务】 2018年,连云港市建成横向连接全市50家单位、纵向连接各县区(功能板块)的一体化政务服务平台,实现7505项权力事项一网公示、咨询、申报等功能。实行"外网受理、内网办理、全程公开、快递送达、网端推送、无偿代办"办理模式,开展快递不见面服务。联通住房、税务、国土、银行、公安、民政等部门数据，二手房交易登记实现同城通办、同城通领。通过微信、手机APP、自助服务等新型媒介，提供交通出行、水电费等48个热门便捷服务。全市90个乡镇、1694个村（社区）全部接入市电子政务外网，在苏北率先实现省、市、县、乡、村五级电子政务网络全贯通。工业建设项目施工许可审批明确为8个环节、20个工作日，提交材料从110余份减至30余份；出台实施方案，建立市县（区）联动审批工作机制，推行代办服务机制，市、县（区）、园区联动，一企一案，精准服务；对于符合容缺预审条件的项目，先行开展技术审查；试行告知承诺制，以清单的形式公布产业、规划、安全、环境等准入标准条件，企业作出信用承诺，各部门强化事中事后监管和全过程服务。在全市范围内推广E审图系统，实现设计、施工图纸"一窗受理、网上流转、联合审图、数字交付"。2018年，办理联合审图437个单体项目，建筑面积736万平方米，平均审图时间3个工作日，节约审图成本600多万元。将产权交易、国土招拍挂、医用耗材、试剂检验检测等项目纳入统一平台体系，实现全过程进场交易。开发建设集公共服务、电子交易、分级监管于一体的"三合一"平台，逐步消除电子与纸质介质并存现象，推动公共资源交易"不见面"。统一交易现场服务标准流程，制定交易中心服务清单，按照"不见面"招投标要求，优化交易操作环节，实现招标采购活动一窗式、网上办、更快捷。（柏春桂）

【政务公开】2018年，连云港市完善政务公开制度体系，市政府制定下发《连云港市全面推进政务公开工作实施细则》《邀请市民代表列席市政府常务会议工作制度》，严格公文办理的政务公开程序。编制连云港市《政务公开目录清单》。下发连云港市《政府信息公开基本目录》，统一市级各部门目录，对公开信息的主体、内容、时限、方式等进行规范。及时在文件出台后，政府门户网站公开。一般文件出台不超过3日在互联网上进行公开，全年累计公开各类政府文件230件。根据文件清理规定和结果，对已经废止的1836件文件和已公开文件进行有效性标注。在政府门户网站以图片、文字、视频等形式解读各类政策文件109次。直播市政府常务会议18次，邀请市民代表列席会议。加强政策文件解读，用"长图+问答"形式解读政策，开展政策简明问答。提炼企业、群众最关心的政策信息，通过新媒体等传播载体，在市、县、乡镇三级政府门户网站、政务新媒体平台联动推送，点击量和转载量近90万人次。在政府网站首页设立政府公报专栏。建立政府公报数据库并向公众开放。全年编发《政府公报》24期、《政府大事记》12期。

【电子政务】2018年，市政府出台加快全市数字政府建设实施意见，城市大数据中心和智慧城市运营中心正式启用，建成基础数据库、政务云平台、政务数据共享和开放网站，在省内率先实现五级电子政务网络全贯通。全面整合政府网站办事入口，实现办事数据实时共享，保障"一网通办"。相关建设经验被中国社会科学院信息化研究中心评为"互联网+政务"50强优秀实践案例。开发完善政务协同办公系统，覆盖65家市级党政机关和所有县区板块，基本满足"无纸化"办公需要。

【文件办理】2018年，市政府办加强公文格式规范审核，对可发可不发、没有协商一致的文稿予以退回。推广应用协同办公系统，电子公文流转率65%，办理质效日益提升。印发各类文件737件，处理上级来文2045件、下级来文2069件、平级来文1944件，办理传真电报689件，下发办理情况通报23期。完成1980年以来全市生态环境保护规范性文件清理。（刘　璐）

【"12345"政府热线】2018年，连云港市"12345"在线平台受理群众和企业诉求46.51万件，其中社会公众通过电话、网络等渠道反映诉求25.6万件，按期办结率93.21%，群众满意率95.18%。整合全市86条市级公共服务热线，对物价、建设、环保等19个部门小热线并线融合，由市"12345"在线统一接听。"12345"在线平台与税务、人社、工商等大热线建立对接机制，与"110""120""119"等热线实现三方转。建立政务服务"一号答"咨询问答知识清单，开通"一号答"服务导航，提供在线智能问答和自助查询服务。连云港市政务服务"一号答"专席在全省率先实现政务服务事项直接答复功能，直接答复率66.9%，全年"一号答"专席受理诉求6.13万件，群众满意率90%以上。市民通过"一号答"提出医疗保险业务网络渠道办理建议，在全国率先实现医疗保险业务全部"不见面"网上办。市"12345"在线平台建设大数据政情民意分析系统，利用云计算、大数据、人工智能等技术手段，深度解析政务服务诉求，及时向党委、政府提供分析成果。全年向市委、市政府报送政务服务诉求分析240期，被市领导批示140次，推动交通设施、供电供水、环境污染、教育低保等领域近百件"老大难"问题有效解决。在《作风聚焦》栏目中公开市民反映集中的餐饮油烟污染问题现状，推动海州区871家餐饮服务单位开展餐饮业油烟污染专项整治。全年受理创全国文明城市诉求3.72万件，结案率100%，主动采集不文明现象4.02万件，开展专项采集6次。（马　丹）

【应急管理】2018年，连云港市政府调整完善市应急委组成人员，召开市应急委全体成员会议，加强应急管理工作的统筹组织和指挥协调。修订印发《连云港市突发事件总体应急预案》，基本完成市级专项预案修订。开展危险化学品安全事故处置等应急演练6次，妥善处置"4·12"连霍高速东海段交通事故，在省政府应急值守视频会议上作经验交流发言。《连云港市防控非洲猪瘟疫情工作的启示与建议》值班专报信息被省长吴政隆批示。做好节庆期间工作部署和极端天气预警防范，严格执行24小时值守、重要时间节点市政府领导挂帅、秘书长主任在岗带班制度，做好突发事件报告处置，办理《值班专报》592期。

（刘　璐）

外事工作

【护照签证管理】2018年，连云港市办理因公出国团组248批、784人次，签发新公务护照76本、新公务普通护照410本；办理各国因公签证140批、569人次；受理因私赴日、韩签证申请996批、1484人次，其中，赴日签证887批、1262人次，赴韩签证109批、222人次，获签率96.5%。受理APEC商务旅行卡申请11批、17人次。实施签证服务费减免及未获签退费政策，全年为1432人次减免费用22万元。市外侨办上门为高校提供签证服务2批、35人次，为申请人提供远程面谈服务及第二次申请免面谈服务495人次。为98批、123人次提供签证急办业务，平均缩短签证时间2个工作日。

【外事管理】2018年，全市党政干部因公出国团组59个，其中自组团56个，参加双跨团3个；出访216人次，其中厅局级17人次，县处级及以下199人次。通过江苏省因公出国管理平台办理有关出访任务报批手续100批、382人次；办理省内双跨团组征求意见函复函118批、305人次。制作因公出国行前提醒、行前教育PPT、出国团组行前教育承诺书等资料，每个团组出访前参加行前教育培训，并签署承诺书。市外侨办为50余家企业办理被授权单位邀请确认函178批、304人，接待涉外媒体记者代表团2批、28人次；接待各国驻华使领馆官员9批、30人次；妥善处理涉外突发案（事）件及领事保护事件15起。

【友好交往】2018年，连云港市首次被全国友协授予国际友好城市合作交流奖。连云港市团组赴京拜访土库曼斯坦、吉尔吉斯斯坦、塔吉克斯坦、哈萨克斯坦在内的中亚四国驻华使馆，就加强四国与连云港市的友好交流、促进物流合作进行交流。邀请美国、以色列、墨西哥驻沪总领事到连云港市访问，推介连云港市经济社会和产业发展情况。先后拜访墨西哥、土耳其、哈萨克斯坦、白俄罗斯、印度驻沪总领馆。邀请印度总领事瑞峰率团到连云港市举办印度（连云港）投资说明会，参加第五届连博会；副市长吴海云应邀参加印度驻沪总领馆举办的国庆日招待会。在哈萨克斯坦驻中国使馆和中国驻阿拉木图领馆的帮助下，连云港市与哈萨克斯坦国阿拉木图市、阿克套市建立正常工作联系。连云港市与莫吉廖夫市签订两市友好合作关系意向书，灌云县与克里契夫区签署友好交流协议。连云港职业技术学院和伏尔加斯基综合技术学院、市教育局与伦敦牛津教育集团分别签署友好合作协议；友城新西兰纳皮尔市访问连云港市，市外国语学校与纳皮尔市塔玛提亚中学签订友好学校协议。接待坦桑尼亚党政代表团对连云港市新农村建设、特色农业、精准扶贫等的考察。邀请日本佐贺市市长、歌山县议员、新宫市观光协会会长一行以及日本京都府与谢野町徐福研究会代表团一行到连云港市访问，探讨双方以徐福文化交流为重点，延伸至旅游、教育等方面的合作。赴日本新宫市、韩国木浦市访问，参加在新宫市举办的徐福祭祀活动，并与日韩徐福传承地人员进行交流，拜访日本关西地区商务机构。接待澳大利亚维多利亚州州长内阁厅官员，推介连云港市“一带一路”交汇点的战略地位，增进双方理解。收集归纳韩国木浦、光阳、群山，日本佐贺、堺市5个友城的情况简介，以及5个友城与连云港市交往情况、产业信息等，为县区及招商载体与友城方面的产业合作、友好交往提供参考。收集遴选连云港市友城韩国木浦市、俄罗斯伏尔加斯基市、吉尔吉斯斯坦比什凯克市作品，参加第二届“友城绘”暨江苏省国际青少年绘画展。连云港市荣誉市民郭孔丰被授予“江苏省荣誉居民”称号，开发区江苏暨明医药科技有限公司总裁陈剑戈当选“江苏人民友好使者”。全市援外医疗队队长、第一人民医院刘毅，副队长、第二人民医院余仔军等3人当选“江苏省青年友好使者”。邀请日本堺市、佐贺市、新西兰纳皮尔市政府代表团参加江苏省国际友城40周年交流合作月活动。与市商务局、日本贸易振兴机构上海代表处共同在上海举办连云港市投资环境说明会，日本邮船、双日、伊藤忠、JTB等大型跨国企业及政府、商务机构代表40余人出席说明会。副市长吴海云率团赴青岛举办连云港（青岛）投资说明会，邀请韩中亲善协会中国支会会长朴相济以及近60余名韩资企业家参会。邀请日邮物流株式会社中国总代表杉冈正宽、日本国际贸易促进协会高端物流企业代表团到连云港市考察港口物流建设、中哈物流基地、中欧班列运行情况，就在连云港市投资建厂、开展物流业务开展可行性研究。法国罗盖特集团代表、罗克韦尔公司、沙索丰益醇工业（连云港）有限公司代表团到连云港市考察投资环境。日本玛泰株式会社社长中西孝夫一行到连云港市访问，洽谈增资扩股、扩充产品品类等事宜。巴西、几内亚比绍、佛得角、莫桑比克、圣多美与普林西比、东帝汶、安哥拉等葡语国家驻华大使、参赞，中国驻德前大使，印度、捷克驻沪总领馆以及蒙古工商会北京代表处等重要嘉宾先后到连云港市参加第二十届江苏农洽会、生物医药论坛、第五届连博会等重要活动。市委、市政府、市人大常委会领导赴日本、韩国、英国、荷兰等国家开展系列经贸招商和对外交流活动，举办连云港（东京）投资说明会、连云港—关西经济合作交流会，对接考察丰田通商、三菱日联银行等大型跨国企业，重点推进一批项目合作。

（张　良）

侨务工作

【概况】2018年，连云港市政府印发《连云港市华侨归侨侨眷权益保护办法》。市外侨办搭建“涉侨工作共同推进、为侨服务协调联动、侨务活动共同搭台、侨务品牌共同打造”的侨务工作创新发展平台。海州区新海街道新潮社区被评为“全国为侨公共服务体系示范单位”。

【侨务经济】 2018年，市外侨办邀请20多家企业到连云港市考察，提供信息15条，跟踪在谈项目4个，储备一批潜在的合作项目。5月，新西兰恒天然乳制品公司大中华区政府事务部到访，考察东辛农场和灌云经济开发区，为乳制品加工项目选址。5月11日，江门市侨商总会执行会长、江门市侨商总会青年会黄柏仁一行到连云港市寻求投资教育、旅游、农业等项目合作机会，重点考察赣榆经济开发区、智慧机电产业园、临港产业区等地块。10月9—15日，连云港市代表团在美国、韩国开展招商推介活动，拜访中国在韩侨民协会总会（华人华侨中国和平统一促进联合总会）、美国美中工商会、美国江苏总商会、美国连云港商会、美国江苏友好协会等协会及机构，举办连云港（洛杉矶）投资说明会和连云港（纽约）投资说明会；与美国江苏总商会、美国江苏商会、美国江苏经贸文化联合会签订经贸合作协议，与美国连云港商会、江苏之友韩国联络中心、美国江苏经贸文化联合会签订海外人才引进合作协议。9月，邀请南非开普半岛科技大学教授颜炳文访问淮海工学院；12月，颜炳文被淮海工学院聘为客座教授。

【为侨服务】 2018年，市外侨办争取创建资金17.2万元，在淮海工学院成立为侨服务工作站；在连云港高新区设立省级华侨华人创新创业服务中心，将连云区南巷社区树立为侨务社区典型，提升全市12家侨务社区工作水平。将连云港成宏口腔医院设立为连云港市侨界定点医院。9月20日，组织60名归侨侨眷代表及部分侨务社区干部开展“看港城发展”活动。全年发放侨务扶贫资金14.7万元。华侨捐赠折合人民币280万元。全年审核“三侨生”（归侨青年、归侨子女、华侨在国内的子女）6人，办理归侨侨眷证60件。

【侨务宣传】 2018年，市外侨办组织连云港市“一带一路”交汇点城市建设新成效、经济社会发展新亮点宣传10个专版，在法国《欧洲时报》、美国《侨报》等海外媒体刊登。以“承接辉煌四十年，后发先至再出发”为宣传主题，策划编辑《华人时刊》连云港专刊。解放路小学校长华雪珍参加省华文教育名师巡讲美国团；“非遗”剪纸传承人、市政府津贴获得者孙洪香随省侨办赴马来西亚参加“江苏文化周”走进马六甲促“民心相通”系列活动，孙洪香的《月下情》《美人鱼》2件剪纸作品被郑和·朵云轩（马六甲）艺术馆永久收藏。选派2名教师赴东南亚国家进行为期一年的华文教育工作。市外侨办联合淮海工学院和挂钩社区，策划“创建文明城、万侨在行动”活动，向全市发出倡议书，动员全市归侨侨眷参与全市文明城市创建活动。

（张　良）

港澳事务

【概况】 2018年，连云港市因公赴港澳团组16批、39人次（签发因公港澳通行证34本），其中香港团组13批、36人次，澳门团组3批、3人次。市分管领导带队走访港澳投资企业2次，征求意见，协调解决问题。8月31日，邀请省港澳办与省人大外事旅游委、南京港澳仲裁院到连云港开展港澳投资企业法律服务月活动，由法律界知名专家解读《江苏省保护和促进香港澳门同胞投资条例》。连博会期间，市文广新局与香港贸发局南京代表处客人座谈，推介连云港市民俗工艺品开发情况，赠送连云港市申报国家历史文化名城的宣传材料。邀请澳门南光集团、中国智能制造协会到连云港考察，围绕医养一体化、电子产业、水晶、国际教育等项目开展洽谈。

（张　良）

【苏港合作联席会议第六次会议在连云港召开】 9月11日，由江苏省政府、香港贸易发展局共同举办的苏港合作联席会议第六次会议在连云港市召开。江苏省副省长陈星莺、香港贸发局总裁方舜文出席会议并致辞，江苏省有关部门和香港贸发局等机构负责人、双方企业代表参加会议。香港贸发局内地总代表吴子衡对第五次会议以来工作进行总结，省政府副秘书长王思源介绍2019年度苏港合作计划。双方代表围绕“苏港利用香港平台，共同进行‘一带一路’建设”“发挥香港国际创科中心优势，推进苏港两地科创合作”“搭建苏港青年人才交流平台，推动苏港两地人才交流”等2019年度重点工作主题进行深入的交流探讨。会上，省商务厅副厅长孙津和香港贸发局华东、华中首席代表钟永喜签署《苏港合作联席会议第六次会议纪要》。双方就利用香港平台共同推进“一带一路”建设、加强苏港两地科创合作和人才交流等议题达成共识。会议期间，香港代表团参观了东海水晶小镇和中哈（连云港）物流合作基地。（年　编）

责任编辑　张卫怀

政协连云港市委员会

综述

【概况】 2018年，政协连云港市十三届委员会有29个界别、政协委员411人，常委会组成人员80人，在连云港的省政协委员16人。政协委员中，中共委员165人，占40.1%；非中共委员246人，占59.9%；妇女委员119人，占29%。市政协全年举行全体会议1次，常委会议4次、主席会议5次、专题政治协商会2次、协商议政座谈会4次、情况通报会3次；围绕6个专题开展民主监督活动43次，形成调研视察报告65份；征集提案578件，立案424件；报送《社情民意信息简报》23期。市政协对"互联网+政协委员"平台进行升级改造，"连云港政协"微信公众号投入运营，连云港政协门户网站并入政府信息化系统，市政协加入全市综合协同办公系统。委员在全会期间通过微信、政协官网、手机APP等多渠道提交提案、查收资讯、沟通交流。

【团结联谊】 2018年，市政协发挥桥梁纽带作用，探索团结合作的有效方法。各党派团体围绕"高质发展、后发先至""'一带一路'支点建设"等课题深入调研，向市委、市政府报送调研报告7篇，提交大会发言19篇，社情民意信息48篇。加强与港澳台侨界委员的联系，运用"五侨"联动机制，发挥市侨务部门的整体合力，促进全市外向型经济发展。9月30日，市政协机关及各民主党派400人欢聚在市委老干部局艺术剧院，共同举办2018年迎国庆联欢会。

（王卫东）

重要会议

【市政协十三届二次会议】 1月6—9日，中国人民政治协商会议连云港市第十三届委员会第二次会议在海州举行。会议期间，委员们听取和讨论中共连云港市委书记杨省世讲话，听取和审议政协连云港市第十三届委员会常务委员会工作报告，听取和审议政协连云港市第十三届委员会常务委员会关于一次会议以来提案工作情况的报告。列席连云港市第十四届人民代表大会第二次会议，听取和讨论连云港市人民政府工作报告及其他有关报告，审议通过政协连云港市第十三届委员会提案委员会关于二次会议提案初步审查情况的报告，审议通过政协连云港市第十三届委员会第二次会议关于常务委员会工作报告的决议，审议通过政协连云港市第十三届委员会第二次会议决议，补选政协连云港市第十三届委员会常务委员。

【市政协常委会议】 2018年，市政协常委会举行4次会议。

1月9日，市政协十三届六次常委会议举行。会议审议通过《市政协2018年工作要点（草案）》《市政协2018年度主席会议常委会议议题安排（草案）》。

5月3日，市政协十三届七次常委会议举行。会议就"高铁经济推动

1月6—9日，市政协十三届二次会议召开　　俞德春　摄

旅游产业发展”开展协商议政。会议首先听取全市交通和旅游建设发展情况的通报，市政协委员、专家学者围绕高铁经济助推旅游产业发展作交流发言。

7月24日，市政协十三届八次常委会议举行。会议总结市政协上半年工作情况，部署下半年工作任务，专题协商新能源汽车推广与应用事宜。会上，市政府相关负责人通报全市新能源汽车推广与应用情况，4名市政协委员就进一步推广应用新能源汽车进行交流发言。

12月18日，市政协十三届九次常委会议举行。会议听取市政府关于2018年度市政协提案办理情况的通报，审议通过有关人事事项、关于召开政协连云港市第十三届委员会第三次会议的决定、政协连云港市第十三届委员会常务委员会工作报告、政协连云港市第十三届委员会常务委员会关于二次会议以来提案工作情况的报告、市政协有关规章制度，协商确定市政协十三届三次会议日程等。会议增补5名市政协委员。

【情况通报会】 5月3日，市政协十三届七次常委会议就“高铁经济助推旅游产业发展”开展专题协商，副市长尹哲强应邀出席会议并作全市交通和旅游建设发展情况通报。

5月22日，市政协召开全国文明城市创建情况通报会，市委常委、宣传部长滕雯向政协委员和社会各界人士通报全市创建全国文明城市情况。会议围绕“让文明成为城市最美的底色”主题展开交流。会议通报创建国家历史文化名城有关情况。

11月29日，市政协召开全市社会事业工作情况通报会，副市长黄远征通报教育、卫生健康、文化事业、体育事业、社会治理和民生保障五大方面所取得的工作成效。

【理论研讨会】 7月4日，市政协召开学习习近平总书记关于加强和改进人民政协工作的重要思想理论研讨会，省政协副主席王荣平出席会议并讲话。市政协主席张同生及其他5名市政协委员，分别就如何把握新时代政协工作、如何团结各界人士、如何服务“一带一路”建设等重大论题进行理论阐释。

8月6日，市政协举行纪念沈云沛逝世100周年座谈会　　市政协　供图

【辅导报告会】 10月15日，市政协举办新修订的《中国人民政治协商会议章程》专题辅导报告会，邀请中国人民政协理论研究会常务理事、《中国政协理论研究》执行主编原冬平主讲。

10月18日，市政协举办新修订的《中国共产党纪律处分条例》和《中华人民共和国监察法》辅导报告会，邀请市委常委、市纪委书记、市监委主任刘海涛作专题辅导报告。

【纪念座谈会】 6月28日，市政协举行纪念刘一麟诞辰110周年座谈会，市卫生和计划生育委员会、市第一人民医院及相关专家学者先后在座谈会上发言。

8月6日，市政协举行纪念沈云沛逝世100周年座谈会。座谈会着重就沈云沛实业救国历程、对港城的历史贡献以及精神内涵等方面进行回顾。（王卫东）

参政议政

【政协议政会】 2018年初，连云港市委发出“高质发展，后发先至”号召后，市政协成立专题调研组，分别召开市各民主党派、工商界、经济界等8个座谈会，社会各界提出意见150多条。

3月30日，市政协召开“高质发展、后发先至”专题议政会，围绕“高质发展、后发先至”协商议政，与社会各界进行交流。会议建议，后发先至必须转变观念，建设大交通，全力争取连云港350千米/时速高铁立项，形成京沪第三通道；引进培育附加值高的新兴产业，重点发展人工智能、生命科技、信息科技、节能环保、“互联网+”等产业；加强与国内著名大学，尤其是中西部985、211高校的战略合作；打造独具特色的城市形象；发展盐化、油化、石化、钢铁等临港产业；发展特色民生工程，完善山海、河湖、湿地、耕地等城市生态网，打造宜居宜业宜养的生态城市。

4月13日，市政协召开利用锦屏磷矿废矿井建设抽水蓄能电站协商议政会，部分市政协委员和电力、矿山专家及市相关职能部门主要负责人参加会议。会议建议将生态修复、路网建设、工业观光旅游、振兴乡村经济和新能源综合利用等进行统筹规划，争取建成全国首个利用废矿井建设的地下抽水蓄能电站。

8月13日，市政协召开农村人畜粪便综合利用协商议政座谈会。

10月12日，市政协召开加快现代海洋经济发展协商议政座谈会，市政协委员、全市海洋经济方面专家学者进行交流发言，连云港市海洋与渔业局作情况通报。（王卫东）

【献策建言】2018年，在市委、市政府酝酿“高质发展、后发先至”和“一带一路”支点建设方案时，市政协通过手机APP客户端和政协网站，向政协各参加单位、全体政协委员发出通知，征集选题，开展调研，献计献策。市政协组成6个调研组分赴淮海经济区城市，听取合力提升连云港港口核心竞争力的意见。主席办公会议归纳政协委员、专家学者和社会各界人士意见，梳理成150多条建议，报送市委、市政府，为起草《连云港市“高质发展，后发先至”三年行动计划》《连云港市建设“一带一路”战略支点三年行动计划》提供参考。其中，加快推进徐宿连运河航道规划建设、建设生物医药产业园、构建鼓励激励、容错纠错、能上能下机制等建议，被市政府制定的法规文件吸收采纳。围绕群众反映强烈、感受直接的教育、养老、医疗卫生、城市公交、社会保障等民生问题资政建言，促进尽快解决问题。召开常委会议，“推动电动汽车充电设施在全市机关事业单位先建先用”“做好电动汽车公共充电设施规划”等建议被市政府采纳。围绕市委、市政府高度重视的农民集中居住区建设，市政协开展调查研究，形成调研报告报市政府，有关建议纳入市政府实施方案。举办“农村卫生户厕改建”主席专题协商会、“农村人畜粪便综合利用”专题协商座谈会，提出“由乡镇统一规划、统一设计、统一工程招投标、统一施工管理”“强化技术集成和应用，推进废弃物源头减量、过程控制、末端利用”等30多条对策，为加强农村环境治理和美丽乡村建设建言献策。全年市政协向市委、市政府报送《社情民意信息简报》23期；向省政协报送社情民意信息25条，其中省政协采用2条，省政协推荐至全国政协3条。

【争取政策支持】2018年，市政协呼吁国家和省级层面对连云港市重大基础设施建设给予重视和支持。致公党界别委员周立岩提出《关于推动中欧班列健康有序发展的建议》，通过致公党省委提交全国政协，列入全国政协十三届一次会议45件重点提案。市政协人口资源环境委员会和民盟界别提出《关于建设连临城际铁路的建议》，通过全国政协委员徐大勇提交全国政协和省政协，列入江苏省、山东省中长期综合交通规划。民革界别提出《关于做大做强国际物流业的建议》、民进界别提出《关于培育壮大江苏创新型领军企业的建议》、农工党界别提出《关于国家农业科技园区建设的建议》，分别通过民革、民进、农工党省委提交省政协，受到省政府的重视。抓住省政协召开加快江苏重点铁路建设协商议政会、加快发展中欧班列和国际铁路联运、“一带一路”交汇点建设专题调研会、“深化放管服改革，营造一流营商环境”民主监督会等契机，及时反映问题，“加快连云港高铁建设”“制定苏北高铁路网新规划”“苏北五市共享共用连云港出海口岸”等建议，通过省政协协商议政渠道反映给省委、省政府。

【委员提案】2018年，市政协收到提案578件，立案424件，其中集体提案87件、委员提案337件。立案提案中，经济建设类提案95件，主要涉及“一带一路”支点建设、推动高质量发展、推进双向开放、临港产业园产业项目落地、发展蓝色海洋经济、科技创新驱动、精准扶贫脱贫等方面；政治建设类提案53件，主要涉及深化改革创新、建设法治连云港、加强协商民主、落实“放管服”举措等方面；文化建设类提案88件，主要涉及完善公共文化服务

2018年连云港市政府领导领办重点提案一览表

表5

序号	案由	领办领导	承办单位	提案人
1	关于提升连云港大陆桥（中欧班列）通道建设的提案	方　伟	港口控股集团主办，港口局、交通局、商务局协办	民盟界别
2	关于加快打造阳光公共资源交易平台的提案	王加培	政务办主办，法制办、国资委、经信委协办	苏士军
3	关于进一步加强城区黑臭水体整治的提案	尹哲强	城建局主办，财政局、城管局、环保局、水利局协办	致公党界别
4	关于加大临洪河口湿地保护与开发力度的提案	吴海云	水利局主办，规划局、国土局、环保局、城建局、林业局协办	民革界别
5	关于全力助推中小企业发展的提案	徐家保	经信委主办，工业投资集团、国土局、金融办、人社局、市人才办、政务办、质监局	张家炯
6	关于规范我市公共道路停车位收费问题的提案		公安局主办，物价局协办	庄海宁
7	关于完善养老体系建设提升我市养老服务水平的提案	黄远征	民政局主办，国土局、人社局、卫计委协办	民建界别
8	关于研究出台《构建新型政商关系实施意见》的提案	王家全	监察局主办，发改委、经信委、商务局、政务办协办	张家炯

体系、开展全民阅读活动、实施文化惠民工程、发展群众体育事业、申报国家历史文化名城等方面；社会建设类提案131件，主要涉及新型城镇化、乡村振兴战略实施、城市基础设施建设、优先发展教育事业、建设健康连云港、提高社会保障水平、创新社会治理等方面；生态文明建设类提案57件，主要涉及持续推进“263”专项行动、改善人居环境、倡导绿色低碳生活等方面。市政协发挥示范引领作用，努力营造齐抓共管的提案格局，加大培训引导力度，提升提案整体质量。全年立案提案办结率100%，委员满意率100%。科协界别提出“试行小学生弹性离校制度”的建议，写入《连云港市深化教育体制机制改革实施办法》。无党派代表人士、民族宗教等11个界别与王中永、刘旭光等38名委员，提出的“超前谋划连云港城市轨道交通规划”“大力推进公交场站配套设施建设”等50件提案建议，被《连云港城市公共交通规划（2017—2030）》采纳。九三学社界别《关于加快推进农村无害化厕所改造的提案》，被确定为市政协2018年度重点提案，由市政府副市长领办、市政协副主席督办，逐步取得成效。2018年，市政协对创建全国文明城市、社区治理、棚户区改造、高铁路网建设、脱贫攻坚等重点民生实事进展情况进行民主监督，坦诚提出建议。参与省政协组织的省、市、县（区）三级政协污染防治联动民主监督活动，通过省政协将上游过境污染物对连云港市造成的影响反映给省有关部门。

2018年连云港市政协领导领办重点提案一览表

表6

序号	案由	领办领导	责任专委会	承办单位	提案人
1	关于加快我市新能源汽车推广应用的提案	方　韬	港澳台侨外事委员会	经信委、财政局、发改委、供电公司、规划局、城建局、交通局、交通控股集团、科技局、住房局	民革界别
2	关于加快连霍高速与港城大道交汇处二匝道建设的提案	方　韬	联络委员会	交通控股集团、发改委、规划局、国土局、交通局	妇联界别
3	关于重新规划建设连淮高铁的提案	方　韬	学习文史委员会	铁路办、发改委、规划局、交通局	农工党界别
4	关于积极实施退港还城战略的提案	方　韬	经济科技委员会	发改委、港口局、港口控股集团、规划局	民建界别
5	关于推进民营医院与公立医院享受同等政策待遇的提案	黄咏梅	社会法制民族宗教委员会	卫计委、人社局	成宏等
6	关于超前谋划建设城市轨道交通系统的提案	黄咏梅	人口资源环境委员会	发改委、规划局、城建局、交通局	无党派代表人士界别
7	关于“多网”整合 推进优质教育资源进万家的提案	匡中远	提案委员会	教育局	民盟界别 提案委
8	关于推进我市“互联网+”居家养老服务发展的提案	匡中远	教育文化医卫体育委员会	民政局	教育文化医卫体育委员会
9	关于加快推进农村无害化厕所改造的提案	邸占山	研究室	卫计委、财政局、东海县、赣榆区、灌南县、灌云县	九三界别
10	关于进一步综合利用蔷薇湖饮用水的提案	邸占山	办公室	城建局、环保局、水利局	特邀界别

（王卫东）

责任编辑　张卫怀

连云港市纪委监委

综述

【概况】 2018年,连云港市纪检监察机关履行纪检监察职责,推动对行使公权力的公职人员监察全覆盖,严肃查处各类违纪违法案件。推进监察体制改革试点,坚持机构、编制、职数“三个不增加”的要求,全面完成市、县两级监委组建任务,划转编制158个、转隶干部134人。

【纪检监察队伍建设】 2018年,市纪委常委会传达学习习近平总书记重要讲话及中央和省市重要会议精神28次。开展“严格规范管理,锤炼过硬队伍”专项行动,实施3大类19项具体措施,打造阳光纪委、规范纪委。组织纪检监察干部围绕16个方面52个专题开展调研,解决思路不新、办法不多、作风不实等问题。围绕法律法规解读、审查调查实务等内容开展“周五大讲堂”活动16期,举办多轮次培训班,全年培训干部5100余人次。常态化开展内部审计,开展资产清查,制定涉案款物管理、档案工作规范等9项工作制度,定期召开特邀监督员座谈会,举办开放日活动3场。对51个下级纪检监察机构进行内部督查。落实纪检监察干部“六个严禁”:严禁有令不行、有禁不止,上有政策、下有对策,搞变通、拖延改革;严禁擅自行动、一哄而起,重大改革事项不及时报告;严禁机构设置、人员编制调整不按规定程序报批,擅自提高机构规格、调整和增设内设机构、增加人员编制和领导职数,在编制数据上弄虚作假,上级业务主管部门违规干预下级机构设置和编制配备;严禁违反民主集中制原则和干部工作程序规定,擅自决定涉及人员分流、干部任免等重大事项,借改革之机突击进人、突击提拔和调整交流干部、突击评定专业技术职称,拒不执行组织作出的机构调整、职务变动和干部交流决定;严禁漏报、瞒报、隐匿和违规处置国有资产,造成国有资产流失,隐瞒、挪用资金或虚列支出、转移套取资金,突击花钱、巧立名目发放和私存私放钱物;严禁违规透露机构改革内部情况和有关工作、传播小道消息及其处置办法。全年立案查处违纪违法纪检监察干部6人,党纪政务处分5人,诫勉谈话、组织处理10人。 (刘鹏飞)

1月11日,连云港市监察委员会成立大会召开　　市纪委　供图

重要会议

【连云港市监察委员会成立大会】 1月11日,连云港市召开监察委员会成立大会。市长项雪龙主持会议,市委书记杨省世出席会议并讲话,张同生、万闻华等市四套班子领导出席会议。会前,市委书记杨省世,市人大常委会常务副主任、党组副书记杨莉为市监察委员会揭牌。市委常委、市纪委书记、市监察委员会主任刘海涛参加揭牌仪式。

8月16日，十二届市委第六轮巡察工作动员部署会召开　　王振　摄

【市第十二届纪律检查委员会第三次全会】 2月7日，中共连云港市第十二届纪律检查委员会第三次全会在海州召开。市纪委委员31人出席会议，295人列席会议。市纪委常委会主持会议，市委书记杨省世出席会议并讲话。全会学习贯彻中央纪委二次全会和省纪委三次全会精神，审议通过刘海涛代表市纪委常委会作的《遵循新思想，担当新使命，奋力开启新时代连云港全面从严治党新征程》工作报告。（刘鹏飞）

纪检监察体制改革

【概况】 2018年，连云港市纪检监察系统构建相互协调、相互制约、高效运行的工作机制，市、县两级监督检查与审查调查部门分设全部到位。制定规范性文件45个，建立执纪监督“1+4”（“1”即《开展监督执纪工作的意见（试行）》1个文件，“4”即整合检查指导主体责任和监督责任的落实、监督领导干部日常行为、规范执纪监督工作4个方面制度资源）工作机制和执法调查“1+N”制度体系（“1”即《连云港市监察委员会监督、调查、处置工作实施办法（试行）》，“N”即相关配套制度）。对2013年以来制定的151个制度规范进行集中清理，废止18个，修订14个。

【纪检监察派驻机构改革】 2018年，市纪委监委向连云港经济技术开发区派出监察工委；县区监委向乡镇（街道）派出29个监察员办公室，配备31名专职监察员和161名兼职监察员。派驻机构全年受理立案76起，党纪政务处分72人，组织处理286人，派驻监督“探头”和“前哨”作用进一步突显。（刘鹏飞）

纪检监督

【党风政风监督】 2018年，连云港市纪委监委细化全面从严治党“四张责任清单”，搭建市、县、乡三级履责纪实平台。针对发现的问题，以书面形式提请市领导对15名县区、市直单位主要负责人进行约谈提醒或诫勉谈话。重点追究对中央和省、市委重大决策部署落实不力问题，全市对95个党组织和224名党员干部实施党内问责。常态化开展专责监督，市纪委监委制定出台《关于完善专责监督工作机制的实施办法》，对5个单位下发监督意见书、监察建议书。开展政治生态监测评估试点工作，探索建立“四维”指标体系（从全面从严治党情况、行政权力运行情况、党风廉政建设和反腐败斗争情况、社会方面评价等四个维度，建立政治生态监测评估指标体系），在13个单位试点。落实干部选任“凡提四必”（讨论决定前，对拟提拔或进一步使用人选的干部档案必审、个人有关事项报告必核、纪检监察机关意见必听、线索具体的信访举报必查，坚决防止“带病提拔”）要求，严把选人用人政治关、品行关、作风关、廉洁关，市纪委监委回复党风廉政意见29批110人次。

【巡察监督】 2018年，市纪委监委落实中央巡视江苏反馈意见，督促整改。全年组织3轮巡察，对25个党组织进行政治体检。开展两轮整改成效量化评估，量化评估事项906个，整改到位率86.9%，创新开展整改评估的做法得到省委巡视办推广。及时将巡察反馈意见呈报市分管领导，分类反馈组织、宣传、财政、审计等职能部门，督促被巡察单位健全完善制度规范448个。市委针对巡察

2018年，连云港市纪委工作人员深入村庄、街道广泛收集问题线索
市纪委　供图

2018 年，赣榆区纪委工作人员到渔船码头就燃油补贴发放等情况开展执纪监督
邵世新 / 视觉江苏网

发现的共性问题，在全市组织开展基层党组织建设、执行八项规定精神、党政机关经商办企业和国有资产管理、执行财经纪律、外出学习培训等五类专项整治行动，做到解决一个问题、完善一套制度、堵塞一批漏洞。巡视巡察上下联动，各县区对照巡视反馈共性问题深入开展自查自纠。完成对全市 60 个乡镇、30 个街道巡察任务。推进全市村级党组织巡察工作，巡察村级党组织 435 个。

【“嵌入式”监督】 2018 年，市纪检监察部门聚焦关键领域，深度嵌入权力运行重点部门和关键环节，发现问题 302 个，督促整改问题 262 个，诫勉谈话 76 人，提醒谈话、批评教育 198 人。试点“智慧监督”系统建设，搭建“四库一平台”，累计录入信息 3726 条。（刘鹏飞）

职务犯罪预防与查办

【职务犯罪预防】 2018 年，市纪检监察部门制定出台《连云港市深化机关作风建设八条禁令》，组织开展公务接待、办公用房、通信补贴、会议管理 4 个方面自查自纠，发现问题 330 个，督促制定整改措施 258 条。围绕贯彻中央和省委、市委决策部署、作风建设、履职尽责等 5 个重点，查处形式主义、官僚主义问题 87 个，处理 135 人。牵头组织“作风聚焦”电视问政节目 3 期，推动解决 6 类、20 个群众反映强烈的问题。拍摄《全面从严治党永远在路上》警示教育片，召开全市领导干部警示教育大会，举办学习贯彻监察法电视知识竞赛等活动，增强纪律教育的感染力、说服力。

【职务犯罪案件办理协作机制建立】 2018 年，市中级人民法院、市监委、市检察院联合建立职务犯罪案件办理协作机制。11 月 9 日，全市职务犯罪案件办理工作座谈会在市监委召开，会议研究、探讨职务犯罪案件办理工作中遇到的具体问题，并就职务犯罪办理中协作配合、案件管辖、提前介入、案件受理、证据收集审查、庭前会议、非法证据排除、补充调（侦）查等问题达成共识，形成《全市职务犯罪案件办理工作座谈会纪要》。市中级人民法院建立重大职务犯罪信息发布制度，向市委、市纪委、市监委、市委政法委分别报送《全市法院职务犯罪审判工作报告》，召开职务犯罪审判工作新闻发布会并发布典型案例。

【职务犯罪查办】 2018 年，全市纪检监察机关立案查处各类违纪违法案件 2200 余起，给予党纪政务处分 2200 余人，实施留置措施调查 30 余人，挽回直接经济损失 1.23 亿元。全市运用监督执纪“四种形态”（经常开展批评和自我批评、约谈函询，让“红红脸、出出汗”成为常态；党纪轻处分、组织调整成为违纪处理的大多数；党纪重处分、重大职务调整的成为少数；严重违纪涉嫌违法立案审查的成为极少数）处理 5489 人次。市委出台《连云港市完善容错纠错机制实施办法》，对 95 名党员干部依规依纪依法予以从轻、减轻处分，对 498 名党员干部的不实信访举报予以澄清了结。运用监察法规定的 12 项调查措施和 3 项协助调查措施，提升办案质效。在全省率先建成纪检监察大数据查询研判中心，省纪委在连云港市召开现场会推广。推进“扫黑除恶”专项斗争，对 30 余名涉黑涉恶公职人员进行调查，查处案件背后“保护伞”20 余人。及时回应群众关切，快查快审快结灌南“12·9”重大爆炸事故、灌河口化工园区环境污染、赣榆区违规倾倒垃圾、东海县市场监督管理局搭车收费等问题，并向社会公开通报曝光。全市查处侵害群众利益突出问题 469 个，处理 587 人。建立村级财务乡镇代理、村级收支非现金结算、农村产权集中交易、涉农信息阳光监管、“一委三会”民主治理 5 项机制，实现对 83 个涉农乡镇、1494 个涉农村居的全面覆盖。（刘鹏飞）

责任编辑 张卫怀

民主党派·工商联

中国国民党革命委员会连云港市委员会

【概况】 2018年，中国国民党革命委员会连云港市委员会（以下简称民革市委）有基层组织15个（总支1个，支部14个），党员292人。全市党员中具有博士学位8人、硕士学位45人，中高级职称及以上172人。有省政协委员1人，省政协专委会副主任1人，市人大代表3人（市人大常委1人），市政协委员21人（市政协常委3人），区人大代表3人（区人大常委1人），区政协委员21人（区政协常委4人）。年内新发展党员19人，平均年龄35.6岁。其中，研究生以上学历者7人，中高级职称者5人。建成"中山博爱之家"（民革党员之家）10家、"同心园"基地1个。高新区支部公益使者之家、海州区支部踏歌行之家、经济一支部博翔之家、经济一支部登壹之家、经济二支部海连之家、经济二支部乐龄之家、教育支部春辉之家、市委机关社区之家、医卫总支星星之家、机关支部妙思之家等10个基地被民革省委评为"中山博爱之家"建设先进单位。民革市委被民革省委授予"中山博爱之家"建设推进工作先进单位。王丽被民革省委评为社会服务工作先进个人。

【思想建设】 2018年，民革市委坚持市委中心学习组定期学习制度，组织党员参加省、市社会主义学院培训，举办新党员培训班，赴广东省开展"不忘合作初心，继续携手前进"骨干党员专题培训和"走故居"活动。突出党员优势，努力为台商、台企服务。关注台湾形势，组织台属民革党员举办中秋台属座谈会，组织党员参加江苏省黄埔亲属骨干培训班等。2018年度在《团结报》《新华日报》等中央、省、市媒体、网站发表稿件100余篇。

【参政议政】 2018年，民革市委赴市民政局、法制办、司法局和海州区、赣榆区等开展专题调研。民革市委向市政协十三届二次全会提交《关于加快我市新能源汽车推广应用的建议》等10件集体提案；主委李萌在大会上作《发挥"一带一路"交汇点优势，打造国际物流产业新标杆》的发言。各级"两会"期间，民革界别的人大代表、政协委员围绕连云港"一带一路"交汇点建设、国际物流产业发展、法治建设、促进乡村振兴等经济社会发展事项向各级党政部门提出建议、提案、议案50余件，2件提案列为市政协优秀提案，1件议案由市人大常委会主任督办。省政协委员李萌提交的《抢抓"一带一路"发展机遇，做大做强国际物流业》提案被民革省委作为集体提案上交省政协，得到省经信委等部门的办理和答复。民革市委主要负责人参加政党协商（双月谈）会议4次，撰写《打造综合交通运输体系，服务高质发展，实现后发先至》《完善"两基地"功能，助推临港产业发展》等调研报告受到市委、市政府的高度重视。

【社会服务】 2018年，民革市委以"博爱·暖心工程"为社会服务品牌，开展形式丰富的社会服务活动，进行义诊、文艺演出等"五进五送一圆梦"社会服务10余次，为驻连官兵、留守儿童、自闭症儿童、贫困学生、贫困家庭、社区老年人等捐款捐物20万元，惠及群众近千人。依托中山博爱之家，举办中山读书苑春季读书节、"暖心·圆梦"书画展、纪念"五一口号"发布70周年地方戏曲选拔赛、"一带一路——伟大的倡议"专题讲座、民革中山合唱团文娱活动。民革市委与市音乐家协会共同举办"青山绿水家乡美"2018快乐阳光第十四届中国少年儿童歌曲卡拉OK电视大赛，与市妇联联合开展"恒爱行动——百万家庭亲情一线牵"活动等。

（谢　伟）

中国民主同盟连云港市委员会

【概况】 2018年，中国民主同盟连云港市委员会（以下简称"民盟市委"）有基层组织25个，其中总支1个、支部24个；盟员538人，其中博士11人、硕士94人、副高以上职称306人，平均年龄53.99岁。全市盟员中有市人大代表4人（市人大常委会委员1人），市政协委员22人（副主席1人、常委4人），区人大代表3人（区人大常委会委员1人），区政协委员27人（常委10人）。按照《江苏民盟组织建设工作五年规划（2018—2022年）》要求，发展优秀复合型人才入盟，全年新发展盟员35人，平均年龄37.8岁，其中博士3人、硕士10人、副高以上职称16人。《关于在国家层面启动无名战士遗骸鉴定工程的建议》被全国政协、省政协采用，《关于进一步加强基层畜禽肉品质量监管的建议》被中共江苏省委、省委统战部采用，《基层呼吁杜绝"三种现象"，鼓励干事担当型干部成长》被民盟中央采用。盟员徐习军被民盟中央评为社会服务工作先进个人；民盟市委被民盟省委表彰为服务发展（科技咨询）、社区服务先进集体，徐习军、赵建清、谢云、朱晓红、李福后被民盟省委表彰为社会服务工作先进个人。

【思想建设】 2018年，民盟市委深入开展"不忘合作初心，继续携手前进"主题教育活动，召开纪念"五一口号"发布70周年座谈会并开展主题征文活动，其中3篇文章在全市统战系统征文比赛中获奖。举办庆祝改革开放40周年书画作品巡展、古琴音乐会等活动。组织盟员参加南京民盟陶行知支部成立1周年纪念诗会。收集整理民盟早期创立者江恒源的历史资料，召开江恒源专题研讨会，整理相关文字资料约120万字。在教师节、三八妇女节、重阳节、端午节开展特色活动，利用悦读经典读书会平台，开展好书分享、乡贤文化、摄影艺术、瓷画艺术等活动。连云区、赣榆区分别成立盟员之家，连云区盟员之家被民盟中央表彰为"优秀盟员之家"。

【参政议政】 2018年，民盟市委在市政协十三届二次会议上提交集体提案12件、个人提案19件、社情民意2件。《关于提升连云港大陆桥（中欧班列）通道建设的建议》由代市长方伟领办，《关于"多网"整合，推进

2月10日，民盟市委走进宁海街道开展爱心帮助困境儿童活动

民盟市委　供图

优质教育资源进万家的提案》由市政协副主席匡中远督办，《关于开发连云港电视频道，加快三网融合的提案》由市政协副主席方韬督办。民盟市委和市政协人口资源环境委员会的《关于建设连临城际铁路》提案在全国和省政协立案，这是全市首个被三级政协立案的提案。民盟市委《关于建立连云港市冷链物流中心的建议》《关于建设连云港中亚跨境国际商贸城的建议》《关于建立连云港农产品及食品综合服务平台的建议》等多篇调研报告被吸纳在市政协报送中共连云港市委的《关于提升港口功能，促进区域合作，服务"一带一路"支点建设的建议》中，并被中共连云港市委下发的《连云港市建设"一带一路"战略支点三年行动计划》采纳。

【社会服务】 2018年，民盟市委推进"农村教育烛光行动""吉祥鸟爱心联盟""黄丝带帮教"3个社会服务品牌建设。市政协副主席、民盟市委主委龚成龙多次带队赴赣榆区黑林镇大赤涧村走访调研，协调区农委、水利、交通等部门因地制宜解决实际问题。组织幼教专家赴甘肃省天祝县开展学前教育师资培训活动，为50多名幼儿教师示范授课；赴宁海街道办事处新北村开展"民盟送福，春满宁海"活动，现场为村民书写春联，六一儿童节期间为孩子们送去书籍和学习用品。与市文广新局联办"文化下乡，走进小伊"大型活动；赴赣榆区黑林镇大赤涧小学附属幼儿园，与钟声教育集团联合开展烛光行动，为爱行走——"1121"公益帮扶活动，上示范课、建读书角。

（杨　楠）

中国民主建国会连云港市委员会

【概况】 2018年，中国民主建国会连云港市委员会（以下简称"民建市委"）有会员461人，平均年龄40.2岁。年内发展新会员26人，其中中高级职称11人、经济界23人，平均年龄36.4岁。做好参政议政委员会、理论宣传委员会、企业委员会的换届工作，增设社会服务委员会、青年委员会、文化委员会、妇女委员会4个专委会。在民建全省绩效考评中，民建市委获组织建设二等奖。

【思想建设】 2018年，民建市委举办"全面认识和把握新时代历史征程"讲座，激励广大会员用习近平新时代中国特色社会主义思想武装头脑、指导实践、推动工作。举办骨干会员学习班，赴沙家浜新四军革命纪念馆、民建中央爱国主义教育基地

5月25日，民建市委举办“全面认识和把握新时代历史征程”专题讲座
民建市委　供图

施复亮故居、黄炎培故居和中共一大会址参观学习。举行入会宣誓仪式，举办新会员培训班，就民建的基本知识、会员的权利和义务、如何撰写社情民意信息进行专题培训。开展纪念“五一口号”发布70周年暨统战理论、会章会史知识竞赛。组织会员参加民建中央、民建省委、市委统战部开展的纪念中共中央发布“五一口号”70周年、纪念改革开放40周年征文活动、纪念黄炎培诞辰140周年等活动，在各级媒体上刊发稿件300篇次。创办“连云港民建”微信公众号，出版会刊《连云港民建》。

【参政议政】 2018年，在中共连云港市委组织的政党协商会、协商议政会、情况通报会以及调研视察等会议和活动中，民建市委就临港产业发展和“两基地”建设、立体化交通运输体系建设、乡村振兴战略与精准扶贫等经济社会发展重大事项提出建议，提交的《关于提高我省“精准扶贫”工作效能的建议》《关于加强我省基层法律援助工作的建议》被民建江苏省委采纳为省政协十二届一次全会集体提案。在市政协十三届二次会议上，民建政协委员提交《关于加快实施退港还城战略的建议》被列为主席督办提案和市政协十三届二次会议重点提案；《关于在我市党政机关、事业单位实行“早九晚五”作息制度的建议》受到市领导的高度重视。联合民建省委调研组就“加快宁淮铁路规划建设，完善苏北快速铁路网络”课题开展专题调研；联合市政协经科委撰写调研报告《大力发展精品钢特种钢，加快促进钢铁产业转型升级》，提交市政协全会作大会发言。全年收集上报社情民意信息约200条次，其中5条被民建省委采用。参与市委统战部组织的“我为高质发展、后发先至献一策”活动，上报建议26条，其中4条建议被市领导批示，并由相关部门答复办理。

【社会服务】 2018年，民建市委与市农科院联合赴东海县曲阳乡开展科普惠农活动，发放资料1000多份、蔬菜良种和优质复合肥价值5万余元。向民建中央扶贫点贵州省黔西县定新乡新山村捐赠价值4万余元的红心猕猴桃苗、桃树和石榴树，向江苏省思源爱民基金会捐款3.7万余元。东部城区总支向市社会福利中心捐赠3台空调，向连云区博爱康复中心捐款2万元，东部城区总支三支部另为该中心捐赠5000元现金和价值近3000元的书籍、康复器材和玩具。城建总支一支部为浦南镇敬老院送去礼品和慰问金。青年委员会参加市青联援藏爱心购水活动，款项用于帮助西藏拉萨当雄县藏区教师和困境儿童。海州总支三支部组织市第四人民医院和市第二人民医院专家赴市救助管理站、朝阳社区中心卫生院开展群众健康义诊服务活动。医卫支部走进康缘生产车间建筑工地，为一线工人测量血压、血糖，发放药品、护手膏和健康知识手册，讲解和宣传疾病预防保健常识。教育总支一支部赴宁海中心小学和新圩小学开展送音乐进校园活动。教育总支二支部为职业技术学院学生举办应对日常生活突发创伤急救知识讲座。城建总支二支部为从事装饰施工的专业人员开展装饰装修施工管理知识讲座。城建总支三支部组织专家会员，为康缘生产车间项目的工程技术人员讲解工程季节性施工的技术要点。财经支部连续第二年组织会员无偿献血。民建市委被民建省委授予“社会服务先进组织”称号，“思源支农”项目获社会服务先进品牌。（常　明）

中国民主促进会连云港市委员会

【概况】 2018年，中国民主促进会连云港市委员会（以下简称民进市委）发展新会员15人，其中博士研究生1人、硕士研究生3人、高级职称4人。召开助推“高质发展、后发先至”纪念改革开放40周年暨“四要四好”（“四要”：要坚持学习，要立会为公，要多干实事，要团结稳定；“四好”：参政议政好，本职工作好，会务活动好，广交朋友好）表彰大会，13个支部、78名会员受到表彰。职业教育支部的义工团、新海高级中学支部的提案工作室、新浦中学支部的名师工作室、解放路小学支部的阳光助学、海州区教育局支部的“情润新时代，爱泽大港城”、开发区支部的“同心开发，助力圆梦”、连云港高级中学支部的服务新疆内地高中班、医卫支部义诊团等品牌活动影响广泛。成立东部城区总支虚拟机关，首届虚拟机关设参政议政委员会等3个工作委员会和办公室等4个处室，32名会员在虚拟机关岗位任职，为会员锻炼成长、培养后备干部提供平台。

【思想建设】2018年，民进市委以民进中央加强思想政治教育工作年为主题，以全委扩大会、主题研讨会等形式，学习贯彻中共十九大、民进十二大、民进省委常委会、全委会精神，就民进中央主席蔡达峰关于“新型政党制度和参政党建设”的讲话精神、“重温历史，再塑初心，做合格的参政党成员”和“高质发展，后发先至”等主题开展研讨。承办民进省委“同心助力，唤起清风”反腐倡廉主题漫画巡展；开展“不忘初心、牢记使命”主题教育培训活动；成立“冰心读书会”，打造会员交流互动、提升自我的思想阵地。以淮海工学院支部周桂芹为组长的课题组中标民进中央参政党理论研究课题“习近平关于新时代多党合作的思想研究”，并通过结题评审。理论文章《夯实监督制度基础，聚力落实监督职能——参政党监督机制理论创新研究与实践探索》获全省统战理论研究创新成果奖。承办省民进举办的纪念中共中央“五一口号”发布70周年专题研讨会，5篇征文获民进中央表彰。《家乡的文化令我陶醉，我要留住它的根》等人物专访在《团结报》等报刊发表。在《民主》《新华日报》发表《民进连云港市委会打造“文化惠民”品牌工程》等深度报道和理论文章10余篇。赣榆区支部获“民进全国宣传思想工作先进集体”称号。

【参政议政】2018年，在中共连云港市委召开的3次政党协商会上，民进市委提出《科技与信息化助推港口经济圈建设》《快速建成我市立体化交通运输体系》《破解基层难题，找准关键切口，构建连云港乡村振兴战略发展新格局》的建议。省、市“两会”期间，共提交集体提案7件，代表、委员建议、提案60余件。《关于培育壮大我省创新型领军企业的建议》《关于稳妥推进农村土地“三权分置”改革的建议》分别被民进省委作为集体提案、大会书面发言材料提交省政协十二届一次会议。《政协连云港市第十三届委员会常务委员会关于一次会议以来提案工作情况的报告》对市委会的提案工作给予充分肯定，6名会员被表彰为年度优秀市政协委员，2名会员撰写的提案获评市政协年度优秀提案。赴山东调研海洋战略性新兴产业发展；连、盐、通参政议政合作联盟在三地开展乡村公路建设调研；赴上海调研新能源汽车推广应用，调研报告《强化政策导向，创新工作模式，快速推进我市新能源汽车广泛应用》在市政协十三届八次常委会议上作口头交流。民进市委与市政协联络委、市教育局、市海洋渔业局等联合调研市海洋公园建设情况和海域无人机发展、校园午餐工程推进情况等重点课题。邀请市旅游局、建设局、规划局等单位召开“高铁经济与旅游发展”调研座谈会，形成《牢牢把握高铁机遇期，推进我市旅游业高质发展》调研报告，在市政协十三届七次常委会议上交流。墟沟小学、新海实验中学、社会法制等支部就弹性离校、农业新生态科技园建设、科技创新等议题进行调研。在“我为‘高质发展，后发先至’献一策”活动中，民进市委提交《加强我市与徐州海河联动》《加强港口公共基础设施动态维护》等建议22条。全年有《加强医院护工职业资格准入制度》等多篇信息被全国政协、民进中央等采用。成立文化智库，首批聘请30多名专家和成员，围绕中共市委、市政府中心工作开展研究，提供咨询。开展新农村建设中传统村落保护、全市文化旅游产业发展情况等专题调研，完成《加快推动我市西游文旅产业大发展的建议》等调研报告。

【社会服务】2018年，民进市委围绕送教、送文、送医、送法、送技“五送”建品牌，为群众办好事、办实事。教育专家团赴毕节金沙县开展“同心·彩虹”送教捐赠活动，捐赠价值1.5万元的图书。经济界会员联谊会为灌云县东王集中心小学师生免费配送1万余元眼镜。师专支部连续11年赴赣榆区厉庄镇坝西村捐资助学。职业技术学院支部针对东海驼峰乡驼南村的贫困学生制定长期帮扶计划。经济支部开展“爱心系学子，阳光洒校园”助学活动，向灌南县新集镇孙湾小学捐献3万余元体育用品。文化馆支部赴周圩中心小学开展“海莲籽”进校园送温暖活动，为80名留守儿童送上学习用品。外国语学校支部走进东海桃林小学送教，开展水上安全知识进幼儿园活动。解放路小学、经济支部联合赴东海县晶都双语学校支教助学；医卫、新海实验中学支部联合开展保健知识讲座进校园活动；海州区教育局支部选派优秀教师，为东海石梁河树墩村华瑞希望小学的400多名学生送去特色艺体课程，邀请20多名留守儿童到广播电视台、博物馆参观学习。以文化惠民服务基地为窗口，以江海书画会以及文艺、文化馆、淮海剧团支部的骨干会员为主力，开展“春联万家”、“迎新春”书法春联笔会、“情暖夕阳，孝亲敬老”走进海州养老护理院新春慰问、“新年新月”元宵晚会、文化下乡走进小伊等活动。民进市委联合市司法局等单位举办“法润港城·情系民工心连薪”法律援助“暖心”行动，在沈圩桥新市民劳务市场为过往务工人员发放宣传资料、提供法律咨询。社会法制支部开展妇女权益保障法讲座、“尊法守法、携手筑梦”服务农村进城务工人员益法律宣传进乡镇等活动，详细解答群众提出的人身损害赔偿、家庭暴力等法律问题。参与“书香彩虹——安龙行动”，捐赠价值近2万元的图书。海州区教育局支部发起“庆六一·关爱特殊儿童”活动，向80名特殊儿童捐赠图书近200册，价值5000余元。赣榆区支部举办“点燃读书激情，共建书香校园”主题诵读活动，在青少年群体中树立“我读书，我快乐，我成长”的理念。（滕翠红）

中国农工民主党连云港市委员会

【概况】2018年，中国农工民主党连云港市委员会（以下简称农工党市

8月8日，农工党连云港市委调研市互联网医院建设情况　市政协　供图

委）有农工党员485人。年内发展新党员34人，其中高级职称6人、博士研究生1人、硕士研究生10人。8月，农工党江苏省2018年江北片会议在连云港市召开，全国政协副主席、农工党中央常务副主席何维到连云港调研。根据农工党省委《关于在全省各级组织建立“农工之家”的决定》精神，农工党市委制订“农工之家”建设计划。11月，农工党市委“农工之家”揭牌，是全市首个市级民主党派党员之家。

【思想建设】 2018年，农工党市委贯彻习近平新时代中国特色社会主义思想，结合纪念中共“五一口号”发布70周年和改革开放40周年，举办征文及书画摄影作品征集、“身边的榜样”演讲比赛等系列活动。在农工党省委举办的纪念中共中央“五一口号”发布70周年暨改革开放40周年主题书画摄影作品征集活动中，市委会荣获组织奖。参加农工党省委微信公众号举办的“不忘合作初心，继续携手前进”主题教育知识竞赛，市委会获组织二等奖。党员樊振被中宣部授予“最美志愿者”称号，苏仕春被农工党中央评为2018年定点扶贫大方县先进个人，管学刚被江苏省政府授予“第四届江苏慈善奖最具爱心慈善行为楷模”称号，余仔军被评为“江苏青年友好使者”。

【参政议政】 2018年，市政协全会期间，农工党员中的市政协委员提交提案55件，其中集体提案11件、个人提案44件，农工党市委《关于加快规划建设连云港至淮安高铁的提案》被评为市政协十三届二次会议优秀提案，《关于加强基层医疗卫生服务能力建设的提案》，得到市卫计委重视。向农工党省委申报调研课题26项，立项课题5项。《提高基层医疗卫生服务能力和质量，做实家庭医生签约服务》列为“推进基层医疗卫生服务体系建设”专题联合调研；《坚持海陆统筹，强化沿海发展中的环境保护和生态建设》列为“坚持陆海统筹打造我省蓝色增长极”专题调研；《关注中药饮片质量预警与检测》列为农工党省委重点课题；《重性精神病管理现状调查与建议》《尾矿综合治理及生态修复研究》列为一般课题，全部结题。农工党市委成立医药环保专家智库，围绕乡村振兴、海洋开发、家庭医生签约、民营企业发展环境建设等课题开展专题调研，形成调研报告12篇，其中《关于国家农业科技园区建设的建议》在农工党省委“乡村振兴”联合调研评比中获一等奖，《陆海统筹，强化沿海发展海洋生态保护》被农工党省委推荐参评中央优秀调研报告。全年上报社情民意信息170条，被各级部门采用71条。

【社会服务】 9月，农工党市委联系江苏省政协医卫界别到东海县开展政协四级联动扶贫济困做实事活动。农工党市委每月组织医疗专家前往精准帮扶定点单位——东海县石梁河卫生院举行义诊、开办讲座，通过帮、扶、带、教等方式，提高卫生院管理服务质量和水平。围绕城市流动人口、未成年社区矫治人员、留守儿童等群体开展40余场公益团体心理辅导活动。前往连云港监狱、东海戒毒所为服刑人员、戒毒人员进行团体辅导。赣榆农工党支部主任苏仕春向贵州省大方县黄泥塘镇眉井村“同心圆博爱家园”建设项目捐赠2万元。中医院总支为贵州大方县乡镇全科医生进行3个月的培训。市第一人民医院基层委员会在“六一”儿童节、重阳节期间慰问儿童和孤寡老人，春节期间为环卫工人送去微波炉等物资。东海总支春节期间到安峰镇等走访慰问帮扶对象，为群众提供义诊和免费医疗服务。医卫支部组建“光明义工团”，前往灌云县、东海县为800余名群众做眼疾筛查。

【党史研究】 2018年，农工党市委完成邓演达文献馆升级改造和布馆工作。省政协副主席、农工党省委主委周健民，四川、河北、上海、山东省以及省内各市农工党组织等到馆学习，接待参观、接受咨询2万余人次。北京大学信息管理系到馆做专题调研，公开发表逾万字的调研报告。农工党市委出版《连云港邓演达文献馆馆藏文献选刊：回忆邓演达新编》上下册共81万字，出版《王仙舟纪念集》。樊振参加农工党中央机关迁渝80周年党史研讨会，参与农工党中央机关党史陈列室布馆工作。

（冯怀金）

中国致公党连云港市委员会

【概况】 2018年，中国致公党连云港市委员会（以下简称致公党市委）有总支2个，基层支部15个，党员

279 人，平均年龄 49 岁。其中博士 8 人，硕士 36 人；中高级职称 214 人，占 76.7%。年内，新发展党员 21 人，平均年龄 37.9 岁。致公党连云港市委与致公党宿迁支部签约，共同开展组织建设活动。连云总支成立，海州总支活动基地揭牌。举办海州支部成立 30 周年建设经验交流会，推进党员履职能力和基层组织建设。

【思想建设】 2018 年，致公党市委通过主委会议、市委委员（扩大）会议、全体党员会议、各支部会议、骨干党员培训班、新党员培训班等多种形式，学习习近平新时代中国特色社会主义思想和中共十九大精神，学习习近平关于新型政党制度的重要论述，凝聚思想政治共识。致公党市委举办“学习十九大，弘扬好传统”致公讲堂，邀请江苏省政协副主席、致公党江苏省委主委麻建国到连云港市授课，推动全体党员在重温历史中铭记合作初心，在弘扬传统中深化政治共识，夯实多党合作的共同思想政治基础。致公党市委印发《致公党连云港市委关于开展解放思想大讨论活动的实施方案》，按序时进度推进落实。开展纪念“五一口号”发布 70 周年征文及知识竞赛活动，收集征文在微信公众号上集中推送。举行纪念改革开放 40 周年座谈会，组织党员参加致公党江苏省委庆祝改革开放 40 周年书画艺术作品展，组织党员参观改革开放 40 周年纪念展。2018 年度宣传稿件来稿 276 篇，被各类媒体采用 777 篇次，其中在省级以上刊物用稿 8 篇，连云港致公微信公众号发稿 146 篇，连云港致公网站发稿 165 篇。

【参政议政】 2018 年，致公党市委围绕中共连云港市委与民主党派协商的产业强市、建立综合交通运输体系、乡村振兴等重大课题，提出多条意见建议；致公党界别的政协委员围绕“一带一路”战略支点建设、教育事业的高质发展、提高政府工作效能、加快现代服务业发展、中小学生午餐供应等主题开展调研与专题协商，在省、市政协的大会和协商议政会上发言。为致公党中央、江苏省委提供提案素材，完成全国政协集体提案 1 篇、个人提案 1 篇，其中《关于推动中欧班列健康有序发展，更好服务“一带一路”建设的提案》入选全国政协重点提案。完成市政协集体提案 13 篇，致公党界别委员个人提交提案 17 篇次。致公党市委集体提案《关于推进连云港石化产业基地建设的提案》，周立岩执笔的《关于提高中欧班列运行效率和效益》提案被评为市政协优秀提案。《关于加快发展农村学前教育的提案》获评致公党中央 2017 年度参政议政优秀成果，致公党连云港市委获得致公党江苏省委“汇智论坛”优秀成果二等奖。致公党市委先后就留学归国人员思想状况、加强青少年健康教育、河长制实施情况、品牌农业推进情况等议题，在市内外开展调研活动 10 余次，提交致公党中央调研报告 1 篇、省委 9 篇、中共市委统战部 1 篇。完成市委统战部“我为高质发展献一策”专题献策 23 篇次，采用 7 篇。

3 月 5 日，“致公爱心妈妈”携手留守儿童共庆“三八”妇女节

致公党市委　供图

【社会服务】 2018 年，致公党市委、市外侨办、市青年联合会、淮海工学院国际交流处共同举办“一带一路”沿线国家留学生与走出去企业迎新春联谊会，淮海工学院与江苏同益国际物流股份有限公司人才推荐签约，市青年联合会与留学生联谊结对。与江苏财会职业学院老挝班留学生开展“端午粽香、传递友情”活动，中秋节与留学生开展“月圆中秋”中华经典诗词吟诵活动，向来自老挝的留学生捐赠过冬衣物。致公党市委与中共连云港市委教育工委等部门共同举办第三届“丝路东方·留学连云港”在连高校外国留学生才艺大赛。参与致公党江苏省委与贵州铜仁精准扶贫活动，与贵州印江县教育局签署在连云港连续三年资助培养少数民族学生的协议，首批 15 名学生在连云港中等专业学校就读。致公党连云港市委妇女工作委员会赴海州区新坝镇魏口小学开展关爱留守儿童、情系贫困学生活动。新浦一支部、二支部、高新区支部、外国语学校支部医卫支部、连云总支赴连云港市爱吉瑞丽儿童潜能开发中心开展关爱残障儿童活动；六一儿童节在滨河小学举办趣味运动会活动，关爱留守儿童，用心传递“致公爱心妈妈”无限温情。教育支部开展向青海玉树边远山区捐赠冬衣公益活动。建筑支部开展“爱心联合传递，情暖藏区儿童”捐赠活动。新浦一、二支部慰问环卫工人，医卫支部的义诊与医疗培训成为支部特色。连云总支开展交通法规及急救知识讲座。致公党员张星荣赴霍尔果斯开展医疗援疆。

（李学泉）

九三学社连云港市委员会

【概况】 2018年，九三学社连云港市委员会（以下简称九三学社市委）有基层组织22个、社员407人，平均年龄50.6岁；其中博士研究生24人，硕士研究生110人；高级职称社员241人，占59.2%。年内，发展社员23人，新成立九三学社徐圩新区支社、法律支社、文化艺术支社。成立九三学社连云港市委员会监督委员会。蒋晓东获国务院政府特殊津贴；新浦支社、科技支社、连云支社、赣榆支社4个基层组织被九三学社省委表彰为先进集体；李筠、刘建春、王莹、张霞、尚庆伟、卞雷、周敏、徐立军等8人被九三学社省委评为先进个人。

【思想建设】 2018年，九三学社市委学习贯彻中共十九大和九三学社十一大精神，举办"不忘初心，继续前进，纪念中共中央五一口号发布70周年"座谈会。市委委员、骨干成员赴扬州、镇江学习交流，参观茅以升纪念馆。赴淮安开展"不忘合作初心，继续携手前进"主题学习教育活动。举办"不忘初心·敬终如始"新成员培训班。

【参政议政】 2018年，九三学社市委各级政协委员提交提案81件，其中个人提案73件、集体提案8件。全国政协委员徐大勇提交的《关于加强涉农产品舆情监控和引导保护生产者权益的提案》入选全国政协大会交流发言预选材料；《关于加快推进农村无害化卫生户厕改造的提案》被列为主席督办提案和市政协十三届二次会议重点提案；《关于加快推进不动产登记队伍建设的提案》等得到有关部门重视并办理；海州区政协九三界别、连云区政协九三界别委员分别有2件提案被评为优秀提案。在市政协农村生态环境综合治理协商议政会上提交《关于我市农村人畜粪便综合利用情况的调研报告》，提出《关于推广使用"高位微生物发酵床"养猪技术的建议》。《中小学实施国学教育的可行性及实施策略》《乡村振兴战略背景下国家农业科技园区建设思考》等25个课题中标市级课题；《关于加快推进农村生态环境治理的建议》等3个课题中标省级课题；《加强乡村实用人才培育，为乡村振兴注活力增动力》等5篇论文入选第十一届"江苏九三论坛"论文集。

【社会服务】 2018年，成立九三智库，建立以社内专家为核心的智库专家团，聘请省内南京大学、东南大学等知名高校、智库、科研院所、九三学社省委及省科技厅、住建厅、自然资源厅等部门的专家、学者担任特聘顾问、特聘专家。分别与南京大学、东南大学、南京工业大学、南京邮电大学等高校九三委员会及九三学社省建设委员会签署友好合作协议，建立九三学社专家工作站，为高校、科研院所与企业搭建交流平台。帮扶东海县丹丘希望小学，设立九三学社丹丘希望小学扶贫助学基金，首批募得助学资金3.9万元。（孟　伟）

4月20日，九三学社连云港市委赴东海县洪庄镇沟南村丹丘希望小学开展精准帮扶助学活动　　九三学社市委　供图

连云港市工商业联合会

【概况】 2018年，连云港市工商联系统有各类商会组织231家，其中异地商会22家（异地连云港商会13家，连云港异地商会9家）、行业商会（协会）129家、乡镇街道商会66家、园区（市场）商会14家。全市工商联系统会员总数9455个，其中企业会员6787个；工商联副主席（副会长）25人，常委、执委135人。市工商联制订《关于加强连云港市商会组织建设的意见》，赴北京、上海、福建、扬州、杭州、西安、青岛等城市推动成立连云港商会，联合当地民政、媒体等相关部门，组团帮助解决在商会筹建工作中遇到的难题。扬州市连云港商会、北京市连云港企业商会、福建省江苏连云港商会年内挂牌。全市工商联系统学习全市"高质发展，后发先至"动员大会精神，赴企业调研落实"高质发展，后发先至"动员会情况。4月18日，民营企业家代表在西棘荡村和班庄文旅小镇开展"不忘创业初心、接力改革伟业、助推后发先至"主题学习调研活动。制订工商联"三年行动计划"，做好100家结对联系的重点民营企业服务引导工作，创立全国连云港商会合作交流机制，举办第三届全国连云港商会工作交流会，引导各地连云港商会组团到连云港市投资考察，到各异地连云港商会了解连云港籍企业家返乡创业意向，

发掘项目招商引资信息。邀请深圳市熙人实业发展有限公司、望家欢农产品集团有限公司、首美文化传媒有限公司等知名企业家参加市政府主办的2018连云港(深圳)投资说明会。苏州市连云港商会企业家在灌云投资的农业特色产业园和民营学校项目相继落地。

【参政议政】 2018年,市政协工商联界别在各类参政议政、征求意见会议上提交交流材料6篇,提交《关于从政策层面支持田园综合体发展的提案》《关于尽快规划定点保障市民"菜篮子"的提案》集体提案2件;提交《关于加快我市现代服务业发展的提案》《关于全力助推中小企业发展的提案》《关于加强村级卫生室建设与管理的提案》等委员领衔提案20件。7月6日,召开市政协工商联界别习近平关于加强和改进人民政协工作重要思想学习研讨暨解放思想座谈会。

【精准扶贫】 2018年,市工商联研究制定精准扶贫三年行动计划,全市工商联系统356家非公有制企业及商会组织参与对口帮扶,结对帮扶建档立卡贫困户763户,累计投入帮扶资金6113.1万元,受帮扶村(居)104个,受帮扶户1272户1.74万人。其中,产业帮扶资金1170万元,帮扶人数862人;就业帮扶投入1224万元,帮扶人数365人;技能培训投入51.4万元,帮扶人数549人;公益帮扶投入3667.7万元,帮扶人数1.33万人。

【市工商联十三届二次执委会议】 2月6日,市工商联(总商会)在市委党校第一报告厅召开十三届二次执委会议。市工商联主席张家炯,市纪委、监察委派驻第四纪检组组长杨永龙,市中级人民法院审判委员会专职委员孙玉,市司法局党委委员、副局长王建明,市工商联(总商会)领导班子成员出席,市委统战部常务副部长、市工商联党组书记高艳军主持会议。张家炯代表常委会向大会作《以党的十九大精神为指引,奋力谱写新时代工商联事业新篇章》工作报告。会上,举行市工商联(总商会)法律服务顾问团和全市非公有制企业民商事人民调解委员会成立揭牌仪式,为16名法律顾问团成员、2名市工商联机关法律顾问和45名人民调解员颁发聘书。

【第三届全国连云港商会工作会议】 2月7日,由连云港市委统战部、连云港市工商联主办的第三届全国连云港商会工作会议在苏州召开。连云港市工商联主席张家炯,苏州市工商联副主席邱良元,连云港市工商联领导张继武、仇延东出席会议。市工商联主席张家炯通报连云港市2017年经济社会发展情况、取得的重大成就以及面对的战略机遇,重点通报连云港市工商联系统2017年开展的特色工作、亮点工作情况及2018年在服务招商、搭建平台、反哺家乡方面的设想和举措。

10月19日,市工商联(总商会)十三届三次常委会暨青年企业家联合会成立大会召开 市工商联 供图

【市工商联(总商会)十三届三次常委会暨青年企业家联合会成立大会】 10月19日,市工商联(总商会)十三届三次常委会暨青年企业家联合会成立大会在花果山酒店召开。市工商联主席张家炯作题为《凝聚力量聚焦高质发展,砥砺奋进致力后发先至》常委会工作报告。大会审议通过《连云港市青年企业家联合会章程(草案)》《连云港市青年企业家联合会会费缴纳和管理办法(草案)》《连云港市青年企业家联合会选举办法(草案)》,选举产生连云港市青年企业家联合会第一届理事会、监事会。灌南两岸青年创业园管理有限公司董事长、北京和为永泰科技有限公司董事长费云健当选第一届连云港市青年企业家联合会会长。会上,市青年企业家联合会与苏州银行连云港分行签订战略合作框架协议,向市光彩事业促进会定向捐赠10万元用于全市精准扶贫工作。

(季　磊)

责任编辑　张卫怀

群众团体

连云港市总工会

【概况】 2018年，连云港市总工会履行组织职工、引导职工、服务职工、维护职工合法权益等职责，新组建乡镇（街道）总工会31家，新建非公企业基层工会93家，新录入实名制会员信息2.41万条。实名注册会员4.3万余人。构建集网上办公、网上入会、网上服务为一体的“连工惠”服务管理信息系统，陆续开发职工电子书屋、困难帮扶、法律（心理）咨询等10余项服务功能。市公安局被中华全国总工会命名为2018年全国工会职工书屋示范点。

【劳模评选】 2018年，市总工会表彰奖励市劳动模范298人，推荐评选全国和省劳模奖状、奖章、工人先锋号38个。新创建省级劳模创新工作室7家、市级劳模创新工作室17家，命名表彰首批市级“十佳劳模党支部”。举办全市职工迎国庆暨庆祝改革开放40周年歌咏比赛，开展第四届十大最美职工评选、第九届职工读书月、“奋斗创造幸福”主题教育活动。

【劳动竞赛和培训活动】 2018年，市总工会将全市投资亿元以上和影响面广的项目均纳入竞赛。田湾核电站5号、6号机组建设项目和盛虹炼化项目入选省十大重点工程劳动竞赛项目。组队参加全国钳工、数控机床等技能大赛江苏选拔赛，获省寄生虫防治技能竞赛团体一等奖和省道路货运驾驶员技能比赛团体二等奖。举办第八届连云港市职工职业技能大赛，开展全市性职工职业技能竞赛项目60个，表彰奖励市级职工创新成果和先进操作法70项，其中2项创新技术被评为省职工十大科技创新成果和十大先进操作法。投入100万元专项资金，全年培训紧缺技工6569人次；开展“农民工学历与能力提升计划——求学圆梦行动”，帮助360名农民工提升学历层次和技术技能水平。

6月8日，海州区50余名选手参加环卫技能比赛　张凌飞/视觉江苏网

【职工维权】 2018年，市总工会深化工资集体协商集中要约行动，推进职代会制度规范化建设，构建和谐劳动关系，市总工会在全省推进厂务公开20周年纪念会上作经验交流发言。授予“（模范）先进劳动关系和谐企业”称号单位89家，培育民主管理规范化建设示范单位40家。在市、县（区）法院挂牌设立职工法律援助站，在部分乡镇成立劳动人事争议一体化处理中心。全年接待处理职工群众来信来访314人次，为112名受援人讨回工资、补偿金等费用410多万元。开展“安康”杯竞赛和“安全隐患随手拍”活动，参赛单位超2400家、参赛班组近2万个、参赛职工达27.2万人。

【惠民帮扶】 2018年，市总工会探索开展工会扶持职工创业小额贷款保险试点工作，发放创新创业小额贷款120笔共1100万元。实施普惠行动，先后组织130多家单位1334名一线职工、劳动模范参加疗休养活动，为5024名一线环卫工人送去定制棉衣，帮助7620名环卫工人、特困职工等群体购买意外伤害险。举办4期“缘定港城”单身职工交友活动，在全市企事业单位建成58个爱心母婴室，推广建立职工心理驿站。发行工会会员卡20多万张，签约加盟商户500家，开展职工普惠活动200多场次。各级工会在传统节日期间集中慰问困难职工近2万人次，发放慰问金、慰问品超2000万元。开展夏季送安康活动，筹措资金1300万元，走访企业1500多家，慰问农民工近5万人次。挂牌成立市职工互助互济会，市政府办公室转发实施《连云港市职工重大疾病和意外伤害互助保障计划》，27种职工意外伤害和重大疾病纳入保障范围，吸引全市200多家机关企事业单位、5万多名会员入会。

【连云港市第四届十大最美职工评选】 2018年3月，市委宣传部、文明办、总工会联合开展第四届港城“十大最美职工”评选活动。活动面向基层，面向群众，自下而上，逐级推荐。经过层层推荐、组织审核、专家评审、社会投票、媒体公示、会议研究等程序，王其芳等10人获全市“十大最美职工”称号，程杰等10人获全市“十大最美职工”提名奖。

（范全诗　刘丽基）

链接

第四届港城“十大最美职工”

连云港富安紫菜机械有限公司机加工班班长 王其芳

江苏华海诚科新材料股份有限公司研发工程师 刘红杰

连云港港口股份有限公司东方港务分公司机械二队值班员 何福林

连云港市第二人民医院普外科主任 苗永昌

灌云县同兴中学教师 赵永成

连云港兴达石英材料有限公司机电维修班班长 谢大春

连云港报业印务有限公司车间主任 杨浩

连云港杰瑞深软科技有限公司软件事业部部长 田亚丽

盛虹石化集团港口储运有限公司生产部码头班班长 霍如状

灌南公路站养护大队大队长 张耀龙

8月30日，由共青团市委、市消防支队联合建立的连云港市青少年自护教育基地和消防教育体验馆揭牌　昕文/视觉江苏网

共青团连云港市委员会

【概况】 2018年，连云港市新发展共青团员1.31万人，团员总数21万人，占14—28周岁青年总数的24.7%；全市有基层团委379个，基层团工委45个，总支部162个，团支部5308个。团市委加强青年集聚的楼宇、园区的团建工作，与工会、妇联等单位协同建立基层服务站，派驻团建联络员，建立青年社会组织。新成立非公企业团组织32个、新兴领域团组织41个。运行团干部结对团支部工作机制，推动团干部直接联系青年常态化。组织县区及机关各部室申报“10100”（由团省委在省级层面统筹推动实施10个重大创新项目，以试点、承办、合作等方式，牵动全省各级团组织共同实施100个创新子项目）创新创优项目22个，其中8个通过团省委立项。召开青年联合会常委（扩大）会议，审议通过市青年联合会调整界别设置方案（草案）等文件，增加各县区、青年团体、一线劳动者中委员的比例。推进中学共青团和少先队改革，围绕组织建设、队伍建设、阵地建设等五项重点制定改革任务清单。编制印发《连云港市团员发展手册》，完成团员身份认定。市属高校落实《高校共青团改革实施方案》，优化市属高校团的基层组织、团学改革、干部培养等方面内容。团市委获得第四届中国青年志愿服务项目大赛银奖，少先队活动辅导技能展示团体金奖等；开山岛团史阵地暨青少年实践基地入选江苏省团史主题宣传阵地；市苍梧小学被评为全国优秀少先队工作学校。

【青少年思想引领】 2018年，团市委围绕不同主题，举办十九大主题分享会、“习语点亮前行路”、聚焦毕业季、全国文明城市创建等6期活动，在线参与人数15万人次，其中一期4万人次参与，在连云港新闻频道全程播出。打造“官方网站+微博+微信公众号”三位一体网宣阵地，开设“团代表说”“青年人物志”等网络栏目10个，推出《我的青春我的团》青年文化产品15个；成立青年新媒体发展中心、青年新媒体联盟，构建多平台参与的全媒体宣传格局。全年建成青年之家92个，云平台上线33个，获评省级示范平台4家、全国

“青年之家”主题活动季项目2个；挂牌“青年学习社”43家，创建市级示范社5家，开展学习习近平新时代中国特色社会主义思想、向全国时代楷模王继才学习等活动20次，覆盖青少年5万余人次。

【青年创新创业】2018年，全市构建青年创新创业服务体系，推进“三百行动”获《中国青年报》专题报道2次。推进新生代企业家培养“新动力”计划，成立市青商学院，举办培训班6期，培训新生代企业家400余人次，争取南京银行给予“新动力”计划企业1.52亿元信贷支持。“新动力”计划企业中5家为上市公司，8家在江苏股权交易中心连云港分中心挂牌并筹备上市。举办首届“互联网+”青年创新创业大赛，吸引互联网领域创新创业项目118个。其中，智能化海鲜储运系统项目获得省创意大赛一等奖、省“i创”杯一等奖；17个项目参加“创青春”江苏青年创新创业大赛，连农云商综合电商平台项目获二等奖，芽苗菜种植与市场化运营项目获三等奖。举办首届互联网公益创投大赛，吸引乐益购扶贫电商平台等30个项目展示。启动青年人才助力“高质发展、后发先至”三年行动计划，推出青年高技能人才“匠人匠心”计划、青年社会组织和新兴青年群体“青社计划”等8大重点工作项目和4项保障举措。通过学术研讨、行业论坛、产学合作、建言献策等活动，引领全市青年英才各展所长、各建其功。成立连云港市青年人才创新创业促进会，吸引研究生及以上学历和副高及以上职称的优秀青年人才200人，建立新医药、石化与新材料等人才专委会9个。紧扣新疆、西藏对口支援项目表，提供20万元援疆援藏扶贫资金，发起“援藏精准扶贫爱心购水活动”，推进江苏长生缘生物科技有限公司花生种植基地项目在霍尔果斯落地，促成青联委员企业润德农副产品公司与当雄县净土公司的产业合作。

【青少年成才引领】2018年，团市委调研新生代企业家、农村创业青年、青年高层次人才等群体，形成调研报告3篇。打造优秀青年拓展训练营，组织优秀青年开展活动6期，覆盖盛虹石化、恒瑞医药和港口集团等30多家企业。实施青年学生菁英人才计划，推进“U+展翅”项目，搭建多元平台，服务青年学生就业创业。开展“希望工程”“一本书公益计划”等爱心助学活动100余次，服务贫困学生近3000人。举办少先队辅导员风采展示大赛、首届“最美校园辅导员”评比、中学及中职学校“微团课”大赛等活动，夯实和巩固学校共青团基础性、源头性和战略性地位。举办第五届全市中小学生自护情景剧大赛，建成首家市级青少年自护教育基地，打造“浩哥护苗警务室”品牌，开展青少年自护活动500余场次，覆盖青少年1万余人。赣榆区沙口村、新庄社区入选全国“青少年零犯罪零受害社区（村）”第一期试点单位，至嘉社会工作事务所和彩虹志愿者服务队等社会组织开发“禁毒防艾”宣传项目入选团中央申报项目。

【第二届大学生核与辐射知识大赛】2018年10月，连云港市开展第二届“田湾”杯大学生核与辐射知识大赛。比赛以“美丽港城、‘核’你同行”为主题，由团市委、市环保局和江苏核电有限公司联合举办。采用个人在线答题赛和团体辩论赛的形式，千余名大学生参加比赛，淮海工学院辩论队获团体赛一等奖。（团市委）

连云港市妇女联合会

【概况】2018年，连云港市有市、县、乡、村四级妇联干部2825人，其中市级妇联干部21人。有村、社区（居委会）妇联1677个，党政部门、事业单位妇联252个。有市级妇联团体会员6个，其中在民政部门注册4个。在新经济新社会组织中建立妇女组织330个。全市村妇代会改建妇联和乡镇（街道）妇联区域化建设全部完成。机关事业单位推进妇代会组织改建妇联或组建联合妇联，成立机关事业单位妇联457个。按照“哪里有妇女、哪里就有妇联组织”的原则，新增行业妇联、楼宇妇联等妇联组织430个。采用“专兼挂”配置法广泛吸纳妇女骨干，全市新增基层妇女工作者6000多人。指导基层按照因地制宜、活动便利、共建共享的原则建立“妇女微家”。市委组织部制订下发《关于推进基层妇联干部“培优双带”三年行动计划的实施方案》，3年内对全市乡镇街道妇联干部实施全覆盖培训培养；开展“在你身边·寻访江苏省最美基层妇联干部”活动。全市出席中国妇

11月9日，市妇联举办三八红旗手（集体）工作室服务站——惠民义诊社区行活动　谢颖　摄

女十二大代表3人；出席省妇女十三大代表45人，7人当选省妇联执委。完成市妇联机关党总支和市妇联机关支部换届，新成立市妇女中心和家庭与少儿中心2个支部。2018年，市妇联被表彰为省脱贫攻坚建档立卡户少儿病残救助项目先进单位，王仕花当选《中国妇女报》年度十大女性新闻人物，“百名巾帼新农人护航计划”得到省妇联的高度肯定并全文转发，性别平等进课堂做法被省妇儿工委《简报》专题刊发、全省推广，市家庭与少儿活动中心被表彰为省校外教育先进集体，被评为首批全市创建全国文明城市社会氛围营造工作示范点。

【妇女思想引领】 2018年，全市妇联开展“十百千巾帼大宣讲”、十九大精神宣讲网上行等活动460场次。征集“高质发展、后发先至”巾帼方案，举办“巾帼花开竞芬芳、一路芳华一路歌”巾帼风采摄影大赛和作品展，开展“花开她时代”女性发展面对面新闻发布会，开设“一路芬芳”广播故事专栏，以女性视角描绘改革开放40年的伟大成就。评选2017年度十大女性新闻事件、“最美娘家人”、最有影响力的女性群众组织；评选助力高质发展、后发先至“三八”红旗手（集体）；开展“三八”红旗手（集体）工作室创建，成立工作室103家。建立市妇联巾帼红网联盟，9家单位建立战略合作。

【妇女发展创业】 2018年，全市3969名妇女参加家政技能培训，争取省农村妇女劳动力转移培训资金51万元1889名农村妇女参加劳动力转移培训。市妇女发展服务中心开设32个培训项目，共64个班次，培训女企业家、女知识分子、女干部1300人次；创新开设“精修一季”培训，新设男士素质培训班；推出“精彩一日”特色课程，为机关、企事业单位培训100余场次；为4000余名普通群众以及贫困妇女、环卫工人等开设专场培训。市家庭与少儿活动中心开办近30类、100多个音体美培训班，培训少儿11万人次。市妇联实施“百名巾帼新农人护航计划”，遴选100名涉农妇女创业典型作为培养对象，聘请专家给予专业辅导。推广涉农信贷产品，全年帮助妇女申请创业担保贷款8067万元。实施建档立卡贫困户“家门口就业”脱贫试点项目，确定首批15家“家门口就业”扶贫试点企业，帮助270人实现家门口就业。举办女性就业专场招聘会，为1.02万名妇女提供就业岗位服务，其中3127名达成用工意向。结合“乡村振兴巾帼行动”，在全市培树县级“最美农家示范户”1000户、市级“最美农家示范户”100户，评选市级“美丽家园”10户。开展巾帼电商基地培育行动，全年培育并命名巾帼电商示范基地（服务站）50家，3894名妇女参加巾帼电商培训。7人被表彰为省“十行百星”先进典型，8人入选“百名女企业家领航计划”，新挂牌省“三八”绿色示范基地1家，省级巾帼示范基地21家。

【妇女权益维护】 2018年，全市妇联组织救助与庇护妇女儿童22人，受理婚姻家庭矛盾纠纷1.09万起，面对面开展婚姻调解服务1570对夫妻，调解满意率99%。开展“一刻钟送法进家庭”服务宣传活动1000多场次。全市乡镇（街道）、村（社区）全部建立妇女维权工作站，创建四级“娘家人”调解工作室132个。在94个村（社区）开展妇女议事会试点建设。实施婚姻家庭问题干预实事项目，建成反家暴三级干预机制，推进“三工联动”（社工+义工+妇工）、“三社联动”（社工+社区+社会组织）。县区民政婚姻家庭辅导室、法院诉前调解室、基层网格维权室等建成率80%。

【妇儿实事项目】 2018年，全市落实妇女儿童发展10件实事，通过省“十三五”妇儿规划实施情况中期督导评估。市妇联、市卫计委等部门联合实施的“健康宝贝工程”做法在全国出生缺陷综合防治工作会议上交流。一站式免费婚检率82.49%，农村妇女“两癌”（乳腺癌、宫颈癌）筛查实现全覆盖，476名贫困“两癌”患病妇女信息通过省级审核，争取“两癌”救助资金64万元并全部发放到位。连云区通过国务院妇女儿童工作委员会和省妇女儿童工作委员会“儿童权利倡导和儿童保护”项目结项评估。确立首批11家“性别平等教育进课堂”试点单位，依托市家庭少儿活动中心等单位推进试点工作，初步形成具有连云港特色的“性别平等教育进课堂”校内校外课程体系。连云区、海州区试点儿童友好社区建设，连云区“五位一体”建设儿童友好城市的经验做法被省妇儿工委办转发推广；市妇幼保健院确立为儿童友好医院试点单位。市妇联对接市建设、规划等部门，初步决定在孔望山公园、凤凰山公园、马涧公园3个主题公园内布设儿童友好公园。

【关爱困难群体】 2018年，市妇联关爱单亲特困母亲597人，为市区单亲特困母亲家庭给予每户不低于1000元的援助。新开办“海生草”公益艺术培训班21个，为750名困境留守儿童提供关爱服务，累计开班83个。募集106万元在全市实施“脱贫攻坚建档立卡户少儿病残救助”项目，为1.98万名0—16周岁建档立卡户儿童每人购买50元专属定制的儿童大病和意外伤残保险。开展“儿童关爱暖冬行”活动，对3000余名困难儿童、留守儿童进行走访看望与爱心捐助。“爱心储蓄罐·助童成长——99公益日”募捐活动吸引170多支爱心团队、1.33万名爱心人士参与，募集资金45万元。“春蕾圆梦”大学生助学行动资助贫困学子34人。连续两年承接中国儿童少年基金会“恒爱行动——百万家庭亲情一线牵”公益项目，为新疆少数民族及其他地区孤困儿童编织爱心毛衣，全年发放爱心毛线750千克。

【家庭文明建设】 2018年，市妇联启动实施“家庭文明建设年”三年行动，并被列入2018年度全市创建全国文明城市十大联动项目和“每月一主题”创建活动。开展“中国梦·伟人成长故事会”、“聊一聊我家这40

年”讲故事比赛、“感恩母亲节·爱满连云港”、“拍拍我家文明事”微视频征集评选活动。向全市140万户家庭发出“文明创建·家庭先行”倡议，开展“做文明人、建文明家、创文明城”主题活动100多场次。完善市、县、乡、村、户家庭教育五级服务体系，家庭教育指导中心实现全覆盖，10个试点乡镇（街道）成立家庭教育指导站。市家庭教育研究会成立8个分会，187名专家组成家庭教育指导员队伍。启动“家事直播间”，开设“家事说法智观人生”等栏目。全市共评选各类家庭典型2600户，13户家庭获全国、省级表彰。

【“最美家庭、书香家庭、五好家庭”评选】 2018年，连云港市开展“最美家庭、书香家庭、五好家庭”评选活动。通过前期组织、社会化推荐，发现一大批优秀家庭典型。卜洪翠等1724户家庭被评为连云港市“最美家庭”，尹希望等151户家庭被评为市“书香家庭”，赵倩等72户家庭被评为市“五好家庭”。

（唐建勇）

连云港市科学技术协会

【概况】 2018年，连云港市科协拥有和联系67个自然科学、技术科学、工程技术及其相关学科组建的市级学会、协会、研究会，下辖6个县区科协，83个街道（乡镇）科协，1678个村（社区）科协，108个企事业科协，4个高校科协。全市有农村专业技术协会309个，注册科普志愿者5万人。市科协开展“逐梦新时代，建设新港城”建言献策征集活动，征集建议50条。市老科协《开发利用“东海孝妇传说”，促进我市经济社会发展》等8条建议获市委书记项雪龙等领导批示。开展软课题研究，对50项课题予以立项，30项课题进行资助。科企联盟及海智“三库”成果累计入库“三库”项目6246个。《互联网+背景下居家养老服务发展前瞻研究》入选市政协“十佳优秀提案”，《提供小学生延时放学服务的提案》受到教育部门、新闻媒体的关注，并被采纳落实。市科协作为全国省辖市科协唯一代表参加中国科协成立60周年百名科学家、百名基层科技工作者座谈会。

【学术交流】 2018年，以第二届国际医药技术大会为契机，市科协加强与国际性学术组织、国家级学会、省级学会和海外华人社团的交流联系。承办中国毒理学会中药与天然药物毒理专业委员会第三次学术交流大会，410名来自国内外毒理学和相关领域的专家学者聚集连云港市，围绕中药与天然药物领域创新与发展对话交流。承办创业中华·区块链技术（连云港）高峰论坛，海内外420名专家共同探讨区块链技术研发应用等话题。

【青少年科技创新活动】 2018年，全市95名青少年、45名教师和28所学校获得科技创新市、县区长奖。连云港市承办省“金钥匙”仿生机器人创意联赛、省青少年科技模型竞赛分赛，开展市级青少年科技创新大赛、第二届世界教育机器人选拔赛等系列赛事，参与学生10万人次。104件优秀作品参加省青少年科技创新大赛，97件作品获奖，6个项目获全国奖。开展“大手拉小手”科普报告行、高校科学营等活动，创建科学教育综合示范学校，2所学校被命名为省科学教育综合示范学校。

【基层科协组织力“4+1”试点】 2018年，市科协承担上级科协改革试点任务，开展提升基层科协组织力“4+1”（学校校长、医院院长、农机站站长、科技型企业家加上级科协领导）试点工作。通过市、县、乡、村四级联动，率先实现试点工作全覆盖。将“吸纳”与“实效”有机结合，市科协在全省率先出台实施意见，建立考核、督查、履职、奖惩、培训、工作清单等工作机制；各县区印发试点工作方案，建立试点工作领导机制和责任体系。到年底，全市吸纳“三长一家”（学校校长、医院院长、农机站站长、科技型企业家）5583人，县区、乡镇（街道）科协兼职主席、副主席中“三长一家”分别占83%、67%，村（社区）科协领导机构中各类能人占58%。省科协党组书记孙春雷及市委常委、组织部部长胡建军5次对试点工作作出批示。市科协的试点经验3次在中科协会议上交流发言，2次在中科协简报上推广。全省基层科协组织建设现场推进会在东海召开，山西、河北、内蒙古、山东及淮安市科协共5个批次75人先后到连云港考察观摩。

【科技成果奖励】 2018年，市政府印发《关于表彰第四届连云港市自然

6月3日，第四届青少年科技创新市长奖暨优秀科技工作者颁奖典礼举行　张弛　摄

科学优秀学术成果奖的决定》，评出第四届连云港市自然科学优秀学术成果奖一等奖15个、二等奖35个、三等奖70个。市科协、市人才办、市委宣传部、市人社局组织开展第三届优秀工程师奖评选，授予李宗岭等5人第三届优秀工程师奖、田超等5人第三届优秀工程师奖提名奖。市科协、市委组织部、市人社局开展第四届老科技工作者服务社会贡献奖评选，孙朝喜等10人获奖。开展学会工作奉献奖评选，10人获得表彰。推荐18个项目和6名科技人才参加第六届淮海科技奖评选，获得二等奖1个、三等奖2个。张国良获何梁何利基金科学与技术创新奖，康缘药业和淮海工学院获国家技术发明奖二等奖，康缘药业项目是2018年度国家技术发明奖获奖项目中唯一的药物研究项目。张斯纬当选省十大青年科技之星，是全市唯一获此殊荣的科技工作者，2人获省科协青年科技人才托举工程资助。市科协参与承办第六届"创业江苏"科创大赛生物医药行业赛，2个项目获省科协青年会员创新创业大赛能源与材料领域决赛一、二等奖。开展"新时代创新先锋"优秀科技工作者集中宣传展示活动，在省、市主流媒体开设8个专版，宣传创新创业团队、优秀科技工作者典型130人次。

【科普活动】2018年，市科协加强工作协调和指导服务，推动各县区及成员单位开展活动，连云港市全民科学素质工作在全省考评中位列第三。举办科普周、科普日等群众性科普活动，围绕主题举办大型广场咨询、亲子科普游、高端报告会、科普征文等24大类近千项活动。开展"百城千校万村"行动，开展科普"开窗"行动，形成手机、网络、科普e站、电视、报纸、电子屏等多位一体的科普信息化传播格局。强化基层科普阵地建设，常态化推进35家科普场馆免费开放，新建市级科普教育示范基地20家、市级科普示范社区10家。发挥科普大篷车、科普志愿者协会、科普专家库、"夕阳红"科普宣讲团等作用，开展科普宣传进基层等活动380场次，其中，科普大篷车"六进"活动90场次，受众6万余人。

【全国科技工作者日活动】5月30日是全国科技工作者日。市科协围绕"深入学习贯彻习近平新时代中国特色社会主义思想和中共十九大精神，弘扬中国科学家精神，争做新时代创新先锋，为建设世界科技强国再立新功"主题，组织开展9大项活动。6月3日，在市电视台演播大厅举行第四届连云港市青少年科技创新市长奖暨优秀科技工作者颁奖典礼。举办黄大年先进事迹暨连云港科学道德和学风建设宣讲教育报告会，邀请黄大年团队黄忠民、任波、乔中坤3名核心成员作报告。市科协、市委宣传部联合评选"十大最美科技创新之星"，市科协、卫计委为100名科技工作者进行免费体检。

【百名教授兴百村工程】2018年，"百名专家教授对接百个家庭农场"覆盖面扩大。市科协出资10万元，命名资助优秀特色家庭农场10家，新建市级科普惠农服务站10个、乡村e站50个，实施科教项目100个，打造优秀科教项目11个，组织专家教授开展农技服务及乡村行科普讲座40场次，推广新品种、新技术60个。探索产业联盟运作模式和途径，新成立产业联盟2家。实施基层科普行动计划，11个单位（社区）获省级表彰，共获奖补资金110万元。

【学会工作】2018年，20个市级科技学会实现秘书处实体化、秘书长职业化，4个市级行业协会与行政机关脱钩。学会有序承接政府转移职能，41个市级学会承接142项转移职能。新成立市卒中学会等4个、企业科协22个。设立学会能力提升计划财政专项，培育资助首席专家20人、科技服务站15个、综合示范学会5个。开展"科技专家企业行"活动，深入中小企业、涉农组织等提供"一对一"技术服务。做好企业专利信息推送工作，166家企业推广使用科技专利信息。市级学会、高校、企事业科协全年开展学术交流活动206场次，其中高层次学术交流活动20场次。（陈玉清）

连云港市归国华侨联合会

【概况】2018年，连云港市归国华侨联合会履行侨界参政议政职能，开展扶贫帮困和招商引资、引才、引智工作，邀请、接待海内外华人华侨800余人次。新成立连云港市连云区侨联大港分会、东海县牛山镇张庄村"侨爱之家"、灌南县镇北社区分会和淮海工学院侨界工作站。年底，全市有13个侨联组织，其中市级侨联1个、县（区）侨联6个、高校侨联1个、企业侨联1个、社区侨联4个。有侨商会、华侨书画院、侨青会、侨联法律顾问委员会、"连心桥"人民调解中心、新华侨华人留学人员眷属联谊会、侨联艺术团7个社团组织和工作平台，专、兼职侨联干部20人。开展多元化解涉侨纠纷试点工作，聘任美国、日本、加拿大、印度尼西亚、马来西亚、德国、巴西7个国家的11名海外华人华侨律师为海外法律顾问，《人民日报》（海外版）予以报道。在2018年中国侨联第十次代表大会和第十次全国归侨侨眷代表大会上，市侨联被中国侨联表彰为全国侨联系统先进组织，海州区侨联主席李东红、灌云县侨联原主席杨昌荣被表彰为全国归侨侨眷工作先进个人。

【服务经济发展】2018年5月，市侨联、连云港高新区管委会、市侨商会举办"创业中华·区块链应用技术高峰论坛"活动，邀请海内外400余名商界人士和专家参加。9月，市侨联组织"苏沪甘聚焦'一带一路'支点城市"活动。10月，市侨联联系美国侨领侨商，协助市经贸招商代表团在美国纽约市举行投资说明会，美国纽约州州长代表、纽约市议员代表、美国纽约华人总商会、美国江苏友好协会、美国福建同乡会以及连云港籍的当地侨领、企业家等60余人出席活动，副市长吴海云向侨商们作市情推介，市侨联与美国江苏友好协会签订《友好合作协议》。10月，在连云港的侨商参加陆桥沿线城市侨联服务“一带一路”合作联盟第二次联席会议，并参加中国（徐州）—巴基斯坦商务合作大会。11月上旬，应葡萄牙华侨华人总会和中阿论坛组委会邀请，市侨联派员随市代表团赴摩洛哥和葡萄牙开展经贸交流，拜访葡萄牙华侨华人总会，市侨联与葡萄牙华侨华人总会签订协议书，缔结友好关系，市侨联聘任葡萄牙华侨华人总会会长吴正光为市侨联海外顾问。市侨联组织海外侨居地华侨侨商成立加拿大连云港商会、加拿大连云港同乡会。年内，市侨联先后组织和支持侨商会企业家赴美国、加拿大、日本、韩国、西班牙、英国等国家开展经贸考察、参加海外经贸交流活动10余场次，为各县区和功能板块引荐项目信息33个，其中赣榆伯利兹汽车体育度假公园项目、东海首创环境集团循环经济2个项目进入实质性洽谈阶段。

【海外联谊】 3月，市侨联艺术团赴意大利参加三八国际妇女节佛罗伦萨侨界文艺晚会演出。马来西亚江苏工商总会副会长张继堂到连云港考察并与旅游局等单位开展项目洽谈。华侨书画院举办纪念改革开放40周年纪念图片征集活动、协办“大美连云港”中国美术馆画展等活动。在西班牙巴塞罗那等地建立海外中华文化宣传点，及时寄送侨刊侨讯供当地华侨华人阅读。市艺术学校、灌南二郎神孝文化主题公园被评为省级华人华侨文化交流基地。市侨联拓展海外联络工作，举办“创业中华”“亲情中华”“海外侨胞故乡行”等活动，邀请海外侨胞参观访问连云港市，慰问在纽约、洛杉矶、首尔、悉尼、奥克兰、里斯本等地创业的连云港市籍侨胞，与美国江苏友好协会、美国连云港商会、新西兰华商协会、法国华侨华人会、葡萄牙中华总商会等20多个海外侨社团建立友好合作关系，建立和加入30余个侨界微信群，广泛联系全球各地华人华侨。以连博会、农洽会、连云港之夏等大型活动为契机，邀请美国、哈萨克斯坦、乌克兰、澳大利亚等海外客商到连云港考察交流。

【参政议政】 2018年，市侨联提交提案、议案10件。在协商议政会上，市侨联作《重视和发挥华人华侨桥梁纽带作用，助推港城开放发展》的发言。由市侨联调研撰写、侨界人大代表提交的《关于加快我市旅游业发展》的建议被市人大确定为议案。淮海工学院侨联成立为侨服务工作站，成立“连心桥”涉侨矛盾调解中心，东海县人民法院成立诉调对接工作室，灌云县人民法院建立专门为侨服务工作机制，海州区法院成立涉侨纠纷调解工作室。“连心桥”3名调解员被江苏省高级人民法院聘任为涉侨纠纷特邀调解员，涉侨纠纷特邀调解员全年帮助20多家（位）侨资企业和侨眷协调化解矛盾纠纷，减少和挽回经济损失超过9500万元。市委办对此项工作进行调研并形成调研报告，经验做法被最高人民法院和中国侨联联合发文予以推广。

（徐　徽）

连云港市台湾同胞联谊会

【概况】 2018年，连云港市台联组织部分台湾籍党员参加省台联在徐州举办的“走进新时代，理解新时代”学习报告会；组织参加以“庆祝改革开放40周年”为主题的省台联第八届“新视野”摄影比赛，展现改革开放40年连云港市经济社会发展成就和台胞的精神风貌；组织老台胞参加省台联第十届江苏园艺博览会，参观上海城市规划展示馆。

【参政议政】 2018年，市台联围绕市委、市政府的中心工作，围绕推进两岸关系和平发展和广大台胞关心的热点难点问题开展调研。上报《关于居民小区统一设置公共广告栏的提案》等11件提案、建议。

【台胞服务】 2018年，市台联做好老台胞、困难台胞及患重病台胞补助款的发放工作。完成全国台联特困定居台胞家庭帮扶的摸底调查及台湾籍考生籍贯核对。开展全市定居台胞家庭、工作、教育情况摸底调研。举办全市台胞迎新春茶话会。三八国际妇女节前夕，全市定居女台胞参加省台联在淮安举办的“两岸姊妹情”女台胞联谊活动。推荐台胞参加全国台联在武汉举办的学习班并考察长江生态。落实《江苏省台联关于加强青年台胞工作的意见》，推荐连云港市优秀青年台胞担任省台联青委会委员。连云港市台胞中小学生参加第十九届世界华人学生作文大赛。筹备市台湾同胞第八次代表会议，选拔台联理事会理事和台联班子；统计定居台胞大学生基本情况。赴灌南了解岛内台胞在大陆失散家人情况。开展两岸婚姻家庭和婚生子女调研，扩大联谊台湾青年的范围，引导台湾青年客观理性认识大陆，增加历史认同、文化认同、民族认同，增进两岸同胞心灵契合。连云港市中小学生台胞参加省台联在常州举办的“两岸一家亲，共圆中国梦”放飞梦想夏令营。

（赵　辉）

连云港市文学艺术界联合会

【概况】 2018年，连云港市文联拥有1个文学艺术研究院和12个文艺家协会，出版《连云港文学》杂志6期。市文联七届二次全委会召开，开展文艺志愿服务及文艺活动，举办第五期连云港作家班。

【市文联七届二次全委会】 4月26日，市文联召开七届二次全委（扩大）会。市文联主席王咏梅，第三纪检组组长汪全炉，副主席李敬伟、俞文文，兼职副主席陈红，委员会全体成员及部分文艺工作者共100余人参加会议。会议传达省文联九届五次全委会、全市“高质发展，后发先至”动员大会和全市宣传工作会议精神。市文联主席王咏梅作题为《坚定文化自信 建好精神家园，全面开启“高质发展，后发先至"文艺新征程》的工作报告。会议对在2017年度在国家级、省级重点文艺奖项获奖、入展和在主流媒体及国家核心期刊展播展演展出发表的作品进行表彰，23件作品（人）受到表彰。

【第三届全国诗歌刊物主编恳谈会在连云港举行】 9月7—9日，由江苏省作家协会和中共连云港市委宣传部联合主办，扬子江诗刊社、中国诗歌网和连云港市文联、市作协等联合承办的第三届全国诗歌刊物主编恳谈会在连云港举行。中国作协副主席吉狄马加出席并讲话。全国30多名文学期刊主编和诗歌编辑与会。会议设置"在柔媚的湛蓝中——面朝大海的中国新诗"的讨论议题。会议期间，诗人、散文家赴开山岛，采访学习坚守海岛32年的王继才、王仕花夫妇的先进事迹。

9月7—9日，第三届全国诗歌刊物主编恳谈会在连云港市举行
市文联　供图

【市民间文艺家协会创作采风基地挂牌】 10月15日，市民间文艺家协会创作采风基地在东海县青湖中心小学举行挂牌仪式。揭牌仪式后，民间文艺家协会一行参观学校水晶、温泉、少儿版画等特色展馆和书画、器乐、围棋等学生活动室，并向学校捐赠《古朐流风》《海州童谣》《东海县志》等地方文化书籍。

【"山海同歌"文联艺术节】 12月18日，由市文联主办、商务局协办、同科集团支持的"同科汇丰"杯——"山海同歌，丝路花语"市文联第二届艺术节开幕式暨庆祝改革开放40周年大型文艺晚会在市文化艺术中心举行。艺术节分为开幕式暨专场文艺演出、书法作品展、花鸟画名家邀请展、少儿春晚、器乐演出、摄影大赛等板块，涵盖戏剧、音乐、舞蹈、书法、美术、摄影等15场活动，展现连云港市改革开放以来的发展成就。（蔡　青）

连云港市残疾人联合会

【概况】 2018年，连云港市有持证残疾人10.04万人，其中视力残疾9300人，占残疾人数的9.3%；听力残疾7916人，占残疾人数的7.9%；言语残疾1312人，占残疾人数的1.3%；肢体残疾5.67万人，占残疾人数的56.4%；智力残疾1.34万人，占残疾人数的13.3%；精神残疾8932人，占残疾人数的8.9%；多重残疾2930人，占残疾人数的2.9%。4月27日，全市各级残联按照法定程序，完成换届选举工作。市残联设立助残指导办，指导、管理、服务社会组织、志愿者队伍、专门协会开展社会化助残工作，全年组织、指导、开展助残活动25次。市残联、卫计委、公安局出台《连云港市残疾人证管理实施细则》等文件，严格按照中残联制发二代残疾人证通知要求、二代证管理办法、残疾标准，年内发放残疾人证7748本。

【残疾人培训就业】 2018年，全市残疾人新增就业1547人，其中按比例就业264人、集中就业76人、社区就业27人、公益岗位就业106人、灵活就业605人、居家就业223人、基地就业25人。市残联建立月残疾人专场招聘会制度，开展8场专场招聘会。组织、举办残疾人电子商务培训、盲人按摩培训等，全年培训558人次。

【残疾人教育与交流】 2018年，市残联出台《连云港市第二期特殊教育提升计划（2017—2020）》等文件，进一步完善残健融合、送教上门、普通学校随班就读等残疾人教育服务体系。在全市普通小学、幼儿园建设资源教室50个，在康复机构中建设康教融合点6个，在特教学校建设学前教育班4个，帮扶161名残疾儿童通过融合教育进入义务教育普通班就读；为重度残疾儿童开展送教上门、社区教育和远程教育，并登记注册学籍。全市870名残疾学生享受各类教育补贴计48.22万元，实现教育补贴全覆盖。市残联与文联联合举办"歌颂新时代，描绘新气象，谱写新篇章——残疾人迎新春共圆梦"书法绘画笔会，部分著名美术、书法艺术家与市残疾人美术书法家协会会员和美术书法爱好者进行为期2天的交流活动。

【残疾人体育】 2018年，市残联选派62名残疾运动员参加江苏省第十届残疾人运动会，在田径、游泳、射箭、举重、击剑、羽毛球、坐式排球、聋人篮球、飞镖等项目比赛中，取得41金21银7铜的优秀成绩，金牌数名列全省前列、苏北第一。在全市首届全民健身运动会设置的羽毛球、三人制聋人篮球、硬地滚球、盲人跳绳等4个残疾人运动项目比赛中，全市300余名残疾人运动员参赛，带动近千名残疾人参与选拔和集训。开展市、县文体艺展能中心建设，满足残疾人开展文化体育活动的需求。

【残疾人服务体系建设】2018年，在全市乡镇、街道残疾人服务体系全覆盖的基础上开展示范点创建，建成乡镇（街道）区域全覆盖型、乡镇完全独立型、乡镇资源共享相对独立型、村（社区）完全独立型、村（社区）资源共享型共5大类18个示范性“残疾人之家”，初步形成基层残疾人服务体系。市残联选取4个镇（街道），通过依托镇级“残疾人之家”构建服务阵地，在区域内实现村（社区）“残疾人之家”、精准康复体系、辅具服务体系、信息化体系全覆盖。建立健全市、区、镇、村四级以“残疾人之家”为阵地的服务网络，促进公共服务体系和残疾人专业服务机构有机结合，形成初具体系的残疾人基层服务格局。

【智慧残联建设】1月18日，连云港市智慧残联信息系统初步建成并试运行。全年完成市残联微信公众号新闻推送35次，总计260篇新闻；完成智慧残联助残云平台信息咨询答复405条，办结率100%；完成残联信息管理群技术咨询答复1000余条。在线办理康复服务业务1875项、辅具适配业务758项、教育助学业务106项、就业培训业务481项。

（杨　静）

连云港市
关心下一代工作委员会

【概况】2018年，连云港市有市级机关部门关工委195个、乡镇（街道）关工委92个、村（社区）关工委1655个、教育系统关工委351个、民营企业关工委839个、政法系统关工委25个、农业系统关工委12个。全市参加关心下一代工作的“五老”（老干部、老战士、老专家、老教师、老模范）3.51万人。市关工委在全市青少年中开展“传红色基因，共话新时代，放飞青春梦”主题教育活动，发挥全社会44个红色教育基地的教育辐射作用，利用纪念改革开放40周年契机，组织“五老”宣讲国家和家乡发生的新变化，运用读、讲、看、咏、写、唱等形式，教育青少年深入学习党史国史，引导青少年坚定理想信念、增强爱党爱国爱社会主义的感情。东海县关工委制作《幸福东海我的家》视频光盘，发放到中小学校。灌云县关工委组织青少年学习时代楷模王继才的模范事迹，登上开山岛，重走英雄路。海州区关工委围绕“八礼四仪”、“学雷锋”、文明城市创建等主题开展特色实践活动。连云区关工委组织学生听“五老”讲雷锋故事，开展寓教于行的观摩体验、道德实践、志愿服务等活动，组织青少年寻访身边的革命前辈、优秀党员、劳动模范、美德少年等先进典型。

【校外教育辅导站建设】2018年，市关工委组织调研县区校外教育辅导总站建设情况，对县区校外教育辅导总站进行测评研判。省关工委下拨奖励扶持专项资金28.8万元、市下拨专项经费50万元，重点建设校外教育辅导示范基地。6月22日，召开全市校外教育辅导站建设座谈会，在市图书馆揭牌成立连云港市关工委青少年校外教育基地。全年市、县（区）关工委新建青少年校外教育基地和辅导总站7个，乡镇、街道校外教育辅导中心站21个。在全省校外教育辅导站优秀特色活动评选中，东海县牛山街道和平社区校外辅导站作品《让梦飞翔》获推广项目特等奖，灌云县东王集镇校外辅导中心站作品《激情红五月》和灌南县刘园村校外辅导站作品《飞吧我的梦》获一等奖，灌南县张店镇小圈村校外辅导站作品《快乐的留守娃》和海州区镇海社区校外辅导作品《心香润少年，大爱有传承》获二等奖。

【青少年违法犯罪预防】2018年，全市各级关工委与有关部门联合开展“未成年人零犯罪社区（村）”创建活动，预防和减少青少年违法犯罪。各级政法系统关工委发挥老政法干警优势，参与“关爱明天、普法先行”普法教育、“零犯罪社区（村）”创建和“结对帮教、引领人生”活动，以及“失足、失管、失学、失教、失亲”青少年及服刑人员未成年子女的法律保护和帮扶帮教。调整充实“五老”志愿者队伍，会同基层司法部门开展“五老”参与社区矫正工作，建立帮教台账，明确帮教责任，最大限度预防和减少青少年违法犯罪。全市基层关工委建立1188个帮教小组，有4379名“五老”与1165名失足青少年结对帮教，其中1101名帮教对象得以转化。在省关工委、省司法厅联合开展评选百佳法治报告团成员和法治副校长活动中，东海县牛山街道关工委法治报告团成员张秀勃、赣榆区关工委法治报告团成员张文福、海州区关工委法治报告团成员滕士好、灌云县实验小学法治副校长李春梅、灌南县堆沟港镇中学法治副校长王立步、连

4月5日，赣榆区88岁抗日战争老兵马入营在抗日山烈士陵园给学生们讲述抗日战争故事　　司伟/视觉江苏网

云港市西苑中学法治副校长刘钧被评为全省关工委百佳法治报告团成员和法治副校长。

【弱势青少年关爱工作】2018年，全市各级关工委承担农村留守和困境儿童关爱保护职责，做到亲情关怀不失爱、合力保障不失管、扶贫扶智不失学、立德树人不失志，帮助孤残儿、因病返贫家庭子女、城乡低保户家庭子女解决实际困难。全市各级关工委共筹集扶贫助学款418万元，资助贫困儿童6832人。市、县（区）关工委将省关心下一代基金3.15万元、爱德基金7.83万元和关心下一代周报社“冰凌花”奖学金10.2万元等资助贫困生、孤残儿童资金发放到位。

【“三扶两创一促进”活动】2018年，全市各级关工委和农业部门配合，推进“三扶两创一促进”（扶技扶志扶创业，创建青年农民创业基地、评选青年农民创业之星，促进现代农业发展）工作创新发展。全市参加活动的老科技人员847人，创办农村政治学校682所，创建青年农民创业示范基地200个，帮扶青年农民创办合作社等新型经营组织601个，评出青年农民创业之星257人。（营兆启）

连云港市红十字会

【概况】2018年，连云港市有红十字基层组织453个，团体会员单位290个，注册志愿者3.25万人。11月，市红十字会备灾救灾仓储中心通过中国红十字会总会二级红十字物资储备库验收，全国仅10家。6月，市红十字会组织11名专家，携带医疗器材、药品，到新疆霍尔果斯市的4个村开展义诊活动，义诊村民1000人次，开办培训点，普及救护知识600人，发放8000余元的药品。

11月6日，连云区云山街道白果村青年党员金川与一位白血病患者配型成功，捐献造血干细胞 朱先明/视觉江苏网

【救护培训】2018年，全市培训急救员8624人，向6.66万人普及救护知识。10月，市关工委、总工会、人社局举办第二届全市应急救护技能竞赛。11月，市红十字会5人组成代表队，参加全省红十字应急救护技能大赛，荣获一等奖。

【筹资募捐】2018年，全市开展“博爱在港城·人道万人捐”等筹资募捐活动，募集资金662万元。开展“博爱送万家”“母婴安康基金”等活动，募集专项救助物资265万元。

【遗体器官干细胞捐献】2018年，全市新增登记遗体捐献志愿者12人，2人捐献遗体、5人捐献器官，挽救16人的健康和生命。全年采集造血干细胞血样1095份，实现造血干细胞捐献3例（包括海州的一例涉外捐献）。

【“博爱”志愿服务】2018年，市红十字会动员4所高校申报“博爱青春”暑期志愿服务项目67个，其中全国红十字总会支持的青少年社会实践项目1个，省级“博爱青春”活动支持项目4个。康达学院“生命之约，大爱传递”项目被评为全省高校红十字会博爱青春暑期志愿服务优秀项目。市红十字会“博爱助残”项目被省红十字会评为省优秀人道项目。6月，市红十字会参加江苏省应急科普文艺巡演连云港站的巡演活动，节目《地震来了》将常用心肺复苏等救护知识穿插其中，以寓教于乐的形式向观众传播应急救护的相关知识。9月，承办全国红十字总会“生命之约·大爱传递”捐献遗体器官进校园宣传活动。（王 元）

责任编辑 张卫怀

法治

地方立法

【地方性法规制定】 1月10日，连云港市第十四届人民代表大会第二次会议通过《连云港市地方立法条例》，3月28日，江苏省第十三届人民代表大会常务委员会第二次会议批准，7月1日起施行。6月29日，连云港市第十四届人民代表大会常务委员会第十一次会议通过《连云港市文明行为促进条例》，7月27日，江苏省第十三届人大常委会第四次会议批准，10月1日起施行。10月31日，连云港市第十四届人民代表大会常务委员会第十三次会议表决通过《连云港市集中式饮用水水源保护条例》，11月20日，江苏省第十三届人民代表大会常务委员会第六次会议批准，2019年3月1日起施行。

【地方性法规修订】 10月31日，连云港市第十四届人大常委会第十三次会议通过连云港市人民代表大会常务委员会关于修改《连云港市海洋牧场管理条例》的决定，对《连云港市海洋牧场管理条例》作出修改，删除第二十六条第二款“环境保护行政主管部门在批准设置通过海洋牧场规划区的排污管道之前，应当征求海洋与渔业行政主管部门的意见”。11月23日，江苏省第十三届人民代表大会常务委员会第六次会议批准《连云港市人民代表大会常务委员会关于修改〈连云港市海洋牧场管理条例〉的决定》。

（乔立贺）

政法委和综治

【概况】 2018年，连云港市政法系统发挥政法委员会、“五长联席会”把方向、议大事职能作用，推进政法工作创新发展。连云港市连续12年被江苏省授予“平安市”称号，6个县区被评为省平安县区，连云区、东海县被评为省法治建设示范县区。推进执法、司法规范化建设，开展第二届全市执法、司法十大精品案例评选，评选出十大经典案例和10个提名奖案例。推进立案登记制，各级法院受理案件和审执结案件分别比2017年增长3.6%、6.3%，结案率、法定审限内结案率均处于全省法院前列。推进民主法治创建，全市新增省级法治文化示范点38个，省级民主法治示范村（社区）创建率达46%。实施政法英才能力三年提升计划，举办2期政法英才高级研修班。推进“三名工程”，打造50个名团队、名工作室、名工作法。推进立体化、信息化社会治安防控体系建设，获批公共安全“雪亮工程”建设第三批国家重点支持城市。升级版技防城、技防乡镇（街道）全部达到省定标准。

【社会治理模式创新】 2018年，连云港市开展创建最安全城市安全感满意度“双提升”和“百千万”平安行

7月6日，海州公安分局新海派出所李浩警务室、新海街道西苑社区正义联盟便民服务中心投入使用　　程秀佳　摄

动，深化16项基层系列平安创建活动，平安家庭、平安电力、平安邮政寄递等创建工作受到国家级表彰。推进平安志愿者“正义联盟”队伍建设，成立平安志愿者组织339个，人数23万人。深化矛盾纠纷多元融合式调处机制建设，信访人信用管理工作做法在全国推广，矛盾多元化解工作在《法制日报》专版推广，信访工作全省领先。推进社区治理创新，“一委三会”（党委领导、议事会协商、村居委会实施、监事会监督）社区治理模式被评为省社会治理十大创新成果。（孙强国）

【政法改革创新】 2018年，市人民检察院在全省率先出台询案问责制度，新增积案保持零纪录。市中级人民法院开展“决胜执行难”全媒体直播活动，形成联动惩治拒执犯罪的“连云港经验”。在全省率先试点环境资源案件集中管辖和“三审合一”机制改革，被省依法治省领导小组办公室评为法治惠民优秀实事项目。市公安局被授予全国首个国际执法合作示范点，“筋斗云”搜索系统获评中国智慧公安创新驱动示范项目，“全方位无人机防御雷达”获评全国公安基层技术革新一等奖。连云港市实行司法责任制，出台民商事案件繁简分流指导意见，全市人民法院通过速裁程序审结案件2.15万起。建立员额法官动态管理机制，全市人民法院退出员额法官18人，增补员额法官28人。深化以审判为中心的刑事诉讼制度改革，推进证人、鉴定人、侦查人员出庭作证。开展刑事案件律师辩护全覆盖试点工作，为207起案件的285名被告人指派辩护人。完成《中华人民共和国人民陪审员法》颁布后首批544名人民陪审员初选工作。实行司法责任制，坚持“入额必办案”，全市法院院长、庭长主审审结案件2.85万起。加快智慧法院建设，全市法院建成科技法庭155个；市中级人民法院启动新执行指挥中心建设等重点项目，建成数字化审委会会议室，诉讼服务一体化案例获全国政法智能化建设优秀创新案例奖。（孙强国 刘 勇）

法治政府建设

【概况】 2018年，连云港市在全省率先探索行政调解协议司法确认制度，全省第二批重大行政决策管理规范化建设试点城市通过省政府法制办组织的专家评审验收，确立政府立法“开门制度”。在全市市级行政执法机关中推行行政执法公示制度、执法全过程记录制度、重大执法决定法制审核“三项制度”。市法制办对34家市级行政执法机关报送的167份行政案卷进行评查；收到11家市级行政执法机关重大处罚案件报备166件。

【法治服务】 2018年，连云港市开展“强区放权、市区同权”改革，委托下放权力事项3300余项。开展证明事项清理，属于连云港市本级需要清理的120项证明事项全部取消。市政府印发《连云港市随机抽查事项清单和监管责任清单》《连云港市“双随机、一公开”工作实施意见》。市政府通过《关于印发2018年市政府规范性文件清理结果的通知》《关于修改连云港市政府投资项目审计监督办法等4件政府规范性文件的决定》，保留有效规范性文件138件，修改4件，废止45件。市法制办回复55件部门文件征求意见，提出意见建议200余条。办理省以上立法征求意见19件，提出修改建议60余条。

【立法制规监管】 2018年，市法制办完成立法制规法规草案审核2件，规章草案审核3件，出具审查报告4份，对《连云港市餐厨废弃物管理办法》《连云港市公共消防设施管理办法》2部政府规章进行译审。出台《连云港市政府立法公众参与暂行办法》，所有立法草案都在网上公开征求意见，市法制办召开专家咨询征求意见会6次、立法听证会5次。审查文件合法性205件，涉及决策事项文件6件，市政府规范性文件计划项目5件，96%的文件在2个工作日内办结。对16件市政府规范性文件开展评估，对21件县区部门文件规范性组织专家点评。全年收到县区政府和市级行政机关报备的规范性文件18件。

【重大行政决策规范化管理】 2018年，连云港市实行重大行政决策事项目录化管理，确定4项市政府重大行政决策事项，市政府办公室印发《关于公布2018年度连云港市人民政府重大行政决策事项目录的通知》。连云港市被确定为全省重大行政决策规范化管理试点城市，制定重大行政决策规范化管理试点工作方案，加强公众参与平台建设，推行重大民生决策事项民意调查制度。市法制办做好政府合同和决策文件审查工作，全年审查政府办转来的政府合同28份。

【行政调解协议司法确认制度建设】 2018年，连云港市在全省率先探索行政调解协议司法确认制度建设，市法制办、市中级人民法院联合印发《关于明确行政调解协议司法确认程序的通知》，省法制办在全省推广，作为全省十大法治事件，被写进《江苏省行政调解办法》。

【行政复议】 2018年，市政府收到行政复议申请74件，审结已受理的案件64起，直接纠错率17.2%，实质化解行政纠纷率51.6%。办理申请人赴省政府复议案件4起、赴国务院申请裁决1起。市政府收到法院诉讼案件33起，复议后诉讼案件比2017年下降25.7%，未出现败诉案件。（黄 兵）

公安

【概况】 2018年，连云港市公安机关推进平安港城、法治港城和过硬队伍建设，维护全市社会大局平安稳定，人民群众安全感提升至96.08%。全年完成全国及省市“两会”、上合组织青岛峰会、中国国际进口博览会、第四届连云港论坛、全省重大项目建设现场推进会重大安保任务。承办新亚欧大陆桥安全走廊国际执法合作论坛。全市违法犯罪警情总量、刑事发案分别比2017年下降9.2%、15.9%，刑事案件破案率30.9%，连续第四年现行命案全破，“两抢”（抢夺、抢劫）案件下降42%。推进扫黑除恶专项斗争，破获黑社会性质组织3个、恶势力犯罪集团12个、涉恶团伙171个，抓获9类涉黑恶案件犯罪嫌疑人1000余人。推进“放管服”改革，制定实施惠民便企10项措施，在全省首家推出外国旅游团“落地签”，13项市级公安事项实现全流程“不见面”审批。派出所档案全部达省三星级以上标准。

【社会治安管理】 2018年，市公安治安部门组织6次集中清查行动，提升7个公安检查站和35个治安卡点查控等级，加强机场、客运站、码头源头安检，日均投入1500名民警、2600名辅警、430辆警车，排查道路交通、危险物品管理、非法加油站（点）等安全隐患。开展安全检查136次，排除安全隐患268处，完成2018连云港之夏、第五届连博会等30场次大型活动安保任务。建成派驻公安基层所队多元融合调处室137个，遴选专职调解员173人、聘请兼职调解员97人，移交矛盾纠纷8446起，调处8041起，调处成功7486起，涉及金额2847万元。强化危险物品管理，破获涉爆刑事案件3起、抓获违法行为嫌疑人56人，查处涉危行政案件173起。市政府印发《连云港市区部分区域烟花爆竹限制燃放工作方案》《关于市区限制燃放烟花爆竹的通告》。强化寄递物流行业安全监管，登记寄递企业68家、分支机构32家、分拨中心11家、网点1367家，从业人员4277人，处罚违法违规企业39家，整改隐患869处。全市侦办黄赌娼案件1225起，其中刑事案件172起、治安案件1053起。侦办制售假案件16起，采取刑事强制措施57人。治安支队会同东海县公安局侦办“3·19”非法经营加热不燃烧卷烟案件，抓获犯罪嫌疑人32人，其中提请公诉11人，捣毁储存窝点17处，查获万宝路、百乐门等品牌卷烟3600余条，查证交易金额1亿元，被公安部、国家烟草专卖局联合挂牌督办。贾某祥等人非法生产销售伪劣产品案、“6·25”利用网络组织淫秽表演案等4起制售假、黄赌娼案件被省公安厅挂牌督办。年内侦办网络涉赌案件47起，抓获违法犯罪嫌疑人80人。

【刑事案件侦破】 2018年，市刑侦部门共立9类涉黑恶案件537起，破案335起，抓获犯罪嫌疑人1000余人；挂牌督办的39起涉黑恶案件破获38起，追回挂牌逃犯87人，其中督捕逃犯到案19人，到案率95%。全年办理涉枪案件3起，其中省公安厅重点网络贩枪案件1起；抓获涉枪犯罪嫌疑人26人，协助外地抓获涉枪犯罪嫌疑人10人；公诉非法买卖枪支弹药犯罪嫌疑人29人，缴获枪支37支。全市立侵财类案件1.63万起，破获现行侵财案件3212起；省公安厅挂牌督办盗抢骗案件23起，侦破22起，抓获“盗抢骗”逃犯65人。全年立通信网络诈骗犯罪案件3244起，破获129起，抓获155人，紧急止付730万元、冻结3751万元。全市刑事案件现场勘验率100%，指纹作用率、DNA作用率、足迹串并率分别为21.42%、16.9%、13.86%。在公安部破案会战中，指纹识别抓获194人，DNA识别抓获94人，人脸识别抓获442人。

9月11—14日，第四届连云港警用装备和公共安全产品博览会在市工业展览中心举行 朱泓明/视觉江苏网

【经济案件侦破】 2018年，市经侦部门立经济犯罪案件408起，破案269起，抓获经济犯罪嫌疑人773人，挽回经济损失1.6亿元。侦破涉案价值高达33.5亿元的公安部督办“4·13”非法经营彩票案，缉捕21名主要涉案犯罪嫌疑人，冻结相关银行账户及第三方支付平台账户719个，冻结涉案资金3000万元。侦破赣榆区“龙爱量子”特大传销案、连云区伪造货币案等重大案件。推进“猎狐2018”专项行动，年内追回境外逃犯15人，其中在册逃犯4人、新增逃犯11人。

【水上治安管理】 2018年，市公安水警部门在石梁河库区开展采沙整治行动，妥善处置群体性事件14起，调处矛盾纠纷96起，防止矛盾激化41起；处置水上交通事故2起；查扣无证及违规采运沙船舶44艘，查处非法采沙案件70起、治安案件30起。排查化工企业3家、养殖场31家、粉丝厂8家、大型垃圾处理场1个；核查生活和工业、畜牧业污水排口20个、入库河道9条、养殖大棚89个、砖窑厂17个、违建民房23处、非法圈圩15处、网箱养殖8处、保洁岸线20千米。在全市水域规划新增监控探头28个，整合水域公安自建监控点34个，社会面监控点120余个，实现水上派出所勤务指挥室对水域状况的实时动态监控。

8月3日，连云港市公安边防支队开发区大队组织官兵冒高温开展野外登山拉练
王健民/视觉江苏网

【禁毒工作】 2018年，市公安禁毒部门破获毒品犯罪案件433起，抓获涉毒犯罪嫌疑人483人，公诉377人。缴获毒品6227.3克。确立部级毒品目标案件3起、省级毒品目标案件4起，破获往年省级毒品目标案件1起，协助湖北黄石、湖南永州、云南保山破获部级毒品目标案件3起。

【第四届连云港警用装备和公共安全产品博览会】 9月11—14日，第四届连云港警用装备和公共安全产品博览会在连云港市工业展览中心举办。公安部治安局局长李京生、国际合作局局长廖进荣、第一研究所所长仇保利，省委维稳办主任陈逸中，省公安厅党委副书记、副厅长尚建荣，市委副书记、代市长方伟等领导出席相关活动。博览会参展企业300家，包括以色列迈高安全系统有限公司、D-Fence电子围栏及安防系统有限公司，美国平达系统公司、意大利莱奥纳多集团等17家境外安防企业。活动期间，举办"一带一路"海外项目安全保障、安防峰会分论坛及吉祥物揭晓、集中签约、新产品新技术发布、安博会推介企业(单位)目录发布活动，浙江大华等6家企业推出全结构化枪机和球机产品、100寸会议一体机及"翼神七"系列联翼无人机等年度新产品和新技术，26家企业现场签订意向性合同13项，意向金额达6亿元。

(成标荣)

【边防】 2018年，连云港市边防支队完成连云港论坛等重大安保工作。集中整治侵财案件、涉稳涉恐等违法犯罪。全年接处警1.43万起，侦破案件1684起，抓获违法犯罪嫌疑人721人，网上逃犯30人，办理边防行政案件275起，排查化解纠纷6362起，抓获非法入境的缅甸籍"三非"(非法入境、非法居留、非法就业)人员51人。破获1个涉嫌开设赌场、非法拘禁的涉黑涉恶犯罪团伙，抓获涉案人员32人，查证涉案赌资1000余万元，刑事拘留6人。侦破"7·6"特大非法捕捞水产品案。加强海域安全防控，成立海域管控指挥部，完善兵力部署方案、制定反登岛预案，开展演练10余次。每日值班调度海域管控动态，做好海域监管、海岛巡查、证据收集固定、情报信息研判和海上执法服务保障等。6月30日，市边防支队船艇大队、情报侦察队划转移交海警部队。12月26日，市边防支队成建制移交市公安局，实行新的领导指挥体制。

(马立鹏)

检察

【概况】 2018年，连云港市检察机关批准逮捕刑事犯罪嫌疑人2125人，提起公诉5840人，不批捕324人，不起诉178人；受理民事行政监督案件982起。检察机关对涉及民营企业、民营企业家的刑事案件，符合从宽处理的坚决从宽，依法不捕不诉24人。海州区检察院"服务非公经济"平台绑定重点企业94家，基本实现辖区规模企业全覆盖，为企业提供法律服务信息425条、法律咨询50余次。开发区检察院在辖区企业设立服务企业法律工作站、保护知识产权法律工作站，提起公诉集资诈骗、非法吸收公众存款等涉众型经济犯罪嫌疑人61人。市人民检察院批捕公安部督办擅自发行销售彩票获利1.7亿元非法经营案犯罪嫌疑人6人，依法对涉及25个省市1733名受害者的集资诈骗案提起公诉。赣榆区人民检察院对公安部督办的涉及2.1万人特大网络传销案的11名被告人提起公诉。海州区检察院办理非法吸收近百名老年人存款案件，挽回损失1933万元。全年办理群众信访2208件，成功调解轻微刑事案件96起。赣榆区人民检察院"建国调解工作室"调解成功率达97%。灌南县人民检察院设立弱势群体保护中心。全年化解棚户区改造拆迁矛盾纠纷9起。对9人伤医、医闹人员提起公诉。

【刑事案件检察】 2018年，全市检察机关惩治危害公共安全和严重暴力犯罪，市人民检察院、海州区人民检察院对1起发生在20年前影响恶劣的故意杀人案启动追诉程序，获最高检察院核准并提起公诉。灌云县人民检察院办理公安部督办的非法制造买卖枪支案。依法惩治毒品犯罪，提起公诉362人。受理市监委移送职务犯罪案件36人，提起公诉25人。开展扫黑除恶专项行动，对重大疑难涉黑涉恶案件提前介入、引导侦查16起，批捕168人，提起公诉90人。赣榆区人民检察院批捕全省首例跨省黑社会性质组织案犯罪嫌疑人23人。连云区人民检察院提前介入引导侦查，依法对前三岛寻衅滋事案9名被告人提起公诉。东海县人民检察院督促将保外就医后潜逃4年的涉黑罪犯吕某某抓获并收监执行，被评为全省十大法律监督优秀案例。

【诉讼活动监督】 2018年，全市检察机关督促对侦查机关撤销不应当立案案件187起。东海县人民检察院创新“一图一单两课”制度。灌南县人民检察院在自行补充侦查中发现1起盗窃案犯罪嫌疑人无刑事责任能力，监督公安机关予以撤案。对事实不清、证据不足案件不予批捕324人，决定不起诉178人。依法办理不服生效刑事裁判申诉案件34起，提出二审抗诉8起，再审抗诉11起，法院采纳抗诉意见并改判4起。受理民事行政监督案件982起。对不服法院生效民事裁判、调解申请监督案件，提出抗诉5起，发出再审检察建议29起，提请省检察院抗诉5起，法院再审后改判23起。办理虚假诉讼监督案件36起，发出再审检察建议25起，提出抗诉2起。

【生态环境司法保护】 2018年，全市检察机关惩治破坏环境资源犯罪，提起公诉269人。开展破坏环境资源犯罪专项立案监督，督促移送涉嫌犯罪案件49起。市人民检察院通过自行补充侦查，对海关总署一级挂牌督办、走私有毒残渣1100吨案件提起公诉。建立环境资源案件集中管辖制度，被省依法治省办公室评为首批优秀法治实事项目。注重修复被破坏生态环境，首创提出“劳役代偿”“补植复绿”“增殖放流”等多元化环境修复方式。灌南县人民检察院办理全国首例海洋生态公益诉讼案件时，提起刑事附带民事诉讼，诉请法院判处被告修复受损海洋渔业资源或赔偿修复费1.3亿元，新华社、《人民日报》等媒体广泛关注，被评为全省十大法律监督典型案例，并被最高人民检察院作为典型案例发布。通过检察监督，全年放流虾苗2042万尾、海蜇苗79万尾，恢复林地、复垦耕地5.8公顷，补植树苗1600余株，督促清理垃圾7万余吨、关停污染养殖场122家。开发区人民检察院督促收缴土地闲置费5559万元。开展公益诉讼工作，立案592起，发出诉前检察建议565起，提起公益诉讼22起。连云区人民检察院成立全国首个生态环境保护指挥中心，被评为全国政法智能化建设优秀创新案例，“公益眼”举报平台被省检察院肯定推广。灌南县人民检察院牵头河北、浙江、福建等地14家检察院成立海洋生态环境检察官保护联盟。全市检察机关聘请公益观察员136人，发动群众参与公益诉讼。

【食品药品安全司法保障】 2018年，全市检察机关依法严惩危害食品药品安全犯罪，提起公诉189人。开展“保障千家万户舌尖上安全”专项监督活动，对8起危害食品药品安全案件提起刑事附带民事公益诉讼。市检察院针对“问题食盐”流向百姓餐桌问题开展专题调研，市食药监局根据检察建议，开展为期4个月的全市食盐专项打假行动。灌云县人民检察院办理的宗某某非法经营疫苗案入围全国检察机关十大法律监督典型案例评选。灌南县人民检察院办理的1起生产销售有毒有害食品案被评为全省十大“食药类”典型案件。

4月22日，“一带一路”海洋生态环境检察官保护联盟在灌南县人民检察院成立 郭壮 摄

【未成年人犯罪案件检察】 2018年，全市检察机关惩治侵犯未成年人权益犯罪，提起公诉186人。赣榆区人民检察院预防未成年人犯罪检察建议书被最高检察院评为优秀法律文书，做法在《人民日报》刊发。对未成年人犯罪坚持预防、教育、挽救，少捕慎诉，6名附条件不起诉未成年人在检察机关帮教下考上大学。关爱留守儿童，全市新建留守儿童守护基地5家，东海县人民检察院“晶心之爱”留守儿童权益保护工程经验在《人民日报》上刊发，海州区人民检察院设立“蓝海湾”留守儿童守护基地。开展法治进校园巡讲，检察官在29个中小学担任法治副校长，巡讲163场；灌云县人民检察院、灌云县教育局打造网络直播课堂“青苹果网络直播间”，实现中小学网络法治教育全覆盖。（李秉坤）

法院

【概况】 2018年，连云港市、县两级法院受理案件11.18万起，审执结10.03万起，结案率、法定审限内结案率均处于全省法院前列，呈现收案增幅放缓、结案跑赢收案、未结案大幅下降的良好态势。市中级人民法院受理案件10082起，审执结8820起。市中级人民法院研究制定司法规范性文件18个，依法改判、发回重审基层法院一审案件731起。全市法官人均结案250.61起，案件平均审理天数57天。全市法院通过“12368”短信平台向当事人手机推送诉讼流程节点

信息，上网发布5.86万起案件裁判文书，在互联网直播庭审2.48万场次，赣榆区人民法院、东海县人民法院、海州区人民法院位列全国优秀直播法院第27、28、29位。全年召开新闻发布会37场次，发布典型案例128起。

【刑事案件审判】 2018年，全市法院审结刑事案件5237起，生效判处罪犯4506人。其中，审结故意杀人、抢劫、强奸、贩卖毒品等严重刑事犯罪案件158起；审结贪污、受贿、滥用职权等职务犯罪案件139起；审结涉网络、电信诈骗犯罪和非法集资等涉众型经济犯罪73起，涉案金额4.11亿元。规范涉黑涉恶犯罪案件审理工作，受理涉恶犯罪案件13起、42人，判决10起、24人。受理开设赌场、非法拘禁、聚众扰乱社会秩序、聚众斗殴、寻衅滋事等犯罪案件266起、516人，审结242起、467人。

【民商事案件审判】 2018年，全市法院审结民商事案件5.73万起。其中，审结婚姻家庭案件9975起，涉未成年人案件3705起；审结劳动争议、消费纠纷、医疗纠纷等案件2991起，房地产纠纷案件939起，民间借贷案件1.35万起，道路交通事故案件4306起。妥善审理房屋租赁等涉军停偿案件415起。推进公益诉讼工作，审理公益诉讼案件30起。依法惩处欠薪行为，为农民工追讨工资2240余万元。

【行政案件审判】 2018年，全市法院审结行政诉讼案件1057起。完善行政复议与行政审判联席会议机制，发布全市行政审判情况通报，促进行政争议实质性化解，行政机关负责人出庭应诉率94.31%，行政案件调解撤诉率27.15%。在全省率先探索行政调解协议司法确认程序，确认行政调解协议4起。审结52起长期扰乱诉讼秩序、恶意提起行政诉讼的典型案件。灌南县人民法院在4起行政非诉执行案件中，引导当事人接受行政处罚，推动该县关停46个非法码头。

【生态环境案件审判】 2018年，全市法院审结环境资源案件221起。连云港灌河流域环境资源审判巡回法庭正式运行，受理包括盐城、南通等地的环境资源案件59起，审结19起。深化生态环境损害赔偿制度改革，将生态赔偿金专款用于连云港市污染治理，通过劳役代偿、异地补植、增殖放流等方式，修复生态环境。灌南县人民法院新建占地300公顷的环境司法执行基地。连云区人民法院在海州湾海洋牧场示范区投放中国对虾苗2042万尾。市中级人民法院监督执行1起环境污染公益诉讼案件中的1100万元大气污染治理生态赔偿金，确保专款专用；在全省率先试点环境资源案件集中管辖和"三审合一"机制改革，形成连云港模式，获评首批全省优秀法治实事项目。

【执行工作】 2018年，全市市、县两级法院执结首次执行案件2.4万起，执行到位金额37.86亿元。公安、检察、法院、税务等部门健全执行协作联动机制。创新执行模式，完善网络查控系统，实现对被执行人全国范围内的不动产、存款、车辆、支付宝账户等主要财产形式的查询全覆盖。通过最高人民法院平台公开发布失信被执行人名单2.14万人次，实施限制购买机票、高铁票和限制高消费等信用惩戒措施。通过网络司法拍卖成交拍品1193件，成交额16.26亿元，为当事人节省佣金6360万元。全年开展"百日会战""假日执行"等专项行动427次，拘留被执行人1916人，罚款588万元，强制搜查352场次。市中级人民法院联合新浪网、今日头条等新闻媒体举办"决胜执行难"全媒体直播31场，在线观看350多万人次。成立市县（区）两级惩治拒执犯罪联席办公室，判决拒执犯罪案件59起、62人，中央电视台新闻栏目对此滚动播报。东海县人民法院执结的2起案件入选全省法院惩治拒执罪十大典型案例，灌云县人民法院、赣榆区人民法院联动惩治拒执罪的经验向全省法院推介。

【法院服务保障】 2018年，全市法院审结各类商事案件8828起。建立知名企业法律咨询平台，审结知识产权案件183起。构建企业破产案件法院与政府联动机制，受理破产案件20起。维护金融市场秩序，审结金融借款、股权、票据、保险等纠纷案件4293起。对147起非法集资陈案逐案制订处置方案。东海县人民法院、灌云县人民法院分别在中国东海水晶城、灌云伊甸园等景区设立旅游巡回法庭。连云区法院对妨碍上合组织（连云港）国际物流园专用铁路建设的涉案场地进行强制清场，保障港口集疏运体系畅通。全市法院服务保障"一带一路"建设的做法被《人民法院报》作为改革开放40年全国

4月24日，全国首个"一带一路"巡回法庭在中哈物流合作基地揭牌
市法院 供图

7 月 17 日，首届新亚欧陆海联运通道建设司法协作研讨会在连云港召开
市法院　供图

法院系统 15 个典型成就之一报道。2 起案件入选江苏法院服务保障“一带一路”建设十大典型案例。出台服务和保障旧城（棚户区）改造三年攻坚计划的工作意见，审结房屋拆迁安置补偿合同纠纷案件 103 起，审结建设工程合同纠纷案件 1299 起，其中涉及铁路、港口、新机场等重大项目、重点工程建设案件 70 起。灌云县人民法院设立连淮扬镇铁路建设审务工作站。海州区人民法院配合完成海州铸造厂、白虎山批发市场等地块征收工作。开发区人民法院成立猴嘴片区房屋征收、土地“双清”（清理盘活闲置用地和清缴拖欠土地出让金）2 个法律服务小组，提供法律咨询。全年审结农村土地有关案件 174 起。建成市县（区）两级涉侨纠纷化解网络，化解涉侨纠纷 36 起，标的总金额近 3 亿元。灌南县搭建覆盖全县村和社区的“党建＋审务工作站”，化解纠纷 1300 余起，《人民日报》刊文予以推介。赣榆区人民法院设立人大代表参与涉诉矛盾化解工作室，深化“乡贤”审务工作站建设，化解纠纷 285 起。海州区建立医患纠纷诉调对接工作室，处理医患纠纷 42 起。市中级人民法院建成集立案、信访、诉调对接为一体的新诉讼服务中心，提供导诉等诉讼服务 7100 余人次。全市 11 个人民法庭审结案件 1.12 万起，调撤率 44.38％。开展典型案件巡回审判进村庄、进社区活动，全年现场开庭 103 场次。

【新亚欧陆海联运通道建设司法协作研讨会】 7 月 17 日，首届新亚欧陆海联运通道建设司法协作研讨会在连云港召开。辽宁大连、浙江湖州等中级人民法院、上海海事法院等 21 家“一带一路”沿线城市法院负责人齐聚连云港，围绕“一带一路”倡议下人民法院的职能定位与具体实践、司法保障新亚欧陆海联运通道建设的现实挑战与创新举措、新时代新亚欧陆海联运通道争端解决的机制探索与法律适用等议题开展专题研讨，并签订《司法协作框架协议》，共同服务保障新亚欧陆海联运通道建设。根据协议，协作法院将依法惩治刑事犯罪，公正高效审理涉外民商事案件，加强协作法院及辖区法院之间立案、管辖协作；深化执行联动，合力打造全方位立体化执行协作机制平台；加强委托执行案件应急协作、风险化解等方面的合作；推进多元纠纷化解机制构建。建立定期研讨会制度，研讨会每两年召开一次，由连云港市中级人民法院主办。　（刘　勇）

【全国首个“一带一路”巡回法庭揭牌】 4 月 24 日，全国首个“一带一路”巡回法庭在中哈物流合作基地揭牌。巡回法庭对接新亚欧陆海联运通道建设，采取巡回审判方式，重点审理连云区、徐圩新区涉“一带一路”民商事纠纷，审理中欧班列、中哈物流合作基地、上合组织（连云港）物流园等亚欧跨境运输所涉国际大宗商品贸易、仓储物流、多式联运等纠纷，协调“一带一路”沿线沿海相关法院，推进建立新亚欧陆海联运通道司法合作机制。全年受理涉外案件 13 起，审结 6 起。　（年　编）

司法行政

【概况】 2018 年，连云港市司法局制定印发《连云港市司法行政系统“高质发展、后发先至”三年行动计划（2018—2020）》。市司法局被司法部评为首次国家统一法律职业资格考试工作表现突出单位。举办“真情与正义”连云港市法律援助报告会。全省司法行政标准化建设现场推进会

11 月 29 日，市司法局举办“真情与正义”法律援助报告会
市司法局　供图

在连云港市召开。连云港正达司法鉴定中心获聘“12348”中国法网驻场法律服务机构。国家统一法律职业资格考试制度首次实施，全市1457人通过资格审核并缴费，9月22日、10月20日分别完成客观题、主观题考试。

【公共法律服务】 2018年，市政府将基层公共法律服务体系建设纳入政府民生实事工程，印发《关于加快推进覆盖城乡的公共法律服务体系建设的实施意见》并召开新闻发布会，市、县、乡、村四级公共法律服务实体平台实现全覆盖，市司法局微信公众号“连云港司法行政在线”获评全省司法行政系统十佳优秀政务微信公众号。推进县域智慧法务建设，海州区完善“猴娃说法”手机APP，灌南县打造互联网律所2.0版，做到数据多跑路、群众少跑腿、百姓得实惠。江苏法网连云港站建成运营，开通“12348”微信公众号，建立“12348”热线律师值班制度。完善村（社区）法律顾问制度，出台《连云港市村（社区）法律顾问工作考核实施办法（试行）》，全市实现村（社区）法律顾问和“法润民生群”全覆盖。

【司法鉴定】 2018年，全市有司法鉴定机构9家，执业司法鉴定人101人。全年办理司法鉴定7291件，采信率100%，业务收费1488.7万元，减免收费19.5万元。开展司法鉴定专项整改，对全市司法鉴定机构、场所、设备和实验室等情况以及司法鉴定人执业情况进行自查。通过江苏司法行政网、“12348”中国法网、国家司法鉴定名录网向社会发布司法鉴定机构相关信息，提高司法鉴定透明度和公信力。连云港正达司法鉴定中心通过省级资质认定扩项（痕迹鉴定）现场评审。连云港正达司法鉴定中心鉴定人王明、周莉主办的对民工死亡原因法医病理鉴定案例，被司法部评选为优秀典型案例，入选中国法网国家司法鉴定数据典型案例库。

10月30日，赣榆区初级中学学生在校园“模拟”法庭上“审理”案件
司伟／视觉江苏网

【法治宣传教育】 2018年，市政府召开落实“谁执法谁普法”责任制工作会议，完成省“七五”普法中期考核验收。印发《关于组织开展宪法学习宣传教育活动的通知》，召开宪法宣传贯彻实施情况新闻发布会，举行宪法修正案宣传仪式、宪法进企业、进单位、进校园、进家庭等活动。拍摄《猴娃说会计法》《猴娃说电力法》2部普法动漫，“猴娃说法”品牌影响力不断扩大。在全国第十四届法治动漫微电影作品征集展播活动中，连云港市法治作品获一等奖1个、三等奖4个。 （张 莹）

仲裁

【概况】 2018年，连云港仲裁委员会受理仲裁案件267起，其中建设工程类合同争议36起，房地产合同争议162起，金融、商务、技术类合同争议35起，其他合同争议34起。仲裁案件标的额达7.13亿元，其中标的额500万元以上的案件22起，案件最大标的额高达1.5亿余元。全年审结案376起，当年结案率63.3%。其中，以裁决形式结案148起、以调解形式结案111起、当事人撤回申请113起、以其他方式结案4起。

【仲裁管理】 2018年，连云港仲裁委员会制定连云港仲裁委员会《关于减免、缓交及退还仲裁费用管理办法》《重大事项集体研究决定制度》等制度，推进仲裁程序规范化。实时更新“连云港仲裁”微信客户端和“连云港发布”客户端“仲裁之窗”专栏，通过新媒体宣传方式，定期定量更新客户端内容。采取仲裁案例分析、仲裁知识提醒、专家热点问题讨论、实时新闻聚焦等形式，宣传推广仲裁解决纠纷的特点和优势。 （凌 晨）

责任编辑 张卫怀

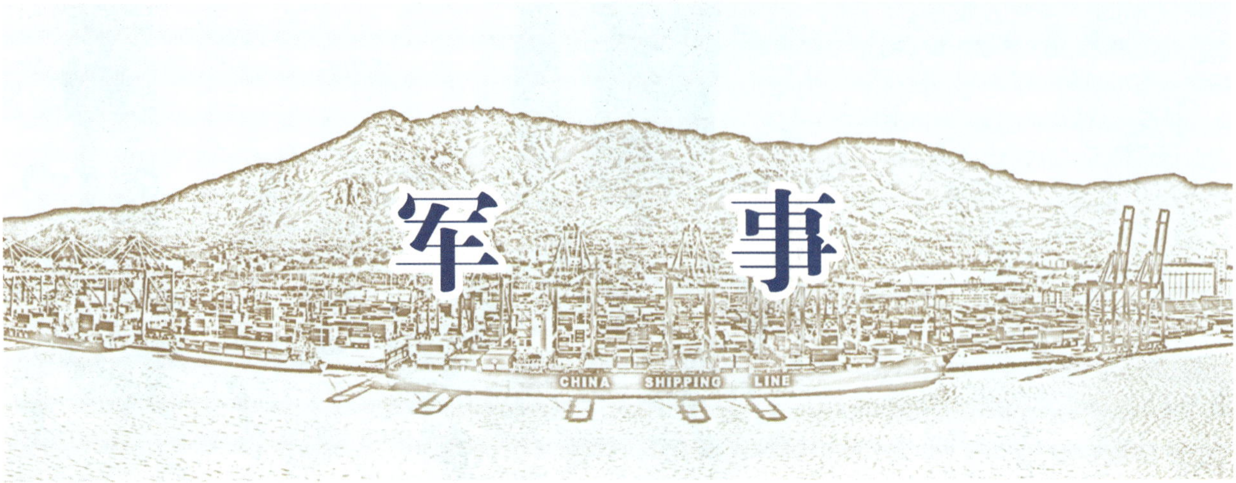

军 事

连云港警备区

【概况】 2018年，连云港警备区开展“贯彻落实新条令、塑造军队好样子”等活动，制定《警备区首长机关工作运行规范》，警备区管理创新理论研究成果获得军委国防动员部二等奖。海州区人武部被省军区表彰为先进团级单位、安全管理工作先进单位。贯彻省军区《加强和改进新时代基层武装部建设的意见》，健全党委常委挂钩帮带团级单位制度，选送5名新任职专武干部参加全省集中培训和资格认证考核。分两批组织63名职工集训，召开加强职工队伍教育管理座谈会，相关做法被《中国国防报》一版刊载。

【日常战备】 2018年，连云港警备区把练兵备战摆在中心位置，狠抓战备规范化建设，严格落实值班执勤，组织作战问题研究，建立健全全市国防工程档案数据库，修订战备行动方案，全力做好军委随机拉动和保障其他拉动部队过境准备。组织海上民兵哨船参加战区随遇侦察行动。赣榆区海上作业渔船首报“桑崎”号油轮事故现场视频，获东部战区表彰奖励。

【军事训练】 2018年，连云港警备区集中组织首长机关动员业务强化训练4次，参加省军区军事训练考核、参谋骨干集训暨比武考核，1人获得个人综合成绩第一名。全年分6个批次安排县（区）民兵应急分队进行集中轮训与常态备勤，62名民兵干部参加省军区集训，48名民兵参加“四会”教练员比武竞赛，1人获得个人综合成绩第四名；动员10批次、39名预编预备役人员返岗训练，主动对接军兵种部队完成对口保障分队民兵训练任务。连云区人武部被省军区表彰为军事训练先进单位。

【政治工作】 2018年，连云港警备区开展“传承红色基因，担当强军重任”主题教育，组织全体机关干部到市革命纪念馆参观学习。宣传王继才先进事迹，邀请王继才先进事迹报告团到警备区进行军内首场事迹报告会，组织到开山岛哨所参观学习，开展“开山岛老兵讲历史，王继才传人话担当”交流活动。

【保障工作】 2018年，连云港警备区组织39名驾驶员和29台车辆年审，上交各类代存被装物资1.3万件（套），安排82人健康体验，落实28个10万元以下工程审计，做好弹药库防护工程改造、机关东门改造等工程建设，完成民兵武装库、仓库搬迁和报废弹药转运工作。东海县人武部被省军区表彰为保障工作先进单位。

【国防动员】 2018年，市、县国防动员委员会完成组织机构调整。组织2次动员潜力数据采集审核及业务培训。制定下发《连云港市军民融合发展三年行动计划（2018—2020）》，召开驻连部队助推港城“高质发展、后发先至”座谈会。驻连部队完成5所大中专院校、16所高中的学生军训任务。市国防动员委员会、市国家教育委员会、市电视台开办《苍梧国防》栏目，市委宣传部开展“寻爱国印记、港城少年行”主题活动，营造全社会重视、关心、支持国防建设的浓厚氛围。12月6—8日，市国防动员委员会，海州区、连云区国防动员委员会及连云港港口集团进行战时国防动员演练。

【征兵工作】 2018年，连云港以征兵“五率”（报名率、上站率、合格率、择优率、退兵率）量化考评为抓手，做好大学生入伍征集，完成应征新兵体检、政考及面试工作，退兵比例比2017年下降0.41个百分点。连云区征兵办公室被江苏省政府、省军区联合表彰为征兵工作先进单位。

【民兵整组】 2018年，连云港警备区联合市委、市政府召开民兵调整改革工作会议，先后3次召开任务推进会，编实建强应急、专业、特殊3类民兵力量，完成年度全市基干民兵编组任务。

【前三岛民兵哨所组建】 12月23日，连云区举行前三岛民兵哨所组建仪式。开山岛守岛英雄王继才的遗孀、时代楷模王仕花受聘担任前三岛民兵哨所名誉所长。前三岛地处黄

海前哨，距陆地约60千米，生活、交通不便，条件相对艰苦。守岛民兵实行轮换执勤制度，执勤期间24小时在岗。 （程晓军）

12月23日，连云区举行前三岛民兵哨所组建仪式 程长春 / 视觉江苏网

武警连云港支队

【概况】 2018年，武警连云港支队各级认真学习贯彻中共十九大精神和习近平强军思想，贯彻落实武警党委、总队党委决策部署。完成看押、看守、守卫、城市武装巡逻等勤务，被武警总队表彰为正规化执勤优秀单位。

【思想政治建设】 2018年，武警连云港支队用习近平强军思想武装头脑、建队育人，统筹抓好主题教育、干部队伍专项教育。开展“学习十九大精神，展港城卫士风采”系列活动。1人被武警总队表彰为第四届强军实践先进典型，军嫂张艺舒被武警总队表彰为十佳军嫂。

【安全保卫】 2018年，武警连云港支队狠抓练兵备战，巩固深化总队“3+1”战备值班力量体系建设集训精神，强力推动“智慧磐石”工程建设，完成上海合作组织峰会安保、连云港论坛安保、核燃料押运等重大任务。灌云武警中队成功处置1起羁押对象收监时逃跑事件。完成连云港机场和车站春运执勤，2018年“两会”期间公安检查站设卡警戒等任务。

（温 犇 王 勇）

人民防空

【概况】 2018年，连云港市人民防空指挥机构制定年度人民防空训练计划，定期开展人防军事理论讲座，分两批组织民防系统人员参加“军事日”远程拉练。市区新装警报器6台，完成“9·18”防空警报试鸣。18万名社区居民和中小学生开展应急疏散隐蔽演练。在东海县举行“晶都2018”城市防空袭演习。8月21—23日，江苏省民防机动指挥所第三批跨区域拉动和集中训练在连云港市举行，苏州、淮安、连云港、宿迁4个设区市及所辖15个已建成的县（市、区）民防机动指挥所参加训练。完成警报试鸣放与江苏省预警信息发布系统的接入，拓展人防应急应战信息发布渠道和保障能力。明确防空地下室建设和易地建设费征收标准，市区人防工程新增地下停车位7100余个。规范人防工程质量监督程序和行为，安装运行江苏省人防工程质量监督管理系统，实现全市人防工程质量监督智能化和业务办理信息化。

【县区人防基本指挥所建设】 2018年，海州区人防基本指挥所完成项目初步设计和信息化设计的专家评审，灌南县人防基本指挥所完成选址、项目建议书批复和可研评审。完成工程信息系统项目标准化改造，完善系统资源及配套设施，实现系统的数字化、高清化和体系化。 （陈海军）

双拥共建

【拥政爱民】 2018年，连云港警备区开展挂钩帮扶贫困村、看望慰问贫困户活动，30名团以上干部结对助学贫困生。推进省级双拥模范城创建工作，5个县（区）被评为江苏省双拥模范城（县、区）。建立连云港籍现役军人数据库。办理128名军人子女入小学、初中和中考优待，做好立功喜报报送、发放随军未就业家属生活补助金等工作；开展欢迎退役军人返乡活动，相关做法在《中国国防报》刊文介绍。

【拥军优属】 2018年春节和八一期间，市委、市政府对驻连部队进行慰问，共发放慰问金862万元。举办“拥抱新时代、双拥谱华章”双拥文艺演出。赣榆区、连云区、海州区、东海县、灌云县荣获省级双拥模范县（区）称号；市双拥办副主任周绪宏、灌南县民政局局长唐学军、赣榆区个体私营企业协会会长胡英刚、赣榆区人武部政工科科长黄金彪、149医院院长王东被评为省双拥先进个人。市“双拥在基层”文艺小分队和书法协会到基层单位进行文艺演出和送文化活动32场次。市退役军人事务局、连云港警备区和市财政局向驻连部队发放部分进社区随军家属工资93.19万元，发放未就业家属生活补助金149.62万元。 （赵永革）

责任编辑 张卫怀

经济管理

宏观经济管理

【发展规划管理】 2018年，连云港市区域及项目纳入多项国家级、省级规划。8月，省推进“一带一路”建设工作领导小组办公室下发《关于印发江苏省参与“一带一路”建设重点项目（2018—2020）的通知》，上合组织国际物流园、中哈物流场站工程增资项目、中国—卡特尔工业园、大宗散货交易中心、“一带一路”国际执法安全合作联合行动协调中心5个项目纳入重点项目库。11月，国家发展改革委印发《淮河生态经济带发展规划》，淮河生态经济带上升为国家发展战略。根据规划，连云港市处于该经济带三区范围内的北部淮海经济区，将发挥新亚欧大陆桥经济走廊东方起点和陆海交汇枢纽作用，推动淮海经济区协同发展。规划建设临沂—连云港—宿迁—淮安—盐城—扬州—泰州发展轴，推进连云港港30万吨级航道建设，支持连云港等临港经济区建设，推进有条件的海港建设煤电油气生产储运基地，推进连云港机场迁建，建设徐州—连云港高铁；依托淮安—连云港管道，推进跨区域盐卤输送管道、配套建设输配体系和储备设施建设，并建设日照—仪征原油管道复线连云港支线；建设宿迁至连云港航道；支持徐州—连云港—宿迁—宿州—淮北—商丘—济宁—菏泽—枣庄联动发展。11月26日，国家发展改革委、自然资源部联合下发《关于建设海洋经济发展示范区的通知》，明确支持江苏连云港等14个海洋经济发展示范区建设。海洋经济发展示范区主要任务为推动国际海陆物流一体化模式创新，开展蓝色海湾整治。示范区空间格局为后云台山南北两翼，重点以港口国际物流商贸融合发展为核心，主要包括连云港区、上合组织物流园和国际商务中心三大板块。年内，中哈（连云港）物流合作基地等一批重要事项列入省长江经济带高质量发展实施意见，市发展改革委制定实施全市2018年度推动长江经济带发展工作要点，梳理储备长江经济带绿色发展项目49个。市发展改革委围绕市“十三五”规划确定的重大任务、重大政策、重大工程、重大项目，开展“十三五”规划中期评估工作。开展《国家东中西区域合作示范区建设总体方案》中期评估工作，形成评估报告审议稿并上报省发改委。在全省率先编制完成《连云港市乡村振兴战略实施规划（2018—2022）》。

【经济运行管理】 2018年，全市经济运行始终保持合理区间，经济企稳向好基础进一步巩固。市发展改革委围绕“高质发展，后发先至”战略部署，逐月分析经济运行情况。出台《关于支持重点产业加快发展政策的意见》《关于营造企业家健康成长环境，弘扬优秀企业家精神，更好发挥企业家作用的实施意见》《连云港市强优企业高质发展三年行动计划（2018—2020）》，支持重点产业发展，培育良好营商环境。

【重大项目投资管理】 2018年，连云港市深入实施“工业立市、产业强市”战略，有效投入持续扩大，通过强化计划管理、项目落实、风险控制、项目储备等，实现市本级政府投资规范有序监管。市发展改革委制订《关于深化投融资体制改革的实施方案》。举行春秋两季项目集中开工活动，全市369个重点产业项目完成投资726亿元，10个省级重大项目完成投资189.9亿元，46个市级政府投资项目完成投资45亿元，130个补短板项目完成投资550亿元。争取政策资金支持，新机场迁建工程可行性研究报告获国家发展改革委批复、G25新机场互通建议书获省发改委批复，金凤小区一期、临洪河口省级湿地保护工程等项目争取中央预算内投资1236万元。 （郭欣勇）

国有资产监督管理

【概况】 2018年，连云港市国有企业资产总额4750.31亿元，净资产1800.43亿元，实现营业收入316.03亿元。其中，纳入市国资委监管的企业8家，分别是港口控股集团、城建控股集团、工业投资集团、交通控股集团、金融控股集团、农业发展集团、碱业公司、白塔埠机场公司，资产总额2070.81亿元，比2017年增长3.5%；净资产641.56亿元，增长

5.3%；资产负债率69.02%，下降0.5个百分点；实现营业收入250.48亿元，增长13.8%；实现利润8.62亿元，增长56.9%；上缴税费13.12亿元，增长30.1%。

【国有企业改革】 2018年，市政府出台《市属国有企业深化改革三年行动计划》《市属国有企业违规经营投资损失责任追究暂行办法》《关于进一步加强市属监管企业财务管理的意见》等文件，印发《关于清查市级行政事业单位所办企业的通知》。由市国资委牵头对18家市级行政事业单位下辖的59家企业进行清查摸底，制定清理、整合方案，推动实现经营性国有资产监管全覆盖。针对历史上形成的国企股权结构过于单一的问题，工业投资集团、金融控股集团、海州湾发展集团进行混合所有制改革，将有限的国有资本投入到效益好、能赚钱的产业，共同出资29亿元成立连云港金联能源投资有限公司，并与中国核电集团合资成立中核苏能核电有限公司；奥神新材料、东方游轮公司等10家企业进行对内混改，利用优势资源，加大与韩国SK集团、中船重工等知名企业和社会资本的合作力度，累计引进社会资本、民间资本近30亿元，有效提升企业的经营管理水平和经济效益。完成35家企业的管理层级压缩工作，清理整合20家“僵尸企业”，最大限度盘活存量资源、闲置资源。协调、争取1000万元财政资金用于“三供一业”（供水、供电、供热和物业管理）分离移交工作，协议签署率100%。筹集近1.5亿元资金解决连云矿业大部分职工欠薪问题，连云矿业破产程序启动。由专业机构对企业应收账款进行专项审计并要求企业进行整改、追欠，应收账款比2017年下降4.3%。

【国有企业经营】 2018年，市国资委提升效益指标权重，将利润指标占比由3%提高到15%，将经营指标占比由25%提高到55%。市属监管企业通过建立现代化信息管理系统、深化薪酬制度改革、打造特色品牌、完善产品结构、推行全面预算管理、实施成本管理、压降三项费用等形式，有效提高国有资本的经济效益。工业投资集团、城建控股集团、农业发展集团实现利润分别是2017年度的20.2倍、9.6倍和2.4倍，金融控股集团率先实现人均利润超100万元，农业发展集团被评为国家级农业龙头企业。

【风险防控】 2018年，市国资委应对货币政策、财政政策不断调整的形势以及中美贸易摩擦对国有企业带来的影响，对资金链紧的企业逐家过堂、逐个化解，鼓励市属企业加大与央企、省企及股权性基金合作，企业在资本市场发债，全市国有企业直接融资比例达34.47%，比2017年提升3.2个百分点。筹集近500亿元解决城建控股集团、交通控股集团等企业到期付款问题，市属监管企业承担的140个、计划总投资299亿元的重大项目和重点工作完成。对年初下发的包含114个问题的《企业经营风险提示及整改问题的函》落实情况进行全面督查，有效堵塞企业生产经营中出现的漏洞。

【“三升一降”工作获全国国企管理创新成果二等奖】 12月17日，由中国企业管理研究会、中国财政科学研究院、《创新世界周刊》和《国企管理》

2018年连云港市属国有企业基本情况一览表

表7

序号	企业名称	营业收入（亿元）		利润总额（万元）		资产总额（亿元）		净资产（所有者权益）（亿元）		税费总额（亿元）	
		2018年	比2017年增减(%)	2018年	比2017年增减(%)	2018年	比2017年增减(%)	2018年	比2017年增减(%)	2018年	比2017年增减(%)
1	港口控股集团	123.42	4.6	20029	-0.1	576.59	-7.2	206.36	-11.5	2.40	—
2	工业投资集团	22.12	3.5	2366	91.4	116.15	0.4	37.35	3.2	1.26	-8.0
3	城建控股集团	42.22	21.0	10669	37.5	915.42	6.1	230.04	19.4	5.27	38.5
4	交通控股集团	24.23	27.2	4999	99.2	218.38	15.2	41.71	17.1	0.79	50.3
5	金融控股集团	5.41	1.4倍	22296	36.0	146.13	16.5	88.80	10.8	1.22	120.0
6	农业发展集团	12.90	68.6	6532	61.2	80.44	14.9	26.83	16.3	1.23	120.0
7	白塔埠机场公司	0.85	33.3	10701	减亏增盈1.6亿元	3.96	22.2	0.57	—	0.02	22.4
8	连云港碱业公司	19.31	19.0	8575	8.3	13.74	2.7	9.89	6.4	0.94	11.4
9	合计	250.48	13.8	86167	56.9	2070.81	3.5	641.56	5.3	13.12	30.1

编委会联合组办的以“开创国企改革新局面——从谋划走向实干”为主题的2018国企管理年会在北京举行。会上，连云港市国资委报送的“连云港市国资委推进‘三升一降’工作探索与实践”项目获得全国国企管理创新成果二等奖。通过实施“三升一降”（提高资产增长率、提高资产收益率、提高资产周转率、降低资产负债率），全市企业经营效率和盈利能力明显提升，财务风险管控逐步完善，企业运营平稳向好。（市国资委）

财政

【概况】2018年，连云港市财政系统全面落实国家和省降低实体经济成本的各项减税降费政策，落实国家适当降低制造业增值税税率等税收政策，加大支持科技创新的减税降费力度，减免行政事业性收费项目19个，继续阶段性降低各类社会保险缴费费率，全年减轻全社会税费负担逾20亿元。引导金融机构为实体经济发展提供融资支持，扩大“苏微贷”“苏科贷”等普惠金融产品规模，年末贷款余额超过12亿元。安排2亿元支持设立市级融资担保基金，市、县（区）财政共同出资2000万元支持设立连云港市农业信贷担保业务风险补偿资金，加快建立健全财政支持的政策性信贷担保体系。全年实现一般公共预算收入234.31亿元，一般公共预算支出419.57亿元。

【财政收入】2017年，连云港市实现一般公共预算收入234.31亿元，比2017年增长9.1%，增幅居全省第三

2018年连云港市财政预算内收支情况一览表

表8　　单位：万元

指标	金额	指标	金额
一般公共预算收入	2343089	一般公共预算支出	4195660
增值税	898588	一般公共服务支出	534402
营业税	1430	外交支出	0
企业所得税	283769	国防支出	15013
企业所得税退税	0	公共安全支出	265498
个人所得税	85095	教育支出	820080
资源税	11792	科学技术支出	99205
城市维护建设税	119869	文化体育与传媒支出	37675
房产税	53235	社会保障和就业支出	472811
印花税	24817	医疗卫生与计划生育支出	387442
城镇土地使用税	93099	节能环保支出	96688
土地增值税	119134	城乡社区支出	352125
车船税	19225	农林水支出	445109
耕地占用税	24785	交通运输支出	189007
契税	133220	资源勘探信息等支出	96597
专项收入	163389	商业服务业等支出	32205
行政事业性收费收入	118905	金融支出	2218
罚没收入	79064	援助其他地区支出	4845
国有资本经营收入	0	国土海洋气象等支出	59677
国有资源（资产）有偿使用收入	66565	住房保障支出	212593
其他收入	28242	粮油物资储备支出	8643
政府性基金收入	1445699	其他支出	7049
国有资本经营预算收入	72222	债务付息支出	56485
上划中央税收	3061092	债务发行费用支出	293
上划中央国内增值税	900017	政府性基金支出	1994188
上划中央国内消费税	117439	国有资本经营预算支出	55469
上划中央企业所得税	425655		
上划中央个人所得税	127643		

2018年，市财政投入13亿元支持重大项目建设。图为连云港港30万吨级航道二期工程围堤施工现场 王健民 摄

位。一般公共预算收入占地区生产总值的8.4%，较2017年提高0.3个百分点。其中，税收收入186.8亿元，占一般公共预算收入的79.7%，较2017年提高5.8个百分点，财政收入质量显著提升。

【财政支出】 2018年，连云港市完成一般公共预算支出419.57亿元，比2017年增长7.4%。其中，政府性基金支出199.42亿元，增长21.4%；国有资本经营预算支出5.55亿元，增长521.8%。财政支出重点投向民生领域，民生投入占一般公共预算支出的76.6%，支出总额较2017年增长4.8%。民生支出中，教育支出增长8.2%，科学技术支出增长12.6%，文化体育与传媒支出减少12.3%，社会保障和就业支出增长15.1%，医疗卫生与计划生育支出增长21.3%，节能环保支出减少12.1%，城乡社区支出减少0.8%，农林水支出增长3.8%，交通运输支出减少23.4%，商贸服务业支出减少22.7%，国土海洋气象支出减少45.5%，粮油物资支出减少4.6%，住房保障支出增长45.2%。

【“三农”投入】 2018年，市财政投入资金5.13亿元支持高标准农田和重点水利工程建设，筹集财政资金2.04亿元用于现代农业产业园区建设、农业产业化龙头企业培育和农业科技推广。安排农村公路养护资金1684万元，重点用于农村公路日常保养。安排资金4220万元，重点用于农村公路、桥梁建设等。争取农村危桥项目省级补助资金3515万元，支持全市农村危桥建设。全年全市实施村级公益事业建设“一事一议”财政奖补项目526个，投入项目建设资金1.47亿元，惠及73个乡镇、469个行政村，直接受益农民120余万人。投入资金8460万元，实现全市范围内农村公共服务运行维护政策全覆盖，惠及全市所辖1410个行政村、农民362.6万人。

【重大项目建设投入】 2018年，市财政投入30万吨级航道二期工程建设资金、省级航线补贴资金、国际货运班列补贴资金超13亿元，投入5000万元支持中哈国际物流基地、上合组织国际物流园建设，投入1.21亿元支持上合组织国际物流园铁路专用线、国际物流班列等示范项目建设。撬动社会资本、产业资本和金融资本向实体经济集聚，新增投入1亿元到市级产业投资基金，现代服务业基金和先进制造业基金规模扩大。市级产业发展基金和上合组织（连云港）国际物流园发展基金对外投资52家企业，累计投资14.57亿元。总投资51.22亿元的连云港临洪河口省级湿地公园等5个PPP项目落地。争取省财政全额落实中科院高效低碳燃气轮机试验装置项目地方配套8.5亿元。

【民生投入】 2018年，市财政投入资金321.6亿元保障和改善民生，占全年支出总额的76.6%，重点支持年度十大重点民生工程50件实事。投入4.31亿元改善养老保险收支状况，实现养老保险待遇“十四连调”和基础养老金“七连调”。住房保障方面，投入17亿元支持改善农民群众住房条件，投入3.47亿元支持棚户区改造等保障性安居工程建设。医疗卫生方面，投入2.1亿元支持公立医院发展，深化医药卫生体制改革；投入1.1亿元实施“健康宝贝”工程和残疾人保障。交通出行方面，投入4.16亿元支持道路互联互通、养护提升和背街小巷改造；投入0.63亿元支持市民乘车优惠、新能源汽车购置、冷僻线路及站点建设等。文化教育方面，投入1.9亿元支持教育设施和教学能力改善提升；投入0.81亿元支持文化事业发展，鼓励公共文化服务向基层和弱势群体倾斜。扶持贫困人口方面，投入4.65亿元实施重点贫困地区、特殊贫困人口专项扶贫、健康扶贫和教育扶贫。其中，投入1.83亿元支持经济薄弱村发展集体经济、片区扶贫开发、产业扶贫等，带动集体增收脱贫；投入1.52亿元支持低收入农户创业就业、发展农业生产等。完善“阳光扶贫”监管系统，出台财政专项扶贫资金绩效评价制度。

【生态建设投入】 2018年，市财政投入13.26亿元用于污染治理和城乡环境综合整治。其中，投入6亿元用于水污染防治和水环境治理，水环境质量稳步提升；投入4.5亿元用于城乡环境综合整治，城区环境卫生和农村生产生活条件显著改善；投入1.2亿元用于打好“蓝天保卫战”；投入1亿元用于落实生态红线、省污染物排放挂钩等政策。

【政府债务管理】 2018年，连云港市将政府性债务管理纳入财政重点工作考核，落实《中共中央国务院关于防范化解地方政府隐形债务风险的意见》，制定政府隐性债务化解方案。市政府决定通过财政预算资金安排、处置资产、盘活存量、经营收入、债务重组转化方式，化解隐性债务。市财政争取19.2亿元债券完成存量债务置换，缓解短期偿债压力。筹集6.5亿元偿还到期政府债券本息。构建政府债务管理“负面清单”，遏制隐性债务增量。 （王文祺）

【东海县成为全国债务管理先进典型】 中共十八大以来，东海县先后实施《关于加强政府性债务管理的实施意见》《东海县政府性债务风险应急处置预案》《东海县政府性债务风险预警管理办法》等一系列制度。要求有债务的单位压缩办公经费，年初预算中要安排一定比例资金用于偿还债务。对有重大项目建设的，必须经过财政、发改和审计等部门审核，无预算不得安排重大项目。年初预算足额安排到期本息，分类纳入全口径预算。预算调整方案体现当年债券资金安排情况，细化收支管理，及时履行人大报批程序。实行债务限额管理，上级财政部门下达限额后，提出全县债务限额，依法向人大报批。除政府债券外，一律不得采取其他任何方式举债。对债券资金使用严格按照预算安排，省转贷东海县地方政府新增债券全部用于支持公益性项目建设，重点支持教育、交通运输、市政建设、扶贫等民生事业发展，严禁用于经常性支出；省转贷东海县置换债券严格用于清理甄别认定的政府债务，有效化解全县非债券形式的政府存量债务，债务置换率65%，平均拉长债务年限5～6年，年均节约利息支出5000万元以上，偿债风险逐步降低。建立以人大、财政、审计、司法等部门为主的全方位监管体系，在年初预算和预算调整方案中完整反映政府债务情况，定期向人大报告，并向社会公开，主动接受监督。债务管理情况纳入部门、乡镇及国企年度绩效考核目标，实行一票否决制。债务情况纳入党政领导干部离任审计。不搞财政超支建设，重大项目建设必须通过部门联席会议审核、进行财政承受能力论证、报县委常委会、县长办公会。通过安排省转移支付资金、往来调度资金及单位自筹资金等方式，完成2.32亿元违规集资清理整改工作。2018年，省政府第四期《江苏政务督查》刊发东海县强化政府性债务管理的“三从”（从早、从严、从实）做法，并面向全省推广；8月25日，国务院政府债务督察组对东海县防范化解政府债务风险进行专题调研，给出“债务规模处于较低水平，债务风险整体可控，债务结构日趋合理”的评价；在国务院开展的第五次贯彻落实党中央、国务院重大决策部署大督查中，东海县成为全国唯一一个债务管理先进典型，受到国务院通报表扬。 （年 编）

税务

【概况】 2018年，根据国家、省统一部署，连云港市国税、地税进行征管体制改革，合并为国家税务总局连云港市税务局。7月5日，国家税务总局连云港市税务局挂牌。7月20日，县（区）新税务机构挂牌成立。国地税合并后，纳税人在综合性办税服务厅、网上办税系统可统一办理所有税收业务，享受“一厅通办”“一网通办”等服务，“12366”纳税服务热线同步实现涉税业务“一键咨询”，办税便捷度增强。市税务局被确定为全省社保费划转试点单位。全年全市税务系统组织各项收入470.9亿元，比2017年增长20%。其中，税收收入360.5亿元，增长19.2%；非税收入110.4亿元，增长22.7%。税收形成一般预算收入187.76亿元，增长17.8%。全年增值税、所得税占全部税收的76.9%。117个代征点代征建筑业税收等零散税款18.12亿元。全年清理欠税6.6亿元。

【税收征管】 2018年，市税务局全面清理与改革要求不相适应的税收规范性文件，统一执法标准和尺度。完成2518户次风险应对，查补各类收入6.61亿元。立案查处201起涉税违法犯罪行为，查补收入1.17亿元，查处虚开增值税专用发票超过3万余份，涉及税额4.85亿元，全年积案清理率97%，增值税发票虚开案件数量连续3年保持全省最低。实施税收信用黑名单惩戒421户。

【纳税服务】 2018年，市税务局落实中央税收优惠政策的决策部署，减免各项税收146.3亿元，惠及纳税人8.11万户。其中，增值税“三项改革”合计减税7.51亿元，鼓励高新技术企业发展减税18.2亿元，扶持小微企业发展减税5.8亿元，研发费用加计扣除减税22.5亿元，办理出口退（免）税25.6亿元。全市7大类110个办税事项实现全程网上办结，全市非接触式办税量占比提高到90.17%。新办企业首次申领发票时间缩短至0.5小时，领跑全省。创新O2O发票服务模式，10.45万户次纳税人“足不出户”领到发票。增量房契税申报缴纳3～5分钟自助办结。“税银互动”为全市601户次企业提供信贷1.55亿元。 （殷 然）

链接

增值税“三项改革”：2018年5月1日起，财政部、国家税务总局正式实施三项增值税改革措施，具体包括：将制造业等行业增值税税率从17%降至16%，将交通运输、建筑、基础电信服务等行业及农产品等货物的增值税税率从11%降至10%。将小规模纳税人的年销售额标准从工业企业的50万元和商业企业的80万元统一提高至500万元，并在2018年12月31日前允许符合条件的一般纳税人转登记为小规模纳税人。将国家重点鼓励的装备制造等先进制造业企业、研发等现代服务业企业内部分符合条件的企业，与电网企业一起纳入留抵退税试点范围，对其在一定时期内未抵扣完的进项税额予以一次性退还。 （年 编）

金融监管

【金融改革】 2018年，连云港市政府出台《关于推动金融服务实体经济，加快地方金融改革发展的实施意见》。

实施意见提出，加大对重点产业领域的支持力度，丰富小微企业信贷资金来源，合理控制小微企业贷款成本；发展贷款保证保险，对保险公司向符合全市产业政策的小微企业提供单户贷款金额500万元及以下的贷款保证保险，每年按贷款保证保险承保总额的2%给予补偿，专项用于对冲风险弥补损失，单一机构每年奖励总额不超过100万元；加快综合金融服务平台建设，为小微企业、“三农”事业、“创新创业”等金融服务薄弱环节提供便捷高效的一站式、综合性线上金融服务。配套设立中小微企业信用保证基金，基金初期规模1亿元。推动应急转贷基金县区全覆盖，每个县区不低于5000万元；加强融资性担保体系建设，建立健全政银担保融资风险分担机制。优化完善地方金融组织体系，对新组建或引进总部设在连云港市的银行业机构（不包括村镇银行），一次性给予2000万元开办费用补助；设立区域总部的，一次性给予500万元开办费用补助；全国性股份制银行或区域性有重要影响力的城市商业银行设立二级分行的，一次性给予200万元开办费用补助。在连云港市注册设立企业集团财务公司、金融租赁公司等金融机构，一次性给予200万元开办费用补助。

年内，市人民银行规范发展小额贷款行业，开展合规检查和风险专项整治，对4家小额贷款公司进行专项审计。推动农民资金互助合作社转籍，23家农民资金互助合作社完成转籍。深化“放管服改革”，下放小额贷款公司审批权限4项，再担保公司审批权限下放至国家级开发区、高新区7项。（扈延庆　陈苏鸣）

【外汇管理】 2018年，人民银行连云港市中心支行推进外汇投融资便利化，完善贸易信贷报告辅助系统。开展跨境双向人民币资金池风险评估。制定外汇市场自律机制、联席会议制度和定期走访机制。全年立案查处外汇违规案件12起，被国家外汇管理局、公安部评为惩治非法买卖外汇先进集体。（陈苏鸣）

【风险监控】 2018年，市金融办开展防范非法集资工作，印发《持续打好防范和处置非法集资等非法金融活动风险攻坚战专项行动方案（2018—2020）》。全市新发生非法集资案件涉案金额1.26亿元，案均金额434.38万元，比2017年下降13%。持续降化银行业不良贷款，全市银行业不良贷款余额32.38亿元，全省最低，不良贷款率1.11%。市人民银行建立金融风险三级预警机制，开展法人金融机构压力测试，完善监测、分析、预警机制。推行“主监管员”制，持续化解辖区金融风险隐患。完成存款保险费率核定、保费收缴等工作，做好央行金融机构评级。连云港银监分局开展银行业市场乱象整治，发现问题133个，问题户数275户、498笔，涉及金额63.11亿元；实施行政处罚机构4家次、罚款金额240万元，处罚责任人2人。组织法人机构开展股东资质、股东行为、股权管理等全方位的排查工作，规范关联交易；督促灌云农商行对关联关系合计持股超比例的股东完成股权转让，责令赣榆农商行、东方农商行对接受抵债的其他农商行股权实施限期处置。（扈延庆　陈苏鸣　李莎莎）

价格管理

【价格调控】 2018年，连云港市居民消费价格累计比2017年上涨2.3%，低于3%的年度调控指标。启动社会救助和保障标准与物价上涨挂钩联动机制3次，发放价格补贴约1440万元。在海州区开展平价商店优惠券试点，向困难群众发放农副产品优惠券价值10.68万元；完善平价商店长效管理机制，创建示范平价商店20家；全市61家平价商店销售平价农副产品2189万千克，销售额8470万元，为市民节约开支2000万元。市物价局对市区（不含赣榆区）22家红色、黑色企业污水处理费分别加收0.6元/立方米和1.0元/立方米，运用价格杠杆促进企业降污减排。修订供热价格以及煤热价格联动办法，实施医药价格改革，出台家庭医生签约服务收费政策，明确远程诊疗服务项目价格政策，落实药品价格备案政策。完善公共事业与交通运输收费管理政策，调整市区公办幼儿园保教费标准，核定春秋季中小学收费标准、连云区圣·奥本国际双语学校试行收费标准。出台《加强公墓服务收费管理的指导

1月26日，市区巡游出租汽车运价管理模式改革听证会召开

文建平　摄

意见》《运用价费政策促进散葬乱埋治理工作的通知》等文件。降低花果山景区门票价格，旺季由100元/人次降至90元/人次，淡季门票价格为50元/人次。核定连云港汽车运输公司运营的195条班线、赣榆汽车运输公司7条班线票价的政府最高限价。

【价格服务】 2018年，连云港市推行“直购电”“直供气”政策，全年为企业节省用能成本1.3亿元。清理和调整各项收费20项，其中市本级收费5项，每年为社会减负1610万元。完善收费目录清单“2+X”体系，确定全市行政事业性收费82项，政府定价的经营服务性收费43项。市物价局制订《口岸提效降费工作方案》，推动口岸进一步提效降费。全年备案商品住宅面积300万余平方米，企业申请备案均价经行政指导下降1105元/平方米，降幅10.37%。

【价格执法检查】 2018年，建立市公平竞争审查联席会议制度，清理涉及市场主体经济活动存量政策文件2557件，审查增量政策文件1108件。开展专项价费检查、巡查、核查19次，清退多收价款201万元，作出行政处罚938.9万元。在全市国家AAAA级以上旅游景区建立价格矛盾纠纷调处工作站和价格投诉举报先行赔付制度，修订出台《景区门票及相关服务价格管理实施细则》。培育14家省级价格诚信单位。

（沈　闯）

审计

【概况】 2018年，连云港市审计机关审计单位138个，提交审计报告和专项审计报告179篇。审计查出问题金额842.44亿元，其中违规金额4.06亿元、损失浪费金额1035万元、管理不规范金额838.27亿元；查出非金额计量问题662个；查出损益（收支）不实涉及金额104.91亿元；审计期间整改金额8807万元。审计处理处罚7.52亿元，其中应上缴财政726万元、应减少财政拨款或补贴584万元、应归还原渠道资金5.06亿元、应缴纳其他资金1748万元、应调整处理金额2.15亿元。移送处理事项31件，移送处理人员7人。审计促进整改落实有关问题资金2.89亿元，促进拨付资金到位402万元，审计后挽回损失20万元，核减工程投资1185万元。提出审计建议409条，被采纳298条，向社会公告审计结果47篇，上报审计专报7期。试行巡察和审计“巡审结合”工作机制，推动市委巡察与审计监督工作信息互通、资源共享。

【重大政策措施落实情况跟踪审计】 2018年，市审计局对连云港市2017年商务发展和省级战略性新兴产业发展专项资金进行跟踪审计，实地核查37个项目实施单位。围绕“减税降费”政策落实情况，重点审计减税降费政策落实情况及执行效果，同时开展企业问卷调查和实地走访，推动政策落地和实施。

【预算执行及专项资金审计】 2018年，市审计局对市财政局组织的2017年市本级预算执行情况和连云港地税局组织的2017年市级预算收入情况进行审计，促进健全统一完整、严格规范的政府预算管理体系。探索运用大数据挖掘、筛选分析等技术手段，开展跨部门、跨系统、跨业务的综合比对分析。年内，市审计局分别对中国民主建国会连云港市委员会、中国民主同盟连云港市委员会、中国国民党革命委员会连云港市委员会、中国民主促进会连云港市委员会、中国农工民主党连云港市委员会、中国致公党连云港市委员会、九三学社连云港市委员会、中共连云港市委宣传部、连云港市工商业联合会以及结合经济责任审计的连云港市政府法制办公室、中共连云港市委党校、连云港市人力资源和社会保障局、连云港市林业局、连云港市民族宗教事务局、连云港中医药高等职业技术学校等16个部门2015至2017年度预算执行情况和连云港仲裁委员会秘书处2015年2月至2018年2月财务收支情况进行审计。开展市级生态文明建设工程专项资金审计调查和市级后方单位帮扶资金审计调查，关注政策落实、

2018年连云港市审计机关审计情况统计表

表9

审计或审计调查单位（个）	审计查出违规金额（万元）	审计处理结果落实情况（万元）			移送处理		审计结果开发利用		
		上缴财政	减少财政拨款或补贴	归还原渠道资金	落实事项（件）	落实人员（人）	被采纳的审计建议（条）	被批示采用工作报告、信息（篇）	发布审计结果公告（篇）
138	40586	329	62	24549	4	3	298	33	47

2018年连云港市内部审计情况统计表

表10

内审机构（个）	内审人员（人）	完成审计项目（个）	审计总金额（万元）	增收节支（万元）	提出建议意见被采纳（条）	实际给予行政处分（人）	向司法机关移送案件（起）	向司法机关移送人员（人）
212	431	3593	3416873	32611	2193	1	0	0

资金筹集管理使用、项目建设管理和使用绩效情况，强化财政支出管理责任，完善专项资金管理机制。

【经济责任审计及自然资源资产离任审计】 2018年，市审计局开展对连云区委书记任中审计，对市委组织部委托的市人力资源和社会保障局局长、市民族宗教事务局局长、市政府法制办公室主任、市委党校常务副校长、连云港中医药高等职业技术学校校长、连云港市金融控股集团有限公司董事长开展任中审计，对市林业局原局长开展离任审计，对市金融控股集团有限公司进行2016—2017年度资产负债损益情况审计。开展海州区审计局局长经济责任审计，市审计局对县（区）审计局主要负责人经济责任审计实现全覆盖。对市林业局原局长开展自然资源资产离任审计，各县（区）审计局均开展1个领导干部自然资源资产离任审计。

【黑臭水体整治跟踪审计】 2018年，市审计局对大浦河、排淡河等5条黑臭水体整治情况开展跟踪审计，赣榆区、东海县、灌云县、灌南县审计局分别对所辖区内黑臭水体整治情况实施交叉审计。

【政府重大投资项目审计】 2018年，市审计局开展全省对口支援新疆发展资金和项目跟踪审计，组织人员赴新疆开展现场审计。对市康复（优抚）医院迁建工程、全民健身活动中心工程、金融中心1号·金融新天地工程、上合组织（连云港）国际物流园智慧物流服务中心工程（一期）、东港污水处理厂一期工程、海通公共交通有限公司推广应用新能源电动车及充电站等6个项目开展预算执行审计。对全市“四好农村路”建设情况开展审计；对市本级2017年保障性安居工程进行跟踪审计，各县（区）审计局实施交叉审计。 （仲崇鑫）

统计

【概况】 2018年，连云港市统计局开展一套表统计、国民经济核算、基本单位统计、农林牧渔业统计、农业产值与增加值核算统计、县域社会经济基本情况统计、工业统计、建筑业统计、批发和零售业统计、住宿和餐饮业统计、固定资产投资统计、房地产开发统计、能源统计、劳动工资统计、全国月度劳动力调查、规模以上服务业、企业（单位）科技活动统计、市县社会经济基本情况统计、对外经济贸易和旅游综合统计、服务业综合统计、财政金融综合统计、人口统计、部门综合统计等23个常规统计调查项目。启动第四次全国经济普查工作，开展全国投入产出调查。加强统计数据质量管理，出台《关于深化统计管理体制改革，提高统计数据真实性的实施方案》。实施《连云港市统计数据全程质量管理体系（2018）》，完善重要统计指标数据质量评估和联网直报平台数据监管机制，加强数据生产全过程管控。执行统计报表制度，对统计数据质量实施全程监控。

【统计制度改革】 2018年，全市统计系统推动国民经济核算改革，对接国家和省核算要求，有序规范和统一文化、体育、旅游、新经济等派生性产业增加值核算、R&D支出纳入核算改革方法和工作机制。围绕《中国制造2025连云港行动纲要》开展10个重点领域提质增效统计，构建工业企业健康指数并适时监测。改革投资统计，做好500万元～5000万元项目财务支出法的报送。完善能源统计核算方法和绿色发展评价体系，实施《连云港市绿色发展统计报表制度》，至年底完成2017年度县区绿色发展评价数据收集整理工作。推进“三新”（新产业、新业态、新商业模式）统计，年内完成新增单位“新经济”类型确认标识工作，全市新增单位初步划分为健康服务业、体育业、旅游业、科技服务业、高技术服务业、生产性服务业和生活性服务业七类，实施“三新”统计试点项目10个。全国第一次海洋经济调查成果通过省级验收。

【统计基础建设】 2018年，全市统计系统加快村（社区）统计规范化建设，市级财政2019—2022年每年安排30万元专项建设资金用于村（社区）统计基层基础建设。做好全市宏观数据库建设，完成招投标、《市政务信息资源一期目录》修订和目录数据上报。推进数据连云港建设，建设经济运行数据可视化平台、“数据落地、部门一套表、数据连云港管理”3个功能系统。实现国家联网直报数据回流，满足各专业工作数据的综合需求。

【统计服务】 2018年，全市统计系统

9月29日，统计员在海州区砚池社区进行第四次经济普查登记工作
耿玉和/视觉江苏网

定期、定点、定内容、定标准发布统计信息，开通“数据港城”统计移动资讯手机客户端；发布《连云港市2018年国民经济和社会发展统计公报》，统计网站发布统计工作动态，发布最新的统计数据和统计分析研究报告；编印《统计月报》《统计手册2018》《连云港市统计年鉴2018》等统计资料和出版物。做好高水平全面小康监测、生态文明和绿色发展、特色小镇监测、基本公共服务体系监测、高质量发展等监测。高水平全面建成小康社会监测拓展到县级，建立县级监测制度，组织实施县级监测。连云港市统计应用研究基地在淮海工学院挂牌成立，搭建政校联合研究开发统计资料平台。《坚持绿色发展，建设生态文明港城》获江苏省哲学社会科学界第十一届学术大会三等奖，《全市经济现状与现代化指标的差距及对策》获第十五届江苏省统计科研优秀成果课题类三等奖。

【第四次全国经济普查】 2018年，根据国家统一部署安排，连云港市启动第四次全国经济普查。市政府成立连云港市第四次全国经济普查领导小组。9—11月，对全市境内从事经济社会活动的全部法人单位、产业活动单位，以及从事第二产业和第三产业的个体经营户进行清查，清查内容为法人单位和产业活动单位统一社会信用代码、单位详细名称、法定代表人（单位负责人）、单位所在地及区划、单位注册地及区划、联系电话、行业类别、机构类型等；个体经营户统一社会信用代码、户主姓名、行业类别、从业人员期末人数等相关指标。

【全国投入产出调查】 2018年4月，按照国家、省统计局要求，连云港市开展全国投入产出调查。连云港市83家企业、7个单位被确定为投入产出调查单位，调查内容是2017年投入产出情况。市统计局选取房地产行业的28家企业进行试点调查，年内完成试点调研工作。督促落实数据填报审核上报工作，分专业对各县区投入产出调查企业逐家审核验收，顺利完成数据上报工作。 （刘从鸿）

市场监督管理

【概况】 2018年，连云港市新登记各类市场主体8.41万户，新增资金总额1351.4亿元，其中新增各类企业2.35万家。新申请国内注册商标13042件、地理标志3件，国际商标申报35件。新登记私营企业1.97万家，新登记个体工商户6.32万户，分别比2017年增长31.9%、18.1%。农村市场主体建设加强，新增家庭农场514家，新增农民专业合作社508家，培育农副产品商标2000余件。

【商事制度改革】 2018年，连云港市通过公章备案“网点报”、涉税事项“套餐办”、开户数据“线上跑”，率先在全省实现企业开办3日内办结。“互联网+工商登记”在全省首家迈入2.0时代。支付宝、微信小程序办照和工商登记APP在全省率先上线运行。4月19日，采用手机微信的方式，完成连云港金蝌蚪实业有限公司的全程电子化登记流程，实现电子营业执照的即需、即下、即用。全市新设公司通过全程电子化登记超1万家，占新设公司比例超70%。6月，全面推行外资设立工商登记与商务备案“一口办理”，全年通过“一口办理”外商投资企业30家。扩大电子营业执照的应用范围，实现电子执照在多领域、多部门互通互认和共享应用。截至2018年底，全市免费发放企业电子执照5万余份，发放比例54%，居全省第二。市政府出台《连云港市开展证照分离改革试点工作实施方案》，在开发区、高新区试点开展证照分离改革。试点地区全年新设企业1281家，涉及“证照分离”515家企业，涉及5种改革事项登记业务量619件。简易注销改革取得成效，全年全市为1034家企业和209家农民专业合作社办理简易注销，分别占全市企业、农民合作社总量的1.1%、4.5%。连云港市商事制度改革被国务院办公厅通报表扬。 （廖智勇）

【质量监督管理】 2018年，连云港市创建“全国质量强市示范城市”计划任务书经市政府批准上报国家质检总局，取得阶段性成果。江苏恒瑞医药股份有限公司获得江苏省质量奖。江苏省镔鑫钢铁集团有限公司、连云港中复神鹰碳纤维有限公司获得2018年连云港市质量奖。省、市级产品质量监督检查连云港市361批次产品。其中，净水器、配装眼镜、车用汽油等产品合格率89.51%；预拌混凝土、化肥、食品包装材料等产品合格率96.48%。省、市两级监督抽查合格率93.35%，较2017年降低1.06个百分点。对全市中小学生校服、情趣服饰（内衣）、餐具、机动车发动机

2018年，江苏省石化产品质量监督检验中心通过省级验收。图为中心实验室 市市场监督局 供图

2018 年连云港市驰名商标一览表

表 11

序号	商标名称	商标持有人	序号	商标名称	商标持有人
1	太阳雨	日出东方太阳能股份有限公司	10	恒瑞	江苏恒瑞医药股份有限公司
2	泰格	江苏泰格油墨有限公司	11	石来运好	连云港市石来运好水晶工艺品有限公司
3	苏云	江苏苏云医疗器材有限公司	12	豪森	江苏豪森医药集团有限公司
4	大圣	江苏东浦管桩有限公司	13	美步	连云港美步家居有限公司
5	大姐吴兆娥	东海县海龙水晶工艺品有限公司	14	富娃	江苏富娃家具有限公司
6	康缘	江苏康缘药业股份有限公司	15	泽菲	江苏豪森医药集团有限公司
7	汤沟	江苏汤沟两相和酒业有限公司	16	黄川	东海县黄川新桃草莓专业合作社
8	天晴	江苏正大天晴药业股份有限公司	17	欧兰宁	江苏豪森医药集团有限公司
9	连众	连云港中复连众复合材料集团有限公司			

2018 年连云港市新增市级名牌产品一览表

表 12

序号	企业名称	产品名称
		食品、农产品
1	江苏得乐康生物科技有限公司	“得乐康”牌米糠油
2	江苏郭姐食品有限公司	“郭姐辣酱”牌辣酱
3	江苏东海老淮猪产业发展有限公司	“古淮”牌东海（老）淮猪肉
4	江苏恒益粮油有限公司	“东晶”牌恒益大米
5	灌云春旺粮食加工有限公司	“连旺”牌系列小麦粉
6	灌云县友富粮油贸易有限公司	“友富”牌系列大米
7	江苏花果山食品有限公司	“花果山”牌风鹅
8	连云港金满堆米业有限公司	“连泰”牌系列大米、“连嘉”牌系列大米
9	连云港吉米农业开发有限公司	“连云湾”牌系列大米
10	江苏润普食品科技股份有限公司	“MPP 润普”牌食品添加剂丙酸钙
11	连云港兴茹生物科技有限公司	“黑林公主”牌杏鲍菇
12	连云港神仙紫菜有限公司	“神仙”牌紫菜
13	连云港市板浦汪恕有滴醋厂	“汪恕有”牌滴醋
14	连云港市绿祥茶叶种植专业合作社	“猴乡红”牌红茶
15	连云港克立林实业有限公司	“克立林”牌饮用纯净水
16	江苏省东辛农场水产养殖有限公司	“东辛”牌鮰、南美白对虾
17	灌南县汤沟曲酒厂	“海州湾”牌白酒、“珍汤”牌白酒
18	江苏汤府酒业有限公司	“沿海”牌原浆酒
19	连云港风顺紫菜有限公司	“波浪谷”牌紫菜
20	连云港圣王矿泉水有限公司	“圣王”牌圣王矿泉水
21	江苏中翰食用菌有限公司	“宏韵”牌杏鲍菇
22	连云港永强食用菌有限公司	“永蔷”牌杏鲍菇
23	连云港友和食用菌有限公司	“友和情”牌真姬菇

续表 12

序号	企业名称	产品名称
24	连云港可为食用菌有限公司	“可为”牌金针菇
25	江苏万年达现代农业有限公司	“源旭”牌葡萄
	制造业	
26	连云港市沃鑫高新材料有限公司	“东渡”牌碳化硅
27	江苏省好徕斯肥业有限公司	“好徕斯”牌水溶肥料
28	江苏圣达石英制品有限公司	“DONGHAISHENGDA”牌石英玻璃管
29	连云港市弘扬石英制品有限公司	“弘扬石英”牌石英玻璃管
30	连云港市东海县宏伟石英制品有限公司	“老五”牌石英玻璃管制品
31	连云港石港高压电瓷有限公司	“石港”牌绝缘子
32	灌云县振兴机械制造有限公司	“连淮”牌旋耕机械
33	连云港大陆农业机械装备有限公司	“大陆桥”牌旋耕机
34	连云港市东堡旋耕机械有限公司	“云灿”牌开沟机
35	连云港耀科铝业有限公司	“ARUIS”牌铝合金汽车轮毂
36	江苏天明特种车辆有限公司	“天明 TIANM”牌轻量化铝合金罐式专用车
37	连云港杰瑞自动化有限公司	“杰瑞”牌油气储运装备
38	连云港正航电力节能技术有限公司	“正航”牌新型高效复合式消声器
39	连云港久盛电力辅机有限公司	“连盛”牌消音器
40	江苏康缘药业股份有限公司	“康缘”牌腰痹通胶囊、散结镇痛胶囊、桂枝茯苓胶囊、抗骨增生胶囊
41	江苏豪森药业集团有限公司	“普来乐”牌注射用培美曲塞二钠、“泽菲”牌注射用盐酸吉西他滨、“孚来迪”牌瑞格列奈片、“维可莱”牌盐酸氨溴索氯化钠注射液、“欧兰宁”牌奥氮平片、“恒捷”牌利奈唑胺葡萄糖注射液
42	江苏福邦药业有限公司	“楚迪”牌盐酸阿莫罗芬乳膏
43	江苏恒瑞医药股份有限公司	“吉加”牌厄贝沙坦片
44	连云港强连铁塔制造有限公司	“图形”牌高强度节能型铁塔用铁附件
45	番禺珠江钢管（连云港）有限公司	“PCK”牌焊接钢管
46	江苏奥神新材料股份有限公司	“甲纶 suplon®”牌聚酰亚胺纤维
47	连云港金大地新型建材有限公司	“JINDADI”牌通用硅酸盐水泥
48	江苏金云农业装备有限公司	“连丰”牌旋耕机械
49	灌南银德隆木业有限公司	“银得隆家居”牌实木拼接门
	服务业	
50	江苏福如东海温泉大酒店有限公司	“福如晶泉”牌酒店管理服务
51	连云港云台山生态林业发展有限公司	山地旅游景区及相关产品服务

2018 年连云港市国家地理标志保护产品一览表

表 13

序号	产品名称	获批年份	备注
1	东海水晶	2007	国家质检总局 2007 年第 151 号公告

续表 13

序号	产品名称	获批年份	备注
2	东海大米	2008	国家质检总局 2008 年第 132 号公告
3	东海（老）淮猪肉	2009	国家质检总局 2009 年 89 号公告
4	灌南汤沟白酒	2010	国家质检总局 2010 年第 104 号公告
5	赣榆梭子蟹	2010	国家质检总局 2010 年第 155 号公告
6	灌南金针菇	2012	国家质检总局 2012 年第 220 号公告
7	黄川草莓	2012	国家质检总局 2012 年第 220 号公告
8	石梁河葡萄	2014	国家质检总局 2014 年第 13 号公告
9	板浦滴醋	2015	国家质检总局公告 2015 年第 44 号公告
10	双店百合花	2015	国家质检总局 2015 年第 44 号公告
11	花果山风鹅	2015	国家质检总局 2015 年第 44 号公告
12	东海西红柿	2016	国家质检总局 2016 年第 128 号公告

冷却液进行风险监测，其中，中小学生校服合格率 93.33%；机动车发动机冷却液产品合格率 85.9%。市场监管部门开展“质检利剑”专项行动，立案查处案件 115 起，涉案货值 256 万元，涉嫌犯罪的移送公安机关 2 起。开展春季、秋季化肥产品质量执法检查集中行动，查办化肥违法案件 18 起，涉案货值 28 万元。实施工业产品生产许可行政告知承诺书制度，受理时限做到当天办结，全年办理审批、服务事项 5509 件，按时办结率 100%。校核并发布统一社会信用代码重错码数据 2020 条。

【品牌建设】 2018 年，连云港市名牌战略推进委员会审议认定 51 家企业的 62 个产品为 2018 年连云港市名牌产品，其中制造类 32 个、食品和农产品类 28 个、服务业 2 个。东海水晶小镇被批准筹建全国知名品牌示范区，增补全市示范创建空白。截至 2018 年底，全市有国家地理标志产品保护产品 12 个、中国驰名商标 17 件。

【检验检测能力建设】 2018 年，江苏省石油化工质量监督检验中心通过验收，具备 3 大类、134 个产品、80 项参数检测资质。江苏省净水产品质量监督检验中心被批准筹建，列入江苏省检验检测发展基金项目。国家硅材料深加工产品质量监督中心实施免费检测券制度，为东海县硅工业企业提供免费检测服务 1021 批次，免收 85.9 万元，被省经济和信息化委认定为江苏省中小企业公共服务示范平台（三星级）。开展“康居港城百家行”活动，为 120 户居民住宅提供免费室内空气甲醛含量检测。组织检验检测机构资质认定扩项，新扩项产品 187 个、参数 81 项。家用太阳能热水系统、冷轧带肋钢筋、输水管通过招投标入围 2018 年国家监督抽查承检机构，完成国家监督抽查 62 批次。中标入围江苏省质量技术监督局 2019—2020 年产品质量监督任务承检机构库资格项目、江苏省 2019—2021 年工商和市场监管系统流通领域（含网络交易）商品质量抽检机构资格。市计量中心通过中国合格评定国家认可委员会复审。

【标准化工作】 2018 年，东海县建设国家半导体（硅材料）产业集聚标准化示范区（国家级），江苏华海诚科新材料股份有限公司建设电子封装用环氧模塑料战略性新兴产业标准化试点（省级）通过验收。美丽乡村建设农村综合改革标准化试点（朝阳街道办事处）、江苏省电梯运行安全智能化公共服务标准化试点（连云港特检院）被批准为国家级标准化试点项目；盐碱地水稻种植标准化试点、豆丹设施生产标准化试点、智能化 20 饼氨纶纺丝成套设备高新技术自主创新标准化试点、社会福利中心综合标准化试点、朝阳街道韩李村公共服务标准化试点项目被批准为省级标准化试点项目。9 个市级标准化试点示范项目被批准立项。市图书馆服务标准化试点、灌云县政务服务标准化试点、东海县政府外派劳务公共服务标准化试点 3 个国家级标准化试点项目建设通过中期评估。市质检中心主持制定的国家标准 GB/T 36655–2018《电子封装用球形二氧化硅微粉中 α 态晶体二氧化硅含量的测试方法 XRD 法》发布实施。《连云港市农业标准体系》编制完成，收录标准 956 个。

【计量管理】 2018 年，全市通过测量管理体系（3A）认证企业 2 家，保证确认（2A）通过企业 2 家，计量合格确认（1A）通过企业 50 家。市场监督部门发放社会公用计量标准证书 20 份，专业计量授权证书 1 份。免费检定集贸市场和农村医疗卫生机构在用计量器具 1.32 万台（件），首检合格率 99%。在商店超市、集贸市场、加油站、餐饮饭店、医疗卫生机构、眼镜等行业培育省级诚信计量示范单位 39 家，确认市级诚信计量示范单位 5 家。连云港市工投集团利海化工有限公司被评为江苏省能源计量示范单位。定量包装商品净含量检验合格率98.95%，商品包装检验合格率97.5%；粮食收购单位合格率90.79%，粮食销售单位合格率90.19%，加油站在用加油机合格率98.68%，民用"三表"（水表、电能表、燃气表）抽检合格率99.9%。

【认证认可监管】 2018年，全市新获质量管理体系证书300张、环境管理体系认证证书137张、中国职业健康安全管理体系认证证书112张、食品农产品管理体系认证36张、森林认证FSC证书5张、能源管理体系认证证书3张、测量管理体系认证证书3张、企业知识产权管理体系认证证书2张、信息技术服务管理体系认证证书2张、信息安全管理体系认证证书1张；强制性产品认证证书79张，自愿性工业产品认证证书36张，服务认证证书13张，食品农产品认证证书152张，其中良好农业规范（GAP）证书146张，在全国地级市排名第一。（周文吉　李子龙）

【网络交易监管】 2018年，全市各类市场主体开办的经营性网站3660家、各类网店3.35万家、微信公众号1293家、第三方交易平台2家、自营性网络平台商城12家，全市网络从业人员数43.74万人。全市工商和市场监管部门抽检网络商品20个批次全部合格。加强对在线旅游平台、网络外卖平台等生活服务交易平台交易行为的监管监测，查处案件33起。

【行政执法】 2018年，市工商和市场监管部门开展"263"专项行动、校园周边环境治理、格式条款整治、惩治传销规范直销、农贸市场经营秩序、违法金融和互联网广告、旅游市场、非标三、四轮车、安全生产及无照经营等多项专项整治行动，规范重点领域的经营行为。市工商局牵头的整治市场经济秩序被市政府列为2018年度重要工作事项。开展"两反"（反垄断和反不正当竞争）、"三打"（打击虚假违法广告、打击侵权假冒、打击传销）、"一管"（线上线下一体化监管）行动，至年底，市场监管部门查办适用工商行政管理法律法规的经济违法案件576起，罚没款入库937万元。（廖智勇）

知识产权保护

【连云港市印发国家知识产权示范城市培育方案】 11月22日，《连云港市国家知识产权示范城市培育工作方案（2018—2020）》印发。方案指出，到2020年，全市知识产权创造、保护、运用水平大幅提升，综合实力达到苏北领先，力争跻身国家知识产权示范城市行列。发明专利申请量年均增幅达15%，万人发明专利拥有量达9件，PCT专利申请量累计达300件，国内注册商标达到4万件以上，驰名商标总数达20件以上，版权年登记量超过8000件。培育自主创新能力优、知识产权运用保护好、市场竞争能力强的知识产权优势企业50家，自主品牌增加值占GDP比重达到16%，新增省级版权示范企业2家。知识产权试点示范县区实现全覆盖。企事业单位知识产权管理能力显著增强，贯标企业数达到100家，培育企业知识产权工程师200人以上、企业知识产权总监100人以上。

【专利保护】 2018年，市知识产权局推进国家专利质押融资试点工作，改善企业融资条件，支持企业创新发展。市知识产权局与中国银行连云港分行签订战略合作协议，开展"一站通"银企对接活动。举办银企对接活动6期，完成专利质押贷款3000万元。全市5项专利获第二十届中国专利奖优秀奖，孙飘扬、吕爱锋获第二届江苏省专利发明人奖。开展企业专利清零行动，专利代理机构进行现场专利挖掘，全年帮助380家无专利企业进行专利清零。全年全市获得授权专利5790件，其中发明专利472件、实用新型专利3288件、外观设计专利2030件。加强知识产权保护意识宣传，举办世界知识产权日主题宣传活动，东海水晶城知识产权保护联盟现场揭牌。《连云港日报》开设"聚焦专利"专栏。开展知识产权工程师培训，培训企业知识产权工程师90人。海宁小学、赣榆高级中学被批准为省中小学知识产权教育试点学校。全市1人被评为省知识产权领军人才，3人被评为骨干人才。

【商标注册】 2018年，连云港市新申请国内注册商标13042件，国际商标申报35件。截至年底，全市有国内注册商标28048件，国际注册商标43件，中国驰名商标17件。

【知识产权强企行动】 2018年，连云港市实施知识产权强企行动。104家企业开展知识产权贯标备案，20家企业通过绩效评价考核。鹰游纺机集团等4家企业通过国标第三方认证，中复碳芯电缆科技有限公司等2家企业被评为省级贯标优秀单位。推进企业实施知识产权战略，市知识产权局、市经信委联合出台《连云港市中小企业知识产权战略推进工程实施方案（2018—2020）》。中复连众、苏云医疗被批准为省战略推进重点项目，东海弘扬石英、佑源医药设备被批准为省战略推进一般项目。新增国家知识产权示范企业4家、优势企业2家，认定市级知识产权示范企业3家、优势企业14家。

（朱哲保）

【版权保护】 2018年，市文化部门出台《连云港市作品著作权登记管理办法（试行）》，加强版权保护。全年完成一般作品登记2.14万件。东海县淞圣水晶艺术文化发展有限公司、连云港市山山林教育培训中心、连云港路尔乐贸易有限公司、连云港市海州景疏斋工艺社、连云港蜂之谷文化传播有限公司被评为市第二批版权示范基地。国有企业完善软件资产管理制度，医疗卫生机构逐步实现软件正版化。碳纤维、水晶、柳编等版权企业参加第七届中国国际版权博览会。开展2018年惩治网络侵权盗版"剑网行动"，查处网络侵权案件2起。（武依林）

【首届连云港市专利奖评选】 2月，市政府发文对首届连云港市专利

首届连云港市专利奖金奖项目一览表

表 14

序号	专利号	专利名称	专利权人
1	ZL200910232789	聚丙烯腈基碳纤维的制备工艺	中复神鹰碳纤维有限责任公司
2	ZL201210494009	一种工业化的聚酰亚胺纤维牵伸方法	江苏奥神新材料股份有限公司
3	ZL201310069146	抗氧化性太阳光谱选择性吸收涂层及其制备方法	日出东方太阳能股份有限公司
4	ZL02129192	治疗感冒及急、慢性气管炎的中药组合物及其制备方法	江苏康缘药业股份有限公司
5	ZL201010136976	制备艾瑞昔布的方法	江苏恒瑞医药股份有限公司、江苏盛迪医药有限公司
6	ZL200610037980	安全稳定的帕洛诺司琼组合物	正大天晴药业集团股份有限公司
7	ZL201310126905	一种制备 β－富集的地西他滨前体的方法	连云港杰瑞药业有限公司
8	ZL201310610558	基于机器视觉的机器人分拣方法	中国船舶重工集团公司第七一六研究所
9	ZL201310018838	站立动静平衡训练装置	江苏苏云医疗器材有限公司
10	ZL201110399121	码头船用岸电系统	江苏新航电气有限公司

奖获奖项目给予表彰。首届连云港市专利奖共有 30 个专利获奖，其中“聚丙烯腈基碳纤维的制备工艺”等 10 个专利获连云港市专利金奖，“一种真空状态下材料动态吸附系数测量装置”等 20 个专利获连云港市专利优秀奖。获奖的 30 个专利全部为发明专利，涵盖新医药、新材料、新能源、高端装备制造、化工、节能环保、电子信息等多个领域。30 个获奖专利项目通过实施转化共新增销售收入 104.68 亿元，新增利润 19.96 亿元。 （年 编）

消费者权益保护

【概况】 2018 年，连云港市消费者委员会（协会）受理消费者投诉 4071 件，投诉量比 2017 年上升 7.36%；成功调解 4015 件，为消费者挽回经济损失 278 万元。商品类消费投诉排名前三位的是汽车、商品房、预付卡类；服务类消费投诉排名前三位的是通信、快递、美容美发类。

【消费体察评议】 2018 年，市消费者协会、出入境检验检疫局组织进出口商品质量检测消费体察，市大型商超部门负责人、消费者代表一行 20 人进行参观学习，了解进出口动物、植物、农产品等如何在实验室进行检测。市消费者协会、餐饮商会、工商联、消费者代表组成消费体察代表团走进今世缘酒业等企业开展消费体察活动。开展旅游市场消费调查，通过分析消费者的评价、意见和建议，为相关部门进一步规范旅游消费市场管理提供依据。市消费者协会与人寿保险公司共同开展“我与客户面对面”消费评议活动，市中级人民法院、市保险协会、媒体代表、消费者代表参加评议。

【消费知识宣传】 2018 年“3·15”期间，市消费者权益保护委员会开展了 10 项系列活动。举办“护苗成长，绿色消费”活动，江苏财会职业技术学院、连云港职业技术学院、连云港工贸高等职业技术学校、连云港市体育运动学校 1000 余名师生参加活动。主办“3·15”电视晚会，曝光消费者购买美的空调发生自燃、美丽都健身会所预付卡纠纷、夸大保健品功效欺骗老年人等一些维权难的问题，现场发布 2017 年抽检产品、消费者权益保护委员会消费维权工作情况，并对“连云港市十大最美消费维权人物”进行表彰。3 月 15 日，全市举办“3·15”国际消费者权益日大型宣传咨询和服务活动，印发 2000 份《画说江苏消保条例》，30 多家委员单位在活动现场开展投诉受理、法律咨询、真假商品识别、便民服务、企业服务。 （廖智勇）

责任编辑 郭 云

参与“一带一路”建设

“一带一路”合作

【概况】 2018年，江苏省委、省政府印发《中共江苏省委江苏省人民政府关于高质量推进“一带一路”交汇点建设的意见》，明确提出“推动连云港成为‘一带一路’交汇点建设的强支点。”连云港市委、市政府成立推进“一带一路”建设领导小组，印发《关于打造“一带一路”合作倡议标杆和示范项目的实施意见》，出台《连云港市建设“一带一路”战略支点三年行动计划》。推进陆海联运通道标杆和示范项目建设，全年重点围绕中欧班列、中哈（连云港）物流合作基地（以下简称中哈物流基地）、上合组织（连云港）国际物流园（以下简称上合组织国际物流园）建设，提升新亚欧陆海联运通道功能，建设国内沿海新型临港产业基地，增强产业支撑能力。2018年，中哈物流合作基地完成货物进出库量432.17万吨，集装箱空、重箱进出场量27.53万标准箱。上合组织国际物流园被批准为国家级示范物流园区，物流业总收入2.3亿元，比2017年增长57.1%。连云港港口通过能力不断增强，新开越泰、越南2条近洋航线，虎门、漳州2条内贸航线，射阳、张家港2条沿海支线，宿迁、徐州2条海河航线，集装箱航线总数突破60条。配套汽车、设备等特色业态，新增至非洲杂货航线、至欧洲北极航线、至欧洲客滚专线。贸易金融便利化深入推进，连云港综合保税区获得批准，加快推广和实践自贸区海关监管创新制度。连云港口岸试点“先进区、后报关”作业模式，企业通关成本大幅降低，连云港港口岸物流吸引力进一步提升。石化产业基地建设进一步推进，盛虹炼化一体化项目开工。连云港市与“一带一路”沿线国家地区的物流、商贸、产业合作加强。全年全市与“一带一路”沿线国家和地区进出口贸易额27.3亿美元，比2017年增长13.2%。其中，出口13.6亿美元，增长2%；进口13.7亿美元，增长27.1%。在“一带一路”沿线国家和地区中，连云港市出口排名前三的国家分别为印度、越南和马来西亚，进口排名前三的国家分别为伊朗、印度尼西亚和马来西亚。全市对“一带一路”沿线国家出口的主要商品有干香菇、尿素、碳酸钠和太阳能电池，从“一带一路”沿线国家进口的主要商品有甲醇、铁矿砂、对二甲苯、铜矿砂和已烧结的铁矿砂及其精矿。

（郭欣勇　年　编）

2月5日，2018年首批哈萨克斯坦小麦经中哈物流基地换装海运箱过境发往越南　　港口集团　供图

【“一带一路”战略支点三年行动计划】 4月，市政府制定出台《连云港市建设“一带一路”战略支点三年行动计划（2018—2020）》。该行动计划提出要坚持“高质发展、后发先至”主题主线，按照“政策沟通、设施联通、贸易畅通、资金融通、民心相通”的要求，建设大港口、构建大交通、推动大开放、发展大产业、促进城

市建设大提升，实现连云港大发展，把连云港建设成为“一带一路”战略支点。该计划把构建“一带一路”东方大港、陆海联运综合交通枢纽、东西双向开放重要门户、沿海新型临港产业基地、山海相拥的西游文化名城和构建区域发展新的增长极作为2018—2020年的发展目标。该计划提出要建设区域性国际枢纽港，基本建成30万吨级航道二期工程；建设现代产业集聚港，突出以徐圩港区为重点的产业港建设，提高对临港产业的保障支撑作用；建设服务亚欧跨境运输的综合物流港，建成启用中哈散粮筒仓项目，推进连云港中哈物流基地和哈国霍尔果斯（东门）场站提质增效；上合组织国际物流园建成一批物流设施，开发面积达27平方千米，年物流量达3000万吨；稳步推进中欧班列发展，日均运输达到6.4列，打造成为全国知名的中欧班列品牌。优化提升西安等内陆无水港布局，有序推进阿拉木图、阿克套等沿线物流合作，串联起沿线重要节点城市。建设开放便捷的高效贸易港，推进口岸查验机构、查验设施整合，优化查验流程。全面建成国际贸易“单一窗口”，有效拓展口岸物流增值业务，实现口岸物流全程服务信息化。建立涵盖海港、班列及空港的大通关时间评估体系，完善大通关效率持续提升机制。提升港口“挂靠港”功能，促进商贸、物流等产业提档升级。落实推进口岸“放管服”改革，具备条件的事项全部实现“不见面审批”及网上办理。该行动计划还对构建大交通、推动大开放、发展大产业、提升大城建、推动大发展等方面作出部署。（年　编）

9月19—21日，第五届中国（连云港）丝绸之路国际物流博览会在市工业展览中心举办。图为连博会现场　市商务局　供图

【第五届中国（连云港）丝绸之路国际物流博览会】 9月19—21日，第五届中国（连云港）丝绸之路国际物流博览会（以下简称“连博会”）在连云港市工业展览中心举办。第五届连博会以“共享丝绸之路发展新机遇，共创多元物流服务新模式”为主题，由展览展示和专题活动两部分组成。展览展示区域分为新亚欧陆海联运通道建设展区、江苏“一带一路”交汇点建设展区、连云港特色物流展区、大型物流装备展区（室外展场）4个展区，集中展示“一带一路”倡议支点建设成就和现代物流业发展成果。展览展示总面积3.7万平方米（其中室内展区3.2万平方米、室外展场0.5万平方米），共有27个国家和地区的420家企业参会。江苏省副省长王江，中国贸促会副会长卢鹏起，印度驻上海总领事馆总领事瑞峰，商务部原副部长周可仁，商务部欧洲司副司长索鹏，中外运长航集团党委委员、副总经理范端炜，中国服务贸易协会副秘书长宋东今，市委书记项雪龙共同启动开幕。展会期间，累计成交额近3000万美元，达成合作意向金额约1.2亿美元，涉及化工、装备、钢铁、电子、新材料、医疗器械、物流、文化、旅游等多个产业。观展人数累计3万人次，其中专业观众约6000人次。连博会期间，举行2018连云港经贸合作推介会、第五届港航国际论坛等。经贸合作推介会集中签约项目18个，总投资392.3亿元。第五届港航国际论坛主题为“合力打造港航路园物流体系，共建亚欧跨境国际运输通道”，论坛上，哈萨克斯坦铁路快运公司总裁伊斯卡科夫、中国远洋海运集运有限公司副总经理隋军、中国外运华中有限公司副总经理张涛、波兰宽轨铁路公司董事达里乌什西科拉、阿塞拜疆巴库国际贸易海港总裁高级顾问拉沙德·卡里莫夫、连云港港口控股集团有限公司总裁朱向阳分别作主题演讲。（董　峰）

【第四届新亚欧大陆桥安全走廊执法合作论坛】 9月12—13日，由公安部主办的第四届新亚欧大陆桥安全走廊国际执法合作论坛在连云港市举行。来自30个国家、4个国际组织的高级执法安全官员，以及外交部、国家发展改革委、国务院国资委、国际发展合作署等有关部委，39家央企、18家省属国企和大型民企，23所公安院校，24个省级、12个地市级公安机关代表，相关专家学者共375人应邀出席。公安部党委委员、反恐专员刘跃进，国务院国资委副主任沈莹，江苏省副省长、公安厅厅长刘旸出席论坛开幕式并致辞。论坛以“携手开启执法能力建设合作新篇章”主题，举办开幕式、面向未来执法能力建设部长级圆桌会议、“安全发展、共享繁荣”分论坛和国际班列安全研讨会等活动。（成标荣）

【“一带一路”物流信息化论坛】 9月19日，由中国国际货运代理协会、联合国工业发展组织中国南南工业中心、江苏省经济与信息化委员会、连云港市人民政府等主办的2018“一带一路”物流信息化论坛在连云港举行。商务部原副部长周可

9月12—13日，第四届新亚欧大陆桥安全走廊执法合作论坛在连云港举行
王振　摄

仁、工业和信息化部经济监测协调局巡视员景晓波、中国国际货代协会副会长李志民、蒙古国交通运输部专员安那尔、联合国工业发展组织中国南南工业中心主任郭力等参加论坛并致辞。立陶宛驻华大使馆、跨里海运输线路协会、波兰投资促进局驻华代表处、巴基斯坦、日本日新、韩国国际物流协会等相关代表，及成都蓉欧班列、武汉汉欧班列、中哈物流基地、金华班列等中欧班列平台公司代表和"一带一路"物流运营商中铁国际多式联运有限公司、中俄铁集公司等180多人参加论坛。论坛探讨了当前"一带一路"物流建设中信息的便利化和支撑功能，如何为未来"一带一路"建设发展发挥作用。论坛上，立陶宛驻华大使馆交通专员Ram ū nas Rimkus发表"参与'一带一路'，建设中国通往欧洲的波罗的海物流枢纽多式联运互联互通新通道"的主题发言。巴基斯坦Mega Movers企业主席那巴扎达·巴拉卡扎（Nawabzada Zaheer Barakzai）介绍巴基斯坦融入"一带一路"建设，加快推动建设中巴经济走廊的具体思路和建设情况。中国国际货运代理协会、中国联合国采购促进会、韩国国际物流协会、跨里海国际运输线路协会、立陶宛驻华大使馆交通办公室、蒙古国蒙古BLATS TRANS公司、巴基斯坦Mega Movers公司以及"一带一路"国际物流联盟、沃宝拉平台和连云港市"一带一路"发展研究会等机构、协会和企业的代表共同签署"一带一路"物流信息共享合作机制协议。

（年　编）

国家东中西区域合作示范区

【概况】 国家东中西区域合作示范区于2011年经国务院批准设立。徐圩新区是国家东中西区域合作示范区的先导区，是连云港市委、市政府"十三五"规划确定的发展新型临港产业的核心区。徐圩新区总规划面积约467平方千米，其中，徐圩港区74平方千米，临港产业区153平方千米。按照"生态、智能、融合、示范"的发展理念，徐圩新区主要发展石化、先进装备制造、节能环保和现代港口物流等主导产业，重点打造世界级石化产业基地、国家生态工业示范园区、国家级生态循环经济示范基地。位于徐圩新区的连云港石化产业基地，是国家确定的全国七大石化产业基地之一。2018年，徐圩新区实现地区生产总值48.4亿元，增长14.2%；实现规模以上工业产值239.9亿元，比2017年增长28%；公共财政预算收入3.8亿元；利用外资及港澳台资6633万美元；进出口额11.84亿美元，增长46.4%。国家东中西区域合作示范区的实业投资主体——方洋集团承担地下综合管廊、应急备用水源地等15项重大产业支撑体系和配套设施建设，全年完成融资提款84亿元，妥善化解资金风险，在香港联交所增发1亿美元境外债券。

【基础设施建设】 2018年，徐圩新区完成基础设施投资473亿元，海滨大道、226省道、徐新路和242省道等对外连接通道全线贯通。区内形成"六纵六横"的大路网框架，水厂、污水处理厂、热电中心、石化公共管廊、消防救援等市政设施和输变电工程建成投用，全面具备重大临港产业入驻条件。

【石化产业建设】 2018年，徐圩新区初步形成以石油化工为主导的临港产业体系，产业集群集聚效应明显。累计引进重点产业项目32个，总投资2801亿元。连云港石化产业基地规划面积62.61平方千米，规划总规模为4000万吨级/年炼油、300万吨级/年乙烯、400万吨级/年芳烃。斯尔邦石化醇基多联产、虹港PTA等项目建成投产。2月28日，徐圩新区与国内最大进口液化石油气综合运营商——东华能源股份有限公司举行烷烃资源深加工基地及新材料项目签约仪式。该项目主要利用进口高纯度烷烃，建设大型烷烃资源深加工基地。项目首期投资约200亿元，建设丙烷脱氢制丙烯和聚丙烯装置以及以碳纤维为代表的高端聚丙烯复合材料工厂，年内开展真空预压等场地处理和开工前各项准备工作。中化循环经济产业园项目总投资由278亿元调整至580亿元，芳烃衍生物系列产品及电子化学品等项目开工，碳三及下游高性能材料产业链项目完成一期项目备案。6月，中化国际下属控股公司圣奥化学科技有限公司、江苏瑞兆科电子材料有限公司分别与国家东中西区域合作示范区签署《中化精细化工循环经济产业园圣奥化学绿色橡塑助剂项目合作协议书》《中化精细化工循环经济产业园电子化学品项目合作协议书》。3月15日，浙江卫星石化股份有限公司与美国能源传输公司、英国航海家气体运输公司合作协议签约仪式在北京举行，卫星石化在徐圩新区投资的轻烃综合加工利用项目进入实质性推进阶段。年内，卫星石化项目低温罐区完成桩基施工，主装置区完成软基处理。卫星石化、东华能源配套码头岸线9月获得交通部批复，报批周期由常规的2年左右时间压缩到半年。12月12日，盛虹炼化一体化项目环评获得生态环境部正式批复。12月14日，省委、省政府在徐圩新区炼化项目现场举行江苏省重大项目现场推进会，盛虹炼化一体化、瑞恒新材料基础化工等10个项目同时开工，总投资1005亿元。

2018年，中化循环经济产业园项目开工。图为项目建设现场　徐乙策　摄

【综合保税区建设】 5月31日，连云港综合保税区正式获批，包括徐圩新区片区（A区）和连云港出口加工区（B区）两块区域。9月底，徐圩新区完成综合保税区开工建设的全部前期手续，10月底进场施工。

【徐圩新区获得部分省级投资管理事项权限】 12月5日，省政府发文同意赋予徐圩新区部分省级投资管理事项权限，主要包括企业、事业单位、社会团体等投资建设的固定资产投资项目核准，固定资产投资项目节能审查，建设项目环境影响评价和环境保护设施竣工验收，建设项目用地预审及建设项目压覆重要矿产资源审批等5项省级行政权力。

【增量配电改革试点取得电力业务许可证】 2018年，徐圩新区增量配电改革试点工作完成配电区域范围划分并启动实施，被国家发展改革委列入全国12个增量配电业务直接联系试点项目之一。11月26日，项目主体取得省能源监督办颁发的电力业务许可证（供电类），作为增量配电网的首个项目同步启动建设。　（崔子寅）

中哈（连云港）物流合作基地

【概况】 中哈物流基地是“一带一路”倡议的首个实体项目，依托陇海铁路及空港、公路网，来自世界各地的海运货物在中哈物流合作基地运用多式联运的模式，将中亚的粮食、铁合金等运往欧美、日韩。一、二期项目分别于2014年、2017年建成投产。建设集装箱堆场22万平方米、1763个集装箱位，铁路专用线3.8千米，日均装卸能力10.2列，年最大装卸能力41万个标准箱。中哈物流基地发挥深化海陆联动开放和扩大东西双向开放的特殊功能，基地逐步由陆桥跨境运输向国际陆海联运和全球物流链方向发展。2018年，中哈物流基地完成货物进出库量432.17万吨，比2017年增长2%；集装箱空、重箱进出场量27.53万标准箱，增长8%。从连云港中哈物流基地发出的亚欧跨境货物班列覆盖中亚五国200多个站点，并延伸形成至土耳其伊斯坦布尔、德国杜伊斯堡2条中欧班列线路，运营水平从日均0.8列递增至2.1列。开通哈萨克斯坦出口小麦、乌兹别克斯坦通用汽车整车2条东向过境专列和德国杜伊斯堡—乌鲁木齐—连云港—印度新德里的公铁海联运班列。连云港至阿拉木图、塔什干点对点直达班列领先优势明显。中哈物流基地全年接卸铁合金、小麦、棉纱等货物的东行集装箱超过1万车，比2017年增长近40%。年内，全国首家“一带一路”巡回法庭和上海海事法院“一带一路”审判工作站落户中哈物流基地。中哈物流基地被省委、省政府授予“为江苏省改革开放作出突出贡献的先进集体”称号。

12月14日，全省重大项目现场推进会在徐圩新区举行　徐乙策　摄

中哈物流基地全景　　张言华　摄

【班列运输】　中哈物流合作基地具备多式联运监管资质和保税仓库功能，拥有海关各项便利服务举措，中哈亚欧跨境货物班列连云港至阿拉木图、伊斯坦布尔、杜伊斯堡、塔什干最快用时仅需6天、15天、18天、10天。2018年，连云港市加入中欧班列运输协调委员会和跨里海国际运输线路协会，与拉脱维亚、阿塞拜疆、格鲁吉亚等国铁路和港口签署合作协议。11月28日，“连云港—哈萨克斯坦—阿塞拜疆—格鲁吉亚—土耳其”沿线站到站全程铁路运输首次实现。哈萨克斯坦东门无水港项目稳定运营，中哈两国铁路公司把连云港作为中欧班列统一报价平台并给予中亚班列运价优惠政策，全程物流链的优势持续提升。2018年，连云港中哈国际班列累计开行826列、6.43万标准箱，其中东行量1.88万标准箱，主要商品为小麦、铁合金、棉纱等；国际中转出口1.54万标准箱，主要商品为汽车配件、电子产品、化工产品等；出口3.01万标准箱，主要商品为日常生活用品、机械配件等。集装箱过境换装量突破9万标准箱，比2017年增长36.6%。哈萨克斯坦铁合金东行过境业务增量明显，哈萨克斯坦小麦过境业务成常态化运作，拉动东行班列比2017年增长57%，国际班列突破800列，全年哈萨克斯坦小麦过境33列，约3.7万吨。开展国内铁路到达转海运箱的换装业务，提高国内铁路箱到达量和拆装箱量；拓展保税冰晶石拆箱堆存及散矿类保税堆存业务，新增碱粉铁路集装箱到达倒装出口箱业务。6月22日，中哈物流公司受陕西益海嘉里物流有限公司委托，将装载50吨亚麻籽油的罐装集装箱，从哈萨克斯坦境内运达阿拉山口车站交付客户，实现国外段运输代理、运输组织、车板保障、提供国联代码、提报联运计划、运杂费结算等全程操作，是中哈物流基地首次开展罐式集装箱业务。　（薛广东）

上合组织（连云港）国际物流园

【概况】　上合组织国际物流园位于串联连云港区和徐圩港区两大港区的走廊位置，规划面积44.89平方千米，兼备公、铁、河、海等多种运输方式。园区重点打造基础物流、增值物流、公共物流三大功能体系，发展多式联运、国际商贸、保税物流、加工增值、智慧信息、商务金融六大服务功能。2018年，园区物流产业加快集聚，物流量1464.23万吨，比2017年增长70.6%；物流业总收入2.3亿元，增长57.1%；集装箱量达2.29万标准箱，增长279.5%；海河联运量845.93万吨，增长83.02%；海运快件8.92万件。内河港列入《江苏省内河港口布局规划（2017—2035）》，全年内河集装箱运量1082标准箱。年内，上合组织国际物流园被国家发展改革委、国土资源部、住建部批准为第二批国家级示范物流园区，被省粮食和物资储备局、省发展改革委批准为省级粮食物流产业园，被中物联园区专委会评为全国优秀物流园区。《上合组织（连云港）国际物流园控制性详细规划（修编）》获得市政府批复，新修编规划对园区功能布局、交通体系、控制指标等进行优化，体现省政府对上合组织国际物流园的三大功能定位

11月28日，中哈物流基地首次实现“连云港—哈萨克斯坦—阿塞拜疆—格鲁吉亚—土耳其”沿线站到站全程铁路运输　　港口集团　供图

要求，即中亚—环太平洋的商贸物流集散中心、服务上合组织成员国的国际物流合作中心、现代物流业创新发展的试验示范园区。上合物流园铁路装卸场站地基处理全部完工，园区公路、内河、铁路、保税等功能优势逐步显现。中国外运上合物流中心项目加快推进，取得项目建筑物施工图审查合格证、建筑工程规划许可证。

【项目建设】 2018年，上合组织国际物流园专用铁路工程完成投资3.3亿元。其中，物流园站基本完成站场路基填筑施工，山南站地基处理完成；桥梁工程完成东辛农场特大桥及烧香河特大桥桩基施工，年内完成对应路段T梁铺架，其他桥涵工程基本完成；路基工程基本具备铺轨条件。铁路装卸场站工程完成投资1亿元，地基处理工程完工。12月30日，专用铁路隧道工程跃进村至黄泥湾段全线贯通，长度457米。智慧物流信息服务中心工程完成投资3900万元，大楼建设及规划、环保、消防、人防等专项验收工作完成。矿石精选中心工程完成投资400万元，一区工程进行初步设计及办公楼部分施工图审查；三区工程完成初步设计审查。汽车物流中心项目完成临时围墙与场地平整工程。内河港一期工程竣工验收、中心货运站（公路港）汽车维修中心施工图审查与招投标、皮带机线项目与宿徐路工程交叉影响问题处理、保税仓项目以及田湾核电站500千伏核电三期送出工程及500千伏田伊线9号塔工程土地征收等配合推进工作有序开展。亚旭矿业高梯度电磁选铁矿石物流项目在保税物流中心开工，项目由山西建邦集团连云港亚旭矿业有限公司投资，计划总投资2.6亿元。

2018年，上合组织国际物流园专用铁路工程完成投资3.3亿元。图为8月26日，专用铁路工程施工现场 耿玉和/视觉江苏网

【上合组织国际物流园被批准为国家级示范物流园区】 2月，国家发展改革委、自然资源部、住建部联合发文公布第二批国家级示范物流园区名单，上合组织国际物流园名列榜中，成为苏北地区首家获批的物流园区。园区于2017年组织申报国家级示范物流园区，到北京参加中物联组织的答辩评审，随后相继通过国家发展改革委、国土资源部、住建部组织的审查。此次评选对园区的区位交通条件、建设发展规划、货运能力、企业集聚、仓储面积、服务配套、经营业绩等进行严格评审。

【承接过境运输二手汽车轮胎套胎操作业务】 8月15日，首批从日本过境中国、发往吉尔吉斯斯坦的二手汽车轮胎集装箱海运至连云港，在上合组织国际物流园内完成拆箱套胎作业，连云港港开启“日中吉”二手汽车轮胎国际运输海铁公联运。二手汽车轮胎过境运输业务是日本等国出口至中亚地区的大宗常态业务之一。园区入驻企业中国外运陆桥运输有限公司揽取日本过境运输至吉尔吉斯斯坦的二手汽车轮胎业务。在园区内完成套胎业务后，利用新亚欧大陆桥海、铁、公多式联运方式进行过境运输。新方案与传统方案相比，运输时间减少三分之一以上、套胎费用降低30%。 （薛广东）

责任编辑 郭 云

连云港港

港区建设

【概况】 连云港港是"一带一路"支点建设的核心区，陆海联运、双向开放是连云港港的最大优势。港口陆上货运班列联通丝绸之路经济带沿线主要节点城市，海上班轮航线覆盖海上丝绸之路各沿途国家和地区，实现港口、航线、班列、场站的无缝对接。2018年，连云港港有主体港区——连云港区及"两翼"的赣榆港区、徐圩港区、灌河港区共4个港区，建成生产性泊位80个，其中万吨级以上泊位71个。综合通过能力1.6亿吨，集装箱通过能力309万个标准箱。全年港口货物吞吐量2.36亿吨，增长3.2%；集装箱474.56万标准箱，增长0.7%。港口铁路货运量年内首次突破4000万吨，达4187.5万吨，增长12.2%。海河联运完成1189万吨，增长38.6%。其中，煤炭、红土镍矿吞吐量分别增长54%和28%，混矿作业量增长54%。汽车、工程机械等滚装出口量2.3万台（辆），增长97%，跻身全国沿海第三位。"散改集"下水箱量完成4万标准箱，郑州至连云港铁海联运集装箱下海，重庆至连云港江河海双向联运正式运作。"两翼"港区吞吐量合计5176万吨，比2017年增长13.9%。

年内，开辟南非远洋干线和2条近洋航线；新增内河航线2条，实现苏北全覆盖。新开直航非洲、欧洲的滚装航线3条。运营至韩国仁川、平泽2条国际客货班轮航线，新开通连云港至日本邮轮航线。欧洲滚装航线、非洲杂货航线各增1条。中韩客货班轮运送集装箱量、旅客量完成8.3万标准箱和16万人次，邮轮航线运营20个航次、运送旅客近2.6万人次。开行国际班列826列，由小麦、棉纱、铁合金等货源拉动的东行班列运量比2017年增长57%。"日中欧"班列通道打通。哈国霍尔果斯无水港过境换装箱量突破13万标准箱，增长62%。铁路运量突破4000万吨，拖轮助泊1.8万艘次，港口自营物流代理配送量、贸易量分别突破1000万吨和350万吨。港口30万吨级航道二期工程加快建设，国家级综合保税区获批，"两翼"港区口岸正式开放，国际客运站免税店获得批复。连云港绿色智能港口建设与运营科技示范工程通过交通运输部验收。国际贸易"单一窗口"功能增强，"蓝

2018年，连云港港陆上货运班列和海上航线覆盖"一带一路"沿线城市，货物吞吐量2.36亿吨。图为连云港港主港区
张言华 摄

2018 年，徐圩港区货物吞吐量比 2017 年增长 47.94%。图为徐圩港区石化码头　　港口管理局　供图

宝星球”货运平台二期、口岸国际班列作业协同平台、市场营销信息平台等项目上线运行，集装箱智能理货系统率先在全省投入使用。连云港港与拉脱维亚、阿塞拜疆、格鲁吉亚等国铁路和港口签署合作协议，新亚欧陆海联运通道支撑作用更加突显。

【连云港区】 2018 年，连云港区拥有万吨级以上泊位 50 个，设计通过能力约 1 亿吨，进港航道等级为 25 万吨级，初步构建由南、东、北疏港高速，陇海铁路，连云港疏港航道等组成的综合集疏运体系。全年完成货物吞吐量 1.84 亿吨，比 2017 年增长 0.5%。滚装汽车出口突破 2 万台。中韩轮渡运输旅客 17.24 万人次，增长 30.14%。连云港至塔什干冷链物流试验箱实现首发。澳洲活牛单批最高运量近万头，刷新江苏口岸单次进口活牛数纪录。30 万吨级航道二期工程完成投资 18.1 亿元，连云航道完成疏浚 6400 万立方米。33 号泊位改扩建工程完工。旗台作业区液体散货泊位内部专用铁路工程具备试运行条件。

【徐圩港区】 2018 年，徐圩港区拥有万吨级以上泊位 11 个，设计通过能力约 4000 万吨，进港航道等级为 10 万吨级。全年货物吞吐量 1583 万吨，比 2017 年增长 47.94%。徐圩港区防波堤全面建成并通过竣工验收，液体散货区公共配套起步工程开工建设；徐圩 4 区围堤工程主体结构基本建成。盛虹炼化一体化配套港储码头完成前期审批，东华能源、卫星石化产业配套码头岸线获批，中石化 30 万吨级原油码头岸线上报交通运输部。徐圩港区液体散货区公共配套起步工程加快建设，完成水上管廊桥桩基施工；集装箱泊位区围堤工程和一突堤围堤工程基本具备开工条件，四港池支管廊工程等工程加快前期工作推进。

【赣榆港区】 2018 年，赣榆港区拥有万吨级以上泊位 4 个，设计通过能力约 1000 万吨，进港航道等级为 10 万吨级。全年货物吞吐量 1468 万吨，比 2017 年增长 11.3%。赣榆港区 10 万吨级航道延伸段工程推进倒滤层建设，防波堤二期延伸段工程开展用海征迁工作，15 万吨级航道项目完成预可研编制。华电 LNG 接收站项目工程可行性研究完成内部评审，赣榆港区 6 号液化烃专用泊位工程岸线使用通过省交通运输厅合理性评估。

【灌河港区】 2018 年，灌河港区拥有万吨级以上泊位 6 个，设计通过能力约 1000 万吨，灌河口进港航道等级为 5 万吨级。全年完成货物吞吐量 2125 万吨，比 2017 年下降 1.44%。灌河港区燕尾作业区实现外贸船舶停靠。灌河港区燕尾作业区一期、二期工程有序推进。　（夏正周　薛广东）

【连云港市入选港口型国家物流枢纽承载城市】 12 月 21 日，国家发展改革委、交通运输部联合发布《国家物流枢纽布局和建设规划》，提出到 2035 年基本形成与现代化经济体系相适应的国家物流枢纽网络。其中，连云港市被列为港口型国家物流枢纽承载城市。国家物流枢纽承载城市依托沿海、内河港口，对接国内国际航线和港口集疏运网络，实现水陆联运、水水中转有机衔接，主要为港口腹地及其辐射区域提供货物集散、国际中转、转口贸易、保税监管等物流服务和其他增值服务。

【连云港港“两翼”港区开放获得国务院批复】 2018 年底，《国务院关于同意江苏连云港口岸扩大开放的批复》下发，赣榆港区、徐圩港区和灌河港区正式获批对外开放。截至 2018 年底，连云港港北翼的赣榆港区逐步建设成为腹地经济发展和后方临港工业服务的综合港区，以液体散货和散杂货运输为主，兼顾发展集装箱运输的功能。南翼的灌河港区紧紧围绕“沿海产业港、海河联运港、灌河流域龙头港”的定位，可满足5万吨级散杂货船单向乘潮通航、2万吨级散杂货船全潮通航。徐圩港区依次布置石化产业服务的液体散货泊位区、干散货泊位区和通用泊位区以及装备制造业发展区等泊位，并通过人工运河与灌河相连通，实现港区海河联运功能。

【连云港港至南非集装箱直航航线开通】 12月9日，中远海运集团的“罗宾亨特”轮从连云港港新东方国际货柜码头29号泊位出发，开启南非远洋首航之旅。该航线开通后，连云港港实现直接与非洲主要港口集装箱班轮航线服务对接。该航线每周1班，每周六开航。

【连云港港成为江苏首个国际邮轮航线港口】 2018年，连云港港口控股集团与钻石邮轮公司、南京中旅结成战略合作伙伴关系，并联合连云港市城建控股集团，成立连云港东方邮轮发展有限公司。4月29日，隶属于精致钻石邮轮管理（上海）有限公司的“辉煌号”邮轮，在连云港港69号泊位起航，终点港为日本长崎。连云港港成为江苏首个开通国际邮轮航线的港口。船长189米，船宽28米，排水量4.5万吨，满载客数1300人。邮轮上设有大型餐厅、酒吧、剧院、娱乐场、免税店、健身房等娱乐设施。

（年 编）

【“日中欧”国际海铁联运航线开通运营】 6月28日，“日中欧”国际海铁联运集装箱首发仪式在连云港中哈物流合作基地举行，是日本货物首次通过中国过境运输至欧洲。“日中欧”国际运输海铁联运航线由中铁集装箱有限公司与中国外运有限公司合作运营，利用中铁集装箱中欧班列箱体从日本直接装箱，经海运至连云港等口岸，依托新亚欧海铁联运通道发运至欧洲等地。路线为日本横滨港至中国连云港的海上运输，再换乘通往哈萨克斯坦的国际集装箱班列，然后在中国霍尔果斯口岸再转乘通往德国汉堡的国际集装箱班列，全程27天，比以往节省15天。中国外运陆桥运输有限公司与中铁集装箱运输有限责任公司联合组织开展日本货物经新亚欧大陆桥至欧洲的过境运输测试，包括振动系数、运输及节点的通关和换装效率等，并首次系统性地把“一带一路”过境物流服务延伸到日本。

（沈 刚）

【30万吨级航道一期工程获得詹天佑奖】 12月，连云港港口30万吨级航道一期工程获得中国土木工程学会颁发的第十六届中国土木工程詹天佑奖，是连云港市港口水运工程首次获得此项荣誉。连云港港30万吨级航道呈人字形布置，是国内乃至世界上在开敞海岸淤泥质浅滩建设的等级最高的人工深水航道。该工程创造在淤泥质海岸航道建设中等级最高、开挖厚度最深、开挖里程最长、疏浚量最多四个“世界第一”。航道建设先后攻克岸滩稳定性、航道回淤、航道疏浚施工等关键技术难题，取得一批创新成果，为国内开敞海域淤泥质浅滩“浅水深用”建港提供有力的技术支撑。

【第五届国际港航合作论坛】 9月19日，第五届国际港航合作论坛在连云港举行，哈萨克斯坦铁路快运股份有限公司、波兰宽轨铁路公司、阿塞拜疆巴库国际贸易海港以及中国远洋海运集运有限公司、中国外运长航集团、中铁国际等国内外港航物流企业参加论坛，连云港市委副书记、代市长方伟出席论坛并致辞。论坛的主题是“合力打造港航路园物流体系，共建亚欧跨境国际运输通道”，旨在通过搭建多方合作平台，发挥连云港的枢纽功能，推进深水大港、远洋干线、中欧班列、物流园区的融合联动，不断完善跨国际、跨行业、多元合作、多式联运的国际物流体系，共建共用新亚欧跨境国际运输通道。会上，哈萨克斯坦铁路快运公司总裁伊斯卡科夫，中国远洋海运集运有限公司副总经理隋军，中国外运华中有限公司副总经理张涛，波兰宽轨铁路公司董事达里乌什西科拉，阿塞拜疆巴库国际贸易海港总裁高级顾问拉沙德·卡里莫夫，连云港港口控股集团有限公司总裁朱向阳围绕论坛主题分别作主旨发言，同时发布《连云港利用新亚欧陆海联运通道，打造“一带一路”标杆与示范项目路径分析》课题研究成果。

【连云港港绿色智能港口建设与运营科技示范工程通过验收】 12月6日，连云港绿色智能港口建设与运营科技示范工程通过交通运输部组织的验收。连云港科技示范港于2012年12月经交通运输部批准立项建设，共有11个具体的建设项目，其中工程建设领域5个、港口运营领域6个。至2018年底，11个建设项目全部完成，累计完成投资约2.7亿元。形成国家标准1项、行业标准4项、地方标准2项；获得软件著作权和软件产品证书43件、专利53件。工程建设类5个项目取得的主要成果，在30万吨级航道和一体两翼港区的码头、防波堤等工程实践中加以推广应用。通过港口运营类建设项目的实施，港口能耗强度下降15%，二氧化碳排放强度下降27%。

【港口出口汽车刷新纪录】 2018年，连云港港首次完成出口澳洲车辆熏蒸作业，达到澳洲进口货物标准，成为全国唯一完成该项作业的港口。在“航线+货源”的双轮驱动下，逐步形成良性循环发展模式，吸引上汽、徐工、安凯、宇通、福田等全国出口机械车辆重要企业选择在连云港港出口汽车。全年连云港港共作业滚装船舶83航次，累计出口各类客车、汽车、工程机械等车辆2.3万辆，比2017年增长91.7%，刷新近年来港口车辆进出口纪录。（年 编）

临港产业区

【江苏柘汪临港产业区】 江苏柘汪临港产业区于2005年启动建设，至

柘汪临港产业区项目建设现场 赣榆区 供图

2018年，形成石油化工、钢铁制造及上下游加工、临港物流、海洋食品加工四大产业板块。园区有规模以上工业企业24家，2018年完成规模以上工业投资12亿元，工业应税销售收入372亿元，工业开票税收16.2亿元。其中，新海石化、镔鑫特钢分别名列中国民营500强企业第308位、第309位。

2018年，园区继续做大做强“两大四新”产业，即石化、钢铁两大支柱产业，高端装备制造、石化新材料、海洋产品深加工和现代物流四大新兴产业。新海石化进行四期工程100万吨/年连续重整项目的开发建设，镔鑫特钢建成全国首家封闭式智能物料仓。诚泰车辆多功能推车及轮胎制造、荷润化工、丽鑫实业、天富二期、中汇矿业等一批项目按序时进度推进。天富食品完成高新技术企业上报。镔鑫特钢一种连铸坯在线直接轧制细晶钢技术获已授权发明专利，天富食品连续蒸发结晶系统发明专利成功转让。获批实用新型专利20项。对接产学研项目30余个，镔鑫钢铁集团与西安电子科技大学签订框架协议，为院校提供人才实习和就业培训，与南京大学、连云港高新技术研究院合作研发；天富食品与南京工业大学及淮海工学院合作开发铁锂化合物的合成及应用，签订技术开发合同。 （鲁守洋）

【灌云县临港产业区】 灌云县临港产业区总体规划面积116.89平方千米，重点发展港口物流、石油化工、装备制造、新材料、新能源等产业。2018年，园区工业应税销售收入34.59亿元；一般公共预算收入2.45亿元，工业用电量1.71亿千瓦时；实际利用外资及港澳台资656.6万美元；规模以上固定资产投入完成投资66亿元，其中工业规模以上固定资产投资52.6亿元；燕尾作业区港口吞吐量突破1000万吨，比2017年增长53.8%。全年新签约过亿元项目12个，新开工过亿元项目6个，新竣工过亿元项目8个。临海新材料实现烘炉，和风风电建成投产，利民造纸、俊达科技、沙英喜科技等项目加快推进。依托港口开放和海河联运优势，提升1、2号码头运营质效，加快3号码头行政许可等手续办理；基本完成总投资5400万元一级渔港码头建设；完善口岸开放联检中心网络化、信息化等基础设施。2万平方米标准化保税物流仓库一期工程建设加快推进，《连云港港灌河港区燕尾作业区详细控制性规划》修编，加进口木材检疫除害处理区前期工作快推进，东门河航整治、东灌线“五改三”航道升级完成，灌河航道疏浚列入交通部规划。2018年12月底，灌云口岸正式获批对外开放。

4月18日，中央电视台经济频道“经济半小时”节目以《非法排污几时休》为题，报道灌河口相关化工园区环境污染问题。灌云县成立专案组，按照省市部署要求，对中央电视台报道涉及灌云县环保问题逐条调查核实，迅速落实整改措施。新建成新港污水厂、光大回转窑焚烧项目，加快推进化工区15千米防护林工程，全面启动胜科一级A标准提标升级改造、智慧园区、公共管廊、新沂河排口明管改造等工程，加快提升环保基础设施承载力。针对《江苏省人民政府办公厅关于印发全省沿海化工园区（集中区）整治工作方案的通知》中规定沿海化工园区（集中区）应推进智慧园区建设要求，委托资质公司编制《智能化和信息化管理平台可行性研究报告》和智慧园区设计方案。至2018年底，总投资3000万元的智能化和信息化管理平台建设完成立项并进入招投标程序。推进公共管廊建设，完成《综合管廊规划方案》及设计图纸，计划总投资3.2亿元，采用分步推进的方式统一铺设架空工艺物料管道、公用工程管道、供热管道、污水和管道计量用数据通信光缆的公共管道通廊，管网总长度26千米。至年底，该项目完成施工招投标。

（袁青山）

【灌河半岛临港产业区】 灌河半岛临港产业区位于灌河入海口，规划面积25.42平方千米。至2018年，园区集聚形成钢铁冶炼、物流仓储、船舶修造等核心产业板块，以临港制造业等产业构成的外向型、大型化为典型特征的临港产业体系的集聚效应粗具规模。2018年，实现工业应税销售收入160亿元、税收收入6.3亿元、工业增值税2.96亿元、企业所得税2.45亿元；新签约总投资20亿元的江苏延展金属精加工项目、总投资50亿元的兴鑫钢铁H钢项目、总投资2亿元的明智金属科技有限公司年产100万吨矿渣微粉项目、总投资1.5亿元的圣瑞再生物资回收有限公司年处理加工120万吨废钢项目等超亿元项目4个。

2018年，园区有大型钢铁企

业2家，分别是兴鑫钢铁、亚新钢铁，分别实现应税销售收入88亿元、70亿元，比2017年增长22%、26%，钢铁行业向产业链高端及深加工延伸，实现减产增效。船舶修造产业有名洋船业、海中洲船业、胜华船舶修造3家企业在产，年产船舶30艘。现代物流产业进驻灌河国际、中储粮、中交三航五公司3家国有企业。临港产业区建成5000吨以上泊位11个，布局形成堆沟、九队、五队、田楼、长茂5个港口作业区，货物品种涵盖矿石、煤炭、卷钢、塑料颗粒、大型预制件、粮食、砂石等，年货物吞吐量2000万吨，年内引导社会资本通过合作共建模式参与港口码头和临港产业组合开发，启动1个5万吨级泊位和2个5000吨级泊位手续办理，打造灌河临港物流体系。开展环保整治专项行动，对企业乱堆乱放、非法侵占空间、物料露天堆放、工地扬尘等行为进行集中整治；开展灌河沿线（临港段）非法码头整治，拆除非法码头2个；对船舶企业进行油漆大气污染专项整治；对2家钢铁企业现场检查，11个环境问题整治达标。兴鑫、亚新钢铁开展“花园式工厂”建设，投资10亿元，新建原料场地密闭、炼钢三次除尘等16个环保技改提升项目。（王 伟）

口岸管理

【概况】 2018年，连云港市政府印发实施《连云港口岸提升跨境贸易便利化水平工作方案》《关于支持连云港海关发展推动高水平开放的意见》。压缩整体通关时间，市港口管理局制定实施《连云港口岸压缩货物通关时间工作措施》《2018年度提升连云港中欧班列口岸大通关效率实施方案》，优化通关环节，推进完善国际贸易“单一窗口”功能。全面启动口岸提效降费工作，公示所有口岸收费，对收费项目进行全面清理整顿。（夏正周）

【关检机构改革】 2018年，根据海关总署统一部署，原连云港出入境检验检疫局职责和队伍整体划入海关。8月1日起，实施进出口货物整合申报，原报关单、报检单合并为一张新报关单，原报关报检系统整合为一个申报系统，通过录入一张报关单，上传一套随附单证、采用一组参数代码，并参照国际标准统一国别（地区）、港口、币制等8个共有项代码。全面实现机场和中韩班轮旅检通道、货物通关、运输工具检疫、辐射探测、对外“一个窗口”办理等业务的优化融合。原报关、报检229个申报项目精简为105个。

【海关通关管理】 2018年，连云港海关征收税款155.13亿元，比2017年下降3.1%，其中关税16.24亿元，增加3.3%；进口环节税138.89亿元，下降3.8%。审核进出口报关单26.44万份，其中进口4.44万份、出口22万份，分别增长7.9%、9.6%和7.5%。监管连云港口岸报关货运量8263.5万吨，下降4.5%；监管进出口岸货运量1.05亿吨，增长5.5%；监管进出境集装箱99.5万标准箱次，增长6.5%；监管船舶7894艘次，下降6.4%；监管飞机674航次。办理减免税197笔，审批货值1.28亿美元，下降55.78%，减免“两税”9372.94万元，下降54.05%。监管进出境旅客22.52万人次，其中进境旅客11.29万人次、出境旅客11.23万人次。班轮现场监管进出境旅客19.12万人次，空港现场监管进出境旅客3.4万人次。刑事立案11起，案值2.3亿元，涉税3330万元；行政立案237起，案值10.9亿元、涉税9031万元，罚没入库1284万元，补税368万元。

年内，连云港海关开展税收征管制度改革，推行自报自缴、电子支付、关税保证保险等改革。关税保证保险单改变企业以往缴纳保证金或提供银行保函的海关事务担保模式，如进口企业（投保人）未按海关规定缴纳关税，保险公司将按保险合同的约定向海关赔偿投保人应缴纳的税款。自报自缴改革由进出口企业、单位向海关申报报关单及随附单证、税费电子数据，并自行缴纳税费，改变原有的先审核后放行模式，实现货物放行时间提前，海关转为全流程抽查。压缩整体通关时间，年末进口整体通关时间87.53小时，压缩50.34%；出口整体通关时间13.8小时，压缩58.23%。实现多式联运货物进场至离境各物流环节电子化监管，多式联运监管实现7天24小时自动作业，转关货物审放时间压缩至几分钟。开展严禁“洋垃圾”进境“蓝天2018”专项行动，查获固体废物1.91万吨，其中禁止进境固体废物1.83万吨，均在第一时间进行退运出境处理。（周大卫）

2018年，连云港口岸在江苏率先开通进口海运快件业务。图为海关工作人员在连云港保税物流中心对已申报的进口海运快件扫码

王健民／视觉江苏网

【出入境检验检疫】 2018年，连云港口岸检验检疫出入境货物3.21万批，比2017年增长1.95%；货值147.35亿美元。其中，出境货物1.94万批，货值10.25亿美元，分别下降20.47%、13.24%；入境货物1.27万批、货值137.1亿美元，分别增长5.32%、1.16%。检出不合格货物1466批，货值25.49亿美元，不合格率分别为4.57%、17.3%。查验出入境人员35.22万人次，增长35.78%；其中，健康检查9600人次、艾滋病监测9200人次、预防接种3605人次，分别下降13.24%、14.78%、8.01%。检疫出入境船舶5300艘次，下降4.33%；检疫出入境飞机300架次。在全国口岸首次截获有害生物——暗褐蜡天牛。

建立多式联运监管机制，支持港口海河陆铁多式联运业务发展。完善进口粮食、水果、种苗、肉类、进境屠宰牛等指定口岸功能，完成2批4687头澳洲屠宰牛的检疫和屠宰监管。创新实施“一船一港两场隔离”检疫监管模式，保障9265头乌拉圭种牛顺利入境，服务“安格斯种牛繁育项目”精准脱贫项目。重点支持海州区种苗、连云区跨境电商、赣榆区海福特、灌南县食用菌和皮张加工等特色产业发展。全市食用菌及其制品出口7633万美元，增长221.6%。扶持连云港花王农业1万株多肉植物首次打入国际市场。建成江苏首家食品农产品技术贸易措施评议基地。清理进口固废“僵尸企业”8家，退运氟含量超标铜精矿1批、固体废物5批。开展口岸“天平行动”，查出进口货物短少重量11.2万吨，出证索赔1659.8万美元。创新驻点专项检验和入区预检验等监管方式，服务保税混矿项目，开展保税混矿监管业务量942万吨，增长41%。

（余娟娟　谢宪华）

【海事管理】 2018年，连云港海事局维护2.1万艘次船舶进出港，比2017年增长4.3%；货物吞吐量2.36亿吨，增长3.14%；港口建设费开票征收5.89亿元，油污基金9.32万元，规费征收86.85万元。开展船舶安全监督检查2778艘次，其中港口国监督362艘次、船旗国监督527艘次，滞留船舶57艘次，纳入重点跟踪船舶19艘次。开展巡航2554艘次，增长30%，巡航里程4.14万海里，下降15.1%。实施海事行政处罚435起、540件，罚款总额491.2万元，分别增长222.2%、160.9%、350.8%。连云港海域发生水上交通事故21起，6人死亡失踪，7艘船舶沉船，直接经济损失1993万元。搜救成功率92.57%。全年办理船舶登记635艘次，签发船员证件3.21万本。

年内，连云港海事局印发《连云港海事局平安交通三年攻坚行动（2018—2020）》，推进水上安全监督管理工作改革发展。与连云港海关签署《船载危险货物安全监管合作备忘录》，设置联合查验区，建立船载危险货物集装箱监管新模式，船载危险货物谎报瞒报的查处率提高近30%。全国首家AIS（船载船舶自动设别系统）智能监测模块在VTS（船舶交通服务系统）上线，船舶监督和险情处置能力明显提高。连云港海事局推出政务服务并联办理、清理涉企收费等10项“放管服”改革具体举措，行政许可平均办结时间比规定下降55%。复制推广自由贸易试验区经验，推行保税燃料油供油企业信用监管等5项具体措施。启用国际贸易“单一窗口”标准版办理国际航行船舶进出口岸。编制《连云港市海上旅游游艇管理规定》。保障“和谐云港”客货班轮进出港202航次、“辉煌号”豪华邮轮进出港44航次，安全载运旅客16.6万人。开展船舶燃油抽检150艘次。发布《连云港市防治船舶及其有关作业活动污染海洋环境应急能力建设规划》，修订连云港市《海上溢油应急预案》《海上危险化学品事故应急预案》。连云港海事局被评为全国交通运输文化建设优秀单位。开展砂石船整治专项行动80次，查处非法砂石运输船舶161艘。开展“碍航养捕”整治联合行动20余次。追究船检责任18起，其中国际认可组织4起。在灌河海事处设立警务工作站，在赣榆成立服务港区指挥部。

（王　宁）

【边防检查】 连云港边防检查站是江苏省成立最早、编制人数最多、海港业务量最大的一类边防检查站。2018年，连云港边防检查站担负连云港口岸65个开放泊位、5个海上锚地、1艘中日邮轮、2艘中韩客货班轮以及白塔埠机场出入境边防检查任务。检查出入境（港）船舶7094艘次，飞机242架次，旅客、员工31.3万余人。边检业务量居全省水港口岸之首、全国水港口岸第九。查处违法违规案件13起、28人次，查控处理三级报警48起，阻止未持有效证件出入境人员5起、5人次，遣返不准入境人员1人。圆满完成青岛上海合作组织峰会、连云港论坛、上海进口国际博览会边防安保任务。连云港边检站被表彰为江苏省学雷锋示范点、江苏省文明单位。（刘益辉）

责任编辑　郭　云

交通

综述

【概况】 连云港是“一带一路”支点城市和全国性综合交通枢纽，初步构建了公、铁、水、空较为完备的综合交通运输体系。截至2018年底，连云港市公路总里程1.19万千米，密度161千米/百平方千米。航道总里程1110.55千米，有通航船闸5座，水上服务区1个。全市有公路客运场站42个。内河港口10个，码头泊位55个，码头泊位总长2860米。铁路里程达219千米，客运站4个。机场1个。全年交通建设投资118.6亿元。连盐铁路、连青铁路建成通车，铁路综合客运枢纽一期投用，连淮扬镇、连徐高铁快速推进。30万吨级航道二期工程加快建设，徐圩港区防波堤全面建成，旗台作业区专用铁路试运行。连云港新机场项目工程可行性报告通过评估，场道地基处理试验段、连淮高速新机场互通连接线开工建设。连淮高速扩建、连宿高速纳入省高速公路网规划，徐宿连航道纳入省干线航道网规划。

【连云港市综合交通运输体系发展战略及规划会商会】 10月11日，省交通运输厅厅长、党组书记兼省铁路办主任陆永泉一行到连云港市会商《连云港综合交通运输体系发展战略及规划》。会议提出新建连临高铁、沿海高铁、新机场扩容为4E等级、城区快速路建设、开行公交化班列等建议方案，到2022年，连云港市建设港口、物流基地、新机场、干线公路、铁路、航道等重点交通项目60个，总投资约998亿元；到2035年，建成“面向国际、承东启西、辐射南北、便捷高效”的现代综合交通运输体系，全面建成全国性综合交通枢纽。发挥新亚欧陆海联运通道优势，加快30万吨级航道二期、码头以及国际物流基地等重大项目建设，加快中欧班列、集装箱航线、海铁联运等发展，打造“一带一路”合作倡议的标杆和示范项目。

（张　翔）

公路

【公路建设】 至2018年底，连云港市公路总里程1.19万千米，密度161千米/百平方千米，其中高速公路354千米、一级公路838.82千米、二级公路1741.86千米、三级公路776.18千米、四级公路8198.73千米、等外公路3.3千米。全年国、省干线公路建设完成投资13.4亿元，建成通车里程82.4千米。204国道海州至灌南段、268省道东海苏鲁界至洪庄段、345省道灌南新港大道三期、242省道苏鲁界至青口段、228国道灌云段二期等建成通车，242省道朝阳互通和267省道赣榆段基本建成，236省道东海至灌南段、233国道灌云北环段、311国道东海改线段以及242省道上合组织物流园区段、东辛农场段有序推进。制定交通运输行业扶贫三年行动计划，启动乡村振兴战略交通运输专项规划研究，完成石

11月5日，242省道连云港市朝阳互通跨越陇海铁路首片30米箱梁完成架设

耿玉和/视觉江苏网

12月26日，连云港综合客运枢纽一期投入使用　　王健民　摄

梁河库区国、省干线公路建设，重点扶贫片区农村公路建成100千米，推进灌云县7个撤渡建桥工程。农村公路建、管、养、运协调发展，全年新建、改建农村公路1000千米，改造桥梁30座，实施农村公路安全生命防护工程，赣榆区创建省级“四好农村路”示范县。

【公路运输】 2018年，全市完成公路客运量4290万人次，客运周转量33.02亿人千米；公路货运量9965万吨，货运周转量191.29万吨千米。全市有道路旅客运输经营业户（不含出租业户）23户，其中班车客运经营业户12户、镇村公交经营业户4户、旅游包车客运业户7户。全市有道路旅客运输企业23家，车辆1217台、座位4.14万个。客运场站42个，其中一级客运站4个、二级客运站4个、农村客运站34个，二级以上客运站实现全省联网售票。全市有客运线路359条。其中，省际班线59条、车辆113台，市际班线141条、车辆233台，县际班线54条、车辆206台，县内班线105条、车辆339台。高速客运班线167条，800千米以上班线8条。行政村客运班线通达率100%。全市有货运经营业户2.52万户，货运车5.65万辆、77.34万载重吨，道路化学危险品运输企业50家、车辆2719台。全年新增甩挂牵引车等专业运输车辆20台。　　（张　翔）

铁路

【铁路建设】 2018年，连云港进入高铁时代，青盐铁路通车，连淮扬镇、连徐高铁加快建设。

青盐铁路由原连盐铁路、青连铁路合并而成，全线共设置青岛北站、红岛站、洋河口站、青岛西站、董家口站、两城站、日照西站、岚山西站、赣榆北站、赣榆站、连云港站、海州站、董集站、灌云东站、响水县站、滨海港站、阜宁东站、射阳站、盐城北站19个站点。连盐铁路正线全长234千米，工程投资260亿元，设计时速200千米/小时，其中连云港段长196千米，投资143亿元，2013年12月开工建设；连青铁路正线长194千米，工程投资估算总额238亿元，设计速度200千米/小时，其中江苏段7.9千米全部位于赣榆区，投资7亿元，2014年11月开工建设。2018年，青盐铁路完成征地拆迁、工程建设、联调联试、初步验收，12月26日投入运营。

连淮扬镇铁路正线全长305.2千米，工程投资总额464.62亿元，设计速度250千米/小时，沿途设灌云站、灌南站、涟水站、淮安东站、宝应站、高邮北站、邵伯站、泰安站、江都站、扬州高铁站、丹徒站、镇江站。连云港段经过灌云县、灌南县，共47.6千米，投资60亿元，2014年12月开工建设。2018年，连淮扬镇铁路连云港段完成征地拆迁、路基桥梁、箱梁建造和架设，进入铺轨阶段。

连徐高铁正线全长180.4千米，初步设计概算投资261亿元，设计时速350千米/小时，沿途设有连云港、东海、新沂、邳州等站点，其中连云港段约55千米，投资90亿元，2016年11月开工建设。2018年，连徐高铁连云港段基本完成红线内征地拆迁，进行路基、桥梁建设和箱梁浇筑、铺架。

陇海线连云至连云港东增建第二线（连连二线），正线长度12千米，工程投资4亿元，2018年2月投入运营。

【铁路运输】 2018年，连云港境内铁路客运总量完成404.48万人次，

12月26日，连徐高铁包庄段连续梁合龙　　王健民/视觉江苏网

比2017年增长2%。铁路货运总量5473.17万吨，增长11.1%。

12月26日，连云港铁路综合客运枢纽一期投入使用。连云港综合客运枢纽一期项目由市交通控股集团投资建设，工程总占地面积12.3万平方米，总建筑面积4.1万平方米。地下车库位于地下一层，建筑面积3.87万平方米，开挖深度6.85米，为全市最大单体地下车库，建设停车位772个，其中含无障碍车位18个、充电车位18个、出租车位60个。人民路下穿隧道位于地下二层，全长1149米（暗埋段825米），双向四车道，设计时速50千米/小时，开挖最大深度17米，为全市最长最深城市下穿隧道。高架匝道设置为单向三车道，车行平台为单向四车道，与站房衔接。2017年12月基本建成，进入工程扫尾。2018年，完成消防、人防、规划、环保等7个专项验收。12月24日，工程通过专家组竣工验收。（张　翔）

空港

【机场建设】 2018年，连云港机场改建、扩建国内候机厅，增加候机面积980平方米，增加停车场面积4750平方米。开展口岸核心能力建设，加大投入卫生检疫查验场所、专业用房、处理场所等设施设备。成立口岸核心能力建设领导小组，制定突发事件应急处置预案，建立饮用水安全方案和水质监测计划、固体和液体废弃物管理制度等。11月15日，连云港机场通过海关总署卫生检疫核心能力建设达标验收。加快推进新机场建设。1月27日，连云港新机场项目立项获国务院、中央军委批复。到年底，项目社会稳定风险评估、能效评价、水土保持方案、土地预审获批。完成场址内2条220千伏和1条500千伏高压线迁改工作。11月28日，连云港民用机场迁建工程地基处理试验项目启动，场址红线内征地拆迁基本完成。

【航空运输】 2018年，连云港机场在运航线30条，通达北京、上海、广州、徐州、厦门、哈尔滨等27个国内城市和泰国曼谷。其中新开通南京—连云港—呼和浩特、石家庄—连云港—福州、宁波—连云港—大连、大连—连云港—贵阳、重庆—连云港5条航线。全年保障飞机起降1.5万架次，完成旅客吞吐量151.62万人次，货邮吞吐量2906吨。全年总收入8060万元，上缴税金83万元。结合航班实际，实时调整航班动态、登机信息和航班延误预警服务信息。推行无纸化便捷出行，维护升级安检信息系统及“航旅纵横”APP，安装人脸识别系统，更换扫描枪，使二维码登机牌更加便捷有效。机场实现第34个航空安全年。（仰珊杉）

航道

【航道建设】 2018年，连云港境内有内河航道83条，总里程1110.55千米，其中三级航道147.02千米、四级航道75.1千米、五级航道90.95千米、六级航道64.24千米、七级航道135.34千米、等外级航道597.9千米。全市有通航船闸5座，水上服务区1个。全年投资3980万元，连申线灌河西段航道整治工程完成疏浚工程项目交工验收，护坡完成招标工作。投资1000万元，实施疏港航道灌云段水毁应急抢修工程、疏港航道标志标牌完善工程、盐河航道灌南城郊段疏浚工程、疏港航道灌南义泽河口段护岸修缮工程，改善干线航道通航条件。全年开展航道普查731千米，为后续航道规划和功能分类提供数据支撑。市政府印发《内河干线航道沿线非法码头整治工程实施方案》，拆除海州区行飞物流码头、灌云宗堂码头、庆平水泥厂码头等疏港航道沿线8个非法码头。投入船闸运行维护经费660万元，船闸通航保证率100%。投入航道日常维护经费156万元，开展航道护岸维护、航道疏浚、清障扫床、航标及标志标牌维护、流量观测、船闸机电等日常养护工作，航道日常维护完成率、干线航道通航保证率、航标正常率均为100%。

【内河运输】 2018年，全市有水路货物运输企业44家、水路运输辅助业企业6家，其中5万吨以上国内水路运输企业8家。营运船舶总数1145艘，106.2万载吨重。其中，沿海船舶308艘、56.7万载吨重，内河船舶837艘、49.54万载吨重。内河水路液货危险品运输企业1家，船舶17艘、9134载重吨。海运危货企业1家，海运危货船舶1艘，1277载吨重。全年完成水路货物运输量2024万吨，货运周转量161.31亿吨千米，内河港口货物吞吐量1390.66万吨。5座船闸开放闸次5.94万次，过闸单机船舶13.71万艘，船舶通过量1.2亿吨。全年征收过闸费3317.46万元，减免过闸费876.41万元，免收集装箱船舶过闸费101.38万元。巡航里程1.88万千米，扫床总里程895.95千米。

（张　翔）

灌南县沂南船闸　　宋雅亮/视觉江苏网

多式联运

【概况】 2018年，连云港市入选国家物流枢纽布局承载城市。国家多式联运示范工程取得阶段性成效，国家级甩挂运输试点通过交通运输部验收，开展“互联网+”无车承运物流试点。以新亚欧大陆桥大通道为依托，创新“一平台、三支点、四线路”的多式联运格局，构建以港口为核心枢纽的海铁、公铁、海河多式联运模式。港口集疏运体系“互联网+多式联运”生态圈初步形成。“前港后站、海陆互通、一体运营”的物流运输优势和“一次申报、一次查验、一次放行”的创新监管流程便利优势充分体现。集装箱吊具散货装卸专用箱项目获得国家专利。首创港铁电子数据交换双向通道、32种报文标准，被交通运输部水运科学研究院引用为行业标准。实施哈萨克斯坦小麦过境业务“集改散”、沥青罐箱“船站直取”等创新流程。全年连云港港新增至越南、泰国等6条航线。内河港新增至宿迁、徐州2条内河航线，海河联运量完成1189.2万吨，海铁联运完成33.86万标准箱，公路甩挂业务引进江浙沪甩挂运输联盟，2家企业成为江苏省无车承运人试点，公路港进出车辆44万余辆。

【“互联网+”无车承运物流试点】 2018年，连云港吉安集装和甩挂运输交易中心有限公司、连云港源立福有限公司成为江苏省无车承运人试点单位。全年整合社会车辆6674辆，完成运量189.18万吨，年内上报合格运单4.82万单，合格率87.24%。

（张　翔）

行业管理

【概 况】 2018年，连云港市投入4500万元，加强运输道路小修保养。投资2亿元，实施养护大中修工程4个，总里程43.6千米。完成5座危桥改造项目。对272座桥梁进行定期检测，完成300米桥梁伸缩缝、600个桥梁支座更换以及20座桥梁桥头跳车专项维修工程。交通运输部门加强路政管理，完成路政巡查及清障里程45万千米，拆除违建50处，清除非法堆积物1.7万立方米、摊点2708个、非标悬挂物1756块。处理路政案件2657起，办理许可58件。开展市区非标三、四轮车集中整治，查处非标三、四轮车727辆次。全年免费放行鲜活农产品运输车辆18.92万辆，免征通行费329.07万元；免费放行港口集装箱和中欧、中亚班列集装箱运输车辆2308辆，免征通行费7.56万元；通行持运政苏通卡货车5.9万辆，减免通行费21.1万元。重大节假日期间，免费通行七座以下小型客车14.66万辆，免收通行费146.6万元。开展客运包车、非法网约车等专项整治，查处道路运输案件1320起，其中非法营运类案件775起。加强桥梁健康监测和专项养护，国、省道MQI（公路技术状况指数）值达93.2，PCI（公路路面状况指数）达90.43%，RQI（路面行驶质量指数）优良率91.94%。市交通运输局完成公路权属部分城乡道路指路信息一体化建设。推进农村公路管理办法立法工作，做好政务服务网上办理服务。推进绿色循环低碳交通运输发展，编制2018年度绿色交通实施方案，2个项目申报省级交通运输节能减排专项资金。成立市交通运输综合指挥中心，完成软件一期工程，实施软件二期工程。

【车辆超载治理】 2018年，全市开展治理超载专项行动，出动3.26万人次，查处超限超载车辆4710台次，卸驳载货物23.5万吨，对316台改装车辆恢复出厂状态，对4618名驾驶员驾驶证记分，超限率控制在省定3%目标以内。针对228国道超限超载运输严重现象，灌河大桥新增1个治超站点，灌云县、灌南县各建设1个治超站点。

【交通干线沿线环境综合整治】 2018年，全市开展交通干线沿线环境综合整治行动。全年交通干线沿线新增绿化面积1000万平方米，新建、改建辅道81千米，归并平交道口522处，整治非法码头28个，建成204国道海州段、灌云段和盐河航道灌南段等绿化亮点工程。推进国省干线安全防范工程建设，在全省率先完成施工图审查等前期工作，完成464省道、242省道等道路安全防范工程100千米。

（张　翔）

责任编辑　徐　敏

海洋经济

综述

【概况】 2018年，连云港市贯彻落实海洋强国战略，科学开发利用海洋资源，加快由海洋资源大市向海洋经济强市转型。全市实现海洋生产总值744.8亿元，占全市地区生产总值的27%，滨海旅游业、海洋渔业、海洋交通运输业增加值位列前三，分别为124.11亿元、75.2亿元、75.03亿元。全市海洋经济形成海洋渔业、滨海旅游业、海洋交通运输业、海洋装备制造业、海洋化工等产业协同发展的良好格局，成为全市经济发展的重要增长极。海洋交通运输业快速增长，连云港港完成吞吐量2.36亿吨、集装箱474.56万标准箱，海河联运1189.2万吨。国际贸易"单一窗口"建设成效明显，口岸通关和贸易便利化水平显著提升。滨海旅游业高质发展，全年接待游客3300万人次、旅游收入440亿元。海洋渔业转型升级，创建成国家级出口示范区和全国休闲渔业示范基地，海洋渔业总产值183亿元。海洋战略新兴产业持续壮大，产值突破1100亿元，占规模以上工业产值比重达20%。11月，连云港市入选全国首批国家级海洋经济发展示范区。

【海洋经济调查】 2018年11月，连云港市在全省率先完成第一次全国海洋经济调查工作，是全国首个通过市级验收的城市。调查工作于2016年启动，对全市7500家涉海底册法人单位进行初筛，先后完成入户清查4964家、海洋产业调查1614家、海洋相关产业调查827家、海洋专题调查201家。同时完成海洋经济调查研究报告、海洋经济地图、2016年度和2017年度全市涉海规模企业综合发展情况调查，以及涉海企业信用评估研究。根据调查，连云港市拥有除海洋油气业之外的23类海洋产业。其中，前五大海洋产业占全市海洋经济比重达60%以上，依次为海洋交通运输业、滨海旅游业、海洋渔业、海洋船舶工业和海洋化工。

2018年，连云港紫菜养殖规模和交易量均居全国首位。图为紫菜育苗
王健民　摄

【连云港市入选全国首批海洋经济发展示范区】 11月23日，国家发展改革委、自然资源部联合下发《关于建设海洋经济发展示范区的通知》，支持全国14个海洋经济发展示范区建设，江苏连云港海洋经济发展示范区获批，重点推动国际海陆物流一体化模式创新，开展蓝色海湾综合整治。连云港海洋经济发展示范区总建设面积约148.5平方千米，呈"一区涵三片"的空间格局，主要包括大型综合性智慧港口（48.6平方千米）、现代化国际合作物流园（44.89平方千米）和滨海国际商贸生态宜居旅游新城（55平方千米）3个片区，重点围绕国际海陆物流一体化深度合作、海洋服务业集聚发展、蓝色海湾综合发展、公共智慧海洋服务等方面发挥示范引领效应。　　（韩　飞）

海洋渔业

【概况】 2018年，连云港市实现海洋渔业总产值183亿元。海水产品总量45.42万吨，其中海水捕捞13.09万吨、海水养殖32.33万吨。海水养殖面积4.92万公顷。海水捕捞主要

品种有小黄鱼、鲅鱼、鲳鱼，海水养殖主要品种有南美白对虾、紫菜、大菱鲆等。全市完成贝藻育苗养殖一体化车间、加工冷冻车间等陆基工厂化建设2万平方米、深水抗风浪网箱40余个，普通网箱100余个。全市紫菜养殖面积1.9万公顷，比2017年增长7%，养殖规模和交易量均位居全国首位。采用玻璃钢插杆的深水紫菜养殖面积超过0.47万公顷。

（韩 飞）

【海产品电商培育】 2018年，赣榆海头镇有利用网络平台经营海鲜产品的商户3600户，从业人员1.5万余人，实现网上交易额15.5亿元。海头镇被省商务厅评为江苏省电子商务示范镇，其辖下海前村、兴庄村被评为省级农村电子商务示范村。

（沙 莎）

【国家级海洋牧场示范区建设】 连云港海州湾国家级海洋牧场示范区位于全国八大渔场之一的海州湾渔场，海洋生态优良，2015年11月入选首批国家级海洋牧场示范区。连云港市因地制宜选划鱼礁投放区域和礁型，形成以方形礁、三角礁、十字礁和塔形石块礁为主的“保护+增殖”型鱼礁组合构建模式，完善海洋牧场区生态结构和功能。多方筹措资金，投放人工鱼礁，开展增殖放流，修复海洋生态，促进资源恢复。至2018年，累计投入2.2亿元，形成礁群39万立方米，建成海洋牧场调控面积170平方千米，为海洋生物提供良好的产卵场和栖息地；建成贝藻场2.67万公顷，增殖放流各类苗种26亿单位，有效促进生物多样性恢复。鱼礁区投礁后年平均生物量是投礁前的2倍多，中国对虾捕获率显著上升，投入产出比达到1∶5.4。在海洋牧场示范区内试验吊养海带、紫菜、江蓠等藻类78.6公顷，带动周边形成以紫菜养殖为主、贝藻混养为辅的大规模海藻场。以海洋牧场示范区为核心，打造赣榆、连云、灌云3个海域的“鱼、贝、藻、参”多营养层次的海洋牧场区，构建牡蛎礁生态修复带、紫菜生态养殖产业带、生态网箱养殖带、深水综合开发利用带，形成秦山岛、连岛、开山岛、竹岛和前三岛5个岛礁修复休闲型海洋牧场。海州湾海洋牧场示范区海水水质不断改善，80%处于一、二类水质标准，带动近岸一、二类水质占比提高8个百分点，达到68%。市海洋与渔业局编制《连云港市海洋生态碳汇试点建设方案》，海洋牧场和贝藻养殖年固碳量达到2万吨以上，对减少大气二氧化碳的贡献相当于植树造林约40平方千米。

（年 编）

2018年，连云港远洋流体装卸设备公司生产的输油臂市场占有率达80%。图为公司工人安装流体装卸设备 耿玉和/视觉江苏网

海水制盐

【概况】 海水制盐是连云港市的传统产业。2018年，连云港市从事盐业生产的企业有市工业投资集团有限公司下属的金桥制盐公司、徐圩投资公司、台北投资公司、日晒制盐公司（灌西盐场）。全年食盐产量8.7万吨，食盐销售收入9173.02万元；工业盐产量75万吨，工业盐销售收入1.79亿元。

【食盐产销】 2018年，全市食盐产量8.7万吨，其中碘盐7.5万吨、非碘盐1.2万吨，比2017年分别下降2.23%、3.8%、1.4%；食盐销量8.7万吨，销售收入9173.02万元，增长26.4%。

【工业盐产销】 2018年，连云港市工业盐产量75万吨，比2017年下降0.4%；工业盐销量74万吨，下降0.3%；工业盐销售收入1.79亿元，下降4.5%。

（姚永旭）

海洋新兴产业

【概况】 2018年，连云港市入选全国首批国家级海洋经济发展示范区，加快发展海洋战略性新兴产业。全市海洋新兴产业产值突破1100亿元，占规模以上工业产值比重达20%。

【海洋工程装备产业】 2018年，连云港市形成以中船重工第七一六所、淮海工学院、中科院能源动力研究中心、国电联合动力技术（连云港）有限公司、连云港远洋流体装卸设备有限公司、珠江钢管等科研院所和企业为代表的海洋工程装备产业集群，产品涵盖海洋观测与探测装备、深海资源勘探、海底结构物检测、钻井自动化装备、海洋油气智能装卸、海上风电、船用岸电等领域，覆盖从近海到深海工程装备的大部分种类。

【海洋生物产业】 2018年，省科技厅同意依托淮海工学院组建江苏省海洋生物资源与生态环境重点实验室，是连云港市首家省级学科重点实验室。依托连云港市医药产业优势，发展海洋生物医药，褐藻酸钠产量占全国的40%，贝壳开发重金属废水深度处理的材料及海洋微生物DNA聚合酶的技术和产品均达到国内领先水平，实现产业化生产和工程化应用。

（韩 飞）

责任编辑 郭 云

开放型经济

综述

【概况】 2018年，连云港市利用外资及港澳台资、对外贸易、对外经济合作联动并进，开放型经济总体呈现稳中有进的发展态势。开放型经济结构不断优化，全市实现货物进出口额95.47亿美元，创历史新高，比2017年增长16.2%。其中，一般贸易占比68%，国际服务贸易额增长11.1%。全年实际利用外资及港澳台资6.03亿美元，比2017年下降11.04%。新设项目平均规模2983万美元，比2017年上升43.9%。医药产业技术出口表现抢眼，恒瑞医药与美国企业累计签订价值5.7亿美元的技术转让许可协议。全年新批境外投资项目18个，连云港方协议投资额4亿美元，增长15%。举办连博会、农洽会、苏港合作联席会议等重大经贸活动，在谈签约项目增长39.6%。

【平台建设】 2018年，全市外贸品牌基地建设取得显著成果，连云港经济技术开发区、东海县分别获批国家级新医药、新材料出口基地，连云港碱业公司获批苏北地区首家省级公平贸易站。灌南经济开发区、东海高新区升格为省级开发区。全市开发园区实现工业总产值2799.44亿元，工业增加值675.12亿元。

【营商环境优化】 2018年，连云港市政府制定出台《连云港市复制推广自由贸易试验区第四批改革试点经验工作实施方案》《连云港市推进打造新一轮改革开放“试验田”工作方案》，进一步优化营商环境，激发市场活力，构建全市开放型经济新体制。推动开发园区行政审批改革，实行“一窗通办”和重大项目全程代办制，实现集中高效审批、分类监管服务、综合行政执法。全面实施外资及港澳台资项目准入“国民待遇加负面清单”管理模式，外资及港澳台资备案1个工作日之内办结，营商环境显著改善。

【连云港综合保税区获得国务院批复】 5月31日，国务院批复连云港出口加工区整合优化为连云港综合保税区。根据批复意见，连云港综合保税区规划面积2.97平方千米，包括原有的连云港出口加工区片区以及徐圩新区片区。其中，原出口加工区片区推动加工贸易转型升级，扩大园区产业规模，向集综合产业、保税加工、商贸会展、服务创新和保税物流等功能于一体的方向发展，打造高科技制造中心、保税货物集散中心、保税展示交易中心和研发设计检测中心。徐圩新区片区主要为炼化一体化项目和徐圩新区产业发展服务，建设大宗商品集散中心、新亚欧大陆桥国际物流分拨配送中

5月31日，国务院批复连云港出口加工区整合优化为连云港综合保税区。图为综合保税区大门 吴高民 摄

心等重点项目，提供保税仓储、保税加工、国际采购、国际贸易、国际配送、集装箱物流等服务。12月29日，《关于进一步加快连云港综合保税区发展的若干意见》（以下简称《意见》）经市政府第34次常务会审议通过。《意见》明确徐圩片区重点打造三大平台，分别是石化下游产业链产品保税服务平台、中西部地区产品展示交流平台、高端配套产品制造平台；出口加工区片区重点打造四大基地，分别是以“一带一路”经济带资源为基础的出口型制造业基地，以医药、食品、农产品为特色的保税物流和仓储分拨基地，水产品、特色水果进口基地，具有区域影响力的跨境电商产业基地等。《意见》提出，到2020年，连云港综合保税区要实现工业总产值15亿元，物流企业经营收入2亿元，进出口总额3亿美元，主导产业集聚度超过50%。

（董　峰）

招商引资

【概况】2018年，连云港市招商活动注重“走出去”“请进来”并重，先后

2018年连云港市县区新设外商投资及港澳台资项目一览表

表15

县　区	项目（个）	协议注册外资及港澳台资（万美元）
东海县	14	12161
灌云县	4	5590
灌南县	4	26240
赣榆区	11	16298
海州区	13	14973
连云区	26	31733
合　计	72	106995

2018年连云港市新设及增资总投资3000万美元以上的外商投资企业情况表

表16　　单位：万美元

序号	县区	企业名称	投资总额	合同金额	国别	类型
1	连云港高新区	罗盖特（中国）营养食品有限公司	91791	35252	法国	增资
2	灌南县	江苏裕灌现代农业科技有限公司	36085	23512	新加坡	新设
3	海州区	连云港康达智精密技术有限公司	24750	8250	日本	增资
4	连云港经济技术开发区	屡中实业（连云港）有限公司	17506	5835	澳大利亚	新设
5	东海县	吉凯恩车轮（连云港）有限公司	6276	2092	英国	增资
6	赣榆区	连云港创方供应链管理有限公司	5000	5000	新西兰	新设
7	连云港经济技术开发区	江苏沛菓食品科技有限公司	3000	1200	土耳其	新设

2018年连云港市新设及增资总投资3000万美元以上的港澳台商投资企业情况表

表17　　单位：万美元

序号	县区	企业名称	投资总额	合同金额	地区	类型
1	徐圩新区	江苏德邦兴华化工科技有限公司	32306	2338	中国台湾	新设
2	连云港经济技术开发区	大新（连云港）投资有限公司	30000	10000	中国香港	新设
3	灌云县	奔骋商业管理（连云港）有限公司	26000	1260	中国台湾	新设
4	灌云县	连云港北欧农庄生猪养殖有限公司	14850	4950	中国香港	增资
5	连云区	连云港海州湾全域旅游投资有限公司	10357	4463	中国香港	新设
6	灌云县	新天绿色能源连云港有限公司	8659	724	中国香港	新设
7	徐圩新区	连云港云泰港口物流发展有限公司	5000	5000	中国香港	新设
8	连云港经济技术开发区	连云港万创电子科技有限公司	4534	1058	中国香港	新设
9	海州区	连云港秦东门投资发展有限公司	4266	1564	中国香港	新设
10	云台山景区	连云港视界文化旅游开发有限责任公司	4070	422	中国香港	新设
11	海州区	连云港瀚德雷实业有限公司	4000	2000	中国香港	新设
12	赣榆区	连云港云沃实业有限公司	4000	2000	中国香港	新设
13	连云区	连云港寰能新能源科技有限公司	3468	3468	中国香港	新设
14	灌南县	亿达光通信科技（连云港）有限公司	3000	2000	中国台湾	新设

赴日本、韩国、美国、加拿大、英国、法国、德国、新加坡等国家和深圳、青岛、上海等城市开展系列招商活动，推进连博会招商招展工作。全年外出开展招商活动4292次，其中境内活动4264次、境外活动28次。召开投资说明会365次，拜访客商3.17万人。县区处级以上干部开展招商活动725次，其中境内招商701次、境外招商24次，拜访客商1.1万人。全年实际利用外资及港澳台资6.03亿美元。

【利用外资及港澳台资】2018年，连云港市实际利用外资及港澳台资6.03亿美元。其中，战略性新兴产业、现代服务业分别占比29.5%、24.2%。全市实际到资项目97个。其中，结转类项目50个，实际到资1.97亿美元；新设类项目32个，实际到资3.41亿美元；增资扩股类项目15个，实际到资6525万美元。新设外商投资及港澳台资项目72个，投资总额21.3亿美元，协议注册外资及港澳台资10.7亿美元，比2017年分别下降1.4%、增长41.1%、下降10.4%。全市重大在谈、签约招商引资在库项目632个，总投资4931亿元。其中，在谈项目239个，签约项目194个，新开工项目199个，项目总数较2017年增加181个；其中10亿元以上项目140个，计划总投资3756亿元，重点项目数量、质量均明显提升。全年新增在谈项目576个，新签约项目344个，在谈项目签约率54.2%；新开工项目199个，总投资额626亿元，签约项目开工率47.7%。从产业结构看，第三产业到资占比较高，全市第三产业新设项目38个，协议注册外资及港澳台资4.49亿美元，实际到资3.27亿美元，占全市比重分别为52.8%、42%、54.2%。

（董　峰）

货物贸易

【概况】2018年，连云港市完成进出口额95.47亿美元，比2017增长16.2%，高于全省平均增幅3.8个百分点，进出口增速列全省第三位。其中，进口总额53.88亿元，增长25.4%，高于全省平均增幅11.2个百分点；出口总额41.59亿美元，增长6%。全市有进出口实绩企业1165家，比2017年增加57家，其中出口企业988家，增加74家。进出口额超过1亿美元的企业14家。出口额超过1亿美元的企业4家，出口额超过1000万美元企业83家；出口额100万美元以上的企业391家，增加30家。医药产业技术出口表现抢眼，恒瑞医药与美国企业累计签订价值5.7亿美元的技术转让许可协议。

全年全市前三大出口市场分别是美国、日本和韩国，出口额分别为6.4亿美元、5.2亿美元和3.1亿美元，分别增长1.2%、2.5%、3.1%。全市前三大进口市场分别是巴西、韩国和伊朗，进口额分别为15.5亿美元、4.2亿美元和3.7亿美元，分别增长62.7%、下降1.1%、增长136.9%。全市机电产品出口10.4亿美元，增长2.2%，占全市出口总额的25%；农产品出口6.2亿美元，增长13.2%，占全市出口总额的14.8%；高新技术产品出口3.4亿美元，下降26%，占全市出口总额的8.2%；化工医药产品出口11.7亿美元，增长9.6%，占全市出口总额的28.1%；矿产品出口6326万美元，下降40.1%，占全市出口总额的1.5%；纺织服装制品出口3.2亿美元，增长7.7%，占全市出口总额的7.6%。全市一般贸易出口34.8亿美元，增长5.6%，占出口总额的83.6%；加工贸易出口5.3亿美元，增长12.8%，占出口总额的12.8%；保税贸易等其他贸易方式出口1.5亿美元，下降3.5%，占出口总额的3.7%。

2018年连云港市出口前十名企业一览表

表18　　　　单位：万美元

序号	企业名称	出口额（万美元）	比2017年增长（±%）
1	连云港远泰国际贸易有限公司	23687	32.9
2	东方国际集装箱（连云港）有限公司	21786	–2.4
3	连云港启创铝制品制造有限公司	16595	32.4
4	连云港神舟新能源有限公司	12186	–27.1
5	罗盖特（中国）精细化工有限公司	9631	16.9
6	连云港全成贸易有限公司	8483	—
7	大陆汽车电子（连云港）有限公司	8293	0.7
8	江苏恒瑞医药股份有限公司	7715	5.2
9	丰益特种化学（连云港）有限公司	6991	68.7
10	重山风力设备（连云港）有限公司	6736	67.8

【对香港贸易】2018年，连云港市与香港的贸易总额为3.1亿美元，比2017年增长23.9%。其中，销往香港商品贸易额3.06亿美元，增长25%；自香港购进商品贸易额203万美元，下降48.2%。销往香港的大宗商品为12.19米集装箱，贸易额1.13亿美元；6.1米集装箱，贸易额8087万美元；干香菇，贸易额2535万美元。自香港购进的大宗商品有废铝料，贸易额47万美元；拉链，贸易额38万美元。销往香港商品贸易额规模前三位企业为东方国际集装箱（连云港）有限公司，贸易额1.94亿美元；连云港汉华保税仓储有限公司，贸易额1439万美元；连云港康达智精密技术有限公司，贸易额1399万美元。自香港购进商品贸易额规模前三位企业为国成功能服饰（连云港）有限公司，贸易额135万美元；江苏汇联铝业有限公司，贸易额47万美元；连云港同安制衣有限公司，贸易额3万美元。

2018 年连云港市主要进出口商品情况一览表

表 19

单位：万美元

出口商品			进口商品		
商品名称	金额	比 2017 年增长（±%）	商品名称	金额	比 2017 年增长（±%）
铝合金制的未列名机动车辆用车轮及其零件、附件	16645	31.7	平均粒度≥0.8 毫米，<6.3 毫米未烧结铁矿砂及精矿	92709	79.0
12.19 米集装箱	12586	–29.4	黄大豆（种用除外）	84626	20.0
尿素，不论是否水溶液	11524	57.4	对二甲苯	57499	19.2
干香菇	10036	5.0	甲醇	52671	84.1
6.1 米集装箱	9202	105.4	锌矿砂及其精矿	34341	58.2
太阳能电池	8706	–23.6	铜矿砂及其精矿	18953	74.4
其他薄板制胶合板（厚≤6 毫米）	8017	62.5	镍湿法冶炼中间产品	11940	1398.1
未列名混合或非混合产品构成的药品	7829	1.3	银矿砂及其精矿	10140	–35.4
子目号 850231 所列发电机组零件	7224	43.6	平均粒度≥6.3 毫米未烧结铁矿砂及其精矿	7840	1744.3
造纸等工业用的其他整理剂、助剂等制剂	6941	67.8	铅矿砂及其精矿	6364	–34.7

【对台湾贸易】 2018 年，连云港市与台湾的贸易总额为 2.1 亿美元，比 2017 年增长 5.3%。其中，销往台湾商品贸易额 9114 万美元，增长 15.9%；自台湾购进商品贸易额 1.2 亿美元，下降 1.6%。销往台湾的大宗商品为胶合板，贸易额 1154 万美元；其他经掺杂用于电子工业的已切片化学元素，贸易额 542 万美元；手提式风动工具用的零件，贸易额 420 万美元。自台湾购进商品大宗商品为对二甲苯，贸易额 7701 万美元；未精炼铜、电解精炼用的铜阳极，贸易额 576 万美元；初级形状的环氧树脂 465 万美元。销往台湾的商品贸易额前三位企业为连云港三朋贸易有限公司，贸易额 1000 万美元；连云港源钰金属制品有限公司贸易额 841 万美元、晶海洋半导体材料（东海）有限公司贸易额 542 万美元。自台湾购进商品贸易额规模前三位企业为江苏虹港石化有限公司，贸易额 7704 万美元；连云港荣鼎金属有限公司，贸易额 657 万美元；汉高华威电子有限公司，贸易额 371 万美元。

【对中亚五国贸易】 2018 年，连云港市与中亚五国的贸易总额为 1491 万美元，比 2017 年下降 24.9%。对哈萨克斯坦、吉尔吉斯斯坦、塔吉克斯坦、土库曼斯坦和乌兹别克斯坦的进出口额分别为 92 万美元、109 万美元、109 万美元、84 万美元、989 万美元。全市对中亚五国出口 1186 万美元，比 2017 年增长 15.9%，对哈萨克斯坦、吉尔吉斯斯坦、塔吉克斯坦、土库曼斯坦和乌兹别克斯坦的出口分别为 83 万美元、109 万美元、3 万美元、2 万美元、989 万美元。对塔吉克斯坦进口贸易额超百万美元，进口额 106 万美元。全市与中亚五国有贸易往来企业 53 家，其中连云港新丝路货运代理有限公司占主体地位。对中亚五国出口的大宗商品分别为：非电热的工业或实验室用炉、兽毛填充的其他寝具及类似用品、未列名干燥器；自中亚五国进口的大宗商品为铅矿砂及其精矿。 （董 峰）

服务贸易

【概况】 2018 年，连云港市完成服务贸易进出口总额 8.25 亿美元，比 2017 年增长 14.61%，增幅位列全省第三。其中，服务贸易出口 1.99 亿美元，增长 9.67%；服务贸易进口 6.26 亿美元，增长 16.3%。服务外包接包合同金额、执行额分别为 6401.53 万美元、4685.64 万美元，分别增长 1.3% 和 7.1%，全部为在岸业务。全市纳入商务部服务外包统计管理系统的企业 37 家，比 2017 年新增 1 家，新增服务外包从业人员 586 人。

【技术进出口】 2018 年，全市技术进口业务登记备案 15 笔，备案总金额 8101.47 万美元；技术出口业务登记备案 4 笔，备案总金额 5727.67 万美元。医药产业技术出口表现抢眼。恒瑞医药先后与美国 Arcutis 和 TG Therapeutics 公司签订价值 2.23 亿美元、3.47 亿美元的技术转让许可协议。正大天晴与美国强生制药于 2017 年签订的技术转让协议进展顺利，2018 年 1 月完成第二批收汇 670 万美元。盛虹等石化企业技术进口备案 10 笔，技术费合计 7928.27 万美元。 （董 峰）

境外经济合作

【概况】 2018 年，连云港市新批境外投资项目 18 个，比 2017 增长 5.8%；

连云港方协议投资额4亿美元，增长14.3%；对外劳务合作新签合同工资总额9968.05万美元，下降23%；劳务人员实际收入总额1.7亿美元，增长53%；新派人数4761人，增长7%；期末在外人数1.08万人，增长27%。

【境外投资】 2018年，全市境外投资大项目增多，新批5000万美元以上项目3个，5000万美元以上项目合计连云港方协议出资额2.43亿美元，占全部新批项目连云港方协议出资额的60.74%；新批3000万美元以上项目6个，3000万美元以上项目合计连云港方协议出资额3.67亿美元，占全部新批项目连云港方协议出资额的91.75%。产业布局更加优化，新批境外投资项目中，第二产业投资项目连云港方协议投资额1.01亿美元，占全部新批项目连云港方协议投资额的25.2%，比2017年提高15.17个百分点；研发类投资连云港方协议投资额9500万美元，占全部新批项目连云港方协议投资额的23.7%；批发和零售业投资连云港方协议投资额9311.43万美元，占全部新批项目连云港方协议投资额的23.2%。

2018年，"一带一路"沿线国家在连云港市投资设立企业5家，协议注册外资2.59亿美元，实际利用外资8950万美元，占全市实际利用外资及港澳台资总额的14.8%。连云港市新批赴"一带一路"沿线国家和地区投资项目3个，连云港方协议出资额9963.5万美元，其中赴卡塔尔投资项目1个，连云港方协议出资额9800万美元。"一带一路"沿线国家逐渐成为连云港市企业境外投资的热点地区。截至2018年，"一带一路"沿线国家在连云港市共投资设立企业40家，协议注册外资3.14亿美元，实际利用外资2.52亿美元。连云港市在"一带一路"沿线国家投资项目19个，连云港方协议投资额累计2.6亿美元。正常运营项目14个，连云港方投资额累计1.55亿美元。投资国别地区主要有马来西亚、印度尼西亚、老挝、哈萨克斯坦、乌兹别克斯坦、卡塔尔等；投资产业集中在有色金属矿采选业、商贸服务业、房地产业、农业等领域。

【对外劳务合作】 2018年，全市对外劳务合作规模和质量进一步提高。全市对外劳务合作新派出劳务人数位列全省第三；外派国家增至亚非、欧美的15国，其中外派日本、新加坡等发达国家地区劳务人数占全部新派劳务人数的79.1%。外派劳务从事的行业涉及制造业、建筑业、餐饮服务业等6个行业，其中，从事制造业、服务业等专业性技能型工种高收入外派劳务人数比例达55.3%。对外劳务合作经营企业招收外派来自贫困地区的劳务人员出国务工299人。妥善处理东海华夏国际经济合作公司拖欠其派往阿尔及利亚100多人工资、常青对外经济合作公司拟派往荷兰等劳务人员因不能按时出境务工转而讨资等10起纠纷。

（董　峰）

贸易促进

【企业服务】 2018年，连云港市贸促会根据全市产业结构特点和行业企业发展状况，为企业量身打造展会项目，重点推荐省政府、省商务厅、省贸促会重点推出及补贴力度大的国内外展会项目。组织全市企业参加淮安国际食品博览会、山东寿光第十九届菜博会、第七届世界工商领袖（昆山）大会和2018中国（昆山）品牌产品进口交易会、上海中食展和亚洲物流双年展、第十六届国际航海展、徐州国际外包合作大会、第十届中国（无锡）国际新能源大会暨展览会、2018秋季广交会、第12届中国—拉美企业家高峰论坛等国内外有影响力的展博会和经贸活动。市贸促会发挥对外联络优势，促进中外企业交流合作。接待泰国驻上海总领馆投资领事、泰国投资促进委员会上海办事处主任吴奕怡一行。接待美国罗克韦尔公司中国区总裁罗伯特·巴特摩尔率领的考察团，土耳其华人华侨商会副会长赵斌、哈尼一行，为促进国外经贸代表团和企业深入了解连云港市经贸情况、招商引资政策、智能制造业的现状以及人才招引等相关政策牵线搭桥。市贸促会带领部门和企业相关负责人先后参加第三届丝绸之路博览会及丝绸之路商务合作（西安）圆桌会议、重庆跨投会暨全球采购大会，向陆桥沿线等城市的企业家和商协会宣传推介连云港市的投资环境和第五届连博会的情况。

【出口认证】 2018年，市贸促会签发出口货物原产地证书19988份，其中优惠原产地证8386份，出具商事证明书1884份；代办领事认证526份，涉及100个国家和地区120多家企业，为企业减少贸易成本70多万美元。5月，全面启用亚太优惠证新版证书格式和电子原产地证签发模式，提升亚太优惠贸易安排原产地证书电子数据跨境传输速度，贸促会原产地网上签证系统企业印章、签名上传处理功能模块全面上线运行。电子原产地证书增加到7种，实现17家企业自主打印，37家企业上传电子印章及签名，逐步打造更加便利企业、智能高效的原产地网上签证系统电子政务平台。

（徐佳佳）

开发园区

【概况】 2018年，连云港市有国家级经济技术开发区1个，国家级高新区1个，连云港综合保税区1个，省级经济开发区10个，省级以上开发区内设省级特色产业园8个、南北共建园区7个。全年全市开发园区完成业务总收入3896.92亿元，比2017年增长8.5%；一般公共预算收入208.18亿元，增长5%；工业总产值2799.44亿元，增长6.2%；工业增加值675.12亿元，增长7.3%；完成固定资产投资1234.68亿元，增长16.44%，其中产业投资806.26亿元，增长21.66%；实际利用外资及港澳台资5.04亿美元，下降8.49%；新增内资企业注册资本339.01亿元，增长75.4%；完成进出口总额77.08亿美元，增长10.01%。全市开发园区形成新能源、新医药、新材料、高端装备制造等10个百亿元特色产业，特色产业销售收入占全市省级以上开发区销售收入的64.5%。连云经济开发区通过省级知识产权试点园区考核验收,徐圩新区国家级生态工业园区通过考核验收,灌云经济经济开发区通过省级生态工业示范园区考核验收,连云港经济技术开发区生物医药产业园被评为首批省级特色创新示范园区。 (董 峰)

【连云港经济技术开发区】 连云港经济技术开发区是1984年经国务院批准设立的首批国家级开发区。至2018年,创建成国家生态工业示范园区、国家新医药产业基地、国家新材料高技术产业基地等载体,年内被批准为国家新型工业化产业示范基地、江苏省特色创新示范园区,是全国最大的对美制剂出口基地,抗肿瘤药物、抗肝炎药物、现代中药生产基地、碳纤维生产应用基地,也是亚洲最大的风电装备生产基地。全年实现地区生产总值326亿元,比2017年增长8.2%;规模以上工业总产值726亿元,增长9.6%;规模以上固定资产投资248.8亿元,增长10.2%,其中,工业投资161.5亿元,增长11.1%。一般公共预算收入41.7亿元,增长14.4%;工业应税销售收入630亿元,增长17.5%;工业增值税41亿元,增长16.3%;进出口总额32.9亿美元,增长18.7%;实际利用外资及港澳台资7743万美元。开放开发全面升级,获批为连云港综合保税区、国家外贸转型升级基地。在商务部公布的全国经济技术开发区综合发展水平考核评价中,排名第23位。

产业发展 2018年,连云港经济技术开发区新医药、新材料、新能源、高端装备制造"三新一高"产业实现产值538.8亿元,增长12.8%。10家企业进入全市产值30强,其中,4家药企跻身全国医药工业百强企业,振兴石化等6家企业在江苏股权交易中心挂牌。

项目建设 2018年,总投资75亿元的CIGS薄膜太阳能电池等34个亿元以上项目签约,其中10亿元以上产业项目6个。备案新设投资1.5亿欧元的屡中实业(连云港)有限公司等外商投资企业13家,总投资2.8亿美元,协议注册外资及港澳台资1亿美元。备案增资额5000万美元的大新(连云港)投资有限公司等增资外商投资企业7家,新增协议注册外资及港澳台资8000万美元。审批、核准、备案内资项目196个,总投资343.96亿元。新开工中复连众海上风力叶片、瑞高生物油脂等项目24个,恒瑞创新制剂、毓丰新材料等8个项目竣工,豪森生物制药、润众生物制药等12个项目加快建设。启动生物医药产业园、大科学装置产业园、综合保税区产业园3个特色园区的规划建设。

科技创新 2018年,连云港经济技术开发区以科技创新为引领,推动动能转换、产业升级。江苏省知识产权示范园区通过复核,国家知识产权试点园区通过验收,新增国家高新技术企业12家、国家科技型中小企业34家,万人发明专利拥有量达到82件。新上市19K、吡咯替尼等新药2个,恒瑞、康缘分列2018中国药品研发实力百强榜总榜、中药榜首位,百吨级T1000碳纤维生产线正式投产。医药产业公共服务平台分子医学实验室具备运营条件,和汇医药等项目入驻。江苏省原创化学药创新中心完成中试平台建设,碳纤维复合材料试验平台部分设备安装,中科院大科学装置项目可研报告获批。园区内企业税负降低7亿元,企业研发经费支出占地区生产总值比重为5%,高新技术产业产值占比78.8%。新申报PCT国际专利80件,注册马德里国际商标8件。新增海外权益转让项目3个,合同转让金额5.7亿美元。 (贺亚洲)

【连云港出口加工区】 连云港出口加工区于2003年经国务院批准设立。至2018年,园区累计投资近6

2018年,连云港经济技术开发区在全国552家国家级开发区中,综合排名第23位。图为连云港经济技术开发区全景 胡卫星 摄

亿元，建成2.44平方千米的基础设施和18.2万平方米的标准厂房。全年完成工业总产值10.72亿元，比2017年增长7.5%；工业增加值2.39亿元，增长6.2%；进出口总额2.69亿美元，增长27.4%；物流企业经营收入8996万元，增长9.1%。园区坚持创新引领，拓展业务类型，推动跨境电子商务、冷链物流等新兴业态发展。主动对接自贸试验区，复制推广“先出区、后报关”“保税混矿”2项自贸试验区第四批改革试点经验，进一步简化通关流程，降低企业物流成本。

招商引资　截至2018年底，出口加工区注册项目38个，其中外资及港澳台资企业18家，投资总额3.7亿美元；内资企业20家，投资总额18.1亿元。新签约项目5个，新批入区项目3个，分别为总投资2.5亿元、年产5万吨的铝基新材料项目，总投资3000万美元、年产6万吨的果汁加工项目，总投资1500万美元、年进出口1亿美元的食品保税冷链仓储加工基地项目。

项目建设　出口加工区新开工项目1个，是由连云港华曼仓实业有限公司投资1500万美元建设的食品保税冷链仓储加工基地项目。竣工项目2个，分别是食品保税冷链仓储加工基地项目、苏豪保税物流项目，项目实际投资额1.28亿元。

综合保税区建设　2018年5月31日，国务院批复同意连云港出口加工区整合优化为综合保税区。园区按照国务院批复文件精神要求及海关特殊监管区域有关规定，对照《海关特殊监管区域基础和监管设施验收标准》，制订完善《连云港综合保税区（开发区片区）建设计划》，推动加工贸易转型升级，扩大园区产业规模，向集综合产业、保税加工、商贸会展、服务创新和保税物流等功能于一体的方向发展。开发区片区建设项目总投资约6200万元，2018年完成投资3300万元。（贺亚洲）

【连云港高新技术产业开发区】 连云港高新技术产业开发区于2015年2月经国务院批准升格为国家级高新区，是年9月正式挂牌成立。连云港高新区采取“一区五园”（核心区，新医药产业园、新材料产业园、清洁能源创新产业园、装备制造产业园、节能环保科技园）的发展模式，规划总面积120平方千米。其中，核心区面积80平方千米，常住人口约15万人，下辖花果山、南城、郁洲3个街道和云台农场。区内集聚淮海工学院、南京医科大学康达学院、中船重工七一六所等高校和科研院所，建有总建筑面积68万平方米的科技创业城。建成各类科技创业载体近20个，其中，国家级众创空间、孵化器3个，省级众创空间、孵化器、加速器5个；建成省、市级重点实验室等科技创新平台34个；集聚研发设计、技术转移、知识产权、检验检测等服务机构30多家。健全金融服务体系，设立天使投资基金、产业基金，成立科技小贷公司。建有市政务中心、文化中心、体育中心、大数据中心、质检中心等一系列核心服务设施，教育、医疗、文化和生活配套完善。2018年，高新区完成规模以上工业总产值689亿元，营业收入827亿元，全社会固定资产投资116亿元，外贸进出口总额7.5亿美元，一般公共预算收入27亿元。2022年第十二届江苏省园艺博览会落户连云港高新区云台农场。

8月2日，“创业江苏”科技大赛生物医药行业赛在连云港高新区举行
滕安然　摄

招商引资　全年开展定向招商活动40余批次，新增在库项目210个、签约项目72个。与法国机械及冶金工业联盟协议共建中法创新产业园，与德国大陆集团签订乘用车传感器亚洲制造中心项目。总投资25亿元的申马智慧物流科技园落户云台农场。总投资3.3亿元的博奥木华、爱尔眼科、十方呼叫中心和易康萌思跨境电商等项目落户。依托紫光云数公司，投资10亿元建设运营城市大数据中心，集聚大数据产业项目35个。

项目建设　2018年，连云港高新区列入市级重大产业项目11个。罗盖特公司热电联产项目，年度完成投资1.5亿元；珩星电子试验研发和生产项目竣工并投入使用，完成投资1.2亿元；福泰克生产线技改项目完成投资7000万元，项目建成投入使用；大陆汽车电子智能化生产线改扩建项目完成8条传感器生产线改扩建，完成投资1.5亿元；研发中心及中试车间项目研发中心部分建成，完成投资1.1亿元；七一六研究所检测实验中心项目完成投资1亿元；珩星电子军品研发中心及生产调试基地项目，完成投资3000万元；高校成果转化项目改建研发、中试车间及配套设施面积2万平方米以上，完成投资7000万元；博奥木华基因检测技术应用示范中心项目，完成实验室装修及设备安装，完成投资6000万元；申马智慧物流科技园项目，完成土地利用规划调整和农转用手续，完成投资

1.3亿元；商业综合体项目，项目建设用地由市城建集团摘牌，完成投资3.5亿元。

科技创新　连云港高新区依托高校研究院，建设科技成果转化基地，培育孵化出南大耐雀、斯克斯机器人、库铂三维等一批高科技企业。依托科创城孵化载体，引进注册科技企业400余家，集聚各类创新创业人才2000余人。2018年，连云港高新区研发经费支出占地区生产总值的4.88%，企业研发经费投入占主营业务收入的1.64%，财政科技支出占当年财政支出比例为19%，高新技术产业产值占规模以上工业产值的64%，万人发明专利拥有量28.1件，科技孵化器在孵企业数63家。新增省院士工作站1个，引进国家技术创新方法与实施工具工程技术研究中心在高新区设立连云港创新方法推广应用基地，引进国家知识产权局江苏中心等知名服务机构4家。引进获批省"双创计划"科技副总4人、市"双创人才"4人、市"双创博士"8人、市"科技副总"7人。建成"森空间"、"森咖啡"等专业化众创空间、创业咖啡，与紫光云数、逆光传媒等合作开发上线联合办公系统、智能硬件平台、双创云服务平台，中关村亦庄离岸孵化基地挂牌试运行。举办中国创新挑战赛、江苏生物医药行业赛等赛事10多场，全市近500家企业参与，吸引全国110个创新团队递交技术解决方案128项，达成合作意向50余项。争取到国家相关部委赋权，通过高新区直报新药创制国家科技重大专项，为恒瑞、康缘、正大天晴、豪森申报获批项目23个，国家拨款资金1.5亿元。为12家企业争取"苏科贷"资金2910万元。（吉　祥）

【江苏东海经济开发区】　江苏东海经济开发区于1995年被批准为省级开发区，规划面积22平方千米。到2018年底，园区入驻企业1024家，其中规模以上企业137家。主导产业为硅资源深加工、食品制造、机械电气、轻纺服装。2018年实现工业总产值375亿元、工业增加值63.88亿元、进出口总额3.6亿美元、规模以上固定资产投资90亿元、规模以上工业投资72亿元、一般公共预算收入2.43亿元，新开工过亿元工业项目24个。

10月，东海高新区被批准为省级开发区。图为东海高新区内连云港如意情食用菌生物科技有限公司生产车间　　东海县　供图

招商引资　2018年，园区实际利用外资及港澳台资5268万美元，招引项目29个，总投资201.2亿元。签约项目29个，其中过5亿元以上项目7个，过10亿元以上项目4个，过20亿元以上项目1个。包括总投资22亿元的远大装配式建筑产业园项目、总投资15亿元的国际冷链物流项目、总投资10亿元的宝热贡项目。签约德国欧绿保项目等6个外资项目。

项目建设　园区在建项目45个，其中13个项目被列为市重点推进项目，5个项目列入市集中开工项目，包括亚连高端玻璃、德邦多菱食品级磷酸盐、腾驰实业电梯配件、鑫润华石英深加工、国际（东海）冷链物流港、润海工业社区、越轩光电、星海置业红星美凯龙等项目，均按序时完成进度。弘和纺织品、蜀人工艺、港慧环保科技等21个项目竣工投产，鼎味泰食品、弘扬石英等项目实现年内开工建设并投产运营。

营商环境　2018年，成立东海商学院，定期邀请业内知名专家为企业提供现代化管理、融资扩股、并购重组等专业培训，培训企业350家。解决企业反映的各类问题2048个，主动上门服务837次，筹措资金近5亿元解决企业不动产登记办理问题。全年新注册企业246家，超越2015年、2016年、2017年注册企业的总和。

【江苏省东海高新技术产业开发区】　江苏省东海高新技术产业开发区于2015年经省政府批准在国家级新材料高技术产业基地西部核心区的基础上批准筹建。2018年10月，省政府下发《省政府关于设立江苏南通通州湾经济开发区等26家省级开发区的批复》，东海高新区获省政府批复设立为省级开发区。园区总规划面积28.15平方千米。至2018年底，建成区面积16.62平方千米，形成以硅材料产业为特色战略产业，以农副产品精深加工为主导产业，以先进制造、新医药、新型建材等产业为培育型产业的产业格局。2018年，园区实现地区生产总值85.6亿元，一般公共预算收入2.7亿元，规模以上工业产值142.03亿元。完成规模以上固定资产投资70.5亿元，其中规模以上工业投资60亿元。新签约项目22个，新开工过5000万元工业项目29个，其中过亿元工业项目25个，过10亿元4个。实际利用外资及港澳台资3200万美元，出口创汇1.47亿美元。

项目建设　园区总投资10.9亿

元的如意情二期厂房主体框架建设完毕，总投资10亿元的正崴新能源锂离子电池项目建成投产，总投资5亿元的晶海洋5吉瓦金刚线切片项目投产，总投资10亿元的台玻日产1200吨高档玻璃和总投资3亿元的环宏工业科技新型高分子复合材料绿能产品项目签约落户。

科技创新 园区新增高新技术企业3家，高新技术产业产值占规模以上工业产业的54.9%；科技研发经费投入8000万元；完成专利申请200件，发明专利授权量20件；获批省级院士工作站1个、省级研究生工作站1个、省级“双创计划”人才1人。建设全国首个硅产业科技创新中心，引进南京大学东海新材料研究中心、南京工业大学东海先进硅基材料研究院、辽宁工程技术大学东海研究院、河南科技大学东海硅产业节能技术研究院等研发机构以及114产学研协同创新中心等平台。引进高层次人才20余人，科研团队3个；申报产业前瞻与关键共性技术项目2个；申报省双创人才项目5个。中科院上海技术物理研究所、硅产业院士工作站及北京市中科联合新材料科创研究院完成入驻。龚惠兴院士团队和科创中心组建的硅产业院士工作站获批省级院士工作站；引入中科院上海技术物理研究所博士生导师龚海梅的科技创新团队。（徐 宁）

【江苏省赣榆经济开发区】 江苏省赣榆经济开发区于1993年经省政府批准设立，规划面积17.5平方千米。至2018年，开发面积16.8平方千米，是省级新能源产业园区、省级循环经济示范园区、省级科技创业园区、省级“两化”融合示范园区。园区主导产业是新能源材料、机械装备制造。2018年，园区实现业务总收入438.82亿元，工业增加值73.15亿元，一般公共预算收入7.82亿元，全社会固定资产投资60.42亿元，自营进出口额2.76亿美元，实际利用外资及港澳台资3666万美元。

招商引资 引进总投资1000万欧元的瑞士泉瑞德环保装备项目，年内开工；引进澳大利亚石英科技投资1000万美元，新上高纯石英砂项目；引进德国赛乐福新型复合材料项目、韩国一松机械株式会社紫菜深加工项目。盘活康美瑞资产，引进深圳瀚美特投资3亿元的充电桩项目和易仁智能装备投资3亿元的机器人手臂制造项目；盘活乾统硅资产，引进金海湾智能制造投资2亿元的智能制造项目。和安中小企业园入驻率80%。引进碳星科技石墨烯电子芯片、连云港小巢海洋食品等9个项目。和安创客汇引进江苏锐佳人机智能互动软件、三维家软件开发、麦特网络电商平台等15个项目。丝路小镇引进深圳峰泳科技薄膜电容、青岛海蜘蛛机器人项目。

项目建设 2018年，园区新开工项目8个，分别是金海湾、易仁智能装备、澳华石英、瀚美特、泉瑞德、万亩高效养殖、10兆瓦光伏和跨境电商产业园项目；结转续建项目11个，分别是久泰电池、亚非澳、金达莱、众成磨料、彼拿特、天博胜、九侑水产、新康邑电子商务、清华大学教育机器人、众创空间和丝路小镇项目。投资2亿元的金海湾智能制造项目投产，投资5亿元的久泰电池一期投产，连云港众成磨料有限公司磨料模具项目试生产，10兆瓦农光互补扶贫项目并网发电，金达莱环保装备项目、澳华石英收购中钢石英项目、跨境电商等其他项目强力推进。

科技创新 2018年，园区高新技术产值占规模以上企业产值的51%，申请发明专利40件，发明专利授权13件。和安中小企业园申报成为省级科技企业加速器，丝路小镇申报为省级机器人智能制造众创社区，园区形成国家级众创空间—省级科技企业孵化器—省级科技企业加速器—省级众创社区创业孵化全链条。

【江苏省赣榆海洋经济开发区】 江苏省赣榆海洋经济开发区于2003年经省政府批准设立，是全省首家以海洋产业为主的开发区。园区主导产业是装备制造业、电子信息产业、海洋生物及视频加工产业。2018年，园区实现业务总收入198.43亿元，工业增加值39.47亿元，一般公共预算收入6.86亿元，全社会固定资产投资51.31亿元，自营进出口额2.03亿美元，实际利用外资及港澳台资4679万美元。

招商引资 2018年，园区新增签约项目17个，协议投资额54亿元，其中过3亿元项目6个，分别是投资10亿元的浩源海洋调理食品精深加工项目、投资5.2亿元的中京稀土铝合金电缆项目、投资5亿元的汇龙滤波器及汽车配件项目、投资5亿元的中慧预制装配式建筑构件项目、投资3.2亿元的旭柯低压智能控制器项目、投资3亿元的博创智慧信息产业园项目。新引进中盛玻璃钢入驻中茂工艺品车间、苏苒船艇入驻捷仕克车间、盛朗新材料入驻壁虎科技。

项目建设 园区承担市级重点项目13个，新开工项目8个，新增投产项目5个。其中投资3.6亿元的巨卓家居、投资2亿元的尚源船艇、投资3.2亿元的宝迪汽配等项目陆续投产，投资10亿元的金田BOPP项目、投资1.5亿元的盛朗新材料等项目试投产。

科技创新 园区技术改造投入3.58亿元，西德电梯被省经信委认定为江苏省企业技术中心，汇联铝业获批市级工程技术研发中心，富安机械被省经信委认定为江苏省科技小巨人企业。

功能配套 2018年，赣榆紫菜交易中心交易额2.7亿元，电商产业园被评为省级电子商务示范区，赣榆首届紫菜丰收节在中央电视台《乡村大世界》栏目播出。总投资30亿元的中国赣榆海洋科技城项目序时推进，欢乐海岸美食城完成4.6万平方米建筑封顶，赣榆海洋科技馆完成2层框架扎筋，海鲜交易市场、电商服务平台深化方案编制，冷链物流基地挂牌，青口渔港经济区完成项目概念规划编制。（鲁守洋）

【江苏灌云经济开发区】 江苏灌云经济开发区于2006年经省政府批准为省级开发区，总规划面积40平方千米。至2018年，建成区面积15平方千米，初步形成以现代装备制造业为主导，以轻工纺织、食品与健康产业为支柱，以光电信息、新材料、汽车零部件三大新兴产业为培育方向的产业体系。2018年，园区完成规模以上固定资产投资52.1亿元，其中规模以上工业固定资产投资40亿元；工业应税销售收入32亿元，比2017年增长32.6%；外贸进出口额1.1亿美元；一般公共预算收入3亿元；实际利用外资及港澳台资1211万美元。规模以上工业企业增加6家。全区纳税额超100万元工业企业16家，其中超2000万元2家。创建成为江苏省省级生态工业园区、省级知识产权试点园区。

招商引资　园区实际利用外资及港澳台资1211万美元，增长18%；新签约亿元以上项目15个，其中投资10亿元以上项目5个；新开工5000万元以上工业项目14个。总投资60亿元的轨道交通、总投资20亿元的瑞普森光电信息、总投资15亿元的柔性覆铜板等一批重大项目签约落地。

项目建设　园区新竣工5000万元以上工业项目10个。鹰游纺织、紫燕食品、科洛吉、罡阳等34个在建项目按序时进度推进。光大再生能源热电联产项目实现并网发电，鹰游纺织项目投产。紫燕食品产销两旺，年纳税超6000万元。

科技创新　园区38家企业完成技术改造，6家企业入选省高新技术企业培育库，5家企业获批国家高新技术企业。获批专利71件，省级众创空间"云海·智造工场"入驻企业22家。引进国家重大人才工程A类人才1人、省"双创人才"1人、"苏北计划"人才1人。　（袁青山）

【连云港化工产业园区】 连云港化工产业园区于2006年5月经国家发展改革委审核、省政府批准，成为苏北唯一省级化工园区。先后被确定为国家农药生产定点园区、省特色化学品产业基地、省出口创新基地、省知识产权试点园区、首个出口化工产品质量安全示范区。园区建成面积约9平方千米，进区化工企业84家，基础配套企业8家，初步形成农药、医药、染料、化工新材料四大产业板块。2018年，受环保督查、安全整治等制约因素的影响，园区进行全面停产整治。全年实现规模以上工业产值45.7亿元，规模以上工业增加值8.6亿元，入库税收5.7亿元。新增高新技术企业5家，新增企业研究生工作站2家。

基础建设　化工园区实施的六大工程和两大环保配套项目建设工程全面完工。实施建闸清淤疏浚，完成污水厂应急提标改造，满足复产企业污水处理需求。新建园区环境信息管理平台投入使用。金圆固废二期建成运营，园区处置能力达4.8万吨/年，截至2018年底，处置危废2.81万吨。

环保整治　针对"4·18"中央电视台《经济半小时》节目指出的环境问题和环保部、省市有关化工园区整治部署要求，园区所有企业进行停产整治。排出水环境集中整治、废气集中整治、企业关闭重组、监控能力建设等九大整改重点，对未经省市联合审批的擅自复产的企业，依法予以关闭。对园区气味问题、2017年"12·9"聚鑫生物事故暴露出的安全问题、拆迁现场管理问题等重点事项进行彻底整治。对灌江口大桥南北侧、园区南侧船厂内、污水厂院内等6处暗管偷排重点区域，进行不间断开挖，全面清理园区暗管偷排现象。委托专业机构编制园区监测监控方案，依据方案建设水气自动监测站，企业建设污水、雨水、废气、工况、厂界等在线监测系统。建立企业原料产品污染物名录库，开展特征因子检测和溯源分析。落实网格化环境监管，对片区企业开展日常监管，规范记录环境执法监察情况；对企业治理设施运行不正常、废水废气偷排或超标排放、规避监管等违法行为进行惩治；对企业环保手续不全、清污雨污不分、危废处置不力等开展现场检查，及时对违法行为立案查处、督促整改。　（王　伟）

【江苏海州经济开发区】 2018年，江苏海州经济开发区于1992年经市政府批准设立，2006年升格为省级开发区。园区主导产业是医药产业、装备制造业。2018年，园区实现工业项目"全链条"审批，亩均税收从11.8万元提升至18万元。正大天晴入选中国创新力医药企业前三强，天明机械跻身全国制造业单项冠军示范企业。全年新增签约18个项目，总投资48亿元，实际利用外资及港澳台资7212万美元。新增高新技术企业7家。园区承担市、区重点项目57个，其中市重点项目26个。全年23个项目竣工，裕隆医学健康体检中心和医学检验中心、康缘物流一期、天

1月28日，海州开发区内，世界首台（套）8.8米智能大采高工作面刮板输送机成套设备在天明机械公司下线　耿玉和/视觉江苏网

邦流体机械等项目1年内快速建成，舟谱云仓、联瑞二期、康达智二期等项目快速竣工投产。（刘汉芝）

【江苏连云经济开发区】 连云经济开发区成立于1992年，2006年经省政府批准为省级经济开发区。园区按照“生态+绿色”要求，做强做优油脂科技和金属材料两大产业，培育先进装备制造、核电配套、绿色能源、新材料等新兴产业。2018年，园区完成工业应税销售126亿元，入库税收5.1亿元，一般公共预算收入2.07亿元，工业增值税增长19%，固定资产投资45.84亿元，工业投资增长97.9%。全年签约并推进项目16个，总投资约42亿元。其中，阳光电源光伏、建华管桩、乡坛子食品、融晴充电桩等9个项目建成投产。储备钛白材料、功能性新材料、石化装备等过亿元优质项目10个，计划总投资超100亿元。华乐60万吨冷轧钢项目一期试生产；三吉利苯二酚系列产品项目中老厂区项目完成设备安装，具备试生产条件；油脂科技产业园系列项目中丰益酰氯类产品、二聚酸等项目及污水、罐区扩建项目开工建设；欧亚气体技改、双菱风电模具一期、利海氯化苄项二期等项目试生产；云港光伏项目并网发电。环海化工、利海化工获批省“两化”融合贯标试点企业。丰益表面活性材料公司被批准为省工程技术研究中心。（王　磊）

【江苏灌南经济开发区】 江苏灌南经济开发区始建于2003年5月，2018年9月被省政府批准为省级经济开发区。园区规划面积50平方千米，至2018年底，建成区面积16平方千米，入驻企业152家。园区主导产业是精密机械、光电信息、绿色建材业，逐步建成金属精加工产业园、台湾电子工业园、机械工业园、光电产业园等省级特色园区。2018年，实现业务总收入98.2亿元、工业增加值11.4亿元、财政收入4.16亿元，全社会固定资产投资26.2亿元、进出口总额1.18亿美元。

招商引资　2018年，园区引进项目17个，其中超亿元项目10个，分别是总投资31.5亿元的3D陶瓷后盖产业园项目、总投资4亿元的宏耀纺织项目、总投资1亿美元的亿达科技项目、总投资2亿元的赛源智能制造项目、总投资1.1亿元的久光重工装载机项目、总投资3000万美元的江苏刚钜物流器械、总投资1.5亿元的杭萧钢构二期项目、总投资1.2亿元的亚博家具项目、总投资1亿元的盛源精密铸件项目、总投资1亿元的吉赢纺织项目。

项目建设　3D陶瓷后盖、万航木业、银得隆三期等签约项目快速开工，牧原饲料厂、钰峰电力、恒德利科技等开工项目竣工，三木精密、利晶光电、馨而美家等竣工项目投产。

科技创新　2018年，园区专利授权量624件，新增5家省级高新企业，引进国家重大人才工程B类专家1人。保丽森实业与中南林业科技大学共同研发的“绿色防火农林剩余物无机复合技术”获得教育部科技进步奖一等奖。

功能配套　打造光电产业园、两岸青年创业园2个载体，推进产业转型升级。光电产业园一期12万平方米标准化厂房全部投入使用，二期8万平方米厂房开工建设，主要围绕手机零部件生产、新能源汽车配件、5G通信配件等光电项目进行招引，至2018年底，落户利晶光电、三木精密、利伟智能等5家企业。两岸青年创业园一期建筑面积8万平方米，主体工程全部封顶，入住孵化类、创业类项目44个，依托创业园每周举办一次“创业沙龙”，累计举办100期，近5000余人次参加沙龙活动。（王　伟）

11月，灌南开发区天意消防器材公司的工作人员在整理一批出口韩国的手提式灭火器　耿玉和/视觉江苏网

【江苏赣榆新能源产业园】 江苏赣榆新能源产业园位于赣榆经济开发区内，2012年11月获江苏省商务厅批准设立。至2018年底，园区新能源产业形成以光伏产业为主（光伏组件、光伏配套辅料、新能源装备）、生物质能源及新能源利用为辅的新能源产业集群。投产企业38家，其中规模以上企业28家。2018年，实现主营业务收入35亿元。其中，特色主导产业营业收入占比93.8%。新引进法国新能源装备专家团队光伏设备生产项目、瀚美特充电桩项目、江苏大学智慧路灯、超容电池项目、金达莱新型环保设备项目、清华大学动力电池项目、北京隆源装备3D打印项目，新能源产业链进一步拉长。

项目建设　2018年，新能源产业园在和安中小企业园引进德国赛乐福新型复合材料项目和碳星科技石墨烯电子芯片项目；引进深圳瀚美特投资3亿元的充电桩项目和易仁智能装备投资3亿元的机器人手臂制造项目，基本建设完成。

科技创新　以捷成科技创业园、留学人员创业园为孵化载体，建成省级大学生创业园和国家级和安创客汇众创空间，提供孵化政策、创业培训等科技服务，2018年依托和安中小企业园，申报成为赣榆和安中小企业园科技企业加速器和赣榆教育机器人众创社区。　（鲁守洋）

区域合作

【南北挂钩】 连云港市有7个南北共建园区，6家获奖。2018年，省苏北发展协调小组办公室、省商务厅对全省45家南北共建园区2017年度建设发展情况考核。其中，镇江经济技术开发区东海工业园进入2017年度共建园区建设综合考核第十名，获得奖励1500万元；太仓港经济技术开发区灌南工业园、江宁经济技术开发区连云港工业园分别位列第十四、二十一名。句容经济开发区海州工业园、丹阳经济开发区灌云工业园、丹徒经济开发区赣榆工业园在2017年度共建园特色发展考核中分别位列第二、第五、第九名。　（董　峰）

【对口支援】 2018年，连云港市对口支援新疆实施17个项目，其中霍尔果斯11个、都拉塔口岸6个，总投资2.02亿元。年度安排使用援疆资金6457万元，实际完成投资7605万元。资金重点建设幼儿园、连云港高中、安居富民工程、游牧民定居、伊犁农产品销售补贴项目、教育援疆和医生培训，以及都拉塔口岸道路工程项目、中小微企业创业园一期工程、文化站建设暨设施配套等基本民生项目。组织实施安居富民工程，向建档立卡等贫困群体倾斜，实现开工率100%、完工率100%。总投资3260万元的都拉塔口岸道路工程项目建成投用，口岸通关环境明显提升。总投资3886万元的都拉塔连云港中小微企业创业园一期项目基本建成，口岸产业承载能力增强。加快霍尔果斯亚欧东路祥和社区、亚欧西路红桥社区建设，项目主体建设完成。设立专项招商基金100万元，开展招商活动。全年签约项目15个，落地项目5个，实际投资金额12亿元。引进总投资5亿元的连云港大厦项目完成地下基础工程，总投资3.5亿元的万丰广场项目全面开工，投资1.5亿元的中外运长航物流中心、投资2亿元的金亿旅游开发、投资0.5亿元金亿桃类加工等实体项目陆续落地，中信重工特种机器人出口基地等项目签约。启动建设霍尔果斯无水港，项目总投资3亿多元，规划占地面积42公顷，打造集公路、铁路和皮带的多式联运中心。

举办霍尔果斯物流招商江苏推介会，《新华日报》、江苏卫视等省市主流媒体予以集中报道。以“十万江苏人游伊犁”活动为载体，宣传“塞外江南新伊犁”旅游品牌，鼓励旅行社通过包机、专列和落地自驾游等形式，组织游客到伊犁和霍尔果斯旅游，全年游客3万人次。委托国内知名智库开展《中哈霍尔果斯国际边境合作中心中方管理办法（试行）》《加快霍尔果斯发展的思路与对策》课题研究，相关研究成果均已转化应用并刊发。

开展集中培训，霍尔果斯、都拉塔口岸农村党组织负责人、基层合作社负责人、道德模范代表、教师骨干队伍等6批次、150人赴连云港参加培训。开展医疗援助。8名连云港市医疗专家进疆开展为期半年的医疗援助，累计接诊2000余人次，实施手术18台，抢救急难重症患者197人，为受援医院引进新技术、新项目7个；举办讲座87期，培训医护人员2100人次，“1+X”模式师带徒30人。为霍尔果斯市人民医院及3个乡场卫生院搭建远程网络平台，填补当地“互联网+医疗服务”空白。从全市基层选派18名优秀教师开展为期一年半的支教活动，分派到小学、初中和高中各学校担任骨干。安排6名高中段高级职称教师，为高一、高三年级2个班60名学生配班授课，班主任及语文、数学、英语3门主科和政治、信息技术学科均由援疆教师任教。

2018年，连云港市落实与辽宁省营口市合作框架协议，梳理落实两市在现代农业、对口招商、全域旅游、石化产业建设等方面合作意向。

（宋小康　郭欣勇）

责任编辑　郭　云

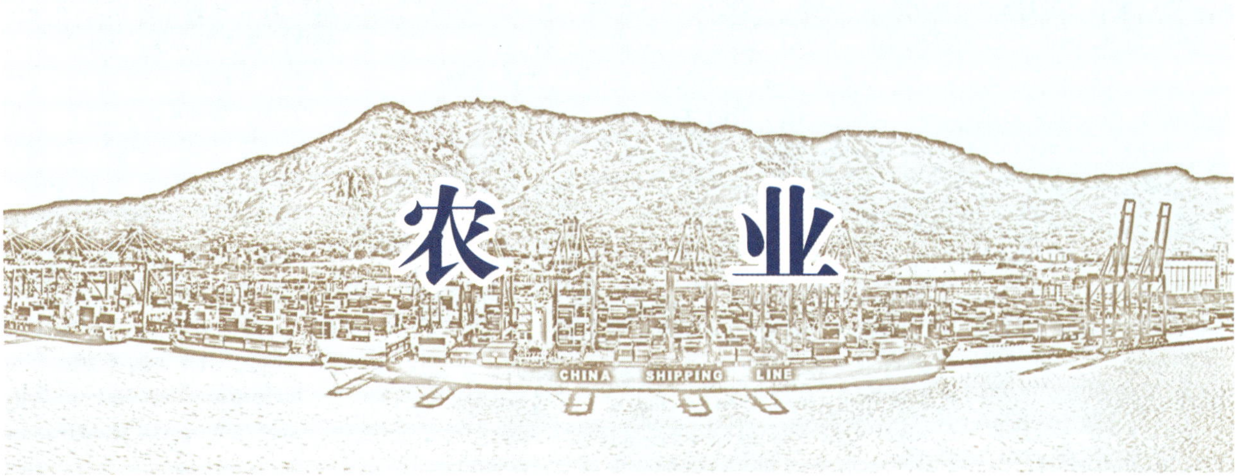

农业

综述

【概况】 2018年，连云港市农业呈现良好发展态势。全年实现农林牧渔业总产值636.65亿元，可比价增长2.4%。全市有耕地面积39.16万公顷。粮食种植面积50.58万公顷，全年粮食总产达364.03万吨。全面推进粮食生产全程机械化示范县创建，启动市级现代农业产业示范园创建。生猪饲养量略有下降，生猪大中型规模养殖比重达91.7%。全市水产养殖面积6.57万公顷，水产品产量72.85万吨，实现水产品产值128亿元。现代农业加快发展。全年新增省级以上农业龙头企业8家，其中国家级龙头企业1家。市级以上农业龙头企业达329家。全市高效设施农业面积7.93万公顷，占耕地面积的20.2%。“合作社+家庭农场+基地+农户”等多种经营快速推进，葡萄架下养鸡养鹅、稻虾共生等立体种养模式进一步推广，种养效益和农产品质量显著提升。启动农业对外开放合作试验区建设，省级以上农产品示范区（基地）总数全省第一。实现农产品出口额6.28亿美元，位居全省第二。25个重点农产品加工项目全年投资55.31亿元。开展国家农产品质量安全市创建，“连天下”品牌成为首个获准使用中国农产品质量安全专用共用标识的农产品公用品牌。全市“三品一标”（无公害农产品、绿色食品、有机农产品和农产品地理标志）产品占比62.5%，全市获得认证有机食品4个。

【农业特色产业基地建设】 2018年，全市围绕农业产业结构调整主线，以设施蔬菜、食用菌菇、特色林果等特色产业为依托，强化规划引领，集聚项目资源，新建温泉镇绿色高效蔬菜基地等18个市级千亩连片高效设施农业基地，完成东海县西北部设施园艺集聚区、灌云县中西部设施蔬菜集聚区、灌南县新安镇食用菌集聚区、赣榆区西北部特色林果集聚区、海州区204国道沿线都市农业集聚区5个核心区规模达1333公顷的高效设施农业集聚区建设。到年底，全市有省级现代特色产业基地9个，市级高效设施农业集聚区5个，市级农业特色产业基地47个，市级千亩连片高效设施农业基地65个。推进农业特色产业与旅游、教育、文化、康养等产业深度融合，重点打造灌南县李集乡新民村、赣榆区黑林镇芦山村2个省级特色田园乡村和东海县石梁河镇葡萄文旅小镇、双店镇切花电商小镇、灌云县小伊乡藕虾休闲小镇、南岗乡循环农业小镇、灌南县新安镇蘑菇文化小镇、新集镇稻渔生态小镇、赣榆区黑林镇蓝莓小镇、厉庄镇樱桃创意小镇8个省级农业特色小镇。

【农业标准化建设】 2018年，市农委、农业科学院、连云港质量技术监督局整合农业标准化方面的人才、技术和科研成果等优势资源，成立连云港市农业标准化技术委员会，为全市农业标准化工作提供政策建议、技术支持和业务指导。编写《连云港市农业标准体系》，收录标准956个，其中国家标准344个、行业标准181个、地方标准431个，基础标准59个、质量标准201个、技术规程428个、方法标准268个，内容涵盖种植、种子（种苗）、产品、安全卫生、检验方法等。稻虾共作技术规程、仔猪饲养技术规程、日光温室条件下山茶花盆栽技术规程等17个农业地方标准通过专家审核验收。市农委编写《连云港市农产品标准化生产技术集成应用手册》，建立以标准化生产和农（兽）药使用清单为主的“一品一策”管理模式。 （沙　莎）

【农业产业化】 2018年，连云港市农发集团获评国家级龙头企业，全市新增省级龙头企业7家、市级龙头企业41家。到年底，全市有市级以上龙头企业329家，其中国家级龙头企业2家、省级龙头企业56家、市级龙头企业271家。年产值达10亿元龙头企业4家，5亿元龙头企业6家，过亿元龙头企业50家。连云港如意情食用菌生物科技有限公司采用国内外先进生产设备，项目完全建成后总产能将达到日产450吨的生产规模。江苏海福特海洋科技股份有限公司拥有5条海产品自动化生产线，年生产能力达30万吨。市农委推介优质农业企业与省股权交易中心开

2018 年连云港市农林牧渔业情况统计表

表 20

指标	单位	2018 年	比 2017 年增长（±%）
农林牧渔业总产值	亿元	636.65	2.4
按类别分			
农业	亿元	304.65	1.8
林业	亿元	16.00	-1.1
牧业	亿元	115.89	-0.5
渔业	亿元	155.49	4.4
农林牧渔服务业产值	亿元	45.38	8.7
按地区分			
市区	亿元	246.83	1.0
东海县	亿元	144.43	3.3
灌云县	亿元	138.70	3.2
灌南县	亿元	106.69	3.4
农作物产量			
粮食	万吨	364.03	0.5
夏粮	万吨	141.12	-1.5
秋粮	万吨	222.91	1.8
棉花	吨	80.00	100.0
油料	万吨	8.35	-27.8
蔬菜	万吨	383.83	-1.6
瓜类	万吨	59.30	-4.5
玉米	万吨	28.80	11.7
大豆	万吨	1.03	-40.6
播种面积	万亩	935.93	-0.7
粮食	万亩	758.66	0.9
棉花	万亩	0.06	100.0
油料	万亩	26.39	-28.0
蔬菜	万亩	129.26	-1.2
瓜类	万亩	20.73	-6.7
玉米	万亩	67.68	10.0
大豆	万亩	5.49	-40.8

展交流和对接。到年底，全市共有 8 家企业在省股权交易中心“农业板”挂牌。（张 婧）

【休闲观光农业】 2018 年，全市开展休闲观光农业发展情况普查和大数据平台建设。全市有休闲观光农业经营主体 732 个，资产总额 134.79 亿元，从业人数 3.37 万人，带动农户 4.3 万户。全年实现综合营业收入 43.33 亿元，其中利润 14.92 亿元。7 家企业获评国家休闲观光农业与乡村旅游星级示范企业（园区），8 个村获评省休闲观光农业精品村，11 个农园获评省主题创意农园，24 个村被认定为市级休闲观光农业示范村，17 家企业（园区）被评为市级休闲观光农业示范点。

【高效设施农业】 2018 年，全市以绿色发展、生态优先为核心，加快推进设施农业向精品、高端、高效方向发展，扩大蔬菜、食用菌、林果、花卉、苗木等高效设施农业产业的面积和规模效益，实现面积增加、领域拓展、效益提升。建成连云港谢意家庭农场、连云港谷润农业科技有限公司、东海县丰亿果蔬种植专业合作社等 11 家省级园艺作物标准园。全市新增高效设施农业面积 2333 公顷，总面积达 7.93 万公顷，占耕地比重为 20.2%。

【“连天下”品牌建设】 连云港市立足当地优势农业资源，抢抓区位优势，强化农业品牌建设，初步形成谢湖大樱桃、云台茶叶、石梁河葡萄、黄川草莓为代表的林果类品牌，以花果山风鹅、板浦香肠、东海老淮猪为代表的畜禽品牌，以东海优质大米、赣榆花生、灌云大豆为代表的粮油品牌，以灌云芦蒿、灌南食用菌为代表的蔬菜品牌，以海州湾梭子蟹、连云港紫菜、赣榆区泥鳅等为代表的水产品品牌。全市有授权使用“连天下”商标的企业 86 家，产品覆盖粮油、林果、蔬菜、食用菌、海产品等农产品。2018 年，授权企业实现销售额 28.47 亿元，部分企业使用统一设计“连天下”西游系列包装产品实现溢价 15% 以上。到年底，全市有经认证的全国绿色食品（稻麦）原料基地 5.85 万公顷，食盐、小黄鱼、大米、食用菌等绿色食品品牌 141 个，谢湖樱桃、灌云豆丹等地理标志农产品 2 个，木耳、大麦、稻米等有机农产品 5 个，氯化钾、氯化镁等绿色生资产品 6 个，特色蔬菜、林果、茶叶等各类名、特、优、新农产品品牌 10 多个，种植业绿色优质农产品占比达 35%，居苏北前列。（沙 莎）

种植业

【概况】 2018 年，连云港市粮食和蔬菜种植的面积和产量比 2017 年略有减少，全年粮食种植面积 50.58 万公顷，粮食总产 364.03 万吨。蔬菜种植品种丰富、设施比重高，全年蔬菜播种面积 8.62 万公顷，总产量 383.83 万吨。小麦高产技术攻关保持全省领先，全市创建小麦千亩示范片 33 个。夏播作物落实资金 2149 万元，创建示范片 59 个。东海县获批部级粮食绿色高质高效示范县。开展“双杂双百”超高产攻关，建立百亩攻关方10个，最高单产超1000千克。连云港市在全省淮麦40超高产攻关竞赛中获第一名。

【粮食种植】 2018年，连云港市粮食种植面积50.58万公顷，比2017年减少2367公顷，粮食总产364.03万吨，减少4.08万吨。其中，夏粮种植面积24.27万公顷，单产387.7千克/亩，夏粮总产141.12万吨；秋粮种植面积26.31万公顷，单产565千克/亩，秋粮总产222.91万吨。全年水稻种植面积21.12万公顷，单产602千克/亩，水稻总产190.68万吨。玉米种植面积4.51万公顷，单产425千克/亩，玉米总产28.8万吨。豆类种植面积3660公顷，单产188千克/亩，豆类总产1.03万吨。薯类种植面积3053公顷，单产511千克/亩，薯类总产2.34万吨。

【蔬菜种植】 2018年，全市蔬菜播种面积8.62万公顷，总产量383.83万吨，总产值93亿元，分别比2017年减少215公顷、10.5万吨、2.16亿元，分别下降1.2%、1.6%和2.26%。全年蔬菜外销量425.73万吨，主要销往上海、南京及山东等地。设施蔬菜种植面积4.66万公顷，其中，日光温室面积1.32万公顷、塑料大中棚面积2.8万公顷、小中棚面积5353公顷。西甜瓜播种面积1.09万公顷。食用菌种植面积0.2万公顷，食用菌种植品种主要有蘑菇、平菇、秀珍菇、杏鲍菇、香菇、金针菇等。

【种植业结构调整】 2018年，全市稻田综合种养面积3233公顷，农民增收超过1亿元。实施稻虾、稻鸭、稻渔等集成稻田综合种养技术模式，各县区均建立13公顷以上集中连片核心区，全市有规模千亩以上示范区15个。灌南县、灌云县被确定为省级稻田综合种养示范县。全市有水稻+西甜瓜、水稻+草莓、水稻+番茄等种植模式面积达1.33万公顷。引进、筛选、示范推广的南粳505、南粳2728、徐稻9号、宁5718、连粳

2018年连云港市国家级休闲观光农业与乡村旅游星级示范企业（园区）一览表

表21

序号	县区	名称	星级
1	灌云县	潮河湾生态园（连云港潮河湾旅游开发有限公司）	5
2	东海县	江苏葡之源农业发展有限公司	4
3	连云区	连云港开发区四季如意家庭农场	4
4	连云区	香疏和园（连云港日丰农业开发有限公司）	4
5	海州区	连云港市林海湾旅游发展有限公司	4
6	赣榆区	江苏沃田集团股份有限公司	3
7	灌南县	连云港香苑生态园林有限公司	3

2018年连云港市省级休闲观光农业精品村一览表

表22

序号	县区	名称	序号	县区	名称
1	东海县	黄川镇演马村	5	海州区	新坝镇小荡村
2	灌云县	同兴镇伊芦村	6	海州区	云台街道渔湾村
3	灌南县	新安镇新东村	7	连云区	高公岛街道黄窝村
4	赣榆区	石桥镇石桥村	8	连云区	朝阳街道韩李村

2018年连云港市省级主题创意农园一览表

表23

序号	县区	名称	序号	县区	名称
1	东海县	帕蒂亚葡萄庄园	7	海州区	蝴蝶兰博物馆
2	东海县	“莓好世界”草莓主题园	8	海州区	林海湾丛林乐园
3	灌云县	伊甸园	9	海州区	樱桃谷休闲农业创意园
4	灌南县	国色天香牡丹园	10	海州区	创意荷园
5	赣榆区	金公猕猴桃创意园	11	连云区	八间房创意民宿
6	赣榆区	佳农水蜜桃创意园			

9月14—16日，第二十届江苏农业国际合作洽谈会在连云港市举办

市农业农村局　供图

2018年连云港市级休闲观光农业示范村一览表

表24

序号	县区	名称	序号	县区	名称
1	东海县	石梁河镇王埠村	13	灌云县	四队镇隆兴村
2	东海县	双店镇昌沂村	14	灌云县	东王集镇盐河村
3	东海县	白塔埠镇机场村	15	赣榆区	石桥镇白石头村
4	东海县	双店镇孔白村	16	赣榆区	城西镇曲坊村
5	东海县	白塔埠镇新元村	17	赣榆区	班庄镇前集村
6	东海县	李埝林场陈山村	18	赣榆区	黑林镇芦山村
7	灌南县	李集镇新民村	19	海州区	新坝镇朱圩村
8	灌南县	新安镇郝圩村	20	海州区	宁海街道平安村
9	灌南县	新安镇刘园村	21	海州区	云台街道东磊村
10	灌南县	田楼镇田楼村	22	连云区	宿城街道宝山村
11	灌云县	小伊乡后场村	23	连云区	高公岛街道柳河村
12	灌云县	侍庄街道瓦房村	24	连云区	中云街道金苏村

2018年连云港市级休闲观光农业示范点一览表

表25

序号	县区	名称	序号	县区	名称
1	东海县	白塔埠镇休闲采摘园	10	赣榆区	利翔农业生态创意园
2	东海县	鸿禹山庄	11	赣榆区	西石沟苹果主题农庄
3	东海县	开创小镇生态园	12	连云区	羊山生态岛
4	灌南县	右见旧时光	13	连云区	连云港前三岛
5	灌南县	永红家庭农场	14	连云区	沙湾村海上牧场
6	灌南县	清霖家庭农场	15	连云区	魏庵创意农园
7	灌云县	黄金港生态园	16	海州区	梓翰绿色农庄
8	灌云县	伊荷园	17	海州区	苍梧禅茶创意园
9	赣榆区	田福生态农庄			

15、盐丰47等优质食味水稻品种种植面积6.43万公顷。打造一批产、加、销一体化优质稻米产业化基地，建立青口盐场等千亩以上优质稻米产业化基地22个，面积1.31万公顷。培育灌南县新集乡稻渔小镇，创建平明镇、东王集镇、四队镇、三口镇4个省级"味稻小镇"。培育"连天下"稻米品牌，在第二届江苏优质稻米博览会上，连云港市获江苏好大米十大品牌1个、十大创优品牌1个、特等奖1个、金奖2个、银奖2个。

【全国超级稻推广现场观摩交流会】 9月27—28日，全国超级稻推广现场观摩交流会在连云港市举行。全国超级稻专家指导组成员，农业部科教司、种植业管理司和全国农技推广中心领导和处室（单位）负责人，水稻主产省及其重点市、县（市、区）农技推广部门负责人、技术推广人员和新型经营主体代表等120人参加会议。全国水稻主产省的与会代表集中观摩了东海县平明镇的江苏省味稻小镇、连云港市天谷米业、优质稻米基地（综合种养）、稻麦综合示范基地、灌南县新集镇稻渔小镇建设和堆沟港镇超级稻绿色高质高效创建示范等现场。与会代表分别听取了中国工程院院士、扬州大学教授张洪程和中国水稻研究所所长、研究员程式华作的《推行绿色发展方式，发展中高端优质稻米》《供给侧结构性调整下的超级稻研究新策略》专题报告，以及江苏省农业技术推广总站副站长杨洪建的乡村振兴战略下超级稻绿色高质高效发展情况介绍。连云港市农业部门学习全国最新研究成果，吸收借鉴各地的先进经验，推动超级稻在全市的推广应用。

（沙　莎）

畜牧业

【概况】 2018年，连云港市开展对限养区、适养区的畜禽规模养殖场粪污治理。全市1923家畜禽规模养殖场完成治理，治理率93.12%，规模养殖场粪污处理设施装备配套率80.47%。受非洲猪瘟的影响，中小养殖场、户由于不符合环保要求大量退出，全市畜禽养殖量有较大幅度下降。全年生猪饲养量504.8万头，出栏334.4万头，分别比2017年减少6.3%、9.2%；羊饲养量58.4万只，出栏35.1万只，分别下降50.3%、59.6%；家禽饲养量4811.7万羽，出栏3402.4万羽，分别下降12.6%、14.3%；牛饲养量13.74万头，下降47.6%。全年肉类总产量29.6万吨，奶类总产量3.7万吨，禽蛋总产量8.7万吨。

【畜禽规模养殖】 2018年，全市畜禽规模养殖发展很快，东海县、灌云县、灌南县、赣榆区均有大的生猪项目落户。牧原集团在灌南县投资建设年出栏达100万头的生猪养殖体系项目有序推进。灌云县丹麦独资企业北欧农庄计划投资4期项目，计划建设一条屠宰加工线。连云港立华牧业、上海新农在灌云县建设出栏30万头～50万头的生猪养殖项目。赣榆区引进上海加农畜牧科技有限公司，在赣榆区厉庄镇建设年存栏5000头母猪场，年出栏猪12万头，在金山镇建设同等规模的母猪场以及育肥场。东海县

2018年，东海县黄川镇形成集草莓育苗、种植、销售、采摘于一体的综合性高效农业示范区。图为立体无土栽培的草莓　耿玉和/视觉江苏网

引进新希望六合集团和上海洪庄有限公司2家企业，分别在东海县洪庄镇流转土地100公顷、93公顷，项目总投资5.12亿元，计划建设集生猪养殖、红色蔬果种植、有机肥及饲料加工、污水循环处理于一体的生态种养殖基地示范园区。全市初步形成以东海县、灌云县、灌南县、赣榆区4个生猪县（区）为主的生猪产业带，生猪存栏占全市的95%；以东海县和市郊区为主的肉禽产业带，肉禽出栏占全市的75%。全市规模养殖场4354个，其中建成万头猪场26个，千头奶牛场3个，出栏50万只肉鸡场5个，存栏10万只蛋禽场4个，生猪、家禽和奶牛规模养殖比重分别达91.7%、91.9%、98.8%。

【畜牧业生态健康养殖】2018年，全市开展畜牧生态健康养殖示范创建活动，创建部级畜禽养殖标准化示范场1家（连云港北欧农庄生猪养殖有限公司）、省级畜牧生态健康养殖示范场40家，推广应用生态健康养殖技术的养殖场979家，生态健康养殖比重达55.7%。灌云县畜牧业绿色发展示范县通过省级验收。

2018年，连云港市农业生产加快建立"互联网＋物联网＋现代农业"服务应用体系。图为海州区浦南镇智慧农业产业园　耿玉和/视觉江苏网

【重大动物疫病防控】2018年，全市重大动物疫病群体免疫密度维持在92%以上，应免动物免疫密度达100%，平均免疫抗体合格率88.64%，未发生畜产品质量安全事件。推进重大动物疫病强制免疫"先打后补"（即先由养殖场户自行采购强制免疫疫苗、自行实施强制免疫和自行开展免疫抗体检测，再由政府补助强制免疫疫苗经费的方式）政策落实，全市实施"先打后补"的养殖企业14家，申请疫病净化养殖企业5家。海州区某养殖企业发生非洲猪瘟疫情，共扑杀并无害化处理生猪1.46万头。收集、整理的非洲猪瘟临床典型材料、照片填补了全国非洲猪瘟临床诊断资料的空白。市级兽医实验室取得江苏省第一批非洲猪瘟防控检测的资质，承担连云港市和宿迁市的检测任务。市畜牧兽医站获得由江苏省市场监督管理局颁发的检验检测机构资质认定证书（CMA），成为江苏省畜牧兽医系统首家获得该证书的单位。　（沙　莎）

水产业

【概况】2018年，连云港市水产品产量72.85万吨，实现水产品产值128亿元，渔业经济总产值217.4亿元，渔民人均年收入实现2.7万元。海水产品总量45.42万吨，其中海水捕捞13.09万吨、海水养殖32.33万吨。淡水产品总产量27.43万吨，其中淡水捕捞1.49万吨、淡水养殖25.94万吨。水产养殖面积6.57万公顷，其中海水养殖面积4.93万公顷、淡水养殖面积1.64万公顷。捕捞品种主要有小黄鱼、鲅鱼、鲳鱼等，养殖品种主要有四大家鱼、大菱鲆、乌鳢、南美白对虾、小龙虾等。新增设施渔业面积667公顷、工厂化养殖车间1万平方米。

【渔业产业化】2018年，全市完成养殖水域滩涂规划修编工作，全年水产品出口创汇超过1亿美元。举办2018新时代绿色渔业（连云港）研讨会，市政府与中国水产流通与加工协会签订战略合作协议，东辛农场水产有限公司与北京水产总公司签订

进京采购意向合同。全市稻鱼共作、稻虾共作、藕虾共作等综合种养面积4667公顷，江苏瑞沃农业开发有限公司获批国家级稻渔综合种养示范基地。（沙 莎）

【2018新时代绿色渔业（连云港）研讨会】 9月13日，由中国水产流通与加工协会和连云港市人民政府共同主办的2018新时代绿色渔业（连云港）研讨会在连云港市赣榆区召开。中国水产流通与加工协会、省海洋与渔业局、全国水产技术推广总站、上海海洋大学、中国质检协会等部门的领导和专家，以及全国重点渔业企业和相关媒体的代表约140人参加会议。研讨会以"生态优先、绿色发展"为主题，数十位行业知名专家、经理人及各组织代表，从不同角度分享了其对发展绿色渔业的看法，为连云港渔业发展建言献策。（年 编）

外向型农业

【概况】 2018年，连云港市完成农产品出口6.28亿美元，比2017年增长15.1%，有出口实绩的企业165家，年出口额超1000万美元以上企业16家。全年新增省级出口农产品示范基地7个，到年底，全市建成省级以上出口农产品示范基地（区）22个，其中国家级示范区4个。连云港银丰食用菌科技有限公司出资2000万美元在白俄罗斯莫吉廖夫州建成蘑菇产业园项目，4月，银丰公司菌包出口白俄罗斯。江苏雅仕投资集团有限公司投资800万美元在南非开普敦斯泰伦博斯地区建设优质农产品培育、种植和存储加工基地。灌云县三星食品有限公司在埃及杜姆埃特市投资100万美元，开展龙虾仁深加工业务。

【农业对外开放合作试验区建设】 2018年，连云港市完成《连云港农业对外开放合作试验区总体规划》编制，6月30日在北京通过由中国工程院院士赵春江为组长的专家组评审，8月23日经市十四届市政府第26次常务会议审议通过。11月2日，市十四届政府第30次常务会议审议通过《关于加快推进连云港农业对外开放合作试验区建设的意见》并印发全市实施。开展2018年连云港农业对外开放合作试验区建设专项资金项目申报工作，以贴息补助、以奖代补等方式支持试验区"一心四区两基地"项目建设，专项资金共400万元。连云港农业信息大数据中心建成连云港市农业资源管理、生产管理、技术服务、信息服务、电子商务等版块，入选全国农业农村大数据实践案例。

【第二十届江苏农业国际合作洽谈会】 5月，经连云港市申请，省长吴政隆批示，将连云港市作为江苏农业国际合作洽谈会的永久举办地。9月14—16日，由江苏省政府主办，省农委、省商务厅、省贸促会和连云港市政府承办的第二十届（2018）江苏农业国际合作洽谈会在连云港市举办。会议期间，连云港市主办了连云港现代农业投资说明会、"一带一路"花卉产业国际合作暨千种新花卉研讨会、对话"连天下"农业品牌建设研讨会、2018新时代绿色渔业研讨会及现代农业现场考察等专场活动。农洽会共有1000多家境内外企业参展，设立展位708个，有2000多种农产品参加展示展销，现场销售农产品近1400万元。参会参展人数达17万人次，其中近50个国家（地区）的600余名境外来宾参展参会。（沙 莎）

农业资源开发

【概况】 2018年，连云港市农业综合开发土地治理、产业化发展、丘陵山区开发、滩涂开发四类项目争取国家和省级农业综合开发财政投资4.19亿元，建成国家农业开发高标准农田1.4万公顷。至年底，全市建成高标准农田23.81万公顷，高标准农田占比60.78%。

【土地治理项目】 2018年，国家农业综合开发土地治理项目涉及东海县、灌云县、灌南县、赣榆区、海州区的30个乡镇99个行政村，农业人口18.67万人。项目总数33个，其中高标准农田建设项目32个，面积1.4万公顷；生态综合治理项目1个，治理面积333.4公顷。总投资3.23亿元，均为财政资金。土地治理水利建设投资1.99亿元，建拦河坝4座，投资120.19万元；新建拆建电灌站89座，投资2486.84万元；开挖疏浚渠道8.8千米，投资60.07万元；衬砌渠道374.04千米，投资9424.64万元；埋设管道34.63千米，投资568.45万

2018年，全市发展高效优质林果茶基地1940公顷，新增优质果茶产量1.8万吨。图为赣榆区金山镇茶叶种植基地 赣榆区 供图

元；建渠系配套建筑物9527座，投资7274.61万元；修筑田间道路310.81千米，投资1.07亿元。土地治理林业建设投资799.03万元，建农田防护林网1713公顷。

【产业化发展项目】 2018年，全市立项建设产业化发展项目14个。其中，补助项目5个，总投资824.44万元，财政投资400万元；贷款贴息项目9个，贷款总额2.24亿元，财政贴息额369万元。全年新增产值1158.86万元、增加值865.86万元、利税290.64万元，固定资产形成总额822.94万元，直接受益农户237户，农民收入增加109万元，新增就业人数84人。通过现金支持、技术培训等方式结对帮扶贫困户66户，帮扶资金8.29万元。

【丘陵山区项目】 2018年，全市丘陵山区农业综合开发立项项目27个，其中东海县9个、灌云县3个、赣榆区6个、连云区3个、海州区6个。项目争取省级财政资金5450万元，治理面积2166公顷。全市项目区建成蓄水池30座，修建塘坝14座、跌水3座，建成塘坝混凝土护坡1.64千米，增做护坡410.6立方米、溢洪道50米；建成排灌站（泵房）15座、机电井36眼，架设输变电线路6.6千米、变压器7台（套），衬砌渠道（截水沟、排洪沟）23.26千米，埋设管道28.4千米，建成桥、涵、闸、渡槽、放水口等渠系建筑物1281座。建成硬质路59.68千米、砂石路15.71千米，增做挡土墙1356米。发展高效优质林果茶基地1940公顷，生态旅游、休闲观光基地面积45.33公顷。全年新增优质果茶产量1.8万吨，新增种植业总产值2.42亿元，带动农户3000户，安排就业4000人，增加农民收入1.6亿元。 （陈洪建）

农业机械化

【概况】 2018年，连云港市受农机购置补贴等系列强农惠农政策的影响，农业服务组织及农民个人投入农机具购置大幅提高，全年社会资本投入农机具购置的资金总量达4亿余元，新增农机总量8600余台。农机总动力616.02万千瓦，比2017年增长3.1%。全年秸秆还田面积36.92万公顷，秸秆机械化还田率87%，实施农机深松整地5667公顷。创建粮食生产全程机械化示范乡镇20个，示范乡镇数量占涉农乡镇65%。

【农机科技推广】 2018年，全市推广蔬菜园艺、水产养殖、林果茶生产、畜禽养殖、农产品加工等新机具新技术。新增设施农业机械6000台（套），设施农业机械化示范基地新技术、新机具推广应用面积达7.67万公顷。争取秸秆机械化还田资金9753万元，对2018年资金兑付情况进行监督检查。夏秋两季投入80马力以上拖拉机及配套还田机具1.4万余台，印发宣传材料7.41万份。

【农机购置补贴】 2018年，全市发放

连云港市东海县是全国优质水稻种植基地，2018年水稻种植面积6.53万公顷。图为东海县张湾乡四营村在抢收水稻

耿玉和/视觉江苏网

省以上农机购置补贴资金1.48亿元，比2017年增长32%，新增补贴机具8205台，受益农户6160户。全市农机购置补贴资金结算兑付1.37亿元，兑付率92.7%，居全省设区市第一位。高新区原已下拨资金使用完毕无法再进行结算兑付，市财政从结余资金较多的徐圩新区调剂100万元给高新区。连云港市是首家在辖区进行资金调剂的单位，该做法受到省农业农村厅的充分肯定。

【农机综合保险】 2018年，全市开展农机报废更新企业送政策进乡村活动，宣传农机综合保险和农机报废更新惠农政策，动员、引导农机手参加农机综合保险和农机报废更新。到年底，全市承保农机综合保险5376台，保费250余万元，已报保险理赔案300多次，报废更新机具36台。

【农机安全管理】 2018年，市农机部门完善应急联动机制、快速反应机制和信息互通机制。农机监理人员开展送检下乡81次，对合作社、田间场院等重点作业场所进行检查，对检查发现的问题，立查立改，及时排除农机安全隐患。在夏、秋两季农忙时节，健全农机安全生产预测预警和应急协调联动机制。保障外来机具在连云港跨区作业顺利进行，全市成立15个跨区作业接待站，最高峰期间，日投入作业联合收割机近万台，日收获小麦1.33万公顷。全年印发“农业机械安全作业十严禁”“农机安全生产九不准”等宣传材料8300份。深入乡村、地头、村户现场进行农机法律法规安全知识宣传教育，受教育农民1.4万人次。（沙 莎）

国有农场

【东辛农场】 2018年，东辛农场有土地面积2万公顷，其中耕地1万公顷、养殖水面1万公顷。人口4.2万人。全场实现国有营业收入9.18亿元，国有二三产利润5600万元。全年种植“三麦”1.11万公顷、水稻1.08万公顷。培育销售虾苗9.46亿尾，实现利润476万元。320公顷集体养殖塘口实现养殖利润410万元。水产公司实现利润1780万元。金鲤渔业公司集体养殖规模扩至227公顷，实现利润193万元。东旺奶牛公司被评为江苏省无公害农产品生产基地，全年生产鲜奶1.05万吨，实现利润580万元。三元双宝公司存栏奶牛1600头，生产鲜奶7100吨、乳制品9600吨，实现利润170万元。东辛农场完成澳洋东辛林业公司股权收购，成立农场林业公司。开展苗木自繁自育，新栽植榉树、栾树等树种37.92万公顷，自育落羽杉、薄壳山核桃幼苗7万株。实施增绿补绿工程，新建、改造城镇绿化工程25个。东米公司与正大食品宿迁、山东太和等食品加工企业达成保底保价养殖合作，全年实现利润436万元。（李玲玲）

【云台农场】 2018年，云台农场有土地面积2867公顷，其中耕地面积1800公顷。人口5600余人。拥有江苏四星级乡村旅游景区水生花卉园，国家级花果山蔬菜出口生产基地、市残联托养中心、市民政局优抚医院坐落境内。4月，云台农场更名为江苏省云台农场有限公司，实行公司化运作。全年实现国有营业收入5847万元，实现利润1887万元。加快发展现代农业建设，苏垦农友种苗公司利用设施农业资源发展“黄金瓜”“一宅一花”项目，苏垦农发集团云台分公司发展豆丹养殖创品牌，打造成为云台特色产业。建成生态养殖小区，修建景观桥4座，新增绿化面积2.67公顷。举办连云港市第三届荷花节等系列活动，初步完成百果园规划设计。华缘旅游公司实现营业收入406.89万元，云龙房地产公司实现营业收入3263万元，运通房地产公司实现营业收入1.85亿元。（陈 鹏）

【岗埠农场】 2018年，岗埠农场土地面积9000公顷，其中耕地面积4667公顷，林业苗木用地1000公顷，养殖水面267公顷。人口3.2万人。拥有国家级优质商品种子生产基地、鲜切花生产基地、绿色有机食品生产基地、绿化苗木产业基地、特色水产品养殖基地。全年实现地区生产总值9.14亿元，场域营业收入20.24亿元，国有营业收入2.23亿元。粮食种植面积8746公顷，粮食总产量6327千克。小麦种子繁育面积1533公顷，生产种子990万千克。水稻种子繁育面积200公顷，生产种子360万千克。全年新增植树造林17.33公顷，栽植苗木3万株，绿化苗木面积6公顷1.9万株，苗种育苗27公顷。实现林业收入115.21万元。农场水产养殖面积267公顷，水产品产量6000吨，渔业产值8000万元。全年出栏牲畜2.31万头、家禽45万羽。高效设施农业占地面积161公顷，复种面积453公顷。全年轮作瓜果蔬菜种植面积305公顷。生产鲜切花6280万枝，鲜切花达8大类、70多个品种，销往全国40个城市。新引进景天科、百合科、菊科等几十个品种，棚效益超过6.2万元。（徐安徽）

责任编辑 徐 敏

工 业

综述

【概况】 2018年，连云港市工业经济平稳运行，内生动力不断增强。全市有规模以上工业企业1508家，工业产值比2017年下降8.2%；工业增加值下降6.7%；规模以上工业实现主营业务收入2493.7亿元，下降7.9%。工业用电量106.52亿千瓦时，下降11.67%。实现工业应税销售收入2675.7亿元，增长13.6%；工业增值税103.4亿元，增长11.5%；企业所得税72亿元，增长44.7%。制造业投资快速增长，全年完成制造业投资929.17亿元，增长18.1%，比全市平均水平高11.4个百分点；占全市项目投资比重为61.2%，比2017年提高7.6个百分点，拉动全市投资增长8.2个百分点。248个市重点工业项目完成投资557.4亿元。实施各类重点技术改造项目308个，年内完成投资305亿元。

重点产业高质发展　石化冶金、医药、新材料、新能源、高端装备制造产业持续快速发展。4家医药企业名列工业和信息化部“2018中国医药工业企业百强”前50强，中复神鹰千吨级SYT55生产线正式投产，以盛虹炼化为主的投资千亿元石化项目年底集中开工，镔鑫钢铁建设全国首家钢铁企业封闭式智能物料仓。

企业运行质效提升　全市26家强优工业企业实现应税销售收入1483.7亿元，占全市的55.5%，增长23.6%，增速高于全市工业10个百分点；完成入库税收105亿元，增长33.2%；累计应税销售收入超50亿元企业11家，其中超百亿企业5家。全年全市新增科技小巨人企业20家，90家科技小巨人培育企业实现应税销售收入133.6亿元。

【产业转型升级】 2018年，市经济和信息化委出台《连云港市工业企业资源集约利用综合评价办法》，倒逼落后和过剩产能退出、低效企业转型，推动全市工业向中高端攀升。关停取缔化工企业33家，转移搬迁2家，升级改造10家，重组转型4家。实施重点节能改造项目30个，节约15万吨标煤。新培育国家级两化融合试点企业2家、省级两化融合试点企业9家、省级企业技术中心4家。

【科技型中小企业培育】 2018年，《连云港市加快科技型中小企业培育行动计划（2016—2020）》和《连云港市加快科技型中小企业培育行动计划推进落实方案》推进落实，共认定科技小巨人企业61家。市委、市政府制定出台《关于支持重点产业加快发展政策的意见》，支持科技小巨人企业技术改造，对技术和设备投资项目，按投资额的10%予以奖补。建立科技型中小企业数据库和科技小巨人培育企业数据库，实行动态管理。至2018年底，全市有科技型中小企业520家，在库科技小巨人

2018年，连云港市应税销售超5亿元的科技小巨人企业均为医药企业。图为连云港苏云医疗器材有限公司生产车间　耿玉和/视觉江苏网

培育企业90家，年内新增科技小巨人企业20家。90家科技小巨人培育企业累计实现应税销售收入133.6亿元，比2017年增长0.7%；实现入库税收10.9亿元，增长21%。35家企业应税销售收入超1亿元，共实现应税销售收入114.2亿元，占全部科技小巨人企业的85.5%。其中，超3亿元企业9家，分别为正大农牧、科伦多食品、东浦管桩、中金玛泰、紫川食品、盛迪医药、飞雁毛毯、润众制药和中复神鹰碳纤维；超5亿元的3家，分别为润众制药、盛迪医药和中金玛泰，分别实现应税销售31.1亿元、9.6亿元和5.2亿元。25家企业税收超过500万元，共实现税收10.4亿元，占全部科技小巨人企业的95.4%。其中，超1000万元的企业13家，超5亿元的1家——润众制药，实现税收7.6亿元。科技型中小企业拥有研发机构320个，其中国家级2个、省级74个、市级106个、企业自建138个。

【工业和信息化融合】 2018年，连云港碱业有限公司、晶海洋半导体材料（东海）有限公司、江苏省镔鑫钢铁集团有限公司、连云港市工业投资集团利海化工有限公司、连云港环海化工有限公司、连云港杜钟新奥神氨纶有限公司、江苏迪安化工有限公司、江苏道博化工有限公司、江苏仁欣化工股份有限公司9家企业入选省级工业和信息化融合贯标试点企业，入选企业数量为历年最多。中复连众申报工信部2018年制造业与互联网融合发展试点示范项目并获批。七一六研究所申报工业互联网创新发展工程项目获得中央财政2500万元资金支持。新海石化申报省企业信息系统集成互联项目，获省财政80万元支持。康缘药业、中复连众和金桥氯碱企业申报省两化融合贯标项目，分别获得40万元、30万元和20万元资金扶持。21家企业申报“企业上云”奖补项目，获得省财政169万元财政支持。市政府出台《关于加快推进企业信息化的意见》，通过财税支持、企业上云政策奖补等形式，促进企业基础设施、业务系统、平台系统向云上迁移，降低企业信息化成本。恒瑞医药、中复连众、康缘药业、日出东方、盛虹石化、斯尔邦石化和新海石化7家四星级、五星级上云企业全部获得认定。恒瑞医药、中复连众、康缘药业、日出东方、盛虹石化和斯尔邦石化6家企业被认定为五星级上云企业，全市上云企业数量约占全省总数的四分之一，五星级上云企业获评总量全省第一。市经信委就工业互联网、企业上云等事项与金蝶软件集团签约。培育紫光云数工业互联网平台，经评审符合工业互联网平台相关建设要求。

【连云港市位列全国先进制造业城市第47位】 2018年，迪顾问智能制造产业研究中心公布《中国先进制造业城市发展指数》。该指数从创新能力、多领域融合、经济带动性、品牌质量、绿色集约5个维度，筛选出26个相关性高的二级指标，对全国126个重点城市2017年的先进制造业发展水平进行评估打分，评出前50强城市。连云港市位列其中，排名第47位。　　　（朱　卓）

石化产业

【概况】 2018年，连云港市石油化工产业主要集中在赣榆柘汪临港产业区、徐圩新区2个园区。其中，徐圩新区打造国家级石化产业基地，规划面积62.61平方千米，产业规模为4000万吨/年炼油、400万吨/年芳烃、300万吨/年乙烯。全市石油化工行业实现产值581.8亿元，比2017年下降13.5%；实现应税销售收入643.7亿元、下降1.1%。全省重大项目现场推进会议在徐圩新区石化产业基地召开，东华能源、卫星石化等一批千亿级石化项目开工建设。新海石化100万吨连续重整项目开工建设，并获得进口原油使用指标、原油非国营贸易进口允许指标。虹港石化获得工信部“绿色工厂”称号。

【项目建设】 2018年，新海石化获得230万吨/年进口原油使用指标以及原油非国营贸易进口允许量173万吨，四期100万吨/年连续重整项目加快建设。投资775亿元的盛虹石化1600万吨炼油、110万吨乙烯、280万吨对二甲苯/年的炼化一体化项目，一期投资约500亿元的中化连云港循环经济产业园项目，一期投资200亿元的东华能源烷烃资源深加工基地和石化项目等大体量产业项目相继开工建设。投资320亿元的浙江卫星石化年产320万吨轻烃综合加工利用项目进入到实质性推进阶段。

【连云港石化产业基地10个重大项目集中开工】 12月14日，省委、省政府在连云港市举行全省重大项目现场推进会，连云港石化产业基地10个重大项目举行集中开工仪式，分别是盛虹炼化（连云港）有限公司炼化一体化项目、江苏瑞恒新材料科技有限公司基础化工等系列产品项目、中化芳烃衍生系列产品及电子化学品项目、江苏赛科特种化学品项目、连云港荣泰化工仓储有限公司商储罐区（二期）低温储罐项目、徐圩新区增量配电网工程（一期）、徐圩新区LNG储配站工程、石化公共管廊二期延长段、东港污水处理厂达标尾水净化工程、徐圩新区固危废处理处置中心刚性安全填埋场一期工程，总投资1005亿元，其中盛虹炼化一体化项目总投资775亿元。一大批投资体量大、建设水平高、技术工艺优的项目加速集结。

【重点企业】 *江苏新海石化有限公司*　该公司是苏北大型石油化工企业集团，具有500万吨/年的原油加工能力、300万吨/年的重油加工能力。主要产品有丙烯、丙烷、高标号汽油、精制柴油、蜡油、石脑油、液化石油气、石油焦、工业硫磺等。企业先后被评为国家首批绿色工厂示范企业、首批中国绿色新标杆品牌企业、中国民营石油和化工优秀创新企业、江苏省地标型企业等。年内进行四期工程100万吨/年连续重整项目的开发建设，项目总投资20亿元，其中主体装置建设投资14亿元。该项目包括120万吨/年石脑油预加氢

2018年，卫星石化在连云港投资建设的轻烃综合加工利用项目进入实质性推进阶段。图为卫星石化罐区建设现场　　徐乙策　摄

装置、100万吨/年连续重整装置、45万吨/年芳烃抽提炼装置、27万吨/年轻烃异构化装置、50000Nm³/hPSA装置及配套储运工程、公共工程。2018年，公司实现产值142.6亿元，比2017年增长6.9%；实现应税销售收入158.4亿元，增长22.7%；位居全国石化企业62位，民营石化企业19位。获得进口原油使用资质，每年可使用进口原油230万吨，2018年原油非国有贸易进口允许量173万吨。

江苏斯尔邦石化有限公司　该公司是盛虹集团的全资子公司，位于徐圩新区化工产业园内。公司醇基多联产项目一期投资总额134亿元，包括90万吨/年甲醇制烯烃装置（MTO）、10万吨/年丁二烯装置、30万吨/年乙烯－醋酸乙烯共聚高压低密度聚乙烯（EVA/LDPE）装置、26万吨/年丙烯腈装置（AN）、18万吨/环氧乙烷装置（EO）、8万吨/年甲基丙烯酸甲酯装置（MMA）、废酸资源化综合利用技术改造项目（SAR）、10万吨/年乙醇胺装置、12万吨/年乙氧基化装置、公用工程及辅助设施等装置，主要生产丙烯腈、甲基丙烯酸甲酯、EVA、丁二烯、高吸水性树脂、乙醇胺等。2018年，企业实现产值127.7亿元，比2017年增长31.6%；实现应税销售收入115亿元，增长49.6%。

江苏虹港石化有限公司　该公司是盛虹集团在连云港组建的石化板块项目之一，主要从事精对苯二甲酸产品的生产、销售和仓储服务。公司PTA一期工程总投资40多亿元，主要包括150万吨/年PTA主装置、辅助装置及公用工程设施等。2018年3月，启动二期2套240万吨/年精对苯二甲酸装置项目，采用安全、环保、绿色、智能化的PTA生产技术。2018年，实现产值97.9亿元，比2017年增长31.5%；应税销售收入83.8亿元，增长28.3%。　（朱　卓）

医药产业

【概况】 医药产业是连云港市行业集中度最高、竞争力最强、发展潜力最大的支柱产业之一。2018年，连云港市建成抗肿瘤药物、抗肝炎药物、麻醉手术用药、新型中成药、新型药用包装材料、医用消毒灭菌设备等六大研发生产基地，形成化学药品原料药、化学药品制剂、中成药、生物药、卫生材料和医药用品、医疗器械、药用包装材料、中药饮片加工等八大产品群。有规模以上新医药企业58家，其中医药制造企业51家、医疗仪器设备及器械制造企业7家。全年医药产业实现应税销售收入470.1亿元，比2017年增长35.2%，占全市的17.6%，拉动全市工业应税销售收入增长5.2个百分点。规模以上医药制造企业实现产值618.1亿元、增长10.3%；规模以上医疗仪器设备及器械制造企业实现产值6.1亿元、增长14.8%。有产值超100亿元企业2家，分别是恒瑞医药、正大天晴；超50亿元企业2家，分别是豪森药业、康缘药业；超10亿元企业2家，分别是润众制药、德源药业；超亿元企业32家。2018年，全市获批新药18个、一类创新药3个，全市累计获批新药336个、一类创新药7个；恒瑞医药、豪森药业、正大天晴、康缘药业名列工信部中国医药工业企业百强榜前50位；恒瑞医药、正大天晴、康缘药业、豪森药业分列2018年中国药品研发综合实力百强企业第1、2、14、15位。恒瑞医药位列2018年全球最具创新力企业百强榜第64位。

【研发创新】 2018年，连云港市医药行业创建国家技术创新示范企业4家、国家级企业技术中心4家、博士后科研工作站6家，拥有国家高新技术企业23家。获得药品注册批件18项，其中一类新药3个；全市累计获批新药336个，其中一类新药7个。2018年，全国获批12个创新药，其中连云港市占3个，位居全国设区市前列。其中，一类化学类新药2个，分别是正大天晴的盐酸安罗替尼胶囊和恒瑞医药的马来酸吡咯替尼片；生物药1个，即恒瑞医药的硫培非格司亭注射剂。截至2018年底，全市医药企业科研投入占销售收入比重达到8%以上，重点药企研发投入均超10%，高于全国2%左右的平均水平。其中，恒瑞医药2018年研发投入26.7亿元，占销售额比重为15.33%，居国内同行业第一。全市进入临床研究的在研药品72个，仅次于北京和上海，其中最接近产业化的三期临床试验药品23个，占全省总数的37.1%。全市申报仿制药注射剂一致性评价品种数量22个，占全国的33.3%。恒瑞医药、豪森药业和正大天晴名列国内1.1类化学创新药产品布局数量前三。2018年中国医药研发产品线最佳工业企业中，恒瑞医药、豪森药业、正大天晴名列前三。

恒瑞医药跻身《福布斯》"2018年全球最具创新力企业百强榜单"，连续五年位居"中国创新力十强医药企业"第一名。

【项目建设】 2018年，全市实施亿元以上医药项目13个，计划总投资76.7亿元，年内实际完成投资27.9亿元。其中，10亿元以上项目2个，分别是投资17.9亿元的润众生物工程药物研发、生产基地项目和投资16.3亿元的海州医疗器械产业园项目。建立医药产业技改项目库，2018年入库项目49个，计划总投资102亿元，年内完成实际投资39.3亿元。

【医药产业国际化】 2018年，恒瑞医药建立符合美国、欧盟和日本标准的生产、质控体系，是唯一一家将注射剂规模化销往欧美日市场的中国制药企业，有注射剂、口服制剂和吸入性麻醉剂等10多个制剂产品在欧美日上市销售。1月，恒瑞医药以里程金总额5.7亿美元将JAK1抑制剂、BTK抑制剂2款全球热门靶点创新药分别许可给美国Arcutis、TGTherapeutics公司。正大天晴氟维司群生产线首次接受美国FDA两轮现场检查并获通过，成为国内首个通过美国FDA现场检查的预充针药品生产线。豪森药业普通口服固体制剂车间生产的"欧兰宁"5月通过FDA批准上市。康缘药业开发的桂枝茯苓胶囊在美国完成二期临床研究，获得美国FDA认可，是国内推进中药国际化的示范品种之一。

【第二届中国国际医药技术大会】 8月24—27日，由中国科协海智办公室、国际药理学联合会天然药物药理学分会、中国药理学会、中国药学会、江苏省科协、江苏省食药监局、连云港市政府共同主办的第二届中国（连云港）国际医药技术大会在连云港市举办。全国政协副主席、农工党中央常务副主席何维出席会议并讲话。中国科协党组成员、书记处书记吴海鹰，全国政协教科卫体委员会副主任、中国药学会理事长孙咸泽，省政协副主席周健民，亚太药理学家联合会副主席阿拉斯泰尔·斯图尔特，中国药理学会理事长张永祥，省科协党组书记、副主席孙春雷，省食药监局副局长樊路宏，连云港市委书记项雪龙共同启动大会。美国药学家协会院士麦克尔·杰，中国科学院院士陈洪渊，中国工程院院士杨宝峰、王广基、周良辅、董家鸿等400多名专家学者和国家、省有关部门领导出席会议。开幕式上，举行院士专家工作站揭牌仪式、合作项目签约仪式。会议期间，举行医药产业前沿技术院士专家报告会、政产学研用协同创新高端对话、"一带一路"医院院长论坛、网络药理学与生物医药发展国际论坛、中美生物医药技术峰会、中欧生命科学峰会、项目对接及商务洽谈、医药专家企业行、国际医药技术创新成果展、医药技术专题10个分论坛等众多活动。征集连云港市人才需求455个、技术需求161个，海外医药类创新成果335个，达成意向合作项目97个，其中拟签约项目36个，4家院士工作站揭牌成立。

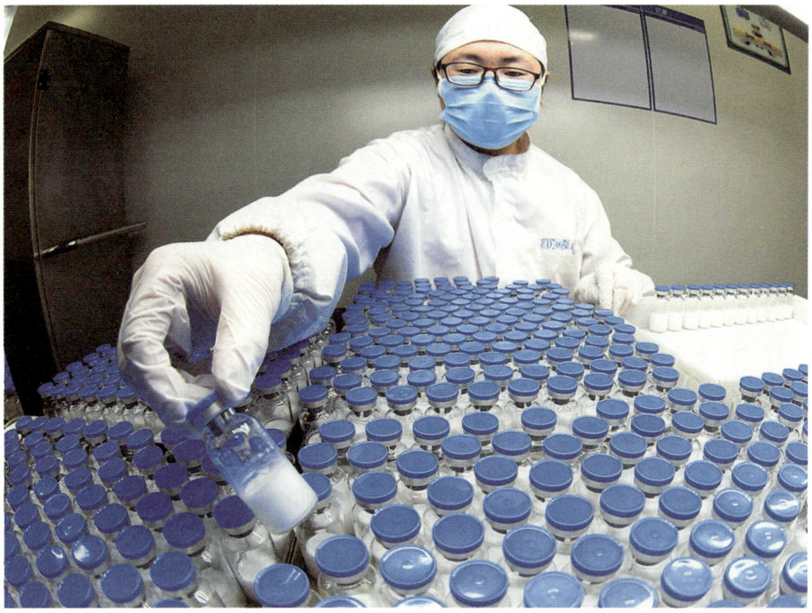

2018年，连云港市医药产业集群化发展加快。图为杰瑞药业工作人员对抗肿瘤药品进行目检 耿玉和/视觉江苏网

【恒瑞医药董事长孙飘扬出席全国民营企业家座谈会】 11月1日，中共中央总书记、国家主席、中央军委主席习近平主持召开全国民营企业座谈会并发表重要讲话。座谈会上，全国10位民营企业家代表先后发言，就新形势下支持民营企业发展提出意见和建议。其中，江苏恒瑞医药股份有限公司董事长孙飘扬作为全国医药行业代表作题为《营造产业自主创新环境，提升民族药企核心竞争力》的发言。

【重点企业】 江苏恒瑞医药股份有限公司　该公司是一家民营制药企业，发展成为国内最大的抗肿瘤药、手术用药和影像介入产品的供应商，是国家重点高新技术企业、是国家抗肿瘤药技术创新产学研联盟牵头单位，国家重大新药创制孵化器基地、国家首批创新企业百强工程试点企业。恒瑞医药是唯一一家将注射剂规模化销往欧美日市场的中国制药企业，有注射剂、口服制剂和吸入性麻醉剂等10多个制剂产品在欧美日上市销售。公司在美国、日本和中国上海、苏州等多地设有研发中心，拥有2500人的研发团队。在生物医药、免疫细胞和基因治疗等全球最前沿医药科技领域，公司接近国际先进水平，有4个创新药上市。2018年，公司实现营业收入174.18亿元，比2017年增长25.89%；净利润40.66亿元，增长26.39%；投入研发资金26.7亿元，增长51.81%，研发投入占销售收入的比重达15.33%，名列福布斯全球最具创新力企业百强榜单第64位。

正大天晴药业集团股份有限公司 该公司是国内最大的肝健康药物研发和生产基地之一，是国家重点高新技术企业、国家火炬计划连云港新医药产业基地重点骨干企业。产品治疗领域涉及肝病、肿瘤、呼吸、感染、消化等多种疾病领域。拥有研发人员1000余人，在研项目180多个，其中一类新药30多个、生物药20多个，研发费用年投入超过10亿元。2018年，取得6个药品的生产批件。其中，正大天晴历经11年、自主研发的1.1类抗肿瘤新药盐酸安罗替尼胶囊（福可维）于5月获批上市，是国家“重大新药创制”科技重大专项重要成果，是中国首个晚期非小细胞肺癌三线治疗药物。正大天晴海州厂区获得3张欧盟GMP证书，分别是固体口服制剂车间、预充针注射剂车间和冻干粉针车间。氟维司群生产线成为国内首个通过美国FDA现场检查的预充针药品生产线。2018年，正大天晴药业集团纳税24.1亿元。

江苏豪森药业股份有限公司 该公司是国内抗肿瘤和精神类药物研发与生产领军企业，是国内抗肿瘤和神经中枢类药物研发生产领军企业、国家火炬计划重点高新技术企业、国家技术创新示范企业，居2018年中国医药工业百强第22位，中国医药研发产品线最佳工业企业第二位。截至2018年底，公司建立1000余人的研发团队，其中硕士、博士及具有高级技术职称人员占比超过50%。公司中枢神经系统药物在国内市场占有率第一，抗肿瘤药物国内市场占有率前三，多个原料药和制剂产品通过美国FDA、日本PMDA认证，并进入全球30多个国家和地区市场。2018年取得6个药品的生产批件。 （朱　卓）

新材料产业

【概况】 2018年，连云港市新材料产业形成以新型无机非金属材料、高性能纤维及复合材料、特种金属功能材料为主要支撑，以耐火陶瓷材料、电子元件材料、玻璃纤维、粉末冶金材料、化工新材料、非金属矿物制品制造为补充的新材料产业体系。其中，新型无机非金属材料中的硅资源深加工、高性能复合材料中的碳纤维相关产业、特种金属功能材料中的稀土功能材料等产业在国内同行业中处于领先地位。全年新材料产业实现产值149.8亿元，因统计基数调整原因，比2017年下降28.5%；实现应税销售收入158.7亿元，增长20.2%。其中，硅材料产业受“5·31”光伏新政出台的影响，硅片价格从年初的5元/片降到年底的2.2元/片。全市企业开工率不足，利润空间压缩。全市共有规模以上硅材料工业企业262家，实现产值129.1亿元，比2017年下降27.4%；实现应税销售收入122.1亿元，增长39.5%。全市高性能纤维及复合材料产业有规模以上企业6家，实现产值5.2亿元，下降9.9%；实现应税销售8.1亿元，增长7.8%。《连云港市碳纤维及复合材料行业发展规划（2018—2025）》印发，加快培育和发展碳纤维及复合材料产业，推动全市传统产业转型升级。

【研发创新】 2018年，由中复神鹰碳纤维公司牵头完成的“干喷湿纺千吨级高强/百吨级中模碳纤维产业化关键技术及应用”项目获得国家科学技术进步奖一等奖。中复神鹰SYT55（T800）碳纤维产品获得第五届中国国际新材料产业博览会金奖。中复碳芯与神鹰、奥神等新材料企业合作，利用碳纤维优异的材料性能生产碳纤维棒，自主研制4K超低温碳纤维复合芯拉杆及配套连接件。中复碳芯中标的最高交流线路工程内蒙古胜利站电厂1000千伏送出配套特高压项目挂线施工，是全球首条在1000千伏交流线路上使用碳纤维复合芯导线项目。联瑞新材料“大规模集成电路封装及IC基板用球形硅微粉产业化关键技术与应用”科研项目技术成果经院士专家委员会鉴定达到国际先进水平，联瑞新材料无机非金属功能性粉体材料工程研究中心、奥神新材料聚酰亚胺材料工程研究中心获批2018年度省级工程研究中心。

【项目建设】 2018年，全市新材料产业新建、续建项目33个，总投资228亿元，全年累计完成投资80亿元。中复神鹰自主研发的百吨级T1000碳纤维生产线投产，连云港经济技术开发区围绕风电叶片材料“纤维+树脂+结构芯材”，打造风电叶片产业链。总投资150亿元的强力化纤锦纶切片项目、总投资50亿元的中复神鹰碳纤维产业基地等重点项目按序时进度推进。总投资20亿元的美景荣生物基纤维项目、投资5亿元的高性能结构芯材项目等重点项目开工建设。总投资30亿元的江苏通利光学材料项目、总投资12亿元的江苏七八九环保新型材料项目等完成签约。风益高分子材料科技有限公司投资12亿元的高分子复合新型材料产业基地项目、江苏澳盛复合材料科技有限公司投资10亿元的碳纤维复合材料及配套材料产业基地项目、保定维赛复合材料科技有限公司投资5亿元的高性能结构芯材生产基地项目等相继签约落户。

【高性能纤维及复合材料工程技术创新论坛】 5月3日，由中国纺织工业联合会、中国工程院环境与轻纺工程学部、连云港市政府联合主办，中国化学纤维工业协会和连云港市经济和信息化委员会承办的高性能纤维及复合材料工程技术创新论坛暨2018年全国高性能纤维材料产业（连云港）发展大会召开。来自有关部门、地方政府、中国工程院、行业协会、研究机构以及高性能纤维及复合材料生产、应用全产业链的相关企业代表300多人参加活动。工业和信息化部消费品工业司副司长曹学军、调研员陈新伟，中国纺织工业联合会副会长、中国化学纤维工业协会会长端小平，中国工程院院士孙晋良、蒋士成、俞建勇、王玉忠，中国化学纤维工业协会副会长贺燕丽、王玉萍、连云港市委副书记、代市长方伟等专家、领导出席会议。大会就高性能纤维及复合材料生产、制备和应用研究，高性能纤维发展现状、趋势，以及航空、轨道交通、新能源汽车、环保过滤、安全防护等领域对高性能纤维需求及进展等议题进行交流探讨。在高性能碳纤维技术创新与推广应用高端访谈环节，院士、专家、企业家发表了促进碳纤维技术创新与应用推广的看法和意见。

【连云港新材料技术转移大会】 11月29日，江苏省产学研专场对接洽谈会——2018连云港新材料技术转移大会在连云港市举办。活动由省科学技术厅、省产业技术研究院、连云港市政府联合主办，省生产力促进中心、省产业技术研究院先进高分子材料技术研究所、省产业技术研究院新材料产业科技服务中心、市人才工作领导小组办公室、市新材料产业发展办公室、市科技局共同承办。大会以“材汇港城，共赢未来”为主题，邀请南京大学、东南大学、西安交大等多所全国知名高校代表，法尔胜、苏美达、大全集团等企业代表，中复神鹰、太平洋石英、中复连众、奥神等连云港新材料规模企业代表以及40多家投资机构、科研院所300多人参加大会。会上，中国工程院院士、大连理工大学教授蹇锡高，俄罗斯科学院首席研究员、俄军事科学院院士格里什耶夫伊戈尔（Grishniaev Igor）分别发表了以“新型杂环高性能工程塑料及其加工应用研发进展”和“一种全新的纳米材料的制备工艺及其产业化应用”为题的主旨演讲。大会期间还举办重点项目签约仪式、圆桌论坛、项目推介、对接洽谈等系列活动。JITRI连云港联合创新中心、高纯纳米电子陶瓷项目、污水及固废处理新技术产业化应用、先进高分子材料在电子封装领域产业化应用、球形硅微粉、高性能纤维树脂项目、万年达杭萧钢构、新型环保建材项目、石化废水中水回用等11个项目签约，总签约金额约20亿元。

【重点企业】 中复神鹰碳纤维有限责任公司 该公司专业研究和生产碳纤维原丝、碳丝及其复合材料制品。通过自主创新，中复神鹰在国内构建具有完全自主产权的干喷湿纺碳纤维产业化生产体系，成为世界上第三家自主掌握干喷湿纺技术的企业。公司从设备到产品全部实现国产化，拥有全套碳纤维原丝生产线和碳化生产线，授权专利23件，国内碳纤维的市场占有率达70%以上，是国内规模最大的T300、T700、T800、M30碳纤维生产和销售企业，也是国内唯一一家百吨T800级碳纤维向市场供货的企业。2018年，实现产值3.21亿元，比2017年增长45.2%；应税销售3.2亿元，增长18%。国内首条百吨级T1000碳纤维生产线投产。

2018年，国内首条百吨级T1000碳纤维生产线在中复神鹰碳纤维公司投产。图为中复神鹰碳纤维生产车间 贺成东 摄

晶海洋半导体材料（东海）有限公司 该公司隶属于全球五大光伏企业公司之一的晶澳太阳能公司。主要生产单晶硅棒、单晶硅片、多晶硅片、多晶硅碇、太阳能电池片等。2018年，2吉瓦晶硅硅片项目进展顺利，新增11台金刚线切片机全部投产，单台产能提升50%以上，全年产出硅片4.12亿片，销售硅片4.25亿片，实现产值11.9亿元、销售收入12.45亿元，上缴税收2752.54万元，出口创汇4776.78万美元。

江苏太平洋石英股份有限公司 该公司主要生产高纯石英砂、高档石英管棒、石英坩埚等产品，广泛应用于电光源、家用电器、化工、光通信、半导体、太阳能等领域，规模居国内石英材料行业首位。公司是国家火炬计划重点高新技术企业、国家硅材料产业基地骨干企业、省高新技术企业、省自主创新企业、省“技术密集型、知识密集型”企业，建有国家级博士后科研工作站、通过国家实验室认可委员会CNAS认证的太平洋石英检测中心。2018年，实现产值6.3亿元，比2017年增长38.8%；实现应税销售收入6.2亿元，增长26.5%。

（朱 卓）

新能源产业

【概况】 2018年，连云港市新能源产业以核电、风电、生物质发电和光伏、风电装备制造为主，其中核电、风电装备、光伏设备制造业具有先发优势，发展前景较为广阔。全市新能源产业有规模以上企业51家，主营业务收入244.64亿元，比2017年下降3.22%。其中，发电行业企业15家，主营业务收入130.16亿元；光伏制造行业企业25家，主营业务收入44.5亿元；风电装备制造行业企业3家，主营业务收入35.75亿元；太阳能光伏行业企业3家，主营业务收入10.38亿元；生物质行业企业2家，主营业务收入14.78亿元；电力制造行业3家，主营业务收入9.07亿元。

【行业结构变化】 2018年，光伏行业受政策、市场变动影响较大。5月31日，国家发改委、财政部、能源局联合发布《关于2018年光伏发电有关事项的通知》，提出限制分布式光伏规模、下调光伏电站标杆电价、下调分布式光伏发电度电补贴标准等。同时，由于过往硅料环节产能扩充、单晶硅片过度扩产和多晶硅片技改提升等因素，光伏产品、原材料等价格大幅度下降，影响到整个行业的持续发展。光伏装备行业产值占全市新能源产业比例，由2017年的52.3%，占比第一，下降到18.4%。发电行业产值占新能源产业比例，由2017年17.8%上升到53.1%，占比第一。其他子行业变化不大。

【技术改造】 2018年，面对日益激烈的市场竞争，部分新能源企业更加注重技术研发、技术改造，提升企业核心竞争力。太平洋石英公司利用连熔法生产工艺制备出高质量光纤预制棒用石英套管新产品获得成功，其各项指标参数符合下游光纤客户需求，缓解当前国内该类产品主要依赖进口、市场供应紧张状况。神舟新能源公司通过工信部光伏制造行业规范条件现场核查。

【重点企业】 江苏核电有限公司　该公司隶属于中国核工业集团公司，负责连云港田湾核电站的项目建设管理和建成后的商业运营管理。2018年，田湾核电1、2号机组保持满负荷运行，3、4号机组二期工程全部建成投产，分别于2月15日和12月22日具备商业运行条件。三期工程建设和5、6号机组有序推进。2018年，田湾核电站发电量230.65亿千瓦时，上网电量213.43亿千瓦时；营业收入77.68亿元，上缴税收13.48亿元。

连云港神舟新能源有限公司　该公司由中国航天科技集团第八研究院下属的上海航天汽车机电股份有限公司投资建设，是以太阳能光伏电池组件研发、制造、技术服务于一体的航天光伏产业项目，年产能850兆瓦。公司是江苏省高新技术企业、江苏省企业技术中心、江苏省工程技术研究中心，自主研发的HT品牌太阳能电池组件产品形成三大系列20余个品种，产品远销美国、德国、意大利、印度、日本等国家。2018年，实现产值8.55亿元。

东海龙源风力发电有限公司　该公司隶属于龙源电力集团股份有限公司，是国内最早从事风力能源开发的电力企业之一，在连云港市建成首个内陆低风速风电项目。2018年，装机容量9.87万千瓦，全部使用远景能源双馈风力发电机组，全年发电1.99亿千瓦时，利用小时数2016小时。（朱　卓）

装备制造业

【概况】 连云港市装备制造行业以智能制造、高端制造为主攻方向，全市成套设备研发制造及相关核心部件配套能力不断提升。连云港经济技术开发区新型电力装备特色基地、海州开发区专用装备特色基地和灌云农用机械特色产业基地3个省级装备制造业特色产业基地得到持续发展，培育中复连众、天明机械、国电联合动力、鹰游纺机等一批知名企业和优势品牌。2018年，装备制造产业受中美贸易摩擦、汇率波动、天然气限供、原材料价格上涨、环保整治等影响，产能及产品价格下降，企业利润空间压缩。全市拥有规模以上装备制造业企业292家，应税销售收入273.8亿元，下降3.7%；实现主营业务收入1014亿元，下降1.2%；实现利润66.7亿元，增长0.9%。矿山机械实现产值1.8亿元，下降9.2%；纺织专用设备实现产值19.3亿元，增长11.6%；医疗器械设备实现产值6.1亿元，增长14.8%；风电装备实现产值30.6亿元，下降11.8%；汽车及零部件制造行业实现37.9亿元，下降14.1%；农机装备实现产值1.6亿元，下降74.3%。

【研发创新】 2018年，七一六研究所面向船舶管系加工的数字化车间集成标准研究及试验验证项目入选工信部2018智能制造综合标准化与新模式应用项目。国电联合动力推进自动化装配和智能制造工作，全面实施智能生产转型。天明机械研制的8.8米大采高工作面智能刮板输送机成套设备在神东上湾矿成功试车，并通过中国煤炭工业协会评议，填补国际行业空白，在行业内首创的“煤炭综采专业装备服务型制造项目”被评为国家级服务型制造示范项目。连云港杰瑞自动化有限公司的信息化三维成像测井系统示范应用项目获评省首台（套）重大装备示范应用项目。

【项目建设】 2018年，全市装备制造业亿元以上在建项目37个，在建项目开工率86.5%，重点项目建设进度较快。天博胜年产5000台特种消防车项目、双菱年产50台（套）风力发电设备模具项目、亿润年加工100万只仪表仪器项目等均超序时推进。

【优势装备出口】 2018年，连云港市鹰游纺机、天明机械、奇晴光电等一批重点企业抢抓“一带一路”战略机遇，扩大对外贸易投资，参加展示展销等活动，全市优势装备“走出去”步伐加快。鹰游集团在全国纺织后整理设备行业排名第一，国内同类产品市场占有率75%，国内同类产品出口销售排名第一。连云港天明装备有限公司的高端刮板输送机成套设备出售给美国矿业巨头博地能源公司，开创中国刮板输送机成套设备出口美国的先河。

【全市3个产品获得省首台（套）重大装备及关键部件认定】 2018年，连云港佑源医药设备制造有限公司的减压沸腾清洗消毒机（YZ-400）、江苏鹰游纺机有限公司的SME472XQ燃气烫光机的燃气烫光辊、连云港天明装备有限公司的8.8米大采高工作面智能刮板输送机成套设备（SGZ1388/4800）等3个产品获得省首台（套）重大装备及关键部件认定。截至2018年底，全市有28个产品获得省首台（套）重大装备及关键部件认定。

【重点企业】 连云港中复连众复合材料集团有限公司　该公司是以风力发电机叶片、玻璃钢管道、贮罐和高压气瓶、高压管道为主打产品的国家高新技术企业。拥有6个系列20多个叶型的兆瓦级叶片产品，叶片功率覆盖1.25兆瓦～6兆瓦多种规

8月3日，连云港中复连众复合材料集团有限公司的风叶重力试验场，两台设备在做动态试验 董汉清 摄

格，其中84米叶片是世界最长玻纤叶片。缠绕类产品广泛应用于石油、化工、电力及食品酿造等领域，年产各类缠绕产品2万多吨，开发玻璃钢管道、高压力环氧管道、玻璃钢贮罐等多系列产品，制作世界上最大容积（DN25000/6000立方米）玻璃钢贮罐。2018年实现产值23.58亿元。

连云港天明装备有限公司　该公司是国家高新技术企业，主导产品有高压交流变频刮板输送机成套设备系列产品、地质勘探钻机、矿用特种车辆、高端智能采煤机系列产品等四大系列100多个品种。自主研发的多项产品获得国家、省、市重大科技成果转化项目。其中，以车载多功能钻机为代表的7项创新成果，被认定为国家首台（套）重大技术装备；以井下重载动力平板车为代表的全球行业首创科技创新成果4项；以高端智能采煤机为代表的7项科技成果处于行业前沿技术水平。公司先后被认定为省高新技术企业、省高成长型中小企业、省创新能力建设示范企业、省科技小巨人企业。2018年，实现产值24.55亿元，在行业内首创的“煤炭综采专业装备服务型制造项目”被评为国家级服务型制造示范项目。

江苏鹰游纺机有限公司　该公司是集纺织机械及高性能碳纤维设备为主的国家重点高新技术企业、省百强民营科技企业、国家知识产权示范企业，建有国家级企业博士后科研工作站、省级企业技术中心、省级高性能纤维机械工程技术研究中心。主要生产纺织后整理设备、印染定型设备、高性能碳纤维设备。纺织后整理设备形成烫光、剪毛、刷毛、起毛、磨毛、印染、定型、前纺、特种风格化整理等十大系列100余种产品，高性能纤维设备形成原丝及碳纤维等2大系列40余种产品。“鹰游”和“ZGL”商标是江苏省著名商标，起毛机和烫光机是江苏省名牌产品。2018年实现产值4.67亿元。

（朱　卓）

电子信息产业

【概况】 连云港市电子信息产业主要包括石英晶体元器件、集成电路封装材料、太阳能电池及组件、LED照明产品、智能电视等特色产品。2018年，全市有重点电子信息制造业企业106家，受到产业政策调整、原材料价格上涨、统计口径变化等影响，实现主营业务收入114.2亿元，比2017年下降29.8%，其中主营业务收入过10亿元企业2家、过5亿元企业4家、过1亿元企业10家。集成电路优势产业环氧模塑料受市场环境与原材料价格双重影响产量合计2.32万吨，下降4.3%；实现销售收入6亿元，下降1.5%。生产LED等电光源产量1.2万只，下降6.4%；生产二极管等半导体分立器件11.98万只，增长0.3%；生产电子元件1.74亿只，增长25.7%；生产彩色电视机4.07万台，下降28.6%。衡所华威、中鹏新材料、华海诚科等企业的环氧模塑料产销量均居全国前列，销售覆盖美国、欧洲、东南亚等市场。光鼎电子生产的LED灯具销往美国等地。

【产品研发】 2018年，全市重点电子信息制造业企业研发投入规模约2亿元，研发经费占营业收入比重约2%，研发人员占全部从业人员的10.1%。

【项目建设】 2018年，全市投资过5000万元的电子信息制造业在建项目共69个，计划投资总额149.1亿元，年内完成总投资127.8亿元。其中投资过5亿元项目11个，过10亿元项目1个，新开工项目42个。越轩光电科技有限公司投资9.1亿元年产1500万支紫外线杀菌灯项目、江苏利伟智能制造有限公司投资6.3亿元新建智能数控设备及精密结构件项目、珩星电子（连云港）股份有限公司投资2亿元的电子军品研发中心项目、连云港康达智精密技术有限公司投资1.5亿元的年产1300万像素手机广角摄像头技改项目等进展顺利。

【重点企业】 连云港杰瑞深软科技有限公司　该公司是由中船重工第七一六研究所控股的高新技术公司，主要从事嵌入式软件产品、嵌入式终端产品、应用软件开发、计算机系统集成、弱电系统、智能楼宇、自动控制、IT产品销售等领域的研究、开发及工程实施。2018年实现主营业务收入4亿元，比2017年增长42%。

大陆汽车电子（连云港）有限公司　该公司主营ABS防滑制动系统传感器、传感器线圈、电源装置及其他车用传感器产品。2018年实现销售收入26亿元，比2017年下降4.4%。

（朱　卓）

冶金工业

【概况】2018年，连云港市冶金工业形成钢铁、不锈钢、镍合金等共同发展的格局，拥有钢铁生产总产能1260万吨，主要产品包括建筑用材、工业用材、不锈钢等。其中，钢铁行业受供给侧结构性改革、市场秩序持续向好、产品价格趋势向上等多重利好因素的叠加影响，行业经济效益实现历史最好水平。全年钢铁行业实现粗钢产量1064.9万吨，比2017年增长6.9%；钢材产量851.5万吨，增长5.7%；钢筋产量196.4万吨，下降3.8%；线材产量205.2万吨，增长5.2%。钢铁行业实现产值390.6亿元，增长24%；实现应税销售420.2亿元，增长25.6%；实现利润21.5亿元，增长61.7%。其中，炼钢行业实现产值167.7亿元，增长59.7%；钢压延加工行业实现产值176.9亿元，增长18.4%；企业利润实现历史新高。镔鑫钢铁位列"2018中国民营企业500强榜单"第309位，兴鑫钢铁位列第356位，亚新钢铁位列第410位。镔鑫钢铁"鑫涌特钢"牌螺纹钢符合上海期货交易所螺纹钢期货标准合约中规定的各项要求，可进行标准合约的履约交割。

【转型升级】2018年，在环保排放收紧、"减煤"专项行动的深入推进下，全市冶金行业企业实施环保节能改造项目，加强产品技术实验、技术创新以及产品升级研发，加大废水、废气、粉尘等环保类项目的改造力度，污水处理、原料场封闭、高炉除尘、安全提升等先进设备使用比例不断提高。兴鑫钢铁、亚新钢铁推进"花园式工厂"建设，投入11亿元提升工艺水平和环保能力。镔鑫钢铁与中冶长天工程有限公司签订料场用基础自动化和无人化控制项目，做到堆取料设备和物料输送设备的无人操作，是全国首家封闭式智能物料仓，从根本上解决料场扬尘及车辆倒运造成的二次扬尘污染问题。华乐合金炼钢、热轧、冷轧等全流程产业链打通，降低企业运行成本，提高企业产品竞争力。工信部《产业转移指导目录(2018)》明确连云港优势承接发展高品质特殊钢。

【项目建设】2018年，华乐合金总投资15亿元的不锈钢冷轧钢带一期项目建成投产，二期项目加速推进。亚新钢铁、兴鑫钢铁推进产品结构、技术结构和装备结构调整升级，投资20亿元的亚新钢铁延展金属精加工项目、投资50亿元的兴鑫钢铁热轧H钢项目签约落地。

【重点企业】江苏省镔鑫钢铁集团有限公司　该公司具备600万吨大型综合钢铁产能。主导产品为热轧带肋钢筋、热轧光圆钢筋、高速线材和钢坯、矩形坯、方钢。公司与钢铁研究总院、北京科技大学和东北大学等科研院所进行深度合作，成立江苏省高性能钢材短流程加工技术工程研究中心。公司连续多年被评为中国民营企业和民营制造业企业双500强。2018年，实现产值167.7亿元，比2017年增长59.7%；实现应税销售收入141.6亿元，增长38.2%。

连云港兴鑫钢铁有限公司　该公司位于灌南县半岛临港产业区内，连续多年进入全国民营企业500强行列。公司具备年产300万吨钢的能力，形成以螺纹钢为主的产品体系。产品先后获"江苏省名牌产品"称号、中国钢铁工业协会冶金产品实物质量认定金杯奖。2018年，实现产值73.1亿元，比2017年增长39.9%；实现应税销售收入72.4亿元，增长34.7%。

连云港亚新钢铁有限公司　该公司于2009年落户灌南临港产业园区，是集烧结、炼铁、炼钢、轧钢、运输为一体的大型钢铁联合企业，公司具备炼铁280万吨/年、钢300万吨/年、热轧300万吨/年的生产能力。2018年，实现产值88.3亿元，比2017年增长14.4%；实现应税销售收入90.5亿元，增长27.2%。(朱　卓)

电力工业

【概况】2018年，连云港市电力工业主要以火电、核电为主，光伏、风电等能源为补充。全年全市电力装机规模约838.3万千瓦，其中核电装机437.2万千瓦、煤电装机290.5万千瓦、可再生能源装机110.6万千瓦。发电量369.6亿千瓦时，增长26.9%。其中，田湾核电站发电230.65亿千瓦时，增长40.2%，发电总量占全市的65.5%。全社会用电量累计178.51亿千瓦时，比2017年减少2.34%。其中工业用电量106.52亿千瓦时，减少11.67%。第一、三产业用电增幅较大，其中第三产业增幅最大，达到18.4%。8月9日，全市调度用电负荷达338.4万千瓦，比2017年最高负荷下降7.36%。

12月22日，连云港田湾核电4号机组100小时满功率运行考核试验结束，田湾核电二期工程按期全面投产　王春/视觉江苏网

【重点企业】 江苏核电有限公司 参见新能源产业。

江苏新海发电有限公司 该公司始建于1941年，是国家特大型火力发电企业，也是苏北地区骨干发电企业和重要电源点。发电机组为2台1000兆瓦超超临界火电机组和2台330兆瓦机组，总装机容量2660兆瓦。2018年，公司完成迎峰度夏、上海合作组织青岛峰会、首届中国国际进口博览会保电任务。全年实现产值50.43亿元，比2017年增长4.95%；全口径发电量138.36亿千瓦时，上网电量131.82亿千瓦时。

（朱 卓）

2018年，连云港市果蔬产品出口到美国、日本、韩国等多个国家和地区。图为连云港雅仕顺福食品有限公司生产车间 耿玉和/视觉江苏网

船舶工业

【概况】 2018年，连云港市船舶工业行业受国际船舶市场深度调整、产能过剩、钢板等原材料价格上涨的影响，造船完工量下降，融资难、接单难、盈利难等问题依然存在，船舶工业面临的形势依然严峻。全市有规模以上船舶工业企业4家，以建造千吨级海工船、散货船、集装箱船、油船为主，下水船舶23艘，总计8.22万载重吨。其中灌云县船企下水船舶7艘，共计3万载重吨；灌南县船企下水船舶16艘，共计5.22万载重吨。实现工业总产值1.52亿元，比2017年下降28.71%；营业收入1.52亿元，下降28.71%。

【重点企业】 江苏名洋船业有限公司 该公司位于灌南县堆沟港镇五荡村，占用灌河岸线780米。该公司有5万吨级船台3座，配备600吨、200吨龙门吊各1台；3.5万吨级船台1座，配备120吨龙门吊1台。2018年下水5艘甲板货船、约2.5万载重吨。船台在建12艘总载重吨达2.7万吨的货船，手持订单6艘1200载重吨的甲板船，实现销售收入2573.8万元。

连云港五洲船舶重工有限公司 该公司位于灌云县燕尾港镇团港，拥有1.1千米海岸线。建成3座1万吨级船台、2座2万吨级船台、4座3万吨级船台、4座5万吨级船台、1座8万吨级船台，配备龙门吊200吨的7台、160吨的4台、64吨的5台、40吨的18台、10吨的2台。能建造散货船、海工船、集装箱船、油轮等，出口至阿联酋、毛里求斯、土耳其、意大利、新加坡、菲律宾等国家。2018年，公司建成船舶7艘，在手订单10艘；实现销售收入3646.79万元，利税329.69万元。 （朱 卓）

食品工业

【概况】 食品工业是连云港市传统产业，形成粮油加工、水产品加工、果蔬加工、酿酒等多种产业形态。有益海（连云港）粮油工业有限公司等一批龙头企业，打造“金龙鱼”“口福”“汤沟”“两相和”等一批国内知名品牌。2018年，全市有规模以上食品企业219家。其中，农副食品加工企业166家，食品制造企业38家，酒、饮料和精制造茶制造企业15家；总产值249.93亿元，比2017年下降15.1%。江苏桃林酒业有限公司成为食品工业企业诚信管理体系获证企业。

【重点企业】 益海（连云港）粮油工业有限公司 该公司是益海嘉里集团在连云港投资企业。大豆日加工量6000吨，日产饲料用豆粕4800吨、大豆油1200吨。主要产品有“金龙鱼”“口福”“海皇”牌等系列中小包装食用油产品和“丰苑”牌饲料用豆粕。中小包装食用油销售覆盖苏北、皖北、鲁西南地区；豆粕覆盖周边及陇海铁路沿线区域，远销至日本、韩国、东南亚等地区。2018年，实现产值76亿元、营业收入76.7亿元、利税8.98亿元。

江苏汤沟两相和酒业有限公司 该公司拥有全国最大的手工班酿造车间，汤沟酒酿造技艺被省政府认定为全省白酒行业首个非物质文化遗产。公司拥有“汤沟”“两相和”等10多个系列产品，“汤沟”商标为中国驰名商标、被授予“中华老字号”称号，“两相和”商标为江苏省著名商标。产品先后被评为江苏省重点保护产品、江苏省名牌产品，被列入国家地理标志保护产品名录。2018年，实现销售收入10.86亿元，其中中高端产品实现销售收入8.14亿元，比2017年增长14.4%；全年实现利润9800万元，增长26.34%；利税2.25亿元，增长5.39%。 （朱 卓）

纺织工业

【概况】 2018年，连云港市纺织工业拥有规模以上企业122家，其中纺织业32家，纺织服装、服饰业90

家。受美国对中国出口产品加征关税影响，全市纺织工业发展速度较2017年明显下降，实现工业总产值53.89亿元。其中，纺织业实现产值13.22亿元，下降39.55%；纺织服装、服饰业实现产值40.67亿元，下降33.96%。

【重点企业】 连云港东霞制衣有限公司 该公司由上海东霞实业有限公司投资兴建，有专用设备1500台（套）、生产线52条。2018年实现产值1.3亿元，实现应税销售收入2.1亿元，利税643万元。

灌云泰达纺织有限公司 该公司主要产品有“骏龙”“华达”牌精梳纯棉、新型纤维针织、机织纱，普通纯棉针织、机织纱。“骏龙”牌棉纱线为江苏名牌产品。2018年，公司实现产值4034万元、应税销售收入1295万元。年产6万纱锭的新项目开工建设。 （朱 卓）

木材加工业

【概况】 连云港市木材加工企业集中在赣榆区、灌南县和东海县，主要从事胶合板、纤维板等人造板制造，以出口为主。2018年，受美国对中国出口产品加征关税影响，全行业产值、收入、利润、利税均有所下降。全市拥有规模以上木材加工企业37家，实现产值20.26亿元，比2017年下降13.66%。

【重点企业】 连云港业事板业有限公司 该公司专业生产中密度纤维板，提供三聚氰胺贴面加工服务。拥有中密度板生产线1条，年产量10万立方米，达到国标GB/T 11718-1999一等品要求。产品畅销国内市场，出口中东、印度、韩国、英国等国家和地区。2018年实现产值1.79亿元，比2017年下降21.5%。

灌南银得隆木业有限公司 该公司是江苏省质量信得过企业，专业生产LVL胶合板，产品被中国室内装饰协会绿色家居环境技术工作委员会授予“中国十大LVL及线条品牌”称号。2018年，公司实现产值1.2亿元，利税约500万元。 （朱 卓）

化学工业

【概况】 2018年，连云港市基础化工领域形成烧碱、纯碱、氯气、盐酸、硫酸等产业链，纯碱产能占全省的20%，连云港碱厂纯碱实际产量位居全国第10位。精细化工产业主要集中在灌南、灌云2个化工园区，拥有立本作物、嘉隆化工等20家农药企业，明盛化工、亚邦染料等染料及中间体企业48家。有连云港化学工业园、灌云临港产业区、徐圩新区板桥片区等专业化工园区。全市精细化工行业受中央环保督查、“减化”（减少化工落后产能）专项行动、“4·18”中央电视台《经济半小时》节目曝光灌云、灌南化工园环境问题等因素的影响，行业产值、应税销售指标均出现较大幅度的下降。灌云县、灌南县化工园区内企业全面停产整顿，截至年底，农药行业尚未有企业复产，染料行业部分生产线复产。全年农药制造业实现产值10.3亿元，下降72.8%；染料制造业实现产值10.6亿元，下降49.7%；颜料制造业实现产值6.6亿元，下降73.1%；基础化学原料制造业实现产值94.8亿元，下降43.2%。全市制碱行业产能保持稳定，其中纯碱产量112.7万吨，比2017年增长0.3%；烧碱产量16.4万吨、增长4.7%。油化盐化工业实现应税销售收入47.4亿元，增加7.1亿元，增长17.5%；实现利润3.43亿元，增长104%；上缴税收2.02亿元，增加近1亿元，增长100%；完成增值税1.22亿元。

【企业转型升级】 2018年，连云港市深入落实省“减化”工作部署，抓落实、重关停、求实效、促转型，推进化工行业高质发展。灌云县、灌南县化工园区201家化工企业全部停产整顿。截至12月底，关停化工企业22家、技改升级化工企业39家、重组化工企业3家。在此基础上，连云港市对部分占地规模小、综合效益不高的化工企业，对由于市场不景气、资金链吃紧、项目投入大等因素影响短期内无力技改升级的企业，对原计划向化工园区转移但由于投入产出达不到要求的园区外化工企业实施关停，全年实际关停化工企业33家。

【重点企业】 连云港碱业有限公司 该公司实际生产能力为130万吨/年（其中重质纯碱100万吨/年），主要产品“长江三角”牌轻质纯碱、重质纯碱、低盐重质纯碱是中国名牌产品，产量约占全国总产量的8%，出口量占全国出口总量的15%左右。

江苏三吉利化工股份有限公司 该公司主要从事邻苯二酚、对苯二酚、邻羟基苯甲醚、对羟基苯甲醚、呋喃酚等高新技术产品的生产和销售，是江苏省高新技术企业、江苏省创新型企业、江苏省高成长型中小企业、江苏省首批低碳经济试点示范企业、江苏省互联网和工业融合创新试点企业，建有省级企业技术中心、芳香族化合物清洁生产工程技术研究中心、省级博士后创新实践基地。苯二酚生产车间是江苏省示范智能车间；“吉豪”牌邻苯二酚、对苯二酚是江苏名牌产品。 （朱 卓）

责任编辑 郭 云

商贸服务业

综述

【概况】 2018年，连云港市服务业在巩固传统的交通运输、商贸流通、餐饮服务业的同时，加快发展旅游、金融、房地产、信息服务业等新兴产业。现代服务业加快集聚，连云港市入选国家物流枢纽布局承载城市。全年申报国家级现代服务业项目1个，省级现代服务业及经贸流通业项目4个，上合组织（连云港）国际物流园获批国家级示范物流园区。全年实现第三产业增加值1238.74亿元，比2017年增长8.2%，占地区生产总值的44.7%。服务业重点项目成为拉动服务业经济增长的重要抓手和有效载体，消费对经济增长的贡献率达52%，成为拉动经济增长首要因素。全年服务业投资748.52亿元，比2017年下降2.5%。全市规模以上服务业单位数438个，规模以上服务业营业收入665.19万元，增长17.9%。全市非营利性服务业营业收入115.21万元，增长11.6%。消费品市场运行良好，全年实现社会消费品零售总额1121.31亿元，增长8.3%，批发业实现零售额209.54亿元，增长60.5%；零售业实现零售额748.53亿元，下降2.3%；住宿业实现零售额47.4亿元，增长10.5%；餐饮业实现零售额154.5亿元，增长12.6%。全市服务业从业人员91.1万人，占全社会从业人员的36.4%，服务业成为吸纳劳动就业的主渠道之一。

2018年，连云港市入选国家物流枢纽布局承载城市。图为中哈（连云港）物流合作基地场站内大型机械在吊装集装箱　王健民/视觉江苏网

【服务业结构】 2018年，连云港市第一产业比重下降，第二、三产业比重上升，三次产业结构呈现出一种逐步高度化、合理化的良好发展势头。全市三次产业结构为11.7:43.6:44.7，产业结构优化为“三、二、一”，第三产业占比20年来首次超过第二产业，居首位。升级类商品增长速度加快。随着居民生活水平的提高和消费理念的转变，对时尚潮流、品质居住、智能便捷的消费需求不断提高，服装、鞋帽、电子出版物及音像制品类、建筑及装潢材料等升级类商品较快增长，比2017年分别增长50.3%、147.6%、20%、7.2%。全市服务业实际利用外资及港澳台资3.27亿美元，占比54.2%。现代服务业外资增长显著，实际利用外资及港澳台资1.4亿美元，占服务业实际利用外资及港澳台资总额的43%。

【商贸设施建设】 2018年，全市重点建设商贸项目15个，其中商业广场街区项目7个、商业综合体项目6个、专业市场2个。项目建筑面积180万平方米，总投资139亿元，年内完成投资35亿元。幸福时代广场、丰惠广场、嘉汇城等项目主体完工；苍梧春晓超市进行施工，沿街商铺进行内部装饰；白虎山小商品市场选铺工作基本完成；港华综合体等10个项目有序推进。市区有商业街区18个，总营业面积达52万平方米，总长7000米，有2600余个店铺，全年营业额76亿元。其中，政府主导开发建设管理的商业街区9个，营业面积29.3万平方米，营业额42亿元，分别占总量的56.3%、55.4%；企业自主开发经营的商业街区4个，营业面积11.8万平方米，营业额26亿元；历史自然形成的商业街区5个，营业面积10万平方米，营业额8亿元。陇海步行街和万润商业街人气旺销售好，全年分别实现营业额25.7亿元、18.1亿元。连云老街、民主路文化街、三禾水晶街、盐河巷历史文化街区、新世界文化城美食街区、栖霞路步行街6个重点推进的特色街区项目运营良好。苏宁广场、万达广场、利群广场等商业综合体项目营业状况良好，其中苏宁广场年营业额达4.3亿元。（董　峰　刘从鸿）

物流业

【概况】 2018年，连云港市有货运业户2.5万户，货运车辆5.5万辆，物流企业1800余家。全市有市级以上重点物流基地7家，其中省级重点物流基地2家；市级以上重点物流企业49家，其中省级重点物流企业15家；市级物流企业技术中心2家，省级物流企业技术中心4家；省级物流智慧示范企业1家。

【物流园区建设】 2018年，上合组织（连云港）物流园入驻企业15家，服务销售收入10亿元以上企业51家，入驻企业货运车辆总数423辆，仓储使用面积237万平方米，园区铁路完成投资4.8亿元，装卸场站地基处理全部完工。园区物流业总收入达2.3亿元，比2017年增长57.1%；实现物流量1464.23万吨，增长70.6%；实现海河联运量845.93万吨，增长83.02%。中哈（连云港）物流合作基地完成火车装卸3.5万余车；货物进出库量432.17万吨，增长2%；集装箱空、重箱进出场量27.53万标准箱，增长8%。

【港口物流】 2018年，连云港港完成同口径货物吞吐量2.36亿吨，比2017年增长3.2%。集装箱474.56万标准箱，增长0.7%。日均装车1827车，日均卸车426车。海河联运完成1189万吨，增长38.6%。港口铁路完成货运量4187.5万吨，增长12.2%。（张雪梅）

商贸流通

【概况】 2018年，连云港市消费品市场平稳运行。全市完成社会消费品零售总额1121.31亿元，比2017年增长8.3%。城乡消费均衡增长。居民收入快速增长，城镇化步伐不断加快，农村消费不断升级，农村消费需求旺盛。城镇消费品实现零售额898.41亿元，增长6%；乡村消费品实现零售额222.9亿元，增长18.2%。全市零售业实现748.53亿元，下降2.3%；餐饮业实现零售额132.02亿元，增长9%。

【连锁经营】 2018年，全市有汽车、农资、生活用品、医药、餐饮、养老、维修各类连锁经营企业2000余家、连锁网点3000个，零售行业向服务业发展，超市、便利店、品牌专卖店、专业连锁店等购物形式深入百姓生活。本土家得福超市、保真超市、连云港康缘大药房等企业加快布局，全市连锁经营向品牌餐饮、养老、维修、社区商业等生活服务业拓展。

2018年连云港市十大销售市场一览表

表26　　单位：亿元

序号	单位	销售额
1	江苏东海水晶产业投资发展有限公司	145.02
2	连云港农副产品批发市场有限公司	81.06
3	连云港苏鲁海产品综合批发市场	36.65
4	连云港振兴装饰材料有限公司	11.93
5	连云港赣榆新东方市场有限公司	6.93
6	灌云县四队商城	6.35
7	连云港兴隆装饰城	5.64
8	东海县东蔡建材市场有限公司	4.63
9	连云港市连云区海棠路市场	4.07
10	赣榆（义乌）商贸城	2.34

2018年连云港市十大零售企业一览表

表27　　单位：亿元

序号	单位	零售额
1	中国石化销售有限公司江苏连云港石油分公司	42.80
2	江苏润海油品销售有限公司	15.79
3	万联能源集团有限公司	11.90
4	连云港家得福商贸有限公司	11.28
5	连云港之星汽车销售有限公司	7.70
6	连云港天马网络发展有限公司	7.46
7	苏果超市（连云港）有限公司	7.18
8	连云港市中央百货有限责任公司	6.19
9	连云港苏宁云商有限公司	5.12
10	江苏幸运叶子网络科技有限公司	4.77

2018年连云港市老字号企业一览表

表28

序号	企业名称	品牌名称	创立年份	注册商标
1	连云港市中央百货有限责任公司	中央	1953	中央
2	江苏万千食品投资有限公司	万千糕饼	1991	万千
3	连云港康济大药房连锁有限公司三和兴药店	三和兴	1923	三和兴
4	连云港市李记明章食品有限公司	李记明章	1885	李记明章
5	连云港绿中业蔬菜有限公司	绿中业	1960	绿中业
6	连云港市天缘食品有限公司	天缘	1960	天缘图形
7	连云港市小上海糕点有限公司	小上海糕点	1985	双鸡图形
8	青岛啤酒（连云港）有限公司	王子	1984	王子
9	连云港市海州板浦东达肉制品厂	板浦香肠	1980	板浦
10	连云港赣榆徐福茶厂	徐福	1989	徐福
11	赣榆区夹谷春茶场	夹谷春茶	1987	夹谷春
12	连云港市东海五交化有限公司	东海五交化	1960	东海五交化
13	连云港康宝鹿业有限公司	爱特鹿、满山跑	1976	爱特鹿、满山跑、晶帝
14	连云港桃林蒋记食品有限公司	蒋记	1996	蒋记

【百货批发零售】 2018年，连云港市批发和零售业形成多种经济结构、多种经营形式、多种业态全面发展的格局，大型超市、专卖店、便利店、网上购物、电视购物等构成多层次、多业态、开放式、竞争型的市场格局。随着居民生活水平的提高和消费理念的转变，升级类商品增长加快，对时尚潮流、品质居住、智能便捷的消费需求不断提高，服装、鞋帽、针纺、家用电器和音像器材、五金电料、建筑及装潢材料、金银首饰、化妆品等升级类商品较快增长。全年批发业实现零售额209.54亿元，比2017年增长60.5%；零售业实现零售额748.53亿元，下降2.3%。

【老字号】 2018年，全市有中华老字号企业2家，分别是江苏汤沟两相和有限公司、板浦汪恕有滴醋厂，营业额分别为10.86亿元、0.3亿元。2家江苏老字号企业，分别是东海县桃林酒厂、连云港市凯威酒业有限公司。市商务局推动市级老字号的传承保护和创新发展，评定连云港市中央百货有限责任公司等14家企业为第一批“连云港老字号”企业。（董　峰）

【供销合作商业】 2018年，市供销合作总社发展农业社会化组织35个，新增以土地托管为中心的农业社会化服务面积1.27万公顷，建成现代农业综合服务中心3个，改造薄弱基层供销合作社14个，实现乡镇基层供销合作社覆盖率92%以上。乡镇供销合作社经营服务综合体5个，产业融合发展综合体6个。全年建成“三体两强”（自主经营实体、农民社员主体、合作经济组织联合体，综合实力强、为农服务能力强）示范基层供销社3个，发展农民专业合作社30个。完成省定经济薄弱村农村综合服务社提档升级34个。东海县供销合作社和赣榆区供销合作社完成江苏省健全联合社“三会制度”（代表大会、理事会、监事会）的试点单位任务。海州区供销合作社作为全省农村产业融合发展专项试点单位，载体项目连云港易耕农业服务有限公司的土建、设备安装与调试工作完成，部分生产线投入运营。注册资金1000万元，成立连云港田管家现代农业有限公司，以参股的形式在每个县区各成立1家分公司，发展农业社会化服务组织35个，全年实现以土地托管为重点的农业社会化服务面积2万公顷。连云港新苏豫棉花储运有限公司成为全市最大的化肥批发集散地，全年仓储规模达10万吨，化肥交易额1.5亿元。（孙　铖）

【粮油购销储备】 2018年，全市收购农民粮食207.7万吨，为民增收1.8亿元。市粮食局采取提前轮换储备粮、加快去库存等方式，组织48个托市库点、70万吨仓容参与收购。推

11月11日，海州区天马电商产业园工作人员加紧发送快递包裹，迎接“双十一”购物高峰

耿玉和/视觉江苏网

广“满意苏粮”APP,完成优质优价收购订单数量35万吨。加强应急供应网点建设,全市建有应急供应网点133个、加工企业35家、配送中心6个,建成覆盖市区所有镇、街的粮油应急供应保障体系。5个国家级、11个省级粮油价格监测点及时准确测报粮油市场价格行情,发布粮油价格行情表50期。成立政策性粮食出库专项检查组,对政策性粮食销售出库进行专项检查。全年出动检查人员168人次,检查粮食销售库点56个,销售出库政策性粮食28.41万吨。实施连云港市县级粮食质量安全检验监测体系建设项目,全年建成县级标准化粮食质量监测站3个。全市建设粮食产后服务中心16个。东海县创建“中国好粮油”行动计划示范县。江苏省新海粮食储备直属库被评为江苏粮油仓储十强企业,获全省“粮安之星”称号。江苏恒益粮油有限公司入选首批苏米核心企业。“盐田玉”牌香米被中国粮食行业协会评为金奖产品。（郭 斌）

【石油贸易】 2018年,全市有成品油批发企业9家、仓储经营企业2家、成品油零售企业398家。加油站204家,其中中石化111家、中石油16家、江苏高速路站12家、其他民营加油站65家。全年销售汽油41.15万吨、柴油50.26万吨。做好成品油市场的专项整治行动,维护成品油市场秩序。全年查处取缔各类无证照加油站点246家,查处流动加油车131辆,处理35人次。（董 峰）

中国石化销售有限公司江苏连云港石油分公司 全年实现经营总量60.58万吨。天然气销售2.2万吨,比2017年增长31%。区域在营加油站(点)124家。全年完成30家加油站的防渗改造,开展为企业“煤改气”提供天然气点供业务。优化加油站油品布局,丰富便利店商品配置、拓展新业态,开展洗车等业务。推进加油站智能化建设,打造“人·车·生活”综合服务生态圈。（徐 慧）

连云港中油石油销售有限公司 全年实现油品经营总量14.06万吨,天然气1274吨。区域在营加油站(点)48家、加油加气站1家。做好成品油市场供应,保障工农业用油、城市公交、重点工程等。开展成品油市场整理整顿,惩治非法加油站点。（马芝跃）

【烟草专卖】 2018年,全市烟草系统销售卷烟13.1万箱,全年查处涉烟案件1209起,查获卷烟6.32万条,违法卷烟案值1286万元。加大对互联网非法售卖、物流寄递环节、新型烟草制品等重点领域的治理。全年查处卷烟物流案件631起,案值203万元。深入推进行政许可,实施新版《烟草制品零售点布局管理规定》。建立统一模版的违法违规大户名录及档案,落实《卷烟销售大户管理办法》。探索面向零售户的征信管理办法,初步形成信用监管体系。（陆 杭）

【水晶贸易】 水晶产业是东海县支柱产业。东海水晶的质量、储量和产量均居全国之首,储量30万吨,占全国总储量70%以上。2018年,东海县有水晶从业人员近30万人,拥有水晶加工企业3000多家,形成年产3000万件水晶首饰、500万件水晶工艺品的产业规模。2018年,东海县加强与第三方电商龙头企业合作,开设阿里巴巴网上水晶城、东海县水晶天猫旗舰店、“淘宝·文化中国”东海水晶馆,与中国宝石协会合作建立云平台·红巢水晶直播基地。全年水晶贸易交易额达180亿元,其中电商交易额超百亿元。2万余名“淘晶”人员在马达加斯加、巴西、乌拉圭、南非等国家的水晶产地从事水晶原石采购,全年进口量达800个标准箱,实现产值20多亿元。全县从事出口业务的水晶企业约500家,水晶产品出口地区主要有美国、德国、韩国、日本等国家,全年出口额15亿元。（徐 宁）

电子商务

【概况】 2018年,连云港市电子商务规模持续扩大,辐射作用日益增强,电商经营主体快速壮大,网络购物用户使用率持续上升。全市基本形成政府推动、企业联动、行业协调、高校支持的电子商务支撑服务体系。市邮政公司依托“邮乐购”电商综合服务平台,初步构建覆盖全市农村的电子商务运营服务体系。灌云县、灌南县与阿里巴巴“农村淘宝”合作、东海县与“乐村淘”合作,共同打造县域农村电商运营服务平台。久山网络、华舜网络、克灵斯通等企业开展电商代运营服务。全市大专院校均开设电子商务相关专业。淮海工学院与阿里巴巴合作,建立跨境电商培育基地。连云港师范高等专科学校与京东合作,建立京东校园实训中心。全年全市实现网络零售额

2018年,连云港市电子商务渗透至各行各业。图为全市首家净菜配送商务平台——易耕农业 海州区 供图

308亿元，比2017年增长40%。销售品类主要为珠宝礼品、运动户外和食品酒水，分别占35.96%、12.95%、9.27%。东海县（水晶珠宝）、海州区（运动户外等综合）、赣榆区（海鲜等农产品）、连云区（跨境）、灌云县（情趣内衣）、灌南县（服饰、农产品等综合）等地区特色产业突出，电商发展基础较好，网商规模大，在促进网络零售增长的同时，带动当地经济发展。

【电子商务平台建设】 2018年，连云港市电商市场主体运用传统优势业态，发展以平台经济为代表的流通和交易模式。新上线电商平台所提供的服务倾向于单一领域，连云港市有运动户外平台"天马体育网""幸运叶子网"，水晶珠宝平台"中国水晶网上商城"，生鲜销售平台"菜篮子网""指尖商城"，社区生活平台"易家网""龙会易购""鲜滋润"，二手车交易平台"车无忧"等，电子商务渗透至各行各业，朝着精细化方向发展。传统市场依托电商平台实现信息化升级。连云港四季农副产品批发市场、东海县水晶市场、连云港二手车交易市场等传统专业市场依托其实体资源，进行平台化改造，促进行业电商综合应用。

【电子商务应用】 2018年，全市电子商务成为外贸企业转型、制造型企业提档、商贸企业拓展渠道、农民增收的抓手，企业示范效应凸显，衍生出一系列新业态与新模式。全市40%以上的实体企业建立网站，开展网上交易。中山氨纶、太阳雨、红香滋酒业等具有单品优势的实体企业构建单品电子商务交易平台。汤沟酒业、天意消防器材、福东石英、华夏照明、博云机械、乡情浓服装、大宇食品、世林花生、亿森牧业等企业通过自建B2B网站、在阿里巴巴、中国制造等发布信息实现产品营销电子商务化，利用电子商务提升竞争力。东海县、赣榆区制定电商发展三年行动计划，实施培育工程，带动农村电商发展。"连天下""连农云商"等农产品类电商区域性平台建立。京东特色馆、苏宁易购特产馆上线运营，淘宝中国特色连云港馆进行筹备。发展城乡互融电子商务应用。中国邮政依托"邮乐购"平台，打造集"网络代购+平台批发+农产品进城+公共服务+普惠金融+物流配送"为一体的邮政农村电子商务服务平台。苏宁云商利用社区"苏宁小店"和乡镇"易购服务站"与线上渠道合作，打通便民服务"最后一公里"。家得福依托"龙会易购"自建平台，与当地农产品生产基地、农民合作社及种植大户等达成合作协议，以"生产基地+超市+电商"构建城乡电商融合新模式，促进城市社区农产品消费升级与农村农业的供应链升级。

2018年连云港市重点电子商务企业交易额一览表

表29　　单位：亿元

序号	单位	交易额
1	连云港天马网络发展有限公司	20.00
2	东海县畅顺商贸有限公司	6.36
3	东海县韵道珠宝有限公司	3.10
4	江苏欧美斯国际贸易有限公司	3.00
5	东海县赛辉服饰有限公司	2.79
6	连云港新百恒水晶贸易有限公司	2.69
7	连云港雷盟贸易有限公司	1.97
8	连云港库恩服饰有限公司	1.20
9	连云港谷色食品销售有限公司	1.33
10	连云港康济大药房连锁有限公司	1.16

11月1日，东海"花直达"云店智慧网络公益平台上线运营
宋彦伟/视觉江苏网

【电子商务园区】 2018年，全市在建、拟建电子商务产业园区（楼宇）18个，入驻企业近2000家。东海县牛山街道高新区电子商务园区、东海县曲阳乡水晶街、赣榆区柘汪镇E+众创中心、灌云县东王集镇电子商务产业园、海州区新浦工业园海州智慧物流园、赣榆区青口镇紫菜电商产业园、灌云县九龙港水街7个园（街）区获批省级乡镇电子商务特色产业园（街）区。

【农村电子商务】 2018年，全市农村电商实现网络零售额148亿元，占总零售额近50%，全市有农村网店1.5万家，带动农村就业人数2万余人。农产品电商零售额约24.9亿元，其中在淘宝、天猫平台农产品零售额约13亿元，农产品活跃网店近3000家，年销量2600万件。灌云县伊山镇电商快速发展，全镇淘宝产品涵盖情趣用品（情趣内衣）、女装、住宅家具等品类，镇域活跃用户12.4万人，活跃卖家数6000户，全年销售额21.3亿元，带动就业人数7000人，城北社区、东门社区、任庄村获“中国淘宝村”称号，伊山镇获“中国淘宝镇”称号。赣榆区海鲜干货等农产品电商进行深加工，实现精细化发展。东海县实现网络零售额127亿元，位列全国农村网络零售额百强县第19位。全年全市创建省级农村电子商务示范村7个，特色产业园（街）7个。农村电商企业与阿里巴巴、苏宁云商大型电商企业对接，在县区、中心镇和行政村建立服务网络，实现代购代销、生活服务、物流快递配送等综合服务功能。邮政公司、东海五交化、三好优品等电商企业开展农村电商服务网络建设，全年新建村级服务站点100余个。到年底，全市建成县级服务中心6个、乡镇服务站（体验店）101个、村级服务点2000个，基本实现村级电商服务网点全覆盖。

（董 峰）

中介服务业

【融资担保】 2018年，连云港市有融资性担保公司法人机构22家（含分支机构2家），其中国有融资性担保公司14家。机构注册资本总额28.53亿元，其中国有融资性担保公司23.76亿元。机构从业人员375人。全年在保户数860户（含个人消费金融担保客户），开展担保业务27.55亿元。非融资性担保业务在保余额3.2亿元，代偿额1.8亿元。融资性担保机构资产总额36.03亿元，净资产30.08亿元。资产构成中主要包括货币资金、应收账款和存出保证金等，其中货币资金13.47亿元、应收账款8.07亿元、存出保证金9.32亿元。负债构成中主要包括提取的准备金、应付款项和客户存入的保证金等，其中未到期责任准备金和担保赔偿准备金2.11亿元、应付款项1.16亿元、存入保证金0.56亿元。全市担保业务收入7100万元，其中担保收入3840万元、利息收入2640万元、其他收入620万元。行业平均净利润率为37%，净资产利润率1.47%，比2017年下降，处于较低水平，收益与风险不匹配。

（刘步光）

【广告业】 2018年，全市有广告经营市场主体1833家，其中企业1570家、个体工商户263户，从业人员9236人。全年广告经营额达30亿元。加快连云港广告产业园区公共服务平台建设，引进和培育园区重点广告企业，提升园区的产业集聚和示范带动效应。连云港广告产业园广告经营额达22亿元，比2017年增长10%，列苏中苏北地区首位。加大广告监管力度。开展金融类广告、互联网广告、食品药品保健品及医疗器械广告、旅游市场广告及房地产广告专项整治工作，全年市场监管部门查处违法广告42起，罚没金额80万余元。

（廖智勇）

【律师服务】 2018年，连云港市有律师事务所65家，其中合伙所57家、个人所5家、分所3家；全市有律师697人，其中专职律师677人、兼职律师20人。全年律师行业业务收费1.85亿元。推行“两公”（公职、公司）

2018年连云港市律师、公证行业基本情况一览表

表30

分类	单位	全市	#市区
律师机构人员			
律师事务所	家	65	50
律师	人	697	586
专职律师	人	677	566
女性	人	185	169
兼职律师	人	20	20
聘请担任常年法律顾问的单位	个	3001	2734
担任政府法律顾问	个	181	152
民事诉讼代理	件	23513	18075
经济诉讼代理	件	8750	7325
刑事辩护及代理	件	4033	3446
行政诉讼代理	件	670	466
非诉讼代理	件	7235	5772
代理法律援助	件	2998	1523
“12348”公共法律服务热线接听量	人次	15395	8181
公证工作			
公证处	个	7	4
公证人员	人	108	59
公证员	人	36	22
公证员助理	人	72	37
办理公证文书	件	46840	24206
国内民事	件	26006	12700
国内经济	件	12526	7147

（刘从鸿）

律师制度，全市有32家单位设立公职律师、公司律师制度，78名公职人员申请获批公职律师。扩大县域律师队伍规模，灌云县新设1家律师事务所，灌南县引进市直田湾律师事务所开设分所。举办全市律师“扫黑除恶”专题培训班，做好涉黑涉恶案件的辩护代理工作，依法维护犯罪嫌疑人、被告人合法权益。加强律师行业党建工作，成立市律师行业党委。全市司法所、基层法律服务所、基层法律服务协会联合开展“法润江苏·情系农民工”“法润江苏·春风行动”活动，发放《农民工维权手册》《每天一堂法律课》等宣传手册。加大执业监督管理力度，开展全市十佳法律服务业务卷宗评比表彰活动，完成76家基层法律服务所、318名法律服务工作者执业证换发新证工作。

法律援助　全年法律援助机构受理法律援助案件4886起。市法律援助中心被市委政法委命名为连云港市政法系统首批十大随岗学习培训基地。组建市法律援助值班律师库及刑事辩护律师库，推进刑事案件律师辩护全覆盖，在市中级人民法院设立法律援助工作站。市司法局、铁路办签订铁路项目法律服务协议书，法律援助名优律师团成员为铁路项目提供法律咨询、法律风险预测等服务。全年开展“尊法守法，携手筑梦”服务农民工公益法律服务活动、“法润万家·文明港城”“三八”维权周系列活动、“法润港城·法护夕阳红”法律援助主题活动等。“贺某某等70人养老保险待遇纠纷案”等10个案例入围市法律援助十大精品案例。杜守胜等10人获评市首届十佳法律援助公益律师（法律工作者）。

【公证服务】 2018年，全市有公证处7个，公证员36人，公证员助理72人。全年办理公证事项4.68万件，国内民事公证2.6万件，国内经济公证1.25万件，涉外公证8099件；公证收费1752.38万元。加强公证机构规范化建设，制订《连云港市推进公证行业发展三年行动方案》。深化公证机构“放管服”改革，开展办理公证“最多跑一次”工作，对办理婚姻、出生、死亡、学历、职称、无犯罪记录六大类事项实行最多跑一次。试行连云港市公证法律援助办法，对请求国家赔偿、请求最低生活保障、发放抚恤金、请求赡养费、请求支付劳动报酬、遭受家庭暴力等九大类公证事项以及残疾人、城市低保户等六类人员办理公证给予法律援助。依托乡镇公共法律服务中心，建立14个办证便民服务点。调整全市公证机构执业区域，将原有按照行政区划设置的6个执业区域调整为一个执业区域。（张　莹）

【会计服务】 2018年，全市有注册会计事务所20家，从业人员356人。注册会计师行业实现业务总收入4947万元。全年有1.47万人报名参加全国会计专业技术资格考试，其中初级专业技术资格考试1.13万人、中级专业技术资格考试3176人、高级专业技术资格考试154人。初级专业技术资格考试实际参考人数7103人，参考率62.83%，考试通过人数1692人；中级专业技术资格考试实际参考人数1425人，参考率44.87%，考试通过人数376人；高级专业技术资格考试实际参考人数110人，参考率71.4%，考试通过人数80人。全市有2565名考生报名参加全国注册会计师考试，专业阶段六门平均参考率34.24%，51名考生通过注册会计师专业阶段考试，26名考生通过注册会计师综合阶段考试。全市参加网上继续教育的会计人员2.7万人，网络教育成为会计人员知识更新、能力提升的主要途径。市财政局对注册会计师任职资格进行检查，通过率96%。90家代理记账机构通过“全国代理记账管理系统”线上审批，进行网上登记和备案。全年举办2期中高级会计人员培训班，160人参加培训。举办2期行政事业单位财务人员业务培训，247人参加培训。开展新的政府会计准则制度工作，培训3551人次。（王文祺）

【人力资源服务】 2018年，全市有人力资源服务机构77个，从业人员1324人，实现营业收入18.3亿元。在全市人力资源服务机构中开展诚信机构创建活动，明确诚信机构创建标准和创建要求，引导鼓励经营性人力资源服务机构诚实守信。连云港市人力资源开发有限公司、连云港开发区人力资源开发有限公司、连云港兴港人力资源开发服务有限公司被认定为省诚信人力资源服务机构。开展人力资源服务机构年度报告公示、人力资源市场年报统计等业务培训，849人参加人力资源管理师、江苏省人力资源服务资格证书等资格培训。2人入选省人力资源服务业领军人才培养项目。（程继云）

【典当】 2018年，全市有典当企业13家，其中2家为分支机构。从业人员33人，资产总计3.48亿元，负债总计5064亿元，主营业务收入1955万元，主营业务利润1174万元。全年典当总额7.75亿元，其中动产7148万元、房地产6.15亿元、财产权利8925万元。典当余额1.8亿元，纳税额343.79万元。（扈延庆）

【拍卖】 2018年，全市有拍卖企业24家，参加年检企业20家，新办企业1家。全年举行拍卖会84场次，比2017年增长14.8%；拍卖成交额4605万元，下降48%。其中，房地产成交额658万元，下降46%；机动车成交额1407万元，增长110%，增长的主要原因是事业单位车改集中拍卖。其他成交额2540万元，下降7%。（董　峰）

居民服务业

【住宿餐饮业】 2018年，连云港市住宿业创新业态，提高行业接待能力，高端酒店通过价格调整和产品创新吸引消费者，大众化消费成为主流，民俗客栈、精品酒店、主题酒店、短租公寓、中档连锁、度假酒店等业态得到快速发展。餐饮企业在实体店基础上开发网上营销、网上订餐、电子支付、美食鉴赏、顾客点评等服务功能，线上线下同步运营转型发展模式。全年实现住宿餐饮业零售额201.9亿元，比2017年增长12.1%。其中，住宿业实现零售额47.4亿元，增长10.5%；餐饮业实现零售额154.5亿元，增长12.6%。（董　峰）

【家政服务业】 2018年，连云港市家庭服务业协会开展岗位练兵活动，举办第二届连云港市家庭服务职业技能大赛。开展以提升家政服务质量为主题的岗位练兵活动，300多名家政人员报名初赛，30名家政能手进入决赛。其中，好苏嫂巾帼家政、连云港市誉林家政、灌云县好云嫂家政、连云区沁美家政、赣榆区家庭服务业协会获得由市商务局、人社局、总工会、妇联颁发的优秀组织奖。比赛评选出育婴员、养老护理员、家政服务员十佳家政人员。参加全省家庭服务业经理人培训，参观省互联网软件斑马电商云公司，会员单位使用互联网工具，更加有效管理、登记从业人员。（祁　静）

【养老服务业】 养老服务基础设施建设　2018年，连云港市推进养老院服务质量提升工作。以养老机构等级创建为抓手，按照年内不少于机构总数40%的要求，在全市范围内开展养老机构等级创建工作。对首批63家养老机构开展等级评定，评出AAAA级6家、AAA级1家、AA级1家、A级2家。加快推进医养融合发展，全市设有医疗机构并纳入医保定点单位的33家，与周边医疗机构合作提供医疗服务的养老机构96家。到年底，全市有养老服务机构146家，农村老年集中居住区42个，居家养老服务中心（站）、小型托老所、“关爱之家”1410个，拥有养老床位数3.59万余张，每千名老人拥有床位数38.1张。市社会福利中心、灌云县社会福利中心入选全国养老服务机构标准化试点建设单位。

2018年，连云港市养老服务基础设施建设进一步完善。图为海州湾街道大港社区居家养老中心老年食堂　王健民/视觉江苏网

社区居家养老服务　加快推进居家养老项目建设。2018年，全市建成投用70个农村和城市标准居家养老服务中心、7个乡镇（街道）老年人日间照料中心。投资226万元，新建老年健康指标监测室30个。投资90万元，在市民政公共服务中心建设市智能养老服务体验馆，融居家养老、智能养老、机构养老等为一体，展示养老服务产品200余个，占地面积300平方米。

养老服务人才队伍建设　完善养老服务人才培养与激励机制，市民政局、财政局联合印发《养老护理岗位人才一次性入职奖励暂行办法》，鼓励和吸引大中专院校毕业生及专业人才从事养老服务工作。推行养老护理员培养培训制度，市民政局举办3期养老护理员初、中、高级培训班，培训养老护理员270余人，东海县、灌云县、灌南县培训养老护理员500余人次，全市养老机构养老护理员持证上岗率达87%。（黄　蕾）

【理发沐浴美容服务业】 到2018年底，连云港市有理发沐浴美容服务从业户9818户，资金总额11.34亿元，从业人数1.59万人。其中，企业233家，资金总额2.74亿元，从业人数897人；个体工商户9585户，资金总额8.6亿元，从业人数1.5万人。（廖智勇）

责任编辑　徐　敏

信息服务业

智慧连云港建设

【概况】 2018年，连云港市依托先进信息技术，完善信息基础设施建设，实现以信息技术改造和提升传统产业，推进工业、环保、交通、教育等领域的信息化应用。6月19日，市政府召开全市信息化领导小组会议，审议通过《连云港市信息化发展三年行动计划（2018—2020）》等5个文件，明确全市信息化发展工作重点和主要任务。完成“十三五”智慧连云港建设规划中期评估。成立连云港市政务信息化暨“互联网+政务服务”工作领导小组。建立“4个一”（一网一云一端一目录）和“3中心”（大数据中心、城市运营管理中心、数据灾备中心）的政务信息化总体框架，加快建设大平台、大数据、大系统、大服务。12月21日，市智慧城市运营中心投入使用。做好信息化建设示点申报，2家企业申报智慧江苏重点工程，3家企业申报智慧交通领域项目，1家企业申报智慧养老项目，2家企业申报智慧健康医疗项目，4家企业申报智能家居项目，1家企业申报智慧江苏创新基地。

【新一代信息基础设施建设】 2018年，市政府印发《关于进一步加快移动通信基站建设的通知》，协调推进光纤宽带和4G网络建设，部署落实互联网协议第六版（IPV6）推广工作。到年底，全市互联网出口带宽达3.7T，拥有宽带接入端口数357万个，互联网宽带用户数150万户，有线电视用户75万户，IPTV用户99万户，全市城乡基本实现光纤宽带网络和4G网络全覆盖。推进连盐铁路、连淮扬镇铁路沿线4G网络覆盖工作，扩建开通1641个4G基站。按照“政府引导、市场运作、信息惠民、保障安全”的要求，实施公共区域免费Wi-Fi建设，推动通信基础设施集约建设和共享利用，提升“无线城市”建设应用水平。全年完成100个重点公共区域无线网络覆盖，建成无线热点9021个。

11月8日，连云港市海州区智慧城市管理中心工作人员在接听热线电话　　耿玉和/视觉江苏网

【信息化应用建设】 持续推进信息化和工业化深度融合，市政府出台《关于加快推进企业信息化的意见》，推动“十百千”工程，即创建10家智能制造示范企业，推进100个数字车间建设，引导1000家企业实现业务上云。七一六所获批2018年工业互联网创新发展工程支持项目，获中央2500万元财政资金支持。中复连众获批国家制造业与互联网融合发展试点示范项目。全市在物流领域已形成电子口岸信息平台、“慧海通”物流云数据平台、“港港通”国际多式联运第四方物流服务平台等项目，培育省智慧物流示范企业1家。实施智慧警务建设，构建公安网、视频网、互联网三网架构，重点研发“火眼金睛”“筋斗云”2个特色项目，连云港市被列为全国公共安全视频监控建设联网应用重点支持城市。环保大数据综合管理平台汇集11大类36

项近6000万个环保业务数据和266个影像数据，建立环保综合业务数据库，开发环保GIS一张图、综合查询系统和专题分析系统。打造智慧教育，智慧人社、智慧民政、智慧社区、智慧出行等工程，智慧教育云服务平台（云海在线）、金保工程业务系统、智慧养老服务平台、公共自行车手机APP“叮嗒出行”等上线运行。

（张雪梅）

软件业

【概况】 2018年，连云港市重点电子信息制造业实现主营业务收入102.01亿元，主要产品包括石英晶体元器件、集成电路封装材料、太阳能电池及组件、LED照明产品、智能电视等。软件和信息服务业实现主营业务收入15.1亿元。全年新增通过评估的软件产品40个。连云港高新区获批江苏省软件和信息服务产业园。杰瑞电子、珩星电子、连云港金堂福半导体器件有限公司等重点电子企业参加第六届深圳电子博览会。高新区软件园、杰瑞深软、江苏金鸽等18家企业以城市展馆形式参展第十四届南京软件业博览会，突出3D扫描、高端数控装备多轴运动系统、智能访客系统等实物展示。开展JAVA高级软件架构师、全栈式软件开发工程师、UI设计工程师三期培训，200余人次参加培训，112人结业。

【软件成果评定】 2018年，江苏正融科技有限公司的“正融SkyView系列图文影像分析系统软件V3.0”入选第十六届江苏省优秀软件产品奖（金慧奖），全市获“金慧奖”软件数量达10个，位居全省第七、苏北第一。联瑞新材料、杰瑞深软等5家企业申报省级工业和信息化产业转型升级专项资金，联瑞新材料、杰瑞深软、正融科技3家企业获批资金350万元。江苏金鸽网络科技有限公司入选省“腾云驾数”优秀软件和信息服务企业，江苏正融科技有限公司的“正融医院管理信息系统”与江苏金鸽网络科技有限公司的“基于物联网和大数据技术的智慧消防平台系列产品”入选省“腾云驾数”优秀产品、平台、服务和解决方案名单。港口集团通信信息工程公司等4家公司获评省级规划布局内重点软件企业，七一六研究所等4家企业获评省级软件企业技术中心。

（张雪梅）

通信服务业

【中国电信股份有限公司连云港分公司】 2018年，公司完成投资2.44亿元。全年建成并开通4G基站501个，4G基站总量达4814个。全市4G有效覆盖面积达7391.8平方千米，有效面积覆盖率98.6%，4G网络人口覆盖率99.2%，实现城乡无缝覆盖。全市光纤接入用户占比97%，家庭平均上网带宽由54兆提速至80兆，城域网出口带宽由1000G提高至1200G。完成固话软交换网络当地设备下电，固话网络从PSTN、NGN，完全进入IMS时代。实现STN网络（智能传送网）全区域部署，业务延伸至全市所有乡镇，提供全方位的弹性专线和云专线服务，推动市级电子政务外网延伸至村、社区，投资建设连云港市政务数据云计算平台二期项目，节省费用2200余万元。举办2018年企业上云连云港峰会，推动政务云、医疗云、企业云、工投云等项目建设，开通2万核云服务。推进NB水表、智慧路灯、智慧农业等物联网项目落地，全年物联网开卡达6500张。

（徐　宝）

2018年连云港市“双软评估”企业一览表

表31

序号	企业名称	序号	企业名称
1	连云港杰瑞深软科技有限公司	13	江苏有客网络科技有限公司
2	江苏正融科技有限公司	14	连云港协众软件开发有限公司
3	江苏金鸽网络科技有限公司	15	江苏一恒软件工程有限公司
4	连云港港口集团通信信息工程公司	16	江苏宣宝计算机科技有限公司
5	连云港电子口岸信息发展有限公司	17	连云港市青之峰网络技术有限公司
6	连云港三众软件科技有限公司	18	江苏恒大助业网络科技有限公司
7	江苏新元素数字科技有限公司	19	江苏鼎中智能科技有限公司
8	连云港易简信息技术服务有限公司	20	江苏龙威中科技术有限公司
9	连云港金豆科技有限公司	21	江苏同德信息科技有限公司
10	连云港龙泽商务有限公司	22	连云港易简信息技术服务有限公司
11	连云港华舜网络科技有限公司	23	江苏宣宝计算机科技有限公司
12	连云港信友科技有限公司		

大雪后，移动工作人员抢修光缆　　移动公司　供图

【中国移动通信集团江苏有限公司连云港分公司】 2018年，公司加快建设4G精品网、5G试验网、有线全光网、NB物联网、云计算数据中心等新一代信息基础设施。全年新建4G基站1100个，4G基站总数达7100个，实现城乡无缝覆盖。加快光纤宽带网络建设，提升宽带品质，宽带覆盖率达97%。建成完备的物联网专用网络，实现城乡区域全面覆盖。降低信息通信服务资费，取消手机国内长途与漫游资费，大幅降低中小企业专线资费。全市有移动电话用户310万户、物联网用户290万户、家庭宽带用户64万户、互联网电视用户38万户。全年运营收入突破20亿元。强化诈骗电话拦截及不良信息治理，查处伪基站20余个。全年完成连云港之夏、连博会等应急通信保障60余次。实现开山岛高速上网、视频通话、有线宽带及互联网电视接入需求，拓展沿海的移动信号覆盖。建成"智慧农场""智慧渔业""智慧旅游"等信息化项目。（茆平平）

【中国联合网络通信有限公司连云港市分公司】 2018年，公司投资3309万元，新建4G宏站265个，4G宏站总数到1680个；扩容LTE小区236个，其中宏站小区44个、室分小区192个；新建室分楼宇116栋。完善城区、县城、乡镇、景区、高铁等重点场景4G覆盖以及校园、医院、商超、交通枢纽等重点区域室内覆盖，2G、3G、4G基站总数达3911个。4G峰值下载速率300M，上载速率50M，人口覆盖率95%，初步形成4G高速数据网连续覆盖及2G、3G全覆盖的高清语音网。全年完成107个小区及楼宇数据接入、205条专线接入，出口带宽新扩容230G，总出口带宽达320G。完成灌云国际半程马拉松等活动的通信保障20余次。开展"绿网行动"专项活动，全年完成降本增效217万元。加强网络运行维护，干线故障率比2017年下降78%。5个综合业务区管线资源优化，机房完成整改搬迁。完成承载网10GE扩容、核心网扩容17万户。数据网完成连云港城域网出口带宽扩容。为184个公交站点、市体育中心提供无线Wi-Fi覆盖功能。开展"智慧政务"项目，分别为县区组织部、市城管、消防、水利等部门搭建"智慧党建""智慧城管""智慧消防""智慧河长"管理平台等。（王国强）

【中国铁塔股份有限公司连云港市分公司】 2018年，公司完成投资1.6亿元。推动通信基础设施建设，全年新建、改造铁塔515座，基本完成全市4G网络建设和覆盖。深化资源共享，减少新建基站235个，节约行业投资约9400万元。深化与各领域的合作，规模化获取战略性站址资源，为5G做好储备。（马筱雯）

邮政服务业

【概况】 2018年，连云港邮政行业完成业务收入17.36亿元。全年函件业务量100.44万件，包裹业务量5.36万件，订销报纸5241.11万份，订销杂志231.3万份，汇兑业务6.72万笔。"12305"邮政行业消费者申诉电话和申诉网站受理消费者申诉1233件，其中邮政服务申诉56件、快递业务申诉1177件。处理有效申诉224件，其中邮政服务问题申诉14件、快递业务问题申诉210件。经调解消费者申诉已全部妥善处理，为消费者挽回经济损失21.41万元，消费者对邮政管理部门申诉处理工作满意率为99.1%，对企业申诉处理结果满意率97.5%。全年新增住宅信报箱1.85万户，涉及34个小区，建成智能信报箱试点1个。

【快递服务】 2018年，全市有18个品牌的50家快递企业提供快递服务，快递营业网点1056个，机动车辆2000余辆，从业人员超4000人。全年快递业务量1.32亿件，比2017年增长39.4%；业务收入11.35亿元，增长37%，快递业务量及业务收入增幅位列全省第一。其中，同城业务1492.02万件，异地业务1.17亿件，国际和港澳台业务87.78万件。主要快递品牌业务发展迅猛，百世快递、韵达快运、中通速递、天天快递、顺丰速运全年业务量增速均超过40%。全市有快件箱1442组，格口11.22万个。实现高校快递规范化收投率100%，建制村快件直投率为71.8%。寄递企业全部使用电子面单。全市快递实名率为94.93%，位列全省第二。快递网点标准化率94%，东海申通铁路南网点被评为首批省级快递标准化网点。（殷　杰）

【邮政普遍业务】 2018年，中国邮政集团公司连云港市分公司投递报纸总量5692万份、给据邮件（挂号信件、邮包、保价邮件等由邮政企业及其分支机构在收寄时出具收据，投递时要求收件人签收的邮件）125万件，

2月1日，连云港广电传媒集团和中国电信连云港分公司举行连云港电视节目接入电信IPTV签约仪式　　广电台　供图

处理进出口快递包裹3160万件。建成邮乐购加盟店2867个，办理代缴费近92万笔，销售农产品450余万元，实现工业品（家电）下乡销售额500万元。全市建成3家税邮共建便民办税服务厅，办理税邮业务2.19万笔；建成2家警邮共建便民服务厅，办理交管业务3.15万笔。提升邮政普遍服务水平，用户满意度测评分达97.85分。加强邮政设施建设，全市新增现金类自助设备45台、其中存取款一体机31台，新增生产用车29台、投递电动三轮车91台、投递手持PDA210台。开展绿色邮政建设行动，全市网点全部实现新型包装箱和绿色胶带出售和使用，包裹电子面单使用率95%。（王　慧）

互联网信息与广播电视传输服务

【政府网站集约化建设】 2018年，连云港市所有县区政府门户网站和市级部门政府网站迁移至市级政府网站群平台。建立连云港市政府网站工作责任体系，定期公布全市政府网站运行情况统计报表，统一建设站群栏目预警提示，召开全市政府网站工作培训会等，规范市政府网站群建设。全市政府网站统一通过市政府网站群平台开展信息发布、解读回应、办事服务、互动交流等服务，实现政府网站资源优化融合、平台整合安全、数据互认。政务服务网设置统一服务入口，规范权力事项公开要素，完成政府门户网站办事服务渠道与政务服务网前端整合。畅通网上咨询建议，建立市民与政府沟通渠道，市政府网站整合上网新闻发布会76期、意见征集15期、反馈统计23期、会议直播22期、政在访谈22期、政风行风热线200期，第二届中国（连云港）国际医药技术大会等专题专栏10个。制作发布数字化、图表图解、动漫等便于公众理解和互联网传播的解读产品104期。

【政务服务信息化系统建设】 2018年，成立连云港市政务数据中心管理工作领导小组，制定《连云港市政务数据中心管理暂行规范》，保障市政务数据中心、云平台管理常态化。升级政务云平台安全防护策略，电信连云港分公司提升平台承载能力和安全防护能力。加强政务云资源使用管理，做好云资源分配工作。全年政务云平台部署云主机880台，为65个部门215个业务系统提供服务。建立日常巡查巡检制度、24小时运营维护值守制度和工作日报制度等。推进政务信息资源共享交换工作。编制《连云港市政务信息资源目录（一期）》，完成数据交换平台和基础数据库建设。市政务数据共享交换平台实现63个部门按照目录数据归集，数据量达30亿条；市人社局、食药监局等6个部门7个系统与政务服务“一张网”实现实时数据交换。整合政务资源与数据，建设全省第三家、苏北首个政府数据开放服务平台——连云港市公共数据开放网。9月8日，网站建成并上线运行，到年底，市公共数据开放网站整理开放32个市级部门的数据资源目录105个，数据量116万余条。

【政务网络安全运行保障】 实施市行政中心互联网接入网络改造项目。完成市行政中心互联网重要网络设备选型和技术参数需求编制，电信连云港分公司做好市行政中心互联网网络保障工作，为入驻单位提供技术服务。实施行政中心网络运营维护和政府网站群安全监测等服务项目，组建驻场运维服务团队，提供全天候全程服务。（籍海星）

【广播电视传输服务】 2018年，江苏有线连云港分公司实现市区数字电视整体转换率100%，郊区数字电视整体转换率99%。东海县、乡骨干环网光缆线路工程以中心机房和分前端机房为中心，向每个乡镇进行光缆布放，共布放24芯光缆66.2千米、48芯光缆91.8千米、72芯光缆33.8千米、144芯光缆272.5千米。东海县搭建智慧乡镇（社区）信息平台以及智慧乡镇（社区）综合管理平台，完成“智慧东海”县级平台及智慧青湖、智慧黄川等镇级平台搭建。赣榆区有线双向网络覆盖率70%，双向网络覆盖290个村10万用户。灌云县实现农村数字电视信号村村通、长期通，覆盖用户近8万用户。灌南县开展农村有线电视网络回收整转工作，覆盖150个村9万用户，其中双向网络覆盖82个村4.92万用户，单项网络68个村，建设主干网线路191.52皮长千米，覆盖户数4.08万户。（臧　乐）

责任编辑　徐　敏

旅游业

综述

【概况】 连云港市是一个拥有优美山海风光的知名旅游城市，山海相拥、港城一体，是全国49个重点旅游城市和江苏省三大旅游资源富集区之一，拥有“中国优秀旅游城市”“中国十大环境最好旅游城市”“中国最佳旅游目的地”等旅游品牌称号。横亘绵延近200平方千米的国家级云台山风景名胜区贯穿市区，形成独具特色的旅游景观和城市园林风光。连云港集名山（花果山）、名海（黄海）、名水（温泉）、名竹（金镶玉竹）、名石（水晶）、名书（《西游记》《镜花缘》）、名井（亚洲第一井）于一地，构成独特的城市风貌和旅游景观，造就了山、海、岛、港相得益彰，水秀山清浑然一体的宜人风光。2018年，连云港市旅游行业以国家级旅游业改革创新先行区建设为契机，加快完善配套设施建设，加强旅游品牌培育和市场环境整治，推进旅游供给侧改革，旅游产业保持平稳发展态势。发展中医药旅游、乡村旅游、工业旅游、邮轮旅游等新业态项目，宿城山海云雾小镇被省政府认定为第二批省旅游风情小镇创建单位，连云港海滨旅游度假区、大伊山旅游度假区获批省级旅游度假区。灌云县梅园景区、灌云县伊甸园景区、赣榆区秦山岛景区获批国家AAA级旅游景区。东海县帕蒂亚葡萄庄园、赣榆区潜园被评为省级四星级乡村旅游区。东海县桃林酒厂被评为江苏省工业旅游示范区。至2018年底，全市有国家等级旅游景区42个，其中国家AAAAA级旅游景区1个、AAAA级旅游景区10个、AAA级旅游景区20个、AA级旅游景区11个。全年接待游客3805万人次，实现旅游综合收入532亿元，分别比2017年增长12.4%、15.9%。全年发行旅游年票25.9万张。

花果山迎曙亭　　刘东　摄

【旅游产业规划】 2018年，按照《连云港市旅游发展总体规划》和《连云港市“十三五”旅游业发展规划》要求，连云港市注重旅游策划，拓展发展领域，提升旅游品质。全年编制完成《花果山景区详细规划》《海上云台山—连岛控制性详细规划》《连云港海滨旅游度假区规划》等规划。

【旅游设施建设】 2018年，全市根据景区文化特色，策划相关文化旅游项目。全年开发旅游重点项目57个，计划总投资452亿元，年内完成投资123亿元。东海县水晶小镇、灌南县五龙口生态旅游区进入省“十三五”重点旅游项目库，伊甸园景区提升工程、赣榆丝路小镇项目入选全省重点旅游项目。伊甸园景区基础设施建设、伊芦山景区提升工程、潮河湾景区提升改造、连云区羊山岛礁石公园、青口潜园旅游综合体、西双湖景区基础设施提升等重点项目建成并投入运营。（梁姝伟）

旅游景区

【花果山景区】 花果山风景区是国家级云台山风景名胜区的核心景区，

是国家AAAAA级旅游景区、第二批全国旅游标准化示范点、全国十佳生态文明景区。景区面积75.39平方千米，由16座独立山体组成，其中玉女峰是江苏省最高峰，海拔624.4米。主要景点有阿育王塔、九龙桥、十八盘、三元宫、水帘洞、照海亭、玉皇阁、玉女峰等。2018年，花果山景区新建全长800米、面积约3万平方米的樱花大道景观工程，种植染井吉野樱1000余株。投资300万元，对屏竹禅院进行保护性修复。投资300万元，新建风门口、玉皇阁2座AAA级厕所。投资450余万元，修复、更换辅助供水管道1000余米，完成谢老塔及月牙石蓄水池民生工程。玉女峰紫薇园新增紫薇种植面积6.7公顷。高老庄梅花园新增梅花种植面积10公顷。在进山道路地段种植3000余株月季花，形成月季花观光带。玉女峰、九龙桥东山等地完成森林抚育280公顷。全年接待游客455万人次，门票收入1.12亿元。（刘心悦）

【连岛景区】 连岛与连云港港口隔海相望，是江苏第一大海岛，海岸线长17.66千米，面积6.07平方千米，由6.7千米的拦海大堤与陆地相连。连岛景区有海州湾海湾生态与自然遗迹暨国家级海洋特别保护区、国家健康型海水浴场两处（大沙湾、苏马湾），森林覆盖率达60%，北部岸线海蚀地貌发育保护完好。主要景点有大沙湾海水浴场、苏马湾生态园、邓小平与人民在一起雕塑公园、金圣禅寺、亲水栈道、水晶森林等。2002年获批国家AAAA级旅游景区。2018年，连岛景区新建苏马湾民宿7套、翻新改造苏马湾民宿8套、新建大沙湾淋浴间2间，新增商业业态项目6个，新建旅游厕所2座。全年接待游客416万人次，实现旅游收入7017.81万元。（刘　超）

【海上云台山景区】 海上云台山景区位于后云台山核心部位，北邻连云港港口，南环“中国十佳村镇慢游地”宿城街道。景区面积53.11平方千米，主峰大桅尖海拔605.4米，为江苏第二高峰。景区拥有植物164科、642属、1280种，森林覆盖率95%。1986年，海上云台山景区被列为江苏省自然保护区，1988年被列为国家级风景名胜区，1993年被列为国家级森林公园。2013年5月17日，景区举行中国旅游日连云港主会场暨云台山国家森林公园开园仪式。2014年4月，景区被列为国家AAAA级旅游景区。2018年获批省级生态旅游示范区。全年接待游客30.81万人次，实现旅游综合收入1800余万元。（王　磊）

【孔望山景区】 孔望山景区山体主要由花岗岩、片麻岩构成，距今已有18亿年。孔望山蕴含着丰富的历史文化内涵，有新石器时代的杯盘石刻、宋元明清的名人题刻、中国迄今为止最大的汉代圆雕石象。特别是20世纪80年代发现的东汉佛教摩崖造像，经考证比敦煌莫高窟早近300年，被称为“中华母窟”。主要景点有龙洞庵、龙洞题刻、石象、馒头石、东海庙遗址及东海庙碑、石蟾蜍、飘然亭、乘槎亭遗址、孔子望海像、杯盘刻石、承露盘及孔望山古城遗址等。2018年，孔望山景区新增绿化2000平方米。投入40万元，新增标识标牌，更换景区垃圾桶。全年景区实现经营收入109.64万元，其中门票收入47.46万元。（王家富）

【渔湾景区】 渔湾景区位于云台山国家级风景名胜区南麓，是国家AAAA级旅游景区，面积3.5平方千米，整体结构由两条大涧一道山梁组成，三面环山一面向海，是一个天然的避风港。主要景点有神鱼化龙铜制雕塑、九孔桥、龙潭涧、龙祈洞、老龙潭等。2018年，渔湾景区投资70万元，完成山道水冲厕所2座、小游园周边环境整治、监控系统升级改造、石过道蓄水池净化系统、情人桥改造、神鱼化龙广场喷泉改造、新建龙床栈道7个项目。全年接待游客152.41万人次，实现旅游收入804.16万元。（刘心悦）

【桃花涧景区】 桃花涧景区是云台山风景名胜区的重要组成部分，位于海州锦屏山南麓，景区面积4.5平方千米，分东西两部分，东部有岩画、石刻、奇石、幽涧、龙潭、岩洞、古寺构成的桃花涧“三十六景”，西部为将军崖岩画、桃花涧旧石器遗址和石刻文化艺术园。桃花涧是锦屏山最大自然山涧，全长4.5千米。2018年，桃花涧景区整治养护绿化面积约2万平方米，维修道路面积约1200平方米。在景区入口至玉兔广场步游道两侧补栽桃树800余株。投入40.5万元，加大智慧景区建设力度，逐步完善旅游硬件设施，实现景区无线Wi-Fi全覆盖。全年景区实现经营收入148.64万元，其中主营业务收入143万元。（王家富）

【西双湖景区】 西双湖景区位于东

东海西双湖桃花岛　　市文广旅局　供图

海县城西，景区内有湿地生态景观和百合花观赏基地，面积8.1平方千米。景区分生态观光园区、运动休闲区两大区域。生态观光园有湿地公园和植物公园；运动休闲区有水上运动区、健身休闲区。主要景点有水晶广场、南湖码头、双湖夕、东海情怀、水晶塔、十七孔景观桥、赏花岛、十里荷香等。2016年，西双湖景区获批国家湿地公园试点，2017年1月获批国家AAAA级旅游景区。2018年，景区实施百合园改造提升工程，新增百合种球40万粒，新引进品种40余个。实施湿地植物栽植、湿地动物保护、湿地生态修复项目，增植睡莲、荷花、水生鸢尾等水生花卉4万平方米。对北湖东堤路进行拓宽改造，增设彩色人行步道。新建三星级公厕2座。实施水晶塔北侧改造，新增七彩投光灯、灯笼、亮化小品等。举办第七届东海花卉博览会、建湖60周年庆典、首届"晶都"杯龙舟赛等活动。全年接待游客约300万人次。

【中国东海水晶城】 中国东海水晶城是集水晶购物、餐饮、住宿、休闲娱乐为一体的超大型商业综合体，也是国家AAAA级旅游景区。水晶城总投资32亿元，占地30公顷，建筑面

2018年连云港市国家AAA级以上景区一览表

表32

序号	等级	名称	电话	地址	评定年份
1	AAAAA	花果山景区	85723807	海州区郁林路5号	2016
2	AAAA	连岛海滨旅游度假区	82600039	连云区连岛镇	2002
3		孔望山景区	85116663	海州区盐河路198号	2003
4		渔湾景区	85941666	海州区云台街道渔湾村	2004
5		大伊山景区	88863002	灌云县伊山镇公园路18号	2012
		连云港市革命纪念馆	85820610	海州区朝阳东路70号	2013
6		二郎神文化遗迹公园	83286909	灌南县新安镇闸北村	2014
7		海上云台山景区	82201138	连云区宿城街道桃园路62号	2014
8		桃花涧景区	85226228	海州区锦屏镇	2014
9		东海西双湖景区	87260976	东海县西双湖	2017
10		东海水晶文化旅游区 中国东海水晶城	87165116	东海县牛山镇中华北路1号	2017
11		中国东海水晶博物馆	87783760	东海县牛山镇中华路1号	2017
12	AAA	灌南人民革命纪念馆	83221490	灌南县新安镇人民东路17号	2007
13		潮河湾生态园	88712955	灌云县杨集镇	2009
14		青松岭森林公园	87027777	东海县李埝林场	2012
15		灌云县博物馆	88631898	灌云县伊山镇西苑南路2号	2012
16		赣榆海州湾旅游度假区	86898226	赣榆区海头镇小口村	2012
17		和安湖湿地公园	86212275	赣榆区新城区创联大厦	2013
18		宿城船山飞瀑景区	82203114	连云区宿城街道	2013
19		徐福泊船山景区	86731000	赣榆区金山镇	2013
20		云龙涧原生态景区	85735551	连云区中云街道	2013
21		灌云县烈士陵园	88812514	灌云县伊山镇公园路20号	2013
22		赣榆夹谷山景区	86033070	赣榆区班庄镇	2014
23		东海御园景区	87896888	东海县李埝林场	2014
24		民主路文化旅游区	83080205	海州区民主路	2015
25		抗日山景区	86558000	赣榆区班庄镇	2016
26		海州湾海洋乐园	86900899	赣榆区海头镇小口村	2016
27		连云港夹谷圣境景区	86551918	赣榆区班庄镇夹谷山	2016
28		孔雀沟景区	85940333	海州区南云台林场	2016
29		秦山岛景区	86310999	赣榆区青口镇文化东路80号	2018
30		伊芦山梅园景区	80323000	灌云县同兴镇	2018
31		伊甸园景区	88995066	灌云县伊山镇川星村	2018

积45万平方米，主体包括1—3号交易主馆、主入口广场、淘晶广场。建有先进智能化管理系统，有餐饮、物流、银行、保险等服务配套功能。3000余家水晶商户入驻1号馆、2号馆，3400余家水晶商户入驻淘晶广场。水晶电商双创基地、国家级众创空间楼友会入驻水晶城。小镇客厅、水晶产业大数据平台建成投入运行。“复兴号”直播间、网红直播平台等新兴业态建成运营。12家子店入驻天猫“东海水晶”旗舰店。18名国家级、省级工艺美术大师入驻大师工作室。2018年，东海水晶城带动就业人数近4万人，接待游客120万人次，水晶交易额145亿元，其中电商交易额超45亿元。（徐　宁）

【大伊山景区】　灌云县大伊山景区主体大伊山由12座山峰组成，最高峰226.7米。景区开发建设以石佛寺为中心的佛文化区、以大伊山石棺墓遗址为中心的古人类文化区、以镜花缘主题公园为中心的文化旅游体验区和以山水生态景观为内容的风光游览区。2012年，景区获批国家AAAA级旅游景区。2018年，景区主要建设广善塔、老龙洞红叶谷、栖龙洞扩容、温泉体验馆等项目。栽植樱花、美国紫薇、鸡爪槭、红枫等珍贵彩色树种2万余株，完成播种红花油茶3.33公顷、白花油茶10公顷、乌桕黄连木混种10公顷。完成广善塔主体建设。全年接待游客64.04万人次，旅游综合收入1194.3万元，其中票务收入648万元。（袁青山）

旅游业态

【概况】　2018年，连云港市有全国工农业旅游示范点11个、国家特色景观旅游名镇1个、江苏省特色景观旅游名镇3个、全国休闲农业与乡村旅游示范点1个。全市列入省级特色旅游品牌名录的旅游区27个、江苏省工业旅游区5个、江苏省研学旅游示范基地5个。连云港市级生态旅游示范区7个，连云港市级特色旅游街区5个，连云港市星级农（渔）家乐17个，连云港市级特色旅游镇村15个。

【工农业旅游示范点】　2018年，全市推进旅游+产业融合，康缘现代中药健康产业园、东海县青松岭森林公园等为代表的工农业旅游产品发展较快，时蔬采摘、踏青观光、赏花赏叶等乡村旅游产品和健康养生、核电环保能源、水晶产品工艺展示等工业旅游产品受到游客的关注和好评。东海县桃林酒文化旅游区获评江苏省工业旅游示范区，灌云县潮河湾景区获评省自驾游基地，东海县帕蒂亚葡萄庄园、赣榆区青口潜园乡村旅游区获评江苏省四星级乡村旅游区，海州区金潮·绿萃谷、海州集瑞园、金公生

2018年连云港市省四星级以上（含）乡村旅游区一览表

表33

序号	星级	名　称	地　址	评定年份
1	五星	青松岭森林公园	东海县李埝林场	2017
2	四星	徐福生态园	赣榆区金山镇	2010
3		温泉乡村旅游区	东海县温泉镇	2010
4		谢湖有机茶果观光基地	赣榆区厉庄镇谢湖村	2011
5		石桥生态农业旅游观光园	赣榆区石桥镇	2011
6		灌南现代农业示范区	灌南县新安镇	2011
7		灌云县潮河湾生态园	灌云县杨集镇	2012
8		夹谷山观光休闲农业园区	赣榆区班庄镇	2013
9		石梁河万亩葡萄观光基地	东海县石梁河镇	2013
10		云台农业生态旅游示范区（云水湾）	海州区云台农场	2014
11		双店鲜切花基地	东海县双店镇	2014
12		浦南现代农业示范园	海州区浦南镇	2014
13		月牙岛湿地公园	海州区滨河新城	2015
14		黄川草莓采摘园	东海县黄川镇	2013
15		李集同兴林业生态园	灌南县李集乡	2013
16		四季如意家庭农场	连云区朝阳街道	2017
17		伊甸园	灌云县伊山镇	2017
18		伊芦山生态园	灌云县同兴镇	2017
19		青口潜园乡村旅游区	赣榆区青口镇	2018
20		帕蒂亚葡萄庄园	东海县石梁河镇	2018

2018年连云港市省级以上特色乡村旅游品牌一览表

表34

序号	品牌	名称	地址	评定年份
1	国家级特色景观旅游名镇（乡）	温泉镇	东海县	2012
2	全国休闲农业与乡村旅游示范点	江苏谢湖有机茶果观光基地	赣榆区厉庄镇	2015
3	江苏省特色景观旅游名镇（乡）	宿城街道	连云区	2013
4		连岛街道	连云区	2014
5		李埝林场	东海县	2016
6	江苏省自驾游基地	青松岭森林公园	东海县李埝林场	2012
7		连岛海滨旅游度假区	连云区连岛镇	2014
8		潮河湾景区	灌云县杨集镇	2018
9	江苏省工业旅游区	江苏核电有限公司	连云区	2012
10		康缘现代中药健康产业园	连云区中云街道	2015
11		中国水晶文化创意产业园	东海县牛山镇	2016
12		红香溢樱桃酒文化旅游区	海州区云台农场	2017
13		桃林酒工业旅游区	东海县桃林镇	2018
14	江苏省研学旅游示范基地	花果山景区	海州区	2016
15		新海高级中学	海州区	2016
16		中国东海水晶博物馆	东海县牛山镇	2016
17		灌云县小学生素质教育基地	灌云县伊山镇	2016
18		赣榆区中小学素质教育实践基地	赣榆区石桥镇	2016
19	江苏省旅游风景区	连云港海滨大道	连云区	2017
20	江苏省乡村振兴旅游富民先进村	灌云县川星村	灌云县伊山镇	2018
21		赣榆区谢湖村	赣榆区厉庄镇	2018

态庄园、芦河湾生态园、花果山小村生态休闲茶庄、万年达现代农业观光园获评江苏省三星级乡村旅游区。

【乡村旅游】 2018年，全市加强培育旅游风情小镇，开展省旅游风情小镇创建工作，连岛海滨旅游风情小镇创建工作有序推进，宿城山海云雾风情小镇列入省第二批创建单位名单，青松岭康养小镇、南城凤凰小镇等培育单位提档升级。赣榆区谢湖村、灌云县川星村获评江苏省乡村振兴旅游富民先进村。推动乡村旅游品牌品质建设，健全品牌退出机制，通过全面复核，取消3个省星级乡村旅游区，4个省星级乡村旅游区限期整改。通过举办乡村旅游节庆活动，培育知名乡村旅游节庆品牌。3月，举办2018连云港市乡村旅游节暨第三届“花漾海州·四季赏花”系列活动启动仪式。县区举办采摘节、梅花节、桃花节等节庆活动，全市形成“花漾海州·四季赏花”系列活动、东海黄川草莓采摘节、赣榆厉庄大樱桃采摘节、云水湾荷花节、灌云豆丹文化美食节、灌云梨花节、朝阳桃花节等20余个系列乡村旅游节庆活动品牌。（梁姝伟）

旅游节庆活动

【连云港之夏旅游节】 7月6日，由中国旅游报社、江苏省旅游局、连云港市人民政府共同主办，连云港市旅游局承办的连云港之夏旅游节开幕式暨全域旅游高质发展（连云港）峰会在海州湾会议中心举行。来自北京、上海、浙江、山东等省份以及“一带一路”沿线城市、江苏省各地级市旅游主管部门领导，携程旅游、马蜂窝等在线旅游企业负责人，日本国家旅游局、美国西雅图旅游局、斐济共和国旅游局等境外旅游机构代表，国内外旅行商负责人和全国主流新闻媒体300余人参加活动。活动以“全域旅游美好生活”为主题，第十二届全国政协委员，原国家旅游局副局长王志发，世界旅游城市联合会专家委员会副主任、北京交通大学旅游系主任张辉分别发表全域旅游专题演讲，探讨交流全域旅游发展机遇。海南省社科联副主席、海南省旅游发展委员会原巡视员陈耀，国际旅游投资协会副会长、“中国休闲30人”之一、横店集团影视旅游行业资深副总裁殷旭等旅游业界专家进行全域旅游高端对话，共同探讨交流全域旅游发展经验。中国旅游报社

2018 年连云港市星级农（渔）家乐一览表

表 35

序号	名称	星级	地址	评定年份
1	望海山庄	三星	赣榆区海头镇	2014
2	塔山鱼王阁	三星	赣榆区塔山镇	2014
3	道永生态园（福鼎农庄）	三星	灌云县龙苴镇	2014
4	东旭楼大酒店	二星	连云区高公岛街道	2014
5	龙腾酒店	二星	连云区高公岛街道	2014
6	湖西生态园	四星	东海县石榴镇	2015
7	潮河春晓宾馆	三星	灌云县沂北乡	2015
8	民丰家庭农场	三星	海州区板浦镇	2015
9	紫晶葡萄庄园	三星	东海县桃林镇	2016
10	乡情满园生态园	三星	灌云县伊山镇	2016
11	金卉生态园	三星	海州区南城街道	2016
12	伊甸园洋家乐	三星	灌云县伊山镇	2017
13	潮河湾乡村大食堂	三星	灌云县杨集镇	2017
14	佳荷山庄	三星	灌云县小伊乡	2017
15	碧波山水农家院	三星	灌云县小伊乡	2017
16	信天游客栈	三星	灌云县同兴镇	2017
17	右见旧时光	三星	灌南县新安镇	2018

向连云港市旅游局颁发全域旅游创新发展观察基地牌匾。活动通过连云港旅游特色资源展示、非遗文化展示、连云港旅游资源产品推介等形式，宣传推介连云港旅游资源、历史文化内涵及夏季旅游线路产品。

6 月，连云港旅游（上海）推介会暨夏季旅游产品上线仪式举行
市文广旅局　供图

【《西游记》文化节】 10 月 19—22 日，由连云港市人民政府主办的第十五届（2018）中国·连云港《西游记》文化节开幕式暨“一带一路”交汇点第十届中国·连云港文化产品博览会开幕式在振兴国际花卉城会展中心举行，设有连云港展区、国际展区、创意生活展区、工艺美术展区、书画展区、精品图书展区、舞台演艺区、互动体验区、非遗手工创意区、非遗美食区 10 个展区，“一带一路”沿线近 20 个国家、50 家国外展商、500 余家国内展商、近万种文化产品参展。展品包括文化创意产品、传统“非遗”、书画及文房用品、工艺美术品、珠宝首饰、传统美食等。《西游记》文化节为期 2 个月，围绕“弘扬西游文化，再现丝路风采”主题，开展经典文学名著《西游记》全民阅读、庆祝改革开放 40 周年美术展、连云港花果山国际越野赛、城市文化墙绘创意大赛等 20 项系列活动。

（梁姝伟）

旅游开发

【旅游市场开发】 2018 年 6 月，连云港市分别在上海、北京举办连云港旅游（上海）推介会暨夏季旅游产品上线仪式和连云港旅游（北京）推介会暨夏季旅游产品发布会，通过特色旅游资源、旅游美食及非遗文化展示、《梦启山海》全息情景舞蹈剧表演、连云港旅游产品推介、西游文化演出、美猴王表演、连云港旅游产品推介、《山海连云》沙画表演，市旅游局与同程网、途牛网签约，通过微信互动抽奖、媒体专访等方式，推介连云港市特色旅游资源、产品线路。7月，在日本（东京、大阪）、韩国（首尔、釜山）举办大型旅游推介会，宣传展示优质旅游资源和特色文化。依托省旅游局日韩旅游推广中心，在境外设立连云港（日本、韩国）旅游营销推广中心，拓展入境旅游市场。

【旅游商品开发】 2018年，全市推进旅游商品的研发与推广。20个特色旅游商品参加江苏“百佳”特色旅游商品评选活动。其中，汤沟酒、汪恕有滴醋，东海水晶汽车挂件、红香溢樱桃酒、连岛海苔5个商品获评江苏“百佳”特色旅游商品。（梁姝伟）

旅游管理

【旅行社】 2018年，连云港市新增旅行社9家、旅行分社4家，新增出境游旅行社2家、三星级旅行社1家。到年底，全市有旅行社117家，其中出境游旅行社12家、国内旅行社105家。

【星级旅游饭店】 2018年，全市完成26家星级酒店的年度复核工作。到年底，全市有旅游星级饭店20家，其中五星级饭店2家、四星级饭店5家、三星级饭店13家。市旅游局、人社局、总工会联合举办全市旅游饭店服务技能大赛，李婷婷等10人被评为连云港十大旅游饭店金牌服务员。

2018年连云港市旅游星级饭店一览表

表36

序号	名称	星级	地址
1	云台宾馆	五星	海州区苍梧路27号
2	福如东海温泉大酒店	五星	东海县温泉旅游度假区汤姑路6号
3	连云港神州宾馆	四星	连云区海棠北路215号
4	明珠香榭尔国际大酒店	四星	连云区海棠中路36号
5	蔚蓝海岸国际大酒店	四星	连云区海棠北路188号
6	东圆国际大酒店	四星	灌云县伊山镇幸福大道303
7	金苑大酒店	四星	赣榆区青口镇盛世路18号
8	登泰大酒店	三星	海州区通灌南路98号
9	天晴大酒店	三星	海州区巨龙北路6号
10	千府国际大酒店	三星	海州区南极北路28号
11	清和园宾馆	三星	灌云县伊山镇振兴北路1号
12	桃园宾馆	三星	海州区苍梧路36号
13	远洋宾馆	三星	连云区中山中路195号
14	东海温泉健身会馆	三星	东海县温泉镇泳馆路3号
15	豪景花园酒店	三星	海州区海连东路3-1号
16	伊山宾馆	三星	灌云县伊山镇宾馆路5号
17	清泉宾馆	三星	灌云县伊山镇胜利西路203号
18	明国大酒店	三星	连云区中华西路1号
19	龙腾大酒店	三星	海州区南极北路55号
20	苏豪大酒店	三星	海州区建设中路80号

【导游员管理】 2018年，全市有持证导游员1628人，全年有368名考生参加全国导游员资格考试。举办2018年连云港导游与旅行社双向交流洽谈会，20余家旅行社、百余名兼职导游员参加活动，达成意向性签约200余份。开展全国旅游监管服务平台电子导游证注册、审核、换发等工作，全市有1628名专、兼职导游启用电子导游证。市旅游局、人社局、总工会、团市委、妇联联合举办2018年“金牌导游员（讲解员）”大赛，王黎等10人被评为连云港市金牌导游员。连云港市3名导游参加江苏省“最受游客喜爱导游”评比活动，市革命纪念馆时慧获评江苏省最受游客喜爱导游。市天马国际旅行社赵媛媛入选文化和旅游部“金牌导游”人才培养项目。

【旅游年票】 2018年，全市纳入旅游年票的景区有17家，在公交车体（游1、游2）、BRT一号线车内等广告平台发布旅游年票宣传，全年发行旅游年票25.9万张，其中B版年票1300张。（梁姝伟）

责任编辑　徐　敏

房地产业

综述

【概况】 2018年，连云港市房地产市场整体呈现“量跌价涨”的特征。2月实行《连云港市市区房地产开发企业信用考评暂行办法（2018修订版）》，将客户评价、舆论评价、第三方评价作为考评分值的主体，实现由政府评价为主向社会评价为主的转变。市房地产信用考评系统上线。5月、12月，市住房部门、物价部门、公积金管理部门联合开展房地产市场半年“双随机”（随机抽取检查对象，随机选派执法检查人员）抽查工作。上半年抽查房地产开发企业30家、房地产中介机构21家，约谈并责令1家整改；下半年对34家房地产开发企业在售项目进行现场检查。实施《连云港市市区人才购房券发放兑付操作细则》，在市住房局设立人才购房券资金池，首批资金到账700万元，明确专人负责，设立绿色窗口，完成18人次170万元的兑付审核工作。全年审批发放预售许可证242份，对417份过期预（销）售许可证进行换证。完成商品房预测面积689万平方米，实测面积422万平方米，公私房实测面积115万平方米。通过商品房预售资金监管系统控制合同支付条款、进度节点、提示用款比例，实现预售资金使用“不见面审批”。完成商品房网上合同备案1.4万份，153家开发企业预售资金缴存218.93亿元，缴存率99.8%。监管房地产项目170个，审批资金197.47亿元，监管在建工程抵押融资资金7.31亿元，三方协议签订率100%。

【房地产去库存】 2018年，全市商品房、商品住宅成交量比2017年有小幅下降，商品房、商品住宅月末累计可售面积增幅明显，市区库存量增长较快，去化周期有所延长。全市完成房地产投资341.52亿元，比2017年增长24.22%；完成房地产入库税收61.3亿元，增长22.2%。全年商品房新开工面积800.69万平方米，增长45.53%。商品房批准预售面积933.97万平方米，增长48.29%，其中商品住宅批准预售面积810.28万平方米。到年底，连云港市库存商品房、商品住宅去化周期分别为22.53个月、13.12个月，市区库存商品房、商品住宅去化周期分别为20.43个月、11.36个月，去化周期保持在合理区间。

【房地产中介管理】 2018年，市住建局对在连云港市进行异地执业的房地产估价机构所出具的4本《房地产评估报告》进行资格审查和价格审核。全市备案房地产估价机构27家，其中当地机构6家、外地分支机构18家、异地执业机构3家；在连云港的估价师执业人数128人。全年发放房地产经纪机构备案证书52份。完成1家估价机构分公司设立、4家估价机构延期、3家估价机构法人变更、1家估价机构名称变更。完成52家经纪机构备案，其中24家经纪机构备案延期、28家经纪机构初始备案。 （韩　茜）

连云港市区高楼鳞次栉比的住宅小区　　市住建局　供图

房地产市场

【房地产市场交易】 2018年，连云港市通过加强存量房交易合同网签管理、对交易资金监管等手段，让存量房实际成交价、网签备案价、贷款评估价、纳税申报价更加真实体现房产实际价值，实现“四价”合一，该经验做法在全国得到推广。全市商品房销售面积685.22万平方米，其中住宅612.29万平方米，分别比2017年下降4.01%、3.86%。市区商品房销售面积267.34万平方米，其中住宅236.38万平方米，分别下降15.71%、15.78%。市区二手房交易面积133.4万平方米，其中二手住宅交易面积118.89万平方米，分别下降34.12%、33.91%。到年底，全市商品房可售面积1235.56万平方米，其中商品住宅累计可售面积640.88万平方米，分别增长29.58%、52.21%。市区商品房可售面积560.5万平方米，其中商品住宅累计可售面积289.49万平方米，分别增长29.87%、56.78%。全年举办退房摇号12期，提供房源397套，成交70套。

2018年连云港市商品房、商品住宅成交均价情况一览表

表37

区域	商品房均价（元/平方米）	比2017年（±%）	商品住宅均价（元/平方米）	比2017年（±%）
全　市	7044	19.91	6995	21.59
市　区	8716	23.76	8976	27.98
海州区	9402	25.41	9420	25.67
连云区	6865	10.19	6794	15.39
赣榆区	6709	41.84	6472	39.87
东海县	6473	23.32	6158	22.16
灌云县	5490	10.08	5431	9.27
灌南县	4841	10.88	4663	11.40

2018年连云港市商品房、商品住宅登记销售情况一览表

表38

区域	商品房面积（万平方米）	比2017年（±%）	商品住宅面积（万平方米）	比2017年（±%）
全　市	685.22	-4.01	612.29	-3.86
海州区	107.86	-30.24	91.22	-25.9
连云区	44.02	0.53	40.59	4.73
赣榆区	115.46	26.03	104.57	25.13
东海县	78.78	-32.35	69.45	-34.47
灌云县	67.97	94.01	64.67	99.17
灌南县	133.63	4.89	121.98	5.09

【住房价格调控】 2018年，全市商品房成交均价为7044元/平方米，其中商品住宅成交均价6995元/平方米，比2017年分别增长19.91%、21.59%。市区商品房、商品住宅成交均价分别为8716元/平方米、8976元/平方米，分别增长23.76%、27.98%。房屋租赁备案落实减证便民工作，减少身份证及房屋权属证明材料等收件项目，改为现场查验核实，从收取4件材料精简到只收取租赁合同，减少收件率达75%。推出房屋租赁备案网格化管理模式，开展市区居民小区信息统计工作，对1757个住宅小区及居民集中点根据所属办事处、社区进行网格化系统编号，监测出租房屋信息动态，统计分析各区域、各小区房屋租赁成交数据，为市场调控、企业投资及居民购租房屋等提供参考依据。建设住房租赁监管服务平台，22家经纪机构完成注册，实现实名注册、房源验真、信用评价、红黑名单等功能，全年挂牌房源1000余套。办理房屋租赁备案业务6321件，备案面积212.42万平方米。市区住宅月均租赁价格为16.78元/平方米，比2017年上涨10.47%。

（韩　茜）

房屋管理

【房屋安全鉴定】 2018年，连云港市开展城市危房和老旧房屋安全排查，住房系统投入资金300余万元，对259处安全隐患进行整改。排查出疑似危房22.35万平方米，经房屋安全鉴定评定C级危房7.47万平方米、D级危房1.7万平方米。通过旧城改造、维修加固、拆除、封存等措施，整治维修城镇危旧房5.2万平方米。完成房屋安全鉴定面积25.66万平方米，出具鉴定报告205份。治理危旧直管公房3.62万平方米，维修加固公（廉）租房及其他房屋2.24万平方米。新建房屋白蚁防治面积249万平方米。市房屋鉴定及危房管理系统上线运行，完成1000余栋122万平方米已鉴定房屋和3000余栋35.6万平方米已核查房屋情况的电子化录入工作。

【房屋权属管理】 2018年，连云港市区办理房屋初始备案面积218万平方米，存量房交易备案面积118万平方米。抵押备案面积869万平方米，抵押金额424亿元。办理房屋备案16.28万件。新建房屋交易档案12.2万件，接待档案查询6.4万余卷次。10月，启动市区房屋产权历史数据整理项目，到年底，完成数据整理27.69万条，完成数据整理总量的69%。

（韩　茜）

2018年，全市使用物业维修资金1758万元，惠及2.6万户居民。图为市民申请物业维修资金
市住建局　供图

物业管理

【概况】 2018年，连云港市投资800余万元，创成省级宜居示范居住区6个。完成9个省级示范物管项目、20个市级文明示范小区创建工作。实施小区亮化提升工程，对小区破损路面、路灯进行修复，新装全彩显示屏，完成70个小区亮化出新工作。开展住宅小区电动自行车停放充电专项治理工作，在物管小区张贴电动车停放充电专项治理展板1万余个，加装电动车充电桩3200余套。全年开展“创文”督查70余次，覆盖市区162个小区。开展“创卫”双月督查6次，覆盖125个小区，每轮督查得分纳入各区双月督查考核排名。投资2523万元，在132个小区进行绿化补栽补种，面积22.6万平方米。358家物业企业完成信息登记，全市物业服务企业信用信息在物业网公布。对老旧小区（含单体楼、宿舍等），采取业主自治、社区托管或引入市场化管理的模式。物业管理覆盖率扩大至88.9%。全年物业维修资金归集3.16亿元，使用1758万元，惠及小区居民2.6万户；房改房维修资金使用18笔，拨付94万元。物业服务用房3.18万平方米，社区用房8211平方米，核实备案物业服务用房1.27万平方米。7月1日起，各区物业主管部门实现单独受理辖区内维修资金使用，申请业务办理24笔。办理物业服务用房交接验收业务11笔。海州区机关大院小区通过省级宜居示范居住区的评估，争取省级引导资金280万元。11月2日，全市首部既有住宅加装电梯试点项目苍梧小区7号楼3单元加装电梯施工。

【老旧小区设施改造】 2018年，全市投资2539.15万元，完成51个老旧小区改造，涉及小区总建筑面积209万平方米，占地面积138.74万平方米，惠及1.95万户居民。17个老旧小区完成排水改造，涉及小区总建筑面积81.28万平方米，占地面积64.89万平方米，惠及7899户居民。（韩　茜）

装饰装修

【概况】 2018年，连云港市有装饰装修一级资质企业16家、二级资质企业191家，装饰装修行业从业人数7200人。建材生产企业向相应等级的评价机构申请绿色建材评价，2家企业开展绿色建材认证工作。开展标准化门窗认定推广工作，做好建筑外遮阳一体化系统窗及建设领域新技术新产品的推广工作。做好建筑“新三板”企业连云港市锐城建设工程有限公司的推广认证和登记工作。全市推广建筑装饰科技项目26个，占全省推广认证量的20%。

【行业管理】 2018年，全市办理二次装修工程质量安全监督手续及施工许可3件，接待咨询二次装修事宜20余次，项目现场监督检查10余次，现场下达责令改正通知书3份。处理装修改造过程中未经批准擅自拆改房屋主体和承重结构的案件与投诉98起。（徐云蕾）

责任编辑　徐　敏

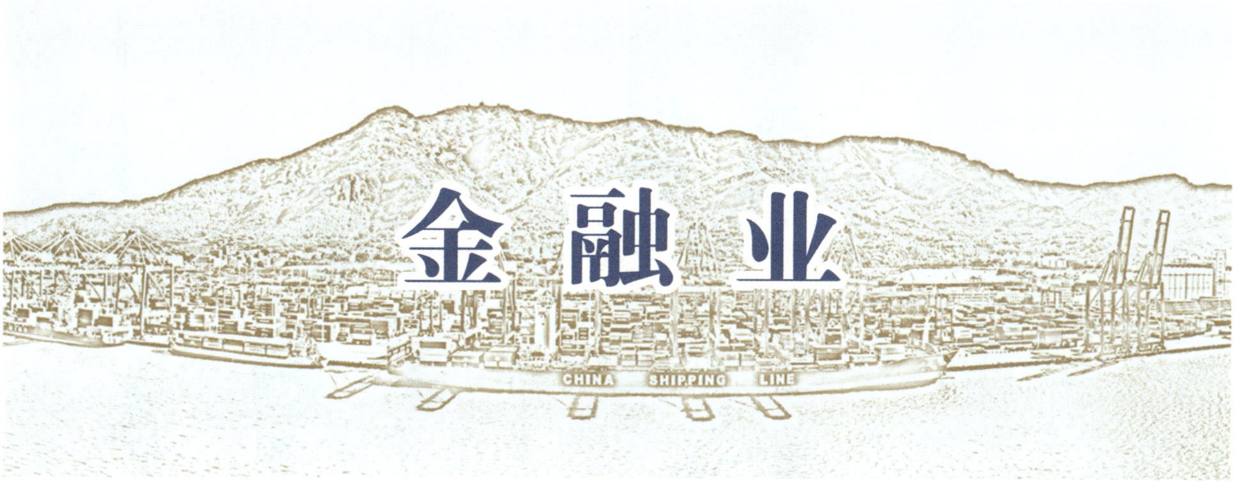

金融业

综述

【概况】 2018年，连云港市金融业运行情况良好，实现金融业增加值136.75亿元，比2017年增长9.3%。金融业拉动经济增长0.63个百分点，对经济增长贡献率为9.32%。银行业金融机构总资产达3769.91亿元，比年初增长13.11%，增速位居全省首位。全年新增社会融资规模611.56亿元，比2017年增加40.2亿元。到年底，工业贷款余额比年初增加46.85亿元，小微企业和涉农贷款余额比年初分别增长16.96%、19.04%。连云港普惠金融创新试验区建设纳入市政府工作报告并分解落实。加大农村地区金融普惠力度，全市完成1360个农村金融综合服务站建设，实现行政村3千米范围内金融服务全覆盖，满足农民基础金融需求。

【金融机构新设】 2018年，全市新增金融业机构5家，即兴业银行连云港分行、百年人寿连云港中心支公司、德华安顾人寿连云港中心支公司、中韩人寿连云港中心支公司、银河证券在连云港市设立分支机构。锋诚创投、金控现代服务业、金源股权投资、绿能产业投资4支私募基金，动平衡、宝银金、金海3家基金管理人完成国家证券基金行业协会登记备案。到年底，全市有银行业机构32家、保险业机构49家、证券营业部18家、小额贷款公司19家、再担保公司2家、资产管理公司1家。3月23日，江苏股权交易中心连云港分中心挂牌成立，与连云港市金融办、连云港金融控股集团签署战略合作协议，博云机械、陇海矿机、中微股份等45家企业集中挂牌上市。

【金融服务】 5月，连云港市金融服务平台在苏北率先上线试运行。到年底，金融服务平台注册企业3822家，接入金融机构23家，发布融资需求405项、金额12.57亿元，对接284项、发放金额8.3亿元，融资需求满足率达66%。市政府举办金融支持实体经济暨政银企合作会议，召开全市货币信贷工作会议、形势分析会、窗口指导会，综合运用准备金、再贷款、再贴现等货币政策工具，引导全市融资规模合理增长。全市金融机构新增贷款469亿元，发行直接债务融资工具151亿元，余额449.4亿元。印发《小微企业金融服务方案》，开展金融支持小微、民营企业发展调研暨“金融惠企大走访”活动，全年走访企业2327家，解决1031家企业融资服务问题。全市小微企业和个体私营企业贷款余额793.3亿元。推广应用金融扶贫信息系统，全市发放小额扶贫贷款3.44亿元，惠及1.1万户贫困户。启动金融知识普及教育，纳入国民教育体系课程试点。农村信用信息采集实现区域全覆盖。

（扈延庆　陈苏鸣）

3月23日，江苏股权交易中心连云港分中心挂牌成立，全市45家企业集中挂牌上市

金融控股　供图

银行

6月1日，全市金融服务实体经济暨政银企融资对接会召开

市金融办　供图

【概况】 2018年，连云港市有银行业机构32家，其中兴业银行连云港分行为新设。银行业总体运行平稳，年底各项存款余额2945亿元、贷款余额3210亿元，较年初分别增加469亿元、310亿元。银行业不良贷款余额29.69亿元，不良率1.01%，不良贷款连续三年保持“双降”。银行业金融机构总资产达3769.91亿元。全市主要银行业金融机构均实现盈利，全年实现利润50亿元，资产利润率1.42%。其中，法人农商行资本净额54.88亿元，拨备覆盖率249%，实现账面利润4.9亿元。全市基建行业贷款余额934.21亿元，占新增贷款额的32%。小微企业贷款余额683.02亿元，小微企业贷款户数5.12万户，申贷获得率92.67%。支持乡村振兴，农、林、牧、渔业贷款余额86.65亿元。实施精准扶贫，银行业保障性安居工程贷款余额96.86亿元，法人农商行扶贫小额贷款余额3.2亿元。

（李莎莎）

【中国农业发展银行连云港市分行】 2018年底，全行各项贷款余额231.23亿元，比年初增加53.91亿元。粮棉油购销储贷款余额64.32亿元，占比28%。中长期项目贷款余额166.2亿元，占比72%。投放贷款81.37亿元。其中，累计投放粮食收购贷款13.67亿元，支持收购粮食62.3万吨；投放棚户区改造贷款86亿元。

（顾宝国　侯天慧）

【中国工商银行股份有限公司连云港分行】 2018年底，全行人民币各项存款余额270.56亿元，比年初增加22.31亿元；人民币各项贷款余额318.09亿元，增加26.87亿元。落实普惠金融“一把手”责任制，提升对民营和小微企业专业化服务水平。加大对实体经济、先进制造业支持，以优质金融产品、绿色金融服务通道助力实体经济发展。加大改善性住房需求信贷支持，个人住房贷款余额117.4亿元。加快网点经营转型，推进网点对公服务能力提升。实施自助渠道优化提升，推进线上线下业务流程融合共享。

（柳　健）

6月14日，连云港银监分局开展送金融知识下乡活动　　李莎莎　摄

【中国农业银行股份有限公司连云港分行】 2018年底，全行各项存款余额333.49亿元，存款日均余额320.47亿元，各项贷款余额280.1亿元。个人消费类贷款余额3.3亿元，实现中间业务收入2.72亿元，营业收入11.68亿元。全年完成智能化改造网点5个，轻型化改造网点8个，撤并低效离行自助区8个，完成6个网点迁址选址工作。推进网点资产业务，35个网点实现普惠贷款账务落地。全年投放“微捷贷”180笔，金额4044万元。“掌银”新注册客户19.55万户，新增E收款商户3.6万户。发行港口集团10亿元中期票据、方洋集团5亿元私募债，为港口集团办理3300万美元融资性保函。推进普惠金融服务，央行降准口径小微企业贷款比年初增加1.12亿元。银保监会口径小微贷款比年初增加1.14亿元。服务乡村振兴战略，县域人民币贷款余额136.04亿元，涉农贷款余额125.24亿元。推进“一项目一方案一授权”金融服务新模式，全年审批通过项目35个，合作金额8.7亿元，投放金额2.24亿元。

（于祥彪）

2018年，连云港市加强金融服务中小企业力度，图为市中小企业金融服务平台
金融控股　供图

【中国银行股份有限公司连云港分行】 2018年底，全行本外币一般性存款余额345.76亿元，本外币各项贷款余额391.12亿元，其中服务实体经济贷款余额198.96亿元，制造业贷款余额接近全市制造业贷款总余额的三分之一。授信支持民营企业20余家，贷款余额近75亿元。授信支持小微企业4000余家。不良贷款余额2亿元，不良率0.51%，实现“双降”。参加中国首届国际进口博览会，促成7家客户与海外企业达成超过2000万美元的合作意向。搭建银企对接平台，签约并发放知识产权贷款2000余万元。推进农村服务站点建设，通过“益农贷”等产品帮助400余家客户实现融资8000万元。（李　弢）

【中国建设银行股份有限公司连云港分行】 2018年底，全行一般性存款日均余额246亿元，时点新增36亿元，对公存款日均新增18亿元。各项贷款余额259亿元，贷款新增38亿元，其中对公贷款新增20亿元，个人贷款新增18.6亿元，存贷业务实现双提升。运用信息化手段打造“互联网+人社+金融”服务新模式，“智慧人社”项目上线运营。小微企业贷款新增4.27亿元，新增客户498户。搭建住房租赁平台，实现新增企业及共享房源数1.34万套。（李　瑞）

【交通银行股份有限公司连云港分行】 2018年底，全行本外币资产总额201.16亿元，各项存款余额179.76亿元，各项贷款余额127.64亿元。调整信贷投向和信贷结构，加强对新医药、新材料、新能源等地方特色产业的支持力度，年底支持全市重大项目贷款余额61.21亿元。运用债券承销、银团贷款、融资租赁、信托撮合等手段，提升金融服务能力。全年结售汇市场占比9.93%、跨境人民币市场占比8.28%、国际收支五行占比9.23%。通过直融渠道为企业融资38.3亿元，其中债券主承销业务5单25.5亿元。通过推广优贷通、税融通、POS贷等创新产品，加大普惠金融支持力度。个人住房贷款投放8.86亿元，个人贷款余额25.23亿元。防范金融风险，连续5年实现不良贷款余额、不良率双降。（王　敏　李启亮）

【江苏银行连云港分行】 2018年底，全行本外币各项存款余额407.85亿元，其中储蓄存款余额94.4亿元；各项贷款余额283.4亿元，其中绿色金融贷款新增7.42亿元，制造业贷款新增5.85亿元。支持地方经济发展，举办助力民营企业发展金融服务沙龙，40家民营企业代表参加会议。依托投行业务，投放1亿元产业基金、3.5亿元优质制造业结构化融资，落地棚改基金15.11亿元，投放云台山国家森林公园生态保护建设项目结构化融资业务1.5亿元。依托新农贷、税e融等、电e融、科技之星等产品，加大支持“三农”、小微企业力度，“三农”金融余额58.19亿元，小微贷金融余额137.29亿元。（吕　蕾）

【中国邮政储蓄银行连云港市分行】 2018年，全行实现收入5.08亿元，实现利润2.51亿元，实现经济增加值8535万元，经济资本回报率18.3%。推进三类网点分类调整和作业组织优化试点工作，优化网点布局。年内各贷种信用审查时限达标率均不低于99.2%，信用审查运营履职持续优化，平均一次性通过率达52%。（曹　瑶）

【浦发银行股份有限公司连云港分行】 2018年，全行日均存款68.92亿元。其中，储蓄存款日均9.67亿元，比2017年增长23%；各项贷款92.39亿元，比年初增长15%；不良贷款率0.17%，较年初下降0.03%。该行在129家浦发银行二级分行等级评定结果中列第14位。（杨百松）

【招商银行股份有限公司连云港分行】 2018年底，全行人民币存款时点余额67.1亿元，人民币自营存款日均余额51.97亿元，人民币贷款余额49.97亿元。全年发行5笔债券，金额20.5亿元。支持全市经济建设，为小微企业提供贷款10.85亿元，批发和零售业贷款4.45亿元，制造业贷款3.81亿元，交通运输、仓储和邮政业贷款7.14亿元，水利、环境和公共设施管理业贷款2.9亿元。给予白塔埠机场1亿元综合授信、江苏斯尔邦石化有限公司5亿元综合授信，为重点实体企业发展提供信贷、投资银行等金融产品和信息服务。（吕阳阳）

【恒丰银行连云港分行】 2018年底，全行人民币存款余额31.21亿元，日均存款33.56亿元，贷款余额35.59亿元。实现营业收入9652万元，其中中间业务收入698万元。实现拨

备前考核利润6640万元。全行无不良贷款，关注类贷款2笔，余额6599万元，完成不良现金清收3023万元，潜在风险业务减少1901万元。普惠金融投放13户、金额3594.3万元。（靳　杰）

【南京银行股份有限公司连云港分行】 2018年底，全行贷款总额74.48亿元，个人金融资产总量25.25亿元。开展"苏科贷"业务，支持科技型企业转型发展。推广"鑫农保"产品，服务和支持当地农业龙头企业、家庭农场和种养殖大户。签约银税合作项目，加强"鑫联税"产品宣传。举办"投贷联动"杯最具投资价值企业大赛，走访企业130余家，48家企业入围决赛。全年为1000余家企业、近4万人提供信贷资金500亿元，为近400家中小企业减免服务费用360万元。（张　宇）

【苏州银行连云港分行】 2018年底，全行各项存款余额17.21亿元，各项贷款余额17.86亿元。不良贷款余额2026万元，不良贷款率1.13%，实现双降。全年开展8笔投行业务，金额15亿元。投放小微企业贷款11亿元，小微企业发放501家。加强政、银、企三方合作，与10余家企业达成合作意向，合作金额10亿余元。（季　珏）

【华夏银行连云港分行】 2018年底，全行各项存款余额30.08亿元，全行日均存款23.08亿元，各项贷款余额30.04亿元，实现账面拨备前利润6768万元。支持实体经济和重大项目建设，获批授信客户83户，授信42.61亿元。加大小微企业支持力度，发放小微企业贷款34户、余额3.79亿元。拓展消费金融业务，关注个人住房政策和市场变化，个人消费性贷款余额1.46亿元。（周　强）

【兴业银行连云港分行】 2018年3月20日，兴业银行连云港分行对外营业。兴业银行连云港分行融入全市经济发展，破解小微企业融资难题，做大做强绿色金融。截至2018年末，分行资产总额42.23亿元，本外币各项存款余额26.73亿元，本外币贷款余额36.6亿元，其中对公贷款33.3亿元，零售贷款3.26亿元。重点支持环保、节能、清洁能源、绿色交通等领域的项目投融资，推动绿色债、排污权抵押贷款、股权投资等业务，建立可持续发展的业务模式。全年为4家企业发放绿色金融贷款2亿元。对政府引导的海洋、石化、港口、新材料、新能源等产业，做好客户对接。加强与中小企业协会、区域商会、园区等对接。利用"税兴融"、"兴农贷"等产品，加大对实体企业，特别是中小微企业的支持力度。全年发放小微企业贷款7户，余额1.39亿元。（高学军）

【连云港东方农村商业银行股份有限公司】 2018年底，全行各项存款余额160亿元，其中储蓄存款91.4亿元、对公存款68.7亿元。各项贷款余额116.1亿元，其中涉农贷款19.6亿元、小微企业贷款34.9亿元。打造移动银行与智慧银行；新增手机银行4.6万户，上线4台VTM虚拟柜员机，试点3家营业网点接入智能厅堂系统，电子银行柜面替代率提升6.75个百分点。发展网络金融与网络支付，上线微信缴学费系统、城镇居民医疗保险多渠道缴费系统，新增网络支付9.1万户，微信银行绑卡6.2万张。上线互联网金融平台，新增"收银宝"5527户。全年国际业务结算量突破9亿美元。（韩皓哲）

保险　证券

【保险业】 2018年底，连云港市有保险公司49家，其中财产险公司21家、人身险公司28家，保险公司分支机构140个，营销服务部123个，保险行业合同制员工3086人，保险销售从业人员3.59万人。全年保险行业实现利税3.05亿元，代收车船税1.83亿元，保费收入105.11亿元，给

2018年，中国人民财产保险连云港市分公司联合市交警支队开启"警保联动"快处快赔新模式　人保公司　供图

付赔款及退保 42.37 亿元。其中，财险保费收入 29.7 亿元、赔款 15.46 亿元，寿险保费收入 75.41 亿元，给付赔款及退保 26.91 亿元。推进道路交通事故损害赔偿纠纷"网上数据一体化处理"，春节、国庆期间设立 3 个交通事故快处快赔点。（董　毅）

【**证券业**】 2018 年，连云港市有证券公司分公司 1 家、证券营业部 18 家，分别为南京证券分公司及新浦营业部、墟沟营业部和赣榆营业部，中信建投证券新浦营业部和东海营业部，银河证券海州营业部和灌云营业部、长城证券新浦营业部和墟沟营业部，华泰证券营业部、国联证券营业部、海通证券营业部、中投证券营业部、国泰君安证券营业部、安信证券营业部、广州证券营业部、华林证券营业部、中泰证券营业部。全年证券交易量达 2303 亿元。（扈延庆）

【**中国人民财产保险股份有限公司连云港市分公司**】 2018 年，公司实现保费收入 13.6 亿元，处理各类赔案 11.78 万起，支付赔款 7.67 亿元。全年服务 23 万户车主，处理车险赔案 5 万余起，支付赔款 5.4 亿元，日均处理车险案件 140 起，日均支付车险赔款超 149 万元。健全市、县、乡、村四级农业保险服务体系，建成一站式服务中心 4 家、"三农"保险服务站 65 家、"三农"保险服务点 1397 家。全年为 86.4 万户次农民提供农业风险保障 55.2 亿元，为 29.4 万户次受灾农民支付 1.72 亿元的农险赔款。开办涉农贷款保证保险，为 907 名贷款人提供无抵押无担保贷款 7530 万元，通过财政资金增信为农业经营主体提供免担保或弱担保、低成本的农保贷 1758 万元。为贫困人口提供风险保障 176 亿元，公司与市扶贫办签署为期四年的保险扶贫合作协议。全年理赔案件处理率提速 1.83%。（仲琳娜）

【**中国人寿保险股份有限公司连云港市分公司**】 2018 年，公司实现保费收入 27.9 亿元；赔款金额 1.58 亿元，其中健康险赔款 6498 万元、意外险赔款 2851 万元。纳税 5021 万元，其中个人所得税上缴 3738 万元。承办全市城乡居民大病保险业务，覆盖人口 378.2 万人，为城乡居民大病保险支付赔偿 9127.18 万元，服务 5.76 万人次，经办东海县、灌云县、灌南县城乡居民基本医疗业务，办理门诊及住院结算服务 206.55 万人次，支付金额 9.07 亿元。（万傅文）

【**中国太平洋财产保险股份有限公司连云港中心支公司**】 2018 年，公司实现保费收入 3.01 亿元，其中车险保费收入 2.33 亿元、非车险保费收入 6770 万元、农险保费收入 6.3 万元。车险综合成本率 96.7%，预期赔付率 59.4%。该公司与寿险公司合作新增保费 614 万元。新增江苏核电运营险保费 763 万元。银邮渠道保费收入 196 万元。全年实现车险理赔打假反欺诈减损 746 万元，人伤管控减损 40.13 万元，完成"营改增"成本抵扣 559.2 万元，非车险理赔减损 352.34 万元。（屈国红）

【**中国太平洋人寿保险股份有限公司连云港中心支公司**】 2018 年，公司有支公司 6 家、营销服务部 9 家。全年实现保费收入 6.94 亿元，占市场份额的 7.06%，主要办理金佑人生、爱无忧、超能宝、安行宝等产品业务。全年赔付金额 4114.98 万元。（刘玉标）

【**中国平安财产保险股份有限公司连云港中心支公司**】 2018 年，公司实现保费收入 3.45 亿元。开展电话直赔、视频报案、人伤特服、爽快赔等理赔服务。1 万元以下平均理赔时效为 14.9 天。推动"平安金融"建设，落实反洗钱工作。开发专利被侵权损失保险、建筑工程质量潜在缺陷责任保险等新产品，开拓安全生产责任险、养老机构责任保险、医疗责任险和环境污染责任险等险种。（黄　艳）

【**中国人民人寿保险股份有限公司连云港中心支公司**】 2018 年，公司实现保费收入 3.46 亿元，其中首年期交 6939 万元、十年期及以上期交 2706 万元。个险渠道实现规模保费 8906 万元，银保渠道实现规模保费 2.15 亿元，团险渠道实现短期险 464 万元。加大与产险的合作，实现寿代产保费 995.69 万元。全年受理新契约案件 7.02 万起，新契约录入时效 0.89 小时，承保时效 13.99 小时；保全受理案件 1.18 万起，保全时效 1.01 天；理赔受理案件 651 起，赔付率 42%。全年各类给付金额 6242.56 万元。（徐燕燕）

【**中华联合财产保险股份有限公司连云港中心支公司**】 2018 年，公司完成签单保费 5981.08 万元，实现保费收入 4781 万元，支付赔款 2517.7 万元，占市场份额 1.61%。公司综合成本率 96.62%，实现利润 151 万元。（张　慧）

责任编辑　徐　敏

城市建设与管理

综述

【概况】 2018年，连云港市围绕国家生态文明城市、国家森林城市、历史文化名城创建及国家园林城市复检工作，加快"生态、智慧、健康、文明"连云港建设，助力城市发展结构性变革，全面优化城乡人居环境品质，实现城乡建设"高质发展、后发先至"。城市组团加快发展，赣榆区加速融入主城区，海州老城区加快改造更新，连云新城规划开发全面提速。县城发展能级稳步提升。242省道朝阳互通、环云台山大道等联通工程全面建设。全年完成投资774.24亿元，其中市区完成投资400.6亿元。全市开工城建项目457个，竣工项目400个。城市建成区面积扩大至310平方千米，常住人口城镇化率62.2%。国内首条生活垃圾干化生产线投入使用，162个小区实现垃圾分类。（徐云蕾）

【城市建设投资与融资】 2018年，连云港市城建控股集团实施7大类31个项目，完成投资39.92亿元。其中，新建项目12个，续建项目19个；工程建设类项目25个，棚户区改造征收类项目6个。完成棚户区征收35.9万平方米，分配保障安置房1700套，面积15.78万平方米。市城市建设控股集团融资到位资金165亿元，融资平均成本6.8%。（李　瑞）

【省级海绵城市建设】 2018年，连云港市委托东南大学为省级海绵城市试点区项目开展技术服务，实施方案审查和施工图审查，全年召开专家论证会20余次。到年底，省级海绵城市试点区42个项目中，31个项目完成方案设计，其中23个完成施工图设计。玉带河清淤整治、玉带河排口整治等6个项目完成施工。瀛洲公园、世纪凤凰城、江苏大道绿化、张圩港河北岸绿化等19个项目开工建设。（徐云蕾）

城市规划

【概况】 2018年，《连云港市城市总体规划（2015—2030）》提交省住房与城乡建设厅入库备案。新一轮城市总体规划指引城市发展建设，指导各专项规划、控制性详细规划、城市设计、镇总体规划、村镇规划等层次规划的编制。做好城市专项规划，全年编制完成《连云港市历史文化保护规划》《连云港市城市公共交通规划》《连云港市海绵城市专项规划》《连云港市中心城区公共停车场专项规划》《连云港市市区加油加气站布点规划》通过专家论证、市规划委员会审议，获得市政府批复。《连云港市区中小学布局规划》通过专家论证，经规划委员会审议通过。《连云港市中心城区公共停车场专项规划（2016—2030）》获市政府批复。编制《连云港市轨道交通线网规划》《连云港市综合交通规划》。

【规划专题研究】 2018年，《传统建筑特色调查和传承研究、传统建造技艺调查和传承研究、城市空间和地域建筑特色塑造规划设计指引研究》通过省住房与城乡建设厅组织的专家论证。全市开展《新型城镇化发展背景下我市构建区域性中心城市的思考》《连云港市滨海岸线利用规划》《用新理念新举措建设生态城市、环保城市、公园城市、智慧城市》《连云港市新时代城市发展建设规划》等15个专题研究工作。

【规划行政审批】 2018年，全市召开8次规划专题会，研究规划编制类项目18个。召开8次市规划委员会会议，审议规划议题。全年核发规划手续530件，包括规划条件76件，用地面积113.17万平方米；选址意见书16件，用地面积14.56平方米；用地规划许可证56件，用地面积238.95万平方米；建设工程规划许可证77件，建筑面积3268.32万平方米；完成方案审批58件，建筑面积398.53万平方米。

【规划服务】 2018年，全市完成高效低碳燃气轮机试验装置国家重大科技基础设施项目选址。核发江苏连云港临洪河口省级湿地公园选址意见书。开展市区建筑设计规划情况研究。完成《连云港市建设公园城市行动方案》并经市委常委会审议通过。全年开展17处新建公园选址、定位及特色研究工作，经前期研究、现场踏勘、集中讨论、征求意见、上报市政府规划专题会，完成研究成果。连云港民用机场迁建工程完成选址。连云港高铁站站前广场工程完成验收，做好公共自行车新增站点选址，办理连云港白塔埠机场国内候机厅扩容改造项目的规划意见及工程证、市南城污水处理厂二期扩建工程用地证、大庆路跨西盐河桥新建工程证。（李　菲）

城市改造

【房屋征收】 2018年，连云港市完成房屋征收面积636.57万平方米，征收居民2.44万户、企业200家。其中，市区完成征收面积254.37万平方米，征收居民1.09万户、企业186家。

【棚户区改造】 2018年，全市棚户区改造新开工商品房2.3万套，基本建成2.3万套，其中市区新开工商品房3668套，基本建成3668套。在国家政策收紧的情况下，完成政策性贷款额度争取233亿元，开展棚户区改造专项债券试点，获取地方政府棚户区改造债务份额31亿元，棚户区改造工作受到省政府通报表彰。

【公共设施配套建设】 2018年，全市加大公共设施配套建设力度。康达学院8号宿舍楼建成交付使用。南城污水处理厂二期完成部分土建工程，建筑产业现代化项目投产。连云港大剧院、市大数据中心完工并试运营。市体育馆建设进入扫尾阶段。江苏省海滨康复医院、金融新天地外墙装修工作按序时推进。

【市区道路建设】 2018年，连云港市优化城市路网结构，加快推进杏坛路、文苑路、银杏路、陇海西路等路网打通工程。实施海州区中环路、为民路、玉带路等新建工程。推进宿徐路等市政道桥建设。环云台山大道、大庆桥、陇海西路断头路实现通车。中华西路西延工程有序推进。加快照明设施改造提升，路灯设施完好率保持95%以上，亮灯率保持99%以上。

【惠民工程建设】 2018年，连云港市投入资金1730万元，对新浦街道、浦西街道等11个街道（镇）的54条背街小巷和3处低洼片区进行整治改造。通过整治改造惠及居民4.98万户14.91万人。投入资金400万元，完成利华小区、民族路、云华路、龙河南路等37个积水点维修改造工作。投入资金1000万元，针对海州区红线外人行道、居民小区氛围营造、老旧小区道路破损等无人管理的城市顽疾，开展122个居民小区中268个出入口的文明创建氛围营造工作，修复人行道3万平方米，修复破损道路4000平方米。（徐云蕾）

【历史文化街区建设】 *连云老街* 连云老街原名老窑，位于云台山北麓，北临黄海，隔海与东西连岛相望，南倚云台山。整体规划范围约70公顷，建设面积40.47公顷。连云老街是连云街道辖区内有着悠久历史、滨海石城特色的江苏十大历史名街之一，街内民国建筑保存较多，特点显著，主要有果城里建筑群、上海大旅社、日式民居等。老街开发遵循"陆桥起点、老窑港埠、山海石城、中西杂糅"的特色定位，秉承"修旧如旧"理念，打造中山路海景酒店休闲街、云台路港城1933民国韵味风情街、临海路传统民俗文化风情街、胜利路工艺美术创意文化街，建成陇海铁路历史博物馆、老街历史文化馆、港口博物馆等10个展馆。2018年，连云港人民影剧院改建大礼堂、朱家大院民国风酒店、1933酒吧及西餐厅、云台山木栈道沿线景观附属工程等项目加快推进，街区人流量36.05万人，旅游收入330万元。（王　磊）

民主路老街 民主路老街位于连云港市中心城区，核心地段原名中山路，始建于清末民国初，是连云港市近代商业发源地。街区全长650米，以通灌北路、新浦广场、市民路、南极北路为节点分为东、中、西三段。建筑风格定位民国风情文化特色文旅街区，采用中西合璧的民国建筑风格，内有大华百货、公大商行等18家市级文保单位。公益开放街区内有钟楼历史馆、海州好人馆、民俗博物馆、大华文化交流中心、周存玉大师艺术馆等展馆。2015年，民主路老街获批国家AAA级旅游景区。2018年，海州区商业街区管理委员会对街区业态进行提档升级，引入文创工艺、手工DIY、潮流用品等吸引年轻人体验度高的业态模式等。全年街区实现商品零售额8000余万元，其中文化类业态营业收入5200万元。新建民主路风情美食一条街，通过资源整合、渠道宣传、氛围营造，每天上演一场小活动、每月举办一场大活动，民主路老街成为市民和游客文化交流场所，平均日客流量6万余人次。（熊　洁）

盐河巷 盐河巷历史文化街区

2018年元宵节，民主路老街游人如织　朱泓明/视觉江苏网

位于海连路和盐河路交叉处，东至南极北路，西至盐河路，北至女人街，南至新浦公园。街区全长568米，总投资1亿元，规划建筑面积1.8万平方米，分2期建设。整体建筑以明清风格为主，改造工程以砖墙黛瓦为底、绿水青竹相衬，精美古拙的装饰艺术镶嵌其间，将传统文化、地域民俗文化、现代文化融合。街区集文化、餐饮、娱乐休闲为一体，有商户57家。2012年6月完成一期建设。项目二期规划建设面积1.19万平方米，到2018年底建成4200平方米，盐河一带设置大型地上绿色生态停车场8000平方米，停车位110余个。2018年，对盐河巷破损的外墙面进行集中修复。沿西盐河东堤岸搭建盐河风情街，将原有外摆特色美食引导进棚廊规定位置，划定餐饮店铺门前外摆范围。实施二期整体亮化提升改造工程，增设南入口门廊亮化、南北路中间满天星亮化，在鹊桥设置心形花灯廊桥，在盐河巷水车车身缠绕满天星灯带，水车周围增加"玫瑰花"亮化，打造盐河巷网红地标，鹊桥心形花灯廊桥"抖音"视频点击量超100万人次。全年客流量109万人次，营业额10.8亿元。 （王家富）

市政设施

【供水】 2018年，连云港市年供水量为2.24亿立方米，其中市区年供水量1.33亿立方米、县城年供水量9049万立方米。有城镇水厂13家，供水能力93.5万立方米/日，其中市区（含赣榆区）城镇水厂7家，供水能力49.5万立方米/日；县城水厂6家，供水能力44万立方米/日；海州水厂深度处理项目改造完成通水运行。灌云县第二水厂新建工程完成一期设备安装和二期土建工程。赣榆区莒城湖水厂开工建设。市区城市水厂以沭新渠水源为常用水源，蔷薇湖水源地为应急备用水源，能满足连续20天应急供水。徐圩新区以善后河为常用水源，进行应急备用水源建设。赣榆区常用水源为塔山水库，莒城湖为应急水源，能满足10天应急供水。东海县常用水源为沭新渠，应急备用水源为西双湖水库，能满足超过7天的应急供水。灌云县常用水源为叮当河，伊云湖应急水源工程完成湖水工程，进行泵站和管网工程建设。灌南县常用水源为北六塘河、通榆河，应急备用水源为硕项湖水库和田楼南偏泓，均能满足连续20天应急供水。到年底，全市公共供水管道（管径≥75毫米）总长度2809千米。全年投资6783万元，新建供水管网68千米，其中区域供水管网25.3千米；投资6572万元，改建老旧管网377.86千米。投资6155万元，完成居民小区二次供水设施改造90个，其中市区完成82个居民小区二次供水设施改造。海州区板浦镇、岗埠农场区域建设区域供水管道18千米，全市区域供水通乡达镇实现全覆盖。

【供气】 2018年，全市管道天然气供气总量3.73亿立方米，天然气管道总长度3112千米，用气户数54.79万户，其中居民用户54.5万户、商业服务业用户2496户、工业用户286户。全年新增燃气用户6.71万户，新增燃气管道295千米。发现管道燃气安全隐患1446处，整改完成1425处。

【供暖】 2018年，市城建控股集团市政公用有限公司代替原港城公用有限公司成为新的城市集中供热热网经营主体，完成对田申热电公司热网的收购工作，实现海州西部城区供热管网的整合。12月起，市政公用有限公司同时负责东部城区部分地区冬季供热工作。市区有7家集中供热企业，供热能力为565吨/小时蒸汽，分别为新海电厂290吨/小时蒸汽，新海连热力有限公司、市政公用有限公司、新城热电有限公司、罗盖特精细化工有限公司70吨/小时蒸汽，晨兴环保有限公司125吨/小时蒸汽及鑫能污泥发电有限公司80吨/小时蒸汽，形成供热主干管90千米。

（徐云蕾）

【供电】 2018年，连云港市全社会用电量178.51亿千瓦时，比2017年下降2.34%，其中工业用电量106.52亿千瓦时，下降11.67%。全社会用电量按产业类型分，第一产业6.07亿千瓦时、第二产业108.71亿千瓦时、第三产业28.8亿千瓦时。全社会用电量按县区分，赣榆区36.11亿千瓦时、灌南县28.19亿千瓦时、东海县26.83亿千瓦时、灌云县13.56亿千瓦时。全年调度最高负荷332万千瓦。城市供电可靠率99.97%，城市综合电压合格率100%。农村供电可靠率99.87%，综合电压合格率99.98%。

电网建设　开展连云港电网"十四五"发展规划、35千伏电网专项规划及全市205个供电单元滚动修编工作。田湾核电站二期送出工程投运。在车牛山岛建成国内首个交直流混合智能型微电网，国家重点研发计划项目"交直流混合的分布式可再生能源技术"取得新进展。建成并运营开山岛风光储互补智能微电网项目一期工程。投资16.13亿元，完成500千伏艾塘2号主变等35项工程，开工220千伏田楼输变电等30项工程，确保供电裕度始终在90万千瓦以上。推进花果山国际机场、徐连高铁等涉电线路迁改工作。新建、改造配变1068台、配电线路2211千米，居民户均配变容量提升至4.87千伏安/户，为全国平均水平的2倍。故障报修比2017年下降9.23%，用户平均停电时间降低37%。完成六号街区、玉龙花园等18个老旧小区供电设施和25.13万户农村老旧接户线改造。

供电服务　市供电公司发布优化电力营商环境服务举措30项。市县（区）政府优化电力营商环境政策实现全覆盖。高压用户平均接电时长压缩至49.52个工作日。开展台区经理上门服务，实现农村地区客户办电"一次都不跑"。落实国家降价减费政策，全年减少一般工商业客户用电成本3.97亿元，清退临时接电费8241万元。市场化零售交易电量62.79亿千瓦时，减少企业电费支出1.27亿元。实施电能替代项目231个，替代电量7.71亿千瓦时。建成34套小容量岸电系统，满足船民的用电诉求。推进新能源汽车充电站建设，投运充电站项目14个，初步形成城市中心区位“三千米”充电圈。

（刘汝龙）

【污水处理】 2018年，全市完成大浦污水处理厂等5家污水处理厂提标改造。玉带河、东盐河、西盐河、龙尾河和淮海工学院水体开展效果评估。大浦河、大浦副河、排淡河、烧香河、妇联河和沙汪河完成整治。全年新建、改建城市污水管道160千米。市区（不含赣榆区）4家城市污水厂，配套管网475千米，运行负荷率89.8%，污水处理率96.15%。赣榆区1家城市污水厂，配套管网93千米，运行负荷率55.67%，污水处理率98%；东海县2家城市污水厂，配套管网72.6千米，运行负荷率97.45%，污水处理率95.31%；灌云县1家城市污水厂，配套管网110千米，运行负荷率98%，污水处理率93.6%；灌南县2家城市污水厂，配套管网82.5千米，运行负荷率179.55%，污水处理率81.37%。

（徐云蕾）

园林绿化

【公园绿化】 2018年，连云港市新建桃花园公园、昌圩湖公园、西凤凰山公园、神山水库健康主题公园，改造海州公园、西小山公园，瀛洲公园开工建设。桃花园公园位于连霍高速零公里高速入口处西侧，面积15.3万平方米，全年投资1900万元，完成公园北区部分建设，栽植垂柳、桃花苗木3000株，美女樱等地被、草坪5万平方米，铺设透水砖6000平方米。昌圩湖公园位于连云港开发区猴嘴片区北侧，面积33万平方米，其中水面22万平方米，绿化及铺装面积11万平方米。全年完成投资3500万元，新增绿地面积8.5万平方米。西凤凰山公园投资3500万元，完成建设并对外开放，新增绿地面积9公顷。神山水库健康主题公园完成投资100万元，新增绿地面积2公顷。海州公园投资200万元完成扩建。西小山公园投资2000万元完成改造。瀛洲公园投资1180万元，完成园内主路的路基及污水管网铺设工作，瀛洲公园改造项目被列入市政府工作报告和民生实事重点项目，并获批省级都市田园绿化示范项目。在海一方公园工程和苍梧绿园、郁洲公园等防灾避难场所工程有序推进。连云港高铁站、赣榆区火车站、海滨文化广场完成广场绿化建设。赣榆区火车站站前广场完成投资5000万元，新增绿地面积10公顷；海滨文化广场完成投资6000万元，新增绿地面积14.5公顷。

【河滨绿化】 2018年，市区实施张圩港河、运盐河、排淡河、大浦河的部分区段绿化以及宿城水库沿岸绿化。全年投资1750万元，新增绿化面积15.5公顷。东盐河、西盐河等提档升级工程完成竣工验收。

【道路景观带绿化】 2018年，全市完成主城区25条道路绿化296处节点补植，栽植乔木800余株。对绿园路、朝阳路机动车道和非机动车道分隔带栽植树状月季124株。实施巨龙路、苍梧路至朝阳路段绿化提升工程，补植更换退化色块，统一安装树篦及护栏。对御景龙湾小区东侧墙体沿线400米满栽藤本月季，示范建设东盐河立体绿化。实施苍梧路高架桥花箱绿化，安装花箱324个。完成主要道路交叉口导流岛、隔离带端头9400平方米栽植更换，实施景观大道“社会主义核心价值观”景观铸造工程。

【街头游园绿化】 2018年，全市完成街头游园绿化投资2815.9万元，新增绿化面积14.52公顷。海州区投资381万元，完成锦屏游园、地质六大队东侧游园、通灌南路游园、红旗社区游园建设，新增绿地面积1.9公顷。赣榆区投资722.9万元，完成碧桂园南游园、徐福路游园、琴岛路游园建设，新增绿地面积2.3公顷。连云区投资20万元，完成棠梨小游园建设。高新区投资60万元，完成九龙路小游园建设。

【单位小区绿化】 2018年，全市完成社会绿化投资5478万元，新增绿化面积32.78公顷。海州区投资2355万元，完成昊海大厦、兴亿达大厦、港龙景山秀水、祥生苍梧春晓、祥生翰林府、世纪凤凰城、同科汇丰国际、仕方国际、瀛洲梧桐里、恒大林溪郡、辉腾新天地、人民家园、樱花水岸小区和企业绿化。赣榆区投资1881万元，完成学府名苑三期、新城1号等10家单位和小区绿化。连云区投资122万元，完成景城名郡小区二期和嘉泰小区绿化。连云港开发区投资1020万元，完成恒大御峰、久和国际新城四期、星海湾小区绿化。

（舒　彤　徐云蕾）

2018年，连云港市实施公园广场、道路绿化、街头绿化等民生工程。图为中云街道五羊社区里的微公园　耿玉和/视觉江苏网

城市公共交通

【城市公交】 常规公交　2018年，连云港市区公交有6家经营主体，公交运营车辆1160辆，其中燃油车29辆、燃气车371辆、电动公交车757辆，折合总标台数为1482.6标台，每万人拥有公交车辆标台数17.3标台，公交从业人员1658人，发放公交IC卡58.7万张。公共交通出行分担率25.1%。江苏交通"一卡通"实现县区全覆盖。加快落实镇村公交发展三年行动计划，新增14个乡镇镇村公交，累计开通65个乡镇镇村公交，全市镇村公交开通率76.5%。新增公交线路3条，优化调整公交线路8条。公交线网长度1889千米，线路运营总里程9880千米，公交线网密度为3.5千米/平方千米，建成区公交站点500米覆盖率95.2%。新购新能源空调公交车757辆，节能环保车型比例达97.24%，建成100个公交电子站牌和50个充电桩，通过百度地图实时发布公交信息。

快速公交　全市城市快速公交线路运营总长290千米，承担全市40%的公交客运量，在线运营车辆302辆，日发班次962班，日运行里程5.2万千米，日均客流12.6万人次（含换乘），日最高客流达15万人次。一号主线在线运营车辆40辆，日发班次201班，日运行里程1.36万千米，日均客流4.6万人次。

旅游公交　市区有22条公交线路途径或始发景区，旅游公交占比达27.25%，投放空调公交车300余辆，日均发送旅客9.7万余人次。市区内国家AAAA级旅游景区有2条以上公交线路通达，花果山景区有B11、游1等5条公交线路通达，平均发车间隔10分钟；连岛景区有游3路、游6路2条公交线路通达，平均发车间隔9分钟；渔湾景区有游5路、游8路2条公交线路通达，平均发车间隔16分钟；市区内国家AAA以上旅游景区实现公交线路串联，AA级以上旅游景区实现公交全覆盖，火车站、汽车站等重要交通枢纽实现公交直达主要景区。

【出租汽车】 2018年，全市有出租汽车企业13家，运营车辆总数2376辆，汽油车25辆，双燃料车辆2351辆，年行驶总里程258百万千米，年客运总量6876万人次，单车日均运营里程325.92千米。市区出租企业5家，出租运营车辆1611辆，全部为双燃料车辆，注册出租汽车从业人员2452人。全年载客车次总数2234.5万车次，客运量4469万人次，运营总里程163.7百万千米。　（张　翔）

【公共自行车租赁】 到2018年底，连云港市公共自行车项目经过4期建设，建成站点363个，投放车辆1.28万辆，覆盖城区面积130平方千米，服务居民总数90万人，形成覆盖面广、成片成网、密度合理、高效便捷的公共自行车绿色服务网络。市民公共自行车总租借量达1300万人次。2018年，市民选择公共自行车"小橙车"出行455.8万人次，租用量前十位的"骑车达人"骑行量累计2.68万次。全年办理公共自行车租车IC卡2191张，总数4.3万张。推出"叮嗒出行"手机扫码租车、租车卡免押绑定叮嗒出行、延时租车、选桩租车等惠民利民措施，手机扫码租车注册7.3万人次，总数12.3万人次。"叮嗒出行"手机扫码租车用户新增量比2017年增长50%。

（李　瑞）

城市水利

【概况】 2018年，连云港市加快总投资4.67亿元的临洪河口湿地公园建设，建成城市尾水生态净化湖工程一期、二期工程。市区河道基本轮浚一遍，全面消除劣五类水。徐圩新区应急备用水源工程基本完工；东盐河调蓄湖及河道连通工程完成爆破挤淤3.1千米，填筑风化砂45.6万立方米，疏浚吹填446.7万立方米。实施河道整治工程，完成大浦河下游5.09千米、大浦副河4.22千米河段疏浚。投资608万元，完成大浦一、二站3号引水涵洞新建工程。实施清水进城项目，投资3276万元，完成公兴港闸、公兴港倒虹吸、元宝港倒虹吸、顾圩门节制闸工程。投资1084万元，实施西盐大浦河断面达标工程，完成土方54万立方米，植物净化面积12.69万平方米。

【市区水环境管理】 2018年，连云港市加强河道长效管护。购置水利保洁船10艘，每条河道每天保洁人员不少于3人，每天保洁在岗时间不低于10个小时。科学调度水源保障城区用水。争取上游增加供水量，制订水体定期更换和水体不间断流动的调水方案，电厂闸采取"夜大昼

8月20日，江苏最大的人工水库石梁河水库开闸泄洪，以应对水库上游的暴雨洪峰　陶士振/视觉江苏网

小”调水方式，即夜间大流量、日间小流量调水，维持市区河道水体流动。通过优化6闸联动调度方案，保证市区河道小流量不间断补充新鲜活水，全年调引水量3.3亿立方米。
（李　军）

建筑施工

【概况】2018年，连云港市完善建筑市场监督管理，推进进城务工人员实名制系统建设，规范建筑市场管理。全市完成建筑业总产值1001亿元、增加值236.49亿元、外出产值459.05亿元，其中市区完成建筑业总产值634.3亿元、增加值141.34亿元、外出产值275.75亿元。全年提供进城务工人员就业岗位35万余个，农民从建筑业获得的收入占农民可支配收入的30%以上，人均增收6000余元。开展产业化示范基地申报工作，连云港市建筑设计研究院、江苏万年达杭萧钢构钢结构生产基地等4家企业被评为省级建筑产业化示范基地。全年新建防灾避难场所3处，提升改造防灾避难场所2处，获批省级农村安居示范项目1个，获得省级财政补助300万元。

【勘察设计】2018年，连云港市印发《连云港市城乡建设系统优秀勘察设计管理办法》。开展全市勘察设计市场质量监督检查工作。新增建筑工程甲级企业1家。4家设计单位获“省建筑产业现代化设计企业”称号，3家设计单位获“全过程工程试点企业”称号。全市设计单位获省优秀勘察设计奖一等奖1个、二等奖1个、三等奖7个、表扬奖1个；获连云港市第四届“创意连云港”文化创意设计大赛建筑设计项目银奖1个、优秀奖2个。

【绿色建筑建设】2018年，全市完成新建建筑节能面积672.18万平方米，其中居住面积593.31万平方米、公共建筑78.87万平方米，城镇绿色建筑占总竣工建筑的比例为65.44%。全年通过施工图审查的绿色建筑面积1260.25万平方米，全部按照绿色建筑标准进行设计。新增绿色建筑设计标识12项共195.64万平方米，均为二星级绿色建筑。市城建档案馆获省级二星级绿色建筑运营标识。新增可再生能源建筑应用面积616.32万平方米，其中新增太阳能光热面积607.94万平方米、地源热泵面积8.38万平方米。既有建筑节能改造19.69万平方米，其中居住建筑节能改造面积6.15万平方米、公共建筑节能改造面积13.54万平方米。41栋办公建筑及大型公共建筑将数据实时上传至连云港市能耗数据平台。

【工程建设管理】2018年，连云港市加强工程建设管理，市建筑工程从业人员实名制管理系统投入运行，各用工主体实现全覆盖。开展招投标市场综合整顿，启用建设工程招投标保证金管理系统，推进招投标保证金信息化管理，全年公开招标总标段20个，工程造价8391万元。初步设计审查建筑工程民用项目28个，面积530.63万平方米；市政工程道路项目2个，里程3.15千米，桥梁项目2个，里程1.94千米，排水项目2个。全市图纸审查地质勘查项目483个；房屋建筑项目3369个，面积1820.41万平方米。办理施工许可房地产项目67个，面积273.26万平方米；公益性建筑工程9个，面积12.28万平方米；工业项目12个，面积17.4万平方米。办理竣工备案房地产项目70个，面积286.64万平方米；公益性建筑工程13个，面积22.21万平方米；工业项目29个，面积14.11万平方米。加强工程质量安全监管，全市新增受监工程982个、1404.87万平方米，竣工工程552个、374.94万平方米，在建工程2111个、3107万平方米，培育“玉女峰”杯优质工程40余个，推荐省级扬子杯优质工程15个。启用江苏省建筑工程一站式申报系统，实现质监、安监、施工许可一体化受理。推行“互联网+审图”模式，自主开发的连云港市施工图数字化联审云服务平台通过省住房和城乡建设厅评定验收，并取得国家版权局原始著作权登记。
（徐云蕾）

市政市容管理

【概况】2018年，连云港城市管理突出城市空间精细治理、环卫体系作业能力和行政执法规范化建设，城市管理品质提升明显。推进城市执法体制改革，1月1日，实施《连云港市市容和环境卫生管理条例》。确定《连云港市城市管理执法办法》作为规章立法调研项目，起草城市管理执法体制改革实施方案。分别赋权连云港经济开发区管委会6项、徐圩新区管委会6项和高新区管委会6项，连云经济开发区管委会8项、连云区城管局155项、海州区城管局11项、海州开发区管委会6项行政权力事项。其中，应海州区政府要求，暂不承接行政处罚事项。在权力清单范围以外，依法赋权连云港经济开发区管委会145项、连云经济开发区管委会142项、海州经济开发区管委会150项，海州区浦南镇政府、新坝镇政府、锦屏镇政府、板浦镇政府153项行政权力事项。

【城市空间治理】2018年，连云港市围绕创建全国文明城市和创卫长效管理机制建设，突出水面、路面、立面、天际线市容空间治理。市城管局制订《城市黑臭水体整治实施方案》，清理市区河道两侧的违规种植及养殖，做到沿岸各垃圾收集点生活垃圾日产日清，确保生活垃圾清运作业中无抛洒滴漏等二次污染现象，1座公厕、1座中转站接入城市污水管网，完成河道两侧1800余平方米违法建设的拆除工作。开展农贸市场周边市容环境、校园周边环境等专项整治。实施创卫长效管理百日攻坚战，突出长效管理“最后一平方米”督查整改。落实《连云港市市容环卫责任区管理暂行办法》，市容环卫责任书签订率100%。全年清理流动摊点1.22万处，清理占道和店外经营1.83万处、卫生死角15处，规范非机动车摆放4.29万辆次，清理道路沿线张贴物4.84万处，市区内马路市场基本消除。以店招店牌和户外广告规范清理为重点，规范公益广告管理，探索公共空间有偿使用机制。拆除违规（破损）招（字）牌1.8万平方米。以社会主义核心价值观为主要内容，设置大型单立柱公益广告24面，大型落地广告牌22面，工地围挡45处、1960平方米，24处大型电子显示屏滚动播放，沿街电子滚动屏全覆盖投放。建设苍梧路“核心价值观”铸造工程，新建4处景观小品。实施“净空”工程，规范清除楼顶天际线广告字牌，拆除楼顶字牌1426个、6.6万平方米。推进夜景亮化工程，完成连云区夜景亮化试点工程，打造西大堤、小官山、在海一方公园、鸽岛、国展中心、摩天208楼盘、国际客运站、跨陇海铁路立交桥的国展中心片区八大精品工程。对市区海连路、苍梧路、朝阳路、花果山大道等25条道路和苍梧高速出口周边、学院路与朝阳路交叉口等14个节点地段进行节日临时性亮化渲染。采用灯笼、中国结和满天星、流星雨灯饰等形式，结合夜间城区楼体和户外广告设施、灯光喷泉等突出亮化效果。

2018年，连云港市垃圾分类从试点迈向全民参与。图为居民将垃圾填进垃圾分类箱

赵俊/视觉江苏网

【环境卫生管理】 2018年，连云港市以垃圾分类治理为重点，完善垃圾收运体系，推进垃圾终端处理设施建设，实现乡（镇）有垃圾转运站、村有垃圾池（房）、保洁有专人、清运有车辆。全年新建垃圾分类小区162个，710家单位开展垃圾强制分类，3个垃圾处理终端设施投入使用，4个终端设施启动建设。国内首条垃圾干化线建成投运，增加垃圾处理能力300吨/日，降低一氧化碳生成量60%以上、飞灰产生量35%以上。市区垃圾分类投放设施覆盖率45%，各县垃圾分类投放设施覆盖率达36%。加强日常保洁、落实道路扬尘治理，投入资金1200万元购置环卫机械作业设备，城市道路机械化清扫率达90%。出台环境卫生管理和公厕管理考核办法，督查主次干道1200余次、公共厕所650余次、垃圾中转站200余次，提升道路清扫、城市家具和垃圾中转站、公共厕所等环卫设施保洁水平。完善建筑垃圾处置常态长效管理机制，通过建筑工地远程监控全覆盖，运输车辆定位、密闭百分百，更新换代新型智能渣土运输车等措施，打造渣土管理智能化平台。开展生活垃圾非法转移倾倒专项整治行动，规范治理非正规垃圾倾倒点189处。开展餐厨废弃物收运链专项整治，查处餐厨废弃物违法处置行为83起、暂扣非法营运车辆120辆并实施行政处罚。推进“厕所革命”，按照一类公厕标准，新建10座精品公厕，提档市区公厕809座。

【城管行政执法】 2018年，连云港市实施城管行政执法全过程记录制度。投入500余万元，配备新式执法记录仪323台、无人机2架、车载无线传输装备27套、移动执法终端设备30套、视频监控52个。编写《城管行政处罚文书模板》，规范执法文书制作，实现执法案卷标准化。制作行政处罚文书14类40种、行政强制文书8类26种，推行执法文书电子化，实现案件办理网络化。创新城管执法方式，实施多渠道提取管理相对人信息、零口供不接触当事人、全过程记录执法管理、强制性司法执行，探索建立非诉案件办理模式，受到省住房与城乡建设厅推广。（汪 斌）

责任编辑 徐 敏

乡村建设

综述

【概况】2018年，连云港市深入推进脱贫致富奔小康工程和农村综合改革，全面加快美丽乡村示范片区建设和新型经营主体培育。市委、市政府印发《关于加快改善农民群众住房条件推进城乡融合发展的实施意见》，成立市级领导小组，制定全市村庄搬迁撤并及新型农村社区试点建设计划。全年完成农村土地承包经营权确权登记颁证工作，农村产权交易额达17亿元，赣榆区实行农村产权交易一网联动、两级联控、三级联手，直通市场主体、直通融资平台、直通“三资”（资金、资产、资源）管理、直通党风廉政的“三联四通”模式在全省推广。全市有农民专业合作社6666家，社员97.8万人。建成家庭农场合作示范区100个。6个美丽乡村片区初步建成，制定乡村振兴样板村建设标准，推进10个样板村创建工作，汇编重点发展项目268个，完成投资7.2亿元。市政府出台《关于精准服务新型农业经营主体促进农村产业振兴的实施意见》。全市农民人均可支配收入16607元，5.4万低收入人口、53个经济薄弱村实现脱贫。

2018年，连云港市加快美丽乡村示范片区建设。图为灌云县潮河湾畔美丽乡村　　张言华　摄

链接

赣榆区农村产权交易“三联四通”模式

赣榆区完善农村产权交易市场体系，提升产权交易市场建设水平，形成一网联动、两级联控、三级联手，直通市场主体、直通融资平台、直通“三资”管理、直通党风廉政的农村产权交易“三联四通”赣榆模式：一网联动是指整合原有的产权交易、土地确权、家庭农场、农民专业合作社、“三资”监管、农村社区股权改革、村务财务7个独立信息网络管理系统，建立具有农村综合信息服务一网通。两级联控是指县级产权交易中心和乡镇交易服务中心统一安装视频监控系统，实现县镇产权交易中心语音、图像、数据的远距离传输，县镇两级全面联控。县产权交易中心整合、调度辖区内产权交易服务资源，及时介入镇产权交易，直接主持或现场鉴证交易。三级联手是农村产权交易形成县、乡、村三级联动的市场体系。规范产权交易权利范围界定，县级产权交易中心负责组织30万元以上的产权交易业务，并指导镇级实施好30万元以下的产权交易业务；镇产权交易服务中心负责履行镇域内交易业务运行；村产权交易信息员负责汇集信息。直通市场主体是指将家庭农场、农民专业合作社和农业龙头企业、农业社会化服务组织、农村电商户等新型农业经营主体作为主

美丽渔村——赣榆青口镇下口村　　张言华　摄

要对象，建立信息库，链接到“农村综合信息服务一网通”。直通融资平台是指通过开展农村土地经营权抵押贷款业务，破解产权需求方融资难题，增强产权交易功能，延长交易价值链。直通“三资”管理是指将“一网通”链接农村集体资产资源数据库，采用村级集体资产资源卡片、电子记账方式，对农村集体“三资”存量结构、效益分析，进行预警监督。直通党风廉政是指细化农村集体资产监管责任追究办法，完善农村产权交易规则，开发农村产权交易新品种，扩大交易范围，实现农村产权交易“应进必进”，消除“零交易”乡镇现象，严控“零交易”村出现。到2018年底，赣榆区农村产权交易形成“1+15+463”完整的市场体系。区农村产权交易中心交易场所面积637平方米，从业人员7人，市场交易设施配套、功能齐全；15个镇依托农村经济管理中心分别成立农村产权交易中心，服务场所近3000平方米，服务人员50余人；463个村设有产权交易服务点，村会计作为产权交易信息员，负责村内产权交易信息收集、汇总、上报等服务工作。

【村级集体经济】 2018年，连云港市加快发展村级集体经济，完成集体资产清产核资工作，推行“一委三会”社区治理模式、全面推行使用村务卡、建立乡镇“三资”代理服务中心、规范农村集体产权交易行为、搭建农业农村综合信息平台的“五项监管机制”，推广使用村务卡与非现金结算，实行乡镇“三资”代理服务中心代理农村集体“三资”监管，规范集体产权交易行为，开展村级集体经济发展“双十强”竞赛，村级集体经济实现经营性收入9.11亿元，村均60.93万元。

【农村公共服务】 2018年，全市争取省级“一事一议”财政奖补资金1.15亿元，实施村内公益性事业项目526个，涉及村内道路、水利设施、环境卫生设施、文化体育场所、自来水管网改造等方面，惠及73个乡镇、469个行政村，直接受益农民120万余人。初步建立农村公共服务运行维护长效机制，村庄环境面貌和农村生产生活条件得到较大改善。

【农民负担监督】 2018年，全市发挥农民负担监督卡的群众监督和社会监督作用，全年印发农民负担监督卡96万份。举办村级党组织书记政策法规培训班2期，培训210人次。接待办理信访事项25起，妥善化解涉农涉地相关矛盾纠纷。

【人才兴农】 2018年，全市开展“三农”（农业、农村、农民）人才工作调研工作，做好农业专业技术人员职称评定，改善农村人才结构，加强农业农村人才队伍建设，落实人才工作任务清单。全年申报农业专业技术中级职称51人，终审通过44人。百名中、高级农业专业技术人员开展农技咨询、农村政策与法规普及、新农村建设宣传教育等科技服务新农村活动。全市新增农业技术系列研究员8人、副高技术职称37人、中级技术职称44人、初级技术职称4人。（封其佟）

农村综合改革

【农村土地制度改革】 2018年，连云港市推进农村土地承包经营权确权登记颁证工作。全市开展确权工作行政村1383个，占应开展确权行政村数的98.93%，颁证率96.22%。县区实现承包面积、承包合同、经营权登记簿、经营权证书“四相符”和承包地分配、承包地四至边界测绘登记、承包合同签订、承包经营权证书发放“四到户”。

【农村集体产权制度改革】 连云港市农村集体产权改革启动于2015年。2018年，1046个村完成农村集体产权制度改革，累计完成1127个村的集体产权制度改革任务，成立股份经济合作社1127个。改革完成的村完成清产核资、资产量化、成员界定工作，制定股份制合作社章程，健全成员代表会议、理事会、监事会“三会”治理机构。开展集体“三资”管理专项整治。推行村集体资金非现金结算和村务卡工作。全市成立乡镇“三资”代理中心83个，实现涉农乡镇全覆盖，建立乡镇产权交易服务中心82个，村覆盖率达100%。建成连云港农村基层阳光监管平台。完成农村产权交易市场标准化建设。承办全省农村产权交易市场标准化建设工作推进会，赣榆区“三联四通”模式成为全省农村产权交易市场建设“新标杆”。

【新型农业经营主体建设】 2018年，全市新增农业产业化省级重点龙头企业7家、市级龙头企业41家，全市市级以上龙头企业累计达329家。农民合作社规范化建设整体推进县全覆盖工作，市政府印发《连云港市农民合作社示范化创建工作意见》，争取省财政扶持资金855万元，发展能力提升项目和重点试点项目，农民合作社成为带领农户进入市场的基本主体。全年新增示范社120家；农民合作社总数达6666家，比2017年增加561家，796家农民合作社进入政府优先扶持的农民专业合作社名录，全市建成市级以上示范社256家。开展家庭农场合作示范区创建，加大新型农业经营主体培育力度，出台《关于精准服务新型农业经营主体的实施意见》，建成市级家庭农场合作示范区5个、县级5个、乡镇级90个。全年新增家庭农场225家，总数达2450家，建成市级以上示范家庭农场109家。家庭农场向专业化发展、规模化布局方向发展。（封其佟）

镇村规划

【概况】 2018年，连云港市政府印发《关于落实农村人居环境整治三年行动实施方案有关规划编制任务的通知》《连云港市市区镇村规划编制审查办法》，规范农村人居环境整治过程中乡镇规划和村庄规划的编制工作。召开改善农民群众住房条件工作座谈会，制订《关于推进农村群众集中居住规划工作的指导意见》，推荐连云港市地域建筑特色传承与塑造的研究成果，完成连云港地区农房设计图集编制工作。海州区完成新型农村社区的规划选址和新型农村社区建设规划成果审查，灌云县进行新型农村社区建设规划的编制组织工作。

【镇村规划编制】 2018年，岗埠农场总体规划局部调整获得市政府批复。宿城街道大竹园村传统村落保护发展规划通过专家论证。完成锦屏镇总体规划修编、锦屏镇镇区控制性详细规划、浦南镇总体规划涉及太平村村庄用地局部调整的专家评审，并通过市规划委员会审查。云台农场总体规划完成专家论证并经市规划委员会审查。新坝镇总体规划、板浦镇临港物流园控制性详细规划通过市规划委员会审查。高新区小村村上庄、唐庄田园乡村规划完成专家论证。猴嘴街道黄沙村、云山街道李庄村、云山街道老君堂村村庄规划完成专家评审会。板浦镇控制性详细规划通过初步审查。高公岛紫菜特色小镇规划、宿城街道部分村庄规划完成成果审查。（李　菲）

镇村建设

【镇村设施建设】 2018年，连云港市政府印发《农村人居环境整治三年行动实施方案》，在巩固村庄环境整治、美丽乡村建设和村庄环境改善提升行动成果的基础上，以特色田园乡村建设为引领，以美丽宜居村庄和经济薄弱村建设为重点，实施农村人居环境整治三年行动。全年实施板浦镇、岗埠农场区域供水工程，全市建制镇实现污水处理设施全覆盖。其中，赣榆区16座污水处理设施，配套污水管网170千米，运行负荷20%，实际覆盖乡镇数量15个；东海县19座污水处理设施，配套污水管网69.8千米，运行负荷40%，实际覆盖乡镇数量19个；灌云县14座污水处理设施，配套污水管网100千米，运行负荷20%，实际覆盖乡镇数量13个；灌南县11座污水处理设施，配套污水管网100千米，运行负荷为零，实际覆盖乡镇数量11个。全市完成农村危房改造1801户。全年获得省财政奖补资金8460万元，实现农村公共服务设施运行维护政策全覆盖，惠及1410个村、362.6万人。

【特色镇村建设】 2018年，赣榆区黑林镇小芦山、灌南县新集乡新民村开展江苏省首批试点特色田园乡村建设，赣榆区班庄镇前集村前集、灌云县伊山镇川星村周庄、灌云县杨集镇小乔圩村刘庄成为第二批省级试点特色田园乡村。开发区韩李村、连云区黄窝村、海州区太平村入选第三批省级试点特色田园乡候选村庄。做好全市传统村落保护建设工作，宿城街道大竹园村、金山镇徐福村、同兴镇大池庄3个村庄申报为省级传统村落保护项目。推进东海县温泉镇、赣榆区班庄镇2个省级重点特色镇保护与发展项目建设，提升传统村落的基础设施、公共服务设施和人居环境。（徐云蕾）

海州区浦南镇江浦村　　万民/视觉江苏网

江苏省四星级美丽乡村——灌云县小乔圩村刘庄　　灌云县　供图

【美丽乡村建设】2018年，市政府印发《创建村级公共服务运行维护示范片区实施意见》。全市以整洁村、特色村、示范村“三村”联动创建为基础，加快东海县羽泉美丽乡村示范片区、灌云县伊山美丽乡村示范片区、灌南县硕项湖美丽乡村示范片区、赣榆区海州湾抗日山美丽乡村示范片区、海州区古盐河美丽乡村示范片区、连云区山海连云美丽乡村示范片区6个美丽乡村示范片区建设，推动美丽乡村建设以点带线、从线到面、纵深发展。每个美丽乡村示范片区连片规模超10个村、面积超过10平方千米，6个片区实施范围涉及30个乡镇、98个村。26名涉农单位专家，成立乡村振兴专家组，年内完成10个样板村创建工作。开发重点发展项目268个，完成投资7.2亿元。推进以县区为单位的村庄环境长效保洁管护工作机制，农村环境面貌明显改观。（封其佟）

农村水利

【概况】2018年，连云港市实施农村河道疏浚、大中型灌区节水改造、高效节水灌溉、农村饮水安全巩固提升、农桥改造等农村水利建设工程。全年完成农村水利建设投资5.59亿元，完成农村水利建设土方3717万立方米，配套小型建筑物6430座，疏浚县级河道12条、74千米、土方483万立方米，乡级河道89条、384千米、土方762万立方米。整治河塘745条（面）、土方911万立方米。新建农桥、涵487座，新建、改造灌溉泵站123座，衬砌防渗渠道499.12千米。全年发展高效节水灌溉面积2693公顷，《人民日报》《中国水利报》刊登文章宣传连云港市高效节水灌溉建设。赣榆区创建高效节水灌溉示范县，通过水利部组织的评审并正式公示。全年治理水土流失面积25平方千米，新增有效灌溉面积3667公顷，新增旱涝保收田7333公顷，新增节水灌溉面积1.56万公顷，其中高效节水灌溉面积3513公顷。全市实施农业水价综合改革，完成农业水价综合改革实施面积8.52万公顷。灌云县农业水价综合改革工作经验在全省推广。全年创建“水美乡镇”3个、“水美村庄”8个，完成水利造林面积520公顷38万株，更新改造农村供水管网340千米，新增工程受益人口12.78万人。

【水利工程建设】2018年，全市完成重点水利工程阶段验收15个、竣工验收13个。塔山泵站、沭南泵站、五灌河挡潮闸等项目通过阶段验收，排淡河治理、灌河入海口堤防应急加固、沭南闸、沭北闸等项目通过竣工验收。完成五灌河闸加固、梁东沙排水涵拆建、龙王河口海堤防护，公兴港闸、小口拦沙坝加固、灌河治理等工程。柘汪河挡潮闸拆建底板浇筑基本完成。范河治理征迁清障工作基本完成，河道土方工程进行施工。南六塘河灌南段治理一期工程实施完成，二期工程6座建筑物底板浇筑基本完成，主河道围堰实施完成，河道土方实施。灌云县枯沟河治理工程征地完成拆迁工作，开挖河道土方约30万立方米，完成闸塘开挖、方桩预制、钢筋采购、闸门定制工作，完成混凝土连锁块预制进度50%。

【水利工程管理】2018年，通榆河太平庄闸管理所创建省二级水管单位。东海县双龙水库、竹墩水库和季岭水库3座小水库通过省小型水库规范化管理单位考核。临洪东站、东海县昌梨水库通过省级水管单位复核，赣榆区王集水库、怀仁山水库、谢湖水库以及开发区胜利水库通过省级示范水库复核。东海县双龙湖、海州区月牙岛创建省级水利风景区。全市河湖和水利工程管理范围划定主要包括82条省骨干河道、128千米主海堤、11座大中型水库、60座大中型水闸、15座大中型泵站及132座小型水库，12个实施单元。到年底，12个实施单元检测报告全部完成，市石梁河水库管理处等8个实施单元基本具备技术预验收条件。完成善北套闸、太平庄闸等8座水闸及昌梨水库安全鉴定。完成东海县恰恰北水库、赣榆区谢坡水库等23座小水库安全鉴定，启动小水库除险加固前期工作。3座水库因库容不足，上报省水利厅申请按照塘坝管理。市河湖巡查遥感监测工作完成现场调查、市级审核和省级会商。

【大中型水库移民后期扶持工作】2018年，全市完成大中型水库移民后期扶持项目投资2.16亿元，实施基础设施、公共服务设施、农业生产设施及产业扶持等建设项目153个，核定发放移民直补资金4.42万人次。全年完成村庄道路建设38.5千米、河（渠）道治理9.5千米、公共服务设施建设2800平方米，安装太阳能路灯550盏，泵站改造2座，新建农业种植大棚15.33公顷，入户自来水改造5800户，村庄美化、绿化近2万平方米。（李　军）

精准扶贫

【概况】2018，连云港市完成脱贫2.38万户、5.4万人，省定经济薄弱村达标53个。到年底，全市有未脱贫建档立卡低收入人口4.2万户、9.2万人，其中一般贫困户4200户、1.07万人，低保贫困户3.46万户、7.77万人，特困供养户3200户、3600人，未达标省定经济薄弱村8个。市“阳光扶贫”监管系统监管扶贫济困资金29.57亿元，559个扶贫项目纳入在线监管，全市3059个帮扶单位、3.63万名党员干部按季进村入户走访。加大扶持资金投入，市财政专项资金提高到3000万元，拨付率90%，主要安排在就业扶持、产业结构调整、小额贷款支持和农村基础设施提升方面。县级财政专项资金增加至5100万元。农村低保标准提高到480元/月。扶贫信息公开公示、扶贫项目规范管理和贫困分户老人赡养机制工作经验成为全省典型，7月12—13日，全省扶贫项目管理现场会在连云港市召开。赣榆区黑林镇党委书记马秀云获全国脱贫攻坚贡献奖。在全省打赢打好脱贫攻坚战三年行动电视电话会议上，连云港市作为唯一设区市作大会交流发言。

2018年，连云港市实施就业扶贫。图为东海县青湖镇农家妇女在家门口企业赶制出口的服装
张开虎/视觉江苏网

【行业扶贫】2018年，连云港市突出就业扶贫，启动扶贫车间示范区建设，命名“家门口就业”试点企业15家，提供就业岗位9202个。全市有劳动力未脱贫人口新增就业1.18万人，占有劳动力未脱贫人口总数的93%。落实义务教育保障、基本医疗保障和住房保障的“三保障”政策。低收入人口享受“先诊疗后付费”政策，实施少儿病残救助保险、大病特惠保险，贫困户住院合规部分报销额超过90%。对3.48万名贫困学生受资助情况进行普查，资助覆盖率达100%。356家非公有制企业参与对口帮扶。全市发放扶贫小额贷款3.45亿元。

【片区扶贫】2018年，全市争取到位石梁河水库片区帮扶资金1979万元，赣榆区节水灌溉、东海县羽陈公路等工程建成达效。石梁河片区实施帮扶项目61个，投资4.2亿元。争取省财政3000万元支持沂河淌片区建设。100名村第一书记、32名市委帮扶队员驻村帮扶，市委帮扶工作队协调到位帮扶资金1301万元，启动实施帮扶项目70个。省委帮扶工作队实施扶贫项目189个。

【产业扶贫】2018年，连云港市加强产业扶贫项目和资产管理，对2016年以来新建的547个项目，全部录入“阳光扶贫”监管系统。在全省率先建成2018—2020年扶贫项目库，编制项目902个，其中市级项目88个。2017年实施的灌云小伊豆丹园、灌南稻渔种养等12个省级产业富民项目基本完工；2018年实施的灌云食用菌、灌南稻虾养殖等9个项目开展第三方绩效评估。全市获产业项目扶持资金6200万元。（封其佟）

责任编辑　徐　敏

生态建设

综述

【概况】 2018年，连云港市生态环境质量总体较好。2月，连云港市率先在全国地级市完成“三线一单”（生态保护红线、环境质量底线、资源利用上线和环境准入负面清单）硬约束制度建设，成为全省十佳环境保护改革创新项目。开展化工园区专项整治，灌云、灌南化工园区内所有化工企业全部停产，按标准限期治理。全市22个地表水国省考断面劣五类全面消除。立足山海相拥的城市布局，加快建设从山到城、从城到海的生态廊道，打造可亲近、可融入、可休闲的绿化开敞空间，着力构建生态宜居公园城市。优化环保管理体制，在全国率先建立起市、县（区）政府一把手分管环保的工作机制。加大生态文明建设在年度绩效考核中的比例，考核分数比2017年增加1倍。市政府印发《连云港市生态文明建设目标评价考核实施办法》，根据各县区资源利用、环境治理、环境质量、生态保护、增长质量、绿色生活、公众满意程度等方面的变化趋势和动态进展，生成县区绿色发展指数；年度评价结果向社会公布，并纳入生态文明建设目标考核。完成覆盖拉网式农村环境综合整治工作。根据首次划定国家生态红线和省级生态红线优化调整政策，完成国家红线校核和省级红线优化调整工作。

【生态文明建设体制改革】 2018年，连云港市推进生态文明体制改革，“三线一单”试点工作形成“141”制度体系。发布生态环境管理底图，为城市总体规划、土地利用总体规划、产业发展规划等编制发挥基础性作用，为“多规合一”提供重要依据。出台生态红线管控制度、环境质量底线管控制度、资源利用上线管控制度、负面清单管控制度4项制度。生态红线管控制度明确各级各类生态红线，按照生态红线“只能增加、不能减少”的原则，进一步强化生态空间管控要求，确保生态功能不降低。环境质量底线管控制度规定，按照环境质量“只能更好，不能变坏”的原则，合理确定分区域分阶段的环境质量底线目标，以及小流域、子区域的主要污染物允许排放总量，实行建设项目差异化的环境管控要求，同时实施一系列改善水、气环境的相关规划和整治方案。资源利用上线管控

绿色港城　　张言华　摄

制度按照自然资源"只能增值、不能贬值"的原则，完善行业管理部门主导、多部门协同的资源利用管控制度。负面清单管控制度以生态环境基本要素和乡镇街道为基础，将全市划分为22类、284个环境控制单元，分别提出精细化的环境准入和管控要求，作为全市产业发展、项目准入、环境管理等的基础依据。建立"三线一单"环境大数据管理平台，以建设项目环评智能审批平台为主线，生态环境智能监管平台为协同，环保大数据资源中心为技术支撑，将战略环评、"三线一单"成果与环境管理有效结合。平台覆盖环境信息公开、污染源监管数据发布、许可证管理、项目环评审批及监察执法等，实现生态环境综合决策科学化、生态环境监管精准化，提升政府服务和环境监管能力。

链接

连云港市生态环境管理底图

2018年1月，市政府印发《连云港市生态环境管理底图》，为连云港市发展划定生态管理的红线。"底图"规定，到2030年，全市生态保护红线范围共3795.79平方千米，其中陆域红线面积为1832.3平方千米，占陆域面积的24.1%。海洋生态红线区域总面积1963.49平方千米，占海域总面积的29.55%。根据不同类型生态红线区的保护目标与管理要求，将生态红线划分为一级管控区和二级管控区，实行分类分级管控。一级管控区是生态红线的核心，实行最严格的管控措施，严禁一切形式的开发建设活动。陆域生态保护红线中，一级管控区面积76.9平方千米，占陆域生态保护红线的4.2%。海域生态保护红线中，一级管控区面积9.55平方千米，占海域生态红线面积的0.48%。一级管控区内要实施人口退出、退田还湖还湿政策；加大国家财政转移支付力度，提供土地、住房、就业等援助，并促进生态移民就近城镇化。二级管控区以生态保护为重点，实行差别化的管控措施，严禁有损主导生态功能的开发建设活动。将优先保护饮用水源地及重要湿地，允许部分企业进入和建设开发活动，但对于进入的企业和开展的活动要依据环境保护要求进行严格筛选。

连云港市生态保护红线图包括重要生态功能区、生态敏感区以及全市国民经济发展规划、主体功能区划等划定的禁止开发区等其他重要生态保护空间。其中，陆域生态保护红线区域包括洪水调蓄区、清水通道维护区、重要湿地、饮用水源保护区、水源涵养区、生态公益林、风景名胜区、自然保护区、森林公园和海岛保护区；连云港市海洋生态保护红线区域包括海洋自然保护区、海洋特别保护区、特别保护海岛、重要滨海旅游区、重要渔业海域、重要砂质岸线及邻近海域。

在保护生态红线的同时，还保护生态岸线。生态岸线附近禁止港口和工业开发建设，重点加强生态保护与修复，可以适当发展生态旅游，沿海城市建设需维护岸线的生态功能。到2030年，连云港市生态岸线图划定生态岸线72.35千米，占全市岸线总长的32.95%，主要包括龙王河口以北砂质岸线、临洪河口以北粉砂淤泥质岸线、临洪河口以南至连云新城粉砂淤泥质岸线、西墅沙滩砂质岸线、连云区北固山段基岩岸线、在海一方公园砂质岸线、国展中心东北侧后方基岩岸线、埒子河口粉砂淤泥质岸线、灌云县外侧粉砂淤泥质岸线。

【中央环境保护督察"回头看"工作】 2018年6月，中央第四环境保护督察组对江苏省开展"回头看"期间，省协调联络组向连云港市交办信访事项32批、214起。7月10日，市协调联络组全部完成办结。10月，中央环保督察"回头看"及专项督察反馈意见通报会召开。会后针对"回头看"及大气专项督察反馈整改事项，市环保局、市经信委、灌云县、灌南县联合对涉及灌云临港产业区、灌南县化工产业园区关停空头企业、污染问题突出、违反规划环评引入项目、超期贮存大量危险废物、废气收集处理设施建设不到位问题，制定整改方案，明确责任单位、整改时限、整改目标和具体举措。到年底，中央环保督察"回头看"交办连云港市的214起环境信访案件，整改完成167起，进行整改31起（调查不属实16起），立案处罚企业85家、罚款额870.38万元、责令整改企业190家、约谈12人，问责60人。

【生态文明示范创建】 2018年，连云港市发挥山海相拥的自然风光，山水林田湖海地貌、以及海岛、湿地等生态资源优势，以特色田园乡村、美丽宜居小镇为载体，推进生态文明示范镇村创建。全市实行市、县、镇、村"四级联创"，实现市、县（区）、乡镇生态文明建设示范创建规划全覆盖。东海县创成江苏省首批省级生态文明建设示范县，全市创成21个省级生态文明建设示范乡镇、10个生态文明建设示范村。

（孙　峰　王　莉）

【花果山国家地质公园建设】 花果山国家地质公园位于云台山风景名胜区，由花果山和渔湾、东磊景区组成，界定面积21.84平方千米。地质公园地处苏鲁造山带的东部，以浅粒岩为主，夹有较多的基性岩脉体，地层岩性均为变质岩，属中新元古代，被命名为"云台岩群"。经历漫长的地质演化和三叠纪再造山作用，地质公园区域内形成许多形态各异的地质遗迹自然景观，可分为典型地质剖面、地貌景观、环境地质、水体景观等几大类，有重要地质遗迹85处、国家级地质遗迹3处。崩塌与堆积形成的东磊石海是国内规模仅次于翠华山的山崩环境地质遗迹，不同海拔高度的成层海蚀洞是研究近50万年来海平面变化的重要依据。2014年1月，国土资源部授予花果山国家地质公园资格。2016年，花果山地质博物馆完成布展陈列，建成地质公园科普影视厅。2017年，花果山国家地质公园通过省国土资源厅验收。2018年3月13日，国土资源部组织专家组对江苏连云港花果山国家地质公园建设情况进行实地复核验收，各项工作指标达到国家地质公园验收标准，同意通过验收。6月25日，国家林业和草原局批复并同意命名花果山国家地质公园，成为江苏省第四家国家级地质公园。到年底，花果山国家地质公园完成地质公园规划与地质遗迹保护、地质公园解说与标识系统、地质公园科学研究与科普活动、地质公园管理机构设置与信息化建设等工作。（刘心悦）

环境质量

【概况】2018年，连云港市落实生态优先、绿色发展理念，以改善环境质量为中心，加快污染防治进程，加强生态环境保护，推进环境执法监管。全年市区空气质量总体较好，空气质量优良率77.2%；饮用水源保护工作得到加强，集中式饮用水源水质达标率100%，地表水水质持续改善，近岸海域水质明显改善；声环境质量优于国家标准。

【空气环境】2018年，市区环境空气质量优良率为77.2%。环境空气中细颗粒物（PM2.5）、可吸入颗粒物（PM10）、二氧化硫、二氧化氮年均浓度分别为44微克/标立方米、67微克/标立方米、15微克/标立方米和31微克/标立方米，一氧化碳日均值的第95百分位浓度为1.5毫克/标立方米，臭氧8小时（O_3-8）第90百分位浓度为169微克/标立方米，除细颗粒物（PM2.5）、臭氧8小时第90百分位浓度外，其他指标均达到《环境空气质量标准》（GB3095–2012）相应标准限值。

【水环境】2018年，连云港市县级以上集中式饮用水源地及应急备用水源地水质达标率均为100%。全市6个“水十条”断面功能区达标率为50%，其中三类以上断面2个，占33.3%，无劣五类断面。22个省考断面功能区达标率为81.8%，其中三类以上断面14个，占63.6%，无劣五类断面。全市15条入海河流中有7条河流达到功能区要求，达标率46.7%，劣五类断面比例为26.7%。市区地下水水质超过（GB/T14848–93《地下水水质标准》五类标准要求，灌云县满足四类标准要求，东海县满足三类标准要求。

【海洋环境】2018年，连云港市近岸海域7个海洋功能区中有5个海洋环境达标，达标率为71.4%。12个海水监测点中有8个点位满足相应水质类别要求，达标率为66.7%。全年近岸海域水质共监测3次，分别在5月、8月、11月进行，其中5月份按照《海水水质标准》（GB3097–1997）标准中项目进行全分析（放射性核素、大肠菌群除外），8月、11月监测项目为pH、溶解氧、化学需氧量、无机氮、非离子氨、重金属等21项。连云港市近岸海域水质总体有明显改善。一、二类海水比例为66.7%（一类海水比例为33.3%），三类海水为16.7%。其中，黄海网一类海水比例为44.4%，二类海水比例为33.3%。主要污染因子是无机氮、活性磷酸盐。该海区有入海河流十多条，其中携带入海污染物量较多的河流有西盐大浦河、排淡河、沙旺河、古泊善后河、新沂河等。连云港港区自西大堤建成后形成一个封闭型海湾，西部的水体交换能力较差，东部水体交换较好。7—9月，连岛海滨浴场健康指数为92，等级为优。

【声环境】2018年，全市声环境质量总体较好，市区区域环境噪声基本稳定，120个测点年均等效声级为53.2分贝。市区交通噪声等效声级为65.5分贝，符合《声环境质量标准》（GB3096–2008）昼间四类区标准要求。市区10个功能区噪声共监测40个频次，达标率为80%，其中一类区昼间等效声级在48～53分贝之间、夜间等效声级在30～45分贝之间；二类区昼间等效声级在48～58分贝之间、夜间等效声级在42～51分贝之间；三类区昼间等效声级在54～58分贝之间、夜间噪声等效声级在47～55分贝之间；四类区昼间等效声级在58～67分贝之间，夜间等效声级在55～60分贝之间。

【土壤环境】2018年，连云港市推进土壤污染状况详查，印发《连云港市土壤污染状况详查实施方案》。完成农用地详查布点、采样、流转、数据上报、成果集成，划定详查单元68个，布设农用地详查点位617个，详查单元面积277.6万平方米。实施重点行业企业用地调查，完成基础信息采集和风险初步筛查地块530个。落实省、市《土壤污染治理与修复规划》，全年完成3家工业企业退出地块调查工作，查明地块污染分布、环境风险等情况，完成1个污染地块治理修复。开展国家土壤环境监测网背景点监测工作，完成8个土壤背景点的采样和质量控制工作。

【辐射环境】2018年，连云港田湾核电站外围辐射环境状况处于正常水平，周围大气、陆地、海洋和生物环境样品中放射性检测结果均在天然本底涨落范围内。连云港市电离辐射源主要有医学、生产、科研和教学等领域使用的放射性同位素和射线装置。全市有使用放射性同位素工作单位29家，在用密封放射源总数478枚。25家单位使用二类射线装置，119家使用三类射线装置辐射工作单位。有1家三类射线装置销售单位，全市持有辐射安全许可证单位152家。经监测，全市空气、水体、土壤、生物等辐射水平在本底范围内正常波动。（孙峰 王莉）

水资源保护

【概况】2018年，连云港市年径流深96.7毫米，属于枯水年份。全市水资源总量12.51亿立方米，其中地表水资源量7.36亿立方米、地下水资源量5.15亿立方米。全市总用水量29.09亿立方米。其中，生产用水26.42亿立方米，占总用水量的90.8%；居民生活用水2.09亿立方米，占总用水量的7.2%；生态环境用水0.58亿立方米，占总用水量的2%。生产用水按照产业结构划分，第一产业用水23.3亿立方米，占生产用水的88.2%，其中农田灌溉用水20.87亿立方米，占第一产业用水的89.6%；第二产业用水2.53亿立方米，占生产用水的

9.6%；第三产业用水 0.59 亿立方米，占生产用水的 2.2%。

全市用水消耗总量 18.93 亿立方米，综合耗水率 65.1%。全市人均用水量 643.6 立方米，万元地区生产总值用水量 105 立方米，万元工业增加值用水量 24.2 立方米，农田灌溉亩均用水量 445.4 立方米，农田灌溉水利用系数 0.6。全市 11 座大中型水库 2018 年末蓄水总量 4.53 亿立方米，比年初减少 0.36 亿立方米。其中 3 座大型水库年末蓄水总量 3.95 亿立方米，比年初减少 0.31 亿立方米；8 座中型水库年末蓄水总量 0.58 亿立方米，比年初减少 0.05 亿立方米。2018 年，《连云港市集中式饮用水水源保护条例》通过省人大批准。

【水资源管理】 饮用水源地保护 2018 年，市水利部门完成饮用水水源地保护区划定，省政府批复莒城湖、伊云湖水源地保护区。灌云县伊云湖应急水源地和赣榆区青口河莒城湖应急水源地保护区划分方案由省政府批复，省水利厅核准水源地名录。蔷薇湖饮用水源地达标建设通过省水利厅、环境保护厅、住房与城乡建设厅组织的验收。灌南县通榆河田楼水源地达标建设通过市级技术核查。完成赣榆区塔山水库取水口调整，依法核销赣榆区石梁河水源地，并申请新增青口河莒城湖应急水源地。

地下水保护 全市共封填（存）地下水井 137 眼。加强灌南县新安镇、堆沟港超采区治理，农村小水厂水井停止取水。2018 年底，灌南堆沟港、新安镇地下水超采区地下水埋深分别上升至 30 米、33 米，灌云县燕尾港超采区地下水埋深上升至 24 米，回升至 25 米限采红线以内，全市地下水超采区水位在近十年内首次得到显著回升，全面回升至红线以上。

水生态保护 市水利部门编制完成重要河湖生态基流和水位方案。实施“清水进城”工程，完成烧香河、运盐河、玉带河、开泰河、北排淤河等河道河段清淤，元宝港闸、公兴港闸重点调水口门加快建设。

取水许可管理 开展农业取水登记，完成灌云叮当河灌区、官沟河灌区、灌南柴沂灌区等 9 个重点中型灌区农业取水许可证发放。完成灌云光大城乡再生能源有限公司、华能灌云热电有限责任公司、凯发新泉自来水（灌云）有限公司、东海青松岭酒店有限公司等取水许可验收。连云港市、东海县获评省级水生态文明城市。

节水工作 全市新增高效节水灌溉面积 3000 余公顷。赣榆区创建全国高效节水灌溉示范区。建成省级节水型学校 5 所，灌云县开展创建节水型社会示范区创建申报工作，完成节水型教育基地建设。6 家企业完成节水技术改造。

【河长制工作】 2018 年，全市有市、县、乡、村四级河长 3504 人，实现境内河流、水库河长体系全覆盖。市委、市政府召开专题会议研究部署河长制工作。全年 15 名市级河长巡河 88 次，121 名县区级河长巡河 874 次，947 名乡镇级河长巡河 9126 次。市、县、乡三级建立河长制考核制度、督查制度、验收制度、会议制度、巡查制度、信息共享制度和交办制度等。市政府出台《连云港市河长履职办法》《连云港市河长制工作 2018 年度市级考核细则》，完成《连云港市河长制工作问责办法（试行）》征求意见。编印 2018 年度“一河一策”任务清单。对市领导任河长的 21 条河库进行全方位排查，利用软件对沿线问题点进行取照、定位，通过卫星遥感、无人机巡查和人工现场复核等方式，实现市级河长责任河库基本情况及存在问题“一张图”呈现。印发《连云港市生态河湖“高质发展后发先至”三年行动计划（2018—2020）》，编制完成流域性河道《新沂河、新沭河、通榆河、沭河（2018—2020）重点治理项目实施方案》《全市主要入海河流水环境综合治理行动方案》等。水利部《河长制湖长制工作简报》两次刊文推介连云港市河长制工作经验。全年签发市级河长交办单 56 份，交办事项 132 项。完成整改 121 项，整改完成率 91.7%。对县区河长制工作及市级河长所管河湖河长制工作进行评估，评估内容包括河长制目标完成、工作机制、重点任务、河湖管护、能力建设与样板创建、满意度 6 个方面。开发建设“连云港河长”微信公众号、“连云港智慧河长”信息化平台，实现河道水质数据采集、河长制信息公开、河道水质公开、河道投诉建议、河长巡河办公、河道督办管理等功能。“连云港河长”公众号发布信息 243 条。

【水行政执法】 2018 年，全市查处水事案件 35 起，罚款金额 431 万元。对全市 21 条骨干河道进行全面排查，将市管河道基本情况、问题清单、问题现状影像图制作成册。开展河库“三乱”（乱占、乱建、乱排）专项整治等行动，清理违章圈圩 1507 公顷，违章种植 413 公顷，阻水网、簖 174 万只，拆除违章建筑 1.48 万平方米。开展为期 2 个月的全天候监控采砂管控专项行动，出动执法人员 4000 余人次、车船 1200 余次，开展夜间突击行动 5 次，查扣违法采砂船 41 艘，拖离滞留水库无人值守的“僵尸船” 10 艘。开展砂场占用面积复测，《石梁河水库采砂规划》通过评审验收。 （李 军）

海洋环境保护

【海洋生态修复】 2018 年，连云港市推进海岸线整治修复工作，新增修复岸线 6 千米、绿化面积 6 万平方米。全年争取省级海洋与渔业局海岸线整治修复专项资金 680 万元，支持赣榆区砂质岸线综合整治项目及赣榆沙汪河口海岸线湿地整治修复项目。羊山岛整治修复项目（约 1.3 千米岸线）工程完工，申请省自然资源厅验收。推进连云区小官山海岸线整治修复项目（约 4 千米岸线）、赣榆区砂质岸线综合整治项目（约 10 千米岸线）。做好浒苔绿潮防控工作，全年打捞浒苔 1.1 万包，湿重 1500 吨。

【海域和海岛使用管理】 2018 年，全市落实海洋督察整改工作，市政府召

2018年，连云港市近岸海域水质明显改善。图为大量海鸟聚集海州湾北部沿海湿地　司伟/视觉江苏网

开全市海洋专项督察整改工作部署会，开展专项督查。印发《连云港市围填海现状调查工作方案》，完成市、县两级围填海现状调查报告及图件制作。强化养殖用海整治，出台《关于加强养殖用海管理工作的意见》，实行审批、监管、执法一体化。做好全市重点项目用海保障，盛虹炼化配套港储项目码头工程、连云新城蓝色海湾基础工程等重点项目获正式用海批复，推进卫星石化配套码头、徐圩新区达标尾水排海工程等用海报批工作。强化海域使用事中事后监管，建立海域、动管、海监"三位一体"联动机制，从用海审批、监管跟进，到发现疑点疑区、核实用海信息、查处违法用海，提升海域综合管理效能。（夏燕红）

土地资源保护

【土地开发利用】 2018年，连云港市完善土地利用规划，优化土地布局，将奥特莱斯、申马物流园、西游小镇、园博园等重点项目纳入土地利用总体规划范围。合理分配2018年度市区土地利用计划474公顷，预留市级"计划池"107公顷，统筹调剂县区用地计划147.6公顷。完成土地增减挂钩实施利用面积118公顷，工矿废弃地复垦利用105.27公顷。全年流转增减挂钩节余指标73.37公顷，成交额10.35亿元。全市供应土地面积1411公顷，其中存量建设用地1000公顷，完成低效用地开发800公顷。保障重点项目用地，连盐铁路、连青铁路、连徐铁路、连淮扬镇铁路4条铁路，204国道、236省道等主要交通干线全部取得用地批复。连云港新机场项目永久基本农田补划和土地利用总体规划修改方案通过专家论证，建设用地预审通过自然资源部审查。规范土地出让与储备管理，市政府印发《关于进一步加强市区土地出让与储备工作的意见》。制定2018年度土地储备计划和资金使用计划，完成德邦化工集团等23宗地块的储备工作，面积106.53公顷。全年市区经营性用地挂牌成交29宗，面积128.73公顷。（夏燕红）

【耕地保护】 2018年，全市加强耕地保护和改进占补平衡，强化永久基本农田保护，制定《连云港市补充耕地指标交易暂行办法》，规范补充耕地指标跨县区调剂行为。出台《连云港市耕地保护激励实施办法（暂行）》，建立"普惠+激励"耕地保护机制，全年拨付市级耕地保护补偿激励资金1529万元。实施土地整治项目133个，新增耕地面积720公

2018年连云港市土地面积主要指标一览表

表39　　单位：平方千米

指　　标	全市	市区				东海县	灌云县	灌南县
			连云区	海州区	赣榆区			
土地总面积	7615.71	3012.31	797.52	700.71	1514.08	2036.66	1538.33	1028.41
农用地	5140.18	1735.60	286.43	477.19	971.98	1573.55	1104.38	726.65
耕地	3916.08	1188.88	162.38	326.51	699.99	1222.94	916.71	587.55
园地	152.71	63.17	8.05	9.88	45.24	83.68	2.45	3.42
林地	145.85	115.13	60.60	49.48	5.05	26.86	3.87	0.00
建设用地	1804.41	942.69	379.58	185.56	377.56	382.71	303.88	175.13
居民及工矿用地	1439.26	775.65	325.71	144.75	305.19	242.05	255.94	165.62
交通运输用地	337.65	154.79	40.48	39.56	74.75	97.50	52.00	33.35
水利设施用地	1532.03	684.99	191.59	119.71	373.70	325.57	298.92	222.55
未利用地	671.12	334.02	131.52	37.96	164.54	80.40	130.08	126.63

（刘从鸿）

顷。至年底，全市有耕地39.16万公顷，永久基本农田面积31.51万公顷。强化国土执法监察，立案查处1153宗违法用地，结案619起，涉及罚没款1136万元，拆除建筑物面积10.89万平方米、没收建筑物面积26.24万平方米，处理责任人100人。

实施连云港市耕地质量提升综合示范区建设项目，新增水肥一体化技术耕地2333公顷。在全市21个耕地质量提升试验示范区中，推广化肥减量增效新技术和新模式29项，共计733.2万亩次，减少化肥用量2.33万吨。东海县获批农业农村部果菜茶有机肥替代化肥试点县，灌云县、赣榆区获批省化肥减量增效示范县。全市完成测土配方施肥技术推广面积35.73万公顷，制定连云港市主要农作物基肥主推配方30个。粮食生产功能区和重要农产品生产保护区完成“上图入库”工作，完成省农业农村厅下达的水稻面积20.6万公顷、小麦面积18.8万公顷，大豆面积33公顷划定任务。开展耕地质量管理工作，对各县区的占补平衡项目进行现场勘查和土样采集评定，评定达标率达98%以上。

（夏燕红　沙莎）

【滩涂保护开发】 2018年，全市争取立项滩涂垦区配套项目4个，开发总规模1266.7公顷，项目总投资3450万元，其中省级财政补助资金2850万元。建设完成滩涂垦区配套项目6个，其中基地项目4个、园区项目2个，分别是赣榆区宋庄高效养殖基地项目、连云区青口盐场高效养殖基地项目、徐圩新区东辛水产基地项目、徐圩新区香河农业生态园区项目、灌云县圩丰高效水产养殖基地项目和徐圩新区东辛水产科技园区项目。全市完成开挖疏浚沟渠11.91千米、土方80.33万立方米，池塘清淤115.27万立方米。新建排灌站10座，架设输电线路16.27千米，新建防渗渠道17.61千米、水泥路34.07千米、砂石路6.34千米、化验室89.1平方米，建设配套建筑物470座。（陈洪建）

矿产资源保护

【概况】 2018年，连云港市有有效探矿权矿山13个，其中普查项目8个、详查项目5个，主要勘查矿种有地热、石榴子石、金红石、金矿、磷矿等，勘查面积45.46万平方米。全市有持证矿山企业21家，从业人员1497人。矿山企业生产矿石总量1382万吨，完成工业总产值4.93亿元、矿产品销售收入4.8亿元、利润总额1.25亿元。

【矿山环境治理】 2018年，连云港市制订全市废弃矿山地质环境恢复治理三年行动计划，同时以承诺的方式通过新闻媒体向社会公开，接受社会监督。创新矿山治理模式，突破传统大削坡大开挖思路，探索试点“团粒喷播”等新技术新工艺，推进构建消除地质灾害+园林绿化治理新模式。全年完成5个重点废弃矿山地质环境治理，治理面积21.7万平方米。

（夏燕红）

森林和自然保护区保护

【概况】 2018年，连云港市以创建国家森林城市、全国文明城市为目标，市委、市政府召开全市创建国家森林城市和绿化造林工作推进会，林业部门召开全市绿化造林现场观摩会、山体绿化工作座谈会和推进会，市委办公室下发创建国家森林城市暨春季绿化造林督查的通知，加快推进公园绿化、河滨绿化、道路绿化、社会绿化、其他绿化五大类绿化工程建设。全年投资6.72亿元，完成绿化工程项目148个，新增绿地面积270公顷，建成区绿地率37%，绿化覆盖率40.3%，城区人均公园绿地面积14.4平方米。加快城市公园建设，完成投资3.7亿元，新建、改造潮河湾湿地公园、在海一方公园、昌圩湖绿园、西凤凰山公园等12个城市公园。实施“绿美乡村”建设，完成47个省级绿化示范村建设。抗日山园艺场建成全市首个标准化麻栎大容器苗培育基地。省林业局批准连云港市设立云台山植物林木种质资源库。

【植树造林】 2018年，全市完成造林1.34万公顷，其中成片造林5353公顷。完成“四旁”（路旁、沟旁、渠旁和宅旁）植树2075.36万株，完成森林抚育7800公顷。新增道路绿化600公顷、水岸绿化493公顷，新建沿海防护林740公顷。开展5个废弃采石宕口治理，完成修复面积21.7公顷。新建城市公园12个、小广场和街头游园43个，建设生态绿道185千米。开展“百亩集中连片”造林活动，全市有6.7公顷以上造林地块240块、面积2340公顷。加快绿色通道建设，投资3亿元，打造新204国道两侧、新236省道及徐新公

云台山森林公园　　张言华　摄

路两侧总面积近200公顷的绿色景观大道建设。全年办理林木种子生产经营许可证11家。加强良种基地、保障性苗圃管理。东海县落羽杉良种基地开展苗木温室扦插生根技术、容器育苗及后期的水肥管理，完善母树林、采穗圃等。赣榆区泡桐良种基地对泡桐良种苏桐3号进行大面积扦插及标准化示范栽培，新建基地道路、沟渠等配套设施，新布设喷灌设施投入使用。加大种苗繁育力度，黄墩苗圃场完成繁育苦楝、白榆、雄株杨树等适生乡土树种10万株。市乡土树种繁育中心完成温室大棚组培实验室、新品种研发中心、标本展示室，以及500平方米标准化育苗的移动苗床、200平方米扦插池，繁育区布设喷滴灌、遮阳网、降温风机等设施，新育苦楝、白榆、乌桕2.5万余株，开展楸树、红楠扦插试验5000株，繁育有红楠、南京椴、金钱松、流苏、楸树、榔榆、直杆榆等近百种苗木，采收苦楝、榔榆、拐枣、枫香、野鸦椿、湖北海棠、朴树、皂荚等树种种子1000千克。

【林地绿地保护】 到2018年底，全市有林地面积14.59万公顷，国家特别规定灌木林地面积1.49万公顷，“四旁”树折算面积2.64万公顷，森林覆盖面积18.93万公顷，林木覆盖率28.04%。林业部门规范林地的合法、有序流转。在审核建设项目使用林地过程中，对可能对森林资源和生态环境存在影响的实行专家论证制度，落实异地植被恢复和涉及省级以上重点公益林“占一补一”制度，林地面积和重点公益林不因征收占用减少。全年完成使用林地事项审核上报18件。开展以保护林地为重点的森林督查行动，利用国家林业局提供的卫星遥感数据，对全市1502个图斑、地块涉及建设项目使用林地和森林采伐进行核查。加快建设绿色通道工程，建设通道绿化面积1467公顷。海州区投入1亿元，完成新204国道160公顷土地流转、林相更新和绿色通道建设，山后河十里桃花项目栽植33公顷优质水果。高新区和徐圩新区打造徐新公路两侧各25米宽总面积近200公顷绿色景观大道。灌南县实施连盐铁路绿化，范围为铁路两侧各100米，面积133公顷。灌云县实施43千米长204国道景观林带建设。加快山体绿化建设工程建设。以云台山、羽山、夹谷山、伊芦山、大伊山等为重点，结合森林抚育，采取工程造林、补植补造等方式，进行覆绿增绿提景，构建以“三化”（彩色化、珍贵化、效益化）树种为主的针阔混交林或阔叶林，全市完成山体绿化面积687公顷。加快村庄绿化工程建设。开展绿化示范村创建与绿美乡村建设，开展沿河、沿路、沿庄、沿田“四沿”绿化。加快林业产业工程建设。全市林业总产值达335亿元。全年培育苗木花卉660公顷。丘陵地区以林果产业为主，发展特色林果等经济林760公顷。赣榆区建成厉庄镇黑林大树村蓝莓、厉庄镇西陡岭村大樱桃2个千亩连片地块。东海县推进沿羽青路、双林路两侧万亩优质林果基地建设，在东海农业国际合作示范区内新栽优质蓝莓品种20公顷。全年更新完善农田林网控制面积1.76万公顷，建设省级绿化示范村47个，其中“三化”示范村29个，建成“三化”示范片38个，灌云县申报省级“三化”示范县。

（舒 彤 徐云蕾）

2018年连云港市加强城市公园建设。图为连云区昔日荒山西小山变身城市生态公园　　耿玉和/视觉江苏网

【森林病虫害防治】 2018年，全市加强林业有害生物防控。3月，开展杨树舟蛾、美国白蛾越冬蛹调查，采用性诱和灯诱监测成虫羽化进度，5月中旬开始发现第一代美国白蛾幼虫。全年美国白蛾虫情总体稳定，未发生重大灾情，灌云县、灌南县全境和东海县、赣榆区部分乡镇有虫株率低、叶片保存率高，海州区、连云区零星低虫口发生。杨树舟蛾类食叶害虫较往年有加重的趋势，7月，第三代杨树舟蛾虫害严重，东海县、灌云县的部分地区出现吃花、吃光杨树叶片现象。开展护绿2018和“林安”专项行动，采取多种措施开展病虫害防治。赣榆区、东海县、灌云县、灌南县投入900余万元实施“飞防”，全市“飞防”作业面积8.32万公顷。海州区、赣榆区、连云区、东海县购买1.6亿只周氏啮小蜂寄生蛹防治美国白蛾，市区释放数万管肿腿蜂、花绒寄甲防治天牛，对松材线虫病疫点及时清理死树、除害处理，加强森林抚育。

【湿地保护】 2018年，全市新增自然湿地保护面积4783.5公顷，自然湿地面积达11.92万公顷，自然湿地保护率51%。3月1日起，《连云港市滨海湿地保护条例》实施。市政府成立市滨海湿地保护委员会、滨

临洪河口湿地 张言华 摄

海湿地保护专家委员会。灌云潮河湾省级湿地公园获省林业局批复。市林业部门完成东海西双湖国家级湿地公园（试点）、临洪河口省级湿地公园、灌南硕项湖省级湿地公园、灌云沿海湿地（新沂河入海口）等省级重要湿地名录认定。完成《连云港市滨海湿地保护规划》初稿，制作《连云港市湿地及其保护》画册。灌云潮河湾省级湿地公园加大资金投入，开展基础配套设施建设，恢复植被13公顷，园内湿地修复面积18.67公顷。连云港临洪河口省级湿地公园开展生态保育和恢复、旅游开发和配套工程建设。加强对已批建湿地保护小区的管理，建立界桩574个、标牌92个、界牌11个。灌南县南六塘河湿地保护小区通过省示范湿地保护小区验收。新建灌南县柴米河和赣榆区石桥滨海湿地保护小区。全年完成湿地恢复面积405公顷。

【古树名木保护】 2018年，市林业管理部门建立全市古树名木信息档案，对548株古树名木登记建档，编制连云港古树名木信息管理系统（APP），对古树名木依其树种、树龄、胸径、冠幅、长势、生长环境等做详尽记录。印制《连云港市古树名木画册》，制作古树名木标志牌和二维码，在《连云港日报》上刊登古树名木认养倡议书。开展古树名木日常巡查检查，市林业部门指导古树名木的具体管护者开展保护工作。开展濒危古树抢救保护，林业专家赴现场对濒危的古树名木进行会诊把脉，制订古树抢救和复壮方案。根据各古树名木的生长情况采取施肥、除草、填堵树洞、加固、支撑、围栏、疏枝、砌坝、培土、护坝等手段，开展维护复壮工作。孔望山景区内的流苏树被全国绿化委员会办公室、中国林业学会评为“中国最美古树”，是全省唯一入选的古树。

【生物多样性保护】 2018年，市林业部门开展生物多样性调查和野生动物调查。运用无人机、红外感应相机等新技术对青口河口沿线、临洪湿地、锦屏山、东盐河、双湖湿地、达山岛、车牛山岛等地进行全面调查，记录野生鸟类302种近30万只，两栖类5种、爬行类6种，建立连云港市野生动物数据库，并出台连云港市野生动物保护名录。加强秋冬季候鸟等野生动物保护执法和疫源监测防控工作。全年新增疫源疫病监测路线6条，对111个监测点开展疫源疫病监测近200次。完善野生动物救助体系。小岛山野生动物救护中心新建大型猛禽救助室1座、大型猴舍2座、野生动物救助笼舍多个、改造完成野生动物救护室等。“110”“12345”政府热线接求助电话、个人救助电话200余起，救助野生动物及卵达45种、1万余只，放飞鸟类800多只，处理扰民野生动物案件20多起。开展联合执法打击猎捕野生动物专项行动。公安、林业等部门组成联合执法组，对重点湿地、市场、饭店、交通要道等进行巡查检查，开展鸟类巡护值守和执法检查行动、“盘羊三号”等行动，拆除捕鸟网30余处，清理野生动物驯养繁殖场所5处，清理野生动物加工经营场所10处，销毁捕鸟工具20余件，查获案件10余起，处理违法犯罪嫌疑人40余人。市野生动物保护站被评为全国“盘羊三号”行动先进集体。通过电视、广播、报纸、网络等途径，宣传《中华人民共和国野生动物保护法》《江苏省野生动物保护条例》。《连云港日报》《苍梧晚报》报道野生动植

物新闻20次，制作野生动物救护专题片1期。（舒 彤）

链接

孔望山830岁流苏树获评中国最美古树

2018年，全国绿化委员会办公室、中国林业学会公布“中国最美古树”遴选结果，位于连云港市孔望山龙洞庵830岁的流苏树获评中国最美古树，是江苏省唯一入选的一株古树。流苏树，别称萝卜丝花、牛筋子、乌金子、茶叶树、四月雪等，在连云港市被称为糯米花树或糯米茶。落叶灌木或小乔木，树形高大优美，枝叶茂盛，初夏时节开出满树白花。这株流苏树坐落在孔望山龙洞东侧的龙洞庵庙宇院内大门东侧，与西侧的圆柏遥相呼应。古树种植于南宋时期，距今已有830多年历史，为雄性，胸围296厘米，地径98厘米，分叉胸径30厘米和45厘米，树高10米，冠幅11.5米。每年4月中旬流苏树开花，花期只有10天左右。（年 编）

污染防治

【大气污染防治】 2018年，连云港市加强大气污染防治。灌云化工园区、灌南化工园区企业全部停产整治。255家企业实现清洁原料替代，超额完成省下达的13家的目标任务。290家企业开展VOCs（挥发性有机化合物）综合治理，超额完成省下达的42家的目标任务。154家企业安装VOCs在线监控设备，化工园区建成废气在线监控系统。加强烟尘区域综合整治。印发《关于组织实施〈江苏省颗粒物无组织排放深度整治实施方案〉的通知》，加强工业企业、燃煤锅炉、开山采石、码头及船舶扬尘污染管控。针对市区大规模拆迁、扬尘污染较重的实际，加强建筑施工工地、拆迁工地扬尘管控，加大监督检查频次，对检查中发现的问题，及时交办处理，处理不到位的进行曝光。加强机动车尾气治理。全年开展尾气检测车辆26万台。依法处罚1家环检机构违法行为。10月起，全市供应国六标准的汽油、柴油，实施汽车检测与维护制度。建设1套固定式机动车尾气遥感监测设备。全年淘汰老旧机动车1581台，老旧船舶3艘。港口建成高、低压岸电系统18套，内河持证码头岸电建设实现全覆盖。市区公交车辆新能源及清洁能源车型占93.66%。加强雾霾防治工作。完善以“视频监控+空气质量网格化监测”为主的精细化管控体系，全市高空高清、普清视频监控点位扩充至403个，基本实现全市主要污染源和重点地区全时段监控。在市区50个乡镇、街道安装空气质量监测设备。全年排定999家重污染天气应急管控企业清单，实施不间断督查、夜查。编制《连云港市基于“生态优先，绿色发展”新思路的大气环境质量提升方案》。

全国最美古树——孔望山龙洞庵流苏树　　马玉军　摄

【水污染防治】 2018年，连云港市落实“河长制”“断面长制”，制定《连云港市近岸海域水污染防治提升方案》。明确16条主要入海河流2018—2020年整治目标要求及主要任务，从空间减排、结构减排、工程减排、管理减排、生态增容、风险防控六个方面制定主要任务，详细制定入海河流水污染防治重点工程清单，排定城镇水污染防治、工业水污染防治、农业农村水污染防治、水环境综合整治、水生态修复、船舶码头污染防治、风险防范和能力建设七类重点工程项目共473个，计划投资163.61亿元。2018年排定年度重点水污染防治工作项目104个，争取省级水污染防治环保引导资金9025万元。开展入河、入海排污口排查及清理整顿工作，完成45个规模企业入河排污口、1个非法入海排污口、2个不合理入海排污口整治工作。开展氟化物污染调查，推进东海县酸洗石英砂整治。新建分布式农村污水处理设施105个，总处理能力2.85万吨/日。完成沙汪河等重污染河流清淤工程，建成1.45万平方米生态浮岛。全市204家在营加油站、840个地下油罐中，97家加油站、405个油罐完成更新改造。全市入海河流及近岸海域水质改善明显，11条黑臭水体完成整治。

【固体危险废物防治】 2018年，全市新建4个危险废物处置设施，新增危险废物处置能力4.49万吨/年，总处置能力达10.29万吨/年。落实危险废物“减存量、控风险”行动，安全转移处置危险废物2.7万吨。创建危险废物环境守法责任承诺制度，危险废物规范化管理省级抽查合格率达97.86%。

【秸秆禁烧和综合利用】 2018年，连云港市秸秆禁烧和综合利用工作以零火点为目标，强化机械化全量还田，突出多种形式综合利用。制定农作物秸秆综合利用工作方案，由原先的全量还田为主，逐步向提高农作物秸秆综合利用率转变。全年完成麦秸秆还田面积21.97万公顷，夏季还田率91.84%。完成稻秸秆还田面积14.71万公顷，秋季还田率81.28%。全年秸秆机械化还田率87%，秸秆利用率95%。成立10个市级督（巡）查组对全市进行包片督查，新装300余路高清视频监控系统对秸秆综禁工作远程监控，出动13架次无人机对秸秆禁烧进行巡查监控。

【辐射安全管理】 2018年，连云港市加强辐射安全管理。市环保局审批110千伏输变电工程建设项目环境影响报告表7份，完成放射源转让审批4份，500千伏输变电项目报告书的项目预审1份，新申领、重新申领、延续、变更和预审等辐射安全许可审批事项108份，放射源异地使用备案与预备案及注销28份。开展核技术利用单位辐射安全综合检查专项行动，涉源单位检查率100%，下达监督意见书3份，全部完成整改。全年接待辐射类信访案件4起，均全部办结。更新辐射事故应急人员名录，编制辐射事故应急预案简本，全年未发生辐射安全事故。

【化工园区专项整治】 2018年，连云港化工园区实现集中供热全覆盖，“两灌”（灌云、灌南）园区污水处理设施实现阶段提标，监测监控等环保设施同步完善。“两灌”园区201家化工企业全面停产整治，立案查处环境违法案件177起，处罚金额6400余万元，移交司法机关案件19起，刑事处理36人。全市实施化工企业复产整治，推动65家企业进入取缔关停程序。园区主要河道水质稳步向好，化工异味明显改善。

（孙 峰 王 莉）

节能减排

【概况】 2018年，连云港市加快产业结构调整，将节能目标任务细化分解到县区、重点用能企业，确立“月跟踪、季分析、年考核”制度，每月跟踪重点用能企业，掌握企业节能降耗情况；每个季度分析全市节能形势，对县区节能目标完成情况印发“晴雨表”进行通报。推动节能技术推广应用，结合全国第28个节能宣传周活动，举办2018首届中国（连云港）绿色制造大会，就绿色发展理念、绿色制造体系建设与发展等议题进行研讨交流。全年单位地区生产值能耗下降3.8%；完成重点节能改造项目30个，实现15万吨标准煤的节约能力。连云港市镔钰再生资源有限公司、灌南圣瑞再生物资回收有限公司申报废钢铁加工行业准入。兴鑫钢铁、奥神新材料2家企业开展自愿性清洁生产审核验收。

【节能降耗】 *重点行业节能* 全年实施工业技改投资项目节能审查8个，核减能源消费1.7万吨标准煤。开展绿色制造体系示范创建工作，恒瑞医药、康缘药业、虹港石化3家企业获批国家级绿色工厂，太阳雨集团“太阳雨”牌净水机、四季沐歌反渗透净水机2个产品获批国家级绿色产品。全年认定市级绿色工厂4家、市级绿色产品2个、绿色园区1个。新建建筑节能面积672.18万平方米，通过施工图审查的绿色建筑面积1260.25万平方米，全部按照绿色建筑标准进行设计。新增绿色建筑设计标识12项、195.64万平方米，均为二星级绿色建筑。市城建档案馆获省级二星级绿色建筑运营标识。全年新增可再生能源建筑应用面积616.32万平方米，既有建筑节能改造19.69万平方米。做好交通领域节能工作。全市养护大中修项目折算里程为17.57千米，其中运用再生技术的施工里程为15.91千米。全市6.55万辆营运车辆中使用清洁能源车辆4593辆。全年新购230辆电动公交投入运营，全市有1617辆节能环保公交车辆，占全市公交总数的94%。加强营运车辆燃油消耗量核查和营运客车类型划分及等级评定。实施新增营运车辆燃油核查6056辆，31辆因未达标被拒绝准入。

节能管理 全年对涉及化工、造纸、烧碱等行业能耗限额达标及重点用能产品设备能效提升、固定资产投资项目节能评估审查制度执行情况的50家企业开展执法检查40余次，出动116人次，开具现场监察报告37份，提出节能建议103条，下达限期整改通知书2份、节能监察建议书3份。建立由150家企事业单位组成的随机抽查对象名录库，开展5个批次的“双随机”（随机抽取检查对象，随机选派执法检查人员）抽查工作，抽查50家，抽查比例达33%。

（张雪梅）

【污染物减排】 *农业面源污染物减排* 2018年，市政府印发《连云港市土壤污染状况详查实施方案》，建立土壤污染防治行动联动机制。完成农用地土壤污染状况详查。实施土壤污染治理与修复，推进3个重点地块环境调查评估，完成连云港经济技术开发区泰山路污染场地治理与修复。

工业污染物减排 加强省级以上工业集聚区及重点排污企业污水集中处理设施监管，推进工业集中区污水集中处理设施及在线监控设施建设，省级以上工业聚集区污水集中处理设施全部安装化学需氧量、氨氮、总氮、总磷在线监控设施，并与环保部门联网。全年排定水污染减排项目75个，减排化学需氧量、氨氮、总氮和总磷分别为5765吨、936吨、1353吨、488吨。完成10蒸吨以上燃煤锅炉整治63台，其中淘汰或使用清洁能源58台、超低排放改造5台。完成4家钢铁企业脱硝改造工作、1家平板玻璃企业深度脱硝改造工作，7家水泥企业完成粉尘提标改造工作。开展重点行业企业用地状况调查，476家重点行业企业完成基础信息采集。 （孙 峰 王 莉）

【2018首届中国（连云港）绿色制造大会】 6月8日，2018首届中国（连云港）绿色制造大会在连云港市召开。会议由中国生物多样性保护与绿色发展基金会、中国生态文明研究与促进会、中国环境报社、中国环境文化促进会、江苏省经济和信息化委

员会、连云港市政府等共同支持，由中国绿色发展联盟、连云港市经济和信息化委员会、盛虹石化集团有限公司承办。国务院参事、全国工商联原副主席谢伯阳，中国工程院院士金涌，生态环境部政策法规司负责人，连云港市委副书记、代市长方伟，江苏省经济和信息化委员会党组书记、主任谢志成，国务院发展研究中心研究员周宏春等出席会议。会上，中国绿色发展基金会副秘书长马勇与盛虹石化集团副总经理、斯尔邦石化总经理白玮共同签署绿色发展专项基金捐赠协议。盛虹石化集团有限公司绿色制造与发展示范基地揭牌。谢伯阳从绿色发展引领临港经济角度做主题发言。金涌从资源高效利用与绿色化学工业的专业视角，向与会嘉宾分享化工领域科研水平的进步对制造行业的巨大推动作用。工信部生态设计与绿色制造促进会执行副会长迟晓光，中国石油和化学工业联合会副会长周竹叶分别以绿色制造体系的建设与发展、推进石油和化工行业绿色发展的思路与举措为主题作发言。来自全国各地的企业代表开展绿色技术创新交流活动，和绿色技术路演活动。大会组织与会嘉宾重点考察连云港市徐圩新区及盛虹石化集团有限公司、康缘药业和恒瑞的规划发展情况，了解连云港市在绿色发展方面的规划布局与企业改革创新情况。

（年　编）

环境监督管理

【环保能力建设】 2018年，连云港市298家企业市控污染源和化工企业完成自动监控安装联网，246家企业完成有动力污染处理设施用电监控安装联网。建立市级环境监管执法平台，实现部、省、市移动执法数据三级联网，全市环境执法监管人员配备移动执法现场端。开展“嵌入式”环境执法监督行动。梳理廉洁风险点，制定连云港市环境执法流程图、防范措施和工作制度办法。开展2018年环境执法能力提升年活动。编制重点行业企业现场执法检查指南与执法文书模板。连云港市核电流出物高放射性样品分析实验室通过省环境保护厅验收，具备投运条件。加强应急能力建设，应急监测车投入使用。连云港辐射环境监测管理站被评为全国环境保护系统先进集体。开展计量认证复评审的现场评审工作，对监测能力进行整合，计量认证能力覆盖水和废水、空气和废气、噪声和振动、土壤底质固废、生物、生物体、生活饮用水共两大类七小类，总计402项，新增大气挥发性有机物117个参数的监测能力。编制《连云港市环境信息化暨监测监控能力提升三年行动计划》。

【环境执法】 2018年，连云港市使用移动执法系统，助推环保规范执法、精准执法、效能执法。完成随机监管污染源961家次，发现并查处违法问题193个。完成集中式饮用水水源地环境隐患整治、工业污染源达标排放等环保专项行动。出动环境监察人员2.89万人次，检查企业1.02万家次。实施环境行政处罚845起，处罚金额1.15亿元。运用新环保法配套办法查处环境违法案件317起，其中查封扣押案件246起、限产停产案件19起、行政拘留案件29起、涉嫌环境污染犯罪案件23起。

【环保宣传及教育】 2018年，全市开展2018绿色发布、十大环保杰出青年评选、优秀环境守护者评选、中小学生环保知识大赛等近30项系列环保宣传活动，开展环保进学校、社区、街道、企业活动30余次。举办中小学生环保夏令营活动，组建连云港环保市民观察团走进污水处理厂、核电科普馆、新海电厂等单位，在海州区朝阳中路建成生态文明建设宣传一条街。全年在《中国环境报》《新华日报》等国家、省级媒体发稿近百篇，市级媒体发稿400余篇。市环保局被《中国环境报》评为环保宣传先进集体，市环保宣传教育中心被生态环境部环境保护杂志评为2018年环境保护宣传教育品质之星。

【绿色单位创建】 2018年，全市以创建绿色学校、绿色社区为主体，推进全民环境教育工作。“绿色创建”工作纳入生态市建设和教育系统年度考核目标，以“以奖代补”的方式，对建成国家级及省级绿色学校、绿色社区的单位进行奖励。28所学校成为首批市级生态文明教育特色学校校。全年创建市级绿色社区19个，省级绿色学校8所，国际生态“绿旗”学校1所。

【企业环境行为评价】 2018年，全市参加环保信用评价企业811家，其中国控企业44家，由省环保厅组织评价，评价结果情况是绿色企业11家，蓝色企业26家，黄色企业6家，黑色企业1家；非国控企业767家，评价结果情况是绿色企业48家，蓝色企业557家，黄色企业75家，红色企业85家，黑色企业2家。

（孙　峰　王　莉）

责任编辑　徐　敏

科学技术

综述

【概况】 2018年，连云港市万人发明专利拥有量6.2件、PCT（专利合作协定）申请量苏北领先。恒瑞医药入选福布斯全球百家最具创新力公司。3项成果获国家科技进步奖二等奖。国家知识产权试点城市通过验收，国家创新型城市建设通过首轮评估。中科院能源动力中心大型燃气轮机项目获批建设国家重大科技基础设施，市科技创业中心、淮海工学院大学科技园获批国家级孵化器。全市高新技术产值占规模以上工业比重达43.7%，比2017年提高8.9个百分点。全市科技进步贡献率54.9%。

【科技投入】 2018年，全市60家企业获得“苏科贷”科技专项基金贷款2.27亿元；为科技企业减税16.26亿元，比2017年增长20%。市政府将财政科技资金“拨改投”，成立现代服务业基金（含科技专项4000万元），基金支持对象从重点产业布局中的成长型中小企业中筛选，经科技部门比选推荐，基金管理部门对资金进行1:1配比。至年底，为16个项目投入6620万元。

【科技人才】 2018年，连云港市加大科技人才引进、使用和培养力度，出台《关于深化科技体制机制改革推动高质量发展若干政策》《关于进一步支持企事业单位聚才用才强化高质量发展人才引领的实施意见》《连云港市“花果山英才计划”实施办法》《连云港市人才分类评价办法（试行）》等一系列政策，赋予科研人员更大的人、财、物自主支配权。实施“花果山英才计划”，16人入选“双创”人才，1个团队入选“双创”团队，16人入选“双创”博士，42人入选科技副总，资助总额1380万元。1人入选国家重大人才工程B类，3人入选省“双创人才”，4人入选省“双创博士”，40人入选省“科技副总”。

【科技奖励】 1月8日，2017年度国家科学技术奖励大会举行，由连云港中复神鹰碳纤维有限公司牵头，江苏鹰游纺机有限公司参与申报的“干喷湿纺千吨级高强／百吨级中模碳纤维产业化关键技术及应用”项目获得国家科技进步奖一等奖。2018年，连云港市有3项科技成果获国家科学技术奖。其中，2个项目获国家技术发明奖二等奖，填补全市这一奖项的空白，1个项目获国家科技进步奖二等奖。17个项目获省科学技术奖，其中，一等奖、二等奖各3个，三等奖9个，工人创新项目1个，企业技术创新奖1个；主持完成项目10个，参与完成项目7个。评选2017年度市科学技术特别奖2个，市科学技术突出贡献奖2人，市科技进步奖70个，颁发市科技奖励资金199万元。市政府给获得2017年度国家科技进步奖一等奖的中复神鹰配套奖励资金30万元。 （朱哲保）

2018年度连云港市获国家科学技术奖一览表

表40

序号	项目名称	主要完成单位	奖励等级	单位排序
1	银杏二萜内酯强效应组合物的发明及制备关键技术与应用	中国药科大学、江苏康缘药业股份有限公司、南京医科大学、齐齐哈尔大学	技术发明奖二等奖	第二
2	生物法制备二十二碳六烯酸油脂关键技术及应用	淮海工学院	技术发明奖二等奖	第二
3	农林剩余物功能人造板低碳制造关键技术与产业化	连云港保丽森实业有限公司	科技进步奖二等奖	第四

2018年度连云港市获江苏省科学技术奖一览表

表41

序号	项目名称	主要完成单位	奖励等级	单位排序
1	医药脂质纳米材料及其产业化关键技术	东南大学、苏州东南药业股份有限公司、苏州纳康生物科技有限公司、正大天晴药业集团股份有限公司、江苏东南纳米材料有限公司	一等奖	四
2	煤源有害物质的环境地球化学约束	中国矿业大学、淮海工学院	一等奖	二
3	大型风力机设计关键技术研究及应用	南京航空航天大学、连云港中复连众复合材料集团有限公司、江苏金风科技有限公司、无锡风电设计研究院有限公司	一等奖	二
4	临床常用中药饮片多维质量控制体系的构建与产业化应用研究	南京海昌中药集团有限公司、淮海工学院、浙江中医药大学、江苏卫生健康职业学院、杭州海善制药设备股份有限公司	二等奖	二
5	水稻新型育秧基质创制及其机插栽培关键技术集成应用	淮阴工学院、扬州大学、全国农业技术推广服务中心、南京农业大学、淮安柴米河农业科技发展有限公司、太仓绿丰农业资源开发有限公司、连云港恒奥达肥料科技有限公司	二等奖	七
6	问题特性感知的知识驱动智能集成优化理论及应用	中国矿业大学、江苏师范大学、聊城大学、淮海工学院	二等奖	四
7	低温漂高精度旋转变压器－数字转换集成电路关键技术研发及产业化	连云港杰瑞电子有限公司	三等奖	一
8	大型风电叶片全尺度结构测试技术及装备的创制与应用	连云港中复连众复合材料集团有限公司、山东理工大学	三等奖	一
9	智能化20饼氨纶纺丝成套设备研发与应用	江苏天明机械集团有限公司	三等奖	一
10	智能电网建设用增容节能型碳纤维复合材料芯导线的研发及产业化应用	中复碳芯电缆科技有限公司、中国电力科学研究院有限公司、淮海工学院	三等奖	一、三
11	田湾核电站1、2号机组长周期换料技术	江苏核电有限公司、中核建中核燃料元件有限公司	三等奖	一
12	稀土废料资源化回收利用的集成技术和装置	江苏广晟健发再生资源股份有限公司、连云港市兆昱新材料实业有限公司、广东省稀土产业集团有限公司	三等奖	一、二
13	优质多样化洋葱系列新品种选育及应用	连云港市农业科学院、南京农业大学、徐州市蔬菜技术指导站、山东省农业技术推广总站、河南省经济作物推广站	三等奖	一
14	百合种质创新、新品种选育及种球快繁技术集成应用	南京林业大学、连云港市农业科学院	三等奖	二
15	复杂环境下兆瓦级风力发电机组关键技术研究与产业化	国电联合动力技术（连云港）有限公司、国电联合动力技术有限公司、南京工程学院、南京高速齿轮制造有限公司	三等奖	一
16	一种高效氨纶原液过滤装置	连云港杜钟新奥神氨纶有限公司	工人创新项目	一
17		江苏恒瑞医药有限公司	企业技术创新奖	

2018 年连云港市科学技术、科学事业基本情况一览表

表 42

指　标	单位	2018 年	2017 年	指　标	单位	2018 年	2017 年
一、科技活动机构				五、科技成果			
大中型企业科技活动机构	个	94	90	1. 科学研究成果			
省级以上工程技术研究中心	个	88	85	获市级以上科技进步奖	项	20	80
省级以上科技公共服务平台	个	12	12	获市级以上专利奖	项	5	36
高新技术企业科技活动机构	个	228	240	2. 技术成交项目	个	378	432
二、科技活动人员				技术成交额	万元	166362	146838
大中型企业科技活动机构	人			六、专利情况			
高新技术企业科技活动机构	人	11128	10770	专利申请数	件	9538	9134
三、科学研究成果				发明专利数	件	1851	1482
获市级以上科技进步奖	项	20	80	实用新型专利	件	5239	3769
获市级以上专利奖	项	5	36	外观设计专利	件	2448	3883
四、科技活动				专利授权数	件	5790	6311
获批国家重大专项项目经费	万元	4275	923	发明专利数	件	472	500
获批省科技计划项目经费	万元	15629	10225	实用新型专利	件	3288	2197
高新技术企业科技活动经费支出	万元	751359	638981	外观设计专利	件	2030	3614
其中：来自政府部门的科技活动经费	万元	16864	15080				

科技创新

【概况】 2018 年，连云港市实施创新驱动发展战略，深化科技体制机制改革，实施配套政策鼓励科技创新，全市创新活力明显增强。全市高新技术产业产值占规模以上工业比重达 43.7％。全社会 R&D 投入占比达 1.92％，万人发明专利拥有量达 6.2 件。国家农业科技园区通过验收，中科院大科学装置可研报告通过国家发改委审批，2 人获得第二届江苏省十佳专利发明人奖。市委、市政府出台《关于深化科技体制机制改革，推动高质量发展若干政策》、市政府办公室印发《关于促进科技与产业融合，加快科技成果转化的实施方案》，推进科研领域简政放权，助推科技与产业深度融合和全市高质量发展。围绕市企业培优培强、上市企业培育、科技型中小企业培育三大行动计划，制订实施《2018 年高新技术企业培育实施方案》，对 249 家存量高新技术企业和 200 余家科技型中小企业开展拉网式“点对点”精准辅导培育。283 家企业通过国家科技型中小企业认定；124 家企业通过国家高新技术企业认定，比 2017 年增加 37 家。

【全市科技创新大会】 10 月 10 日，全市科技创新大会召开。会上颁发 2017 年度国家科技进步奖一等奖市配套奖、2017 年度连云港市科学技术奖以及首届连云港市专利奖。其中，省海洋资源开发研究院等 4 家单位联合完成的“紫菜栽培加工机械化关键技术集成与应用”、天明装备、淮海工学院联合完成的“大坡度支架搬运车关键技术与工程应用”、杜钟新奥神氨纶“差别化无染氨纶纤维”、市妇幼保健院“不良妊娠结局的系列研究”、市城乡建设局等 4 家单位联合完成的“固体废弃物资源化利用及节能保温技术产业化”、市农业科学院等 3 家单位联合完成的“百合新品种引进、选育及技术集成创新应用”、正大天晴药业、润众制药联合完成的“替加环素的工艺创新及产业化”7 个项目获得一等奖；21 个项目获得二等奖；42 个项目获得三等奖。首届连云港市专利奖评选出专利金奖 10 个、专利优秀奖 20 个。会议下发《关于进一步支持企事业单位聚才用才，强化高质量发展人才引领的实施意见》（以下简称《意见》）、《关于深化科技体制机制改革，推动高质量发展若干政策》（以下简称《政策》）、《推进科技与产业融合，加快科技成果转化实施方案》（以下简称《方案》）等文件。

《意见》明确聚才方向，提出围绕支柱产业、重点产业、重要领域引进培养人才。支持事业单位按需引进高端人才，引进高端人才可不受岗位总量、结构比例限制，并且可按照规定适当提高高级专业技术岗位结构比例。加强人才配套资助，按照 1∶0.5 比例，对省级以上高层次人才所获得的资助给予配套支持。引进顶尖人才和团队，按需提供经费支持、创设发展平台、提供科研设备和发展场地。注重招院引所，推进中国药科大学等在连云港市设立分校或研究生院，推进石化新材料产业技术研究院建设。

《政策》提出，要深化科研领域“放管服”改革，包括创新财政科技资金投入和使用方式、优化财政科技投入方式、优化整合市级各类科技计划、改革项目经费预算编制方式、扩大预算调剂权、经费使用自主权和技术路线决策权、拓宽项目直接费用列支范围、加大对承担重大科研任务领衔人员的薪酬激励、创新政府采购机制、健全科研财务助理制度、优化项目经费和审计管理、完善项目过程管理和评价验收、强化科研项目绩效评价、扩大科研院所、高等学校科研自主权、支持重点科研院所、高等学校科技体制改革13条政策；推进科技与产业融合发展，包括鼓励企业自主创新、实施引领产业发展的重点科技专项、推进农业科技园区建设和科技创新、推进重大科研设施建设、发展新型研发机构等创新载体、推进大型科学仪器等科技公共资源开放共享、支持院士团队在连云港市设立院士工作站、推动省级以上开发区和高新区创新发展、激励知识产权创造运用、加大政府科技投入10条政策；营造激励创新宽容失败的浓厚氛围，包括健全科技创新统筹协调与决策机

2018年连云港市新增国家高新技术企业一览表

表43

序号	企业名称	县区	序号	企业名称	县区（园区）
1	连云港连锐针布有限公司	东海县	32	连云港永喜工贸有限公司	赣榆区
2	连云港市欧雅特照明电器有限公司	东海县	33	江苏联宇医疗器械有限公司	海州区
3	东海县宏达石英材料有限公司	东海县	34	江苏省晶瑞石英工业开发研究院有限公司	海州区
4	东海县亚连玻璃有限公司	东海县	35	江苏智维门窗科技有限公司	海州区
5	东海盈达空调设备有限公司	东海县	36	连云港锦缘石化设备制造有限公司	海州区
6	江苏正和体育用品有限公司	东海县	37	连云港康达智精密技术有限公司	海州区
7	江苏汇九齿轮有限公司	灌云县	38	连云港市巨生实业有限公司	海州区
8	江苏维祥生物科技有限公司	灌云县	39	连云港市勘察测绘院有限公司	海州区
9	连云港恒贸化工有限公司	灌云县	40	连云港银飞纤维科技有限公司	海州区
10	江苏保易制药有限公司	灌云县	41	江苏天之捷信息技术服务有限公司	海州区
11	江苏明盛化工有限公司	灌云县	42	江苏鼎中智能科技有限公司	海州区
12	连云港腾宏科技化工有限公司	灌云县	43	连云港爱仕沃玛技术纺织有限公司	海州区
13	连云港耀科铝业有限公司	灌云县	44	连云港海恒生化科技有限公司	海州区
14	连云港明昊电子有限公司	灌云县	45	连云港利源电力节能设备有限公司	海州区
15	连云港市连发机械有限公司	灌云县	46	连云港三人行环境工程技术有限责任公司	海州区
16	连云港市添立润化工有限公司	灌云县	47	连云港市万达电站辅机厂	海州区
17	江苏和为警用器材制造有限公司	灌南县	48	江苏中荷花卉股份有限公司	海州区
18	江苏万年达杭萧钢构有限公司	灌南县	49	连云港泓昊复合材料有限公司	开发区
19	连云港拜尔特化工有限公司	灌南县	50	江苏英特玻节能建材有限公司	开发区
20	连云港澄鑫化工有限公司	灌南县	51	连云港擎天机械制造有限公司	开发区
21	连云港光鼎电子有限公司	灌南县	52	连云港神鹰碳纤维自行车股份有限公司	开发区
22	江苏久泰电池科技有限公司	赣榆区	53	连云港万泰医药辅料技术有限公司	开发区
23	连云港创新储运设备制造有限公司	赣榆区	54	江苏共巨锂电材料有限公司	开发区
24	连云港德洋化工有限公司	赣榆区	55	江苏铭朗环境科技有限公司	开发区
25	连云港东泰食品配料有限公司	赣榆区	56	连云港圣安达新型材料有限公司	开发区
26	天富（连云港）食品配料有限公司	赣榆区	57	连云港艾业无纺布制品有限公司	开发区
27	壁虎科技发展有限公司	赣榆区	58	连云港检验认证有限公司	开发区
28	江苏汇联铝业有限公司	赣榆区	59	江苏方洋水务有限公司	徐圩新区
29	江苏杰润管业科技有限公司	赣榆区	60	连云港碳谷材料科技有限公司	高新区
30	连云港百利合新材料发展有限公司	赣榆区	61	江苏恒大助业网络科技有限公司	高新区
31	连云港海太尔防护用品有限公司	赣榆区	62	连云港碱业有限公司	市直

制、建立重大科技成果奖励机制、建立重大创新补偿机制、建立创新创业援助机制、建立创新尽职免责机制、建立科研项目监督、检查、审计信息共享机制6条政策。

《方案》凝炼9项量化指标，重点采用企业集群、创新平台、重点项目、服务机构、科技金融等方面的指针数据，提出到2020年逐步优化全市科技成果转移转化、大众创业万众创新的制度环境。具体内容包括产业链部署创新链，培育创新型产业集群；对接科研院所原创成果，推动产学研协同创新；加强科技需求侧供给侧对接，完善成果转化服务体系等。

12月25日，第三届中国创新挑战赛（连云港）现场赛在高新区举办

高新区 供图

【高新技术产业】 2018年，全市新增国家高新技术企业62家，总数达285家。高新技术产业产值占规模以上工业比重达43.7%，比2017年提高8.9个百分点。其中，新医药、新材料、新能源和高端装备制造等“三新一高”产业占高新技术产业产值比重达97%；实现新产品产值494.5亿元，增长12.5%。全年完成高新技术产业投资235.51亿元，增长23.5%，比全市平均水平高16.8个百分点，占全部投资的12.7%，比2017年提高1.8个百分点，对全市投资增长贡献率达38.3%。

【第三届中国创新挑战赛（连云港）现场赛】 12月25日，由科技部指导，科技部火炬中心、江苏省科技厅和连云港高新区管委会共同承办的第三届中国创新挑战赛（连云港）现场赛举办。需求企业、挑战团队、高校、科研机构、科技服务机构及新闻媒体代表200余人参加活动。现场赛上，9个挑战团队针对3个技术需求开展挑战比拼，紫光淮工大数据团队、江苏省海洋药物活性分子筛选重点实验室和南京航空航天大学获得优胜奖。

（朱哲保）

6月30日，国电联合动力技术（连云港）公司的工人在安装风电轮毂

耿玉和/视觉江苏网

科技成果转化

【概况】 2018年，连云港市以促进科技、经济紧密结合为主线，强化科技成果协同推进，加快推进科技成果转化。全市有在研和验收未满2年的省成果转化项目22个。项目期内共申请专利354件，其中发明专利166件；获得授权专利246件，其中发明专利94件。全市在研市成果转化项目14个，项目期内共申请专利132件，其中发明专利56件；获得授权专利136件，其中发明专利26件。市政府办印发《关于促进科技与产业融合，加快科技成果转化的实施方案》，对重点任务进行逐条分解，明确责任单位，并明确支撑产业科技发展的重点技术创新平台、重大科技成果转化项目、孵化器与众创空间。印发《连云港市技术转移体系建设实施方案》，提出加快建设全市技术转移体系的目标要求、重点任务和政策措施。

【省重大成果转化项目】 2018年，围绕新材料、装备制造、电子信息等重点领域，共组织申报11个省重大成果转化项目。其中高新区2个、海州区1个、开发区3个、徐圩新区1个、赣榆区1个、东海县2个、灌南县1个，项目总投入5.67亿元，申请省经费1.13亿元。经过形式审查、网络评审、现场考察等程序，江苏华海诚科新材料股份有限公司获800万元省成果转化专项资金立项支持。全市有在研省、市项目25个（省级11个、市级14个）。杰瑞科技、中复连众、镔鑫钢铁、中复神鹰通过省科技厅中期检查，获省拨经费500万元，获拨款数列苏北第一。4个中期检查项目申请专利数、获专利授权数、完成销售收入、到位资金均远超合同指标。建立省成果转化项目动态储备库，入库项目26个，项目总投入26.75亿元。完成中复神鹰、正大天晴、恒瑞医药、豪森药业、康缘药业和黄海勘探省成果转化项目验收结题材料审核报送工作。

【重大成果转化实施】 2018年，全市有在研和验收未满2年的省成果转化项目22个，累计实现销售收入50.79亿元，利润5.43亿元，税收2.76亿元。中复碳芯、杰瑞电子、福东正佑、兆昱新材料公司完成省成果转化项目验收，4个项目累计完成新增投资3.42亿元，实现销售收入11.82亿元、利润1.29亿元、税收4517万元。全市在研市成果转化项目14个，累计实现销售收入6.03亿元，利润5747万元，税收4505万元。

（朱哲保）

产学研合作

【概况】 2018年，连云港市被批准建设省级企业工程技术研究中心4个、省级院士工作站5个。康缘公司实验室以小组第一的成绩被评为国家优秀企业重点实验室，恒瑞公司实验室被评为省级优秀重点实验室。全市新增市级众创空间8家、省级众创空间2家、省级孵化器1家、省级加速器1家，连云港高新区获批省级“苗圃—孵化器—加速器”科技创业孵化链条试点。连云港市政府与清华大学签订全面合作框架协议，举办2018年江苏省跨国技术转移中心连云港科技项目对接会和连云港市创新创业大赛。恒瑞医药、康缘药业、中复连众等公司在海外设立研发机构；建成国家级国际科技合作基地2个，分别是江苏康缘药业股份有限公司中药国际科技合作基地、江苏核电有限公司核电科技研发国际科技合作基地。建设省级产学研联合创新载体9个，分别是中国科学院能源动力研究中心、江苏省海洋资源开发研究院、南京大学连云港高新技术研究院、南京理工大学连云港研究院、南京工业大学连云港工业技术研究院、河南科技大学东海硅产业节能技术研究院、南京工业大学东海先进硅基材料研究院、中国农科院东海农业综合试验站、南京农业大学灌云现代农业装备研究院。新增校企联盟42家，校企联盟总数达1117个。全市集聚国家重点人才计划特聘专家29人、省“双创人才”102人、“双创团队”4个。2018年新选派60名高层次科技人员赴企业担任科技副总，开展各类产学研活动20多场。

【产学研对接】 1月10日，连云区与淮海工学院举行校地合作签约仪式，双方达成科技、人才及教育合作意向10项。2月7—8日，市科技局带领市农科院、康缘药业等单位及企业赴中科院昆明分院、中科院昆明植物所、中科院昆明动物所、云南农业大学开展产学研对接交流活动，走访重点实验室5个，达成合作意向2项。4月26日，市科技局带领海州区、赣榆区企业赴南京航空航天大学开展产学研对接活动，达成合作意向4项。5月29日，市科技局带领5家装备制造企业赴连云港职业技术学院开展产学研对接活动，达成合作意向5项。在第二届中国（连云港）国际医药技术大会上，市科技局筛选海内外专家项目294个，发往各县区企业对接，豪森药业与上海医药工业研究院就HS-10197工艺技术项目、康缘药业与罗彻斯特大学就URMC-099项目意向合作书、正大天晴药业与上海医药工业研究院就伊洛前列素的研究开发项目在大会签约。11月，市科技局组织全市20多家企业参加第六届国际产学研合作论坛暨跨国技术转移大会，达成合作意向5项。

【产学研平台载体建设】 2018年，连云港市3家高校研究院（南京大学连云港高新技术研究院、南京理工大学连云港研究院、南京工业大学连云港工业技术研究院）与连云港市企业对接，调研企业200多家，搜集人才、技术项目等需求100余项，为80余家企业提供技术咨询、环保咨询、检验检测、高企申报、专利申报、人才引进等服务，开展各类产学研活动20余场。3月，南京大学连云港高新技术研究院、南京理工大学连云港研究院通过专业会计事务所财务审计，申报2018年度省创新能力建设计划新型研发机构奖补项目3个，南理工研究院获批奖补资金140万元。4月26日，南京理工大学连云港研究院与江苏久泰电池科技有限公司合作成立新能源应用技术研发中心。5月，市科技局带领省跨国技术转移中心赴核电公司洽谈推进签订“中俄技术转移中心”建设协议工作，合作双方的中心建设协议定稿。11月，南京大学连云港高新技术研究院理事会会议召开，研究解决耐雀公司产权划拨相关事宜。

【科技副总工作】 2018年，全市共有68名高层次科技人才赴企业担任科技副总，其中，新选派60人；40人获批省科技副总。全市在岗科技副总全年共为企业解决关键技术难题106个，为企业引进新的合作项目26个，帮助企业建立研发机构35个、申报科技项目48个、申请专利96件、引进人才52人，为企业开展培训讲座156次、培训科技人员523人，帮助企业建立规章制度116项，制定战略规划38项。

【国际科技合作】 1月18日，市科技局会同江苏省跨国技术转移中心联合举办2018年江苏省跨国技术转移中心连云港科技项目对接会。省跨国技术转移中心与连云港新医药、医疗器械、节能环保等领域20多家企业对接洽谈，现场达成合作意向8项。完成2018年度省政策引导类计

2018 年连云港市获批江苏省产学研合作项目一览表

表 44

序号	企业名称	项目名称
1	江苏愚公生命科技有限公司	生物医药工具酶研发
2	江苏三吉利化工股份有限公司	邻甲酚醛环氧树脂及聚苯醚绿色生产技术研究开发
3	连云港市拓普科技发展有限公司	高性能超低温流体装卸设备设计与制造技术研发
4	连云港贝斯特机械设备有限公司	育菇室菌筐智能搬运设备的研发
5	连云港久盛电力辅机有限公司	全自动蒸汽余热回收装置的研发
6	江苏中金玛泰医药包装有限公司	药品包装高阻隔用水性聚氨酯/改性黏土纳米复合乳液的研究
7	江苏诺泰澳赛诺生物制药股份有限公司	利拉鲁肽等多肽药物技术咨询及服务
8	江苏共巨锂电材料有限公司	纳米改性铝塑复合膜技术开发
9	江苏金茂源生物化工有限责任公司	酒精—沼气双发酵耦联工艺关键技术研发与应用项目
10	连云港百鲜屋食品有限公司	几种水产加工品关键技术的开发及应用
11	江苏久久和牧农牧科技有限公司	海洋生物饲料原料开发技术咨询服务
12	江苏瀚能电气有限公司	高效、节能电缆保护管材加工工艺及装备研发
13	连云港市沃鑫高新材料有限公司	超细碳化硅粉体制备关键技术研发
14	江苏五洋碳氢科技有限公司	重芳烃轻质化深加工及综合利用

2018 年，连云港市高新技术产值占规模以上工业比重达 43.7%。图为天明机械集团科研人员在对设备进行技术攻关　　耿玉和/视觉江苏网

划（国际科技合作）项目申报 4 个、2018 年度省创新能力建设计划新型研发机构奖补项目申报 3 个。完成 2018 年江苏省产学研合作项目申报工作申报 15 个，获批 14 个。

【连云港市与清华大学签订全面合作框架协议】 5 月 4 日，连云港市与清华大学签订全面合作框架协议。清华大学副校长、中国工程院院士尤政，市委书记项雪龙，市委副书记、代市长方伟等出席仪式。大会签约 4 个项目，分别为：连云港市政府与清华大学签订全面合作框架协议、赣榆区政府与清华大学签订清华大学—连云港市教育机器人与机器人教育联合研究中心协议、赣榆经济开发区与北京清科华教科技有限公司签订教育机器人研发及产业化基地项目合作协议、连云港市人社局与北京得意音通技术有限责任公司签订声纹识别认证项目合作协议。签约仪式上，尤政与项雪龙为清华大学—连云港市教育机器人与机器人教育联合研究中心揭牌。

（朱哲保）

科研院所

【江苏中国科学院能源动力研究中心】 江苏中国科学院能源动力研究中心由中国科学院、江苏省政府、连云港市政府共同建设。2018 年 5 月 22 日，经中科院、江苏省、连云港市三方研究同意，江苏中国科学院能源动力研究中心挂牌中国科学院工程热物理研究所连云港分所。项目科研和管理团队共有职工 46 人，其中正高级职称 6 人，副高级职称 8 人，中级职称 11 人；博士 16 人，硕士 7 人，本科 14 人。

高效低碳燃气轮机试验装置建设　中心作为共建单位，承担国家重大科技基础设施“高效低碳燃气轮机试验装置”江苏部分的建设内容。4 月 3 日，中国国际工程咨询有限公司在北京组织召开项目可行性研究报告评审会；11 月 27 日，国家发展改革委批复项目可行性研究报告。项目计划总投资 25.8 亿元，配套建筑面积 5.02 万平方米，其中江苏部分建设总投资 19.29 亿元，配套建筑面积 3.1 万平方米。

粉煤加压密相输运床气化研发　推进输运床在工业燃气、生物质气化方面应用，完成某企业生物质气

2018年，连云港市推进智能化机器人产业发展。图为创泽智能机器人（江苏）有限公司生产的智能商用服务机器人　耿玉和／视觉江苏网

化热电联产系统方案研究、性能分析与技术经济评价，准备该项目的原料试烧工作。开展基于输运床的双床系统冷态试验研究和热态装置初步方案设计。

重型燃气轮机燃烧室研制　完成ELN单筒燃烧室加压试验研究，完成微预混燃烧技术、燃料轴向分级燃烧技术的模型燃烧器常压试验研究。完成柔和燃烧室结构和运行参数等对燃烧特性的影响研究。完成全尺寸柔和燃烧室考核试验。

先进动力循环及能源动力系统研发　获得基于输运床气化和HA级重型燃气轮机的IGCC热力性能与耗水量，比超临界燃煤电站供电效率提高3个百分点以上，减少水消耗40%以上；构建10兆瓦级湿空气透平循环，研究变工况性能和通流匹配方式，湿空气透平循环效率比回热循环效率高5个百分点。提出并研究基于煤气化的新型双膨胀循环流程，利用合成气的高温段热发电，低温段热集成到SCO_2动力循环的回热器，实现合成气热的合理利用，改善回热器换热匹配，比相同燃烧室出口温度下碳捕集IGCC效率高5.3个百分点。发展一种采用拓扑结构的分布式供能系统优化模型，实现程序对应用条件变化的通用性，缩短计算时间。（赵丽凤）

【连云港市农业科学院】 2018年，市农科院育成多个农作物新品种，其中，玉米新品种苏玉45通过江苏省审定，大麦品种连饲麦1号和港啤3号通过非主要农作物登记审核；水稻、小麦、玉米等39个农作物新品系参加国家、省区预试及联合体试验，其中水稻新品系29个、小麦新品系7个、玉米新品系3个。32个项目立项，其中省部级以上项目12个；授权专利23件。获科技成果奖10个，其中省农业技术推广奖三等奖2个、市科技进步奖一等奖1个。1人当选全国政协委员，1人当选市劳模，1人荣获市青年科技奖，1人荣获市“最美科技创新之星”称号。4人增选“333”培养计划；10人增选市“521”工程，其中5人晋升“521”工程第一、二层次；1人获批“六大人才高峰”培养项目。

新技术示范推广　通过“三新”技术的推广带动农民增产增收。累计推广水稻、小麦、蔬菜等高产、优质农作物新品种30余个，其中具有知识产权的农作物新品种17个，应用各种农业实用新技术60余项，示范推广种植、养殖新模式12种。制定、发布省、市级标准9个。推广连粳系列水稻13.3万公顷、连麦系列小麦3.3万公顷、连葱系列洋葱等1886.67公顷。累计通过推广“三新”技术，增加经济效益3亿余元。

科技服务　通过省农科院“一所（室）一村文明共建”产业帮扶和乡村振兴科技支撑计划项目，在灌南县百禄镇和东海县双店镇开展“大蒜—甘薯高效种植模式”“切花百合产业化”项目。开展技术指导和培训，现场技术指导1万多人次、技术培训60余期，发放科普资料2万多份。并通过微信、“农技耘APP”等在线解决农业技术问题。

创新平台建设　市农科院与东海县政府完成市农科院东海农业综合试验站签约，规划建设“一带一路”东海科技试验站。至年底，东海农业综合试验站相关试验基地进入交付阶段。耐盐碱基地及耐盐碱植物品种选育工作取得新进展，向市政府申请并获批青口盐场耐盐试验基地调拨事宜。与中国科学院近代物理研究所合作成立连云港重离子辐照育种研究中心。设立200万元市农科院青年基金项目，成立博士实验室。（寇运书）

【中国船舶重工集团第七一六研究所】 中国船舶重工集团第七一六研究所是国家重点科研院所，有从业人员2800余人，其中各类专业技术人员1700余人。主要从事军用电子信息系统、民用电子信息、智能装备设计制造，拥有4个船舶行业测试中心、8个省级技术中心、1个机电产品制造中心，设有控制科学与工程硕士点、兵器系统工程联合博士点和博士后科研工作站。2018年，实现销售收入30亿元，比2017年增长13.65%；实现利润3.2亿元，增长6.77%。民用物品产业实现快速发展，实现对外收入17.96亿元，增长20.66%。获得首届中船重工质量奖、全国优秀QC小组、江苏省QC成果一等奖。

科技创新　全年获国防科技进步奖1个（三等奖）、集团科技进步奖13个（一等奖1个、二等奖4个、三等奖8个），集团技术发明奖1个（二等奖）；获专利授权106件，其中国防专利44件、发明专利16件。

人才培养　全年新增江苏省六大人才高峰高层次人才3人，高级职称人员76人、博士10人、硕士135人。2018年底全所拥有高级职称人员634人,博士(含博士后)53人,硕士955人(含工程硕士165人),在职享受国务院特殊津贴专家5人,国家百千万人才工程专家1人,省部级有突出贡献专家12人,省部级人才工程专家46人。 (丁 宁)

【中蓝连海设计研究院】 中蓝连海设计研究院有限公司是国家高新技术企业、国家知识产权示范企业、中国石化行业企业信誉评价AAA企业。建有国家工业(化学矿)产品质量控制和技术评价实验室、江苏省环境保护高氨氮与高盐废水生化处理工程技术中心、江苏省环保微生物菌剂工程技术研究中心。中蓝连海有国家石油和化工行业、建筑行业建筑工程、环境工程专项设计甲级资质,工程咨询、工程监理、招标代理、岩土工程勘察甲级资质,以及建设项目环境影响评价、安全评价等甲级资质。2018年,中蓝连海设计研究院有员工500余人,80%以上具有高、中级专业技术职称,各类注册工程师320余人。年内,中标射阳金源规模化生物天然气EPC项目(公司受业主委托,对工程建设项目的设计、采购、施工、试运行等实行全过程或若干阶段的承包)、航锦科技股份有限公司1500立方米/小时污水站提标改造设计施工总承包项目、金正大诺泰尔化学有限公司瓮安马路槽磷矿200万吨/年地下开采设计项目、陕西未来能源挥发性有机物及恶臭废气收集治理EPC项目。中蓝连海设计研究院被国家知识产权局批准为国家知识产权示范企业,入选中国人民大学中国经济改革与发展研究院和经济学院“2018中国企业创新能力百千万排行榜”。“一种H酸生产废水综合治理方法”获首届连云港市专利奖优秀奖。 (陆 坤)

10月11日,中船重工七一六研究所技术人员在调试一款爬壁机器人
耿玉和/视觉江苏网

【连云港市建筑设计研究院有限责任公司】 2018年,市建筑设计研究院有限责任公司完成工程项目设计总建筑面积440多万平方米,签订工程项目设计合同220多项,综合财务收入6700多万元。获江苏省勘察设计企业综合实力排序前30名;江苏省勘察设计企业综合实力排序(建筑设计)前10名。连大监理公司并入设计院,于2018年2月完成资质转移工作。2018年签订监理合同20多个,实际完成产值700万元。2018年7月1日起,随着强制推广预制“三板”(屋面板、楼板和墙板)的实施,公司承接的多个项目按“三板”要求进行设计,编制“三板”设计统一样板,实现“三板”设计的标准化。

2018年,市建筑设计院设计的项目获得省级优秀设计奖项6个、市级优秀设计奖项30个。连云港市民政公共服务中心A、B楼获省建筑工程设计三等奖、市一等奖,连云港开发区金融大厦A座获市建筑工程设计一等奖,连云港市润潮国际项目获市建筑工程设计一等奖,御景龙湾小区三期人防地下室获省人防工程优秀设计一等奖。滨海上城府邸居住区规划及建筑设计,连云港市连云区高公岛综合体设计项目,锦屏镇便民、医疗、文体中心建筑方案设计,连云港市仕方国际规划建筑方案设计4个项目获市“建筑师杯”优秀建筑设计一等奖。申请并授权的实用新型专利7项,分别是“一种预制混凝土基础与钢管桩的环保连接结构”“一种带有可旋转外伸臂板的钢管桩”“一种环保钢棒螺旋桩”“一种节能壳式预应力装配式混凝土基础”“一种节能支护桩及支护体系”“一种竖向分层装配式环保混凝土基础”“一种装配式预制环网箱基础”。市级科研项目结题1个,市级科研项目通过验收2个。 (张丽辉)

责任编辑 郭 云

教育

综述

【概况】2018年，连云港市有幼儿园596所，在园儿童22.1万人，专任教师1.18万人，专科及以上学历教师占94.97％；普通小学451所，在校生45.2万人，专任教师2.65万人，本科及以上学历教师占87.61％；初级中学144所，在校生18.4万人，专任教师1.49万人，本科及以上学历教师占96.4％；特殊教育学校7所，在校生1153人，专任教师191人；普通高中35所，在校生7.5万人，专任教师6993人，研究生及以上学历教师占20.88％；中等职业学校14所，在籍学生5.05万人，专任教师2661人，“双师型”教师占71.75％；普通高等院校5所、成人高校1所，大专以上在校生6.7万人，专任教师2844人，正高级职称教师257人，博士学位教师386人。

【教育现代化建设】2018年，连云港市在全省教育现代化数据监测中综合得分85.95分，教育综合满意达成度85％。全市国家教育信息化达标率85％，全市所有学校实现百兆光纤进校园，60％的学校达到千兆光纤进校园标准，农村中小学信息化基础设施水平显著提高。教师参加2018年“领航杯”江苏省信息化教学能手大赛，6人获一等奖。

【教师队伍建设】2018年，全市28名教师被评为第15批省特级教师，17名教师通过正高级教师评审。连云港市教师发展中心试运行，灌南县教师发展中心通过省级评估验收。市教育局制定新《连云港市中小学高层次人才333工程建设实施方案》，打造全市中小学教育人才培养新体系。建设连云港市教育家型教师发展共同体、男幼师专业发展共同体和特殊教育班主任专业发展共同体，新建乡村骨干教师培育站27个，创建省优秀培育站8个。连云港市中小学教师培训三年行动计划出台，完成省市级教师培训35期、4.23万人次。全市推进义务教育学校教师“县管校聘”管理体制改革，全市校长、教师参与城乡、校际交流轮岗比例达18.2％。全市2591名符合认定条件人员获得各类教师资格证书，1575名教师通过各级职称评审。开展在职中小学教师违规从事有偿补课专项督查、拒绝有偿补课公开承诺活动。全市7.95万名教师参加省中小学教师师德师风、校园安全知识网络竞赛。

【教育经费】2018年，全市财政教育经费支出82亿元，比2017年增长8.2％。按照国家、省政府要求，学前教育公用经费按照每生每年不低于300元标准列入政府财政预算，普惠性民办幼儿园财政经费纳入统一管理。县区生均公用经费增量部分向寄宿制学校、办学条件薄弱和规模较小的农村学校倾斜。广泛开展学生资助工作，全市共为18.86万人次家庭经济困难学生发放补助资金1.2亿元，为450名家庭经济困难大学新生发放助学金118.7万元，为1.9万名大学生办理贫困大学生生源地助学贷款1.5亿元。

【教育督导】2018年，省政府对连云港市政府履行教育职责情况开展考评，市政府教育督导室对县级人民政府履行教育职责督导完成考评。海州区、赣榆区通过国家级中小学校责任督学挂牌督导创新县（区）评估验收，东海县、灌南县通过省级中小学责任督学挂牌督导创新县（区）评估验收。市政府教育督导室对县区教育布局规划调整和教育基层基本公共服务标准化建设完成情况、中小学办学条件改善和全面改薄工程落实情况等开展实地督导。

【校园安全】2018年，全市开展“护校安园”行动、校园及周边治安综合治理集中整治行动和学校安全风险防控专项检查、隐患排查，组织消防、地震、校车安全等紧急情况逃生疏散演练2500余次。加强中小学生欺凌防范治理工作，加强对特异体质、特定疾病、心理异常学生关爱管理。灌南县、江苏财会职业技术学院分别创建为江苏省平安校园建设示范县、示范高校。全市开展非法接送学生运营车辆集中整治，灌云县、赣榆区分别购买40辆、30辆校车并成立校车公司，东海县定制12辆公交车接送学生。

2018 年连云港市教育事业基本情况一览表

表 45

指　　标	单位	2018 年	2017 年	指　　标	单位	2018 年	2017 年
学校总数	所	650		在校学生总数	所		
普通高校	所	5	5	普通高校	所	42069	39855
普通中专	所	9	9	普通中专	所	36239	36589
普通中学	所	180	177	普通中学	所	258535	239735
职业高中	所	5	5	职业高中	所	6923	7483
小学	所	451	445	小学	所	452190	444611
毕业生总数	所			专业教师总数	所		
普通高校	所	10896	10938	普通高校	所	2329	2254
普通中专	所	10925	11840	普通中专	所	1542	1530
普通中学	所	73952	74135	普通中学	所	21911	20951
职业高中	所	2064	3407	职业高中	所	1119	1133
小学	所	67881	61543	小学	所	26490	24813
招生总数	所			幼儿园数	所	596	600
普通高校	所	13465	12572	在园幼儿数	人	221260	251372
普通中专	所	11196	13549	学龄儿童入学率	%	98.14	97.38
普通中学	所	93564	84691	初中毕业生升学率	%	96.07	96.05
职业高中	所	1937	3064	成人高校在校学生数	人	15325	9879
小学	所	76159	74509	成人中专在校学生数	人	7326	5440
				成人高中在校学生数	人	3698	3562

【教育惠民工程】 2018 年，市教育局规范中小学办学行为，严控各学段起始年级班额，严禁出现大班额，实现零择校、阳光分班。安排 3730 名符合条件的进城务工人员随迁子女免费就读公办学校。全市 71 所城区小学开展“弹性离校”试点，接受课后延时服务的小学生 4.2 万人。“云海在线”服务平台推广应用，全市学生在线听课达 37 万人次，应用“微课”师生数达 2415 万人次，“云海在线”在乡镇教学点开展“133”模式试点应用。　（茆大斌）

基础教育

【概况】 2018 年，连云港市有幼儿园 596 所，在园儿童 22.1 万人，专任教师 1.18 万人；普通小学 451 所，在校生 45.2 万人，专任教师 2.65 万人；初级中学 144 所，在校生 18.4 万人，专任教师 1.49 万人；特殊教育学校 7 所，在校生 1153 人，专任教师 191 人；普通高中 35 所，在校生 7.5 万人，专任教师 6993 人。全市四星级普通高中 19 所、三星级普通高中 13 所，三星级及以上公办优质普通高中实现全覆盖。

【学前教育】 2018 年，全市新建幼儿园 26 所，创建省优质幼儿园 30 所。《连云港市学前儿童临时看护点建设和管理基本要求》出台，关闭无证园 223 所，转临时看护点 739 所。全面启动普惠性幼儿园服务制度试点工作。立项省级幼儿园课程游戏化项目 3 个、市级 14 个。举办学前教育管理人员培训班、幼儿园园长高级研修班，加强幼教专干、教研员和幼儿园园长队伍建设，提升管理和指导水平。

【义务教育】 2018 年，全市推进义务教育学校优质均衡发展三年行动计划，义务教育学校开展集团化办学、结对共建、组建教育共同体实现全覆盖，共组建 26 个教育集团，共建结对 114 个，建成教育共同体 44 个、联盟学校 16 个。全市 509 所义务教育学校达到省标准化基本建设要求，占比 80.41%，排名苏北第一、全省第五，其中达标小学 384 所，占比 79.5%；达标初中 125 所，占比 83.33%。立项省级小学特色文化建设项目 5 个、薄弱初中质量提升工程项目 4 个、小学前瞻性教学改革实验和学生品格提升工程项目 5 个。96.37% 的义务教育学校制定、修订学校章程，推进学校管理标准化、规范化建设。

【普通高中教育】 2018 年，市教育局制定高品质高中建设规划，推进普通高中优质特色发展，提升办学品质。新海高级中学和赣榆高级中学参加省高品质示范高中评审，灌南高级中学、灌云县第一中学通过省四星级普通高中复审，灌南县第二中学通过省三星级普通高中复审，灌南县第二中学晋升为省四星级普通高中。加强普通高中课程基地建设，立项省级普通高中课程基地项目 4 个、前瞻性教学改革实验项目 2 个、学生品格提升工程项目 1 个，新海高级中学被评为江苏省课程基地高峰校。

【特殊教育】 2018 年，全市有特殊教育学校 7 所，在校生 1153 人，专任教师 191 人。出台《连云港市第二期特殊教育提升计划（2018—2020）》，建立市特殊教育联席会议制度，完善特殊教育融合教育机制，建设特殊教

2018 年连云港市基础教育省级内涵建设项目一览表

表 46

项目类别	学段	建设学校	建设项目	共建学校
课程建设项目	普通高中	江苏省新海高级中学	凝练教育名家思想释放创新拔尖人才潜能	
		江苏省海州高级中学	“环境·生态”教育课程基地	
		江苏省新海高级中学	基于数学名师教育思想研究的高中数学课程基地	
		灌云县第一中学	艺术与生活课程基地	
	初中	连云港市海头初级中学	快乐读写英语质量提升工程	连云港市赣榆外国语学校
		连云港市东港中学	“生·活”德育课程基地	连云港外国语学校
		灌南县田楼中学	基于灌河“古记”的初中语文课程基地	灌南县实验中学
		连云港市猴嘴中学	初中语文课程基地	连云港市新海实验中学
	小学	东海县温泉镇第二中心小学	小学“做科学”特色文化建设	东海县实验小学
		灌南县实验小学	小学“悦纳语文”特色文化项目建设	灌南县长江路小学
		连云港师专二附小	“智慧足球”校园特色文化建项目	连云港师专一附小
		灌云县实验小学	小学“行·知科学”特色文化项目建设	连云港市马站小学
		连云港市徐山中心小学	“行知德育”体验课程特色文化建设	赣榆区实验小学
	幼儿园	连云港市班庄中心幼儿园		连云港市金海岸幼儿园
		连云港市花果山幼教中心		连云港市机关幼儿园
		东海县洪庄镇中心幼儿园		东海县石榴街道幼儿园
	特殊教育	灌云县特殊教育指导中心	区域特殊教育资源建设项目	
		连云港市赣榆特殊教育指导中心	区域特殊教育资源建设项目	
		东海县特殊教育指导中心	送教（康）上门项目	
		灌南县特殊教育指导中心	送教（康）上门项目	
		海州区特殊教育指导中心	个别化教育项目	
前瞻性教学改革实验项目	义务教育	连云港市解放路小学	小学语文项目导学实践探索	
		连云港市新海实验中学	基于 STEM+ 理念的学科融合课程的实践探索	
	普通高中	东海白塔高级中学	核心素养视域下“分模晋级”英语教学改革实践探索	
		江苏省赣榆高级中学	高中语文学习泛在空间的建构与运用——依托云教学环境，进行任务群学习	
学生品格提升工程项目	小学	东海县温泉第一中心小学	“禹·泉”具身德育的研究与实践	
		连云港市海州区建宁小学	小学生诚信品格培塑项目	
		赣榆县黑林中心小学	小学生仁爱品格提升工程建设项目	
	普通高中	江苏省海州高级中学	基于合理人生的“四质品格”活动课程构建与实施	

（茆大斌）

2018 年，连云港市加强书香校园建设。图为连云港师范高等专科学校一附小举办第十五届读书节展示活动　　　　市教育局　供图

育融合教育资源中心 50 个。立项建设省级特殊教育区域融合教育项目 2 个、个别化教育项目 1 个、送教上门服务项目 2 个。注册残疾学生学籍 3310 名，为 490 名中、重度残疾儿童送教上门。市特殊教育班主任专业发展共同体成立，31 名特殊教育班主任通过 "研究探究 + 小组合作 + 成果分享 + 专家讲座" 形式，开展观摩研讨讲座、情景模拟比赛、"我的教育故事" 演讲比赛等活动。举办特殊教育学校学生趣味运动会，109 名特殊儿童少年参加 3 个级别 14 个项目的比赛。市特殊教育学校与残联共同举办首届残疾学生才艺展示大赛，132 名残疾儿童少年参加 4 大类 13 个项目的比赛。

【重点学校】 连云港市解放路小学　连云港市解放路小学始建于 1936 年，1981 年被确定为江苏省实验小学，2017 年被中央精神文明建设指导委员会授予 "全国文明校园" 称号。2018 年，学校有海连路、高新区 2 个校区，占地面积 7.6 万平方米，有教学班 97 个，学生 5236 人，专任教师 249 人。年内，学校入选第二批全国中小学中华优秀文化艺术传承学校，被省教育厅、省侨办联合授予 "江苏省华文教育基地" 称号。"项目导学" 实践成果入选第四届中国教育创新成果公益博览会。与澳大利亚东艾芬豪小学签署中澳友好学校合作协议。舞蹈《长袖舞春风》、课本剧《三个小和尚》在省艺术展演中获特等奖，校足球队获市长杯冠军。

连云港市苍梧小学　2018 年，苍梧小学有 2 个校区，占地 6 公顷，图书馆藏书 14 万册。在校学生数 6209 人，教职工 320 人，其中高级职称教师 31 人、省特级教师 2 人、港城名师 8 人、市教学名师 4 人。教师在省青年教师基本功、优质课比赛中获一等奖 20 余人。学校秉承 "普爱尚美" 校训，开发包含语言类、艺体类、科技类、生活类等 80 余门自主选修课程。年内，省级课题立项 13 个，市级课题立项 85 个，获得江苏省教学成果奖一等奖 1 个、二等奖 1 个，市级教学成果奖特等奖 1 个、一等奖 2 个。

连云港市新海实验中学　新海实验中学起源于 1930 年建立的新浦普爱平民义务学校。新海实验中学学生在全国、省、市各类竞赛中获奖达 600 余人次。在 2014 全国汉字听写大会上，获得全国总冠军。2018 年，有延安和苍梧 2 个校区，占地 12.2 公顷，有 117 个教学班，学生 6000 余人，教职工 500 余人，其中省特级教师 7 人、教授级高级教师 3 人、港城名师 8 人、市学科标兵 12 人、市学科骨干能手 48 人。

江苏省新海高级中学　新海高级中学是省首批办好的 18 所重点中学、省首批国家级示范高中、省首批四星级高中、全市唯一一所省普通高中创新人才培养试点学校、全国教育系统先进集体、国家语言文字规范化示范校、全国体育传统项目学校，建有全国首个百年中国语文人研究院、首个中国排球博物馆。2018 年，学校占地 20 公顷，师生近 4000 人。教师中有正高级职称 4 人、特级教师 5 人、高级教师 185 人，具有中、高级技术职称的教师占专任教师 88.8%；具有硕士学位的教师 136 人、全日制博士 1 人。2018 年，学校教师获国家级优质课比赛一等奖、省基本功大赛一等奖、省优质课评比一等奖 59 人次，建立 19 个名师工作室。获国家级教学成果奖 4 个、省政府教学成果奖特等奖 3 个、省教育厅教学成果奖一等奖 3 个、省教育厅教学成果奖二等奖 8 个。拥有 11 个省内涵建设项目，其中 4 个项目被考评为优秀等级。11 月，学校 3 项成果入选第四届中国教育创新成果公益博览会。

（茆大斌）

江苏省赣榆高级中学　江苏省赣榆高级中学始建于 1923 年，是国家级示范高中、江苏省首批四星级高中、连云港市首批名校。2018 年，学校占地约 24 公顷，有 76 个教学班，在籍学生近 3600 人；有专任教师 352 人，具有研究生学历（教育硕士）教师 96 人、正高级职称教师 6 人，特级教师 5 人。学校先后被江苏省教育厅确立为江苏省中小学知识产权教育试点学校、江苏省中小学心理健康教育特色学校，被江苏省教科院评为江苏省教科研先进学校，被连云港市委、市政府评为连云港市文明校园。2018 年高考，学校文化类本一达线 902 人，本二达线 1450 人。学校有江苏省非物质文化遗产传承基地（贝雕工艺）、江苏省为生命奠基的经典体验式高中语文课程基地等。2018 年，学生参加地球科学奥赛，7 人获全国金牌、1 人获全国银牌，其中，李祥龙代表中国战队出战第十二届国际地球科学奥林匹克竞赛，获得银牌。学校五大学科奥赛获省一等奖以上 77 人次，创历史新高。

（徐维刚）

职业教育

【概况】 2018年，连云港市有中等职业学校14所，在籍学生5.05万人，专任教师2661人，中职教师“双师型”教师比例为71.75%。全市有江苏省职业教育创新发展实验区2个，分别是赣榆区、灌南县；国家级中等职业教育改革发展示范学校3所，分别是江苏省连云港中等专业学校、江苏省赣榆中等专业学校、江苏省灌南中等专业学校。有国家级重点职业学校12所、江苏省高水平示范性职业学校9所、江苏省高水平现代化职业学校8所、江苏省四星级中等职业学校7所。

【基础能力建设】 2018年，连云港市创建省职业学校现代化专业群项目6个，分别是连云港中专建筑工程施工专业群、赣榆中专机电技术应用专业群、东海中专机电技术应用专业群、灌云中专机械加工技术专业群、灌南中专汽车运用与维修专业群、市艺术学校舞蹈表演专业群。创建省职业学校现代化实训基地5个，分别是连云港工贸高职校机电一体化实训基地、连云港中医药高职校中药学实训基地、连云港中专化学工程实训基地、赣榆中专建筑工程施工实训基地、灌南中专机电技术应用实训基地。连云港中等专业学校创建为省现代化示范性职业学校，连云港市艺术学校创建为省优质特色职业学校。全市建成11个省学业水平考试专业技能标准化考点。

【教学管理】 2018年，连云港市职业教育完成对口单招、“3+3”“3+4”转段考试、注册入学等工作。全市单招报名1631人，其中本科录取65人、专科录取1105人，其余学生全部进行注册入学升入高校。开展全市职业学校学业水平考试，对职业学校教学质量提升起到持续推进作用。市教育局对4所中等职业学校教学工作进行专项视导，组织单招基地教研活动7次，专题研究单招教学质量提升路径。

【教育科研】 2018年，连云港市根据《江苏省中等职业学校专业设置管理实施办法（试行）》，认定中等职业教育备案专业192个。参加全省职业学校教学大赛，参赛作品获得一等奖3个、二等奖8个、三等奖18个。参加第八届江苏省职业教育创新大赛，参赛作品获得金牌5枚、银牌9枚、铜牌11枚，获奖成绩排名列全省第四、苏北第一。参加全省职业学校班主任基本功大赛，参赛教师获得三等奖以上6人。

【教师培训】 2018年，连云港中医药高等职业技术学校田友清药学工作室、江苏省连云港工贸高等职业技术学校白桂彩机电一体化工作室、连云港中等专业学校耿珺杰体育与健康工作室被认定为江苏省职业教育名师工作室。认定港城职教名师（技能大师）工作室4个。全市组织参加中职教师国家级培训、省级培训12大类、31小类、106个项目，组织开展市级领军人才培训、“双师双能”技能提升培训走进企业、“对口单招”教师业务能力提升培训、优秀班主任专业化培训工作。

【产教融合改革】 2018年，连云港市获得国家发展改革委批复建设职业教育产教融合工程建设试点项目1个：江苏省赣榆中等专业学校汽车专业、建筑专业教学实训一体化基地；获批省级（省教育厅批复）现代学徒制试点项目1个：江苏省连云港中等专业学校计算机网络、电子技术应用专业与青岛海尔智能家电科技有限公司的校企合作项目。获批省级现代职业教育体系建设试点项目34个。

【校企合作服务平台建设】 2018年，连云港中等专业学校引入市场化运作机制，推进市级校企合作服务平台建设，成立连云港市赛普校企经营管理有限公司，组建培训平台运营团队，建立客户服务中心。连云港市校企合作服务平台完成全市19家大中专院校师生的平台注册使用，完成近100家企业的注册使用，个人注册使用数3000次，线上发布各类信息1500余条。完成赴西班牙海斯坦普公派学生的遴选、语言培训、合同签订、组织签证等工作。

【职业教育活动周】 2018年，省教育厅等9部门联合主办的江苏省职业教育活动周启动仪式在连云港举行，开展江苏职教40年成果展示、职业项目体验、连云港职业教育成果展示等系列活动。副省长王江、省教育厅厅长葛道凯、连云港市委书记项雪龙等出席启动仪式。全省180名代表参加启动仪式，全市14所职业学校选送28个职业体验项目参与启动仪式，组织300名中小学生、邀请广大市民参加各类职业体验。

【重点学校】 江苏省连云港工贸高等职业技术学校 2018年，连云港工贸高等职业技术学校有教师294人，学生5510人。31个国家级高技能人才培训基地验收点建设项目推进，机电一体化现代化专业群实训基地通过验收。承办江苏省职业学校课堂教学大赛（信息技术组）、连云港市职业学校技能大赛、第三届连云港技能状元大赛、第八届职工职业技能大赛暨第二届“金谷杯”粮食行业技能竞赛。教师在省级以上刊物发表论文79篇，取得专利2个，1名教师获省名师工作室认定。教师获全国职业学校信息化教学大赛一等奖1个、省职业学校信息化教学大赛一等奖5个、市职业学校信息化教学大赛一等奖6个；江苏省技能大赛二等奖3个、市技能大赛一等奖4个；市技工院校教师职业能力大赛一等奖9个。学生在江苏省职业学校技能大赛参赛项目中获一等奖1个、二等奖2个、三等奖1个，市技能大赛一等奖11个、二等奖14个、三等奖14个。在省创业大赛中，获一等奖2个、二等奖2个、三等奖5个；在市学生创新大赛中，获一等奖1个、二等奖2个。培训粮食行业人员6831人次。 （张钰婧）

江苏省连云港中医药高等职业技术学校 2018年，连云港中医药高等职业技术学校占地31.2公顷，

2018年连云港市获批江苏省现代职业教育体系建设试点项目一览表

表47

类别	牵头院校	合作专科院校	招生专业
中职与专科“3+3”专业班分段培养试点	连云港中医药高等职业技术学校	江苏医药职业学院	护理
	连云港工贸高等职业技术学校	江苏财经职业技术学院	机电技术应用
			粮油储运与检验技术
		连云港职业技术学院	汽车运用与维修
			数控技术应用
		盐城工业职业技术学院	服装制作与生产管理
	江苏省连云港中等专业学校	徐州工业职业技术学院	精细化工
			建筑施工
		常州工程职业技术学院	化学工艺（药品分析方向）
			建筑装饰
		连云港职业技术学院	电气运行与控制
			会计
		淮安信息职业技术学院	计算机技术应用
		南通航运职业技术学院	港口机械运行与维护
	江苏省东海中等专业学校	江苏农林职业技术学院	汽车运用与维修
		江苏财会职业学院	会计
			计算机平面设计
		苏州工艺美术职业技术学院	宝玉石鉴定与加工
	江苏省灌云中等专业学校	无锡商业职业技术学院	电子电器应用与维修
			计算机平面设计
		连云港职业技术学院	计算机应用
	江苏省灌南中等专业学校	连云港职业技术学院	机电技术应用
	江苏省赣榆中等专业学校	江苏财会职业学院	会计
		常州轻工职业技术学院	电子技术应用
			计算机应用
		江苏城乡建设职业学院	工程造价
		徐州工业职业技术学院	机电技术应用
		南京机电职业技术学院	数控技术应用
	江苏省金山中等专业学校	江苏农牧科技职业学院	现代农业（养殖）
			现代农艺技术
		无锡工艺职业技术学院	美术设计与制作
			酒店服务与管理
		常州轻工职业技术学院	计算机应用
			市场营销
		常州信息职业技术学院	农村经济综合管理
		江苏农林职业技术学院	农业机械使用与维护
	江苏省大港中等专业学校	江苏工程职业技术学院	服装设计与工艺
		南通航运职业技术学院	港口机械运行与维护
		徐州工业职业技术学院	生物化工
	连云港生物工程中等专业学校	江苏农牧科技职业学院	现代农艺技术
			机电技术应用
			现代农业（养殖）
		江苏农林职业技术学院	现代农艺技术
	连云港市艺术学校	连云港师范高等专科学校	音乐表演
		连云港职业技术学院	美术设计与制作
中职与本科“3+4”分段培养试点	江苏省连云港中等专业学校	淮海工学院	机电技术应用
	江苏省灌南中等专业学校	淮海工学院	计算机应用

校舍总建筑面积15.5万平方米；教学仪器设备总值约6617万元。在籍学生6774人。教职工322人，其中具有博士、硕士学位124人，教授、副教授等高级职称99人。开设中药学、药学、药品经营与管理、药品生产技术、药品质量与安全、中药制药技术、护理、助产、康复治疗技术、中医康复技术10个五年制高职专业；护理、农村医学2个中职专业。学校药品生产技术专业群被评为省职业学校现代化专业群，中药学专业实训基地被评为省职业学校现代化实训基地，创建医药专业学院并被评为市级特色专业学院。2018年，学校招生1484人，其中高职1111人、中职373人，新生报到1478人，报到率99.6%。毕业生就业率98.56%。继续教育学历学生数3376人，比2017年增长12.5%，新增南京医科大学药学专业专接本项目。申报开设五年制高职中医康复技术、中药制药技术专业。教师获发明或实用新型专利4件，立项国家中医药管理局课题2个、省联合学院课题4个。1人被评为江苏高校"青蓝工程"优秀青年骨干教师培养对象，1人被评为江苏省第五期"333工程"第三层次培养对象中青年学术技术带头人，1人被评为省联合学院专业带头人，1人获连云港市高校教师名师奖。田友清药学工作室被列入省职业教育名师工作室建设名单。教师韩玮被选派为中国第13期援马耳他医疗队翻译。学校代表队参加全国职业院校技能大赛获1金2银；参加江苏省职业学校技能大赛获5金9银12铜；参加全国职业院校应急救护技能竞赛获特等奖；参加全国职业院校安全健康环保（HSE）科普知识竞赛获二等奖2个；参加2018年江苏省中医药健康文化知识大赛，获一等奖1个、三等奖2个及团体三等奖。参加连云港市信息化教学大赛，获教学设计类一等奖1个、课堂教学类一等奖1个、微课类一等奖1个。

（卞宝瑞　江　漾）

江苏省连云港中等专业学校　2018年，江苏省连云港中等专业学校占地面积38.4公顷，总建筑面积17.4万平方米。学校教职工447人，在校全日制学生5200余人。学校与德国博世和海尔集团联合开展现代学徒试点，与徐圩新区、连云港港口集团、江苏佳麦化学工程有限公司、江苏鹰游纺机有限公司、连云港市天工变压器有限公司、虹港石化、七一六研究所电子设备厂、大陆汽车电子（连云港）有限公司、南京奥特佳、苏州富强、苏州博众、上海三田刀具等数十家企业建立深度校企合作关系。学校分别与连云港石化有限公司和日出东方太阳能股份有限公司共建连云港石化卫星企业学院、日出东方光电专业学院，通过联合招生、共同育人等活动，实施现代学徒制和新型学徒制培养。学校联合徐州工业职业技术学院、江苏天道屋面技术有限公司，共建中德屋面学校。与加拿大罗耶斯特文理学院签订合作协议，开展直升入学和教师交流合作。2018年，学校承办省技能大赛化工设备维修、工业分析检验2个赛项；承办市技能大赛10个项目的技能大赛；承办市状元杯化工、建筑、汽车3个项目的技能大赛。省技能大赛获2金6银16铜，市技能大赛获26金33银33铜，学校获团体优胜奖第一名。信息化大赛获得省二等奖4个、三等奖2个，市一等奖8个、二等奖7个、三等奖13个；全国高教杯信息化说课一等奖1个。参加省第八届职业学校创新大赛，获2金2银，获省青少年创新大赛2银1铜；获市职业学校创新大赛2金1银5铜；获市青少年创新大赛1金2银5铜。通过第三批国家改革发展示范学校、江苏省现代化示范性职业学校验收。（茆大斌）

4月24日，第三届连云港技能状元大赛暨百万技能人才技能竞赛岗位练兵活动在连云港工贸高等职业技术学校开幕　市教育局　供图

普通高等教育

【概况】 2018年，连云港市有普通高等院校5所，分别是淮海工学院、南京医科大学康达学院、连云港师范高等专科学校、连云港职业技术学院、江苏财会职业学院，有成人高校1所，即连云港开放大学。全市大专以上在校生6.7万人，专任教师2844人，具有副高职称教师1192人，具有正高职称教师257人，获得博士学位的教师386人。淮海工学院完成创建江苏海洋大学论证和省级现场考察筹备工作。全市高校获得中国博士后科学基金第11批特别资助项目1个、省博士后基金项目5个、省高等学校重点教材立项建设项目7个。淮海工学院"海洋生物产业技术"入选继续培育的江苏高校协同创新中心。举办全市大中专院校微型思想政治课大赛、"理论沙龙·新时代新作为"大家谈系列活动。开展第四届连云港市高等学校教学名师奖评选，评选高校教学名师8人。

【校企合作】 2018年，淮海工学院获教育部批准立项产学合作协同育人项目17个，获批江苏省大众创业万众创新示范基地；康达学院南通临床医学院挂牌；江苏财会职业学院与连云港港口控股集团合作签约。在连高校学生参加各类竞赛获省级以上奖项28个，立项大学生创新创业训练计划项目178个。

【高等教育国际交流与合作】 2018年，在连高校招收“一带一路”沿线国家留学生125人。淮海工学院与哈萨克斯坦KIMEP大学签署“K3+1+1”法学硕士项目协议，该校“一带一路”交汇点文化体验项目入选2018年江苏高校省级外国留学生短期项目名单。南京医科大学康达学院与加拿大西三一大学签署卫生事业管理专业“3+1+1”合作协议。江苏财会职业学院“海外本科直通车”项目获得批准。做好与吉尔吉斯斯坦民族大学、日本关西大学、韩国中央大学等交换生项目，组织高校学生开展暑期海外修学国际交流活动。

【高校校外教学点管理】 2018年，全市完成高等学校学历继续教育校外教学点年检工作，其中65个教学点年审合格、6个教学点暂停招生、15个教学点撤销，新增7个教学点。

【第三届在连高校外国留学生才艺作品大赛】 12月21日，第三届“丝路东方，留学连云港”在连高校外国留学生才艺作品大赛现场书法比赛暨颁奖仪式在江苏财会职业学院举行。大赛共征集俄罗斯等15国留学生汉字硬笔书法作品74幅，现场书写作品71幅。连云港师范高等专科学校赛乐、江苏财会职业学院吴娜拉、淮海工学院雅娜获一等奖，连云港职业技术学院麦德等6人获二等奖，江苏财会职业学院莫雨桐等10人获三等奖，连云港职业技术学院马丁等10人获优秀奖。

【重点院校】 淮海工学院 淮海工学院创办于1985年，是省属本科院校。2017年7月，成为博士学位授予立项建设单位。2018年，学校占地145.65公顷，有教职工1580人，全日制本科生、研究生2万余人。学校下设19个二级学院，开设63个本科专业，专业门类覆盖工学、理学、文学、管理学、农学、法学、经济学、艺术学、教育学和医学等10个学科门类。拥有海洋技术、化学工程与工艺、水产养殖学等3个国家级一类特色专业建设点，9个江苏省特色专业，2个国家级专业综合改革试点项目，9个江苏省重点立项建设专业（类）。计算机科学与技术等4个专业入选首批江苏省“十三五”品牌专业一期工程建设项目。海洋科学与技术学科为江苏省优势学科，机械工程、控制科学与工程、计算机科学与技术、生物工程、材料科学与工程、药学、中国语言文学、应用经济学等8个学科为江苏省重点培育（建设）学科。馆藏图书168.2万册。1160名专任教师中，547人具有高级职称，其中正高级职称146人、博士344人。2018年，淮海工学院获得国家级教学成果二等奖2个。化学工程与工艺专业接受教育部工程教育认证专家组现场考察，食品科学与工程、机械设计制造及其自动化2个专业获工程教育认证申请受理。智能制造创新实验班开班。学生参加国家级、省级比赛，1240人次获奖，其中814人次在国家级比赛中获奖。首次实现留学生学历生成班制招生。海洋科学学科进入省优势学科三期建设。调整设置机械与海洋工程学院、海洋资源与环境学院。建成启用黄海近岸海域生态系统响应试验平台、海洋工程技术研究中心、海洋遥感大数据应用中心、海洋经济与文化研究中心、虚拟现实（VR）教学中心。首批5个硕士学位授权点通过专项审核评估。新增公共管理（MPA）专业学位硕士点，硕士点增加到11个。2018届研究生就业率100%。

2018年，学校获得国家技术发明二等奖1个，江苏省科技进步奖一等奖1个、二等奖2个、三等奖3个，获江苏省社会科学优秀成果奖二等奖1个、三等奖2个，海洋科学技术二等奖2个。科研经费总量首次突破6000万元，获批国家重点研究计划项目和江苏省社科基金重大招标项目。江苏省海洋生物资源与环境重点实验室获批省科技厅重点实验室，江苏省海洋经济与“一带一路”重点研究基地获批省高校哲学社会科学重点研究基地，大学科技园获批江苏省大众创业万众创新示范基地，海洋生物产业技术协同创新中心获得新一轮立项建设，海洋资源开发研究院被评为省示范博士后科研工作站。全年横向科研立项项目346个，合同经费4598万元，分别比2017年增长61%、76%。省产学研前瞻性

11月14日，河北工业大学国家技术创新方法与实施工具工程技术研究中心在江苏省首个创新方法推广应用基地在淮海工学院揭牌 杨平 摄

项目成果丰硕，获批省级科技副总项目立项30个，立项率97%；获得省双创人才（科技副总）项目立项资助12个。引进教授、博士48人，入选“江苏高校青蓝工程”优秀教学团队1个，学术带头人1人，优秀青年骨干教师3人；入选高层次人才工程第三层次培养人选14人；入选第十五批“六大人才高峰”高层次人才资助计划9人；入选市“海燕计划”，获得连云港市第五期资助科研项目18人。（王秋玉）

南京医科大学康达学院 2018年，南京医科大学康达学院在校生6317人、教职工297人。学院下设12个教学机构，开设临床医学、预防医学、药学、医学影像技术、护理学、公共事业管理、医学信息工程、康复治疗学、医学检验技术等13个专业17个方向。学院各类教学科研仪器设备总值4800万元，图书总量78万册。2018年招收普高学生1400人、专转本学生620人。省内理科投档线位居同类高校榜首。学院首次招收农村订单定向免费医学生，面向连云港、淮安招生50人。开设加修急诊医学、危重症护理学、助产护理学特色课程班，增设传统康复学课程班；成立院系两级执业资格考试研究中心，建设执业医师考试平台，实施在校期间模拟、毕业后强化的执考模式。36名标准化病人参与教学，启动临床技能中心（OSCE考站）建设，完成执业医师题库建设论证。新增连云港市第二人民医院、宿迁市第一人民医院、新沂市人民医院、涟水县人民医院为学院附属医院，南通市第一人民医院为学院临床医学院，扬中市人民医院、响水县人民医院为学院教学医院。首次启动高级职称评聘工作，聘任高级专业技术职务12人。学院与豪森药业集团合作举办第四期“豪森班”，招收学员29人。筹建江苏省转化研究院连云港分院、健康江苏研究院连云港创新研究基地。“生命之约，大爱传递”项目获全省高校红十字会“博爱青春”暑期志愿服务优秀项目奖。因病离世的2013级学生程凯捐献器官、遗体的感人事迹得到社会广泛关注。（康达学院）

连云港师范高等专科学校 2018年，连云港师范高等专科学校有10个二级学院，共设43个专业，建成美术教育省品牌专业，语文教育等6个省级特色专业；儿童教育与发展等3个专业群被确立为省重点专业群，应用电子技术等2个专业被确立为国家财政重点扶持专业；“色彩人物”省级在线开放课程、语文教学论等5门课程入选省级精品课程。学校建有26个校内实验实训中心，其中省级实验实训基地3个，省级人才培养模式创新基地1个，新建和调整15个校内实训基地，优化重组22个实训基地和144个实验实训室。有省级优秀教学团队1个、人才培养模式创新基地1个、省级产教深度融合实训平台1个。图书馆藏纸质图书84万册，数据库17个。2018年，全日制在校生近8000人，其中本科生1400余人。有专任教师419人，其中正高级职称52人，高级职称占专任教师的67%；有博士15人，具有硕士及以上学位的教师占专任教师的68.46%。5人获曾宪梓教师奖，1人获全国优秀教师称号，有省级教学名师1人、市级教学名师5人，16人入选省“333”人才培养工程，1人获连云港市青年科技奖，24人入选省高校“青蓝工程”，81人次入选连云港市“521”人才培养工程，4人享受市政府津贴，1人荣获市级劳动模范称号，2人入选省“六大人才高峰”项目资助对象。3月，学校被列入江苏省“十三五”时期高校设置规划。建成博士研究室7间。2018年，恢复小学教育、语文教育、数学教育、体育教育等师范类专业招生，5个非师范专业停招。全年招生2641人。专科毕业生2249人，就业率92.62%；本科毕业生576人，就业率96.35%。全年面向社会公开招聘高层次人才15人，39名教师入选2018年高职院校教师国家级培训项目和省级培训项目。新增3+2合作培养本科项目1个，美术教育省级品牌专业通过年度建设验收。在各项省级大赛中获一等奖3个、二等奖3个、三等奖6个。师范类教师资格证面试考试通过率97.29%。完成2018年省大学生创新创业计划项目立项19个。市厅级以上科研项目立项48个。新增市优秀科技服务站2个，新增省高校哲学社会科学重点项目2个、研究项目10个，建成市级科研平台5个。学校区域文化研究中心被命名为连云港市首批重点智库，李明高蒙学教育研究社科名家工作室成立。海州地区民间美术作品展中标江苏省高雅艺术进校园拓展项目。连云港市文化创意发展研究所、连云港市《镜花缘》研究会研究基地落户学校。（李丽娜）

江苏财会职业学院 2018年，江苏财会职业学院学校占地38.4公顷，有教职工268人，其中专任教师241人。具有高级职称78人、“双师型”教师93人；具有研究生学历、学位的教师152人；省级中青年教师培养对象8人，江苏联合职业技术学院专业带头人3人，连云港市521工程人才7人。探索“1+n”人才培养模式，在相关系部启动试点。完成22个三年制专业不同方向人才培养方案的制定及修订工作。开设理论类、技能类选修课30余门，将学生人文素养提升和创新创业教育融入教学中。在总结“苏亚班”订单式人才培养经验的基础上，形成人才培养模式创新案例，《中国教育报》专题报道。与企业、行业、政府有关部门合作，聘请客座教授，共建特聘、外聘教师队伍，优化教师队伍结构。学校二期教学实训中心工程完工。与抗日山烈士陵园、赣榆区西棘荡村合作共建思政教学实践研修基地；苏宁集团全国首家校企合作实训门店（苏宁小店）盛大开业。借助外力支持智慧化校园建设，围绕校园无线网络应用与3家运营商签订合作协议。在省级技能大赛中，学校代表队分别获得高职组会计技能比赛一等奖、市场营销赛项二等奖；在全省高校微课教学比赛中4部参赛作品全部获奖，其中一等奖3个、二等奖1个；在全省高职院校信息化教学大赛中，教师获得一等奖1个、二等奖4个、三等奖2个；在2018年“税友衡信杯”全国税务技能大赛总决赛中，学校获团体二等奖；学校代表队在第二届“新道杯”

全国高职“管理会计”大赛中获团体三等奖。在学科竞赛中，学生参加全省第十五届高等数学竞赛，获得一等奖2个、二等奖3个、三等奖31个；牵头组织举办全市首届普通高校大学生高等数学竞赛；2名学生获得苏北大学生英语翻译比赛一等奖。在体育竞技中，学校龙舟队在连云港市第四届龙舟公开赛中获得学生组第一；女子龙舟队在江苏省第十九届运动会龙舟比赛中获冠军。在全省信息化教学大赛、全省职业院校技能大赛会计技能比赛、“福斯特杯”全国高等职业院校审计技能大赛等赛事中均获得一等奖。全年立项省级课题20个。加强首届36名老挝留学生学习指导，HSK四级（汉语水平考试）一次性通过率91.7%，全员获得2018年度丝路东方留学生连云港市政府奖学金。与韩国明知大学合作“海外本科直通车”项目，招生19人。与南京财经大学合作办学会计专业、与南京农业大学合作办学财务管理专业，与南京审计大学合作办学“专升本”会计学和财务管理专业。

连云港职业技术学院　2018年，连云港职业技术学院占地76.7公顷，建筑面积33万平方米。有全日制在校生近1万人，专任教师367人，其中具有双师素质303人，双师素质专任教师比例82.6%。教师中，高级职称237人，硕士以上学位275人，江苏省优秀教学团队3个，省、市高等学校教学名师5人，省“333高层次人才培养工程”培养对象23人，省高校“青蓝工程”中青年学术带头人6人、优秀青年骨干教师19人，省“六大人才高峰”培养对象4人，省优秀教育工作者3人，享受市政府特殊津贴3人。学校设有9个二级学院、2个教学部共11个教学单位，开设50个专业。其中物流管理、化学制药技术为国家重点建设专业，建筑工程技术、化学制药技术、数控技术应用、计算机信息管理4个专业为江苏省特色专业，计算机应用技术、化学制药技术、建筑工程技术为省级重点建设专业群，建筑工程技术、药品生产技术为省级高水平骨干专业。有计算机应用与软件技术、应用化工技术2个国家级实训基地，数控技术工程中心、建筑工程技术、艺术设计专业群3个省级实训基地。年内新增无人机应用技术、高速铁路客运乘务2个专业。推进现代职教体系建设，形成中—高—本职业教育贯通培养体系。中职、本科院校联合申办中职高职“3+3”、高职本科“3+2”分段培养项目。2018年度获省重点教材1部，省以上各类技能大赛一等奖8个、二等奖16个、三等奖31个，省级大学生实践创新训练项目19个。与江苏绿源工程设计研究有限公司、连云港石化等企业合作，打造医药化工产教融合基地，建设现代化的分析检测室、实验室等33个，配备先进仪器设备400余台（套）。与浙江卫星石化（连云港）有限公司合作开展现代学徒制改革，招收首届“订单班”学生79人。承担省部级科研项目17个、市厅级科研项目7个。获得市级科研奖励11项，横向课题立项23个，签订横向课题合同金额70万元。年内有22名来自哈萨克斯坦、吉尔吉斯斯坦等“一带一路”沿线国家的留学生在校学习。与俄罗斯伏尔加斯基综合技术学院签订合作交流意向书。（王传江）

社会教育

【概况】 2018年，连云港市赣榆区、东海县被评为“江苏学习在线”应用推广先行区，3个项目被评为江苏省社区教育品牌项目，创建省级教育服务“三农”高水平示范基地2个。全市完成农村劳动力转移培训7.63万人、各类农村实用技术和科技推广培训59.76万人次、农民工培训4.9万人次。海州区洪门街道梦翔学雷锋志愿者服务中心、墩尚镇静艺轩刻纸艺术、连云区墟沟街道西园社区睦邻活动中心3个项目被批准为省社区教育品牌项目，连云区大港职中退休教师房同庄等5人获江苏省“百姓学习之星”称号，赣榆区厉庄社区教育中心王晓等9人获江苏省“社区教育先进工作者”称号，海州区退休教师杨玉芹等2人获江苏省“社区教育优秀志愿者”称号。开展游学项目创建工作，“东海水晶之恋”项目入选江苏省首批游学项目。

【教育服务“三农”高水平示范基地培育】 2018年，市教育局根据省教育厅、省农委《关于做好2018年江苏省教育服务“三农”高水平示范基地申报工作的通知》，对赣榆区黑林镇有机蓝莓种植高水平示范基地、开发区朝阳街道生态旅游高水平示范基地2个重点培育对象进行培育指导，顺利通过省教育服务“三农”高水平示范基地现场评估验收并确认。

【社区老年教育】 2018年，全市市、县（区）、乡（镇、街道）三级联动，开展爱老、敬老、养老系列活动，打造各具特色的孝文化资源平台。利用居民学校教育资源与居家养老平台，开展老年人喜闻乐见的各种文化、健康、娱乐、休闲等活动。全市老年教育活动年参与率超过20%，惠及10.5万人。

【全民终身学习活动周】 11月3日，全民终身学习活动周启动仪式在市开放大学举行，活动由市教育局主办，市开放大学等有关部门及单位承办。活动周以“推动全民终身学习、服务港城高质发展”为主题，宣传全民终身学习理念，推动全民终身学习活动。各县区制定活动方案，开展专家咨询、专题讲座、报告会、书法绘画、摄影展览、演讲比赛、文体活动、职业和生活技能培训、知识竞赛等活动近百次，社会反响良好。（茆大斌）

【连云港开放大学】 2018年，连云港开放大学实施《开放教育教学工作量化考核方法》，每周统计公布课程辅导老师和开放学员网上教与学行为数据，保证教育教学质量，被评为全省网上教学先进单位。参加全省开放教育说课比赛，获团体二等奖，获个人一等奖1个、二等奖1个。2018年，全日制招生371人，年终就业率98.65%。开放教育招生596人。与连云港铁通移动公司合作办学，首期招生30人；与市中等职业学校签订长期合作协议，首期招生26人。成人网络学院招生 361 人，其中网络教育招生 270 人、成人高考录取 91 人。继续教育开展培训项目 23 个，新增项目 3 个，累计培训与考试 2 万人。

（顾　雪）

民办教育

【民办非学历教育机构】 2018 年，连云港市教育局下发《关于贯彻落实〈江苏省民办非学历教育机构设置和管理办法（修订）〉，明确民办非学历教育机构设置相关问题的通知》，从培训机构举办者条件、办学资金、办学场地、办学内容、师资配备等方面，对民办培训机构的设置问题予以明确，为校外培训机构的引导治理和集中整治提供依据。市教育局将民办学校和民办非学历高等教育机构审批权下放至开发区、高新区、徐圩新区。为规范民办教育培训机构监管工作，将 56 家原市管民办教育培训机构全部移交至机构所在县区教育部门管理。

【校外培训机构专项治理】 2018 年，市教育局、民政局、人社局、工商局、公安局、消防等部门在全市开展校外培训机构专项治理行动，切实减轻中小学生课外负担。市教育局制定《关于切实减轻中小学生课外负担，开展校外培训机构专项治理行动实施方案》，并成立专项治理行动工作领导小组。专项治理工作的主要目标是通过开展“双整”行动（整治校外培训机构不规范办学行为，整顿学校和在职教师不良教育教学行为），规范校外培训市场。市教育局通过市主要媒体和市教育局微信公众号（连云港教育发布）等向社会公布行动方案和举报电话、举报邮箱等，号召全社会关注并参与专项治理行动，引导学生、家长树立正确的教育观念。4 月 24 日，20 余家校外培训机构在市教育局的指导下，举行《连云港市校外培训机构自律公约》签约仪式，承诺依法、诚信、规范办学，避免超纲教学、提前教学、强化应试，绝不违规组织中小学生等级考试及竞赛等。专项治理行动开展联合执法 132 批（次），参与联合执法 1185 人次，检查学科类校外培训机构 1114 所，关停取缔 1060 所。

（茆大斌）

素质教育

【中小学德育教育】 2018 年，连云港市教育局出台连云港市中小学（幼儿园）德育工作三年行动计划，广泛开展“扣好人生第一粒扣子”“少年传承中华传统美德”“中国梦、港城梦、我的梦”等主题教育活动和社会主义核心价值观教育实践活动，编写社会主义核心价值观教育进课堂教案、课件 4332 份，夹山中心小学《少年军校：探索实践育人新模式》获评全国中小学德育工作典型。建设星级学生成长（发展）指导中心 39 所，创建省心理健康教育特色学校 3 所、市中小学心理健康教育特色学校 9 所、市文明校园 82 所、生态文明教育特色学校 30 所。开展世界环境日教育活动、“科技周”活动等，参加第五届全国中学生核电科普知识竞赛获一等奖 4 个。评选推荐宋庆龄奖学金 5 人，省普通高中优秀学生干部、三好学生 96 人；评选市首届“新时代好少年”10 人，市级优秀学生干部、三好学生、港城好少年 1675 人，优秀班集体 177 个。

【体育卫生艺术教育】 2018 年，市教育局承办全国中小学生游泳锦标赛、江苏省校园篮球联赛、中小学生跆拳道比赛等省级以上体育赛事 5 项，举办市级青少年体育比赛 21 项，连云港外国语学校代表队获首届校园篮球全国总决赛冠军。举办市第六届中小学生艺术展演活动，全市 20.5 万名师生参加。参加省第六届中小学生艺术展演获特等奖 15 个、一等奖 32 个。承办省第六届中小学生艺术展演艺术作品展览、艺术实践工作坊展示和省“高雅艺术进校园”活动。创建全国中华优秀文化艺术传承学校 3 所、省艺术特色学校 6 所。实施学生体质健康促进行动计划，发布《2017 年连云港市学生体质监测蓝皮书》《2017 年市区学生健康体检白皮书》。做好各级各类学校食品安全和传染病防控工作，创建健康促进学校 93 所。

【课堂教学改革】 2018 年，市教育局实施小学“强基铸品”工程、初中“双促双控”工程、普通高中教学品质提升三年行动计划，组织骨干教师赴市外跟岗学习，促进教学与管理工作质量提升，普通类高考本科达线人数超万人。创建小学教育质量综合评价改革实验学校 23 所。教育科学

10 月 14 日，江苏省第六届中小学生艺术展演活动在连云港中等专业学校体育馆举行　　耿玉和 / 视觉江苏网

7 月 25—27 日，2018 全国中学生游泳锦标赛暨全国中小学游泳夏令营在连云港市体育中心游泳馆举行 朱泓明 摄

研究工作广泛推进。省级政策性和战略性课题立项实现突破，立项省“十三五”规划 2018 年度课题 83 个，2 个课题被评为省精品课题。开展市学术领军人才培育对象研修活动，参加省“师陶杯”、省“教海探航”论文竞赛成绩均居全省第一。

【语言文字工作】 2018 年，市教育局举办第二十一届全国推广普通话宣传周连云港系列活动、连云港市第二届中小学教师中华经典诵写讲能力大赛；参加江苏省第二届中小学教师中华经典诵写讲能力大赛获特等奖 1 个、一等奖 1 个、二等奖 3 个。开展中小学生汉字书写大赛、诵读艺术进校园和书香校园、语言文字达标校创建活动。

【素质教育实践基地建设】 2018 年，全市新建投入使用实践基地主题馆室及室外实践区 7 个，组织学生参加劳动实践活动 58.1 万人次。连云基地获评 2018 年度全国中小学研学实践教育基地。参加省中小学社会实践基地优秀课程评选获二、三等奖 14 个。举办第七届素质教育成果展示活动。

【中国中学生游泳锦标赛暨全国小学生游泳夏令营】 7 月 25—27 日，国内中学生游泳项目最高水平赛事——2018 年中国中学生游泳锦标赛暨全国小学生游泳夏令营在连云港市举行。教育部学生体协联合秘书处副秘书长、中国中学生体育协会副主席张爱龙等出席开幕式。比赛由中国中学生体育协会主办，连云港市教育局、体育局承办，全国 14 个省、市、自治区的 56 支代表队 287 名运动员参加比赛。

【第七届中小学素质教育实践活动成果展示】 10 月 26 日，连云港市举办第七届中小学素质教育实践活动成果展示活动。全市各县区、直属学校 11 支代表队参加包饺子、急救包扎、情景灭火、帐篷搭建、心肺复苏、“龙行天下”、“翻越毕业墙”等 8 个项目的展示；全市 6 个实践基地以展板和实践活动作品以及动态课程演练的形式，集中展示各基地近年来实践活动育人成果。活动评选出团体奖 12 个、单项奖 48 个、优秀选手 20 人。

（茆大斌）

招生考试

【概况】 2018 年，连云港市组织各级各类教育考试 32 次，各项教育考试报考规模 40 万人次。21868 人参加普通高考文化统考，录取 17675 人，录取率 80.74%；本科录取人数 11480 人，占录取数的 64.95%。空军招飞录取 4 人（其中南通中学航空实验班录取 2 人），空军青少年航空学校录取 7 人，海军招飞录取 3 人。全市中考九年级报名考试 45725 人，八年级地理与生物报名考试 52593 人。全市有 28742 名考生参加学业水平测试必修考试，24622 名考生参加信息技术考试，4687 名考生参加高职提前招生联测，1840 名考生参加对口单招考试，2616 名考生参加美术专业省统考，13747 名考生参加全国成人高考。

【国家教育考试高清标准化考点建设】 2018 年，连云港市对原有标准化考点进行高清升级建设，全市新建国家教育考试高清标准化考点 43 个、考场 2541 个、考试指挥中心 8 个，实现各级各类国家教育考试标准化考点全覆盖。一期 20 个考点于高考前建成，在考试中使用，实现省、市、县（区）、考点四级专网的互联互通。高考后，对 23 个二期标准化考点进行升级建设。

【自学考试与社会考试】 2018 年，全市社会考试报名人数达 12.72 万人次。自学考试报考 16840 人次，报考规模连续 3 年稳步增长。市教育部门全年组织全国英语等级考试、全国计算机等级考试、剑桥少儿英语考试、全国大学英语四六级考试、江苏省书法水平等级证书考试、全国中小学教师资格证书考试等 9 个项目、15 次考试。 （茆大斌）

责任编辑 张卫怀

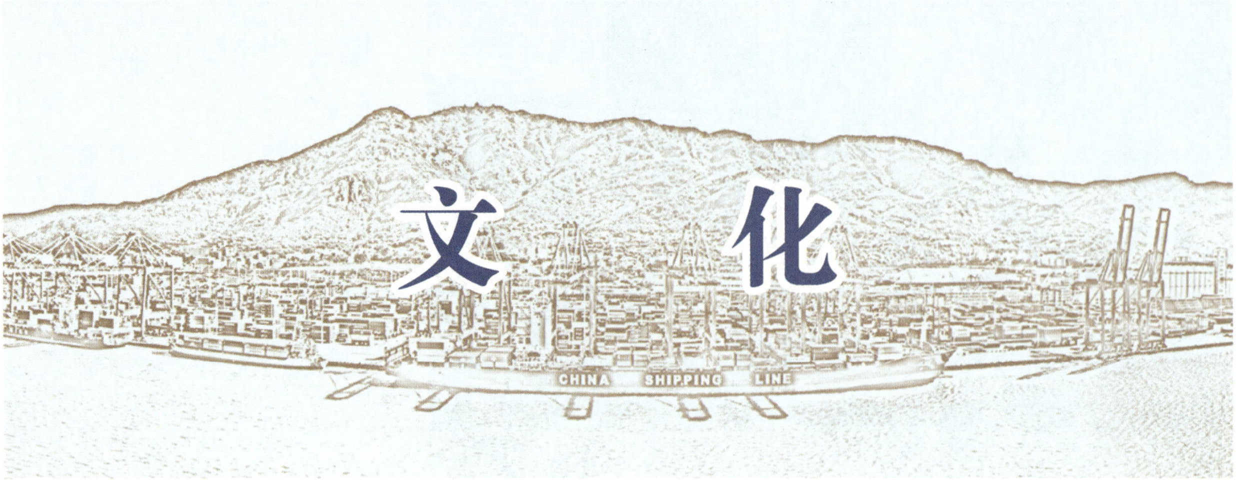

文 化

综述

【概况】 2018年，连云港市建成基层综合文化服务中心803个，累计建成1472个，覆盖率87.1%，万人拥有公共文化设施统计面积2279平方米。全市专业文艺人士创作文艺作品500余件，30余件作品在省以上展演中获奖。四集广播剧《1949大河安澜》在中央人民广播电台播出，弘扬王继才英雄事迹的歌曲《守岛人》在全国各大主流媒体发布，歌曲《让中国更美丽》入选生态环境部世界环境日系列主题宣传歌曲。以中哈国际物流合作基地建设为背景，市委宣传部、江苏海州湾文化旅游发展集团有限公司、河北电影制片厂联合出品电影《幸福的小满》，在宿城开机。反映海上丝绸之路主题的故事纪录片《福·路》获得第24届中国纪录片系列片十优作品、第十二届中国纪录片国际选片会人文类一等节目；反映守望社会良知与人性觉醒的话剧《守望者》首演。市委宣传部与海宁壹线传媒联合摄制的电影《找到你》于10月5日在全国院线上映，票房突破2亿元。以连云港本地英模题材为原型创作的吕剧《英雄之铭》、京剧《大树成荫》分别获江苏省紫金文化艺术节、第二届紫金京昆艺术群英会优秀剧目奖；京剧《大树成荫》入选全国优秀现实题材舞台艺术作品展演。连续4年举办连云港市“经典·悦读”达人比赛暨全民阅读“七进”活动。江苏女子民族乐团“丝竹华韵”民族音乐会被确定为2017—2018年度国家文化出口重点项目。举办第十五届《西游记》文化节、第十届文化产品博览会、第三届戏剧节、第四届音乐舞蹈节、庆祝改革开放40周年大型主题文艺活动等艺术活动。举办第六届连云港读书节，居民综合阅读率居苏北第一。实施国家历史文化名城申报工作，抢救性发掘海州张庄古墓葬群。苏鲁三市非物质文化遗产大集在连云港市举办，连云港、日照、临沂非物质文化遗产保护联盟成立。 （武依林　赵全全）

【文化体制改革】 2018年，连云港市实施上市企业培育、文化园区建设、品牌活动打造三大工程，推进全市文化发展改革。市文改办、科技局、人社局等部门联合打造“1+N”市级文化服务平台，即：搭建1个市级“文化+”融合发展服务平台，打造N个县级融合发展服务平台。实现工商登记、技术支撑、版权服务、金融扶持、法律服务等一站式服务，促进文化与金融、科技、旅游等领域的有效对接，逐步形成“文化+”融合发展服务全覆盖。江苏西游文化旅游产业有限公司挂牌成立。重点开发《西游记》《镜花缘》等地方优秀文化资源，打造西游小镇、西游主题乐园、板浦镜花缘小镇等重点项目。市文化管理部门研究制定《连云港市国有文化企业负责人考核及薪酬管理办法》

4月29日，“重走丝绸之路，传递江苏声音”一带一路民族音乐会在连云港市举办　市文广旅局　供图

《连云港市国有文化资产重大事项管理办法》等改革方案，更加注重社会效益与经济效益相统一。出台国有文化企业人才引进管理办法，引进高层次专业人才 26 人。 （武依林）

国家历史文化名城申报

【概况】 2018 年 4 月，连云港市启动国家历史文化名城申报工作。4 月 17 日，申报国家历史文化名城工作领导小组（扩大）会议召开，下发《连云港市申报国家历史文化名城工作领导小组成员单位职责》《连云港市申报国家历史文化名城实施方案》，制定《连云港市申报国家历史文化名城第一批工作任务分解表》。第一批任务分为七大类，包括规划类、整治类、维修类、展示类、研究类、政策类、宣传类，涵盖 40 个地区、单位，共计 139 项工作任务。

【课题研究】 2018 年，拟定 11 个申报国家历史文化名城研究课题，分别是：《“海防重镇——连云港” 研究报告》（市文广新局）、《中国古代文学名著与连云港关系研究》（淮海工学院）、《连云港地区海洋文化研究》（淮海工学院）、《依山傍海的城市格局》（市规划局）、《历史悠久的东海名郡》（市文广新局）、《人文荟萃的黄海明珠》（市文广新局）、《烁古耀今的历史文化名镇——板浦》（海州区政府）、《山海城交融环抱的城市风貌》（市建设局）、《关乎国计民生的淮盐经济》（连云港师范高等专科学校）、《多元融汇的地域文化》（连云港师范高等专科学校）、《源远流长的先秦文化》（朐海书院），至年底全部完成。

【保护规划编制】 市规划局《连云港历史保护规划》完成论证稿；高新区《南城历史文化（街区）保护规划》完成初稿；海州区、连云区分别编制民主路、连云老街的保护规划。市规划局公布全市第一批历史建筑名录，完成《连云港市历史建筑认定办法》初稿。

【历史文化街区保护】 2018 年，连云港市确定民主路、连云老街、南城东大街作为历史文化街区申报街区。市文广新局组织对民主中路西段的传统建筑与民俗进行系统调查，确定 62 处民国时期老建筑。10 月，市申名办分别向海州区、连云区、城建控股集团下达《关于加强对历史文化街区保护的通知》，提出编制《历史文化街区保护规划》、编制《历史文化街区保护整治方案》。11 月 23 日，市申名领导小组召开会议，专题研究民主中路西段征收和保护工作。市申名办督促海州区编制《民主中路西段历史文化街区保护规划》《民主中路西段历史文化街区整治方案》。

【海上丝绸之路申遗】 2018 年，连云港市加入海上丝绸之路保护和联合

连云港市第一批历史建筑一览表

表 48

编号	建筑名称	所在位置（门牌号）	建筑面积（平方米）	建筑年代	历史建筑功能
LYG-01-01	中正社区淮北民居黄家大院	海州区板浦镇中正社区 2 组 122 号	门房 67.47 平方米 正堂 73.68 平方米	清光绪	居住
LYG-01-02	海州区美国传教士别墅	海州区朐阳街道西门社区	单层 135.24 平方米（三层） 阳台 8.94 平方米 总面积 414.66 平方米	民国五年（1916）	居住
LYG-01-03	新县街张氏老宅	连云区朝阳街道新县街 2-46 号	门面房 178.81 平方米 住房 204.84 平方米	明永乐	居住
LYG-01-04	伊山镇裕康祥杂货店	灌云县伊山镇繁荣社区西长街 1 号	26.78 平方米	清光绪	商铺
LYG-01-05	伊山镇正和烟店	灌云县伊山镇繁荣社区西长街 2 号	36.14 平方米	清光绪	商铺
LYG-01-06	海州区福音堂	海州区双龙社区	75.47 平方米	民国九年（1920）	教堂
LYG-01-07	原日军海州第一棉场场部	东辛农场东方路居委会	前楼 83.42 平方米 东厢房 154.32 平方米 西厢房 142.08 平方米	民国三十年（1941）	场部
LYG-01-08	连云火车站八台	连云区连云街道	西侧长 22.14 米 东侧长 27.15 米	民国二十四年（1935）	车站
LYG-01-09	连云老街原日军疗养院	连云区连云街道	125.17 平方米（二层）	民国二十九年（1940）	疗养院
LYG-01-10	东海前代大桥	东海县石梁河镇后代邑村南	长 55.23 米（含引桥） 宽 5.19 米	1965–1970	桥梁
LYG-01-11	板浦秋园水牢	海州区板浦镇南门社区	22.12 平方米	民国二十六年（1937）	军事防御/牢房

申报世界文化遗产城市联盟。邀请中国文化遗产研究院副总工程师沈阳一行到连云港开展海上丝绸之路申遗点现场调研，考察调研连云港市孔望山摩崖造像、龙洞摩崖石刻群、封土石室墓、连云港船画和东连岛东海琅琊郡界域刻石等遗产点。7月17日，市文广新局邀请贺云翱、孙光圻、时平、萨尔吉、范晶晶5位专家学者，到连云港指导海上丝绸之路申遗工作，实地走访花果山六亩地封土石室墓、孔望山摩崖造像等海上丝绸之路遗产点，召开连云港市海上丝绸之路遗产点研讨会。委托南京大学文化遗产研究所编制完成连云港市海上丝绸之路申遗文本。

【申报国家历史文化名城宣传】 申名工作开始以后，市广播电台开辟《港城申报历史名城进行时》《港城名贤》《港城瑰宝》《史说连云港》《品读连云港》5个专栏，FM90.2每周二早上8:20首播，周六复播。《连云港日报·文化周刊》《苍梧晚报·搜城记》刊发申报《国家历史文化名城》专题报道，每周1期。连云港报业传媒集团新媒体中心连云港日报微信公众号、苍梧晚报微信公众号、连云港发布微信公众号进行相关专题推送，每周1期。 （田 艺）

链接

历史文化名城是一本无字书
（节选）

——由连云港市申报国家历史文化名城想到的

束有春

连云港要申报国家历史文化名城，它的这本无字书又将向人们显示出什么样的文化个性与特征？

“山海文化”，对，就是“山海文化”，它是我对连云港历史文化名城的最终认识与定位。作为一位长期对连云港历史文化着迷、又数次踏进那片神奇土地的外地学人，得出这样的结论，决非人云亦云，而是经历了长期的艰难思索过程。

连云港的基岩海岸线为江苏省独有，全长162公里。海岸线陆地与大海交接的悬壁处，往往又是石刻文化滋生的所在，如果只认为连云港的石刻都在山上，那说明你对这座城市的文化还不够了解。连云港港口巨大，是中国沿海十大海港、全球百强集装箱运输港口之一，目前已开通了50条远近洋航线，可到达世界主要港口。这座城市之所以叫“连云港”，是因为有一座岛叫“连岛”，有一座山称“云台山”，有一个港叫“连云港港”。连云港的岛屿较多，大大小小有20个，而“连岛”又分“东连岛”、“西连岛”，可谓“岛中有岛”；“云台山脉”又分为前云台山、中云台山、后云台山，可谓“山中有山”；云台山之外，又有许多山头，如花果山、孔望山、锦屏山，可谓“山外有山”。如果不是长期生活在那里的人，你是一时很难摸着头脑的。

连云港文物古迹众多，有许多地方我都到过。我曾数次登临孔望山，为它近乎通体呈现的、博大精深的石刻文化而震惊；这座山因孔子登临远望而得名“孔望山”，连云港先贤们对圣人的尊重之情令我肃然起敬，这可能也是一种文化信息的隔空传递。我曾数次登临锦屏山，为山上镌刻的“将军崖岩画”这部东方天书如何保护而问计定策。我也曾顶着酷暑烈日来到东连岛，在海崖峭壁间寻找“羊窝头”和苏马湾两处东海琊琊郡界域刻石，不惧大汗淋漓、湿透衣裤。我也曾走进白虎山摩崖题刻群，走进郁林观石刻群，在“石曼卿读书处”巨石题刻下小憩片刻。但我之前更多的还是走进4500多年前的、位于连云港中云台山麓的“藤花落”龙山文化古城遗址，为它的价值自豪，为它的科学保护和合理利用而揪心。

时隔数年后的今天，我再次来到连云港，现场踏勘了连云港老街。老街由后云台山的山脚延伸至半山腰上，约摸两公里不到，街面两侧是由晚清民国风格的系列建筑组成，老街地面是由清一色的当地产花岗岩石块砌成，铺装平整而又坡度舒缓，在雨中行走，完全不用担心滑倒。最让我感到惊奇的是，那里有座1931年建的“农民银行”，建筑保存完好。

老街的起点与陇海铁路终端车站及新亚欧大陆桥的港口码头相邻。走出老街后，我再次审视老火车站和老码头建筑，它们已经被作为省级文物保护单位而加以保护了，并且利用原有建筑分别建起了陇海铁路历史博物馆和港口历史博物馆。一节绿皮列车车厢正静卧在铁轨上，似乎在等待着乘客的到来。

我们漫步在民主路文化街上，尽情感受着民国建筑与社会主义建设时期建筑的不同韵味，“国营大华百货商店”“公大商行”“益麟医院”等招牌正向我们讲述着昨天的故事。我们又驱车来到了海州区的东大街，走在那凹凸不平但又宽敞整洁的青石板街面上，穿过那座城门洞，为连云港市至今仍保留有近两公里的明清老街而感到欣慰。

我认为，连云港“山海文化”主要包含了五个大的方面：

一是以“藤花落遗址”为嚆矢的古城遗址文化。藤花落遗址坐落在中云台山，占地面积达30万平方米，为距今4500年前的龙山文化古城遗址，为我国考古首次发现，曾获评全国十大考古新发现。藤花落城址为双重城墙结构，有城墙、城壕、城堡、城门，有城外交通道路。连云港市于1935年成立，当时名为“连云市”；1953年由山东划入江苏，属徐州专区管辖；1961年得名“连云港市”。从历史文化渊源考察，这片土地上的建城史应该上溯到4500年前的龙山文化时代。

二是以海陆交通干线为特征的交通文化。连云港最古老的海港码头叫龙苴港，在现在的赣榆区境内，因海水滩涂成陆而早已不存。现在的港口始建于1933年，其前身为1905年建成的大浦港。连云港为横贯中国东西的铁路“陇海线”的终端和起点，又是“连霍公路”（连云港市到新疆霍尔果斯市公路）的起点与终点；同时又因其火车站和港口码头连为一体，被誉为新亚欧大陆桥东桥头堡和新海上丝绸之路东端的起点。连云港又是1984年国家公布的14个沿海开放城市之一。综合起来看，交通区位重要，交通文化特别发达，应该是连云港申报国家历史文化名城的重要依据。

三是以石质文物为载体的石刻文化。连云港的石刻大都离不开山，山承载着连云港“山海文化”的半壁江山。通过镌刻在山体上的一处处石刻符号和文字的解读，我们可以在连云港这片神奇的土地上领略到许多“山海文化”的亚文化类型，如通过将军崖岩画，可以领略到太阳崇拜文化、天体星相文化、农耕狩猎文化、生殖祈福文化，通过孔望山摩崖造像可以领略到宗教文化、民俗文化、宴饮美食文化，还可以通过其他石刻，领略舆地方志文化、书画艺术文化、革命红色文化，以及以“天后宫碑”为载体的妈祖崇拜文化、以“公议碑”为载体的公益文化等。

四是以古街古巷为依托的建筑文化。连云港市区不仅保存有大量的古遗址古墓葬，保存有北宋时期的海清寺塔，保存有文庙、城隍庙、关帝庙、东岳庙、佛教寺院、碧霞宫，保存有镇远楼、福音堂、山东会所、生庆公茶庄、陇海公寓旧址、乐寿山庄、江苏省立东海师范旧址等，它们都已经被作为“文物保护单位”而受到法律的保护，更重要的是，还保存有连云港老街、东大街、民主路大街等三条以上的古街古巷，为“历史文化名城”这本无字书提供了段落和框架结构，满足了“历史文化名城”这本无字书由“点”到“线”直至形成“面”的空间机理要求。

五是以《西游记》为代表的“非物质文化”。连云港非物质文化遗产十分丰富，是历史文化名城申报中不可或缺的内容。连云港的“五大宫调”明清时就在民间盛行，目前已经被列为国家级“非遗”项目。连云港地区在秦汉时曾流行一种角抵戏叫“东海黄公”。东海黄公是一个会厌胜术的巫师，年轻时能够空手抵御和制伏蛇、老虎等，但到了老年，气力衰退了，加上饮酒过度，法术逐渐失灵，在一次与老虎斗法时不幸被老虎吃掉。东汉张衡的《西京赋》及东晋葛洪的《西京杂记》都有载。“东海黄公戏”虽已失传，但我们从连云港人崇文尚武、有习武习俗这一点可以看出古文化中习武基因的存在。最让人称道的是“西游记文化”，孙大圣、花果山、水帘洞等词汇已经成了该地区的“专利”。但无论如何，“西游记文化”只能是“山海文化”的一个层面，从层次上来划分，只能属连云港“山海文化”的第三层了。当然，连云港非物质文化遗产资源还包括许多传统技艺等。

连云港市拥有如此厚重而又独具特色的“山海文化”资源，当我们在寻觅品读这些文化资源后，连云港历史文化名城这本无字书的内容也就丰富了、一目了然了。

（作者为江苏省文化厅公共文化处原处长、省文物局文物保护处原处长）

文化遗产保护

【概况】 2018年，连云港市有国家级重点文物保护单位9个、省级重点文物保护单位28个、市级重点文物保护单位94个。有海州五大宫调、淮海戏、徐福东渡传说、东海孝妇传说、淮盐制作技艺等5个入选国家级非物质文化遗产保护名录项目，34个入选省级非物质文化遗产保护名录项目，有165个市级非物质文化遗产保护名录项目，200多名传承人、100多个传承基地。

【文物保护】 2018年，市文物保护部门推进文物保护规划编制工作，将军崖岩画、藤花落遗址、东连岛东海琅琊郡界域刻石、郁林观石刻群、曲阳城遗址等5个国家重点文物保护单位保护规划报国家文物局审批，7个省级保护单位开展保护规划编制工作，其中龙苴城遗址经省文物局审批、市政府同意并批复灌云县政府组织实施。市政府公布第五批市级文物保护单位23个，海州土船顶遗址、连云港封土石室墓群、连云港明清烟墩、连云区上海大旅社入选第八批省级文物保护单位。抗日山烈士陵园和龙洞摩崖石刻群申报第八批全国重点文物保护单位，通过省文物局审核并报国家文物局审批。市石刻研究展示中心建成开放，完成100余个市、县级文物保护单位“两线图”（文保单位保护范围和文保单位建设控制地带）测绘工作。全年争取各级财政文保项目资金1600余万元，市县（区）5个公共博物馆馆藏文物预防性保护方案通过审批。完成凌惠平陈展提升工程土建施工、李汝珍纪念馆展览提升工程。开展博物馆和文物建筑消防安全大检查、全国惩治文物犯罪专项行动等，排查消除安全隐患42处；组织开展各类文物安全巡视活动80余次，巡视文保点140处，利用文物行政执法监控平台上传巡查信息1537条，发现问题38个；针对涉及文保单位的建设项目下达停工通知书5份，办结行政处罚案件1起，对市级文保单位九龙口遗址局部遭到施工破坏事件依法开展行政处罚立案查处工作。《连云港封土石室墓调查研究》《凹穴岩画调查与研究》《连云港石刻与宗教》等专著出版。

【考古发掘与遗址测绘】 2018年，市文物保护部门完成东海石梁河镇小土山汉墓、孔望山村汉墓调查与抢救性发掘、东磊散落石碑调查及云台街道跃进桥石碑考古调查工作。开展盐业遗迹调查，对猴嘴盐坨、徐圩中正盐场场署、徐圩老街等6处盐业遗存进行现场调查、梳理、测绘。完成古游水调查，做好全市古游水调查的实地走访与勘探，编制调查报告，基本摸清古游水自南向北经龙苴、城后、鲁兰等8座汉代古城的相对关系。完成60余处碉楼、古城址、烟墩、碉堡等防御性遗迹的调查测绘工作，对东亚旅社、陈调元小楼、李汝珍故居、张学瀚故居等近10处名人故居进行全面普查。

【海州张庄古墓葬群发掘保护】 3月28日上午，海州区张庄挖掘泄洪道的挖掘机工作人员在施工时发现1座古墓。经现场勘察并向上级主管部门、文物部门汇报同意，市博物馆组建考古队伍对已暴露墓葬进行抢救性考古发掘，同时对建设区域及周边进行考古调查、勘探。至11月，初步确定墓群总面积约2.5万平方米，分布有126座古墓葬，清理发掘墓葬62座，出土文物400余件。

连云港市第五批市级文物保护单位一览表

表 49

序号	类别	名称	时代（年代）	地址
1	古遗址	城后土城遗址	汉	东海县白塔埠镇城后村南
2	古墓葬	胡海墓	明	连云区连云街道陶庵丫髻山西侧
3	古建筑	当路王氏宗祠	明	高新区花果山街道当路村
4	古建筑	三口镇石经幢	唐宋	灌南县三口镇大北村古来安河北岸
5	古建筑	谢小楼桥	清	海州区朐阳街道网疃村朐阳门东侧居民区
6	古建筑	南城东大街石板路	清	高新区南城街道凤凰社区
7	古建筑	孙桥村石桥	明清	赣榆区赣马镇孙桥村西南
8	石窟寺及石刻	王得胜家族碑群	清	东海县石梁河镇西朱范村
9	石窟寺及石刻	牛首山石刻	东汉	高新区花果山街道牛首山山腰
10	石窟寺及石刻	东磊石刻群（含渔湾石刻）	清至民国	云台山景区云台街道东磊村、渔湾村
11	石窟寺及石刻	大伊山梅花鹿岩画群	元	灌云县伊山镇
12	近现代重要史迹	红领巾水库	1957—1958 年	赣榆区班庄镇前集村北
13	近现代重要史迹	门楼河东桥	1891 年	赣榆区门河镇柳沟村东
14	近现代重要史迹	前滩大桥	1972 年	东海县白塔埠镇前滩村
15	近现代重要史迹	东园村高空渠	1977—1979 年	灌云县南岗乡东园村南
16	近现代重要史迹	公济公司旧址	1908 年	灌云县灌西盐场东二圩
17	近现代重要史迹	秋园龟腰桥	20 世纪 30 年代	海州区板浦镇秋园“大盐河”上
18	近现代重要史迹	江苏省新海高级中学民国校舍	1943 年	海州区解放西路 99 号
19	近现代重要史迹	原海州高级中学大礼堂	20 世纪 50 年代	海州区秦东门大街 105 号
20	近现代重要史迹	宿城人民会堂	1968 年	连云区宿城街道宝山村桃园路
21	近现代重要史迹	连云港人民影剧院旧址	1958 年	连云区连云街道临海社区云台路南
22	近现代重要史迹	振亚桥及题刻	1924 年	连云区宿城街道留云岭村虎口岭南坡路西侧
23	近现代重要史迹	连云港抗日防御遗迹	1938—1939 年	大龙顶、围屏山、锦屏山、丫髻山、猴嘴山、朝阳西山、东陬山、仙姑岭等

其间，市博物馆与南京博物院合作完成对海州张庄古墓葬群墓葬总平面图的测绘。有关专家认为，海州张庄古墓葬群最早的墓葬为西汉时期，后历经东汉、唐宋、清代，墓葬时代明确且延续时间长、墓葬规模较大且分布密集、墓葬形制特殊多样、出土器物种类丰富且价值较高、墓葬建筑工艺脉络清晰，是一处重要的汉代和唐宋墓地，为研究连云港海州地区两汉、唐宋时期的历史文化面貌和社会发展水平以及丧葬习俗提供有力物证。

【非物质文化遗产保护】 2018 年，市文物保护部门推动山海文化生态保护实验区建设，评审新增市级“非遗”保护项目 23 个。113 个“非遗”展示厅（馆）完善提升，17 名市级传承人申报第五批省级“非遗”代表性传承人，11 家单位被评为市第二批“非遗”生产性保护基地，海州五大宫调、东海孝妇传说获国家级专项资金 70 万元，建成开放“非遗”资料保护中心，编印江苏省首张“非遗”地图——《连云港市非遗手绘地图》。连云港市、临沂市、日照市联合举办 2018“文化和自然遗产日”苏鲁两省三市非物质文化遗产大集，成立苏北鲁南三市非物质文化遗产联盟。

连云港市第七批市级非物质文化遗产代表性项目一览表

表 50

序号	项目类别	项目名称	项目保护单位	所属地区
1	民间文学	沈云沛故事	海州区文化馆	海州区
2	传统音乐	海州吟诵	连云港市非遗保护中心	市直
3		古琴艺术	连云港市文化馆	市直
4	传统美术	篆刻艺术	连云港市苍梧印社	市直
5		刻瓷	连云港开发区中云街道办事处社会事业服务中心	开发区
6		扎染技艺	连云港东家智创文化传媒有限公司	市直
7		大漆工艺	连云港市艺术学校	市直
8		编织技艺（芦席编织）	连云港市非遗保护中心	市直
9	传统技艺	皮具制作技艺（马鞍包制作）	连云港及物鸟贸易有限公司	灌南县
10		传统农具制作与修复技艺	连云港市传承农耕文化研究所	灌南县
11		粉丝制作技艺（葛六粉丝制作）	灌南县李集乡龙大副产品销售中心	灌南县
12		紫砂制作技艺	连云港市东方工艺美术研究院	海州区
13	传统医药	吴氏河烙火针	连云港市中医院	市直
14		五行三部针法	连云港市中医院	市直
15		海州中药炮制技艺	江苏省连云港中医药高等职业技术学校	市直
16		王氏泡灸疗法	灌云县伊山镇康宜保健按摩服务部	灌云县
17		温氏中药贴敷疗法	温兵然诊所	灌南县
18		陈氏排毒通管中医疗法	连云港市赣榆区妇幼保健院	赣榆区
19		中医蜂针疗法	连云港蜂针堂蜂疗养生研究所	海州区
20		易筋针针灸疗法	连云港至善堂中医门诊有限公司	海州区
21	传统体育、游艺与杂技	咏春拳	连云港医武堂文化传播有限公司	市直
22		查拳	连云港市晨旭武术训练中心	市直
23		杂技	灌南县火雷艺术团	灌南县

举办第十届文化博览会“非遗”展示展演、“非遗”课堂、中医义诊，60余名手工艺人参加“非遗”手工创意大赛。春节期间在民主路历史街区、利群广场举办“非遗”艺术节，王老三剪纸在央视新闻联播播出，141件“非遗”产品长期入驻利群广场。东海水晶雕刻、赣榆柳编参加“运河传情，匠心筑梦”中国淮安大运河文化带城市“非遗”展。市文化、宣传、教育、财政部门联合开展“优秀传统文化进校园”系列活动，评选20个优秀传统文化传承基地（校园）。全市举办各类“非遗”展示展演活动378场次。江苏汤沟两相和酒业有限公司、板浦汪恕有滴醋厂、江苏桃林酒业有限公司、凯威酒业有限公司、李记明章食品有限公司、海州板浦东达肉制品厂、桃林蒋记食品有限公司、赣榆徐福茶厂、赣榆区夹谷春茶场9个“非遗”项目入选首批连云港老字号名单。

【海州五大宫调传承】 2018年，市文化部门与省非遗保护中心联合完成国家级保护项目海州五大宫调代表性传承人刘长兰的数字化记录。相关传承基地和各小曲堂定期开展传承活动。海南三沙卫视“中国海岸行”特别节目摄制组到板浦高级中学采访拍摄海州五大宫调。

（武依林）

公共文化

【图书馆】 2018年，连云港市有公共图书馆8个，分别是市图书馆、市少年儿童图书馆、东海县图书馆、灌云县图书馆、灌南县图书馆、海州区图书馆、赣榆区图书馆、连云区图书馆，均创建为国家一级图书馆，总建筑面积5.25万平方米，总藏书量317.4万册（不含电子图书）。年内新增藏书14.35万册，读者总流通377.35万人次。

连云港市图书馆 2018年，市图书馆建筑面积1.6万平方米，设有办公室、采编部、咨询部、借阅部、少儿借阅中心等7个职能部门，11个休闲阅览活动场所。馆藏纸质图书85.9万册（件），电子图书90余万种。全年新购纸质图书2.29万种、4.36万册，期刊819种，新增持证读者7062余人。创建连云港地方典籍馆，征集地方文献395种680册。举办阅读推广、阅读辅导等各类读者活动410余场次，蓝光影院电影展播220余场次，举办“时光，国际儿童绘画展”等主题艺术展览12场次。设立“廉政文化”等专题书架22场，推出新书推荐、畅销书推荐、读者阅读排行榜20期。实现图书流通100余万册次，服务读者数160万人次。新增市演艺集团、清风书屋、普照寺等馆外服务点7个。完成读者自助借还、自助办证系统的安装及24小时自助图书馆建设。国家级试点项目“连云港市图书馆服务标准化”通过中期评估，申报成为国家级公共文化机构法人治理结构改革试点。打造“连图·书乡少年”爱心公益服务品牌，赴农村开展阅读关爱爱心公益活动20余场次；完成“画说传统——漫画连云港·非遗传统文化数据库”项目建设。年内，“‘阅’动港城，书香筑梦——连图·全城共读”大型全市联动阅读推广项目获中国图书馆学会2017年阅读推广优秀项目，“书乡少年”改善农村贫困儿童阅读缺失现状案例获中国图书馆学会“扶贫工作典型服务案例”二等奖。

连云港市少年儿童图书馆　2018年，市少儿图书馆建筑面积3400平方米，馆藏书籍37.72万册（件）。新增藏书1.79万册，其中纸质图书3111种、1.6万册。新办读者借书证3137张，修复图书2765册，接待到馆读者60万人次。举办国学经典诵读、特色讲座、“4·23”世界读书日活动、七彩夏日、缤纷冬日、棒棒堂故事会、义务小馆员、春风少年读书会、“红读”系列活动、我们的节日、艺术进校园等读者活动和阅读推广活动310场，参与阅读推广活动读者近1.5万人次。为中小学校、幼儿园、社区居民送图书、期刊15次，新增加六一幼儿园等4个馆外流动服务点。市少儿图书馆满天星读书队等志愿团队走进市特教中心、市福利院，以及周边市化社区、镇海社区、财苑社区等社区空巢老人家，开展“老少同乐共享阅读”等志愿活动108场。

【博物馆】 2018年，全市有公共博物馆6个，分别是市博物馆、市民俗博物馆、东海县博物馆、灌云县博物馆、灌南县博物馆、赣榆区博物馆，建筑面积10.54万平方米，建有基本陈列24个，文物藏品总计2.23万件（套），其中三级以上文物499件（套），登记注册志愿者842人。年度举办展览43个，举办社会教育活动1673次，免费接待参观174.77万人次，其中市外观众14.47万人次。

连云港市博物馆　2018年，市博物馆馆藏各类文物8964件（套），其中珍贵文物154套、395件，分别为一级文物23套、140件，二级文物67套、155件，三级文物65套、100件。完成“千古之谜——凌惠平”陈列的展厅装修改造、展陈提升工程，《连云港市博物馆展陈提升改造方案》《连云港市博物馆智慧博物馆藏品数据智能化管理系统建设方案》《连云港市环锦屏山区域系统考古调查方案》获省文物局批复。举办“陇海梦·赤子情——纪念沈云沛逝世100周年专题展”“永远的丰碑——彦涵艺术作品展”等各类展览25个，其中，引进举办“国宝——圆明园兽首”连云港特展等精品外展7个，赴山西晋祠博物馆等地举办“连云港市博物馆藏当代书法名家楹联展”等展览4个。“博下学宫”开展传统文化社教活动8场。全年接待观众参观约20万人次，其中未成年人约7万人次。参加传统节日等主题社教活动等20余场，参与义务讲解100场；组织“千古之谜——凌惠平”图片展走进17所学校、7个社区，参观人数近8万人次。完成《连云港历史沿革》初稿撰写约6万字，开展《东海名郡》课题研究、海州方言研究。开展淮盐文物征集，征集一批纸质文物资料和盐场影像资料。

连云港市民俗博物馆　2018年，市民俗博物馆建筑面积1200平方米，设有老街风情、衣食住行、海韵海盐、教书育人、岁时节庆、人生礼仪、民间信仰、临时陈列8个展厅，馆藏品882件（套），其中，新征集民俗文化藏品100件（套）。打造“走进民俗馆”公益演出品牌，举办民俗文化、淮海戏专场演出、迎新春剪纸展等10场活动，接待观众6万余人次。开展连云港传统文化进校园活动，组织“老去与新生——我的城市四十年成长影像志”高校巡展4场。麦秸画制作体验、巧手过元宵花灯制作、爸爸妈妈的童年——传统游戏家庭亲子PK赛公益性活动6场；组织民俗采风活动10余次，收集整理文字资料3万余字，拍摄照片2000余张。开展民主西路历史建筑及建筑背后民俗调查，采集文字资料10万余字，照片2000余张，音视频资料500分钟，航拍照片100张，形成专题调查报告。　（武依林）

陇海铁路历史博物馆　陇海铁路历史博物馆由原连云火车站改造而成，始建于1935年。博物馆建筑

位于连云港港口的陇海铁路历史博物馆　张言华　摄

面积3000平方米，包括室内和室外两个部分，室内展示陇海铁路连云港段的修筑历史和发展历程。室外展示老式绿皮车厢、守车、站房及部分铁路专用设备。全馆分3层，一层介绍陇海铁路线自清光绪三十四年（1908年）起规划建设的历史进程，二层展现原陇海铁路建设、职工生活场景和沿线珍贵历史照片，三层介绍东陇海铁路电气化改造工程。展馆内展览分为铁路文化收藏展，展出不同时期的火车票、火车时刻表、信号灯等多系列藏品；火车模型展，展出"毛泽东号"（"文化大革命"版）、"龙号"、"0号"、"周恩来号"、"和谐号"等多种火车模型。2018年，陇海铁路历史博物馆接待游客约4万人次。

（王 磊）

2018年连云港市博物馆举办展览一览表

表51

序号	展览名称	展出日期	主办单位
1	沈保珩捐赠绘画作品展	2017年12月28日至2018年1月22日	淮南市博物馆、连云港市博物馆
2	中国味道——新年菖蒲盆景展	2017年12月30日至2018年1月3日	连云港盆景研究会、连云港市博物馆
3	吉祥如意——威海市博物馆藏年画精品展	1月27日至3月19日	威海市博物馆、连云港市博物馆
4	"千古之谜——凌惠平"图片展	3—9月	连云港市博物馆
5	多彩港城——连云港师专美术学院教师书画作品展	4月3—15日	连云港师专、连云港市博物馆
6	绽放的民间艺术——日照农民画展	4月18日至5月13日	日照市博物馆、连云港市博物馆
7	追梦如歌——石仁勇陶瓷绘画作品展	5月18日至6月5日	连云港市博物馆、兰云艺术馆
8	"文化与自然遗产日"苏北鲁南三市非遗大集	6月9—10日	连云港市文广新局、临沂市文广新局、日照市文广新局
9	珠心印雪——徐开君彩墨禅意画展	6月13—24日	中国少数民族文物保护协会艺术研究院、连云港市文联
10	德耀中华——道德模范在身边	6—12月	连云港市博物馆
11	江苏省馆藏文物巡回展 古俑焕彩——徐州博物馆馆藏历代陶俑展	6月22日至7月23日	徐州博物馆、连云港市博物馆
12	连云港市首届金婚盛典摄影展	8月5—11日	连云港市广播电台、连云港市手机台
13	陇海梦·赤子情——纪念沈云沛逝世100周年专题展	9月13—26日	连云港市博物馆
14	"国宝——圆明园兽首"连云港特展	9月10—21日	连云港文广新局、连云港市博物馆
15	《西游记藏品及西游文创作品展》暨西游记文创产品首发式	9月21—25日	邮政集团连云港分公司、市博物馆、市西游记研究会
16	永远的丰碑——彦涵艺术作品展	9月28日至10月28日	连云港市博物馆
17	"中国史迹聚珍——海上丝绸之路"连云港巡回展	10月1—31日	连云港市博物馆
18	2018"交汇点"国际摄影周暨第四届丝绸之路摄影艺术展	11月1—11日	中国艺术摄影学会、连云港市人民政府
19	士子的旅行——中国古代科举与旅行特展	11月14日至12月4日	江苏省文物局、中国科举博物馆、连云港市博物馆
20	景行清声——方敬先生遗作展	12月10—17日	连云港市文联、市书协
21	与佛有因——中国佛像印雅集展	12月20—22日	中国少数民族文物保护协会艺术研究院、中国佛像印艺术研究中心、连云港市文联、海州区文联
22	鸾俦云共翥慧业艺双清 ——俞致贞刘力上工笔画艺术展	2018年12月26日至2019年1月16日	扬州江都区博物馆、连云港市博物馆

中国东海水晶博物馆　中国东海水晶博物馆是国内唯一以水晶为主题的专题性博物馆，建筑面积2.9万平方米，总投资3亿元。1～3层为水晶博物馆展厅，四层为历史博物馆展厅，五层为办公区，于2013年9月28日正式对外开放。水晶博物馆分为开天辟地厅、鬼斧神工厅、气象万千厅、姹紫嫣红厅以及精品厅、临展厅、捷克水晶展厅等7个展厅，集水晶精品展示、硅工业展示、历史文物展示、学术研讨、国际交流等多功能于一体，被国家地质博物馆列为东海分馆，获批国家AAAA级旅游景区、江苏省优秀科普教育基地。2018年6月起实行全天开馆，全年接待游客近45万人次，开馆起累计接待国内外游客190多万人次，对社会公众讲解服务2381次。　（徐　宁）

【纪念场馆】 连云港市革命纪念馆　市革命纪念馆原址为建于1925年的陇海公寓，新馆位于海州区朝阳东路70号，2011年正式开馆。建筑面积1.49万平方米，展陈面积6000平方米，包括基本陈列展、各类专题展览、复原重建的陇海公寓、国防园、红色旅游文化展示中心等。市革命纪念馆先后被评为国家AAAA级旅游景区、省爱国主义教育基地、省全民国防教育基地等。2018年，市革命纪念馆举办“跨越时空的井冈山精神”“家就是岛，岛就是国——‘时代楷模’王继才先进事迹展览”等专题展览6个，开展全市第四届红色小讲解员大赛、第二届“信仰之旅”小学生夏令营活动和“寻爱国印记，港城少年行”——红色护照主题教育活动，走进学校、机关、社区开展党史宣讲活动26场次，全年接待观众25.9万人次。　（史成龙）

灌南人民革命纪念馆　灌南人民革命纪念馆位于灌南县烈士陵园北侧，2006年4月建成，为两层仿古建筑，占地面积1500余平方米，建筑面积860平方米，布展面积2800平方米。纪念馆设9个展厅，陈列各种珍贵图片资料582张、实物220件。一楼集中展示1928年至1949年期间灌南人民革命斗争的历史；二楼展示灌南人民的杰出代表惠浴宇、周惠、芮杏文3位老一辈革命家的革命生涯和光辉事迹。烈士陵园分别被授予“江苏省全民国防教育基地”“江苏省爱国主义教育基地”“江苏省重点烈士纪念设施保护单位”等称号。　（王　伟）

抗日山革命烈士纪念馆　抗日山，原名马鞍山，位于赣榆区西部苏鲁两省交界处，主峰海拔173米。1941年至1944年期间，八路军一一五师教导二旅以及滨海军区的广大军民为死难烈士树碑建塔，抗日山由此而得名。抗日山烈士陵园中有1642座烈士墓，塔碑上铭刻着3576名烈士的英名。2016年，抗日山烈士陵园被纳入全国红色旅游经典景区。抗日山革命烈士纪念馆是抗日山烈士陵园的重要组成部分，前身是1942年由八路军一一五师教导二旅依山而建的延安窑洞式的“抗日烈士纪念堂”，有5间约180平方米，当时主要陈列着镌有抗日烈士英名的碑碣和反映抗日烈士英雄事迹的绘画与图片。纪念馆为钢筋水泥结构“T”字形平顶楼房，占地面积880平方米，建筑面积795平方米。该馆内藏毛泽东、周恩来、陈毅等在抗日战争时期接见国际友人汉斯·希伯的历史性照片；罗荣桓、徐向前、宋任穷、肖华、谷牧、陈士榘、刘西元与符竹庭战斗在一起的照片；彭雄、田守尧以及朱爱周烈士的珍贵照片。馆内还存有杨得志、唐亮、王六生、刘西元、周贯五、梁兴初、李执中、华诚一、刘白涛、叶志俊等为纪念抗日战争中牺牲的将士所题写的词、联、诗、信件、挽联、挽词等。2018年，共接待社会各界人士81万余人次。

刘少奇纪念室　刘少奇纪念室位于赣榆区黑林镇大树村，由刘少奇纪念广场和旧居两个部分组成，占地面积3000平方米。1942年，刘少奇在大树村工作期间，妥善解决了山东存在的问题，巩固了山东抗日根据地，在赣榆人民的心中留下了深刻的记忆。1992年10月，黑林镇党员干部和人民群众自发捐款，修缮刘少奇当年在大树村的旧居，建起纪念室。1996年续建刘少奇纪念广场、纪念碑墙，矗立刘少奇半身铜像。2018年10月，为纪念刘少奇诞辰120周年，黑林镇党委再次修缮刘少奇旧居，重新进行布展。展厅分为光辉的一生、伟大的行程、少奇在大树3个分展厅。2018年，共接待社会各界人士3万余人次。　（鲁守洋）

7月11日，在连云港市革命纪念馆内，参加“信仰之旅”夏令营的小学生在公安边防支队官兵的指导下开展训练　王健民/视觉江苏网

朱自清文化园　文化园位于东海县水晶公园内，为纪念中国著名作家朱自清而建，于2018年12月26日面向全社会免费开放。文化园占地1公顷，建筑面积500平方米，分为金石园、怀清廊、清气堂、清友轩和清风书屋五个版块。主展馆清气

堂介绍朱自清生平历程，门上的匾额由朱自清嫡孙朱小涛题写。展馆四周墙上，收集朱自清一生重要图片文字资料，分成“出生东海”“成长扬州”“投身五四”“我的南方”等9个部分。著作墙记录朱自清的名作《匆匆》《桨声灯影里的秦淮河》《背影》《荷塘月色》等。 （年 编）

李汝珍纪念馆 李汝珍纪念馆位于海州区板浦镇东大街，占地1500平方米，1992年建成开馆。纪念馆分门厅、主展厅和故居三部分组成。建筑为一宅两进的清式院落，主展厅陈列多种中外文版本的《镜花缘》以及资料。故居中有2株石榴树及古皂角树，相传均为李汝珍手植。纪念馆先后被批准为省爱国主义教育基地、国家AA级旅游景区。2018年，接待游客约2万人次。 （张 宇）

徐福纪念馆 徐福纪念馆位于赣榆区金山镇泊船山徐福生态园，建筑面积4000平方米，包括山门、东西钟鼓楼、徐福庙、藏书阁、文物陈列室、碑廊、后花园、浮雕墙、纪念广场等景点，是国内最大的徐福纪念建筑物之一。徐福大殿是徐福纪念馆的主要建筑，面积286平方米。馆内设徐福塑像、文物和书画陈列布展、浮雕墙等。徐福纪念馆前的徐福广场正中，耸立着一尊巨型徐福雕像，像身高8.5米，座高3.5米，通高12米，像座正面镌“徐福”两个大字，座后铭文赞颂徐福。 （鲁守洋）

【文化馆】 2018年，全市有公共文化馆7个，分别是市文化馆、东海县文化馆、灌云县文化馆、灌南县文化馆、海州区文化馆、赣榆区文化馆、连云区文化馆，均为国家一级文化馆，总建筑面积4.19万平方米。年度开展群众文化活动632场，举办展览74个，举办公益性讲座255次，受益群众41.12万人次。市文化馆组织创作或推荐优秀群众文艺作品200余件，组织进社区进基层文艺巡演6场，举办“相约艺术剧院”公益演出22场次。开办“港城文化课堂”2018春季班（总第十二季）、秋季班（总第十三季），完成1536个公益培训课时。举办“CATC公众艺术空间”创新艺术活动96场次，开拓“海莲籽阅读空间”“古琴馆”等新的活动单元。承办连云港市首届山海群星奖赛事活动、2018年广场文化系列活动、“港城一家亲”社区艺术节等市级群文活动。组织参加江苏省戏曲票友大赛、“精彩江苏”全省摄影艺术大展。实施江苏数字文化馆平台运营，通过数字平台推广活动1095场次，实现数字预约1.59万人次，主要指标在全省500多家试点单位中位居第一。

【美术馆】 2018年，市美术馆完成一楼展厅灯光改造工程及公共阅览区域改造，建设三楼公共画廊。启动著名书画家回乡展工程，举办《西游记》“梦龙·门神”付爱民连环画原稿全国巡回展、“纪念周恩来诞辰120周年”全国中国画作品展全国巡展、“怀抱古今”苏北五市书画院作品联展、“孔望山之望”尚天潇书画篆刻展等各类展览25场，参观人数达4.5万余人次。开展6次“高雅艺术进校园”及社区送展活动。与连云港市汇姝园艺术教育有限公司合作，推出“美术馆大讲堂”等公益培训活动10场，创立市美术馆少儿书画院并举办小书画家优秀作品展。市美术馆书画家创作作品参加省级以上展览6场，15幅作品入选、获奖。

2018年连云港市美术馆举办展览一览表

表52

序号	展览名称	展出时间	主办单位
1	《西游记》“梦龙·门神”付爱民连环画原稿全国巡回展	1月4日	连云港市文广新局、中央民族大学少数民族事业发展协同创新中心民族团结教育研究平台、河北美术出版社、中国西游记文化产业创意研发中心、国家图书馆北京北图文化发展中心
2	厚之致远——崔博中国画作品展	2月7日	清华大学中国画高研班、中国军事文化研究会中国画创作研究中心、中国少数民族文物保护协会艺术研究院、北京国画艺术家协会、市文联、海州区委宣传部
3	“文化传承，翰墨丹心”2018连云港市中国画作品展	2月13日	连云港市美术馆、市书画院、市中国画学会
6	孔望山之望——尚天潇书画篆刻展	4月6日	四川美术学院中国画系、市文联、苍梧晚报社
7	“与佛有因”——2018当代佛像印十三人学术提名巡回展	4月24日	连云港市文联、花果山海宁禅寺、中国佛像印研究中心，中国少数民族文物保护协会艺术研究院
9	“纪念周恩来诞辰120周年”全国中国画作品展全国巡展	5月5日	中国美术家协会、淮安市人民政府
11	世纪琴韵——王世林国画作品展	5月17日	连云区委宣传部、连云港市历史文化研究会
12	刷屏 劳作：2018AMNUA国际摄影展巡展	5月26日	连云港团市委、连云港市青年联合会

续表 52

序号	展览名称	展出时间	主办单位
13	“逍遥游”——刘亚璋师生作品展	6月8日	扬州大学美术与设计学院、连云港市美术馆、市美术家协会、北京溪亭文化传媒有限公司
16	“乡情”——叶烂花鸟画作品展	7月4日	连云港市委宣传部、省美术家协会、江苏省国画院、连云港市文联
17	首届“吕斯百”江阴美术大展优秀作品巡展（连云港）	7月12日	连云港市委宣传部、江阴市委宣传部
18	“长河一瞬”南京大学艺术学院聂危谷师生中国画作品展	7月20日	南京大学艺术学院、江苏省美术家协会
19	“新丝路，新港城，新起点”——连云港市庆祝改革开放40周年美术、书法、摄影作品展	9月20日	连云港市委宣传部，市文广新局，市文联
20	“丹青梦·山海情”2018年连云港市赣榆区工笔画展	10月22日	连云港市委宣传部、赣榆区委区政府、市文广局、市文联
21	聚焦文明新风尚 传播港城正能量——2018连云港市第二届“聚焦文明”网络摄影大赛作品展	11月6日	连云港市文明办、连云港报业传媒集团、市摄影家协会、市新闻摄影学会
22	行远及众·中国水印木刻版画文献展	11月14日	江苏省美术馆
23	市美术馆少儿书画院揭牌暨首期优秀书画作品展	11月18日	连云港市美术馆
24	第六届美术馆之友书画作品展	11月21日	连云港市美术馆
25	“邮驿路，运河情”全国中国画作品展	12月6日	中国美术家协会、高邮市政府

【新华书店】 江苏凤凰新华书店集团有限公司连云港分公司总建筑面积2.83万平方米，主要经营图书、报刊、电子出版物批发零售，教育装备，线上商城，音像制品批发零售，预包装食品批发、零售，文化及教育用品、体育用品、电子产品、视听器材、电子计算机及配件、工艺美术品、日用品、箱包、皮具、服装、汽车及配件的销售，房屋租赁及仓储服务。公司在市区设立5个综合门店：朝阳东路门店、通灌路门店、解放路门店、海州书坊、墟沟门店，其中，海州书坊是连云港市首家24小时书店。在淮海工学院、职业技术学院、海州实验中学、新海实验中学、师专二附小、市政府办公大楼、市图书馆、市第一人民医院等24处设有校园书店和小微书店（书吧），形成中心书城、连锁门店、社区机关和学校小微网点合理配置的良好格局，为推进全民阅读提供良好的网点服务保障。2018年，实现营业收入2.03亿元。开展全民阅读活动，举办各项读书活动50余场。与市教育局携手打造“名师讲课”分享阅读活动，每周六在报告厅分享语文新课标必读书目。邀请著名儿童文学作家祁智走进校园，开展“校园人文行”阅读分享活动，邀请教育部《道德与法治》统编教材编审专家李红勃为市区部分中小学校长讲解介绍《中小学法治教育读本》。定期开展“朗读者”活动，举办“美好生活杯·朗读者”海选活动，选拔2组朗读者，代表连云港地区赴江苏书展参加总决赛，获得“全省优秀阅读推广人”称号。依托门店开设各类主题展台，促进全民阅读，开设亲子阅读、江苏书展12本好书、2018中国好书、大众喜爱的50种好书、这个春天书香正浓、快节奏里的慢时光、十九大重要文件出版物、纪念中国共产党成立97周年、“海魂”等主题展台。公司连续三年被江苏省新闻出版广电局授予“社会效益考核优秀单位”称号。（新华书店）

【农家书屋】 2018年，连云港市完成农家书屋与村综合文化服务中心融合368家，474家农家书屋实现“通借通还”。连云港市农家书屋进文化大户融合发展模式在全省总结推广。开展农家书屋示范点认证扶持，海州区江浦村等20家农家书屋获首批认证扶持。赣榆区赣马镇大高巅村农家书屋被国家新闻出版广电总局评为全国示范农村书屋。依托农家书屋开展农民读书节和“我的书屋我的梦”读书征文活动，4篇征文获省级奖项。

【全民阅读】 2018年，连云港市围绕全民阅读工作举办27项重大活动。举办第六届连云港读书节，第四届“经典悦读”达人比赛，邀请敬一丹、梅子涵、徐则臣、郛书林等举办名家阅读报告会，各行业、各县区开展各类阅读活动500余场次。市文广新局制定《连云港市阅读新空间暨农家书屋融合发展奖补办法》，“唐诗宋词元曲”微信公众号被列为全省10家阅读推广平台之一，樊振被评为全省十佳阅读推广人。全市新增艺博书吧等阅读新空间100余家，其中，彩虹岛阅读馆、石棚书院、静书房、大华文化交流中心4家阅读空间获省级认证扶持，警营书吧、小书虫读书社等10家被评为全市首批全民阅读

2018年，赣榆区赣马镇大高巅村农家书屋成为全市首家全国示范农村书屋。图为学生在书屋诵读经典 朱代桂/视觉江苏网

十佳品牌。全市新发展海莲籽少年读书会、书乡少年读书会等阅读组织100余家，新增户外智能漂流箱体30处。在全省居民阅读状况调查中，居民综合阅读率居苏北第一。

【公共文化服务】 2018年，连云港市建成803个基层综合性文化服务中心，累计建成1472个，基本形成覆盖城乡的四级公共文化服务服务体系。覆盖率87.1%，万人拥有公共文化设施统计面积2279平方米。命名市首批特色文化之乡8个、特色文化广场10个，评选表彰20个优秀村综合性文化服务中心。国家级试点项目"连云港市图书馆服务标准化"通过中期评估。国家级公共文化机构法人治理结构改革试点工作推进，全市8个公共图书馆全部创建为国家一级公共图书馆。举办首届"山海群星奖"基层创演、首届"花果山杯"城市文化墙绘创意大赛等群众性展演展映活动2万余场次。7月27日晚，"文明与你我同行"2018连云港市社区艺术节暨广场文化活动在兴业时代花园小区开幕，开幕式上为全市首届"山海群星奖"获奖项目颁奖。10月10日晚，由省委宣传部、省文化厅、省文联主办，连云港市委宣传部、市文广新局、连云区委承办的"美好新时代·精彩新港城"——2018紫金文化艺术节连云港市广场演出在连云区国际展览中心广场举办，作为全市广场文化活动闭幕式。7—10月，全市各级宣传文化部门围绕"美好新时代·精彩新港城"主题，助推文明城市创建，举办广场文化系列活动2000多场次，惠及城乡居民近100万人次。"海莲籽·青少年艺术成长营地"建立海莲籽·关怀联盟，将营地项目、关怀项目、志愿团项目融合发展，启动全民艺术普及"苍梧联盟"组织建设，参与2018年全市学雷锋志愿服务活动启动仪式，在12所村小举办"海莲籽·艺术大篷车"营地主题活动15场次。 （武依林）

链接

连云港市首批特色文化之乡

东海县曲阳乡：水晶文化之乡
东海县双店镇：民间书画之乡
灌云县伊山镇：旅游文化之乡
灌南县新安镇：元宵灯会之乡
赣榆区宋庄镇：乡贤文化之乡
赣榆区青口镇：传统戏曲之乡
海州区板浦镇：美食文化之乡
连云区高公岛街道：渔民文化之乡

连云港市首批特色文化广场

东海县海陵影剧院文化广场
灌云县市民文体中心广场
灌南县市民文体中心广场
赣榆区塔山镇文体广场
海州区新浦广场
海州区鼓楼文化广场
连云区连岛街道"德馨苑"文化广场
连云港开发区"盐韵猴嘴"好人广场
徐圩新区东辛文化广场
连云港高新区小村村文体广场

文艺

【概况】 2018年，连云港市专业文艺人士新创作文艺作品500余件，10个项目获2018年江苏艺术基金资助121万元。市文广新局、市文联组织举办大中型艺术活动40多场次。

【文艺创作】 2018年，现代淮海戏《辣妈犟爸》参加江苏20台优秀现代戏大运河沿岸巡演；吕剧《英雄之铭》参加2018年江苏省紫金文化艺术节优秀剧目展演，获优秀剧目奖、优秀表演奖；京剧《大树成荫》参加全国优秀现实题材舞台艺术作品展演、江苏省紫金京昆群英会优秀剧目展演，获优秀剧目奖；创排淮海小戏《孤岛夫妻哨》，参加2018年戏曲百戏（昆山）盛典开幕式、2019年央视新年戏曲晚会；女子民乐团参加全国民族管弦乐及地方乐种邀请赛获金奖，青年歌手刘佳在2018首届省流行音乐大赛城市赛中获流行演唱（成人组）金奖，三人组合获流行演唱（成人组）铜奖；市淮海剧团3名演员参加中国戏曲红梅荟萃比赛，获红梅荟萃"金花"称号。7人入选省委宣传部、省文化厅、省文联主办的"向时代致敬"省庆祝改革开放40周年主题美术作品展，4人入选省文化厅新金陵画派运河沿岸艺术交流巡展，1人获"奋进新时代·魅力新江苏"江苏省侨界纪念改革开放40周年书画作品展优秀作品奖（最高奖），1人入选"大美中国·精彩江苏"江苏省政协庆祝改革开放40周年书画作品展，1人入选省委宣传部主办的"画说运河"——江苏美术家采风写生创作作品展，1人入选省中国画学会作品展。市淮海剧团、市美术馆（市书画院）被省文化厅评为艺术创作工作先进单位。

【文艺活动】 2018年，市文化部门组织举办第三届戏剧节、第四届音乐舞蹈节、廉洁文化周启动仪式暨“山海廉韵·廉洁颂”巡演等大中型艺术活动40多场次，组织送戏下乡1392场次。江苏女子民族乐团开展“重走丝绸之路·传递江苏声音”国内6省11市巡演，赴韩国参加文化交流。市美术馆自办、承办、接办连云港市纪念改革开放40周年美术书法摄影作品展等各类展览25个；开展基层送展活动6次，举办“美术馆之友”系列活动4次。

7月27日，连云港市社区艺术节暨广场文化活动在海州区兴业时代花园小区开幕。图为演出现场　　市文广旅局　供图

【港城文化课堂】 2018年，市文化馆依托市民文艺培训中心（CATC）举办公益文化培训项目“港城文化课堂”，传播“艺术的生活，生活的艺术”理念，启用网络预约和签到系统，春秋两季开设61门课程，其中新增古筝、尤克里里、刻纸艺术基础、微电影鉴赏与创作、瑜伽基础等课程，公益课合计75节700多课时，涵盖绘画、器乐、声乐、文学、诵读、书法、舞蹈、剪纸、魔术、亲子、读书、健康、烘焙、工艺制作等30多个门类，覆盖人群近3万人次。不间断举办讲座、制作、交流、民俗活动等，推出“素染时蓝”染织作品展、“艳若春来”剪纸艺术展、“春暖花开”油画展、“木上花开·刻意人生”木雕展、“绮意经心·玲珑人生”草编作品专题展等艺术特展19场。

2018年连云港市重要文艺活动一览表

表53

名称	日期	地点
2018年江苏省暨连云港市文化科技卫生“三下乡”集中服务活动	1月18日	东海县温泉镇广场
连云港市迎新春京剧演唱会	1月30日	海州区文化馆
“中国梦·丝路情”组歌专题音乐会	3月11日	北京音乐厅
江苏女子民族乐团“重走丝绸之路·传递江苏声音”一带一路民乐巡演	4月20日	连云港市文化艺术中心大剧院
市第三届戏剧节开幕式	5月22日	连云港市文化艺术中心大剧院
“到人民中去”文艺志愿服务活动暨“处处文明风 心曲暖人民”文艺志愿服务	5月23日	灌云县下车乡青山村
“山海同歌”	6月6日	江苏财会职业学院
“文明与你我同行”2018连云港市社区艺术节暨广场文化活动开幕式	7月27日	海州区
“国宝——圆明园兽首”连云港特展	9月11日	连云港花果山大酒店
第五届中国（连云港）丝绸之路国际物流博览会《丝竹华韵》民族管弦乐音乐会	9月18日	连云港市文化艺术中心
“美好新时代·精彩新港城”——2018紫金文化艺术节连云港市广场演出	10月11日	连云港市国展中心
第十五届（2018）中国·连云港西游记文化节暨“一带一路”交汇点第十届中国·连云港文化产品博览会	10月19日	连云港振兴花卉城
小型淮海戏《孤岛夫妻哨》首演	10月26日	昆山
全市“戏曲进校园”专场演出暨“优秀传统文化进校园”闭幕式演出	12月27日	连云港市苍梧小学西校区

9 月 13 日，连云港市第四届音乐舞蹈节演出精彩纷呈

耿玉和 / 视觉江苏网

【"相约艺术剧院"系列惠民展演】2018 年，市文化馆举办"相约艺术剧院"系列公益演出 38 场次，包括红楼越剧专场公益演出、市文化馆服装模特 T 台秀、淮海戏《辣妈犟爸》公益演出、相约艺术剧院民族音乐会、"相约艺术剧院·新年新月"2018 元宵晚会、西藏措拉嘎布民间艺术团"公仆情怀·走进西藏"文艺演出、市特殊教育中心庆祝第二十八次"全国助残日"活动、市总工会主办连云港市女职工"新时代，巾帼颂——好书悦读"展演大赛初赛、连云港市"山海群星奖"作品评选、市第三届戏剧节优秀剧目展演、江苏省文化馆爵士音乐节连云港巡演等。

【连云港市第三届戏剧节】5 月 22 日晚，由市委宣传部、市文化广电新闻出版局、市文联联合主办的市第三届戏剧节在市文化艺术中心开幕。戏剧节设以市区为中心的主场地及市县联动、县区特色分会场，全面展示近年来全市戏曲艺术发展成果。由赣榆区京剧团创排的大型原创现代京剧《大树成荫》作为戏剧节开幕大戏亮相。该剧讲述农村女教师柏纪荣（剧中名为柏青）扎根山村 30 余年、坚守山村教育事业的真实故事。5 月 22 日至 7 月 19 日，26 支优秀戏曲团队在全市各大文化场馆公益展演了淮海戏专场、《越韵芬芳》越剧专场、《港城喜乐汇》小品专场等 14 场公益演出，参演院团 63 家，演出剧（节）目 138 个，受众累计 2.3 万余人次。

【连云港市第四届音乐舞蹈节】2018 年 9 月 11—13 日，连云港市第四届音乐舞蹈节开赛，来自全市各专业院团、专业院校及社会专业人才报送的 93 件作品，分为器乐、声乐、舞蹈 3 个专场进行集中展示。征集的作品题材丰富，地域特色和生活气息浓郁，创作演出精彩纷呈，展示了连云港市近年来艺术创作领域发展的丰硕成果。（武依林 蔡 青）

社会科学

【概况】2018 年，连云港市哲学社会科学界联合会（以下简称社联）举办纪念连云港解放 70 周年座谈会和全市社科界学习习近平总书记全面深化改革重要思想理论研讨会，组织 2018 年度市委书记市长圈定重大课题应用研究，在全省率先成立乡镇（街道）社联和建立社科普及工作联席会议制度，打造连云港市社科界学术大会和全市社科普及宣传周品牌，编辑出版《连云港市首届十大社科名家代表作》《连云港市首届十大社科名家自述》《连云港社会科学（2018）》等书籍，推动成立 4 个一级学科市级学会。市社联被评为全国先进社科组织，获得省社联工作创新奖和决策咨询奖。

连云港市社会科学院进行有关省市经济社会发展重大理论和实践问题研究，完成 20 个项科研项目。其中，书记省长圈定课题 3 个；省级课题 6 个；市委书记市长圈定课题等市级课题 6 个；其他课题 6 个。公开发表成果 8 篇，提交学术研讨论文 5 篇。加强新型智库建设，推进"智库—学科—团队"三位一体建设，推动研究结构转型与发展。刊印供市委市政府领导参阅的《决策参考》10 期。

【社科普及工作】5 月 3 日，全市社科普及示范基地工作推进会召开，全市 30 多家省市级基地负责人进行现场观摩学习。以"推进高质量发展，建设'一带一路'支点城市"为主题，市社联和各县（区）社联、高校社联、各社科普及基地同步联动，开展市第十五届社科普及宣传活动。9 月，市政府办公室印发《关于建立市社会科学普及工作联席会议制度的通知》，市社联牵头、30 家成员单位组成的市社会科学普及工作联席会议制度建立，年内召开第一次联席会议。9 月 21 日，举办市第十五届社科普及宣传周开幕式，进行动员部署。科普周期间，社科类社会组织和示范基地开展社科普及活动 200 多场次，全市数千名社科工作者参与。邀请知名学者开展专题讲座，持续打造"港城社科大讲堂"品牌，全年举办 4 场。利用"港城社科"公众微信号等载体平台创新推动社科普及方式，累计发布 100 余期 200 多条动态信息。编印《社科知识与百姓生活》系列科普丛书第三辑《公共安全常识》《保险常识》《健康保健常识》口袋书，编辑出版《社会科学应用常识读本》等科普书籍发放给基层群众。

【社团管理】市社联印发《关于建立"达标创模"活动长效管理机制的实施意见》，推进全市社科类社会组织“达标创模”活动常态化和社团管理规范化建设，市经济学会、市企业文化学会荣获省“先进学术社团”称号。市社联、民政局印发《关于进一步规范全市哲学社会科学类社会组织管理的若干意见》，推动建立健全责任落实、日常管理、奖惩激励三项社团管理机制。发展社科类新社会组织，推动美学、战略学、宗教学、体育学等4个一级学科成立市级学会，批准成立市孔子学会、市国际执法安全合作研究会、市社会心理学会等社会组织，全市一级学科市级学会基本齐全。加强社科类社会组织党建工作，打造市孝文化研究会、市民俗学会2个党建示范点。7月26日，市社联组织召开全市社科界学习习近平总书记全面深化改革重要思想理论研讨会，全市社科界的专家学者代表，各县区、各有关部门负责人50多人参加研讨会。市家庭教育研究会举办全市首届家庭教育指导员基本功大赛，市心理学与教育学学会承办卓越幼儿园教师培养大讲堂，市孝文化研究会举办连云港市孝文化节，市徐福研究会召开五届二次理事会议暨金山镇徐福文化产业发展研讨会。市汉语言文化国际传播研究基地和连云港市东夷文化研究中心在淮海工学院挂牌，市历史学会恢复成立并召开第八次会员代表大会。

【课题研究】 2018年，市社联组织年度市委书记、市长圈定重大课题等全市应用研究资助项目，以书记、市长圈题、市委常委及部门领导命题等形式，确定课题102个。其中，“连云港市发展的症结及其出路研究”“将连云新城作为城市新中心建设的对策研究”“新时代我市更高站位建设‘一带一路’战略支点的路径研究”等6个重大项目为市委书记、市长圈定课题；“我市加快新型智慧城市建设的问题与对策研究”等9个重点项目为市委常委命题；“连云港改革开放40年发展研究”等21个一般项目和66个自筹经费项目为市直主要部门领导出题项目。通过全市社科成果专报平台《决策内参》选编市委市政府高度关注的研究成果28期，推动成果转化。

市社科院完成省委书记、省长圈定课题3个，分别是《江苏实施乡村振兴战略的路径研究》《全省治水、治气、治土攻坚战的难点及对策》《我省推进高校、科研院所、企业协同创新面临的问题与对策》；与省社科院合作研究课题1个，《经略江苏海洋经济需要借鉴国外大湾区建设经验》获省领导批示；参与完成省级课题5个，分别是省统计重点研究课题《江苏高水平全面小康冲刺期的补短板强弱项研究》、苏北发展研究院应用研究一般项目《高铁网络对苏北经济地理格局的战略影响研究》、江苏省科技计划项目《科技创新支撑苏北新型城镇化对策研究》、省市协作一般项目《新发展理念引领下连云港市海洋经济发展策略研究》《大数据时代视角下农业产业发展模式研究——连云港市国家现代农业示范区发展的思考》。完成市级课题6个，分别是市社科规划办项目《江苏沿海开发中实现江苏海洋人才新突破研究》、全市应用研究资助项目《推进国际化海港中心城市建设路径研究》《将连云新城作为城市新中心建设的对策研究》《加快我市国家海洋经济示范区建设的问题与对策研究》《宣传系统党风廉政建设方式方法创新研究》、连云港市残疾人事业研究会课题《推进连云港残疾人精准扶贫思路研究》。完成其他课题6个，分别是《推进连云港“一带一路”战略支点建设——基于青岛、威海、烟台、日照四市实地调研》《推进连云港“一带一路”战略支点建设——基于郑州、西安、兰州三市实地调研》《宁波、舟山、福州、泉州、深圳先进经验对连云港“一带一路”建设的启示》，社科院青年课题《连云港人才发展政策研究》《连云港高水平全面小康冲刺期的补短板强弱项研究》《实施全域旅游战略，推动港城旅游业高质量发展》。（谢仁善　薛继坤）

【《西游记》文化研究】 2018年，连云港市学者在全国核心期刊发表《西游记》研究文章近10篇。8月，李洪甫编著的《最新整理校注本西游记》（第二版）由人民出版社出版发行。9月20日，《西游记》研究会在市博物馆举办西游记绘画作品及西游文创产品首发。西游文创产品《云台圣境花果山》邮票获全市第四届文化创意设计大赛银奖。市《西游记》文化研究会创办《西游天下》杂志，开展“西游大讲堂”活动。（陈延秋）

【徐福研究】 2018年，连云港徐福研究会张良群、王亚平、徐广影、徐学鸿、陈博林等协作完成《连云港徐福文化产业发展研究》《连云港徐福文化品牌的创新与发展》调研报告，被确定为2018年市委书记、市长圈定重大课题研究成果。徐福研究会顾问张良群在由光明日报社出版的《连云港市首届十大社科名家代表作》中发表《徐福东渡与韩国关系研究》《徐福东渡日本考论》等5篇文章；《从咸阳山参节引发的理论思考》收入韩国出版的《2018中日韩徐福国际学术研讨会文集》，《浅谈韩国徐福传说及其物化——以济州为例》收入韩国出版的《第十七回韩中日徐福文化国际学术研讨会文集》。戚贵森出版专著《徐福史话》。徐福研究会与国内外的徐福组织开展文化交流活动。连云港徐福研究会分别参加咸阳和西归浦济州岛等地举办的徐福文化国际学术研讨会。张良群代表徐福研究会赴日本参加京都府丹后徐福研究会举办的徐福学习演讲会。日本徐福研究会会长分别于1月、8月两次带领访问团，参访赣榆徐福文化景观，进行徐福文化民间交流。4月，日本和歌山县议会文教委员会委员长滨口太志一行到赣榆区，参观访问徐福祠、徐福庙等地。徐福研究会启动大众通俗读物《徐福》的编纂工作，11月完成初稿并召开审稿会。2018年底出版《徐福故里徐福文化2018》年刊。（夏彩玲）

【社科智库平台建设】 3月，市委宣传部、市社联评选命名中国社科院“一带一路”（连云港）研究基地、中船重工第七一六研究所智慧城市研究部等9家市首批重点智库。3月，连云港市智库业协会第一届理事会

连云港市获江苏省第十五届哲学社会科学优秀成果奖一览表

表 54

获奖等次	获奖成果	成果类型	作者	单位
二等奖	多样性视域下的东亚区域经济一体化研究	著作	宣昌勇	淮海工学院
三等奖	全球化视角下的需求约束与我国产业发展研究	著作	孙 军	淮海工学院
	教师八大功课		李明高	连云港师范高等专科学校
	赣榆金山方言研究	著作	王恩建	淮海工学院
	江苏建设海洋经济强省研究	研究报告	孙巨传	连云港市社会科学院
	基于学校发展的中小学章程建设研究	论文	骆增翼	连云港市海州实验中学
	交互式电子白板的教学资源共建共享及创新应用	著作	颜 韡	连云港市中云中学

第二次会议召开，研讨创新加强智库行业自律管理工作。6月，召开中国社科院“一带一路”（连云港）研究基地年会，推出6个重点课题成果。开展中国社科院知识社会（连云港）研究基地课题评审，推出4个课题成果。以国家东中西区域合作示范区决策咨询研究基地为依托，组织专家承担并完成3个省级课题成果。编辑出版《连云港智库（2018）》白皮书赠阅市领导和有关部门。推动《“一带一路”交汇点连云港现代化建设研究丛书》编撰出版工作。编写《连云港现代化建设总论》《连云港工业化建设研究》《连云港城市化建设研究》《连云港农业现代化建设研究》《连云港治理现代化建设研究》《连云港文化现代化建设研究》《连云港科教现代化建设研究》《连云港社会现代化建设研究》《连云港生态现代化建设研究》丛书。

【“连云港学派”建设】 2018年，市社联推进加强学科基础理论研究。依托中国社科院知识社会（连云港）研究基地等平台，开展重点理论课题研究，推出一批研究成果。开展境外学术交流活动，组团赴台湾高雄科技大学参加海洋文化国际研讨会。推动编撰一批重点社科理论书籍，编撰《连云港市首届十大社科名家代表作》《连云港市首届十大社科名家自述》，由光明日报出版社出版。组织编撰《连云港简史》。编辑《连云港社会科学（2018）》蓝皮书，由文汇出版社出版；推进《江苏地方文化史（连云港卷）》《连云港文化论纲》编写。赣榆区编撰出版《人文赣榆丛书》，海州区编撰出版《海州诗赋》《海州故事》《海州印象》系列地方社科丛书。 （谢仁善 薛继坤）

【哲学社会科学优秀成果评奖】 2018年，连云港市修订《连云港市哲学社会科学优秀成果奖励办法》。在奖项设置上，增加“各等级分为基础研究成果奖和应用研究成果奖两类”内容；在奖励数量上，总数由“110项”改为“不超过130项”。评出第十四届哲学社会科学优秀成果130项，其中一等奖15项、二等奖35项、三等奖80项。全市1项成果获省第十五届哲学社会科学优秀成果奖二等奖，6项成果获三等奖。

【连云港市社科界第三届学术大会】 连云港市社科界第三届学术大会由市社联主办，部分市级社科类社会组织、县区和高校社联承办。9月21日，连云港市社科界第三届学术大会在市行政中心开幕。本届学术大会的主题是“新时代中国特色社会主义思想与连云港改革开放实践”，由15个学术专场组成，分别是灌南县社联“思想大解放、发展高质量”和灌云县社联“学习王继才与践行社会主义核心价值观”等2个县区专场，连云港师专社联“凭实力高质发展、靠活力后发先至”和连云港开放大学社联“办好继续教育，建设学习型港城”2个高校专场，连云港市读书研究会“读毛主席诗词有感”，连云港市审计学会“学习贯彻落实党的十九大精神，推动国家审计新发展”，连云港市国际税收研究会“新形势下税务系统绩效管理”，连云港市朐海书院“海州地区古城与文化学术研讨会”，连云港市税务学会“关于提升税收管理与服务质量问题研究”，连云港市政治学会“改革开放40年与新时代连云港市政治发展”，连云港市档案学会“档案事业在高质发展中助力区域经济后发先至”，连云港市羽山学会“羽山文化与非遗传承”，连云港市美学学会“新时代中国特色社会主义思想与连云港城市美学建设”，连云港市外国文学学会“新时代中国特色社会主义实践与现代文学发展”，连云港市历史文化研究会“连云港历史文化资源开发利用”等11个社会组织学术专场。

【乡镇（街道）社联】 12月12日、20日、28日，赣榆区赣马镇、海州区海州街道和海州区板浦镇相继召开哲学社会科学界联合会第一次代表大会，分别选举产生镇和街道社联第一届委员会和主席、副主席、秘书长。这是江苏省首批乡镇和街道哲学社会科学界联合会。 （谢仁善）

史志档案

【党史工作】 党史基本著作编写《中国共产党连云港市历史·第三

卷（1978—2002）》完成3编18章约60万字的征求意见第三稿，《中共灌云县历史（1978—2002）》和《中共灌南县历史（1978—2002）》先后出版发行，《中共赣榆县历史（1978—2002）》基本完成初稿，东海县继续开展《中共东海县历史（1978—2002）》资料征集工作。修订《中国共产党连云港市历史（1919—1949）》，补充修改相关史料、文字100余处。东海、灌云、灌南和赣榆4部《革命老区发展史》完成初审、复审，进入终审程序。

地方党史专题研究和资政工作　围绕改革开放40周年、连云港解放70周年主题，启动连云港市改革开放口述史工程，访谈改革开放初期市四套班子主要负责人及重大事件的决策者、亲历者30余人，采集视频资料3300分钟，征集文史资料386件（套）。撰写“符竹庭”“雷锋车”专稿3万余字。收集《八路军在江苏》书稿资料30余万字。完成《淮海战役的历史经验与启示》《八路军陇海南进支队的历史贡献》《让榜样精神引领新时代——学习王继才同志先进事迹的时代价值》等专题文章及《创新史志工作，助推港城高质发展》《解放思想，深刻认识中国特色社会主义进入新时代》等资政报告。

党史宣传教育　举办“跨越时空的井冈山精神”“家就是岛，岛就是国——‘时代楷模’王继才先进事迹展”等展览6个，单日最高接待量突破3000人次。四集广播连续剧《1949大河安澜》12月14日在中央人民广播电台播出，纪录片《1948新海连解放风云录》在市委纪念连云港解放70周年座谈会上首播，纪录片《抗战七兄妹》在连云港电视台新闻综合频道首播。举办“寻爱国印记，港城少年行”、连云港市第四届红色小讲解员大赛和第二届“信仰之旅”小学生夏令营活动，全市10余万中小学生在寓教于乐中接受革命传统教育。（史成龙）

【地方志工作】2018年，连云港市在苏北首家全面完成第二轮修志工作，整体进度居苏北首位。出版市、县、区地方综合年鉴7部，《连云港年鉴（2017）》获第五届全国地方志优秀成果特等奖。市地方志办公室被市政府记集体二等功，参加二轮修志的地方志工作者中，2人记个人二等功，2人记个人三等功，13人获市政府嘉奖表彰。

第二轮修志工作　5月，《连云港市志（1984—2005）》正式出版发行，该书分上、中、下3册，43卷410万字，收录照片800余幅，全面记录连云港市改革开放22年间发展奋进的历程，展现了这一过程中全市各行各业的奋斗史、发展史、创业史，是新世纪以来连云港市最大的文化出版工程。市地方志办公室举办《连云港市志（1984—2005）》首发式和新闻发布会，《连云港日报》《苍梧晚报》等媒体进行了专题采访及报道。《赣榆县志（1990—2009）》《灌云县志（1984—2005）》年内完成出版。全市第二轮修志工作计划编修出版的1部市志、8部县区志全部完成出版，同时编纂出版部门志、行业志、特色志25部，13部志书进入出版阶段。

8月22日，《连云港市志（1984-2005）》举行首发式　贾栋钰　摄

《江苏援藏援疆建设志·连云港篇》编纂　2018年初，启动编纂《江苏援藏援疆建设志·连云港篇》。市地方志办安排1名专职工作人员常驻霍尔果斯4个月开展资料征集，此经验被省地方志办肯定和推广。市教育局、卫计委提供参与柔性援疆人员名单近70人及其援疆情况。市档案局提供20世纪80～90年代的早期援建原始档案资料近2万字。在《连云港日报》《苍梧晚报》、连云港发布及微博、微信公众号发布资料征集公告。至2018年底，征集文字资料300余万字、图片视频资料51G、原始照片1100余张，完成初稿10万余字。同时并启动《连云港援藏援疆建设志》的编纂工作。

乡镇村志和部门志编修　截至2018年底，全市有29个乡镇启动乡镇志编纂，30余家部门开展部门志编纂。其中，《杨集镇志》《东林子村志》《高公岛街道志》《燕尾港志》《连云港卫生监督志》《连云港市交通运输志》等11部乡镇村志、部门志通过终审。列入省名镇名村志丛书的《浦南镇志》《汤沟镇志》《宋口村志》《韩圩村志》完成初稿编写，其中前三部完成复审。《中国东海水晶志》《江苏名酒志·汤沟酒志》被省地方志办公室确定为服务经济发展重点项目，完成终审后的修改，分别向省地方志办公室提交150万字和80万字的验收稿。《锦屏山志》出版。

地方通史编纂　全面启动《连云港通史》编纂工作，完成纲目、凡例、行文通则、验收要求等规范文件制订，并通过南京大学历史学院、江苏省社科院历史研究所专家的评审，进入组稿环节。该书是首部全面梳理连云港历史发展脉络的地方史书，拟分先秦、秦汉、三国两晋南北朝、隋唐五代、宋元、明清、民国、共和国8卷，总字数160万字左右。

旧志整理　启动《连云港历史文献集成》编纂整理工作，收入19部连云港市旧志及历史文献。分别是《隆庆海州志》《康熙海州志》《嘉庆海州直隶州志》《朐阳纪略》《云台新志》《朐海诗存》《海州文献录》《云台山志》《连云一瞥》《古朐考略》《苍梧片影》《云台导游诗钞》《淮北票盐志略》《万历赣榆县志》《康熙赣榆县志》《嘉庆重修赣榆县志》《光绪赣榆县志》《民国赣榆县续志》《复山鸿集》。至年底，完成旧志底本的确定及其中15部的电子录入工作。《隆庆海州志》《康熙海州志》《嘉庆海州直隶州志》的点校整理工作基本完成。

综合年鉴编纂 2018年，《连云港年鉴（2017）》荣获第五届全国地方志优秀成果特等奖（全国地市级仅3家）、第五届江苏省优秀年鉴一等奖。12月，《连云港年鉴（2018）》出版发行，全书设特载、"一带一路"倡议支点城市建设、大事记、市情概览等36个类目，分目277个，收入条目1201条、随文图照208幅、表格92张。创新编纂《掌上连云港（2018）》，全书为小32开本，简明扼要地汲取年鉴资料的精华，内容丰富、方便携带，具有较强的资料性、知识性和可读性。至年底，县区综合年鉴全部出版发行，共6本600余万字。

（史成龙）

6月11日，市档案馆举行珍贵档案捐赠仪式　　市档案馆　供图

【档案工作】 2018年，连云港有市、县（区）国家综合档案馆8个，馆藏全宗1138个，档案总量55.78万卷、59.77万件，全年向社会开放各类档案数22.72万卷、22.59万件。其中，市档案馆馆藏全宗263个，馆藏档案总量18.11万卷、12.69万件。市档案馆查阅中心共接待利用者9200余人次，提供档案1.97万余卷次。市档案馆举办"光影中的港城——连云港市档案馆馆藏老照片展""名人名家名作——连云港市档案馆馆藏书画档案展"。全市共有70家单位通过二星级以上星级复查，182家单位通过星级测评，其中五星级6家，四星级28家。15家单位创建成为江苏省5A级数字档案室。

档案资源建设 2018年，市档案馆共接收1796卷、6.44万件档案。召开地方部分文史专家座谈会，有重点地征集名人档案以及社会各界人士出版作品，举办珍贵档案捐赠仪式，开展"港城记忆"老照片征集评选，征集徐培晨艺术馆藏品进馆，接收亚欧大陆桥国际执法安全连云港论坛、农洽会、连博会、第三届状元技能大赛相关纸质、声像档案资料。开展乡镇企业和民族工商业档案史料及实物的收集，共收集24家乡镇企业、12家民族工商业档案约2000卷（件、张），丰富和完善馆藏档案资源结构。市数字档案馆综合应用系统完成招标采购、系统布置、历史数据迁移以及与市电子政务协同办公系统数据接口设计开发工作。融入全省政务外网民生档案便民服务平台，实现长三角地区异地查询婚姻等民生档案。

档案文化建设 市档案局与连云港日报社合作开办《解密——档案"见证改革开放40年"》栏目6期，与电视台合作拍摄《档案·连云港》电视节目2期，与淮海工学院签订合作协议，完成《连云港地区民国教育档案汇编》。11件家庭档案在省委宣传部、省档案局等部门"档案见证改革开放——江苏最美家庭档案"征集评选活动中，表彰为"江苏最美家庭档案"。其中，"时代楷模"王继才夫妇家庭档案、赵泳"日记档案"、陈凤桐"笔宴档案"入选江苏省庆祝改革开放40周年图片展。

档案法治建设 市人大对海州区、连云区档案馆以及市城建档案馆、市检察院等7家单位进行执法检查。市档案局制定《档案行政执法手册》，建立完备的执法检查对象库、执法人员库、随机抽查事项清单，对档案行政执法的公示、审核、检查、监督等制度进行明确和规范。修改完善《连云港市重大活动档案管理暂行办法》，规范全市重大活动档案的收集、整理、移交、保管和利用工作。制定《连云港市政务服务网电子文件管理暂行办法》《连云港市政务服务网电子文件归档移交业务标准与技术规范（试行）》，规范政务服务网电子文件归档移交的业务标准和技术规范。完成省级以上12件和市级30多件重大项目档案的登记备案，实现登记备案率100%。

（黄永艳）

大众传媒

【报纸】 2018年，连云港报业传媒集团深入推进体制改革、媒体融合、资源整合等，媒体传播力、引导力、影响力、公信力明显提升。成立全媒体指挥中心，实现采编、广告、发行等资源的统一审核、一体指挥、高效运作。组建全媒体采访中心，实现采访环节的人员集中、前端一体。成立日报、晚报编辑中心，实现"一次采集、多种生成、多端传播"。整合连云港发布、网、微、端等各平台，组建新媒体中心，媒体深度融合实质性推进。全年29件作品获省好新闻奖，"连云港发布”微信公众号荣获全国政务新媒体最具影响力品牌50强，《小布探路》专栏获省新媒体运用创新奖。

年内，连云港报业传媒集团聚焦重大主题，围绕市委“高质发展，后发先至”中心工作，刊发大港口、大交通、大产业、大开放等各类稿件逾千篇。组织策划十九大宣传，全国、省、市三级“两会”宣传，创建国家文明城市宣传，改革开放40周年宣传，连云港解放70周年等大型新闻行动。推出《“守岛札记”——寻找王继才守岛足迹》《春蚕到死丝方尽，化蛹成蝶世敬仰》等报道，宣传王继才、方敬。推出“一带一路”频道，设立“深读连云港”，集纳原创网评，开发交汇点电子书，直播中国好人榜颁奖仪式，吸引2000多万人次在线观看。连网被评为国家一类新闻网站。《小布探路》发布政务专栏报道50期。深化与美国《国际日报》合作，出版45期《国际日报·连云港之窗》。连网参与并推出“风从海上来，改革进行时”系列活动，活动在全国网络媒体引起广泛关注。举办《连云港日报》创刊60周年大会，新建报史馆，编纂出版《连云港报业志》。杨锐冰作为全市代表在全省好记者讲好故事比赛中获得第一名，并赴全国各地巡讲。

2018年度连云港市获得江苏省报纸好新闻奖一等奖作品

《十年“冷板凳”“坐”出国家大科学装置》

《生前倾尽“家财”逝后捐出“一身”——千余人自发送别全国道德模范方敬》

《中国药走向国际的“连云港路径”》

《“90后”姑娘带着瘫痪母亲出嫁》

《坚守也是一种创新》

《“我在开山岛的日子”——记者驻岛札记》（戴作仁）

【广播电视】 2018年，连云港广电传媒集团（台）有广播新闻、交通、新农村3个频率，电视新闻、公共2个频道。4月，市广电台整体搬迁到广播影视文化产业城。12月28日，因纸媒影响力下降，《连云港广播电视·新周刊》休刊。

年内，开设全媒体专栏《在习近平新时代中国特色社会主义思想指引下——新时代 新作为 新篇章》《学习新思想，拥抱新时代》等。结合“高质发展，后发先至”主题主线和解放思想大讨论宣传，推出《解放思想微访谈》《“牢记初心使命，决胜后发先至”大家谈》等专栏活动。策划实施“改革开放40周年”系列宣传，推出大型全媒体新闻行动——《40年·新闻故事》系列报道；与中国广播电影电视社会组织联合会合作拍摄40集大型纪录片《四十年，四十城》；举办“扬帆新时代”——连云港市庆祝改革开放40周年暨纪念解放70周年主题活动等。做好全国时代楷模王继才夫妇、全国道德模范方敬先进事迹及省、市重大典型的宣传报道。制作刊播创建文明城市公益广告15000条（次）。开设《文明建设在港城》《文明城·文明人》《创文曝光台》等21个融媒传播栏目。依托《行风热线》《港城365》《直通“12345”》《在你身边》《女生帮》等民生服务类栏目，对群众反映强烈的问题进行舆情监督、引导互助。《港城365》栏目实现直播，新开办《问政》栏目，平均收视率、收视份额分别为3.21%、6.48%；市级机关“作风聚焦”专题活动最高收视率、收视份额分别为3.08%、6.34%。全年有61条新闻在中央电视台播出，其中《新闻联播》15条；省电视台《江苏新时空》120条。广播在中央级媒体播出21条，其中《中国之声》10条。承办“山海港城，美德之城”——10月中国好人榜发布仪式暨全国道德模范与身边好人现场交流活动。拍摄制作城市宣传片13部，总计127分钟。推出大型全媒体新闻行动《同行“一带一路”》；与一带一路沿线城市和国家新闻共采互播稿件11条。邀请中央台《面对面》栏目组到连云港市拍摄王继才先进事迹，并以《守岛32年——王继才、王仕花夫妇》为题进行播出。与江苏卫视合作开展“潮起扬子江”江苏13城市大直播，与城市台联盟合作推出“风起东方”接力直播，与青岛、济南等城市台开展全市电视史上首次跨省大直播“行进在新时代”。与中亚五国联合举办“丝路迎新年”晚会，在国内陆桥沿线城市台和中亚国家电视台播出。

（陶斯嘉）

【网络媒体】 连云港报业集团网络媒体 2018年，连网、连云港发布、《连云港日报》《苍梧晚报》等网微端平台获得互联网新闻信息服务许可，两微一端用户突破140万，阅读量过万稿件超过2000条。连网推出“一带一路”频道，设立“深读连云港”集纳原创网评，开发交汇点电子书，直播中国好人榜颁奖仪式，吸引2000多万人次在线观看。连网被评为国家一类新闻网站。连云港发布、连网参与并推出“风从海上来，改革进行时”系列活动，在全国网络媒体引起广泛关注。连云港发布开展政府常务会直播30多场次，推出“政府公报面对面”近30期。组织《小布探路》政务专栏报道50期。新媒体主动辟谣上百次，为市民和网友答疑解惑。策划推出“交换城市”线上线下互动活动，通过H5、专题、游戏、微话题、体验团等形式，累计阅读量超过1000万。《东海“离婚考卷”正式登场》单篇稿件阅读量达671万，是2018年全市新媒体阅读量最高的稿件。连云港发布微博跻身全国政府外宣周榜第18名。

（戴作仁）

连云港手机台客户端 连云港手机台客户端是连云港广电传媒集团推出的新闻传播平台和智慧城市服务掌上门户。2018年，连云港手机台客户端点击量突破1400多万。《刚刚，青盐铁路连盐段动车首次试跑！》点击量达到10万。7月27日，在全国“时代楷模”、灌云县开山岛民兵哨所所长王继才去世当日，连云港手机台制作刊发消息12条、短视频11条，评论5篇，并分别采用多种形式制作专题、公益广告、H5程序等。H5《追忆王继才，做好守岛人》，用新媒体的方式来传承和

12月25日，连云港市举办“丝路飞歌——中国（连云港）与中亚五国丝路迎新年”晚会 市广电台 供图

继承英雄精神，在港城掀起一场继续为英雄守岛的热潮，转发量5万人次，创历史新高。公益广告《一朝上岛一生为国——全国“时代楷模”“开山岛夫妻哨”》入选国家广电总局公益广告资料库，获省公益广告一等奖，并被新华社客户端采用，浏览量突破10万人次。“连云港手机台上线运营”写进政府工作报告。对连博会、农洽会、国际医药技术大会等重要活动进行直播。全市“高质发展，后发先至”动员大会直播，近8万人收看。全年完成直播百余场次。开设弘扬正能量相关专栏《新时代青年说》《奋斗者幸福说》《暖新闻》《夜读》等。线上线下活动相结合“公益+”树立媒体责任。先后组织策划最萌年画宝宝、少儿模特大赛、贝壳微公益关注自闭症儿童、进校园寻找最美夜读声音、连云港城市形象大使选拔、最美夕阳红广场舞大赛等数十项活动。《中哈元首共同开启新亚欧陆海联运跨境运输，连云港致力打造“一带一路”标杆和示范项目》获江苏新闻奖和省政府新闻奖一等奖。（赵全全）

文化产业

【概况】2018年，连云港市实现文化产业增加值96.5亿元，比2017年增长15.8%，增速首次位于全省第一，被评为全省文化发展速度先进地区。整合市内外资源，打造“1+N”文化平台体系，建成集创意设计、创业孵化、展示服务、金融扶持等于一体的“文化+”融合发展服务平台，市文化部门与淮工、师专等高校，建立高校创意联盟，分别成立文化融合协同创新中心和文化创意发展研究所。在连岛景区、花果山景区等地建设“创意连云港”文创品牌实体店。成立江苏西游文旅、猴大王等文旅融合企业，重点开发《西游记》《镜花缘》等地方优秀文化资源。举办“猴王争霸”西游文化嘉年华、西游音乐节、文化创意市集、文化会客厅等活动，扩大城市文化影响力。修订《连云港市文化产业园区认定管理办法》，评比命名灌南县海西文化科技产业园、高新区文化科技创业园、东海水晶城等第二批市级园区。完成《连云港市文化产业发展规划（2014—2020）》中期评估。举办第十届文博会，实现现场交易额9500万元。包装推荐16个项目申报2018年省级文化专项资金，4个项目获434万元省级专项资金扶持。文化创意企业参加香港“江苏文化嘉年华”、长三角文博会、深圳文博会、南京融交会、苏州创博会、深圳文博会、日本文化展等活动，加强对外交流合作。市动漫协会、市文化创意产业联合会成立。由市委宣传部、市财政局、市金融控股集团合作设立的连云港市文化产业专项基金启动运营，首期基金规模1000万元，完成同德信息、金鸽网络、泰格油墨项目投资1080万元，升级“连文贷”文化金融产品，贷款规模首次突破2000万元。在第五届“紫金奖”文创展开幕暨第六届“紫金奖”文化创意设计大赛中，连云港市选手获金奖1个、银奖1个、铜奖2个。其中，设计师翟伟民设计开发的《竹语系列》从2万余件参赛作品中脱颖而出，获得金奖第一名。“水连动”系列产品文化创意获得中国旅游商品大赛铜奖。

【印刷业】2018年，全市有印刷企业279家，年内新设立7家。其中，出版物印刷企业7家、出版物专项印刷企业3家、数字印刷企业1家，包装装潢印刷企业142家、其他印刷品印刷企业126家。从业人员4541人。全市印刷企业营业收入14.27亿元，利润总额8493.73万元。

【电影放映】2018年，全市有城市影院21家，银幕数119块。全年票房1.17亿元，比2017年增长15.57%。其中，春节档电影票房增长60.17%。开展惠民观影体验活动，为困难职工、特困党员、留守儿童等提供免费观影机会。农村电影放映纳入全市50件民生实事，按照一个行政村1个月1场电影的标准放映。《连云港市农村电影引导补助资金使用管理办法》出台，扶持奖励在农村电影放映方面好的做法。市文化部门下发《关于连云港市农村电影放映标准化建设的通知》，建成室内固定点3个、室外固定点134个。全年全市完成农村电影放映1.74万场。

【演艺娱乐】2018年，连云港市演艺集团下设江苏女子民乐团有限公司、市歌舞剧院有限公司、市淮海剧团有限公司、市文化艺术城有限公司、市文广传媒有限公司等5个子公司，拥有大剧院、音乐厅、多功能厅、数字影城、咖啡吧等文化服务和休闲娱乐场所，从业人员195人，其中中级及以上职称专业技术人员76人。市演艺集团全年创作艺术作品60余件、各类大中型晚会100余台。文化艺术中心惠民品牌“欢乐零距离”针对不同受众的艺术需求，引进国内外各类型演出52场。组织“欢乐零距

10月19—22日，第十届连云港文化产品博览会举办，观展人数10万余人次
耿玉和/视觉江苏网

离——名人名团港城行”、女子民乐团“乐动九州”民族音乐会巡演、“中国梦·劳动美·幸福路”文艺巡演、“高雅艺术进校园”巡演、廉政文化巡演、淮海戏惠民演出等268场次。以王继才先进事迹为主题，创排舞蹈《记忆开山岛》，创排淮海小戏《孤岛夫妻哨》登陆2018年昆山戏曲百戏盛典。创作充满地域特色的曲目《启航》，打造民族音乐剧《梦西游》，尝试将民族音乐会与表演相结合。民乐小合奏《忆江南》获得国家艺术基金立项。江苏女子民族乐团打造“重走丝绸之路·传递江苏声音”主题音乐会，走进上海、伊犁、包头、哈尔滨、牡丹江等6省11市巡演。一带一路民乐巡演、群舞《腾踏》和独幕剧《家有局长》获2018年度江苏艺术基金资助，淮海小戏《妈妈下江南》入选文化和旅游部2018戏曲剧本孵化项目，淮海剧团《四大工程助推淮海戏传承发展》获省产业引导资金。

【第十届连云港文化产品博览会】10月19—22日，第十届中国·连云港文化产品博览会在振兴国际花卉城展览馆举办。此次文博会的主题是“交汇‘一带一路’，博览港城文化”，突出文化创意及特色文化产品，展出文化产品1万余种。文博会展会面积约2万平方米，设有连云港展区、创意连云港展区、创意生活展区（连云港高校创意联盟展区）、“一带一路”展区、非遗传承展示区、阅读体验展区、书画展区、工艺美术展区、休闲食品展区、非遗美食区、互动体验区、舞台演艺区共12个展区，24个特展位、260个标准展位，400多家参展商参展，其中境外参展商30余家。同时举办惠民文艺展演、非遗手工艺大赛、文玩珠宝鉴宝活动等系列互动30余项。文博会现场成交额9500万元，观展人数10万余人次。

（武依林）

文化市场管理

【概况】2018年，连云港市文化部门落实“放管服”改革要求，推进“不见面”审批、强区放权、减证便民、“互联网+政务服务”等，全年受理审批服务事项447件。截至2018年底，全市有互联网上网经营单位551家（实际营业307家）、歌舞娱乐场所124家（实际营业96家）、演出经纪机构9家，电子游戏游艺场所137家（实际营业9家）、艺术品经营单位20家、互联网文化经营单位4家。

【文化市场监管】2018年，连云港市城区建成市、县（区）、乡镇（街道）、村（社区）四级文化市场管理网格325个，形成遇情况及时沟通、遇问题联动解决的良性运转局面。市文化执法支队专设技术监管指挥服务中心，实现移动执法、全程网上执法，通过远程执法、执法过程全记录等方式，加大执法力度，强化规范执法。开展网吧专项整治、暑期文化市场专项整治等专项行动，全年检查网吧、歌舞娱乐场所等文化市场经营单位6200余家次，检查排除安全隐患50余处。推动文化娱乐场所转型升级，确定50家互联网上网服务营业场所转型升级试点单位。

【文化市场综合执法】2018年，连云港市文化执法部门继续建立完善“1+3”驻地执法机制，区文化部门构建闭环式文化市场联合管理机制，形成“区级属地管理、以防为主，市级事中事后监管、以打促防”的闭环式文化市场联合监管机制。完善文化市场综合执法督查、考评机制，加强市、（县）区执法联动建设，移送县区文化市场执法案件35起。查办连云港兔艺文化交流有限公司未经批准擅自开办艺术考级等案件，全年累计核查举报81起，办理案件664起，案件门类涉及广播影视、艺术考级、演出、网络、新闻出版、网吧、文物、娱乐8个门类，市文化市场综合执法支队被文化和旅游部表彰为“2017—2018年度全国文化市场重大案件办案单位”。

【扫黄打非】2018年，全市出动执法人员3586人次、收缴非法出版物2万余册，检查出版物市场、店档摊点867家次，检查印刷复制企业375家次。全市查办“扫黄打非”案件100余起，其中2起国家级挂牌督办，3起省级挂牌督办。完成20%“扫黄打非”基层点标准化建设，徐圩小学“扫黄打非”基层工作站被评为省级先进基层示范点，东海县青湖镇“扫黄打非”办公室等5家基层站点被评为首批市级基层示范点。（武依林）

责任编辑 郭 云

体 育

综述

【概况】 2018年，根据高质量发展数据统计口径，连云港市有公共体育设施（场地）4411个，场地面积408.42万平方米。其中，室内体育场地867个，室外体育场地3544个。每万人拥有体育场地9.78个，人均体育场地面积0.91平方米。全市达到《国民体质测定标准》"合格"等级以上的人数占92.46%。

【体育设施建设】 2018年，连云港市推进城乡公共体育设施一体化建设，打造群众满意的体育生活圈。全年完成50个社区健身点升级改造，建成3个公园游园健身点，"十分钟体育健身圈"进一步完善。全民健身中心工程加快推进，海州区体育馆一期工程正式对外开放，市青少年足球基地建成投入使用。完成126个乡镇、村篮球场、健身路径建设，全市有晨（晚）练点4305个，健身设施条件得到有效改善。到年底，全市建成市、县体育中心4个、全民健身中心7个。在主要体育场地类型中，数量排名前十的分别是全民健身路径、篮球场、步行道、棋牌室、乒乓球馆、健身房、网球场、全民健身广场、排球场、羽毛球场，共计4064个，占92.14%。

【体育社团】 2018年，全市新成立体育协会4家，撤销长期活动停滞协会7家，协会总数54家，其中人群体育协会7家、单项体育协会47家。全市建成AAAAA级社团4家。新成立体育俱乐部20家，总数125家。全年体育社团举办比赛和活动400余项。

【连台青少年体育交流】 6月15日，中国台湾新北市光复高中校长曹永央，率光复高中、中和高中和莺歌工商学校等青少年学生组成的男子篮球队共32人，到连云港市参加连新高中男子篮球友谊赛。其间举办连台师生篮球培训交流中心揭牌仪式，参观市体育中心、市体校校区，双方教练员交叉向对方学生传授球技，建立微信群，体验微信传送"我眼中的连云港"随手拍和视频通话活动。

链接

2018连云港市国民体质监测公报

2018年，连云港市达到《国民体质测定标准》"合格"等级以上的人数百分比为92.46%，其中优秀率为13.2%，良好率为24.28%，合格率为54.98%。总体上看，全市国民体质总体水平有所上升，但体质优秀人群还有待进一步提高。

为系统掌握连云港市国民体质现状和变化规律，推动全民健身活动的开展，提高国民身体素质和健康水平，市体育局于2018年下半年启动2018国民体质监测工作。监测的样本人群分为对象幼儿（3～6岁）、成年人（20～59岁）、老年人（60～69岁），监测指标包含身体形态、身体机能和身体素质三个方面。采用分层随机整群的抽样原则，从全市6个区县及市区部分机关单位、企事业单位、高校、幼儿园、行政村等中抽取5812人，筛选后获得有效样本5042人，其中3～6岁幼儿1306人，20～59岁成年人2954人，60～69岁老年人782人。

体质监测公报显示：2018年，连云港市抽样人群达到《国民体质测定标准》"合格"等级以上的人数比例为92.46%，与2017年相比有所上升。其中，幼儿组（3～6岁）人群合格率为95.33%，成年组（20～59岁）人群合格率为91.16%，成年甲组（20～39岁）人群合格率为90.46%，成年乙组（40～59岁）人群合格率为91.48%。老年（60～69岁）人群合格率为92.58%。

根据汇总数据，市体质监测中心相关工作人员分析认为，全市幼儿组各年龄段男性幼儿在立定跳远、身高、体重均值方面均优于女性幼儿，女性幼儿的柔韧素质在各年龄段均优于男性幼儿。成年人和老年人的超重和肥胖问题依然严重，其中成年甲组男性肥胖率比2017年上升0.12%，超重率上升2.01%，体重正常的人数在减少；老年人群体重随年龄增长呈增长趋势，老年男性体重增长均值明显高于老年女性，其中老年男性腰臀比增加明显，呈现偏中心性肥胖。

体质监测不同于医疗体检，它主要是通过先进的测试仪器，对人体运动机能进行检测，再通过计算机处理、分析检测数据，最后得出科学的结论，给测试者身体状况做出评价并打印出运动处方。通过检测，市民可以清楚地了解到自己的健康情况，检测结果可用于指导个性化的科学锻炼，提高生活质量和健康水平。

（夏东明）

群众体育

【概况】 2018年，连云港市开展"港城健身大联动"活动，举办全民健身日、国民体质监测、全民健身大讲堂等全民健身活动和比赛400余项，参加人数130余万人次，实现体育人群均衡发展。江苏省第十九届运动会首次将群众体育项目列入比赛，在十九届省运动会15个大项、73个小项的群众项目中，连云港市有259名运动员参加14个大项、72个小项的比赛，获11金10银6铜，金牌数与奖牌数均列全省第二。

【连云港市首届全民健身运动会】 4—11月，连云港举办首届全民健身运动会。4月15日，运动会开幕式在淮海工学院体育场举行。国家体育总局原局长袁伟民及排坛名将孙晋芳受邀参加开幕式。来自全市6000余名健身爱好者进行了青少年韵律操、广播体操、广场舞、太极功夫扇等健身项目展演。县区、企事业单位、市级机关等组织的38个代表团方阵依次进入开幕式现场。比赛历时8个月，共设置青少年部、职工部、机关部、残疾人部、农民部、大中院校部和社会部7个部别，41个全民健身项目，23个竞技体育项目，参赛运动员达5万人次，参与群众100万余人次。

【连云港市第四届龙舟公开赛】 6月18日，连云港市第四届龙舟公开赛在海州区东盐河水域举办。公开赛由市体育局主办，市龙舟协会协办，比赛设健身组和公开组，全市26支龙舟队参加比赛，参赛人数416人。全民健身组中，地方海事局龙舟队获事业组第一、连云港市邮政分公司鸿雁龙舟队获企业组第一、连云港市游泳协会获社会团体组第一、江苏财会职业学院留学生龙舟队获留学生组第一、交通银行连云港分行龙舟队获金融组第一；公开组中，连云港市邮政分公司鸿雁龙舟队、连云港市游泳协会分别获得第一名、第二名。

【中国连云港第九届海上游泳邀请赛】 10月28日，2018年中国·连云港第九届海上游泳邀请赛在连云区在海一方公园举行。邀请赛由市体育局主办，市游泳协会承办，来自江苏、山东、安徽、河北等省23个代表队共307名冬泳爱好者参加比赛。比赛设男子甲、乙、丙组1000米，女子甲、乙组1000米比赛项目，以及男、女500米畅游项目。江苏省沭阳县游泳协会的周杰、山东省潍坊市冬泳协会的王荣业、江苏省宿迁飞鱼俱乐部的谢王考、山东省日照市冬泳协会的杜学敏，安徽省滁州游泳协会郭维曼分别获得男子甲、乙、丙组和女子甲、乙组的冠军；连云港市游泳协会、安徽省宣城市游泳协会、山东省郯城县游泳协会分别获得团体冠、亚、季军。

8月4日，连云港市首届全民健身运动会农民特色项目比赛在赣榆区体育馆举行 朱泓明/视觉江苏网

【第四届"丝路陇海"门球邀请赛】 9月14—17日，由江苏省门球协会、连云港市体育局、中共连云港市委老干部局主办的第四届"丝路陇海"门球邀请赛在连云港市举行。来自陕西、甘肃、河南、安徽、山东、江苏6个省的24支队伍、320余人参加了2天96场次的比赛。连云港开发区代表队获冠军，徐州铁路代表队获亚军，江苏师范大学代表队获季军。

【全国百城健身气功交流展示系列活动】 6月23日，2018年全国百城健身气功交流展示系列活动连云港市启动仪式暨江苏省"长江经济带"全民健身大联动活动，在赣榆区体育场开幕。活动由连云港市体育局、赣榆区人民政府主办。全年举办健身气功系列活动9场，参与人数2.5万人。

【连云港市广场舞代表队屡获佳绩】 2018年，连云港市广场舞代表队参加江苏省第三届广场舞精英赛，获得规定套路、自选套路、团体总分3个第一名；参加江苏省第十九届运动会群众比赛广场舞项目总决赛，获1金1银；参加江苏省2018年中国美丽乡村广场舞大赛，获特等奖2个，并获总决赛冠军；受邀参加2019年中央电视台"贺岁"杯狮王争霸赛暨迎新春全民健身嘉年华的录制。

（夏东明）

11 月 17—18 日，江苏省滑翔伞俱乐部联赛总决赛在连云港开发区云龙涧举行　　耿玉和 / 视觉江苏网

竞技体育

【概况】 2018 年，连云港市优化业余训练项目结构，提高训练效益，增强竞技体育整体实力。全年设置业余训练项目 21 个，完成省运动员注册 1000 人。推进训练工作规范化、系统化，“三大球”（篮球、足球、排球）田径投掷、自行车等优势项目实力得到巩固，连云港市运动员获省以上比赛金牌 12 枚、铜牌 3 枚。

【第十届“中华长寿”杯全国足球比赛】 10 月 15—22 日，由中国足协主办，连云港市足球协会承办的第十届“中华长寿”杯全国足球比赛在连云港市体育运动学校、连云港市体育中心举行。来自全国各地的 25 支队伍、400 余人参加比赛，容志行、苏永舜等足坛名将应邀观摩比赛。广东元老队获得 A 组 65 岁组男子队第一名，精英玫瑰队获得 A 组 65 岁组女子队第一名，青岛君合队获得 B 组第一名。

【江苏省第十九届运动会青少年部沙滩排球比赛】 8 月 15—21 日，江苏省第十九届运动会青少年部沙滩排球比赛在连云港市体育运动学校举办，来自南京、苏州等市的 9 支代表队、100 余名运动员参加比赛。比赛设置男甲、男乙、女甲、女乙 4 个组别，苏州一队获得男甲第一名、南京一队获得男乙第一名、苏州二队获得女甲第一名、南京一队获得女乙第一名。

【江苏省滑翔伞俱乐部联赛总决赛】 11 月 17—18 日，由江苏省航空运动协会主办，连云港市体育局、连云港经济技术开发区承办的 2018 年江苏省滑翔伞俱乐部联赛总决赛在连云港经济技术开发区云龙涧举行，来自江苏省、山东省等地的 60 多名滑翔伞爱好者参加比赛，其中年龄最小的 20 岁，最大的 64 岁。吴勇获得男子专业组第一名，沈国君获得男子业余组第一名，郭婧获得女子组第一名，沈国军获得个人总积分第一名，徐州市航协代表队获团体冠军。

【连云港花果山国际越野赛】 10 月 13 日，由市体育局、云台山风景名胜区管理委员会联合主办，市花果山风景区管理处和珠海合壹体育文化发展有限公司承办的 2018 连云港花果山国际越野赛在花果山风景区举办，来自北京、广东、上海、江苏等地 900 多名运动员参加比赛。比赛设 60 千米越野精英赛、16 千米大众登山赛和 5 千米亲子赛三大竞赛项目。其中，60 千米组线路累计海拔爬升约 3300 米，16 千米组线路累计海拔爬升约 820 米，5 千米组线路累计海拔爬升约 180 米。赛事线路围绕云台山风景名胜区特有的地形地貌设计，赛道途经花果山、渔湾、东磊、孔雀沟等风景区，其中贯穿水帘洞、玉女峰、飞来石等多个著名的西游文化旅游景点。李松以 8 小时 8 分钟 37 秒的成绩获 60 千米男子组冠军，王

10 月 13 日，第二届连云港花果山国际越野赛在花果山景区举行，来自全国各地的 900 余名运动员参加比赛　　刘　东　摄

2018年省级以上比赛中前三名连云港籍运动员一览表

表55

序号	姓名	比赛名称及项目	成绩	比赛时间	地点
1	龚翔宇	2017—2018赛季中国排球联赛	第三	2017年10月至2018年3月	中国
2	龚翔宇	2018年世界排球联赛总决赛	第三	2018年6月	中国南京
3	龚翔宇	2018年亚运会排球比赛	第一	2018年8月	印度尼西亚
4	龚翔宇	2018年世界排球锦标赛	第三	2018年9月	日本
5	于　森	十九届省运会拳击比赛	第一	2018年6月	中国扬州
6	刘巧巧	十九届省运会自行车比赛（追逐赛团体）	第一	2018年8月	中国南通
7	张圆梦	十九届省运会自行车比赛（追逐赛团体）	第一	2018年8月	中国南通
8	徐思婷	十九届省运会自行车比赛（追逐赛团体）	第一	2018年8月	中国南通
9	张　蕊	十九届省运会自行车比赛（追逐赛团体）	第一	2018年8月	中国南通
10	徐英琪	十九届省运会田径比赛（男子少年甲组铁饼）	第一	2018年9月	中国扬州
11	张　浩	十九届省运会田径比赛（男子青年组铁饼）	第一	2018年9月	中国扬州
12	闫　鑫	十九届省运会田径比赛（男子少年甲组铅球）	第一	2018年9月	中国扬州
13	封苏敏	十九届省运会田径比赛（女子少年甲组铁饼）	第一	2018年9月	中国扬州
14	汪浩翔	十九届省运会田径比赛（男子青年组铅球）	第一	2018年9月	中国扬州
15	杨欢欢	十九届省运会田径比赛（女子青年组铁饼）	第一	2018年9月	中国扬州

庆红、王小灯分别获亚军、季军。徐美玲以8小时28分钟52秒的成绩获女子组冠军，吴林林、金莉分别获亚军、季军。

【连云港市中小学生“市长”杯校园足球联赛】 6月1日至7月8日，2018年连云港市中小学生“市长”杯校园足球联赛分别在连云港海州实验小学、连云港师专二附小、连云港苍梧小学、连云港市海庆中学、新海实验中学延安校区举行。87支队伍参加比赛，其中，小女乙8支队伍、小女甲11支队伍、小男乙16支队伍、小男甲17支队伍、初中女子9支队伍、初中男子18支队伍、高中男子8支队伍，共1536名运动员参加217场比赛。联赛选派裁判35人，其中国家一级裁判4人、国家二级裁判31人。

【连云港市中小学生篮球比赛】 7月6—8日，连云港市中小学生篮球比赛在连云区鸿翔篮球馆举行。全市24支代表队近300多名运动员参加男女4个组别的比赛。灌云实验中学、连云港外国语学校、西苑中学、东辛农场中学、东港中学、海州实验中学代表队分别获初中男子组前六名，灌云县初级中学、灌云县实验学校、东辛农场中学分别获初中女子组前三名，解放路小学、东辛农场小学、苍梧小学、东海县牛山小学、师专一附小盐河校区、师专一附小龙河校区分别获小学男子组前六名，灌云县圩丰小学、东辛农场小学、东海县白塔小学、东海县牛山街道小学、海州区精勤小学分别获小学女子组前五名，东辛农场中学女队等6支队伍获优秀组织奖或体育道德风尚奖。

【连云港市中小学生体育联赛】 2018年，连云港市举办青少年体育联赛，比赛由市教育局、体育局主办，共举办了“市长”杯足球比赛、市中小学生田径运动会、市中小学生乒乓球比赛、市中小学生羽毛球比赛等23大项比赛，200多所中小学400多支代表队，近万名运动员参加比赛。

（夏东明）

体育产业

【概况】 2018年，连云港市培育体育市场，拉动体育消费。实现公办大型体育场馆免费、低收费对社会开放，加大中小学体育设施开放力度，符合条件的学校基本实现免费对市民开放。全年争取省级体育产业发展引导资金180万元，发放市级体育产业发展引导资金75万元，全市体育产业运营收入65亿元。

【体育彩票】 2018年，连云港市拓展体育彩票市场，全市有彩票网点终端702个，其中五星网点43个、四星网点85个、三星网点261个、其他313个。全年体育彩票销量10.86亿元，比2017年增长41%。全年接待兑奖彩民665人，兑奖彩票1771张，兑奖金额2616万元。体育彩票收入资助举办省级以上体育赛事12项。

（夏东明）

责任编辑　徐　敏

卫生健康

综述

【概况】 2018年，连云港市开展健康城市建设，优化健康环境，提升居民健康素养，普及健康生活方式，健全健康保障和健康服务体系，健康社会体制机制更加完善。全市有医疗卫生计生机构2700个，其中医院89个、基层机构2564个、专业公共卫生机构44个、其他3个。89个医院中，有综合医院57个、中医医院6个、专科医院20个、护理院6个。全市拥有床位2.62万张，每千人口拥有床位数5.8张。全市执业（助理）医师1.21万人，每千人口拥有执业（助理）医师2.27人。全市有全科医生（含乡村全科执业助理医师）2569人，每万人全科医生数4.81人。注册护士1.26万人，每千人注册护士数2.36人。全市医疗机构诊疗人数2863.61万人次。全年入院人数66.52万人次。

【健康城市建设】 2018年，连云港市启动健康城市示范市创建工作。8月29日，市委、市政府召开全市健康城市建设动员大会，印发《连云港市健康城市建设行动计划（2018—2020）》。行动计划主要围绕营造健康环境、构建健康社会、优化健康服务、培育健康人群和倡导健康文化5个方面开展，共20个行动计划66项工作任务。连云港市通过世界健康城市联盟指导委员会评审，成为世界健康城市联盟正式会员。开展卫生全域创建，灌云县、灌南县通过国家卫生县城省级考核验收，连云港市在苏北率先实现国家卫生县城全覆盖。全年新建国家级卫生乡镇13个、省级卫生乡镇37个，省级以上卫生乡镇实现全覆盖，苏北第一。开展“百日强提升巩固卫生城”活动和双月督查考核排名公示制度，考核结果在《连云港日报》公示。实施健康促进行动。举办全市首届戒烟大赛和全民健康知识有奖竞赛。全年新建市级市民健康学校6所，城乡居民健康素养水平达25.66%。（何　亮）

10月20日，连云港市第十届健康节在苍梧绿园举行　市卫健委　供图

【基层卫生服务体系建设】 2018年，连云港市实施基层卫生机构达标建设三年计划，85%的基层机构达到省定建设标准。全年新增6个省级示范乡镇卫生院、47个省级示范村卫生室。建成5个农村区域性医疗卫生中心和1个社区医院，在市级医院建成13个基层特色科室孵化中心（含建设单位），培育建成市级基层特色科室23个、省级基层特色科室5个。优化家庭医生签约服务，出台连云港市家庭医生签约服务收费政策。精准化开展低收入人口扶贫签约、残疾人康复签约、离休干部上门签约等签约服务，创新开展首诊式、点单式签约服务。全市组建家庭医生团队535个，常住人口签约服务覆盖率43.9%，重点人群签约服务覆盖率73.9%。

【基本公共卫生服务】 2018年，连云港市加强基本公共卫生服务。基本公共卫生服务项目人均经费标准提高至65元，成立运行基本公共卫生服务市级技术指导中心，14大类项目任务全部落实。落实各项传染病防控措施，开展卫教合作、医防合作，全市无甲类传染病报告，乙类传染病报告发病率为72.89/10万，低于全省平均发病水平。推进慢性病示范区建设，东海县通过国家慢性病示范区现场复审。每季度向社会公示水质监测结果，生活饮用水水质监测合格率100%。完善卫生应急体系建设，市第一人民医院通过省级综合性紧急医学救援基地现场评估验收，全市乡镇（街道）卫生应急规范化建设覆盖率50%。全年未出现人感染H7N9禽流感病毒疫情。开展基层卫生监督试点工作，连云港市成为全省第一批实现电子签章和电子签名的城市。开展食品安全风险监测，134家医疗机构开展食源性疾病病例监测工作，调查处理食源性疾病（食物中毒）事件16起。规范实施流动人口动态监测项目，海州区建成省级流动人口基本公共卫服务均等化示范区。

【基层卫生人才队伍建设】 2018年，连云港市启动基层人才引进、培训、下派3个“千人计划”。全年基层医疗卫生机构招聘编制内卫生人员186人，招录定向培养农村医学生271人，其中为村卫生室培养176人，安排57名乡医、339名村医到上级医疗机构进修，市、县级医疗卫生机构下派305名卫技人员到基层帮扶。全市遴选新一轮基层卫生骨干人才305人。灌云县启动“县编乡用”基层卫生人才队伍试点。海州区、灌云县建成基层卫生人员实训基地。

（王　静）

【计划免疫】 2018年，全市为适龄儿童接种疫苗170余万人次，接种率达95%以上，疫苗针对传染病发病率持续保持在较低水平。全市报告麻疹病例5例，报告发病率为1.11/100万，无死亡病例。开展预防接种单位分类评定工作，二级及以上门诊覆盖率达80%，建成8家省三级接

2018年连云港市医疗卫生机构数一览表

表56　　单位：个

	2018年	2017年
总计	2700	2703
医院	89	80
公立医院	25	25
民营医院	64	55
基层医疗卫生机构	2564	2552
社区卫生服务中心（站）	65	72
乡镇卫生院	91	91
村卫生室	1709	1714
门诊部、卫生所、医务室	699	675
专业公共卫生机构	44	68
疾病预防控制中心	9	9
专科疾病防治院	1	1
妇幼保健院（所、站）	9	9
卫生监督所（中心）	7	7
计划生育技术服务机构	16	40
其他卫生机构	3	3

2018年连云港市卫生人员数一览表

表57　　单位：人

	2018年	2017年
卫生技术人员	28847	27522
执业（助理）医师	12102	11508
执业医师	8814	8189
注册护士	12601	11731
药师（士）	1236	1219
技师（士）	1296	1251
其他技术人员	1612	1813
管理人员	1205	1162
乡村医生和卫生员	2936	3358

2018年连云港市医疗机构诊疗人数一览表

表58

	总诊疗人次数（万人次）		入院人数（万人）	
	2018年	2017年	2018年	2017年
总计	2863.61	3004.76	66.52	67.96
医院	729.45	709.15	50.72	48.95
公立医院	548.94	537.60	36.94	34.55
民营医院	180.51	171.55	13.78	14.40
基层医疗卫生机构	2017.19	2174.26	13.06	15.44
社区卫生服务中心	109.41	105.52	0.35	0.43
乡镇卫生院	629.01	740.54	12.71	15.01
其他卫生机构	4.69	5.04	0.39	1.17

2018 年连云港市医疗机构床位数一览表

表 59　　单位：张

	2018 年	2017 年
总计	26197	24240
医院	18215	16769
公立医院	12024	11325
民营医院	6191	5444
基层医疗卫生机构	6807	6296
社区卫生服务中心	610	586
乡镇卫生院	6180	5694
其他卫生机构	418	418

2018 年连云港市医疗病床使用率及出院平均住院日一览表

表 60

	病床使用率（%）		出院者平均住院日（天）	
	2018 年	2017 年	2018 年	2017 年
总计	65.84	69.55	8.4	7.9
医院	73.10	77.00	8.8	8.5
社区卫生服务中心	20.48	20.25	7.2	7.1
乡镇卫生院	48.00	53.47	6.7	6.1
妇幼保健院	86.44	83.86	6.6	7.4
专科疾病防治院	100.00	100.00	47.8	46.5

种门诊。推进一般预防接种单位信息化建设，一般接种单位数字化覆盖率达 94.6%，视频监控系统覆盖率达 96%。

【精神卫生】 2018 年，连云港市制定精神卫生综合行动计划（2018—2020），市第四人民医院定期召开精神障碍防治工作例会，建立工作简报制度，部署、通报县区工作进展情况。年内举办 1 期培训班、4 次工作督查，基层医疗卫生机构加强对严重精神障碍患者的随访管理。全市严重精神障碍患者报告患病率 4.13‰，在册患者管理率 94.73%。市第四人民医院成立市民心理健康学校，开展全民心理健康教育实践活动。市第四人民医院与海州区浦西社区卫生服务中心联合建立社区心理健康咨询门诊。（樊亭亭）

【医养融合建设】 2018 年，连云港市加快医养融合建设。市政府出台《关于深入推进医疗卫生与养老服务相结合的实施意见》《健康老龄化行动计划》。在全省建立首家市级老年医学中心，并成为国家老年医学中心协作单位。建立市级医养结合培训基地，筹备成立市医养结合协会。市第二人民医院建成连云港市安宁疗护中心，市第一人民医院设立安宁疗护病区。全市有医养结合机构 16 家，其中 2018 年建成市东方康复中心康尔家护理院、东海华苑护理院 2 家医养结合机构。在第十届健康节期间，开展老年健康服务活动 5 场次，受益老年人 600 余人次。（何　亮）

医疗卫生体制改革

【公立医院综合改革】 2018 年，连云港市加大公立医院改革力度，统筹推进补偿机制、人事薪酬、管理体制等改革，健全公立医院良性运行机制。市级财政共落实综合医院改革补助资金 2.19 亿元，安排公立医院资金 1.02 亿元。公立医院改革运行总体呈现良好态势，强化药占比、医疗服务收入占比等指标不断改善，控制医疗费用不合理增长。全市公立医院门诊、出院患者均次医药费用增幅分别为 4.18%、4.85%，平均住院日 8.6 天。医院管理委员会建立健全工作章程和议事规则，召开工作会议研究解决公立医院改革与发展重大问题，推进医院管理委员会实质性运作。在 72% 的三级公立医院、100% 的二级公立医院、28% 的社会办非营利性医院中，开展医院章程制定工作。加强公立医院人员编制备案管理，推进人事薪酬制度改革，将绩效工资总量上调到基准线的 180%～190%，并搞活内部分配，向业务骨干和临床一线倾斜。

【分级诊疗制度和医联体建设】 2018 年，全市加强基层诊疗工作，基层诊疗人次占总诊疗人次比例达 71.79%，县域内就诊率 90.28%。赣榆区、连云区成为“总额预付、合理超支分担、结余留用”的医保基金管理方式改革省级试点，探索建立医联体利益共享与分担机制。全市医联体内推行影像、检验、消毒供应、病理、心电中心等区域资源共享。全市共成立 13 个纵向医联体、16 个专科联盟，医联体覆盖所有县区和基层医疗卫生机构。

【药品供应保障机制建设】 2018 年，全市完成市级药品价格竞价议价谈判工作，通过对有计划量与无计划量药品两次专家评审，最终入围产品 9603 个，价格平均降幅 18.93%。5 月统一切换新标集中省平台采购，全年采购新标药品 12.5 亿元，为患者节约药品费用约 2.37 亿元。完成医用耗材及检验试剂上限价挂网（二、三批），入围产品 6.42 万个，平均降幅 14.32%，7 月 1 日切换省平台统一阳光采购，到年底，网上采购市管医用耗材及试剂 4.67 亿元。健全短缺药品供应保障制度，公开遴选 2 家市短缺药品储备企业，制定 47 种市级短缺药品储备目录清单，落实分级储备制度。

【“互联网+医疗健康”服务体系】 2018 年，全市依托市县一体化区域健康信息平台，上线运行健康连云港手机 APP、微信公众号和居民健康网，

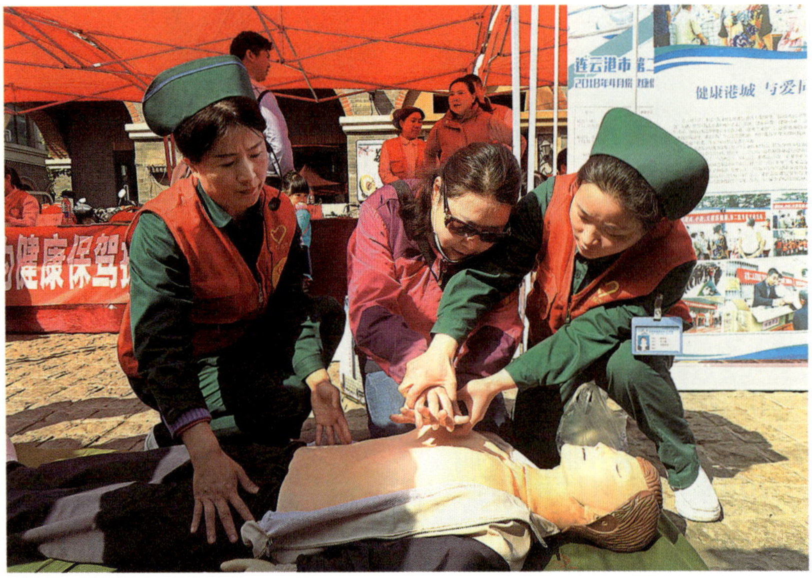

4月，在国家卫生月暨江苏省健康教育月期间，医护人员教市民进行心肺复苏
朱泓明／视觉江苏网

实现电子健康卡申领、公立医院分时段预约挂号、个人健康档案及医疗服务信息在线查询管理、院内导航等在线服务。居民使用电子健康卡在医疗机构享有挂号、缴费、排队叫号以及自助查询打印报告等全流程就医服务。市第二人民医院建成全省首家互联网医院（港城云医院）。市第一人民医院在苏北首家通过国家电子病历应用水平5级考核。5月，市卫健委在中国卫生信息技术交流大会上作“电子健康卡的应用实践”交流发言。（刘永波 何 亮）

疾病防治

【慢性病防治】 2018年，连云港市各级医疗机构共网络直报本地户籍居民死亡2.95万人；报告恶性肿瘤新发病例9312例，报告心脑血管病例2.71万例。全市建档管理高血压患者39.4万人、Ⅱ型糖尿病患者12.6万人。开展全民健康生活方式“三减三健”（减盐、减油、减糖，健康口腔、健康体重、健康骨骼）行动，培训健康生活方式指导员1661人次。东海县、赣榆区通过国家慢性病综合防控示范区复评审，连云港市、灌云县、东海县、赣榆区获国家癌症中心“肿瘤登记工作优秀奖”。

【结核病防治】 2018年，全市发现并治疗活动性肺结核病1424例，发现并治疗阳性肺结核病727例。全市结核病总体到位率、转诊到位率、医疗机构病人报告率、病人转诊率、追踪到位率、病人系统管理率、病人家属筛查率等指标均达标。全年送检涂阳痰标本794份，诊断出耐多药病人22人，纳入治疗前死亡1人，实际纳入治疗管理21人，纳入率100%。市卫生部门完成国家结核病分级诊疗综合服务试点工作。

【麻风病防治】 2018年，全市在治麻风病现症患者6例，为病人提供合理治疗方案。开展麻风致残者关爱行动暨2018年麻风致残者假肢装配项目，省疾控中心、省残联专家为连云港市14名麻风病致残者提供免费假肢适配服务。5月，市疾控中心举办全市麻风防治知识培训班。11月，赣榆区、海州区、灌南县开展麻风病防治知识竞赛。

【艾滋病防治】 2018年，全市加强艾滋病疫情监测，全年报告135例艾滋病感染者和病人。通过网络直报系统报告梅毒1248例、淋病201例。到年底，连云港市治疗640人。开展12次CD4细胞计数检测，检测人数615人，并对治疗1年以上的400名艾滋病病人进行病毒载量的检测。连云港市美沙酮药物维持治疗门诊被评为2018年度江苏省优秀维持治疗门诊。全年开展艾滋病防治知识传播校园行讲座25场次，覆盖学生9780人。

【地方病与寄生虫病防治】 2018年，全市开展发热病人血检6383人次，网报境外输入性疟疾20例，24小时网络直报率、规范治疗率、3日个案流调率以及7日疫点处置率均达100%。做好居民户碘盐监测、人群碘营养监测工作，居民碘营养处于较适宜水平。保持消除碘缺乏病危害状态，灌南县、灌云县、海州区达到饮水型地方性氟中毒控制标准，全市“十三五”地方病防治规划中期工作通过省级评估。（樊亭亭）

妇幼保健

【概况】 2018年，连云港市孕产妇死亡率、婴儿死亡率和出生缺陷发生率分别为4.11/10万、3.28‰、7.55‰。全市从事母婴保健服务的机构和人员全部持证执业，托幼机构卫生保健合格率97.16%，住院分娩率100%。市妇幼保健院通过三甲医院评审。开展妇幼健康优质服务创建活动，市妇幼保健院被评为全国母婴友好医院、全国改善医疗服务示范医院。海州区建成江苏省妇幼健康优质服务示范区。建立市妇幼健康专科联盟，确定2个孵化中心。

【妇幼重大公共卫生服务项目】 2018年，全市实施免费孕前优生健康检查、农村妇女“两癌”（宫颈癌、乳腺癌）、预防艾滋病梅毒和乙肝母婴传播、农村妇女免费叶酸发放等妇幼重大公共卫生服务项目。全年免费孕前优生健康检查4.01万人，“两癌”检查22.79万人，农村妇女补服叶酸1.81万人。孕产妇人类免疫缺陷病毒检测率、孕产妇梅毒检测率、孕产妇乙肝检测率均为99.99%，乙肝表面抗原阳性孕产妇所生婴儿乙肝免疫球蛋白注射率100%。

【健康妈妈工程】2018年，全市建成4个市级孕产妇危急重症救治中心、3个市级新生儿危急重症救治中心，举办5期高危孕产妇管理专题轮训班，开展9次母婴急救演练，实现全市妇幼保健机构人员全覆盖。市妇幼保健院被省卫健委评为江苏省母婴安全优质服务单位。全市孕产妇死亡率为4.11/10万，“健康妈妈工程”工作经验在全省妇幼健康工作会议上进行交流。

【“健康宝贝工程”经验做法在全国推广】1月1日，连云港市在市区启动“健康宝贝工程”试点。9月1日起，扩大至全市各县区施行。全年为1.35万名孕妇发放免费券3.46万张，完成产前筛查、诊断等1.95万例，其中发现风险人群991人，确诊178人，并及时进行干预处理。市妇幼保健院被评为国家出生缺陷救助项目优秀项目实施单位。“健康宝贝工程”做法全国推广，12月，连云港市作为唯一地市级代表在全国出生缺陷防治工作会议上交流发言。（张　晨）

中医中药

【概况】2018年，连云港市有中医药人员1551人，其中中医类别执业医师（助理医师）1171人、见习中医师37人、中药师343人。全年中医类医院门诊诊疗127.53万人次、中医类医院出院6.17万人次、病床使用率72.65%。完成基层中医药服务能力提升工程“十三五”行动计划中期评估。全市建成中央财政支持的基层医疗机构中医诊疗区（中医馆）20家、省乡镇卫生院示范中医科2个、省中医药特色社区卫生服务中心1个。新增备案中医诊所11个。完成国家《中医监督工作指南（测试版）》试点工作。推进落实治未病健康工程。市中医院通过三甲中医院复核评审，脑病科通过“十二五”省中医重点学科验收。6个市级中医（中西医结合）临床重点专科建设单位通过验收。

【中医人才建设】2018年，连云港市印发《连云港市基层优秀中医临床人才培养提升工程培训计划》，第一批市中医基层优才开班，遴选第二批优才30人。举办《国家基本公共卫生服务规范（第三版）》中医药健康管理服务规范师资培训班。组织全市中医住院医师规范培训理论和实践考试，15名中医住院医师、5名中医全科医师及3名中医助理全科医师人通过结业考核。全年招录中医类别住院医师规范化培训学员13人、中医类别全科医师规范化培训学员7人。新增全国中医护理骨干培养对象1人。赵化南全国名老中医药专家传承工作室建设项目通过验收。市中医院设立张学文国医大师连云港工作室。

【中医药文化传播】2018年，连云港市开展中医中药中国行——连云港市中医药健康文化推进系列活动。其间，举办中医药健康文化大型主题活动、中医药文化宣传教育基地建设、第八届“中医药就在你身边”中医药健康巡讲104场次，建成中医健康文化知识角31个，举办“岐黄校园行”中医护理科普宣传周活动4场次。（苏　楠）

爱国卫生

【概况】2018年，连云港市推进基层卫生创建工作，东海县、灌云县、灌南县建成国家卫生县城，在苏北率先实现国家卫生县城全覆盖。基本实现省级卫生乡镇全覆盖，全市建成国家级卫生乡镇13个。启动健康城市示范市建设工作，成立连云港市健康城市建设指挥部，制定《连云港市健康城市建设行动计划（2018—2020年）》。开展健康元素普及行动，实现以乡镇卫生院、社区卫生中心健康小屋全覆盖。全年建成省级健康镇2个、健康村20个、健康社区48个、健康单位81家、健康促进医院11个。

【农村改厕】2018年，全市投入资金7200万元，推进农村户厕改造，新增农村无害化卫生户厕7.2万户。到年底，全市有无害化卫生户厕80.85万户，农村无害化卫生户厕普及率达88.68%。

【水质监测】2018年，全市有供水水厂649座，全年设立末梢水监测点20个、二次供水监测点20个，出厂水监测实现全覆盖，全市监测点人口覆盖率100%。建立监测结果公示制度，每季度公示一次监测结果，全市水质监测合格率100%。

【病媒生物防制】2018年，全市以背街小巷、城乡接合部等为重点，开展病媒生物防制工作，清理病媒生物滋生地。组织外环境消杀，对公共外环境病媒生物集中消杀2次。做好病媒生物定期监测，每季度开展一次病媒生物密度监测和耐药监测。

（罗贤标）

卫生监督

【概况】2018年，连云港市做好医疗美容、国家中医药管理局中医药监督执法试点工作，加强医疗机构依法执业检查，查处违法违规应用人类辅助生殖技术。开通食品安全标准咨询服务平台。做好51家食品企业标准备案工作。开展食品安全标准系列宣传活动，发放宣传资料2000余份。加强卫生执法稽查，全年办理卫生计生执法案件133起，保存现场执法影像记录数据1201条。推行执法全过程记录，举办全市集中培训班1期，开展县区培训教学7次。全年为247名卫生监督员发证。开展随机抽取检查对象，随机选派执法检查人员，抽查情况及查处结果及时向社会公开的“双随机一公开”工作。实施卫生计生国家随机监督抽查计划，抽取794家单位，其中公共场所373家、生活饮用水生产企业36家、放射卫生单位35家、学校68所、医疗卫生单位64家、消毒产品生产企业5家、传染病防治机构198家、餐饮具消毒企业3家、计划生育机构11家、职业卫生单位1家，抽查结果信息通过网站依法向社会公布。

12月18日，连云港市举办健康城市"五进"活动暨首届戒烟大赛颁奖仪式
市卫健委 供图

【公共场所和生活饮用水卫生监督】 2018年，全市开展6轮创建国家卫生城市长效管理督查，并对结果进行通报和排名。开展全市游泳场所、集中通风系统、二次供水、网络销售净水器专项检查。对全市123家医疗卫生机构开展控烟工作专项监督检查，行政处罚一般程序5家机构。对全市373家公共场所单位、36家生活饮用水单位开展"双随机"（随机抽取被检查对象、随机选派检查人员）检查和抽检。完成国家农村集中式供水单位调研。

【学校卫生监督】 2018年，市卫生监督部门、教育部门联合开展学校卫生监督行动，监督检查336所学校，对80所中小学校开展综合评价工作，其中27所学校优秀、53所学校合格。开展春季、秋季两次学校食品安全、传染病防控、学校卫生专项督查，督查学校68所，部分学校存在制度不健全、教学环境不达标等问题。

【职业卫生和放射卫生监督】 2018年，全市开展职业健康检查机构、职业病诊断机构依法执业情况专项检查，检查职业健康检查机构12家、职业病诊断机构3家，专项监督检查覆盖率100%。开展对县区放射诊疗单位督查工作，查处案件22起。

【消毒产品和餐饮具卫生监督】 2018年，市卫生监督所抗（抑）菌制剂专项整治和消毒产品抽检工作。对6家抗（抑）菌制剂生产企业进行拉网式全覆盖检查，其中5家取得卫生许可证后一直处于未生产状态。对5家消毒产品企业开展国家"双随机"监督检查，监督抽查完结率100%。开展餐饮具集中消毒单位餐具、饮具抽检工作，全年抽检餐饮具185件，查处餐饮具集中消毒单位4家，罚款2.2万元。（张建扬）

医政管理

【概况】 2018年，连云港市推进公立医院综合改革，在全市72%的三级公立医院、100%的二级公立医院和28%的社会办非营利性医院开展医院章程制定工作，探索建立现代医院管理制度。市政府印发《关于深入推进紧密型医联体建设的实施意见》，在赣榆区、连云区开展"总额预付、合理超支分担、结余留用"的医保基金管理方式改革试点，探索建立医联体利益共享与分担机制。医联体内全面推行影像、检验、消毒供应、病理、心电中心，推进区域资源共享。加大临床医学高层次专家柔性引进力度，全年引进32个高层次专家（团队），其中国医大师工作室1个、院士工作站8个、名医工作室23个。提升临床重点专科建设水平，市一院口腔科、药学部，市二院普外科、消化内科接受省级临床重点专科现场测评。举办第二届中国（连云港）国际医药技术大会"一带一路"医院院长论坛，加强卫生交流与合作。市预约挂号统一平台升级上线，并与省集约式预约诊疗服务平台直连。完成省、市基层转诊预约服务平台的接口改造。开展大型义诊活动，义诊群众近万人，为患者减免医疗费用76万余元。开展2018年医疗质量控制与评价专项行动、2018年区域性基层医疗卫生中心评价活动，健全调整市级医疗质量控制中心，建设县级医疗质量控制中心。全年有300名医务人员参加卫生对口支援工作，实现城市医疗卫生机构对口支援基层医疗机构全覆盖。全市临床供血100%来自无偿献血。（刘永波）

【职业健康监管】 2018年，连云港市开展"职业健康执法年"活动。全市检查企业630家次，发现职业病隐患2271项，责令限期整改1506项，下发执法文书553份，责令停止作业15家，关闭1家，经济处罚148.14万元。全市申报职业病危害项目企业7155家，比2017年新增35家。8家企业通过职业卫生管理市级示范性企业验收。（何 亮）

【医疗事故技术鉴定】 2018年，连云港市医学会受理卫生行政部门委托的医疗事故技术鉴定143例，医患双方共同委托1例，组织鉴定65例，结论为医疗事故的41例，事故率63.1%，无法确定3例，非医疗事故21例。医疗事故中，一级医疗事故9例、三级医疗事故12例、四级医疗事故17例、构成事故但等级未定的3例；医疗机构负完全责任7例、主要责任12例、次要责任14例、轻微责任8例。所涉及医疗机构中一级医疗机构9例，二级医疗机构24例，三级医疗机构32例。（祝音飞）

医疗单位

【连云港市第一人民医院】 2018年，市第一人民医院设置临床与医技科室57个、病区63个、市级专病诊疗中心5个，有省级临床重点专科11个、市级医学重点学科6个、市级临床重点专科46个，开放床位2610张。专业技术人员2501人，其中高级职称554人、中级职称732人。享受各级政府特殊津贴的专家23人，省有突出贡献的中青年专家3人，省"333工程"培养对象27人，省"六大人才高峰"高层次人才14人，全国优秀中医临床人才1人，市"521人才工程"培养对象144人，省"双创"博士1人、市"双创"博士3人，博士生导师3人、博士144人、硕士519人。医院诊疗总量141万人次，出院人数9.62万人次，出院病人手术3.65人次。医院获批江苏省紧急医学救援基地和江苏省区域级胸痛中心、卒中、创伤中心等综合平台。药学科、口腔科接受省卫生健康委员会省级临床重点专科现场测评，急诊医学科、放射治疗科、医学检验科、医学影像科接受复核。6个专科获批市级临床重点专科。安宁疗护病房投入使用，成立直通梅奥国际诊疗中心，建成IBM沃森肿瘤综合诊断系统。医院精准医学实验室建成投用。选派7人开展对口支援陕西省佳县人民医院工作，并接收受援单位13人次到院进修。完成江苏省第13期援圭亚那医疗援助任务。援外医疗队被市政府记集体二等功，援外医疗队员分别记个人二、三等功，刘毅被国家卫生健康委员会评为全国援外医疗工作先进个人。（高　峰）

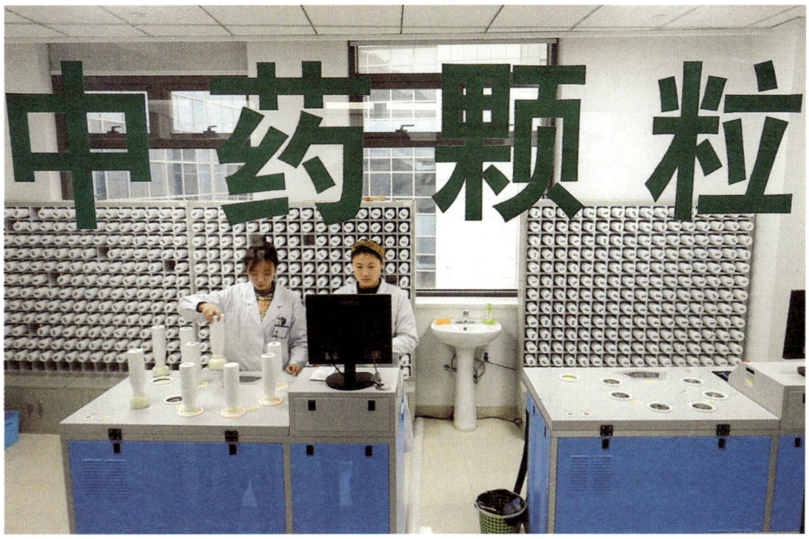

12月11日，市第一人民医院引进全市首套智慧中药颗粒剂药房
耿玉和／视觉江苏网

【连云港市中医院】 2018年，市中医院编制床位620张，设置临床、医技科室38个、病区15个、市级诊疗中心1个，其中国家临床重点专科建设项目（中医专业）1个、国家中医临床重点专科2个、江苏省中医重点学科1个、江苏省中医临床重点专科4个、市中医临床重点专科19个。高级技术职称人员192人，博士、硕士133人，省市级名中医31人，博士生导师和硕士生导师5人，全国及江苏省老中医药专家学术经验继承指导老师5人，全国及江苏省优秀中医临床人才6人，江苏省"333"高层次人才培养对象1人，全国中医护理骨干人才2人。全年医院门急诊量58.5万人次，出院病人数2.1万人次。医院获批国家级药物临床试验机构（GCP）和长春中医药大学教学医院。康复科通过江苏省中医重点专科评审。9月12—14日，2018全国中医院发展大会在连云港市举办。市中医院列中国中医医院综合实力排名百强榜第92位。（顾　豪）

【连云港市第二人民医院】 2018年，市第二人民医院设置临床医技科室42个、病区及重症监护病房35个，开放床位1307张，开设专科门诊33个、专病门诊27个、专科护理门诊3个。医院有市重点学科2个、市专病诊疗中心3个、市临床重点专科31个。医院有卫生专业技术人员1391人，其中高级技术职称371人，享受国家及市政府特殊津贴专家5人，省"333工程"培养对象11人，省"六大人才高峰"项目资助4人，省"科教强卫工程"青年人才2人，市"521工程"重点人才59人，市级领军型人才、创新型人才及各类重点人才44人，市级创新团队7个，省医学会委员22人，硕士生导师54人。全年诊疗总量49.43万人次，出院人数4.05万人次，出院病人手术9042人次。神经内科、肿瘤科、医学检验科为省级临床重点专科，建成国家级胸痛中心。13个科室通过国家药物临床试验资格认定。建成省内首家依托三甲综合医院的连云港市互联网医院，建成江苏省母婴友好医院、江苏省健康促进医院。建成市级安宁疗护中心、老年医学中心和医养结合培训基地，是国家老年疾病临床医学研究中心协作单位。（董　晋）

【连云港市妇幼保健院】 2018年，市妇幼保健院有省妇幼健康重点学科1个、重点学科建设单位5个、省临床重点专科1个、市"科教强卫工程"重点学科1个、创新团队2个、市临床重点专科建设项目3个、妇产科护理重点专科1个。有编制床位401张。卫生专业技术人员811人，其中高级技术职称136人、中级技术职称223人。硕士以上研究生127人，省市重点人才72人。诊疗总量70万人次，出院1.97万人次，手术5694台次，分娩数8759例。2018年，医院获评国家出生缺陷救助优秀项目实施单位、全国母婴友好医院、江苏省妇幼健康服务工作集体三等功、江苏省母婴安全优质服务单位。通过三级妇幼保健院等级复审，新院区建设融入大保健模式，形成全方位、全生命周期的服务体系。成立全市首家妇幼健康联盟，助推"健康宝贝工程"落地。（许　成）

【连云港市东方医院】 2018年，市东方医院设有临床、医技科室45个。编制床位572张，门急诊诊疗总量

6 月 25 日，由市第二人民医院与江苏康缘集团共同推出的智慧医疗平台——连云港市互联网医院启用　　张凌飞 / 视觉江苏网

41.32 万人次，出院人数 1.98 万人次，住院手术 4514 台次。新增肾内科、医学影像科、重症医学科、急诊医学科、肿瘤放射治疗科 5 个市级临床重点专科，全院有市级临床重点专科 18 个。卒中中心、新生儿急危重症救治中心通过市级救治中心评审验收，普外科、妇产科成为基层特色科室市级孵化中心。有卫生技术人员 732 人，其中高级技术职称 164 人、中级技术职称 255 人。享受市政府特殊津贴专家 2 人，省特聘医学专家 1 人，省 "333 工程" 培养对象 6 人，省卫生拔尖人才 4 人，市 "521 高层次人才培养工程" 培养对象 14 人，市 "科教兴卫工程" 医学领军型人才 2 人、创新团队 1 个，硕士、博士百余人。医院通过全国综合医院中医药工作示范单位复审和省中医重点专科评审，脾胃病科（消化内科）成为省中医重点专科。医院是江苏省人民医院战略合作医院，建立 3 个教授（名医）工作站。医院与连云区政府达成共建紧密型医联体新一轮合作协议。被国家卫生健康委评为 2018 年度改善医疗服务优秀医院。

（杨　洁）

【连云港市第四人民医院】 2018 年，市第四人民医院设传染科、肝炎科、结核病科、精神科等科室 37 个，其中肝炎科、结核科、精神科为市级重点专科。有卫生技术人员 277 人，其中高级技术职称 53 人、中级技术职称 89 人。医院开放床位 360 张，病床使用率 74.51%，门急诊诊疗总量 9.97 万人次，出院人数 3989 人次，平均住院日 25.6 天，病历甲级率 100%，入院诊断符合率 99.7%，急危重症抢救成功率 92.1%。全年传染病疫情及时上报率 100%，传染病监测率 100%。严重精神障碍信息系统在册患者 1.86 万人，在册患者管理率 94.73%。2018 年，医院成立老年精神科、市民心理健康学校，社区药物维持治疗门诊获评全国优秀门诊、江苏省优秀门诊。

（张瑞华）

【江苏省连云港海滨康复医院】 2018 年，连云港海滨康复医院康复病房开放床位 112 张，疗养床位 428 张。有卫技人员 94 人。全年接待省级机关干部疗养员 328 人，体检 5 万人次。新建舒适化胃肠镜中心，配备奥林巴斯 290 电子胃肠镜、肯格王清洗工作站和迈瑞麻醉机，开展无痛胃镜、无痛肠镜等项目。成立颈肩腰腿痛治疗中心，形成颈肩腰腿疼痛专科治疗特色。新增中医 "督灸" "脐灸" 疗法。全年疗养员满意度经医院第三方测评达 98.5%。

（杨　璐）

【中国人民解放军第一四九医院】 2018 年，解放军第一四九医院开设专业科室 20 个，开放床位 400 余张，建有门急诊综合楼、住院部和各类附属设施。拥有磁共振、四维彩超、16 排 CT、超声聚焦刀、胃肠镜、全自动生化分析仪等设备。全年医院门急诊 12 万人次，住院 1 万人次，医疗收入 1.02 亿元。全年举办 "微笑服务、温馨医院"、"优质服务示范工程" 等活动。组织院内培训和学术讲座 18 次。建立住院病人满意度调查和回访制度，满意率保持在 98% 以上。

（李靖平）

责任编辑　徐　敏

收入与消费

居民收入

【概况】 2018年，连云港市城乡居民人均可支配收入为25864元，比2017年增长8.8%。其中，城镇居民人均可支配收入32749元，比2017年增长8.1%；农村居民人均可支配收入16607元，增长8.7%。

【工资性收入】 2018年，全市居民人均工资性收入13540元，比2017年增长8.8%，占可支配收入的52.3%，为可支配收入增长的第一大动力，拉动可支配收入增长4.6个百分点，工资性收入是全市居民收入的主要来源。其中，城镇居民人均工资性收入17858元，增长7.9%；农村居民人均工资性收入为7736元，增长8.8%。全市居民工资性收入实现较快增长主要原因是：全市机关事业单位工资性收入增长，津贴补贴、绩效奖标准提高，县区的标准提高幅度较大；最低工资标准提升，连云港市区（不含赣榆区）的最低工资由每月1720元调整为1830元，上涨110元，增长6.4%；东海县、灌云县、灌南县、赣榆区最低工资从每月1520元调整为1620元，上涨100元，增长6.6%；企业人员工资上涨，全市2018年度企业工资指导线及相关实施意见规定企业工资增长基准线为7.5%、下线为3%，不设上线。

2018年连云港市居民生活主要指标一览表

表61　　　　单位：元

指　标	2018年	比2017年增长（%）
全市居民人均可支配收入	25864	8.8
市区（不含赣榆区）	29958	8.6
赣榆区	24742	8.8
东海县	24513	9.1
灌云县	20802	9.1
灌南县	21227	9.0
城镇居民人均可支配收入	32749	8.1
市区（不含赣榆区）	35379	8.0
赣榆区	31954	7.9
东海县	32228	8.3
灌云县	27086	8.2
灌南县	28819	8.2
农民人均可支配收入	16607	8.7
市区（不含赣榆区）	17596	8.6
赣榆区	17524	8.6
东海县	17291	8.9
灌云县	15493	8.9
灌南县	14826	8.7
全市居民人均消费性支出	16649	6.5
市区（不含赣榆区）	18268	6.0
赣榆区	15291	6.5
东海县	15646	5.0
灌云县	12794	7.4
灌南县	13715	6.9

（刘从鸿）

【经营性收入】 2018年，全市居民人均经营净收入5949元，比2017年增长6.9%，占可支配收入的23%，拉动可支配收入增长1.6个百分点。其中，城镇居民人均经营净收入6211元，增长6.7%；农村居民人均经营净收入为5596元，增长7%。经营净收入增长的主要原因是：创业政策力度不断加大，“鼓励全民创业政策28条”得到落实，一次性创业补贴、创业带动就业补贴等扶持资金投入力度持续加大；大众创业的热潮推动城乡居民从自主创业经营中获得收益。

【财产净收入】 2018年，全市居民人均财产净收入1801元，比2017年增长15%，占可支配收入的7%，拉动可支配收入增长1个百分点。其中，城镇居民人均财产净收入2955元，增长13.6%；农村居民人均财产净收入249元，增长13.5%。财产净收入增长的主要原因是：全市房地产价格居高不下，带动房屋租金和商铺租金的上涨；居民理财意识不断增强，储蓄、国债、保险、银行（互联网）理财产品受到居民的青睐，居民财产性收入有更多的增收渠道；土地分红成为农民财产性收入来源的一部分。

【转移净收入】 2018年，全市居民转移净收入稳步提升。居民人均转移净收入4574元，比2017年增长9.1%，占可支配收入的17.7%，拉动可支配收入增长1.6个百分点。其中，城镇居民人均转移净收入5725元，增长7.5%；农村居民人均转移净收入3026元，增长11.5%。转移净收入增长的主要原因是：城乡居民养老金标准继续提高，全市城乡居民基本养老保险基础养老金最低标准提高到每人每月135元；企业退休养老金标准逐年上调；全市城乡低保标准不断提高；精准扶贫推动各项帮扶政策落实。 （范成涛）

居民消费

【概况】 2018年，连云港市居民人均生活消费支出16649元，比2017年增长6.5%。其中，城镇常住居民人均生活消费支出20445元，增长5.8%；农村常住居民人均生活消费支出11545元，增长6.6%。城镇居民恩格尔系数为31.6%，比2017年下降0.3个百分点；农村居民恩格尔系数为31.5%，下降0.6个百分点。

【食品、烟酒、衣着、其他用品及服务支出】 2018年，全市居民人均食品烟酒、衣着、其他用品及服务支出稳定增长。居民人均食品烟酒支出为5253元，比2017年增长5.3%；人均衣着支出1281元，增长5.2%；其他用品和服务支出为358元，增长5.6%。受新消费观念的影响，居民生活水平不断提高，铺张浪费现象减少。居民食品烟酒支出增长平稳，城乡居民食品烟酒支出比为1.8∶1。城乡居民衣着、其他用品及服务支出比为分别为2.5∶1和2.6∶1，是城乡居民消费支出差距比最大的两个消费项目，城镇居民更爱扮靓，更加追求时尚和个性化，对服装、鞋类、珠宝首饰、美容美发洗浴类的要求更高。

2018年连云港市居民主要消费品人均消费一览表

表62 单位：千克

序号	指标名称	城镇住户	农村住户
1	谷物消费量	126.20	117.77
2	油脂类消费量	15.38	12.29
3	鲜菜	112.51	67.88
4	肉类	18.18	13.05
5	禽类	6.47	5.13
6	水产品	19.37	11.91
7	蛋类及蛋制品	14.12	10.89
8	奶和奶制品	13.39	10.12
9	干鲜瓜果类	52.27	39.50
10	糖果糕点类	6.79	5.32
11	酒	9.29	9.30

2018年连云港市居民百户耐用消费品拥有量一览表

表63

序号	指标名称	单位	城镇住户	农村住户
1	家用汽车	辆	28	18
2	摩托车	辆	21	40
3	助力车	台	140	129
4	洗衣机	台	103	97
5	电冰箱（柜）	台	99	90
6	微波炉	台	69	39
7	彩色电视机	台	142	137
8	空调	台	161	102
9	移动电话	部	249	240
10	计算机	台	89	51
11	照相机	台	20	5

（刘从鸿）

2018 年，港城市民更加追求时尚和个性。图为市民在练习时装模特表演 高志女 摄

【生活用品及服务、教育文化娱乐支出】 2018 年，全市居民生活用品及服务、教育文化娱乐支出稳步增长。居民人均生活用品及服务支出 1033 元，比 2017 年增长 6.5%；人均教育文化娱乐支出 2906 元，增长 6.8%。生活用品及服务、教育文化娱乐为城乡居民除交通通信外消费支出比最小的两个分项。全市整体经济虽然形势平稳，但居民消费仍较谨慎，居民对耐用消费品、家用纺织品、家庭日杂用品、个人护理用品等方面的消费增速平稳。居民对教育文化重视程度不断提高，少儿课外辅导班、兴趣班、非义务教育及出国留学等不断增多。随着生态环境的优化及居民生活观念的转变，居民热衷于亲子游、游学游、自驾游、周边游等多种旅游消费形式，促进教育文化娱乐支出稳步增长。

【居住、交通通信、医疗保健支出】 2018 年，全市居民居住、交通通信、医疗保健支出增速居居民消费前三位。居民人均居住支出为 3266 元，比 2017 年增长 8.4%，为居民八大类消费支出增速最快的分项；人均交通通信支出 1607 元，增长 7.5%；人均医疗保健支出 945 元，增长 7.4%。连云港市房地产行情较好，商品房成交价格维持高位，相应的装潢材料、住房维修、人工成本不断提升，居住消费支出较快增长。城乡居民交通通信消费支出比为 1.6∶1，成为城乡居民消费支出比最小的分项，随着交通和通信网络的发展，农村居民改善交通条件和通信设备，添置汽车、电动车等交通设备，年轻一代热衷购买高档智能手机，城乡之间的交通通信支出差距逐渐缩小。全市居民医保基本实现全覆盖，可便利实现就医看病，城镇居民的生活观念逐渐转变，由被动就医转变为主动预防，养生保健意识不断增强，越来越愿意进行健康投资，各类医疗保健器材和滋补保健品进入普通居民家庭，医疗保健消费日益增长。 （范成涛）

市场物价

【概况】 2018 年，连云港市居民消费价格指数（CPI）总体呈现温和上涨，累计上涨 2.3%，涨幅较 2017 年扩大 0.5 个百分点，与全省平均水平持平，高于全国平均水平 0.2 个百分点。其中，非食品价格涨幅高于食品价格，非食品价格上涨 2.5%，食品价格上涨 1.6%；服务项目价格涨幅高于消费品价格，服务项目价格上涨 2.8%，消费品价格上涨 2%；工业品价格上涨 2.5%，能源价格上涨 5.6%。全市各月 CPI 环比指数分别为 101、101.1、99.1、99.6、100、99.9、100.4、100.9、100.6、100、99.6、99.9。各月 CPI 同比指数分别为 101.7、103、102.1、101.8、101.7、101.9、102.2、102.8、103.1、103、102.4、102.2。从月度情况比较来看，同比指数呈“M”字形运行，总体呈双肩顶形态。其中，2 月份、9 月份、10 月份 CPI 同比涨幅超过 3%，9 月份涨幅 3.1%，达年内最高。由于能源价格宽幅震荡，11 月份开始大幅回落，带动 CPI 指数迅速走低。

【八大类商品和服务价格】 2018 年，

2018 年，港城市民文化生活更加丰富多彩。图为 1 月 20 日，连云港市首届网络春晚 樊晓姝 摄

全市八大类商品和服务项目价格累计全部上涨，其中教育文化和娱乐上涨3.6%，涨幅最大。其他依次为居住、生活用品及服务、交通和通信、医疗保健、食品烟酒、其他用品和服务，涨幅分别为2.8%、2.7%、2.7%、2.3%、1.5%、1.3%。从结构特征看，工业消费品与服务项目价格上涨对指数贡献较大。服务项目价格上涨2.8%，带动指数上涨1.06，贡献指数46.1%。工业消费品价格上涨2.5%，带动指数上涨0.82，贡献指数35.7%。

【食品类价格】 2018年，全市食品类价格指数比2017年上涨1.6%。1—3月，时逢元旦、春节，食品及服务价格相对居高，带动指数高位开局。4—6月，当地鲜菜大量上市、禽蛋肉价格持续走低，带动指数小幅回落。7—9月，由于台风天气增多，不利于鲜菜生产运输，食品价格走高带动指数快速上涨。10—12月，食品价格先跌后涨。

2018年连云港市部分商品收费、服务价格调整情况一览表

表64

收费项目名称	调整前标准	调整后标准	执行日期
市区（不含赣榆区）巡游出租汽车运价	起步价7元/3千米、超起租里程租费1.7元/千米、空驶费（单程超过3千米以上部分）0.85元/千米、等候待时费0.4元/分钟、夜间23:00（含）至次日6:00（不含）用车，每千米租价加收0.2元	运价管理模式调整为政府指导价，其中，起步价8元/3千米、超起租里程租费1.7元/千米、空驶费（单程超过3千米以上部分）0.85元/千米、等候待时费0.4元/分钟、夜间23:00（含）至次日6:00（不含）用车，每千米租价加收0.2元	2018年6月1日起
市区防空地下室易地建设费	按《连云港市人民防空建设经费筹集管理规定》（连防办字〔2002〕78号、连财综〔2002〕59号、连价服〔2002〕421号）执行	民用建筑1000元/平方米，工业建设项目中非生产性建筑600元/平方米	2018年9月1日起
市区公办幼儿园收费	保教费基准价格：省优质园330元/生·月，市优质园180元/生·月，市合格园150元/生·月。上浮、下浮原则按照连价费〔2012〕213号文件执行	保教费基准价格：省优质园500元/生·月，市优质园380元/生·月，市合格园300元/生·月。单次上浮幅度原则上不得超过幼儿园上学年保教费标准的20%或者60元/生·月，且调整周期不得少于两年。其他上浮、下浮原则按照连价费〔2018〕109号文件执行	2018年9月1日起
花果山风景区门票价格	旺季（3月1日至11月30日）100元/人次，淡季（12月1日至次年2月底）50元/人次	旺季（3月1日至11月30日）90元/人次，淡季（12月1日至次年2月底）50元/人次	2018年10月15日起
市区非居民用管道天然气价格	2017年12月1日至2018年3月31日最高销售价格3.599元/立方米	最高销售价格3.8元/立方米	2018年11月1日至2019年3月31日
	2017年9月1日至2017年11月30日最高销售价格3.399元/立方米	最高销售价格3.22元/立方米	2019年4月1日起

（沈　闯）

责任编辑　徐　敏

社会事务

人口管理

【户政管理】 2018年，连云港市公安人口管理部门推动户籍业务与信息化手段深入融合，在全省率先推出10项户籍业务“不见面办理”，通过“微警务”办理户籍业务863起，“只见一次面”审批办结659起，“全程网办”204起。制定出台《2018年连云港市公安局户籍制度改革简政放权八项措施》《常住户口登记管理规定实施细则》等规范文件，明确户政“放管服”改革具体清单事项。

链接

2018年连云港市户籍制度改革简政放权八项措施

一、免除当场办理户口事项书面申请（微警务办理业务除外）。属于《连云港市常住户口登记管理规定实施细则》（以下简称《细则》）当场办理的户口事项，无须办事群众再提交书面申请（微警务办理业务除外）。

二、简化非婚生随父（母）申报特殊情形证明。对《细则》涉及非婚生随父或随母申报（出生证记载父、母信息），如存在父母一方失去联系且无法查找特殊情形，派出所凭直接扶养父母一方出具的“如另一方将来主张权利，其无条件配合”书面承诺，经社区民警调查，原父母扶养协议或人民法院民事调解书不再提交；申请随父亲落户，需一并提供具有资质的鉴定机构出具的亲子鉴定证明。

三、明确《细则》免于提供证明材料情形。通过公安相关系统联网查询或有效居民户口簿已注明的，通过系统截图打印或复印居民户口簿存档，无须提供父母、子女等关系证明。居住证明由租住地公安户籍派出所通过居住证信息系统查询打印，无须办事群众提供。

四、免除被投靠人（或房屋所有权人、直系亲属）同意入户声明。《细则》关于户口迁移相关条款涉及的被投靠人、房屋所有权人、直系亲属同意入户声明，改由被投靠人、房屋所有权人、直系亲属等在申请人书面申请上签字同意即可。

五、变更离婚回原籍投靠农村地区父母审核标准。将《细则》关于“公民因离婚回原籍与父母共同生活两年以上（以公安机关居住证信息系统记载的为准）”农村迁移条款，改为“公民因离婚回原籍与父母共同生活两年以上（以离婚证登记时间为准）”。

六、降低6项户口办理事项的审批层级

（一）将《细则》第188条规定的以下3款户口办理事项，由派出所审批改为户籍窗口前台当场办理：

第6款 未满6周岁的姓名变更（非婚生或父母离异除外）；

第7款 非婚生随母出生登记申报（出生证仅有母亲信息）；

2月10日，墟沟派出所居民身份证自助办理系统试运行，是全市首家居民身份证自助服务终端　王健民／视觉江苏网

第 8 款 涉及合法稳定住所、合法稳定职业、人才引进条件之一的市（县）间户口迁移。

（二）将《细则》第 189 条规定的以下 1 款户口办理事项，由县分局审批改为户籍窗口前台当场办理：

第 5 款 涉及我市农村地区之间投靠配偶情形的迁入农村地区户口迁移。

（三）将《细则》第 189 条规定的以下 2 款户口办理事项，由县分局审批改为派出所审批：

第 1 款 6 周岁以上公民变更姓名（16 周岁以上除外）；

第 8 款 市内从学生集体户迁入非学生集体户的户口迁移。

七、实行社区民警开展调查报告的白名单制度。为提高户口审批工作效率，明确下列 14 项户口办理事项，由社区民警提交书面调查报告。

（一）《细则》第 188 条规定的以下 3 款派出所审批事项：

第 2 款 公民未按规定主动注销的户口注销；

第 10 款 迁入社区集体户的户口迁移；

第 11 款 申、换、补领居民身份证，无法确认新采集相片与人口信息系统历史相片一致，或人口信息系统中无申领人历史相片，且本人又不能提供证明其身份的、带相片的证件原件的。

（二）《细则》第 189 条规定的以下 9 款县分局审批事项：

第 1 款 非婚生随父出生登记申报、无出生医学证明申报；

第 2 款 监外执行、刑满释放异地恢复，漏登、漏录、数据丢失、错误注销恢复户口等；

第 3 款 市人口信息管理系统数据库中无迁出记录的大学生毕业回原籍户口迁入，无服兵役注销户口记录的退出现役户口恢复；

第 5 款 迁入农村地区的户口迁移（不含我市农村地区之间投靠配偶）；

第 6 款 16 周岁以上公民变更姓名；

第 10 款 申报社区集体户立户；

第 12 款 民族变更更正；

第 13 款 公民身份号码变更更正；

第 14 款 一般疑难户口。

（三）《细则》第 191 条规定的以下 2 款市局审批事项：

第 1 款 出生日期更正；

第 3 款 本细则未明确规定的特殊疑难户口。

八、在全市户籍窗口推行户口审批"容缺受理"机制。在必要的申报材料齐全、有效、合法的基础上，其他条件或部分辅助材料存在瑕疵、缺漏的，在告知所需补齐材料后，可以先行受理，进行材料审核程序，待申请人材料补齐后当场审批或上报，避免群众多跑腿。

【流动人口管理】 2018 年，市公安人口管理部门审核签发省内异地证受理信息 1.55 万条，受理省内异地证 831 张；审核签发省外异地证受理信息 5737 条，受理省外异地证 2178 张，排查登记无户口人员 846 人，注销重户口 1506 人，16 周岁以上、18 周岁以上人员相片采集率分别为 99.92%、100%。开展出租房屋流动人口排查整治，全年清查废闲厂房（仓库）、地下室（桥梁涵洞）等流动人口落脚处所 386 处，清查登记出租房屋 3.1 万户；新签订出租房屋治安责任书 1.88 万份，新登记流动人口 15.98 万人，注销流动人口 9.39 万人；通过行动发现各类违法犯罪线索 65 条，破获刑事案件 22 起，破获治安案件 68 起，治安处罚 289 人；收缴管制刀具 212 把，排查矛盾纠纷 5512 起。

【居民出入境管理】 2018 年，连云港市在全省首家被批准开办团体口岸签证业务，全年为 4 批次、392 名游客签发团体口岸签证。在出入境办证大厅外设 24 小时港澳台通行证自助签注办理服务区，方便群众全天候办理出入境证件，赣榆、东海、灌云、灌南出入境大厅均添置自助签注机，实现再次签注申请、缴费、制证一体化全自助。全年受理港澳台自助签注 7857 人次。加大对出入境违法犯罪案件的查处力度，全年办理行政案件 79 起，办理刑事案件 9 起，分别比 2017 年上升 259%、80%。全年遣送非法就业、非法入境和非法居留外国人 64 人，将前期羁押的非法入境人员全部遣送到位。 （成标荣）

【生育管理】 2018 年，全市出生人口 7.5 万人，人口出生率 10.83‰，出生政策符合率 98% 以上，出生人口性别比 108.5，全市所有县区出生人口性别比均下降到 110 以下。一孩出生比 2017 年下降 22.7%（与生育旺盛期妇女人数减少比例基本一致），二孩及以上出生下降 8.8%，二孩出生占比上升到 55%。制定落实延长生育假、新增陪产假、生育保险和其他福利待遇。推进母婴设施等公共服务资源配置，2018 年底，应配置母婴设施的公共场所配置率达到 80%，二级以上医疗机构爱心母婴室覆盖率 85%。探索建立亲子活动室和婴幼儿照护室 2 个。修订《关于进一步改革完善计划生育服务管理的实施意见》。全年全市办理生育登记 4.77 万件，登记入库率 95% 以上；完善再生育审批流程，审批时限压缩到 20 个工作日。在 22 个乡镇街道、88 个村居开展试点，推动基层卫生计生职能融合、服务融合、信息融合。推进"圆梦女孩健康志愿活动"，开展心理辅导、安全健康教育、家长培训等活动 30 余场次，组织基层卫生计生志愿者结对帮扶女孩家庭 60 户；市级计生公益金救助城区困难家庭 30 户。确认农村计划生育奖励扶助对象 1.29 万人，特别扶助对象 1812 人，企业持证退休职工一次性奖励人员 4656 人，发放奖扶金 3610 余万元。推行"连心卡"制度，完善特殊家庭基础信息库，实现计生特殊家庭联系人、家庭签约医生、就医绿色通道、精神抚慰全覆盖。争创"中国计生协特殊家庭帮扶项目"市级项目点 1 个。确定柘汪韦岭茶叶园等 5 个市级生育关怀帮扶基地。海州区新东街道等 2 个计生特扶项目被评为省级示范项目点，确认 4 家"连心家园"为市级项目示范点，实施情暖计生特困家庭生育关怀行动，为 905 名计生特扶对象办理意外和住院护理保险。

家庭发展项目市级试点实现全覆盖，建成市级项目示范点4个，1个项目纳入省级试点。新建市级幸福家庭示范乡村30个。（何 亮）

婚姻家庭

【婚姻登记】 2018年，连云港市共办理结婚登记45607对、离婚登记17455对、补领证件23981对，出具婚姻证明31件，补录婚姻登记历史数据27.22万条。开展婚姻家庭辅导，全市6个婚姻登记处设立婚姻家庭辅导室，为新婚夫妇提供婚前、婚后辅导，提供离婚调解，为危机中的家庭提供心理咨询、法律援助等全方位的婚姻家庭辅导服务。实施"不忘初心·让爱回家"婚姻家庭问题干预项目，促成893对夫妻牵手回家。

【收养管理】 2018年，市民政部门落实《民政部收养能力评估工作指引》《江苏省收养能力评估指标体系》，做好收养登记及收养能力评估工作。办理国外送养2例，办理国内收养19例，开展收养家庭评估7次。

【未成年人社会保护】 2018年，连云港市推进农村留守儿童关爱保护体系建设，建成留守儿童之家35个，设立乡镇儿童督导员98人、村居儿童主任1638人，实现农村留守儿童乡镇督导员和村居儿童主任全覆盖。在全市范围内开展农村留守儿童关爱保险项目，投入资金104.82万元，为全市2.6万名农村留守儿童购买意外保险，全年完成保险理赔55笔，赔付金额总计13.9万元。为1257名父母监护缺失及父母无力监护儿童发放基本生活费省补资金。（黄 蕾）

就业创业

【概况】 2018年，连云港市城镇登记失业率1.8%，比2017年下降0.06个百分点。全年新增城镇就业6.27万人，转移农村劳动力2.5万人，援助就业困难人员再就业2.78万人。保持城镇零就业、农村零转移家庭动态清零。市人社局开展"创响港城"行动，出台《关于做好当前和今后一段时期就业创业工作的实施意见》，突出分类指导施策，持续发挥就业政策的杠杆作用。开展失业保险稳岗补贴"护航行动"，出台社保补贴政策，发放稳岗补贴4334万元、社保补贴6920万元。发放创业补贴、创业担保贷款等各类扶持资金1.06亿元，惠及创业者1.96万人次，支持成功自主创业1.5万人，创业带动就业5.6万人。新增自主创业大学生1601人。《连云港市市区人社基层平台公共服务补助暂行办法》出台，落实平台补助资金603万元，分批次组织业务提升培训420人，标准化乡镇（街道）、社区（村）建成率分别达到100%、81.1%。深入推进第二批28个街道（乡镇）、365家社区村和1个园区省级"三创"建设，完善创业服务功能，新增市级创业示范基地10个，省级创业示范基地6个，全市累计建成省级创业示范基地26个，市级创业示范基地41个。

【高校毕业生就业创业】 2018年，全市高校毕业生就业率92%。实现离校未就业高校毕业生实名制登记率和公共服务率100%，市人社局帮扶离校未就业高校毕业生实现就业4844人。在第三届"中国创翼"创业创新大赛江苏省选拔赛暨"创响江苏"创业创新大赛上，淮海工学院"智能化海鲜储运系统"开发团队获得创新组一等奖，代表江苏省参加国赛获"创翼之星"奖。全市29个大学生创业项目被认定为江苏省大学生优秀创业项目。

【就业帮扶】 市人社局出台《连云港市就业脱贫攻坚实施方案》，推出就业扶贫10项举措，开展扶贫信息、就业岗位、培训技能、创业扶持服务，全市组织就业扶贫专场招聘会76场次，提供就业岗位1万余个，帮扶有劳动能力的贫困劳动力1.18万人实现就业。全市有劳动能力的一般贫困劳动力1.37万人，其中，有就业意愿的1.27万人，通过各项就业帮扶实现就业1.18万人。开展"就业援助月""春风行动""民营企业招聘周"系列活动，全市举办招聘会487余场，进场招聘单位2.15万余家次，提供岗位22.4万个，进场求职21.4万人，达成就业意向6.8万人。创新开发应用手机二维码扫码招聘功能，解决人力资源市场分配摊位排队时间长等老大难问题。

【职业技能培训】 2018年，全市完成各级各类培训25.85万人次，开展企业职工技能培训3.5万人，开展城乡劳动者就业技能培训2.8万人，新生代农民工技能提升培训3202人。拨付各类职业培训补贴1503万元，惠及2.03万人次。新增高技能人才8355人，实现万名劳动力中高技能人才628人。新建国家级技能大师工作室1个、省级技能大师工作室1个，新增省级首席技师5人。组织职业技能鉴定37126人，核发各类职业资格证书31579本，其中高级工以上8355本，占总量的26.46%。11月23—26日，全市19名选手参加第四届江苏技能状元大赛，获得2个二等奖、5个三等奖。市人社局、市总工会、团市委、市妇联、市教育局、市经信委、市质监局、市商务局、市旅游局等部门组织市级技能竞赛，开展59个项目的行业技能竞赛，参与竞赛人数10万人次。开展第三届连云港技能状元大赛，全市1万多名职工报名，360人通过激烈角逐参加决赛，12名一等奖选手获得"连云港技能状元"称号。

【劳动关系管理】 2018年，连云港化工产业园区、灌云经济开发区、海州经济开发区创建省级和谐劳动关系示范园区，84家企业创建市级模范劳动关系和谐企业。市劳动管理部门全年审查集体合同57份，涉及职工12.44万人。规范特殊工时制度审批，指导企业选择适合自身特点的工时制度，在依法保障职工休息休假等权利的同时增强对市场变化的适应能力，全年审批实行特殊工时企业86家，涉及职工3.59万人；新许可10家劳务派遣用工企业，完成23家企业劳务派遣经营情况核验。

【劳动工资管理】 2018年，全市最低工资标准调整，市区（不含赣榆区）最低工资标准由每月1720元调整为1830元，东海县、灌云县、灌南县和赣榆区最低工资标准由每月1520元调整为1620元；高温津贴标准由每月200元调整到300元。完善工资增长指导线制度，发布2018年企业工资指导线。开展农民工工资支付情况专项检查工作，以工程建设领域和加工制造、餐饮服务等行业为重点，集中排查检查规模以上企业、生产经营困难、关停并转的企业以及在建工程项目特别是政府投资工程项目，为125名劳动者追回被拖欠工资总额232.96万元。全市在建工程项目实名制管理覆盖率99%，按月足额发放工资覆盖率100%，实行分账制管理制度覆盖率98%，实施工资保证金制度覆盖率100%。

【劳动监察】 2018年，全市劳动监察部门接待群众咨询投诉9245人次；受理举报投诉案件769起，立案746起，结案639起。通过案件查处，共督促145家用人单位与643名职工补签劳动合同，220家用人单位追发1297名职工工资1216.87万元，35家用人单位为341名职工办理社会保险登记手续，补缴560名职工社会保险费256.11万元。对26家用人单位下达行政处罚决定，共处罚金37.9万元。督促4家用人单位退还6名职工押金0.41万元。劳动保障监察联动平台举报投诉动态录入率100%，联动平台举报投诉案件按期运行率100%。

【劳动争议仲裁】 2018年，全市各级仲裁机构立案受理案件3312起（含2017年结余86起），审结案件3246起，结案率95.52%；各类调解组织调处案件1882起，调解成功率61.9%。裁决结案1250起，一裁终局结案584起，占裁决案件总数的46.7%。全市调解平台处理争议案件509起，调解平台接处案件占仲裁机构立案案件数量的15.3%。仲裁案件管理信息系统按期运行率100%。 （程继云）

2018年，赣榆区免费举办糕点师、家居、保洁等职业技能培训，带动居民在家门口实现就业 邵世新/视觉江苏网

社会保险

【概况】 2018年，连云港市养老保险缴费人数净增2.28万人；基金征缴62.93亿元，比2017年增长24%，全市城乡居民养老、居民医保参保人数分别为170.27万人、380.11万人。2018年市区企业五险参保总人数177.44万人，其中养老保险参保人数36万人、医疗保险参保人数51.19万人、失业保险参保人数26.74万人、工伤保险参保人数33.6万人、生育保险参保人数29.91万人，总数较2017年增加9.49万人，增长5.65%。社保费征缴总收入63.76亿元，增长20.7%，其中养老保险社保费39.97亿元、医疗保险社保费17.27亿元、失业保险社保费1.54亿元、工伤保险社保费0.81亿元、生育保险社保费1.73亿元、职工医疗救助、大病保险、公务员医疗补助、企业补充医疗等小险种收入2.43亿元，总额较2017年增加10.92亿元，增长20.66%。其中，养老保险费增加7.52亿元，增长23.17%。全年社保卡新增发行110万张，累计发行超470万张，户籍人口覆盖率超过90%。全市7.9万人养老金、失业金和社保补贴通过社保卡发放，共发放31.63万元；其中全市机关事业单位4.55万人养老金全部通过社保卡发放，共发放28.45亿元，市区1.83万人社保补贴和失业金通过社保卡发放。全市配置本地制卡系统或自助补卡一体机，解决补卡周期长的难题。严格执行社保降费相关政策，单位养老保险费率由20%降为19%、失业保险费率由1%降为0.5%、工伤保险费率在平均降低0.1%的基础上下调50%，减轻市区企业用工成本4.76亿元。2018年累计为全市参保单位减轻社保负担4.77亿元，其中市区3.25亿元。全市各级社保经办机构及街道（乡镇）社区（村）人社基层平台全面实行智能认证，取消集中认证方式，极大方便广大退休人员。全年完成21.5万名企业退休人员的年度领取养老保险待遇资格认证工作。市人社局实地稽核参保单位195家，实地稽核人数6.98万人，查出违规单位67家，涉及职工人数4305人。

【养老保险】 企业养老保险 截至2018年底，全市企业养老保险在职参保63.72万人，年内净增2.28万人；离退休人员22.1万人，年内净增1.19万人。2018年，全市企业养老保险基金总收入74.99亿元，其中征缴收入62.93亿元；基金总支出66.24亿元，其中养老金支出62.74亿元。完成全市21.5万名企业退休人员养老金增长调整。调整后全市退休人员月人均养老金2332元，月人均增资142元，增幅6.5%。其中，市区调整12.7万人，调整后人均养老金2638元，月人均增资157元，增幅6.3%。全年审批参保人员特殊工种及因病丧失劳动能力提前退休1416人，审核备案企业年金方案60余家。

机关事业单位养老保险　截至2018年底，全市在职参保人员9.25万人，退休人员4.68万人。2018年全市基本养老保险费收入21.84亿元，基本养老金支出28.2亿元，累计结余2.54亿元，养老金社会化发放率持续保持100%。

城乡居民养老保险　截至2018年底，全市城乡居民养老保险参保人数170.27万人，其中60周岁以下参保人数103.59万人，91.76万人完成缴费，占应缴费人数的88.58%，人均缴费473.61元。全市缴费收入4.3亿元。按月享受养老金人数66.68万人。基础养老金最低标准由每人每月125元提高至135元，从2012年开始连续7年提标，月人均养老金154元，发放率100%。灌南县试点城乡居民基本养老保险和医疗保险集中征缴。建立被征地农民社会保障信息系统并上线运行，全年新增被征地农民12361名纳入社会保障，保障资金6.39亿元。市区被征地农民月人均养老金补助金标准提高到550元，人均比2017年增加44元；社会保障资金最低筹资标准调增至76450元，人均增加6116元。市人社局、市扶贫办、市民政局、市残联联合出台《连云港市城乡居民基本养老保险扶贫工作实施方案》，建立联席会议制度，按照每人每年100元标准代缴保费，确保困难人员全部参保。全市城乡居民养老保险扶贫代缴对象8.22万人，其中建档立卡贫困人员7.13万人。全年为困难人员代缴保费822万元。对年满60周岁、符合参加城乡居民基本养老保险条件、未享受城乡居民养老保险待遇的困难群体，将其纳入城乡居民基本养老保险制度，并按月发放城乡居民基本养老保险待遇。

【医疗保险】 2018年，全市基本医疗保险参保459.33万人，城乡居民医疗保险参保380.11万人，城镇职工基本医疗保险参保79.22万人，城镇职工基本医疗保险基金征缴收入27.69亿元。全市城乡居民基本医疗保险制度实施，实现参保管理、政策待遇、信息系统、经办服务、定点管理等方面的"一体化"。全年各级财政补助标准为每人510元，全市参保人数380.11万人，基金收入28.88亿元，基金支出24.75亿元，当期结余4.13亿元，累计结余17.61亿元，政策范围内住院费用报销比例超过70%。扩大按病种付费病种数量，全市按病种付费的病种数167种。城镇职工医保、城乡居民医保住院费用报销比例分别为89.1%、70.2%。市人社局出台《关于进一步完善连云港市城乡居民基本医疗保险政策的通知》，2019年起全面提高参保居民住院、门诊统筹和生育待遇。按照省人社厅要求，提高儿童苯丙酮尿症医保待遇保障水平。出台《关于进一步深化基本医疗保险支付方式改革的实施方案》，全面推行总额控制下多元复合式医保支付方式，全市按病种付费的病种数达到200种以上。开展惩治欺诈骗取医保专项行动，全市查处定点医疗机构102家，其中暂停医保服务11家，追回医保基金328万元；查处定点药店169家，其中暂停医保服务42家，解除定点协议1家，追回基金17万元。4月，开发并在全市范围内应用医保特药信息管理系统，通过微信绑定、手机操作、电子处方、人脸识别等信息化手段对特药使用的资格准入、复查退出、就医与供取药、费用结算等各个环节实行线上办理和全程智能监控、全程无纸化操作。全年审批享受特药待遇的总人数633人，发生医保特药费用2591万元，医保基金支付1774万元。

异地就医政策调整，对居外人员异地就医实行本地就医同等政策，适当降低年度内多次转外就医起付标准，取消居外人员异地定点医疗机构数量的限制。异地就医人员可通过电话、传真、网络申请异地备案、变更备案医院，建立农民工和就业创业人员异地就医预备案制度，实现"两类人员"异地就医结算全覆盖。全市有101家医疗机构为到连云港市异地人员提供医疗服务。全年完成省内异地备案2.15万例，跨省异地备案1.23万例，接收31省共1.22万人异地备案信息。异地就医联网结算9.08万人次，是2017年同期的2.6倍，产生医疗费用6.08亿元，联网结算率85%。

【工伤保险】 2018年，全市工伤保险参保人数53.15万人，其中市区参保33.60万人；工伤保险费征缴收入15757万元，其中市区工伤保险费征缴收入8106万元。全年完成劳动能力鉴定2029件，其中工伤鉴定1596件、病退鉴定433件。完成工伤康复人数120人、工伤预防培训人数1000人。

【生育保险】 2018年，连云港市《关于进一步做好生育保险工作的实施方案》出台，全面建立生育保险基金风险预警机制，完善生育保险费率调整机制。生育保险参保46.28万人，生育保险基金征缴收入2.67亿元。

【失业保险】 2018年，全市失业保险参保42.3万人，较2017年增加2.19万人；期末领取失业金人数6560人，增加797人；失业保险收入2.59亿元，支出2.1亿元。 （程继云）

社会救助

【城乡居民最低生活保障】 2018年7月1日起，连云港市区城市低保标准提高到560元/月，农村低保标准提高到500元/月；赣榆区城市低保标准提高到500元/月，农村低保标准提高到480元/月。东海县、灌云县、灌南县实现城乡低保标准一体化，提高到480元/月。标准提高后，全市城市低保平均标准530元，农村低保平均标准为490元。农村低保增幅12.6%，创历史新高。开展农村低保专项治理三年行动（2018—2020），排查清退不符合条件低保对象4008户6478人。截至2018年底，全市有城市低保对象4096户、7294人，农村低保对象5.15万户、8.61万人，全年发放保障资金3.34亿元。2018年，全市农村"五保"老人生活保障平均标准由6781.83元提高至7656.15元，城市“三无”（无生活来源、无劳动能力、无法定抚养义务人）人员保障平均标准由12782元提高至16088.92元。20世纪60年代初精简退职职工生活补贴由每人每月1287元调高至1455元。

【医疗救助】 2018年，连云港市将医疗救助与城乡居民大病保险有效衔接，调整城乡困难居民医疗救助有关政策。1月1日起，全市7类重点医疗救助对象住院医疗救助比例从70％调整为75％，封顶线从5万元调整为16万元。全年资助符合条件医疗救助对象12.75万人参加城镇居民医疗保险或新型农村合作医疗，资助资金2294万元。全年给予住院和门诊救助5.07万人次，支出救助金4078万元。

【流浪乞讨人员救助】 2018年，连云港市完善流浪救助管理工作制度和流程，以“五心”服务理念（爱心、真心、热心、耐心、安心）和“五快”工作方法（快收、快查、快治、快核、快送），为受助人员提供高质量服务。全年全市救助流浪乞讨人员5809人次，其中未成年人240人次，智障和精神病人4347人次，返乡救助424人次；开展寻亲服务293次。市救助管理站、灌南县救助管理站率先尝试运用人脸识别技术寻亲，报请市、县公安机关免费采集数据156人，成功寻亲19例。开展“寒冬送温暖”“夏日送清凉”等专项行动，全市组织街面巡查1100余次，救助街面流浪乞讨、露宿人员700多人次，发放御寒衣物900余套，发放清凉油等防暑降温药品700余份，发放饼干、矿泉水等食品1500多份。启动市救助站迁建项目建设，完成土地征用手续，取得市发改委立项批复，并申报可行性研究报告以及建设项目选址、国土、环保等前期手续。

【慈善救助】 2018年春节前，开展“情暖江苏·温馨港城”助困活动，由省、市安排80万元慰问全市患重特大疾病的低保困难户、低保边缘户和困难群众，总计慰问1200户困难家庭。开展“关爱孤寡老人”活动，发放200份羊毛被、大米等春节物资，总价值10万元。推进贫困家庭儿童重大疾病救助项目，至2018年底累计向省慈善总会上报并审核通过儿童重大疾病慈善救助申请1597人，实际结算2065人次，省慈善总会下拨救助金1271.15万元。省、市慈善总会与香港善源基金会、连云港光明眼科医院联合开展“恩玲光明行”项目，全年救治中低收入家庭白内障患者1100例。中华慈善总会药品援助项目连云港发药点向1180人次癌症患者发放格列卫、达希纳、易瑞沙3种援助药品1783万元。6月，中华慈善总会拜科奇慈善援助项目在连云港市启动，给予连云港地区贫困甲型血友病患者资金援助，至年底，向28名血友病患者发放救助金9.33万元。

（黄　蕾）

社会福利

【孤残儿童福利】 2018年，连云港市民政部门做好孤儿基本生活保障，按照自然增长机制对孤儿基本生活保障标准进行调整，将全市集中供养的孤儿、散居孤儿的供养标准分别提高到1934元和1257元。截至2018年底，全市有孤儿541人，其中集中供养的孤儿144人、散居孤儿397人。开展“明天计划”救治工作，市福利中心完成对徐州、南通、盐城、泰州等福利机构内脑瘫患儿康复筛查工作；全年完成孤儿体检214人。市儿童福利中心日均开展儿童康复训练达到180人次，完成残疾儿童康复训练303人次、住院治疗5人、手术干预3人。

（黄　蕾）

【老龄福利】 2018年，全市有60周岁以上老年人口94.62万人，比2017年增加2.82万人，老年人口占全市总人口的17.7％；80周岁以上高龄老人13.48万人，占老年人口的14.24％；90至99周岁老人1.97万人，百岁老人1130人。至2018年底，全市5家二级以上综合医院、3家二级以上中医医院开设老年病科，全市成立居民健康自我管理小组2100余个，65周岁以上老年人建档率87.1％，建成老年护理院10个，35家养老服务机构设立医疗机构或医务室，76家养老服务机构与医疗机构签订合作协议。建成养老服务机构154个，每千名老人拥有床位数37.8张；建成标准化居家养老服务中心377个、农村养老集中居住区42个、老年人助餐点273个。老年宜居环境提升较大，全市新建公共设施和养老场所无障碍设施建设达标率

7月11日，连云港市海州区慈善夏令营，小朋友在志愿者指导下进行创意手工制作

耿玉和／视觉江苏网

2018年，连云港市加强农村留守儿童关爱保护体系建设。图为宿城街道宝山村留守儿童在大学生村干部指导下学习茶艺　　朱先明/视觉江苏网

100%，已建各类公共建筑、居住小区等的无障碍设施改造率达到国家标准要求。全市共设立149个法律援助工作站，7家法律援助机构开通开辟老年人维权“绿色通道”，较好执行70周岁以上老年人免费办理财产公证、免费申请法律援助。60周岁以上老年人乘坐市内公交、参观游览等享受优待政策。“县（区）—街道（乡镇）—村（居委会）”三级社区老年教育网络逐步建立，基层老年文化活动场所和健身场所的建有率95%以上。10月，全市范围内开展第九个“敬老月”活动，活动主题是“营造敬老爱老社会氛围，纪念改革开放40周年”。活动期间，市老龄办组织开展走访慰问、广场舞大赛、老年书画摄影展、法律维权宣传、报刊专版宣传以及老年人防走失黄手环发放等活动。8月下旬至10月中旬，市老龄办与中国人寿保险股份有限公司连云港分公司联合举办首届连云港市老年广场舞大赛，近百支队伍参加，东海县文化馆芳华舞蹈队获金奖，海州区映山红艺术团、赣榆区交通广场健身队获银奖，连云区老年大学、连云港经济技术开发区追梦艺术团和海州区百岁堂舞蹈队获铜奖。（钱　江）

【残疾人福利】 2018年，全市困难残疾人生活补贴覆盖残疾人3.81万人，重度残疾人护理补贴覆盖残疾人1.94万人，发放残疾人“两项补贴”（生活补贴和重度残疾人护理补贴）1.35亿元。市残联为全市2万名残疾人购买养老保险；制定出台《连云港市残疾人青壮年文盲扫盲工作三年规划》；实施残疾人家电圆梦计划，为符合条件的贫困残疾人家庭捐赠彩电2164台、洗衣机2198台、热水器389台。全市扶贫基地共安置残疾人就业230人，辐射带动残疾人户300户。市残联通过政府购买服务模式，为市区范围内996名残疾人开展生活照料、心理疏导、训练辅导等方面的居家托养康复服务工作。

（黄　蕾　杨　静）

【福利彩票】 2018年，全市实现福利彩票销售额5.97亿元，再创历史新高，其中电脑票3.1亿元、刮刮乐即开票1516万元、中福在线2.73亿元。为国家筹集福彩公益金1.5亿元，其中，筹集市县级公益金6778万元。开展“福彩连心”“福彩·爱接力”公益救助品牌活动，投入资金31.5万元，资助困难家庭47户；开展“爱心助学”公益活动，投入80万元资助160名贫困学生；投入65万元开展“爱心敬老”活动，为全市72家公办养老机构捐赠购置生活用品。

（黄　蕾）

住房保障

【概况】 2018年，连云港市发放廉租房租赁补贴1068户。市区分配廉租住房、公共租赁住房、共有产权经济房1436套，其中人才服务中心分配公租房252套，全市公租房分配率98.6%，居全省第一；政府投资公租房分配率97.25%，居全省第三。市区保障性住房上市交易174套。全年保障性住房新申请家庭1731户，其中符合申请条件1554户，取消177户。全年全市配建保障性住房552套、面积3.69万平方米。提供人才公寓468套。分配产业公寓417套，其中，面向主城区分配医药产业公寓100套，在东部城区，以整体置换方式筹集产业公寓公租房317套，累计解决2000余名产业工人住房保障问题。投入600余万元对茗馨花园、茗昇花园、茗泰花园等保障性住房小区公共部位进行提档升级，完成排污泵维修、小区单元门更换、电梯机房通风改造、路牙石改造、地下车库入口阳光棚改造、人防战时防化设施采购等工作。

【住房保障制度建设】 2018年，市住房部门印发《关于深入推进保障性住房申请审核工作“放管服”改革的通知》，通过采取精简申请要件、实行“常态报名、批次审核、集中分配”的模式，推进保障性住房申请审核工作“放管服”改革。取消申请书、租借房产权证明、单位人员收入证明等材料，压缩35%证明材料；街道、区、市三级服务窗口联动，30个窗口无条件接受保障性住房申请。健全住房保障联动审核机制，市民政、住房、公安、工商、人社、公积金等部门加强工作衔接，全年市区完成2300余户申请家庭的联动审核。完善保障房定价机制，市住房、物价部门联合出台《关于调整保障性住房销售价格比例的通知》，做好公（廉）租房租金标准的测算、调整等。建立公（廉）租房和直管公房等困难家庭档案，按照“政府主导、帮扶单位及帮扶人协同、社会参与”的思路，住房部门与民政部门对接设立爱心捐款账户，对各类

1月5日，连云港市第一期公租房电脑摇号选房，123户符合公租房保障资格的住户参加选房　　市住建局　供图

困难人群分类分级设立“爱心帮扶菜单”，实施“点对点”帮扶。（韩　茜）

【住房公积金管理】 2018年，连云港市公积金中心新增缴存额53.48亿元，累计归集总额357.59亿元。新增缴存单位1092家，新增缴存职工4.8万人。年内向5371户家庭发放个人住房贷款18亿元，至2018年底，累计向11.3万户职工家庭发放个人住房贷款292.59亿元。2018年共发放44笔贷款贴息资金16.87万元，实现低收入困难职工家庭住房公积金贷款全额贴息达100%。发挥公积金对保障性住房建设的支持作用，上缴廉租住房建设补充资金4800万元，较2017年增长6%。市公积金中心进一步规范住房公积金使用政策，对重大疾病提取住房公积金范围进行相应调整，禁用公积金炒房投机，明确离职公积金提取、公积金异地转移手续。全面落实住建部双贯标工作，在全省率先通过住建部、江苏省住建厅联合专家组验收。正式上线运行单位网上业务大厅，缴存单位可以在网厅直接办理个人账户设立、缴存、基数调整、基本信息变更等大部分业务。（张晶晶）

退役军人事务

【军转干部安置】 2018年，连云港市实行“公开职位、量化积分、个人选岗、组织决定”的军转安置方式。国家指令性下达连云港市军转安置任务为200多人。市委、市政府按1∶1.2的比例指令性下达安置计划（岗位），其中，行政编制公务员岗位100%安置到各级行政机关（参公）单位，随调家属实现同步安置。建立高层次人才公开按需选用、人岗相适的分类安置工作机制，15名符合高层次人才特岗选用条件的军转干部全部安排到市直公务员岗位，被评为2018年全省军转安置亮点工作。

【退役士兵安置】 2018年，全市接收退役士兵近2000人，短期培训871人，中高级培训207人。全市符合政府安排工作条件的退役士兵超50%以上给予事业编安置，安置人数、事业编占比均居全省第一，于年底前全部安置到位。

【军休人员接收】 2018年，连云港市建立军队离退休干部、伤病残退休人员即交即接工作机制，建立健全民政、部队、社区、军休干部、军休干部家庭“五方”聚力的军休服务体系。

【就业服务】 2018年，全市培训自主择业军转干部30余人；培训退役士兵1000余人，其中短期培训500余人、中高级培训100余人、学历教育300余人、复学30余人。（赵永革）

【优抚工作】 2018年7月1日起，连云港市部分优抚对象抚恤和生活补助标准提高。全年发放义务兵家庭优待金572.4万元。市民政部门对全市在乡老复员军人、在乡老烈士遗属、因公牺牲军人遗属、病故军人遗属等重点优抚对象进行短期疗养和上门体检慰问，对复退军人精神病患者和1～6级伤病残退役军人等重点优抚对象进行医疗巡诊。全年全市短期疗养人数430人，其中，上门体检慰问370人，集中疗养60人，医疗巡诊人数480人。全市登记申请生活困难补助的下岗失业退役志愿兵（士官）1657人，发放补助经费1494万元。（黄　蕾）

【烈士纪念和褒扬】 2018年，全市各烈士陵园共接待参观祭扫人员近60万人次。开展“铭记·2018清明祭英烈”活动、“烈士纪念日”纪念活动。东海县安峰山烈士陵园改造完毕，东海县革命烈士纪念馆建成并对外开放。7月27日，“全国时代楷模”王继才在守岛卫国执勤中因公殉职，被江苏省人民政府批准为烈士。（赵永革）

民族宗教事务

【概况】 2018年，连云港市有少数民族51个。有民族村7个，省民族工作示范社区9个，少数民族定点医院1所，少数民族特需商品定点生产企业3家，内地新疆高中班8个，内地新疆中职班5个，民族小学1所，清真食品基本供应点10家，清真拉面馆120余家。全市首次开展“民族和谐家庭”评比活动，评选出13户“民族和谐家庭”。淮海工学院、连云港职业技术学院和连云港高级中学挂牌“民族团结教育基地”。

连云港市宗教信仰主要有佛教、道教、伊斯兰教、天主教、基督教。2018年，全市有正式登记并赋码换证的宗教活动场所556个，宗教教职人员230人；有信教群众14.74万人，约占全市总人口的2.8%。

【民族村小康建设】 2018年，连云港市实施“赶超行动”，加快民族村小康建设。争取中央和省级少数民族发展资金700万元，市级拨付少数民族发展专项资金100万元，建成17条村内水泥路，修建12条3.9千米的村内下水道，新建电灌站1座，修缮灌溉渠2千米，安装路灯184盏，新栽绿化苗木2000株，完成民族村花卉基地1.5万米线路更换。高规格建设温室育苗联体大棚和0.93公顷联片温室拱棚。建成民族村双创培训中心，可容纳100人集中开展业务技能培训。围绕一村一策、“一村一品”，高效精准帮扶。全市7个民族村13个少数民族发展项目同时开工。建立少数民族贫困人口台账，与慈济慈善基金会制订少数民族群众定点帮扶计划。省民委与相关县区政府签订少数民族发展专项资金建设项目协议，明确目标任务。

【少数民族文体活动】 2018年，连云港市举办全市少数民族庆祝改革开放40周年文艺会演活动，来自县区、功能板块及淮海工学院、连云港职业技术学院、连云港高级中学、市民族团结进步促进会共12家单位参演，200余人参加活动。市民族团结促进会举办“民族团结一家亲”新春联欢会。连云港市少数民族方阵参加全市首届全民健身运动会开幕式表演。在全省第十九届运动会民族传统项目板鞋竞速比赛中，连云港市代表队夺得3金4银1铜，获团体一等奖和体育道德风尚奖，在全省设区市中总分第一、获奖牌数第一。发挥淮海工学院“6+1”（集民族政策法规宣传、少数民族文艺会演、民俗风情节、少数民族运动会、龙舟训练、校园清真餐饮服务以及高校抵御“三股势力”渗透为一体）综合示范基地作用，丰富民族团结进步创建载体。举办第八届民俗风情节，开展民族服装展示、歌舞表演、工艺品展销、政策咨询等活动，弘扬少数民族文化。

【少数民族帮扶】 2018年，市民宗局开展少数民族特需商品定点生产企业挂钩服务。新增江苏花果山食品有限公司为“十三五”期间全国民族特需商品定点生产企业。举行民族政策法规宣传学习月活动，走进高校、企业、社区，开展专题讲座、现场咨询。市政府办公室印发《连云港市民族工作联席会议兼职成员单位职责及兼职委员名单》，建立民族工作联席会议机制。制定全市社区少数民族关心访问、联谊学习制度，设立服务窗口，开通服务热线，发放《少数民族服务指南》，构建嵌入式社区民族工作模式。开展少数民族流动人口服务管理月活动，实现公共服务均等化。开展农村婚进少数民族女性基本情况调研。连云港高级中学内地新疆高中班高考本科上线率达95%以上，连云港中等专业学校内地新疆中职班毕业生就业率100%。

【宗教场所建设】 2018年，全市累计创建全国和谐寺观教堂2个、省级17个。创建省三星级以上宗教场所30个，其中，五星级宗教场所1个、四星级场所10个。创建省三星级宗教场所档案室15个。

【宗教团体建设】 2018年，全市宗教团体实施“金桥宽带工程”，把宗教团体打造成为党委、政府联系信教群众的“金桥”和“宽带”。落实教职人员医疗、养老保险待遇，提高部分教职人员生活待遇。开展“灯塔工程”，组织宗教团体负责人开展社会主义核心价值观专题宣讲，按照“五结合”（结合政策法规、国情市情、主题活动、日常生活、教规教义五个方面）要求，把社会主义核心价值观融入宣讲教材。坚持“六个做到”（即在宗教场所挂国旗、唱国歌、能背诵、会讲解、进报栏、贴上墙，全市80%的宗教场所悬挂国旗），把核心价值观融入讲经布道。市伊斯兰协会开展国旗、宪法和法律、社会主义核心价值观和中华优秀传统文化“四进清真寺”活动，引导广大穆斯林爱国爱教。开展宗教慈善、志愿服务等公益活动。宗教界社会主义核心价值观宣传教育活动获得全市第三届精神文明建设奖项。

【宗教事务管理】 2018年，市民宗局向全市党政干部和宗教教职人员发放新修订的《江苏省宗教事务条例》（以下简称《条例》）2000余本，利用网络平台广泛推送条例释义。宗教团体把《条例》学习列入月度学习计划，把《条例》内容融入讲经布道。各级宗教团体举办专题宣讲活动40余次，受众达5000余人。把条例贯彻实施纳入星级宗教场所创建标准，规范宗教场所设立审批流程。市民宗局、市委统战部联合印发《关于加强和改进新时代全市农村宗教工作的实施意见》。举办“丝路钟鸣·福盈港城”祈福和第三届法起文化节活动，汇聚宗教文化正能量。做好宗教场所赋码换证和依法登记的佛、道教场所标识牌发放设置。开展第七届宗教慈善周活动。在全市范围开展宗教教职人员摸底核查、民间信仰活动场所普查登记。根据国家、省安排，进行露天宗教造像治理，灌云县石佛寺大佛进行合法化申报，开发区云龙涧、海州区桃花涧景区大佛造像进行整改。市佛教协会与全市各寺院签订去商业化承诺书。（王　超）

责任编辑　郭　云

社会治理

社会治安综合治理

（参见《法治》类目《政法委和综治》分目）

社会矛盾预防和化解

【信访工作责任落实】 2018年，连云港市实行市、县（区）党政主要领导“双签”信访工作目标责任制，市、县、乡、村四级书记亲自接访、会办督办，市、县两级党委常委会、政府常务会专题听取信访情况汇报，及时研究解决疑难积案。建立乡镇（街道）信访工作联席会议机制，乡镇（街道）党（工）委书记兼任主要召集人。建立完善通报、约谈、问责、研判、会办五项信访工作机制，市领导和市信访联席办“双督查”，市、县（区）两级“双过堂”，纪检、信访部门联动督查问责。全年市、县、乡三级主要领导参加接访2780人次，召开信访过堂会、会办会3220余次，推动解决信访问题2800个。

【信访矛盾化解】 2018年，全市接待处理到市及以上信访总量9536件（批）次、1.97万件（人）次，件（人）次总量比2017年下降4.6%，连云港市连续五年获评全省信访工作先进单位。信访诉求类别主要集中反映城乡建设、劳动和社会保障、涉法涉诉、农村事务、检举揭发、土地征用、教育医疗以及其他类等8个方面问题。开展“信访矛盾化解年”活动。坚持“诉求合理的坚决解决到位、诉求无理的坚决终结到位、行为违法的坚决依法处置到位”三项原则，市、县、乡、村四级联动，开展信访积案攻坚化解、初信初访办理质量提升、信访事项程序终结、依法维护信访秩序、越级进京访专项化解五大专项行动。国家信访局交办连云港市25件重点信访件，化解稳定率100%，列全省第一；省信访局交办连云港市8件重点信访件，化解稳定率87.5%；市本级交办的615件信访积案，化解稳定率95%。东海县、灌云县、灌南县人民来访接待中心获评2018年度全省信访系统“人民满意窗口”。11月2日，市信访工作联席办公室出台《连云港市信访事项终结实施办法（试行）》，在群众合理诉求问题解决到位的前提下，坚持政府主导、社会参与、多元调处，充分发挥第三方力量作用，通过“排查梳理、群众评议、案情甄别、公开听证、县区申请、市级核准、社会公告、终结备案”等程序，破解无理信访事项终而不结等难题。

【网上信访工作】 2018年，全市推进“互联网+信访”和“阳光信访”工作，信访事项按期办结率等7项核心指标达100%，位列全省第一。全市信访工作机构信访事项处理群众满意率99.79%，有权处理信访事项的行政机关信访事项处理群众满意率99.82%，网上信访占比67.71%。连云港市信访工作做法在全省信访系统领导干部学习会专题培训推广。灌云县“百姓诉求一网通，智慧信访贴民心”网上信访经验做法，作为江苏省唯一县级代表在全国网上信访工作会议书面交流推广。

【信访源头防范治理】 2018年，全市建立初信初访“日日清、周周清、月月清”制度，日巡查、周研判、月调度、季小结，全程跟踪督查，把群众信访的“第一站”变成解决问题的“终点站”，信访事项办理“各率”显著提升。通过信访、调解、职能部门三方会调、访调对接、诉调对接、检调对接、公调对接“连线接网”，横向衔接医患纠纷等专业调解组织，形成多条线、全覆盖、纵横式的融合调处网络，访调对接处理矛盾纠纷1.2万余起，有效将大量矛盾纠纷化解在形成信访问题之前。加快信访职能与基层社会治理融合，把问题发现、预警防范、化解处置落实到社会治理末梢，乡贤调解工作室、和事佬协会、信访人之家协会、婆婆妈妈法治宣传舞台、蒲公英心理疏导中心等在信访源头治理中发挥较大作用。

【信访人信用管理】 2018年，连云港市建立“信用管理+信访”机制，创新建立信访人信用管理制度，在群众合理诉求解决的基础上，将信访人失信信访行为纳入全市征信体系管理。3月26日，市信访工作联席办、信用办等16家单位联合出台《连云港市信访人信用管理实施细则（试行）》。

9月21日，市信访工作联席办、信用办等55家单位联合签署全国信访领域首个《关于对失信信访人开展联合惩戒的合作备忘录》。全年信用提醒、诚信约谈信访人700余人次，纳入严重失信信访人黑名单联合惩戒7人，推动化解信访积案120余起，由于大部分信访人主动放弃无理或过高诉求，连云港市在信用中国地级市排名由2017年的第93位上升为第29位。中央信访工作联席会议《简报》第188期介绍连云港市信访人信用管理做法，江苏省信访工作联席办以文件形式在全省推广，人民网、《人民日报》等多家媒体转载。（梁　亮）

【人民调解】 2018年，连云港市印发《关于开展人民调解参与信访问题化解试点工作的实施意见》，完善市、县、乡三级访调对接工作平台，市、县、乡信访中心设立人民调解室、律师接待室，市、县（区）两级人民法院设立人民调解室，成功调处矛盾纠纷9.4万余起。开展“人民调解村（居）行”、人民调解工作巡回宣讲活动，东海县派驻石梁河公安调解室调解的2起案例在中央电视台《小区大事》栏目播出。（张　莹）

公共安全

【防灾减灾】 *地质灾害防治* 2018年，连云港市印发《2018年度全市地质灾害防治方案》，修订完善地质灾害防治规划和应急预案，实现全市地质灾害防治高标准“十有县”（有制度、有机构、有经费、有监测、有预警、有评估、有避让、有宣传、有演练、有效果）全覆盖。查明全市隐患点120处，建立并完善领导分片包干、应急值守和群测群防制度。做好预警预报、汛期值班、排查巡查、宣传培训和应急演练，发放明白卡和避险卡500余份，统一规范警示标志制作标准，更换警示标牌126个。省国土资源厅地质灾害应急技术指导中心苏北分中心在连云港市挂牌成立，研发地质灾害防治信息管理手机客户端，建成自动化预警监测系统，全面构建地质灾害“群专结合、智慧防灾”新模式。（夏燕红）

防汛防旱防台风 2018年汛期，全市日平均降雨量大于50毫米的有3次，其中7月8日降雨量为57.4毫米、8月15日降雨量为72.6毫米、9月18日降雨量为87.4毫米。全市次降雨量大于30毫米且小于50毫米的有2次，局部地区日降雨量超过100毫米的有6次，造成局部地区短时积涝。152座大中小型水库中，石梁河、大石埠2座大中型水库超汛限水位泄洪、13座小型水库超汛限水位先后泄洪。新沂河有4次行洪过程，其中有2次较大流量行洪，沭阳站最大行洪流量3860立方米/秒，汛期洪水总量28.17亿立方米。新沭河有4次行洪，共计行洪23天，新沭河闸最大泄洪流量为4640立方米/秒，汛期累计下泄水量为7.7亿立方米。石梁河水库最大泄洪流量4080立方米/秒（8月20日17时，超过1974年历史最大泄洪流量3490立方米/秒）。全年调引江淮水24亿立方米，确保全市居民生活、工业生产、农业灌溉和生态用水需求。全市汛情总体特点为初汛期干旱，主汛期降雨场次多、客水多，局部因洪致涝严重。台风影响期间，全市迅速落实防台风措施，抗御第8号超强台风“玛利亚”外围影响、第10号台风“安比”横穿连云港市、第18号超强台风“温比亚”外围影响等，未发生人员伤亡和安全事故。干旱期间，科学调水，保障水源供给，6月，江苏省最大向连云港市日供水流量达227立方米/秒，维持蔷薇河水位，抬高灌云县水位，保障向徐圩供水，增加抗旱水源。6月，全市调引江淮水3.5亿立方米，水库向灌区供水2.4亿立方米，确保前期抗旱用水和夏种夏插用水，全市夏种夏插期间，用水量超过5亿立方米，完成水稻栽插面积20.33万公顷。1—9月，石梁河水库向东海县、赣榆区灌区供水4.2亿立方米，东海县开启磨山、羽山翻水站向龙梁河沿线翻水补库1600万立方米，开启房山、麦坡翻水站向沭南灌区翻水1500万立方米。市水利局汛期发送水情信息100余条，接收水雨情电传180余份，发布水情通报、水情快报、排涝信息、灾情工情信息100余条。（李　军）

防震减灾 2018年，连云港市、县（区）、乡（镇）政府逐级签订防震减灾目标管理责任书，召开市防震减灾工作联席会议，印发《关于分解落实连云港市防震减灾工作目标任务的通知》。做好地震监测预报工作。加强地震台网建设维护。全年测震台网测项资料连续率99.47%。灌南县完成井下测震项目。7月，省、市联合对车牛山岛地震台更换地震计、数据采集器及卫星通信设备，新增移动4G传输手段，与卫星传输并行运行。严格落实震情短临跟踪制度，及时处理地震信息，通过EQIM系统上传至省地震局台网中心，全年观测记录到连云港市及附近地区ML1.0级以上地震51次。加强基层群测群防组织建设。全年发放群测群防资金补贴37万元，全市宏观测报点达138个、防震减灾科普网点1155个。举办全市防震减灾助理员培训班，对全市防震减灾助理员和部分灾情速报员进行防震减灾业务培训暨桌面演练。4月14日、5月24日，以国家活断层探测首席科学家徐锡伟为组长的专家组，对连云港市活断层探测项目子专题“跨目标断层联合剖面探测”野外现场进行验收。对全市建设工程施工图设计、审查人员共130余人进行《中国地震动参数区划图》（GB18306-2015）宣传贯彻培训。在63所中小学统一制作并固定展出252块防震减灾科普展板。利用“5·12”、国际减灾日等重要节点，通过举办讲座、发放宣传资料和实用宣传品、文艺会演等形式，开展防震减灾法制与科普知识宣传。通过连云港新闻综合频道、《连云港日报》、连云港防震减灾微信公众号、手机短信等方式，宣传防震减灾科普知识。全年创建市级防震减灾科普示范学校10所，墟沟街道东园社区等9家单位开展防震减灾科普示范单位创建工作。市防震减灾联席会议成员单位，县（区）及乡镇（街道）人民政府对本级地震应急预案进行细化完善，年内新增、修订预案11个。5月9日，开展地震应急综合实战演练。全市400余所中小学校约45万名中

2018 年连云港市及周边地震监测一览表

表 65

序号	发震时刻				地理位置			震级
	月	日	时	分	纬度	经度	位置	
1	01	17	17	56	34°91′	119°24′	黄海海域	ML2.4
2	02	02	01	09	35°43′	118°84′	山东莒县	ML1.5
3	02	10	19	56	35°58′	118°45′	山东沂南	ML2.3
4	02	10	22	28	34°73′	121°39′	黄海海域	ML2.4
5	02	11	06	59	34°72′	121°33′	黄海海域	ML2.3
6	02	28	22	23	34°01′	120°15′	江苏滨海	ML1.5
7	03	03	03	07	33°12′	118°87′	江苏淮安	ML1.7
8	03	09	11	05	34°78′	121°26′	黄海海域	ML3.3
9	03	11	03	00	34°76′	121°13′	黄海海域	ML2.7
10	03	26	11	20	34°00′	119°93′	江苏滨海	ML2.5
11	04	11	19	53	35°60′	117°76′	山东平邑	ML3.6
12	04	14	06	13	34°74′	121°28′	黄海海域	ML3.3
13	04	18	11	46	34°58′	120°38′	江苏滨海海域	ML2.4
14	04	28	15	35	34°68′	121°31′	黄海海域	ML3.1
15	04	30	03	23	32°65′	117°19′	安徽淮南	ML2.7
16	05	04	02	04	34°56′	122°39′	黄海海域	ML3.1
17	05	11	21	03	35°61′	118°95′	山东莒县	ML1.8
18	05	16	03	52	34°84′	120°77′	黄海海域	ML2.4
19	05	24	13	34	35°02′	120°71′	黄海海域	ML1.6
20	06	01	04	57	34°64′	118°48′	江苏东海	ML0.7
21	06	02	01	27	34°47′	119°79′	江苏灌云	ML1.2
22	06	12	06	04	33°60′	119°63′	江苏阜宁	ML3.6
23	07	05	10	06	34°07′	119°92′	江苏滨海	ML1.3
24	07	06	04	45	32°92′	121°69′	黄海海域	ML4.0
25	07	06	10	53	33°80′	120°40′	江苏射阳	ML3.3
26	07	07	15	20	34°84′	116°93′	江苏沛县	ML2.7
27	07	15	08	03	33°94′	120°88′	黄海海域	ML2.8
28	08	03	10	13	35°32′	119°80′	江苏赣榆海域	ML1.8
29	08	04	23	22	33°72′	119°89′	江苏阜宁	ML2.9
30	08	06	00	16	33°46′	118°72′	江苏淮安	ML1.8
31	08	21	20	06	34°37′	118°74′	江苏东海	ML1.9
32	08	28	00	55	34°91′	118°55′	山东临沭	ML1.7
33	08	28	13	52	35°58′	118°94′	山东莒县	ML2.3
34	09	02	22	16	34°24′	119°38′	江苏灌云	ML1.2
35	09	08	20	31	32°79′	121°56′	黄海海域	ML3.3
36	09	23	17	07	33°62′	118°27′	江苏泗洪	ML1.9

续表 65

序号	发震时刻				地理位置			震级
	月	日	时	分	纬度	经度	位置	
37	10	08	03	54	34°28′	119°72′	江苏灌南	ML1.2
38	10	20	23	41	35°06′	118°54′	山东临沭	ML1.4
39	10	25	07	58	33°32′	118°79′	江苏淮安	ML2.3
40	11	03	03	16	33°48′	118°93′	江苏淮安	ML2.3
41	11	07	15	34	34°02′	119°97′	江苏滨海	ML1.6
42	11	11	07	42	33°09′	118°82′	江苏洪泽	ML2.2
43	11	12	12	06	33°11′	118°74′	江苏洪泽	ML2.2
44	11	13	05	27	33°07′	118°75′	江苏洪泽	ML2.3
45	11	16	04	58	34°02′	119°55′	江苏灌南	ML1.5
46	11	16	05	28	34°02′	119°52′	江苏灌南	ML1.8
47	11	25	02	55	34°47′	119°73′	江苏灌云	ML0.7
48	11	28	15	12	34°80′	117°19′	山东枣庄	ML2.8
49	12	06	16	54	34°69′	117°14′	山东枣庄	ML3.2
50	12	13	23	44	33°85′	122°72′	黄海海域	ML3.9
51	12	25	19	55	33°65′	120°99′	江苏大丰海域	ML3.8

小学生开展应急避震和应急疏散演练。机关、企业、社区开展地震应急疏散和救援演练，参演人数 3000 余人。（梁　峰）

森林防火　2018 年，连云港市投入 2 亿余元，加强防火通道、蓄水池、进山卡口等森林防火基础设施建设，新建防火通道 56 千米，修建防火隔离网 38 千米、防火蓄水池（箱）47 个，新建森林消防扑救系统 5 套，在进山主要道口新建护林房（卡口）62 个、祭拜台 39 个。投入 300 余万元，采购森林消防水车、进口油锯、割灌机，防火服、高效喷雾机、森林消防水泵等设备。到年底，全市有森林消防专用车 13 辆、水泵 60 台、风力灭火机 858 台、灭火弹 8300 枚、油锯 57 台、割灌机 55 台、高效喷雾机 240 台、水枪 1187 支、三号扑火工具 2120 把、对讲机 100 多部。开展森林防火突击月活动，有林单位对上山道路两侧 10 米内、墓地周围、重要景区、火灾多发区、人员活动密集区等 1333 公顷重点区域的林下可燃物进行集中清理。加强森林消防专业队、森林灭火突击队和森林消防半专业队的业务培训和业务技能训练。全年未发生较大森林火灾。

（舒　彤）

【农产品质量安全】　2018 年，全市有农业执法机构 13 个。质量监督检验检测中心完成 1740 个农畜产品检测，农产品合格率 98.8%，畜产品合格率 100%。健全农产品质量安全体系，全市有农产品质量安全监管和协管人员 1722 人，其中市县 36 人、乡镇 225 人、村级 1461 人。对全市范围内的农产品（包括种植、养殖和水产品等）生产经营者、农业投入品生产经营主体、农产品收储运单位或个人，进行全面普查，全市经普查登记的监管主体有 6255 家。全年纳入省级农产品质量追溯平台应用的生产主体 284 家，列全省第二。制订《连云港市农产品质量安全追溯示范工作实施方案》。按照生产有标准、管理有规范、质量有追溯、产地有准出的“四有”要求，培育放心家庭农场 21 家、放心农产品生产基地 23 个，完成农产品质量安全标准化生产技术集成应用示范点 20 家。以实现农产品“生产有记录、流向可追踪、质量可追溯、责任可界定”为目标，动员主要农产品生产经营主体“带证上网、带码上线、带标上市”，纳入平台管理。东海县、灌南县、灌云县和赣榆区入选第一批省级农产品质量安全县创建试点单位。（沙　莎）

【食品药品安全】　2018 年，全市有获证食品生产企业 768 家、食品添加剂生产企业 42 家、食品流通销售环节获证主体 3.51 万户、食用农产品集中交易市场 74 个、餐饮服务持证单位（含单位食堂）1.71 万家。全年新开办药品生产企业 2 家、医疗器械生产企业 5 家，全市有药品生产企业 27 家、医疗器械生产企业 37 家（三类 2 家、二类 23 家、一类 12 家），有药品批发企业 18 家、药品零售连锁企业总部 17 家、连锁门店 924 家、单体药店 776 家、医疗器械经营企业 1620 家。有保健食品生产企业 5 家、化妆品生产企业 5 家、保健食品流通单位 2146 家、化妆品经营单位 5513 家。市食药监部门对 8 家疾控中心、140 家接种单位及 2569 家医疗机构的疫苗和药械质量进行监管。开展桶装饮用水专项整治，检查覆盖所有获证的68家企业，其中立案查处7起，取缔无证生产、违法生产企业20家。受理食品药品安全投诉举报2610起，接受群众咨询350件次，立案查处“四品一械”（药品、餐饮食品、保健食品、化妆品、医疗器械）案件721起，移交司法机关案件28起，涉案货值超过1亿元，捣毁制售假冒伪劣食品、药品窝点3个，责令停产停业1家，抓捕犯罪嫌疑人26人。其中，孙某等人销售假药案涉案人员多达百人，涉及全国6个省11个市，涉案金额4000万元，8人按涉嫌生产、销售假药罪被公安部门采取刑事措施，该案被公安部列为重点督办案件。实施食品药品安全“红黑名单”管理规定，3家食品生产企业被列入黑名单。灌云县、连云区创建食品安全示范城市，全市创建达标率超50%，高于全省29%的平均水平。新建达标基层标准化食品安全办公室27家。

盐业监管体制改革 6月14日，市政府召开盐业监管职能移交会议，明确食盐质量安全管理与监督执法职能移交至市食药监局。7月25日，市政府印发《连云港市盐业监管体制改革方案》，撤销市、县区盐业公司加挂的盐务管理局牌子，市经信委为全市盐业主管部门，负责管理全市食盐专营工作和全市盐业行业管理职能；市食药监局为全市食盐质量安全主管部门，负责全市食盐质量安全管理与监督执法，负责协调跨区域执法和重大案件查处及全市食盐安全监督抽检和风险监测工作。

食品药品检验检测 2018年，市食品药品检验检测能力由6类、738个参数增加至药品、洁净区（室）性能检测、保健食品、化妆品、医疗器械、医用敷料6类、787个参数，其中药品类参数从224个增加到246个，食品参数从514个增加至541个。全年检验药品1379批次，检出不合格77批，不合格率5.58%。完成食品监督抽检和风险监测1679批次。完成药品生产企业委托检验124批次，食品生产企业委托检验14批次，检测药品、医疗器械生产企业、医疗机构等单位洁净区域400余间，出具检测报告33份。

药械不良反应监测 2018年，全市上报药品不良反应监测报告6774份，每1百万人口报告数为1515份，其中新的、严重药品不良反应报告2153份，占比为31.78%，严重药品不良反应报告761份，占比11.23%；上报医疗器械报告2051份，每百万人口报告数为458份，其中严重伤害报告148份，占比8.21%；上报化妆品不良反应监测报告352份，每百万人口报告数为78份，均为一般报告。全年收到药物滥用监测报告1117份。强化风险信号挖掘及风险预警能力，结合监测情况，提出经外周置入中心静脉导管引起血栓、条索状静脉炎的风险信号。推进药品重点监测工作，江苏豪森的注射用比伐卢定、正大天晴的盐酸帕洛诺司琼胶囊等4家生产企业的6个品种重点监测方案通过省食品药品检测中心审核备案。

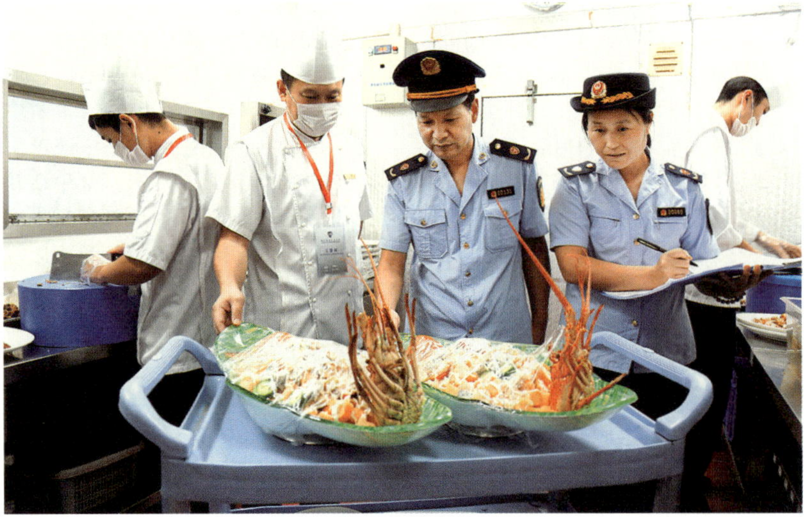

连云区市场监督管理局在第四届连云港论坛和第二十届省农洽会期间，驻点进行全程食品安全监督。图为9月13日，执法人员在宾馆检查

王春/视觉江苏网

食品安全监管 推进食品生产企业电子追溯系统建设，全市共上线生产企业124家，覆盖14大类食品，实现可追溯商品批次2.5万批。创建食品销售示范店、食用农产品示范市场，推进公益性菜市场快检体系建设。加强非洲猪瘟疫情防治，强化畜禽肉产品经营加工监管。对农村小学及周边食品店暗访检查。加强学校食堂食品安全监管，408家公立学校食堂实现明厨亮灶改造。开展以涉及“两超一非”（超范围、超限量使用食品添加剂、食品中非法添加非食用物质）风险项目为重点的监督抽检630批次，查处7家违法经营主体，打击销售环节食品安全违法行为。2340家大中型餐饮服务单位和学校食堂实行量化分级，量化评定率87.6%。在全市餐饮单位推广实施5C、4D管理模式，开展餐饮服务色标管理工作。创建首批旅游餐饮质量安全示范店20家。开展学校食堂和旅游餐饮服务食品安全整治，加大网络餐饮监管力度。强化食品质量抽检，全年完成食品抽样2.6万批次，不合格307批次，不合格率1.18%，抽检率达5.74批次/千人。完成食品行政快速检测3.13万批次，检出不合格336批次，合格率99%。全年完成市场开办者自主快检2.08万批次，发现不合格73批次，合格率99.7%。开展食用农产品监督抽检3972批次，不合格33批次，合格率99.2%。开展全市食盐安全联合打假专项行动，查处涉盐违法案件64起，向公安部门移交4起。强化食品安全突发事件运行机制，完善《连云港市食品安全突发事件应急预案》，连云区举办外地游客食物中毒应急事件演练，全市食品药品监管系统、市应急办、疾控中心、旅游局及连云区食品安全

委员会成员单位、街道社区、旅游饭店等单位300多人观摩演练。

药品安全监管　2018年，全市开展药品注册现场核查，提高药品注册申报质量，15个品种规格获得生产批件。强化药物临床试验机构监管，市二院、中医院通过国家食药监局GCP资格认定检查。药品生产企业25个制剂、34个原料药通过认证检查。省食药监局GMP认证或欧盟原料药GMP现场检查36家次。对注射剂、基本药物、特殊药品等高风险药品生产企业进行多频次、全覆盖飞行检查，发现缺陷70余项，全部督查整改到位。开展疫苗流通和使用专项监督检查、药品安全风险隐患排查化解等整治行动。对47家单体药店、37家连锁门店进行"双随机"检查，立案查处21起。开展高风险医疗器械、风险预警精准监管等专项检查，查处违法违规企业89家。全年完成国家药品抽检80批次、省药品监督抽样1200批次、药品快检1000批次，国家保健食品抽检10批次、省保健食品快检70批次、监督性抽检30批次，国家化妆品抽检28批次、省化妆品抽检38批次，国家医疗器械抽检10批次、省医疗器械37批次。完成市级药品快检1200批次。

开放式便民快检中心建设　2018年，连云港市推进市场主体自检、行政监督快检、群众自愿送检的食品检测体系。以快检信息化平台为应用支撑，将行政快检和市场自检批次数以及食用农产品集中交易市场开办者、销售者、网络第三方平台等主体信息和检测信息纳入快检信息化系统。东海县、海州区、连云区、赣榆区分别建成便民快检中心，为市民开展免费快检服务，赣榆区便民快检中心全天候运行，东海县便民快检中心、海州区便民快检中心每周一到周五上午9～11点开放。到年底，4个便民快检中心为市民提供免费检测850批次，发现疑似阳性65批次，均依法作出处置。（刘　波）

【公共卫生安全】　2018年，全市无甲类传染病报告；报告乙类传染病16种4308例，报告发病率为95.34/10万，与2017年持平；报告丙类传染病5种9146例，增长70.83%。做好霍乱等肠道传染病防控，全市登记腹泻病人5.54万例，检索9025例，外环境采样检测940份标本，均未检出霍乱弧菌。全市哨点医院报告流感样病例10.33万例，占同期门急诊就诊总人数的8.14%。开展禽流感环境病原学常规监测工作，采集260份外环境标本，阳性15份，阳性率为5.77%，均为H9N2型。发现并规范处置1例发热伴血小板减少综合征。全年市急救中心接听急救电话8.25万次，完成院前急救任务2.33万次，急救出车率99.44%。其中，急救中心与"110"联动出车5853次，执行长途转运任务409次，处置突发公共事件7起，全年行车75万千米。完成重大社会活动保障任务24次，组织、参与演习3次。开展全民自救互救素养提升工程，进机关、进学校、进社区、进企业举行大型急救科普宣传教育活动20余次，受众3000余人次，发放初级救护员证745张。（徐　海）

【安全生产】　2018年，全市发生安全事故515起，死亡250人，分别比2017年下降2.8%、19.1%。其中，工矿商贸（含建筑）事故35起，死亡36人，分别下降5.4%、23.4%；道路运输事故480起，死亡214人，分别下降2.04%、18.3%；未发生农机事故。发生道路运输较大事故2起，死亡13人。未发生重特大事故，危险化学品等直接监管领域未发生较大以上事故。

安全生产目标管理责任体系建设　2018年，全市落实安全生产"党政同责、一岗双责"制度，市政府印发《连云港市安全生产领域改革发展实施意见》。出台《连云港市安全生产约谈办法（试行）》。市安全委员会下设海洋渔业、港口、校园等13个专业委员会，初步建立安委会统筹指导、专委会牵头推进、行业部门齐抓共管工作机制。强化企业全员安全生产责任。开展安全生产专项行动，将企业主体责任细化为6大项、78个子项，通过随机抽、当面问、书面考、全面查、实地看和量化评价、倒查落实、通报曝光的方式，强化督导问责。9—12月，全市开展4轮安全督查，随机抽查12个行业领域107家企业，交办问题隐患1335处，交办执法案件线索22个，督导通报基层政府、部门25个，通报突出问题47个。

安全生产监督执法　开展"安全生产执法提升年"活动，完善上下联动、部门联动执法机制，采取突击检查、"零点"夜查、交叉执法、"双随机"抽查、媒体公开等方式，坚持安全生产与职业健康一体化执法。每季度召开执法工作推进会，对全市

10月24日，连云港市举办危险化学品生产安全事故应急救援演练
马良　摄

安全生产监督执法开展情况进行通报。2018年，全市曝光企业违法行为65次、159家，市安全监督局网站公开曝光安全生产违法案件查处信息4次共51起，检查企业3162家，立案查处1060起，其中事前立案占97.1%，罚款总额2177.2万元。

事故隐患排查治理　春节、“两会”、“连博会”等重要节日、重大活动和高温汛期等风险时段，开展“除隐患、防事故、保安全”“事故隐患排查月”等专项行动。结合全省钢铁企业重大隐患核查发现重大隐患7处、一般隐患172处，企业全部整改到位。开展重点行业领域安全专项整治。推进危险化学品综合治理，开展生产储存装置自动控制技术改造提升专项行动。制定市化工企业提升安全生产能力标准。关闭新浦磷矿主、副矿井，对12座露天矿山、1座尾矿库实现全覆盖监管。开展冶金煤气、粉尘涉爆等安全专项治理。215家规模以上企业创建双重（管风险、治隐患）预防机制。

安全生产基层基础工作　评选全市安全生产领域改革发展十佳创新案例。强化安全生产宣传教育，推行事故警示教育现场会制度。建成连云港市安全生产警示教育馆，1.6万人次接受教育。开展“安全生产月”活动，通过“连云港安全生产”微信公众号、《苍梧晚报》“安监之窗”、《连云港日报》“安全”专版、连云港发布等媒体强化安全生产宣传。举办全市化工（危险化学品）生产企业主要负责人安全生产管理等安全培训班约700多期，培训考核人员3.8万人次。提升应急处置能力。对县区应急演练情况按月进行通报。在连云港碱业公司举办市危险化学品生产安全事故应急演练，安监、公安、消防、环保、电力等部门出动10余辆专业保障车辆，近百人直接参与演练，200余人现场观摩。强化安全生产标准化创建。完成标准化评审达标企业603家（含小微企业444家），其中二级达标企业4家。推进安全生产社会化服务体系建设。实施高危行业安全生产责任险，加强中小微企业社会化服务，对工贸行业微型企业安全生产提出基本要求。　（刘义三）

【交通安全】2018年，市交警部门搭建道路交通综合治理新平台。制定《连云港市道路交通安全委员会工作职责及议事规划》，市政府下发《连云港市道路交通安全设施“四同步”工作指导意见》。45名知名专家、学者成立道路交通安全管理指导专家组，制订《连云港市区建设项目交通影响评价工作暂行规定》。制订华联、巨龙路、海昌路6个片区优化调整方案，对4个小区进行微循环改造。推行交通管理“马上办、网上办、就近办、一次办”、交通事故网上处理、邮政代办服务等便民举措。通过“一证即办”办理4.5万件，“一窗通办”办理8.2万件，网上受理80万件，线上支付2.2万次，交通事故快处快赔5417件。312名交通志愿协勤人员在市区78个路口开展文明交通志愿劝导活动。开展非标三、四轮车集中整治，对11条路段、4个广场、港城大道各BRT站台周边等重点路段进行整治，查扣非标三、四轮车1157辆，其中非法载客营运53辆，首次告知2700辆次，涉及非标三、四轮车交通事故起数比2017年下降5.01%、死亡人数下降6.54%。开展国道、省道平面交叉口交通环境专项整治，立项整改新浦大道及周边道路交通安全隐患。完成11个缉查布控点位、长深高速、沈海高速团雾高发点段恶劣天气综合管控和赣榆南、宁海、灌云北、锦屏4处枢纽16套高清视频卡口系统建设。完善农村道路交通安全管理组织体系，建设交通管理站30个、劝导站15个。开展客运企业、运输场站安全大检查、大整治，约谈13家交通违法违章较高的企业负责人，清理老旧机动车1918辆，五类重点车辆检验率98.96%，报废率99.97%。全年交警部门查处交通违法行为426.4万余起，其中现场查处交通违法行为160.6万余起，查处乱停乱放64.4万余起，查处行人、非机动车交通违法38.7万余起，查处不礼让行人8.7万起，查处酒驾毒驾6085起，亡人事故和死亡人数分别下降7.39%、5.25%。　（成标荣）

【消防安全】2018年，全市发生火灾857起，死亡6人，直接财产损失2643万元，火灾起数比2017年下降25.7%，死亡人数上升100%，伤人数下降100%，直接财产损失上升209.8%。全年市消防支队接警5060起，出动5086次；出动消防车6791辆次、消防人员4.01万人次，抢救被困人员688人，疏散人员453人，抢救保护财产价值近3亿元，处置“8·10”聚丰物流仓库火灾、“8·21”浦南太平庄水域救援等应急救援任务，完成上合组织青岛峰会、博鳌亚洲论坛、连云港之夏、连云港论坛等重大活动消防安保任务。全市连续27年未发生重大以上火灾事故。12月29日，市消防救援支队举行迎旗授衔和换装仪式。

消防设施建设　推进高层建筑消防楼长制和消防安全职业经理人设立，全市组建消防安全区域联防组织28个，建成重点单位微型消防站1226个、社区微型消防站185个。在老旧小区、沿街店铺等推广安装独立式感烟探测器4732个、简易喷淋708套、电动车集中停放充电点792个，在一类高层建筑、大型商业综合体及易燃易爆场所推广安装电气火灾监控系统675套。灌南县新消防站投入执勤，新建徐圩新区灭火救援应急中心、东海县城东、灌云县东城3个消防站，凤凰新城、海州开发区2个消防站开工建设，完成3个新消防站点规划选址。推动落实车辆配备“1329”计划，消防支队各级新配备1辆通信指挥车、3辆举高类消防车、2辆水罐车和9辆宣传车。

消防监督执法　市政府常务会审议通过《全市消防工作“高质发展后发先至”三年行动计划（2018—2020）》，印发《连云港市公共消防设施管理办法》。开展春夏火灾防控、人员密集场所、高层建筑、文物古建筑及大型商业综合体及商场市场专项治理行动，排查高层建筑1956栋、地下工程58个、大型城市综合体10个、化工企业313家、养老机构71家、幼儿园146所、文物古建筑142处、博物馆11家，排查“三合一”（人员住宿场所与加工、生产、仓储、经营等场所在同一建筑内混合设置）场所1269家、“群租房”342处，搬离违规住人1549人，拆除影响逃生铁栅栏316个。市政府新挂牌9家重大火灾隐患单位，灌云县青龙商业城等10处重大火灾隐患整改销案。全年检查单位3.27万家，督促整改隐患7.46万处。通过压缩审批时限、放宽受理条件、简化审批程序、下放审批权限“四项措施”深化“放管服”改革工作。提前介入全市30余个重大项目，完善消防设计、施工方案150余处，提出优化建议104条，答复部门工作意见350余条。试点运行消防行政许可、执法“双公示”平台，实施消防行政权力清单“一图告知”，抄告不良行为39次，受理审核（备案）工程532个，验收（备案）工程180个，消防监督执法随机回访群众满意度及廉洁满意率均为100%。（徐家勇）

【核安全】 2018年，连云港市加强核应急预案体系建设，实施连云港市田湾核电站核事故场外应急预案执行程序。推进核应急指挥信息平台建设，完善项目建设方案，开展项目招投标等前期准备工作。市核应急前沿指挥部从健全机构、落实人员入手，依托市、区、街道、社区等行政主体，形成“横向到边、纵向到底”的组织指挥处置体系。根据省核应急委员会工作调整，成立连云港市核应急委员会及其办公室。市人防办升级改造市核应急地面指挥中心、人防基本指挥所和机动指挥所“三位一体”应急指挥平台，实现与江苏省指挥平台的互联互通。核应急警报集控中心应急计划区内7台核应急报警器保持良好运行状态，警报鸣响率、音响覆盖率达98%。建设核应急装备器材库，配备专业防护服、空气呼吸压缩机、个人剂量仪、污染检测仪器等设备器材储备700余件（套）。（陈海军）

【特种设备安全】 2018年，市质量技术监督局聘请行业专家检查22家特种设备生产企业，督促企业淘汰落后工艺，改善管理质量，排查生产缺陷，促进产品质量提升。全年开展简易升降设备安全隐患排查整治、口岸涉危险化学品特种设备安全检查、电梯使用安全专项监督检查、大型游乐设施乘客束缚装置安全隐患专项排查治理等行动。开展除隐患、防事故、保安全专项行动，对24家制造单位、3家容器安装单位、20家液化气充装站、31家工业气体充装企业，开展许可证监督检查。对908家使用单位开展隐患排查，发现隐患476处，整改452处，立案查处93起。创新电梯安全监管方法，建成国内首个电梯集控平台，运用物联网技术开展电梯全生命周期远程信息化监控管理。“电梯运行安全智能化公共服务标准化”项目获批国际标准化管理委员会第五批社会管理与公共服务综合标准化试点。“互联网+电梯安全监管模式创新”项目获评连云港市安全生产领域改革发展十佳创新案例。以九大类公众聚集场所与涉危行业企业为重点，推进特种设备行业安全生产标准化建设，促进企业安全主体责任落实。在明珠皇冠小区、苍梧小区、苍梧小学、解放路小学开展电梯、游乐设施等特种设备安全宣传活动。选取事故多发的气瓶充装环节，开展易燃易爆气体泄漏事故应急演练。针对花果山客运索道、海州公园过山车、苏宁广场扶梯运营情况，开展极端天气情况乘客高空救援、瞬时超载处置等专项演练。开展电梯维保单位星级评定，从全市维保单位和外地驻连云港维保单位中，评出二星级以上维保单位23家，其中四星级维保单位1家、三星级维保单位10家、二星级维保单位12家。

（周文吉　李子龙）

【无线电管理】 2018年，市政府印发《连云港市突发公共事件应急通信保障预案》。开展《国家无线电管理规划（2016—2020年）》实施动态监测评估。对“十三五”以来频谱管理、频率使用评估、台站管理、技术设施建设、设备配备、应急及安全保障等方面进行详细梳理和汇总，形成动态监测评估报告报省无线电管理局。一类站无线电监测站完成项目铁塔、机房建设及设备安装工作，试运行情况良好。边海区域监测网无线电固定站一期工程项目完成招投标，进行相关铁塔租赁改造工作。全年新设无线电台站68台（部），设备检测189台（部），完成重大活动无线电安全保障9次，完成学生高考、公务员考试、司法考试等无线电安全保障20场次。

无线电频率台站管理　更新无线电台站数据库，全年分批次、分类别统计汇总并导入移动通信基站数据1.73万条。开展798～960兆赫频段内数字集群、公众移动通信等无线电系统的频率使用率评价工作。调查470～510兆赫等重点频率的频段占用度、核查频率使用情况。全年监测无线电1.11万小时，固定站监测5962小时。加强民用航空、调频广播频段监测和保护，监测2217小时。灌云县无线电运动协会完成频率预指配监测，白塔埠机场完成频率及设备检测。全年核查固定台站121台（部），检测业余无线电台（站）68台（部）。换发到期执照3570个，制发业余电台执照68个。全年发现、查处黑广播10起，没收设备10台（套）。受理信号干扰9起，均处理完毕。（张雪梅）

【网络安全】 2018年，全市未发生有负面影响的网络安全事件。市公安部门参加全国网络安全“净网2018”专项行动，破获“7+8”网络案件30起，抓获犯罪嫌疑人105人，其中被公安部挂牌督办案件5起。对全市179家机关、企业的门户网站开展远程漏洞扫描，发现隐患漏洞单位124家，要求相关单位限期整改，全力防范化解网络安全风险。

4月，成立中共连云港市委网络安全和信息化领导小组办公室，统筹协调全市网络信息安全工作。印发《关于加强全市网络安全和信息化工作的实施方案》。9月，市委宣传部、网信办等5家单位联合开展全市网络安全宣传周系列活动。市委网信办被中央宣传部、中央网信办等十部委通报表彰为2018年国家网络安全宣传周活动先进单位，工作情况被省委网信办评为优秀工作案例。开展网络安全工作责任制检查考核，对县区（板块）和86家市直部门开展网络安全工作责任制检查考核。对4个县区和7家市直部门落实网络安全工作责任制进行现场抽查考核，对抽查县区及部门的门户网站进行远程测试和在用信息系统现场技术测试。加强网络安全应急管理，县区和市直部门修订完善网络安全事件应急预案，并开展备案，建立完善应急技术支撑小组。开展全市网络安全事件实战应急演练。

（成标荣　赵全全）

基层治理

【概况】 截至2018年底，连云港市有城乡社区居委会1684个，其中城市社区居委会260个、农村社区居委会1424个。市政府印发《关于加强城市社区治理与服务的实施意见》《关于加强农村社区治理与服务的实施意见》，制定社区综合服务设施建设、社区工作者职业化专业化建设、社区协商民主建设、社区民主监督管理机制建设等文件，形成较为完备的社区治理政策体系。全年报名社会工作者人数1515人，考试通过人数453人。到年底，全市有持证社会工作者1148人，其中社会工作师391人、助理社会工作师757人。

【基层自治组织建设】 2018年，连云港市开展扫黑除恶专项斗争，市民政局、市委组织部、市纪委等部门联合对全市1684个村（居）1.01万名“两委”（支委、村委）人员违法违纪情况进行全面摸排，梳理有违法犯罪记录的在职村干部121人，分别给予免职、劝退辞职、党纪处分、诫勉谈话等处理。印发《村社干部行为对照负面清单》，要求基层对照清单从严监督管理村社干部，对照清单开展全面的民主评议。健全涉农事项五项监管机制，通过推广“一委三会”（党委领导、议事会协商、村居委会实施、监事会监督）模式，加强对村（居）级重大事项民主决策、“三资”（资金、资产、资源）管理、村（居）级工程建设、村（居）干部廉洁自律情况等的民主监督，规范村（居）民委员会成员用钱用权行为。

【基层社会治理创新】 2018年，市委、市政府召开“一委三会”现场推进会，“一委三会”社区治理模式实现全市全覆盖，“有事要商量、有事好商量”在城乡社区蔚然成风，探索实践赣榆区“五事（包片问事、上门说事、设岗理事、定期议事、组织评事）工作法”、连云区“136”（一委三会六步工作法，第一步：党委提议；第二步：“两委”商议；第三步：议事会决议；第四步：决议公告；第五步：决议实施；第六步：实施结果质询评议）工作法、开发区“365”（“3”是强化“三资”事项管理，做到使资金使用合法、资产处置规范、资源管理透明；“6”是实行“六化”监管机制，即实行议事范围固定化、合同签订规范化、事务公开明细化、审计交接无缝化、干部评议系统化、监督问责刚性化；“5”是实施“五步”工作流程，即涉及“三资”重大事项的决策和实施，必须严格遵循“村〔居〕两委会初议、村〔居〕民议事会决议、决议公示、决议实施、结果质询评议”等五步工作流程）村（居）协商机制等基层协商民主形式，拓宽群众参与协商议事的渠道，促进城乡社区的和谐稳定发展。连云区营山社区“136”工作法入选全国优秀社区工作法、赣榆区“新乡贤助推乡村治理”被评为2018年江苏基层社会治理创新成果。将基层治理单元由社区向小区、小组延伸，在城市社区以无物业的老旧小区管理为切入点，成立小区民主管理服务委员会，把管理权交给居民，引导居民参与解决老旧小区无人管、管不好等问题。在农村社区以小组为单位，成立“守望相助一家亲”公益社，为留守儿童、妇女和老人排忧解难。

（黄　蕾）

5月22日，全市部分社区工作者参观花果山街道昌浦社区平安社区网格化管理
赵俊/视觉江苏网

【民主法治示范村建设】 2018年，全市提升民主法治示范村（社区）创建质量，全年新增2个国家级民主法治示范村（社区）、77个省级民主法治示范村（社区）。到年底，全市建成国家级民主法治示范村（社区）10个、省级民主法治示范村（社区）772个，省级民主法治示范村（社区）创建率达45%。

（张　莹）

【城乡社区服务】 2018年，全市加强服务平台建设，编制完成《社区用房布点规划》，分类制定城乡社区服务平台建设意见，新建、改建社区服务平台253个，全市社区服务平台达标率达84.3%。针对社区工作者职业定位、报酬待遇、专业化培养等问题，制定社区工作者管理办法、社区工作者薪酬管理办法、社区工作者队伍专业化建设试点工作的意见等文件，建立健全社区工作者职业标准、制度体系，建设新型社区工作者职业队伍。加强社区治理与服务精细化、精准化建设，编制“全科社工”培训教材，举办首期全科社工培训班，培训全科社工115人，在海州区、连云区部分社区试点“开放式办公、一门式受理、一口清导办、全科式服务”，让居民“找到一个人，办成全部事”。在海州区、连云区试点上门走访、事务代理、服务承诺、错时上下班、节假日轮休等工作制度，方便居民活动和办事。

【社会组织培育管理】 2018年，连云港市强化社会组织培育发展，全市建成各级社会组织孵化基地41个。投入400万元，开展第四届社会组织公益创投活动，扶持为老、助残、为青少年服务、救助帮困、农村留守儿童关爱保护等公益项目41个。全年新注册登记社会组织319家，其中社会团体112家、民办非企业单位206家、基金会1家。截至年底，全市依法行政审批注册登记各类社会组织5092家，其中社会团体2244家、民办非企业单位2838家、基金会10家。全市社会组织占全市人口万人比例为11.08个，全市社会组织建立党组织110个。

2018年，全市推进行业协会商会与行政机关脱钩改革工作，编制《连云港市行业协会商会脱钩工作配套政策资料汇编》，出台《连云港市行业协会商会管理办法》《连云港市行业协会商会负责人任职管理办法（试行）》。全年完成130家全市性行业协会商会与行政机关脱钩改革工作。其中，正式脱钩104家、注销20家、撤销6家。县（区）99家行业协会商会脱钩基本完成。

【社会组织行政执法工作】 2018年，全市加强社会组织行政联合会商机制建设，建立连云港市社会组织联席会议制度，由分管市长任总召集人。成立连云港市社会组织联合执法工作领导小组，市民政、公安、财政、审计等部门建立社会组织联合执法机制，强化行政执法工作。对两年以上未年检的90家社会组织进行通报。对2家基金会未按照规定运作下发整改通知书，对40家社会组织开展“双随机一公开”社会组织财务抽查审计工作，对多年未年检未活动的22家社会组织进行立案撤销处罚。

（黄　蕾）

社会信用体系建设

【概况】 2018年，连云港市加强社会信用数据归集，拓展应用场景，整体工作推进有力，在全国262个地级市中的城市信用状况监测月报排名进入前20名，在全省信用信息系统及门户网站观摩会比赛中，连云港市获第六名，比2017年提升5名。全年出台信用管理制度180余个，构建具有连云港市特色、覆盖21个重点领域、突出信用监管、强化联合奖惩的较为完善的管理制度体系。开发公共信用信息在“放管服”改革应用暨联合奖惩系统项目，与市“政务一张网”实现对接，系统嵌入54家成员单位、40家窗口部门、22家企事业单位的审批、监管流程，实现发起响应、执行反馈、异议处理等动态协同功能，植入联合奖惩措施3.22万条，红黑名单主体3234个。连云港市公共信用信息系统（信用连云港网、社会法人基础数据库、自然人基础数据库、公共信用信息共享平台）实现省、市、县三级互联互通，覆盖全市56家市级部门和单位、9个县区、8家高校，归集社会法人信用数据1000万条、自然人信用数据1.4亿条。“双公示”平台归集公示行政处罚、行政许可53万条。深化信用信息和信用产品应用，全年在评选评优、项目申报、人员招录、政协委员选举等领域为政府部门、市场主体、社会公众等提供查询服务8000余次。信用连云港网公开信用承诺36类655份，使用第三方信用评估报告200余份。举办连云港市“诚信汇聚力量”系列品牌活动，启动连云港市信用之星系列评选活动，通过报纸、网络、电视、广播等形式加大宣传力度。启动“诚信建设万里行”活动，开展“领导谈信用、企业亮信用”等主题活动。企业信用管理贯彻标准和示范创建按序推进，全市通过企业信用管理贯彻标准企业698家，市级示范企业81家，省级示范企业7家。（张雪梅）

【企业信用体系建设】 2018年，市工商局推进“双随机、一公开”监管。抽查企业7895家，其中不定向抽查7800家、定向抽查95家。抽查项目涉及登记事项检查、公示信息检查、直销行为检查、流通领域商品质量检查、侵害消费者行为检查、拍卖等重要领域的市场规范管理、广告行为检查和商标、特殊标志行为检查8类，覆盖抽查事项31项。强化涉企信息整合运用，到年底，市场监管信息平台归集131家联动部门推送的主体资格、经营资格、行政处罚、抽查检查、行政指导信息60余万条。对22家危险化学品许可到期企业进行联动监管，并对61家危险化学品企业联动监管情况开展“回头看”。限制担任法定代表人200余人次。7.55万家企业、21.57万户个体工商户、6414家农民专业合作社进行年报公示，综合年报率达93.6%。加强异常经营名录和黑名单管理，全市异常经营名录记载数据在列2.58万户次，为3815家市场主体办理异常经营名录移出手续，因不同情形被列入黑名单1.44万条。（廖智勇）

责任编辑　徐　敏

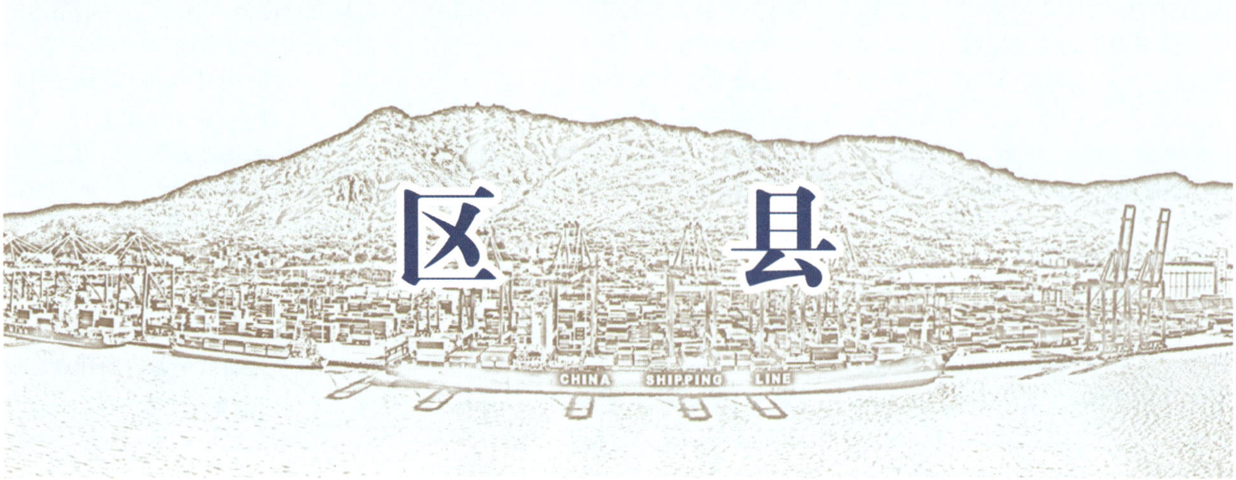

区 县

赣榆区

【概况】2018年，赣榆区总面积1514.08平方千米，辖15个镇，427个行政村、42个社区。年末人口119.97万人。2018年，实现地区生产总值608.26亿元，比2017年增长4.8%；公共财政预算收入25.8亿元，增长11.4%，税收占比达85.6%；城镇居民人均可支配收入增长7.9%，农民人均可支配收入增长8.6%。社会消费品零售总额206.4亿元，增长8.3%。存款余额411.4亿元，贷款余额364.6亿元，分别增长8%、19.8%。位居全国投资潜力百强区第29位。赣榆港正式开放。

【工业】2018年，赣榆区实现工业应税销售收入570亿元、工业税收22亿元，分别比2017年增长22%、57%。新增规模工业企业16家，新海石化、镔鑫钢铁分别位列全国民营企业第308位、第309位。石化、钢铁及装备制造、生物科技、新能源四大支柱产业实现工业应税销售收入380亿元，占全区工业应税销售收入的67%；通用零部件、海洋食品、自控设备等特色产业加速集聚。四大园区实现工业税收18亿元，占全区工业税收的82%；智慧（机电）产业园智慧大厦、人才公寓基本建成，辉龙电器主体封顶。

【农业】2018年，赣榆区实现农业总产值178.32亿元，粮食总产量达51.61万吨。新增高标准农田、高效节水灌溉各1333.33公顷，推广水肥一体化800公顷，农业机械化综合水平达83%，创成国家高效节水灌溉示范区、省现代农业产业示范区。海洋经济加快集聚，海产品精深加工产业发展迅猛，紫菜产业园初具规模，交易额突破3亿元。沃田集团建成出口示范基地。新增龙头企业16

赣榆新城　　赣榆区　供图

家、家庭农场40家、专业合作社70家、绿色食品产品认证8个。农产品出口额1.28亿美元。

【现代服务业】 2018年，赣榆区实现服务业增加值236.21亿元，比2017年增长9.1%。创成省电子商务示范镇1个、示范园区3个、示范村4个，投入使用柘汪e+众创空间、墩尚泥鳅等13个电商产业园，快递上行量增长94.4%。临港综合型物流园区加快创建省级示范园区，海洋科技城15万吨冷链物流基地项目正式启动。全域旅游快速推进，秦山岛创成国家AAA级旅游景区，青口潜园创成省四星级乡村旅游区，厉庄镇谢湖村被评为省乡村振兴旅游先进村。组建企业发展金融服务中心，落实政银企对接项目25个，兴怡紧固件等8家企业在省股权交易中心挂牌。

【城乡建设】 2018年，连盐、连青铁路开通运营，赣榆火车站投入使用，石桥货运站竣工。228国道大修和海厉线等3条县道大中修完成，267、242省道全线贯通。开工建设220千伏古槐变电站，投用110千伏怀仁变电站、欢墩变电站，建成城市充电站2座。吾悦广场主体封顶，嘉会城建成运营，黄海路东延、环湖路等4条道路竣工通车，赣榆至海州快速通道启动建设，海绵城市示范工程建成投用，共享电单车进驻城区，新能源公交车更新88辆。琴岛天籁景观工程加快推进，二道街二期、玉带路片区等棚户区改造项目稳步实施，棚改面积26万平方米，建成街头游园3个。宋庄镇创成国家级卫生镇，金山、石桥、塔山镇通过专家组暗访。班庄文旅小镇等一批特色小镇加快推进。启动城西镇曲坊等3个新型农村社区试点，柘汪镇仲湖、西棘荡村庄规划获批，响石村完成搬迁。黑林镇小芦山村省级特色田园乡村基本建成，班庄镇前集村启动试点，金山镇后徐福村等省级传统村落保护得到加强，海头镇小口村通过省级美丽乡村示范村验收，建成移民安置村美丽库区、幸福家园4个。

【社会事业】 2018年，赣榆区新建、改造35所幼儿园，赣中教育集团新城校区、柘汪小学南京路校区建成使用，实施“校安工程”“全面改薄”8.39万平方米，“六有”安居工程二期建成投用，赣马高中创成省四星级高中，普通高中入学率增长6%，赣榆中专创成省智慧校园。柘汪新城医院建成投用，基本公共卫生服务人均补助标准提高至65元，家庭医生签约服务覆盖率40%，新增省级示范乡镇卫生院3个、示范村卫生室18个，被评为省基层卫生十强县（区）、省健康促进区。全省首家县区级乡贤馆开馆运行，区图书馆通过国家一级馆复检，建成村综合文化服务中心228家、图书馆分馆150家，送图书下乡4万余册，举办“新时代新作为新风貌”歌咏比赛、“乡音·乡韵·乡情”文艺展演、全民健身运动会等文体活动316场，承办省级以上体育赛事6场。脱贫攻坚稳步推进，2.2万建档立卡低收入人口家庭人均收入达标，1.59万人稳定脱贫，12个省定经济薄弱村实现“新八有”。

青口镇

青口镇是赣榆区政治、经济、文化中心。2018年，镇域面积87.28平方千米，辖42个社区、19个行政村，人口22.02万人。实现地区生产总值91亿元，一般公共预算收入3.13亿元，工业应税销售收入20亿元，工业入库税收5890万元，工业增值税3350万元，人均可支配收入3.25万元。全年新增签约项目14个，其中过3亿元项目6个；巨卓家居、宝迪汽配、尚源船艇、金田BOPP项目

2018年赣榆区国民经济发展情况主要指标一览表

表66

项 目	单位	2018年	比2017年增减（%）	项 目	单位	2018年	比2017年增减（%）
人口	万人	119.97	0.3	全社会固定资产投资总额	亿元	234.56	-22.9
土地面积	平方千米	1514.08	0.0	外贸自营出口总额	万美元	62254	5.1
耕地面积	平方千米	700.00	0.0	实际利用外资及港澳台资	万美元	9509	-7.1
地区生产总值	亿元	608.26	4.8	社会消费品零售总额	亿元	206.40	8.3
第一产业增加值	亿元	91.26	1.1	财政总收入	亿元	65.50	20.6
第二产业增加值	亿元	280.79	2.5	公共财政预算收入	亿元	25.80	11.4
工业增加值	亿元	206.44	-2.3	财政支出	亿元	92.60	6.4
第三产业增加值	亿元	236.21	9.1	一般预算支出	亿元	69.60	13.0
人均地区生产总值	元	62775.00	4.6	城镇居民人均可支配收入	元	31954.00	7.9
规模以上工业产值	亿元	496.28	-24.9	农民人均可支配收入	元	17524.00	8.6
农业总产值	亿元	178.32	0.9	年末存款余额	亿元	411.40	8.0
粮食总产量	万吨	51.61	-8.0	年末贷款余额	亿元	364.60	19.8

2018年赣榆区各镇经济社会发展基本情况一览表

表67

名称	土地面积（平方千米）	耕地面积（平方千米）	户籍人口（人）	地区生产总值（亿元）	工业总产值（万元）	农业总产值（万元）	一般公共预算收入（万元）	粮食总产量（吨）	农民人均可支配收入（元）
青口镇	87.28	24.96	220179	91.00	364285	181136	31300	31149	32508
柘汪镇	76.24	30.92	56600	115.28	3572700	312703	68061	24249	25035
石桥镇	78.68	40.02	69424	26.88	148350	120405	4476	40449	24159
海头镇	83.20	29.50	87630	41.70	1072082	120138	11450	28616	31790
宋庄镇	56.00	10.97	34805	37.18	413370	39770	1833	9030	29016
墩尚镇	128.55	35.00	79698	37.41	156039	169101	3890	56834	28621
金山镇	66.90	34.57	51864	23.60	65000	16000	3652	26579	21558
赣马镇	85.60	48.12	86879	34.90	64700	58100	5928	65120	31000
沙河镇	132.52	79.85	125712	31.83	385126	95752	4045	95807	24132
塔山镇	105.36	50.87	64065	15.02	41509	36869	2953	38554	19635
厉庄镇	62.03	39.04	37077	13.55	35000	21526	1792	15728	18796
城头镇	117.50	72.05	92914	23.60	62051	48431	2957	98626	19332
班庄镇	175.61	82.36	103210	24.27	135923	113695	3540	34283	19128
黑林镇	82.62	54.60	45960	10.53	39800	22120	1282	33615	13861
城西镇	45.30	31.04	48244	13.28	48415	26461	2001	27782	22770

陆续投产，青口潜园开园运营，“互联网+”双创基地具备25家总部经济企业入驻条件。海洋科技城、青口渔港经济区、紫菜小镇、朝洋水产、韩德饲料、钜泰新型建材等项目快速推进。培育销售千万元电商大户13家，李沙村、大小盘村创成省级电子商务示范村，紫菜产业园创成省级电子商务特色产业园。牌坊街二期、谷沙片区等6个棚户区征收改造工作启动。海洋经济开发区幼儿园全面投入使用。举办广场舞大赛、运动会，丰富群众生活。智慧青口系统全面上线，3.7万余人次关注使用。深化“263”专项行动，整治朱稽河、老朱稽河、通榆运河青口段，新建2处金达莱污水处理设施，有效改善断面水质。

党委书记：欧　伟

镇　　长：于　健

柘汪镇

柘汪镇位于赣榆区东北部，地处海州湾畔，204国道、同三高速公路穿境而过，分别与山东日照、临沂两市接壤，素有“江苏北大门”之称。柘汪镇是全国文明镇、全国改革发展试点镇、江苏省行政体制改革试点镇。2018年，镇域面积76.24平方千米，辖24个行政村、31个自然村，人口5.66万人，流动人口近2万人。实现地区生产总值115.28亿元，一般公共预算收入6.8亿元，人均可支配纯收入2.5万元，规模以上固定资产投资24.5亿元，规模以上工业投资12亿元，规模以上工业主营业务收入372亿元，工业开票税收16.2亿元，工业应税销售收入372亿元，实际利用外资及港澳台资1500万美元。综合实力位列全国千强镇第133位，苏北第四、全市第一。年内加快推动产业转型升级和园区建设，全面完善产业区配套。柘汪临港产业区内新海石化、镔鑫钢铁集团上榜江苏民企百强。镇行政管理体制改革试点方案获省批复。

党委书记：许长忠

镇　　长：庞　博（6月免）

　　　　　潘　阳（8月任）

石桥镇

石桥镇位于苏鲁两省交界处的海州湾畔，西接沂蒙山脉，东临黄海，与柘汪、海头、金山三镇接壤。石桥镇是国家级生态镇、江苏省文明乡镇、江苏省生态镇、江苏省卫生镇、江苏省建筑之乡、连云港市新型小城镇、连云港新型工业发展先进镇、市农业经济十强镇。2018年，土地面积78.68平方千米，耕地面积40.02平方千米，下辖23个行政村，人口6.94万人。实现地区生产总值26.88亿元，一般公共预算收入4476万元，农民人均可支配收入2.42万元。石桥镇种植黄桃1700公顷，是江苏省种植黄桃面积最大的镇。4月5—20日，举办中国赣榆石桥第二届桃花节。

党委书记：张来涛

镇　　长：陈昌江

海头镇

海头镇位于赣榆区东北部，是全

国重点镇、国家级生态镇、省重点中心镇、省水美乡镇、省农村电子商务示范镇、省市区文明镇。2018年，土地面积83.2平方千米，辖29个行政村（48个自然村），户籍人口8.76万人。拥有11.6千米海岸线。实现地区生产总值41.7亿元，工业总产值107.2亿元，农业总产值12.04亿元，一般公共预算收入1.15亿元，农民人均可支配收入3.18万元；综合实力位居全国千强镇434位。海州湾生物科技园区现有规模企业42家，初步形成生物乙醇、通用零部件、碳素新材料3个产能百万吨级产业。全镇利用淘宝、微商、快手等网络平台经营海鲜产品2000余户，电商交易额超10亿元。开展综合环境大整治，创成省生态文明建设示范镇。海头高级中学高考本科达线突破千人大关，海头初级中学被评为全国中小学国防教育示范校。

党委书记：邵　胤（10月免）
　　　　　顾绍波（10月任）
镇　　长：董淑省

宋庄镇

宋庄镇位于赣榆区东南，紧临城区。2018年，土地面积56平方千米，耕地面积10.97平方千米，辖18个行政村、24个自然村，人口3.5万人。实现地区生产总值37.18亿元，一般公共预算收入1833万元，工业增值税1.24亿元，增幅34.12%；农民人均可支配收入2.9万元，城乡居民基本养老保险参保率72.4%。宋庄镇是国家级生态镇、江苏省文明镇、江苏省卫生镇。拥有13千米海岸线，滩涂2666.67公顷，浅海水域3666.67公顷，其中紫菜养殖3333.33公顷。12月，通过国家卫生镇验收。依托双万亩高效养殖区，以“电商+产业”为措施，扶持发展徐朱孟渔具加工、新康邑煎饼等特色产业，打造富民电商品牌。新建农贸市场，完善镇垃圾中转站设施，建设500吨分布式污水处理厂，实现镇村环境“大换颜”。全镇镇村文化广场等基础设施全覆盖，建有民间文艺团队14个。举办第十届“三洋港之夏”文艺晚会、第三届“生命律动”广场舞大赛和第二届“景清书苑杯”宋庄镇书法大赛等文体活动。

党委书记：居潘娣
镇　　长：李道江（12月免）
　　　　　倪大江（12月任）

墩尚镇

墩尚镇地处赣榆区最南部，是国家级生态镇、国家级卫生镇、国家级生态文明示范镇、省级健康镇。2018年，土地面积128.55平方千米，耕地面积35平方千米，淡水养殖400公顷，辖29个行政村，总人口7.97万人。实现地区生产总值37.41亿元，一般公共预算收入3890万元，比2017年增长47%；完成工业应税销售收入13.7亿元，增长45%；完成工业入库税收4117万元，增长42%。工业企业纳税过百万元企业10家，过50万元企业19家，连续3年被评为连云港市综合实力前20强乡镇。墩尚镇临港自控设备产业园区完成连港路、通港大道黑色化建设，建成连云港年年有鱼电商园和墩尚泥鳅电子商务产业园。

党委书记：李　杰
镇　　长：卢　玮

金山镇

金山镇是东渡日本秦代方士徐福的故里，地处苏鲁交界，与山东莒南县相邻，西与厉庄镇交界，南与赣马镇相连，东与石桥、海头镇毗邻。2018年，土地面积66.9平方千米，耕地面积34.57平方千米，耕地面积34.57平方千米，辖21个行政村，总人口5.19万人。实现地区生产总值23.6亿元，一般公共预算收入3652万元，规模以上固定资产投资7.4亿元，规模以上工业投资6.6亿元，农民人均可支配收入2.16万元，新增在谈项目21个，其中投资过亿元项目7个。新签约项目7个，开工7个，投产3个。完成田园综合体发展规划，总投资2.8亿元的赵湖设施园艺、恒汇果蔬、石埠果香满园、电商产业园、特种家禽养殖创业园有序推进。创建国家级卫生镇，投资2.5亿元，实施金贸路改造、朱汪大桥、农贸市场、金桂园小区等11个基础配套项目建设，龙王河水质持续改善。年底通过国家级卫生城镇暗访。

党委书记：王　喻
镇　　长：仲　翠

赣马镇

赣马镇位于赣榆区中部。2018年，土地面积85.6平方千米，耕地面积48.12平方千米，辖36个行政村，73个自然村，总人口8.69万人。实现地区生产总值34.9亿元，一般公共预算收入5928万元；规模以上固定资产投资14.2亿元，工业技改投入6.11亿元，产业有效投入5.62亿

赣榆区和安湖暮色　　　　赣榆区　供图

元；工业应税销售收入5.47亿元；工业入库税收1400万元。在建项目6个，其中老丹刃食品年10万头肉牛屠宰加工项目和年设计生产能力500万套的东怡时装服装加工项目投资过亿元。重点投产项目7个，分别是富鑫包装铝板涂印及铝塑瓶盖加工项目、丰诚新型建材年产30万立方米新型建材项目、汽车维修综合服务区项目、建宇木业出口木制品加工项目、红杉服装项目、丰达混凝土年产20万立方米商品混凝土搅拌站、祥坤食品二次紫菜加工项目。新建集乡贤文化、休闲娱乐于一体的兴庄河樱花广场；投资300万元，新建日处理污水500吨分散式污水处理厂1座；投资80万元，新建垃圾处理站1座；新增242省道沿线路灯219盏；投资300万元，建成占地0.8公顷的村级公益墓园。

党委书记：李冬明

镇　　长：李　振

赣榆区塔山镇金公果业猕猴桃产业基地　　　赣榆区　供图

沙河镇

沙河镇位于赣榆区西南部，是首批对外开放重点工业卫星镇、江苏省百家名镇、江苏省新型示范小城镇、苏北重点中心镇、省级卫生镇。2018年，土地面积132.52平方千米，耕地面积79.85平方千米，辖行政村52个，人口12.57万人。实现地区生产总值31.83亿元，一般公共预算收入4045万元。企业所得税完成702万元，工业增值税完成2825万元，工业应税销售收入完成6.02亿元。规模以上固定资产投资14.03亿元，规模以上工业投资7.5亿元。江苏东霞户外用品一期项目、连云港仲友再生资源金属破碎加工项目和连云港雯瑞纺织服饰有限公司年产30万套床上用品加工项目竣工投产。建筑面积3200平方米的沙河电商产业园建成投入运营。完成盐殷线殷庄段亮化绿化提升工程和殷庄农贸市场建设及马路市场搬迁工程。完成占地5500平方米的乡贤广场建设。连云港田福农庄旅游开发有限公司获批2018年市级休闲观光农业示范点。申报2018年国土占补、挂钩项目7个，启动徐屯片区万亩土地整理项目。“沙河好母亲”李冬入选中国好人榜。

党委书记：王维志

镇　　长：杨康泗

塔山镇

塔山镇位于赣榆区中西部。2018年，土地面积105.36平方千米，耕地面积50.87平方千米，辖30个行政村、6.4万人。实现地区生产总值15.02亿元，实现工业总产值4.15亿元，农业总产值3.69亿元，一般公共预算收入2952.72万元，人均可支配收入1.96万元。塔山镇拥有子贡山、端木书台等众多古迹名胜，境内塔山湖为国家一级饮用水源。投入5200万元推进国家级卫生镇创建，通过国家卫生城镇暗访。实施镇区改造升级工程，实现267省道镇区段3000米无杆化。新签约项目16个，新开工项目8个。连云港昌隆新材料食品级塑料制品项目、连云港汇通达网络科技有限公司项目等快速推进，连云港乐富新材料、江苏好智通医疗设备、连云港华欧木艺等项目投产达效。建成5200平方米电商大楼和1万平方米数字化云仓，引进连云港日朗模具、优讯贸易、全牌环保和连云港茂顺婚庆道具等电商企业30余家，开通韵达快递、申通快递直通淮安转运中心。培育昂和农业、瀚藻贸易、汇安达、金公果业等龙头电商企业。举办第二届民俗文化节、“爱在重阳，脱贫奔小康”主题活动。2018年，先后获得省级生态文明建设示范镇、省级创业型街道（乡镇）等称号。

党委书记：卢玉旺

镇　　长：张　波

厉庄镇

厉庄镇是赣榆区西北丘陵山区中心镇，是中国大樱桃之乡、全国农业旅游示范点、江苏省四星级乡村旅游点、江苏省优质茶果基地。2018年，土地面积62.03平方千米，耕地面积39.04平方千米，下辖16个行政村，人口3.71万人。实现地区生产总值13.55亿元，工业总产值3.5亿元，农业总产值2.15亿元，一般公共预算收入1792万元，粮食总产量1.67万吨，农民人均可支配收入1.88万元。重点项目海太尔防护用品二期、申隆纺织和郁州油脂建成投产。在获评中国最美村镇的基础上，打造樱桃特色产业，举办2018连云港赣榆大樱桃旅游文化节和第二届苍梧绿园大樱桃品鉴会，接待游客30余万人次。打造樱桃主题电商街，完成总面积3700平方米的电商创客中心，吸引苏宁易购等12家电商（贸易型）企业入驻；继续对接中国园艺协会，完成33公顷中国甜樱桃基地建设；启动马山片区100公顷樱桃种植示范园和河墩片区2公顷盆栽樱桃园区建设。新流转土地4公顷，栽植樱桃、蓝莓、甜杏、石榴等各种水果，启动集农耕种植、水果采摘、文化体验、休闲观光为一体的小水果主题公园建设。

党委书记：金　耀

镇　　长：董　琦

城头镇

城头镇位于赣榆中部地区。2018年，土地面积117.5平方千米，辖43个行政村，人口9.29万人。实现地区生产总值23.6亿元，工业总产值6.21亿元，农业总产值4.84亿元，粮食总产量9.86亿吨，一般公共预算收入2957万元，规模以上工业投资4亿元，进出口总额4000万美元，新增纳税超50万元以上企业4家，农民人均可支配收入1.93万元。2018年全镇首批14个村推行土地适度规模经营，完成土地流转310.66公顷。完成农民创业园一期1.7万平方米标准化厂房、工业集中区1.5万平方米多层标准化厂房建设。新签约招商引资项目13个，其中过5000万元项目11个，新投产8个项目，东港新材料、坤永实业、华顺塑业、美泰茂实业、丰茂食品、棠森展览展示、海若木业7个工业项目实现当年签约、当年投产。精准推进扶贫开发，全面实施总投资961万元的12个扶贫项目，完成东坨沟村、仙墩村等4个经济薄弱村、1400人脱贫任务。

党委书记：王聪益

镇　　长：王卫东

班庄镇

班庄镇地处赣榆区西部，是连云港市石材之乡、茶叶之乡、芦笋之乡。2018年，土地面积175.61平方千米，耕地面积82.36平方千米，辖44个行政村，人口10.32万人。实现地区生产总值24.27亿元，工业总产值13.59亿元，农业总产值11.37亿元，一般公共预算收入3540万元，粮食总产量4.43亿吨，农民人均可支配收入1.91万元。新签约项目11个，总投资20.4亿元，其中过亿元项目4个，过10亿元项目1个，在建项目6个，新投产工业项目5个，服务业项目1个。新建设2000平方米乡贤广场，新建1000平方米综合文化服务中心，并通过省乡镇文化阵地建设验收。特色小镇完成起步区土地挂牌，基本完成小镇客厅、彩虹桥建设和文化广场土地平整。夹谷山地质生态公园项目建设完成，并通过验收。前集村被确定为省级特色田园乡村建设试点村庄，夹谷山休闲观光园被评为市现代农业示范园区，孙净埠村被评为市电商示范村。

党委书记：刘仓桥

镇　　长：詹　磊

黑林镇

黑林镇地处赣榆区西北部。2018年，土地面积82.62平方千米，辖21个行政村，人口4.6万人。实现地区生产总值10.53亿元，一般公共预算收入1282万元。规模以上固定资产投资4.4亿元，规模以上工业固定资产投资3.5亿元，规模以上工业技改投入1.45亿元，规模以上工业主营业务收入2.24亿元，农民人均可支配收入1.39万元。投资4200万元的小芦山特色田园项目完成村庄路口标识、道路建设，翻水站、村民服务中心、生态停车场、山居民宿、农家小院、四季采摘果园及水果博物馆建设。投资1.2亿元的沃田蓝莓深加工项目试生产，投资1.3亿元的元芦草沟农业园区项目推进建设，红果林亲子乐园项目完成10公顷猕猴桃种植，投资800万元猕猴桃冷链项目完成库体建设，大树、李良庄、小芦山3个土地股份合作社种植蓝莓、苹果等200公顷进入田间管理阶段。黑林镇被评为江苏省生态文明建设示范镇，大赤涧村和河西村被评为江苏省“一村一品一店”示范村。

党委书记：马秀云

镇　　长：宓守峰

城西镇

城西镇位于赣榆城区西郊。2018年，土地面积45.3平方千米，耕地面积31.04平方千米，辖21个行政村，总人口4.82万人。实现地区生产总值13.28亿元，一般公共预算收入2001万元，工业应税销售收入3亿元，规模以上工业投资3亿元，工业技术改造投入1.8亿元，进出口总额400万美元。拓普电子、星河塑业等项目加快推进，慧之秀发艺、库拉尼纸品、万隆油墨等项目投产达效。流转土地333公顷发展规模设施农业，申报市级农业现代示范园区。新建田间储存沼气池15座、电灌站3座、路灯300盏，完成8个村2500户农村改水工作，修建水泥路3万平方米。城西大桥与城西大道建成通车；城新线、402省道辅道建成通车。

党委书记：张　军

镇　　长：沈庆敏（8月免）

万安然（12月任）

（鲁守洋）

海州区

【概况】 海州区是连云港市政治、经济和文化中心。2018年，行政区域面积700.71平方千米，辖4个镇、15个街道，共95个村、116个社区，户籍人口79.14万人，常住人口83万人。实现地区生产总值364.04亿元，比2017年增长5.3%。一般公共预算收入34.79亿元，增长11%，其中税收占比94%，财税收入总量和质量位居全市县区之首。工业应税销售收入、增值税分别增长18%、22%。城乡居民人均可支配收入分别达3.64万元、1.79万元，分别增长8.1%、8.6%。

【工业】 2018年，海州区医药健康、装备制造、新型材料主导产业产值占比突破70%，工业应税销售收入260亿元，海州工业园亩均税收由11.8万元提升至18万元，园区主力军作用愈加凸显。创泽智能服务机器人、康达智二期等26个工业项目竣工投产，中科院连云港研究院、中关村智谷中心等创新合作平台落地。实施“小升规”“规升巨”“巨升龙”培育计划，新增规模以上企业15家，过亿元企业25家，正大天晴位列2018中

2018 年海州区国民经济发展情况主要指标一览表

表 68

项　目	单位	2018 年	比上年增减%	项　目	单位	2018 年	比上年增减%
人口	万人	79.14	—	农业总产值	亿元	37.28	14.4
土地面积	平方千米	700.71	—	粮食总产量	万吨	30.06	-2.9
耕地面积	平方千米	252.00	—	全社会固定资产投资总额	亿元	347.08	20.3
地区生产总值	亿元	364.04	5.3	外贸自营出口额	亿美元	10.26	9.9
第一产业增加值	亿元	18.26	0.1	实际利用外资及港澳台资	万美元	8227.00	-3.2
第二产业增加值	亿元	97.50	-0.5	社会消费品零售总额	亿元	297.56	8.4
工业增加值	亿元	77.54	1.9	公共财政预算收入	亿元	34.79	11.0
第三产业增加值	亿元	248.28	8.3	一般预算支出	亿元	34.45	5.8
人均地区生产总值	元	51399.00	2.8	城镇居民人均可支配收入	元	36353.00	8.1
规模以上工业产值	亿元	307.07	-13.3	农村居民人均可支配收入	元	17850.00	8.6

国创新力医药企业第二，天明机械被评为全国制造业单项冠军示范企业。

【服务业】 2018 年，海州区重构龙河广场、德邦、新浦磷矿、民主路四大现代服务业集聚区，吸引一批国内知名企业投资。统一管理商业街区，民主路、盐河巷、花鸟鱼虫市场业态逐步完善。吾悦广场主体基本完工，利群时代重装开业，白虎山批发市场启动建设。舟谱云仓、九州通等智慧物流项目落地建设，新增纳税超 5000 万元楼宇 1 家、超 2000 万元楼宇 5 家；天马网络年销售额达 20 亿元，全区电商交易额突破 130 亿元。

【农业】 2018 年，海州区流转土地 3533.33 公顷，历年最多。打造新 204 国道绿色生态廊道，新培育家庭农场 110 家，新建高标准农田 1000 公顷，建立全市首家农产品质量追溯体系。省级现代农业产业示范园“三中心”建成投产，新坝花果香田园综合体初步建成；创成省三星级乡村旅游区 2 家，举办全市乡村旅游节和首届农民丰收节，加速种粮食向“种风景”的产业转型。

【城乡建设】 2018 年，海州区编制完成环锦屏山、月牙岛旅游概念性规划。完成高铁片区棚户区改造面积 54 万平方米；月牙岛完成水利用地回收、林相改造等基础工作，创成省级水利风景区；收回采石宕口 5 处、水库塘坝 13 个，完成磨盘山二期等 5 个地块征收，拆除违建 13.5 万平方米，全长 9 千米的锦屏山北步游道全线贯通，刘志洲山体育公园完成征地。完成 16 个新地块征收和 24 个结转地块攻坚，累计征收面积 214 万平方米，征收民居近万户，拆出净地近 200 公顷。连徐客专、连镇铁路全线无障碍施工。打通大庆路跨西盐河桥和陇海西路等“断头路”，改造老旧小区 15 个、宜居示范小区 2 个、背街小巷 50 条，新建瀛洲公园，打造新浦大道等绿化景观示范路 6 条，完成造林面积 1200 公顷。实现新型农村社区建设规划编制全覆盖，启动农民集中居住区试点，建设板新线、新坝中路等农村公路 105 千米。板浦、锦屏创成省级卫生乡镇，浦南、新坝创成国家卫生乡镇。苏北首家区级智慧城市管理中心建成运行。实施城乡环境综合整治行动，高铁沿线环境焕然一新，机关事业单位和 43 个住宅小区垃圾分类试运行。中央环保督察“回头看”19 批次、30 件交办件全部整改到位。取缔“散乱污”企业 70 余家。全面关停连吉等化工企业 6 家，城区至此再无化工企业。“河长制”全面落实，“河段长”经验做法被水利部推广。完成大浦河和烧香河黑臭水体治理，完成东海尾水通道修缮和板浦至宁海污水主管网工程。在全市率先实施全域畜禽养殖场所达标整治工作。8 个国省考断面水质全部消除劣五类，西盐河、烧香河平均水质提升至四类。在全市率先启动生态殡葬改革。基础设施补短同步推进，铺设镇区污水管网 30 千米，实现园区、建制镇主干道污水管网建设全覆盖，完成 15 个村庄污水集中治理，城镇污水处理率达 93%。浦南、新坝、锦屏被评为省生态文明建设示范乡镇。

【社会事业】 2018 年，海州区新建改建凌洲路小学等 13 所中小学、幼儿园，创成 8 所省优质幼儿园；引进西安交大阳光外国语学校；90% 的义务教育学校达到省现代化办学标准。新增特级教师 6 人。在全市率先实行中小学弹性离校和中午配餐制度，提前消除超大班额。改扩建 3 家基层医院和 16 家标准化村卫生室，创成全国优质示范卫生服务中心 2 家，建成全市首家基层卫生人员实训基地，并被认证为全国乡村医生培训中心。美年大健康、裕隆体检、九如城养老等民营项目对外运营。举办纪念《镜花缘》成书 200 周年活动，广场舞代表队勇夺省运会金奖，建成 73 个标准化基层文体服务中心，打造新浦公园全人群体育公园。新增城镇就业 1.46 万人。板浦镇、岗埠农场区域供水基本完成。率先建成全市首家嵌入式居家养老中心，新建街道老年人日间照料中心 6 家，入选首批省级社区居家养老示范区。

2018年海州区各镇、街道经济社会发展基本情况一览表

表69

名称	土地面积（平方千米）	耕地面积（平方千米）	户籍人口（人）	地区生产总值（亿元）	工业总产值(万元)	农业总产值(万元)	一般公共预算收入（万元）	粮食总产量（吨）	农民人均可支配收入（元）
浦南镇	108.50	58.80	58600	10.00	44000	22000	3939	36000	26000
新坝镇	69.00	44.70	32000	14.70	20800	79476	717	68849	18689
锦屏镇	52.14	16.89	29600	10.85	66163	19122	1181	24010	24458
板浦镇	80.64	49.17	66148	9.93	110810	57840	3121	57456	20426
新浦街道	10.40	—	53000	—	9028	—	9063	—	—
浦西街道	11.40	—	42000	12.65	—	—	3000	—	35000
路南街道	2.01	—	46603	—	—	—	10528	—	—
新南街道	7.49	—	78816	15.00	—	—	2331	—	35000
新东街道	15.00	—	116000	—	—	—	13953	—	35000
新海街道	5.50	—	56000	—	24000	—	4042	—	—
宁海街道	42.88	23.33	24581	6.84	141117	23387	6846	29674	20120
朐阳街道	16.80	1.20	40219	5.00	25000	4460	5478	—	32000
洪门街道	8.85	0.94	12500	8.75	97600	265	5075	214	26238
海州街道	1.03	—	19116	0.68	—	—	1013	—	23000
幸福路街道	2.80	—	17000	48.00	437032	—	2582	—	25000
云台街道	58.66	20.67	32972	6.95	—	—	2369	—	20386
花果山街道	40.00	2.28	28946	36.41	645431	1849	49413	571	23855
南城街道	11.20	1.46	12084	2.14	2400	610	4473	1904	28000
郁洲街道	7.80	—	30058	—	—	—	28089	—	—

浦南镇

浦南镇位于连云港市区西郊，东至东站引河，北至新沭河，南至鲁兰河，西与东海县黄川镇接壤。域内风景名胜有临洪河口湿地、月牙岛。历史名人有彦涵、刘一麟。主要特产富硒米、草舍西红柿、泥鳅等。2018年，土地面积108.5平方千米，辖18个行政村和1个社区，人口5.86万人。实现地区生产总值10亿元，一般公共预算收入3939万元，规模以上固定资产投资40.3亿元，规模以上工业投资10.3亿元，工业技改投资3.4亿元，农民人均可支配收入2.6万元。2018年被评为省级、国家级卫生乡镇，首批江苏省生态文明建设示范乡镇，全国第三次农业普查先进集体（省级）。

党委书记：薛喜东

镇　　长：朱　冲

海州古城　　肖勇/视觉江苏网

新坝镇

新坝镇东起盐河，西与东海县张湾乡大湖村东海小河、军营庄、小李庄交界，南临灌云穆圩乡王堆村，北与锦屏狮树村交界。主要特产拿比特西瓜、新坝大白菜、毛豆。2018年，土地面积69平方千米，辖16个行政村、75个自然村，人口3.2万人。实现地区生产总值14.7亿元，完成社会固定资产投资16亿元，增长13%；完成工业投资3.5亿元，增长11%；完成规模以上工业总产值4850万元，增长9.5%；一般公共预算收入717万元，农民人均可支配收入1.87

万元，增长9.2%。新坝镇相继创成省级、国家级卫生乡镇、全省首批生态文明示范镇，打造“河长制”省级示范河道。新坝镇构建“党建+三资管理”的新模式在全市推广，经验做法被《人民日报》等媒体报道。

党委书记：闫　浩

镇　　长：王昌杰

锦屏镇

锦屏镇地处锦屏山南麓，南与新坝镇相邻，东与海州开发区接壤，西至蔷薇河。历史文化悠久，镇区内有“东方天书”之称的将军崖岩画和桃花涧旧石器遗址，建成蔷薇湖田水湾生态园，在建的刘志洲山体育公园。2018年，土地面积52.14平方千米，辖9个村、3个社区，人口2.96万人。实现地区生产总值10.85亿元，工业总产值6.62亿元，一般公共预算收入1181万元，农业总产值1.91亿元，农民人均可支配收入2.45万元。年内被评为江苏省卫生乡镇、江苏省生态文明建设示范镇。

党委书记：姜海燕

镇　　长：杜　威

板浦镇

板浦镇是首批江苏历史文化名镇。位于海州区南大门，东至东辛农场，西至海州区新坝镇，南至善后河，北至海州区宁海街道。历史名人有凌廷堪、李汝珍、刘清韵以及“二许”（许乔林、许桂林）、“二乔”（乔绍侨、乔绍傅），近代有中科院院士“三汪”（汪德耀、汪德昭、汪德熙）。主要特产板浦凉粉、香肠、猪蹄、小脆饼、豆丹、汪恕有滴醋、板浦大糕。建有板浦秋园、李汝珍纪念馆。2018年，土地面积80.64平方千米，辖16个村、5个社区，人口6.61万人。实现地区生产总值9.93亿元，一般公共预算收入3132万元，固定资产投资23.5亿元，工业总产值11.08亿元，农民人均可支配收入2.04万元。2018年完成市区自来水接入、污水管网铺设、乡干河环境整治、城东菜市场消防安全隐患整改、主干道沿线违建拆除、背街小巷改造等民生工程，规划启动4个农民集中居住区，创建成为省级卫生乡镇。

党委书记：张兴旺

镇　　长：茆龙海

新浦街道

新浦街道位于海州区西北部，东至丁字路，南至陇海步行街、陇海东路，西至南极北路、新新路，北至临洪闸。境内有民主路老街、振兴汽车城、五金机电城、精品装饰城、国际商城、亚欧建材装饰广场、钢材市场、汇金广场、中央百货、国际商务大厦等。2018年，土地面积10.4平方千米，辖15个社区，人口5.3万人。完成规模以上固定资产投资38.5亿元，实际利用外资及港澳台资101万美元；一般公共预算收入9063万元，工业总产值9028万元，工业应税销售收入增长22%，工业增值税增长23%，社会消费品零售额增长15%；楼宇经济实现效益20万元企业14家，超50万元企业6家，超100万元企业5家。

党工委书记：李松红

主　　任：汪　伟

浦西街道

浦西街道位于海州中心城区北部，南至陇海路，北至蔷薇河，东至南极北路—新新路—新浦大道，西与洪门街道洪新社区接壤。面积11.4平方千米，下辖12个社区，人口4.2万人。驻地有连云港火车站、新浦长途汽车站、市广播电视台、市社会福利院、市康复医院、市石油公司、市研磨厂等企事业单位；有火车站广场商业黄金圈、陇海商业步行街、沈圩桥农贸市场、苏果超市等便民购物场所。浦西街道绝大部分地区为老城区，随着旧城改造，建成蔷薇小区、新站花园、仕方国际、富邦万德园、瑞景花园、兴城花园等一批大型现代居民区。域内有人民广场、盐河北路绿地、河滨绿地和陇海步行街凤凰广场等市民健身场所和休闲场所。学校有建国路小学、新海小学、向阳小学等。2018年，实现地区生产总值12.65亿元，固定资产投资完成9亿元，实现社会消费品零售额增幅15%，一般公共预算收入3000万元。

党工委书记：周云祥

主　　任：程　勇

路南街道

路南街道位于市商业中心，东起龙尾河，西到西盐河，南至朝阳中路，北到陇海商业步行街。2018年，土地面积2.01平方千米，辖9个社区，人口4.66万人。街道以打造“三区两城”现代服务业功能区为重点，完成一般公共预算收入1.05亿元，规模以上固定资产总投资8.1亿元，社会消费品零售额增长22%。路南街道被省委组织部、省委宣传部联合表彰为2017年度全省基层党员冬训工作示范街道。

党工委书记：董志红

主　　任：李　星

新南街道

新南街道位于朝阳路以南，秦东门大街（红砂路）以北，西盐河以东，龙尾河以西。2018年，土地面积7.49平方千米，辖13个社区，人口7.88万人。实现地区生产总值15亿元，一般公共预算收入2331万元；完成固定资产投资28亿元；社会消费品零售额增长15%。获评全省网格化治理示范街道、省级创业型街道（乡镇）、江苏省休闲观光农业精品村和主题创意农园。

党工委书记：刘　虹

主　　任：徐维铮

新东街道

新东街道位于海州区东南部，东至东盐河以西，西至龙尾河，南与南城街道、云台农场接壤，北至陇海东路与新浦街道为邻。2018年，土地面积15平方千米，辖13个社区，人口11.6万人。实现规模以上固定资产16亿元；社会消费品零售额增长29.9%；一般公共预算收入1.4亿元。先后被评为全市基层党员冬训工作先进集体、市文明单位、市文明城市创建示范社区、江苏省和谐示范社区。

党工委书记：侍启辉

主　　　任：张延静

新海街道

新海街道位于海州区中部，东至盐河南路，北至陇海西路，南至海宁西路，西部与洪门街道接壤。辖区主要有中蓝连海设计研究院、国网江苏电力公司连云港供电公司、连云港水表有限公司、连云港和美家妇产医院和连云港市保安服务公司等单位。2018年，土地面积5.5平方千米，辖10个社区，人口5.6万人。完成固定资产投资9.1亿元，一般公共预算收入完成4042万元；规模以上工业总产值2.4亿元。承担市、区两级6个重点项目，其中市级重点项目3个。建成西苑社区、星化社区、富强社区3个市级示范点，打造社区嵌入式养老服务中心，占地面积400平方米，为附近社区老人提供护理、保健、康复、娱乐等服务，9月18日投入使用。新海街道新潮社区建设被国务院侨务办公室评为全国为侨公共服务体系示范单位，被省委省政府评为全省社会治安综合治理先进集体。

党工委书记：徐　蓓

主　　　任：伍安富

宁海街道

宁海街道东邻东辛农场，西到锦屏镇，南临板浦镇，北至南城街道。2018年，土地面积42.88平方千米，辖9个村、1个社区，年末总人口2.46万人。宁连高速、徐连高速在辖区内交会，204国道穿境而过。16个市区重点项目完成11个，结转5个，宁海电子信息产业园入住率从30%提升至70%，园区经济总量不断壮大，企业税源经济跨越式增长。流转土地533.33公顷，蓝莓庄园、福东农业等一批农业企业成为全区标杆。海宁工贸园新上汽车4S店5家，商贸服务集聚功能不断完善。宁海工商分局、国土二所入驻大楼办公，打造辖区内行政审批一站式服务。投资近100万元更换160余个垃圾箱，投资100余万元改扩建垃圾站，投入150万元实施全街道环卫一体化和村庄环境整治工程，清理河道20余千米；耗资170万元修建9座水冲式厕所；投资50余万元，安装新北河路、新圩全村、太平1、6、7组，平安四组等村组路灯200余盏；投资150万元绿化南北大沟新北四组段、杨场、清河、新北河沿线；耗资3000余万元修建新北河路和黄圩路。年内，太平村被评为省级创业型村社，平安社区被评为江苏省健康社区。

党工委书记：空缺

主　　　任：李克成

朐阳街道

朐阳街道东起西盐河，西到蔷薇河，南临锦屏山，北至海宁大道。朐阳街道有锦屏山、孔望山、石棚山、白虎山和西盐河、蔷薇河、玉带河。历史名人有麋竺、石延年、秦怀扬、李实甫等。主要特产有孔望山红心桃、朐阳门过寒菜、网疃葡萄、丁庄芹菜等。2018年，土地面积16.8平方千米，辖4个行政村、5个社区、2个村级公司，年末总人口4.02万人。实现地区生产总值5亿元，一般公共预算收入5478万元。区政府西、德邦2个地块率先实现三个“七天”工作目标，白虎山批发市场地块创新工作模式，朐阳旧城改造经验在《人民日报》刊登；环锦屏山生态旅游规划完成整合，村庄布局规划纳入市、区层面统一报批，吴窑塘坝等节点完成设计。游步道建设、山北资产资源回收稳步推进，孔望山新城开发建设体制全面理顺，山北组团开发实现破题。

党工委书记：殷成祥

主　　　任：孔凡龙

洪门街道

洪门街道东与浦西街道、新海街道相连，南与幸福路街道、东海县张湾乡接壤，西与东海县张湾乡、新浦工业园交界，北与新浦工业园、浦西街道为邻。主要特产古安梨。2018年，土地面积8.85平方千米，辖2个村、3个社区，年末总人口1.25万人。完成规模以上工业总产值9.76亿元，一般公共预算收入5075万元；规模以上固定资产投资22.2亿元，规模以上工业投资14.45亿元。实施旧城改造，快速启动和完成德邦地块（洪门段）项目征收，平稳化解幸福广场二期信访矛盾，顺利实现301旅地块停偿拆除。全年投资近百万元，整治铁路沿线环境。

党工委书记：王志钰

主　　　任：夏　雯

海州街道

海州街道东以甲子路、西以锦屏路、南以东风路为界与朐阳街道搭界，北以秦东门大街为界与幸福路街道为邻。风景名胜有准提寺、双龙井游园、钟鼓楼、朐阳门、城隍庙、海州古城牌坊等。历史名人有沈云沛等。主要特产有海州过寒菜、史猪头熟食等。2018年，土地面积1.03平方千米，辖5个社区，年末人口1.91万人。实现地区生产总值6800万元，全社会固定资产投资4亿元，一般公共预算收入1013万元。完成区级重点项目2个，完成孔巷商业街区项目投资2亿元，完成海州派出所办公用房项目投资350万元。

党工委书记：吕芳芳

主　　　任：李晓光

幸福路街道

幸福路街道东起镇海路，西到西大岭电厂宿舍，南临秦东门大街，北至朝阳西路。2018年，土地面积2.8平方千米，辖5个社区，人口1.7万人。实现地区生产总值48亿元，完成规模以上固定资产投资5.85亿元，完成工业投资3亿元，完成工业技改投资2.96亿元；一般公共预算收入2582万元；社会消费品零售额增幅21%。承担7个市、区重点项目，项目总投资约28.4亿元，协商疏通项目推进堵点11个。创建文明城市中，楼栋墙绘文化等亮点工作频出，打造

"幸福领航"特色服务品牌。幸福路街道征收工作先后交出新海路东、铸造厂、义乌二期、德邦、白虎山市场等6块净地，全年征收房屋面积16.8万平方米，征收民房、商铺1589户，征收企业19家。年内获得省、市级表彰7个，幸中社区"法韵园"获省级法治文化建设示范点称号，香格里拉花园小区被评为江苏省法治宣传教育基地，幸中社区被评为省级创业型社区及江苏省健康社区，西大岭社区被评为连云港文明城市创建示范社区，幸南社区被评为全省和谐社区建设示范单位。

党工委书记：吴　昊

主　　任：王　帅

（刘汉芝）

云台街道

云台街道地处连云港市花果山南麓，面积58.66平方千米，其中耕地面积20.67平方千米，山林面积18.13平方千米，总户数8304户，人口3.33万人。辖西山、丹霞、前关、后关、山东、东磊、渔湾、朱麻、凤凰9个村和凌州社区。境内有众多自然景观和人文景观，有国家AAAA级旅游景区渔湾旅游景区，还有东磊游览区、后关樱桃谷游览区。2018年，云台街道实现地区生产总值6.95亿元，比2017年增长41%，实现一般预算收入2369万元，实现农民人均可支配收入20386元。

党工委书记：徐德田

主　　任：庞士军

（刘心悦）

花果山街道

花果山街道位于连云港高新区中心，境内有国家AAAAA级旅游景区花果山景区。辖区东起花果山景区，西至陇海铁路，南端为花果山大道与科苑路交会点，北临港城大道。2018年，街道面积40平方千米，其中耕地面积2.28平方千米。人口2.89万人。下辖8个行政村、3个社区。街道实现地区生产总值36.41亿元，工业总产值64.54亿元，一般公共预算收入4.94亿元，固定资产投资34.7亿元，利用外资及港澳台资300万美元，新增规模企业2家，注册企业42家，新增城镇就业372人，城市登记失业率控制在1.5%以内。推进征地征收工作，完成花果名苑土地征收，人民医院新院区地块完成土地补偿安置工作。7个地块完成房屋征收签约386户，完成征收面积15万平方米。完成前进、新滩、大村、小村征地入保工作。小村、新村、当路完成村庄污水治理工程。

党工委书记：许　春

主　　任：蒋德恩

南城街道

南城街道位于海州区东南部，面积11.2平方千米，其中耕地面积1.46平方千米，年末总人口1.2万人，下辖宁海、凤凰、青春、九岭4个社区。2018年，街道实现地区生产总值2.14亿元，工业总产值2400万元，规模以上固定资产投资2.49亿元，财政总收入6432万元，一般公共预算收入4473万元。新增工商注册企业22家，完成凤舞铭居综合楼、商务花园移动公司机房等楼宇招商1.1万平方米。南城综合文化活动中心基本完工，南城小学一期、二期建成并投入使用，残疾人之家、南城街道政务中心、社区党群服务中心开工建设。离退休人员资格认证率达99%以上。

党工委书记：陈　飞

主　　任：熊胜波

郁洲街道

郁洲街道位于海州区东部，西起东盐河、科苑南路，东至学院路、G25长深高速，南起九岭路，北至青峰路。土地面积7.8平方千米，人口3万余人，辖7个社区。郁洲街道是市委、市政府所在地，辖区有淮海工学院、新海高中、苍梧小学、市图书馆等文教单位，集聚万达广场、红星美凯龙、美食一条街、新街坊商业街区等商业场所。2018年，街道实现一般公共预算收入2.8亿元。实际利用外资及港澳台资188万美元，固定资产投资34.49亿元，去楼宇化面积6000余平方米，自主招引新设立企业54家，在谈重点项目5个。连云港高新区郁洲创业社区挂牌。

党工委书记：杨育宏

主　　任：孙　军

（吉　祥）

连云区

【概况】连云区是连云港市东部海滨城区。2018年，行政区划面积797.52平方千米，辖12个镇、1个乡，人口13.38万人。连云区海洋资源丰富，拥有118千米海岸线、16个岛礁、1600平方千米海域、5.3万公顷近海可养殖水域。辖区内的连云港港拥有50个万吨级泊位，是国家主枢纽港。区内汇集陇海铁路、沈海高速、长深高速、连霍高速等运输网络，形成海陆立体交通网络。连云区山海风光秀美，是江苏省唯一具有海滨风光的城区，拥有连岛景区、海上云台山2个国家AAAA级旅游景区，有全省最大的海岛连岛和"鸟岛"前三岛，是国家全域旅游示范区创建单位。2018年，连云区实现地区生产总值145.65亿元，全社会固定资产投资178.83亿元，一般公共预算收入12.26亿元，实际利用外资及港澳台资7199万美元，社会消费品零售总额86.75亿元，城镇居民人均可支配收入4.04万元。年内，连云区获得省平安区、省法治建设示范区、省双拥模范区、省食品安全示范区、长三角最具魅力旅游度假名城等称号。

【工业】2018年，连云区完成规模以上工业产值109.57亿元；工业增值税2.6亿元，比2017年增长19.1%；工业技改投入5.53亿元，增长15.3%。主导产业集聚度提升，油脂科技、金属材料板块带动效应不断增强，华乐合金60万吨冷轧钢一期投产达效，企业实现应税销售收入51亿元，税收1.8亿元。润睿高纯油脂项目主体建成，三吉利苯二酚、丰益二聚酸、连杭不锈钢产业园系列项目开工建设，两大主导产业应税销售收入占全区规模以上工业的83.6%，拉动一般公共预算收入增长13.5%。

国家美丽乡村建设示范村——连云区高公岛街道黄窝村 张言华 摄

【农业】 2018年，连云区以健康农产品加工园区为载体，重点发展高端食用菌、紫菜等优势农产品加工出口，通过以商引商方式，江苏乡坛子等一批基地型、外向型龙头企业相继入驻，园区全年实现农产品出口8000余万美元。培育规模以上农产品加工企业44家，实现销售收入35亿元，增长12.3%。农村电商蓬勃发展，建成涉农电商企业9家，年销售额6000余万元，全区所有涉农村（社区）村级电商服务站实现全覆盖。全区涉农村（社区）农村股份制改革工作在全市率先全部完成并挂牌运营。全年紫菜（水菜）产量约14万吨，紫菜交易所内完成5次入场交易，场内统计成交14.54亿张，成交额5.52亿元。

【服务业】 2018年，连云区实现服务业增加值87.58亿元，服务业占地区生产总值比重达59.3%。跨境电商加快发展，"点点通"平台接入海关总署"跨境统一版系统"，思贝"云享空间"孵化器运营，入驻电商企业60家。现代物流繁荣发展，欧亚集装箱分拨中心开工建设。启动"一带一路"大数据产业园规划和重点项目招商，"一带一路"（连云港）国际商务中心获批全市唯一省级生产性服务业集聚示范区。

【城乡建设】 2018年，连云新城开发有序推进，金海二桥建成通车，省海滨康复医院主体完工，蓝色海湾基础工程开工。基础设施建设加快推进，秀水路、航运路、科技路建成通车，中华路西延、宿徐路、"841"隧道改造工程进展顺利，珠江路跨铁路桥、经十五路开工建设。完成绿化工程31个，新增绿化面积60公顷。加大旧城（棚户区）改造力度，完成房屋征收20万平方米。板桥鸿桥花园二期交付，完成老旧小区改造6个。改造背街小巷30条，安装路灯200盏。新建北固山自来水加压泵站，新增燃气用户2700余户，环山片区供水供气难问题得到缓解。开展小区生活垃圾分类试点，建成垃圾分类示范小区46个。免费为56个物管小区安装智能充电桩，新建改造城市公厕8座。开展"三改一拆两清理"行动，拆除违建7.4万平方米。城管执法重心下移，实行城管执法派驻模式，优化街道城管执法队伍，构建城乡一体的城管执法新格局。实施乡村振兴战略，完成村庄环境综合整治工程15个，提升改造农村道路15.6千米。加强大竹园村古村落保护，高公岛村完成省级美丽乡村打造，黄窝村入选首届"中国农民丰收节"100个特色

2018年连云区国民经济发展情况主要指标一览表

表70

项 目	单位	2018年	比2017年增减（%）	项 目	单位	2018年	比2017年增减（%）
户籍人口	万人	13.38	-0.3	全社会固定资产投资总额	亿元	178.83	10.10
土地面积	平方千米	797.52	—	外贸自营出口总额	亿美元	20.47	22.30
耕地面积	平方千米	5.26	2.3	实际利用外资及港澳台资	万美元	7199	-4.09
地区生产总值	亿元	145.65	4.9	社会消费品零售总额	亿元	86.75	8.30
第一产业增加值	亿元	5.38	-1.1	财政总收入	亿元	18.87	27.45
第二产业增加值	亿元	52.69	0.3	公共财政预算收入	亿元	12.26	19.65
工业增加值	亿元	44.48	-0.2	财政支出	亿元	18.62	38.68
第三产业增加值	亿元	87.58	8.4	一般预算支出	亿元	12.04	12.18
人均地区生产总值	元	97555	5.0	城镇居民人均可支配收入	元	40399	8.00
规模以上工业产值	亿元	109.57	-0.1	农民人均可支配收入	元	18239	8.60
农业总产值	亿元	10.42	-0.3	年末存款余额	亿元	261.88	6.91
粮食总产量	万吨	0.29	3.6	年末贷款余额	亿元	344.37	24.51

2018 年连云区各乡镇、街道经济社会发展基本情况一览表

表 71

名称	土地面积（平方千米）	耕地面积（公顷）	户籍人口（人）	地区生产总值（亿元）	工业总产值（万元）	农业总产值（万元）	一般公共预算收入（万元）	粮食总产量（吨）	农民人均可支配收入（元）
海州湾街道	6.42	—	22434	9.97	—	14988	9066	—	36896
墟沟街道	11.79	0.32	53104	24.23	—	—	6575	—	—
连云街道	19.41	—	19072	5.65	—	—	2905	—	—
连岛街道	16.61	—	4888	11.13	535	39085	430	—	27284
板桥街道	52.13	3.21	6911	5.15	37263	10181	467	2855	26117
云山街道	19.10	97.61	19933	7.03	187592	1251	12257	—	29252
宿城街道	18.31	106.71	4571	4.65	19800	4292	1956	—	25772
高公岛街道	12.63	—	2917	5.62	15312	24594	1208	—	32227
猴嘴街道	107.50	68.00	21030	16.11	59167	—	4330	—	307584
朝阳街道	31.66	620.00	19934	28.43	21780	7611	9029	5897	34200
中云街道	42.47	388.00	37200	33.48	170486	1482	13700	2181	23683
徐圩街道	247.60	533.00	6542	7.20	117900	9207	7820	4830	28380
前三岛乡	0.40	—	—	—	—	—	—	—	—

村庄名录。宿城创成国家卫生街道，高公岛创成省卫生街道。

【社会事业】 2018 年，连云区新增城镇就业 6086 人，获批省级创业示范基地 1 个，市级创业示范基地 1 个，创成省级创业型街道、社区（村）10 家。引进优质教育资源合作办学，苏州外国语学校连云港校区、苍梧小学云山校区正式开学。组建院前小学教育集团，搬迁改造云山中心幼儿园，完成校安工程和全面改薄项目 43 个，惠及学校 17 所，义务教育学校在全市率先全部达到省定标准化建设要求。加快建设“健康连云”，与市第一人民医院、市立东方医院深化医联体合作，与蓝卡健康集团合作运营云山蓝卡社区卫生服务中心。落实双拥优抚政策，省双拥模范区实现“七连冠”；组建前三岛民兵哨所。完善“智慧连云”社区自治服务系统，营山社区“136 工作法”入选全国优秀社区工作法。2 个区域性居家养老服务中心、2 个标准化社区居家养老服务站建成投用。医疗卫生及社会保障支出 1.56 亿元，增长 45％。文化事业繁荣发展，区图书馆获批国家一级馆；承办市级以上体育赛事 13 场，举办各类文化活动 105 场，获评省群众体育先进单位。区法律援助中心建成投用，省民主法治示范村（社区）创建率全省第一，获评省平安区、省法治建设示范区、2015—2018 年度全省综治先进集体。完善社会治安防控体系，推进扫黑除恶专项斗争。深化重点行业领域安全专项整治，取缔非法加油站点 23 个，提升森林火灾综合防控能力，创成全市首个全国平安渔业示范县区。建成区食用农产品便民快检中心，完成食品监督抽检 800 批次。

【全域旅游】 2018 年，连云区被评为长三角最具魅力旅游度假名城，海滨旅游度假区获批省级旅游度假区，宿城山海云雾风情小镇入选江苏省第二批旅游风情小镇创建名单。智慧旅游平台和大数据中心上线运行，八间房民宿二期等项目建成运营，实施在海一方公园提档升级。旅游市场监管常态长效，游客满意度位居全市前列。加强旅游宣传推介，连岛铁人三项赛、楸树花节、采茶节、红叶节等活动形成区域品牌，全年接待游客 1300 万人次，旅游综合收入 140 亿元。

海州湾街道

海州湾街道包括大港路以北及连云新城区域，四周环抱北固山、两面临海靠港，海岸线长约 18 千米。2018 年，辖 6 个社区和西墅村，户籍人口 2.24 万人。海州湾街道是连云区政府所在地，是集商务办公、时尚购物、休闲度假、娱乐观光、健身康乐、洗浴桑拿、星级酒店、咖啡茶座于一体的功能齐全、引领时尚的现代化商务中心区，是连云港市建设现代化国际海港中心城市的核心区。2018 年实现地区生产总值 9.97 亿元，一般公共预算收入 9066 万元，新注册企业实现税收 137.6 万元，新招引投资过亿元产业项目 1 个，进出口额超 100 万美元外贸企业 2 家，全年新增注册企业 261 家，其中跨境电商 50 家，年内产生税收且注册资本超 500 万元的现代服务业企业 31 家。外出招商 19 次，招引企业 14 家。创新打造“3＋N”管理模式，探索以全民参与、共享共治为基础的社区治理模式，营山社区“136+ 全科社工”工作法为全市唯一一家全国优秀社区工作法。

党工委书记：夏加全

主　　　任：崔久勤

墟沟街道

墟沟街道是连云港东部核心商

贸区。2018年，土地面积11.79平方千米，辖7个社区，人口5.31万人。实现地区生产总值24.23亿元，比2017年增长4.9%；规模以上固定资产投资17.94亿元，增长11.4%；社会消费品零售总额增长8.4%；一般公共预算收入6575万元，增长38.9%。新招引总投资过亿元产业项目1个，新招引进出口额超100万美元外贸企业2家，实际利用外资及港澳台资241.5万美元。利群时代超市入驻，国内500强企业恒丰银行开设分支机构，中国新城镇控股有限公司投资4400万美元成立旅游文化投资有限公司。年内，墟沟街道被评为全国综合防灾减灾示范社区、全国公益性农产品示范市场，获全省基层党员冬训工作示范乡（镇、街道）、"洋雷锋"文化交流志愿服务优秀项目奖等。

党工委书记：葛海明
主　　任：洪　健

连云街道

连云街道地处新亚欧大陆桥东方桥头堡起点，辖区内有中煤连云港分公司、中交三航江苏分公司、远洋公司等部、省、市属单位24个，其他企事业单位200余个，有中学1所、小学3所、幼儿园4所、社区卫生服务中心2家。2018年，土地面积19.41平方千米，辖8个社区，人口1.91万人。实现地区生产总值5.65亿元，比2017年增长4.8%；实现全社会固定资产投资6.97亿元；社会消费品零售总额7473万元，增长8.5%；一般公共预算收入2905万元。

党工委书记：高　站
主　　任：金　锐

连岛街道

连岛是江苏省第一大海岛，海岸线长17.66千米。连岛街道土地面积16.61平方千米，由6.7千米的全国最长拦海大堤与陆地相连。2018年，连岛街道下辖3个村和大路口社区，人口0.49万人。实现地区生产总值11.13亿元，规模以上固定资产投资完成8.68亿元，一般公共预算收入430万元。年内，连岛街道先后被评为省首批生态文明建设示范街道、省第六批法治文化建设示范点等，获得省沿海国家安全人民防线突出贡献奖。

党工委书记：程　勇
主　　任：李　慧

板桥街道

板桥街道东连云山街道，西至东辛农场，南接徐圩新区，北临上合国际物流园。2018年，土地面积52.13平方千米，海岸线长12.5千米；辖4个社区和张跳村，户籍人口0.69万人。板桥街道是连云港市一体两翼"T"字结构的南翼重要节点，区位优势独特。实现地区生产总值5.15亿元，一般公共预算收入467万元，工业投资2.14亿元，工业技改投资1.84亿元。街道打造板桥不锈钢产业园，引进连云港圣凡折叠房有限公司、连云港雄瀚金属科技有限公司等2个不锈钢产业项目。招引总投资过亿元项目3个、现代服务业项目13个、进出口额超100万美元外贸企业2家、物流企业5家。板桥街道年内被评为江苏省生态文明建设示范街道。

党工委书记：张葆莲
主　　任：惠志江

云山街道

云山街道地处北云台山南麓，东临田湾核电站，西连新港城大道，南与连云港经济技术开发区接壤，东西长11千米，呈条带状分布，面积19.1平方千米。有山林772公顷、耕地97.61公顷，主产樱桃、杏子、板栗、茶叶、柿子等林果茶品，特色农副产品为无公害牛心柿、"仙人顶"牌云雾茶。2018年，街道下辖4个行政村和平山社区，人口1.99万人。实现地区生产总值7.03亿元，全社会固定资产投资21.5亿元，一般预算收入1.23亿元。新增注册企业40家，实现税收1320万元。实际利用外资及港澳台资240万美元，实现社会消费品零售总额5.11亿元。全年规模以上工业投资1.63亿元，规模以上工业技改投资1.2亿元，规模工业产值8.63亿元，其中高新技术产业产值3.12亿元，完成专利授权总数80件。2018年获第二批江苏省生态文明建设示范乡镇（街道）。

党工委书记：于文峰
主　　任：张庆春

宿城街道

宿城街道位于连云区东南部，三面环山，一面临海。2018年，面积18.31平方千米，辖5个行政村和1

2018年，连云区宿城八间房民宿二期建成并运行　　何康鹏 摄

个社区，人口0.46万人。实现地区生产总值4.65亿元，规模以上固定资产投资7.04亿元，一般公共预算收入1956万元，社会消费品零售总额1.3亿元，实际利用外资及港澳台资246.5万美元。街道接待游客40万人次，实现收入2000余万元。八间房民宿二期竣工并运行，南河整治完成3.2千米清淤、河底硬化及护坡工程，新增市政自来水入户管道1万米、污水管网1.8万米，基本完成夏庄、宝山、高庄燃气管道铺设，完成夏东路提档升级，唐王湖通过省级水利风景区复审和国家级水利风景区申报及规划评审。举办2018采茶节、楸树花节、枫叶节，在央视七频道播出报道。宿城街道获国家级卫生乡镇、省级第二批旅游风情小镇创建单位、省级首批生态文明建设示范街道、省级基层党员冬训工作示范街道、省级巾帼示范基地称号。

党工委书记：宁延刚

主　　任：黄水亮

高公岛街道

高公岛街道位于后云台山东麓、黄海之滨。2018年，面积12.63平方千米，海岸线总长10千米，下辖3个行政村，总人口0.29万人。高公岛海洋资源丰富，海洋捕捞业、养殖与加工业、旅游业为三大支柱产业。2018年，实现地区生产总值5.62亿元，增长8.1%。一般公共预算收入1208万元。有海洋生产船只300多艘，近海养殖面积5.3万公顷，水产品产量3万余吨；紫菜鲜菜产量9万吨，交易成交量9亿张，产值4亿元。年内，高公岛街道获省级卫生乡镇、省级生态文明示范街道等称号。

党工委书记：孟凡德

主　　任：王顺良

猴嘴街道

猴嘴街道因坐落在名著《西游记》中花果山看门“石猴”下而得名，素有“千年淮盐之乡”美誉。街道辖区面积107.5平方千米（含青口盐场）。总人口2.1万人，辖振云、文明、盐坨、新民、新航、昌圩、黄沙坨7个社区和黄沙村。2018年，猴嘴街道实现地区生产总值16.11亿元；工业总产值5.9亿元；规模以上工业投资1.3亿元；地方一般公共预算收入4300元；新增规模以上工业企业1家：连云港泓昊复合材料有限公司。都科广场集聚企业总数超700家，总注册资金超10亿元。街道众创空间全年入驻“双创”项目、团队20个，在孵新技术、新产品、新服务类项目100个。完成猴嘴辖区企业和个体户清查摸底工作，共录入企业922家、个体户666家。猴嘴街道成功创建江苏省创业型街道，盐坨、昌圩跻身江苏省创业型社区。7个社区全部建成社会管理“一站式”便民服务大厅，振云社区获市“文明城市创建示范社区”称号。新建多功能运动场地1块、健身路径2套；“盐韵好人”广场创建成市级特色文化广场。罹患乳腺癌依然坚守讲台的人民教师王桂华获评“江苏好人”。

党工委书记：张成贤

主　　任：赵士安

朝阳街道

朝阳街道位于花果山北麓，总面积31.66平方千米，耕地面积6.2平方千米，辖新县、朝东2个居民委员会，西庄、刘巷、韩李、张庄、尹宋、马山、沙集7个村民委员会，人口1.99万人。有“黄桃之乡”“建筑之乡”之称。2018年，朝阳街道实现地区生产总值28.43亿元，规模以上工业产值3.86亿元、工业应税销售收入3.6亿元，工业投资0.9亿元，一般公共预算收入9029万元。选树村级创业带头人，做强刘巷磁选、韩李黄桃、尹宋桩基、朝东物流等“一村一品”特色产业，9个村（居）集体收入达到2100万元，农民人均纯收入3.42万元。年内，朝阳街道在全市率先通过省级健康街道技术评估，获评江苏省教育服务“三农”高水平基地。韩李村获评全市唯一一家“全国第三批美丽乡村”试点，并被评为江苏省生态文明建设示范村；张广娣获评“中国好人”。新建1.5千米新县水库健身步道。在全市首批试点开展垃圾分类工作。承办一年一度的全市“十佳乡村旅游节”——开发区桃花节和市孝文化节。“朝阳采摘”上线微信小程序。

党工委书记：殷振邦

主　　任：王　远

中云街道

中云街道位于云台山脉中部，以境内中云台山而得名。人文底蕴积淀深厚，拥有藤花落古城遗址国家级文保单位1处，田横岗传说、根雕、辣黄酒等市级“非物质文化遗产”代表性项目3个，市、区级文保单位16处。行政面积42.47平方千米，辖云门寺、江庄、东巷、黄岭、东诸朝、隔村、金苏、胜利等8个行政村，以及新光、焦庄、山后、范庄、西诸朝、魏庵、五羊、兴旺等8个社区，总人口3.67万人。云龙涧生态景区坐落境内。2018年，中云街道实现一般公共预算收入1.37亿元，规模以上工业销售收入17.04亿元，村居集体经济收入2454.57万元，农民人均纯收入24196元。直接利用外资603万美元；新签约总投资10亿元以上工业项目1个，即总投资12亿元的江苏七八九环保新型材料项目；新签约或盘活固定资产1亿元以上工业项目5个，分别是恒双自控阀门项目、常宁低温容器项目、恩典工业PC构件项目、铭朗节能环保装备项目、不锈钢微细丝项目；新开工总投资1亿元以上工业项目5个，分别是恒顺爪型干式真空泵项目、万创车载电子项目、恩典工业PC构件项目、铭朗节能环保设备项目、凯耀食品机械项目。新投产总投资1亿元以上工业项目2个，分别是晨虹特种气体项目、亿润仪器仪表项目。黄岭村获评省级水美乡村，山后社区获评省级绿化示范村，江庄村获评市级休闲观光农业示范村，金苏村获评市级休闲观光农业精品村，魏庵社区获评市级休闲观光农业示范点。

党工委书记：韩　艳

主　　任：谢春根

（贺亚洲）

徐圩街道

徐圩街道位于连云港市的东南部，北起规划刘圩港河中心线，西至烧香支河西岸，南至善后河、车轴河中心线、埒子口北岸，东至海堤。辖区总面积247.6平方千米，辖徐圩港区、临港产业区、徐圩盐场，辛高圩社区、张圩社区，东陬山村、香河村，总人口1.48万人。海岸线长28千米，拥有滩涂1300公顷，耕地533公顷。2018年，实现地区生产总值7.2亿元，一般公共预算收入7820万元，农民可支配收入28380元。

党工委书记：郭蔚琴

主　　任：段向东

（王　昊）

前三岛乡

前三岛位于海州湾中部，包括平山岛、达山岛、车牛山岛等12处岛礁、岛屿，面积0.32平方千米，海岸线长6.8千米，所辖海域3000平方千米。前三岛乡下辖平山岛村、达山岛村和车牛山岛村，达山岛为乡政府所在地。前三岛海域海水清澈，水产资源丰富，是海州湾渔场的核心，盛产比目鱼、黄鱼、鲈鱼、六线鱼、对虾、毛虾、梭子蟹、海参、鲍鱼、扇贝等多种海产品。前三岛是海州湾候鸟南北迁徙的停息场所，有鸟类140种，其中国家一级保护鸟类53种。2018年12月，平山岛、达山岛、车牛山岛3个一级民兵哨所成立，“时代楷模”王仕花任名誉所长；组建前三岛派出所，办公地点设在达山岛，下设平山岛、达山岛、车牛山岛3个警务室。

党委书记、乡长：张长春

（王　磊）

东海县

【概况】 东海县位于江苏省东北部，是“世界水晶之都”。2018年，全县面积2036.66平方千米，辖17个乡镇、2个街道，总人口124.62万人。拥有耕地面积1222.64平方千米，年产粮食百万吨，是国家和省重要的粮油、林果、蔬菜和肉类生产基地。拥有水晶、西双湖、温泉、亚洲第一科钻超深井、花卉、少儿版画等6张特色城市名片。2018年，东海县实现地区生产总值494.42亿元，比2017年增长4.9%；一般公共预算收入23亿元；完成规模以上固定资产投资329.4亿元，增长20%；城乡居民人均可支配收入分别实现3.2万元、1.7万元，分别增长8.3%和8.9%。政府债务管理获国务院通报表扬，经验做法全省交流，获评省金融生态优秀县。全面开展“隐患大排查、问题大整治、能力大提升”百日会战，中央环保督察“回头看”106件信访件基本整改到位，国考断面水质、空气和土壤质量有效改善，入选首批省级生态文明建设示范县。完成年度扶贫任务，扶贫项目管理办法作为江苏模式在全省推广。2018年，《人民日报》发布以新发展理念和高质量发展为新评价体系榜单，东海县名列全国综合实力百强县第100位、全国绿色发展百强县第70位、全国投资潜力百强县第31位、全国新型城镇化质量百强县第76位。

【工业】 2018年，东海县重抓产业链升级和企业转型，太平洋、晶海洋等骨干企业持续扩能，弘扬石英、浩宇石英等中小企业加速转型。制定出台促进企业转型升级30条政策，发放工业发展专项资金2687万元，投放“苏科贷”资金7080万元，使用中小企业应急转贷资金2.5亿元，7家企业在江苏股权交易中心挂牌。签订银企合作项目8个，发放中小企业贷款18.3亿元，技改投资增长15.2%，重点监测的工业应税销售收入、企业所得税均增长15%。

2018年，东海县落实“绿色、生态、环保、宜居”理念，城乡环境更加生态宜居　柴军委/视觉江苏网

2018年东海县国民经济发展情况主要指标一览表

表72

项　目	单位	2018年	比2017年增减（%）	项目	单位	2018年	比2017年增减（%）
人口	万人	124.62	0.9	粮食总产量	万吨	116.30	-0.3
土地面积	平方千米	2036.66	0	全社会固定资产投资总额	亿元	329.40	20.0
耕地面积	平方千米	1222.64	-0.02	外贸自营出口总额	万美元	38913.00	-1.4
地区生产总值	亿元	494.42	4.9	实际利用外资及港澳台资	万美元	9911.00	-3.2
第一产业增加值	亿元	73.46	2.8	社会消费品零售总额	亿元	211.88	8.3
第二产业增加值	亿元	207.78	1.9	一般公共预算收入	亿元	23.00	8.9
工业增加值	亿元	176.92	-0.8	一般公共预算支出	亿元	66.68	7.8
第三产业增加值	亿元	213.18	8.9	城镇居民人均可支配收入	元	32228.00	8.3
人均地区生产总值	元	50916	4.7	农村居民人均可支配收入	元	17291.00	8.9
规模以上工业产值	亿元	216.14	-19.9	年末存款余额	亿元	415.18	15.3
农业总产值	亿元	144.43	5.7	年末贷款余额	亿元	333.00	13.0

2018年东海县乡镇、街道经济社会发展基本情况一览表

表73

名称	土地面积（平方千米）	耕地面积（平方千米）	户籍人口（人）	地区生产总值（亿元）	规模以上工业总产值（亿元）	农业总产值（万元）	一般公共预算收入（万元）	粮食总产量（吨）	农民人均可支配收入（元）
牛山街道	80.09	32.19	194218	101.80	2.69	34513	30598	30722	25600
石榴街道	77.15	46.39	70672	23.11	8.98	67734	6440	52882	20500
白塔埠镇	103.29	64.75	61565	18.73	7.99	79961	3886	72432	21069
黄川镇	94.38	58.70	65080	20.86	2.19	82711	3074	65431	21900
石梁河镇	101.94	41.43	66727	17.24	10.85	69313	3018	36982	17300
青湖镇	94.06	62.48	61567	18.00	10.09	56007	4065	58801	19950
温泉镇	102.69	59.94	55428	15.02	4.57	47626	3221	41584	20095
双店镇	117.10	75.79	53962	13.01	3.20	75180	2537	42370	20795
桃林镇	170.88	108.42	78919	24.18	13.90	77613	5061	51272	21050
洪庄镇	67.13	43.98	37653	9.62	1.42	47627	1914	27102	17008
安峰镇	134.05	75.06	74313	20.61	5.95	72874	7291	87488	19900
房山镇	149.82	94.38	80215	26.34	12.42	78564	7233	121064	21993
平明镇	157.87	109.23	74409	23.54	21.66	64927	5802	135199	20600
驼峰乡	104.61	63.11	64936	18.66	11.57	69552	5031	74623	21411
李埝乡	72.13	46.91	38849	10.22	7.59	42564	1521	12773	14700
山左口乡	88.89	56.01	46562	10.10	4.79	51615	2448	26939	15100
石湖乡	78.29	47.06	35124	10.98	6.11	47922	2291	28361	19050
曲阳乡	74.95	42.41	36666	10.93	7.65	41259	2025	35896	17450
张湾乡	91.28	61.75	34378	11.78	4.39	39473	1929	77157	20497

【农业】 2018年，东海县粮食总产量116.3万吨，连续15年丰产丰收。新增高效农业2733.33公顷，创成国家级稻渔综合种养示范区、中国好粮油示范县。快速推进农业产业化，打造“福如东海晶质农品”区域公共品牌，创建市级农业产业示范园6个。连云港国家农业科技园区通过验收，农业创新中心挂牌运营，农业物联网信息中心建成投用，获批中国农科院乡村振兴科技支撑整体推进示范县。

【服务业】 2018年，东海县实现服务业增加值213.18亿元，比2017年增长8.9%。水晶产业持续繁荣，举办第三届中国水晶产业发展年会，一批水晶精品亮相青岛亚太手工艺文化周，水晶产业年交易额180亿元。水晶小镇位列全国50个最美特色小镇第二位，关注热度持续高居榜首。水晶城入围全省首批诚信示范街区，3号馆筹备运营。全域旅游发展规划通过评审，举办西双湖建湖60周年暨第七届东海花博会，全域旅游发展论坛、世界名校龙舟赛等活动精彩纷呈，先后7次被中央电视台集中报道。游客接待量和旅游总收入分别增长9.1%和8.9%。网上水晶城、“乡村小乔”线上农产品销售等新兴销售业态持续火热，“11·11”网络购物节当天水晶电商交易额突破3亿元。

【城乡建设】 2018年，总规修编基本完成，编制各类规划设计12项。高铁新城、水晶小镇建设进展迅速，红线用地全部交付，晶祥苑、水晶家苑安置小区加快建设。棚户区改造稳步实施，菜园巷东侧等6个地块征迁房屋66万平方米。完成幸福路改建，郑庄路、四中路、四中西路、干休巷竣工通车，完成中华路、府苑路、复兴路等低洼片区治理，城区背街小巷改造全覆盖。城乡公交一体化加快推进，组建景行公交公司，完成农巴车公车公营改制，新投入新能源公交车226辆，开通环城公交和苏北首家学生定制公交。开展全国文明城市、健康城市创建，推行“城管+公安+街道”联合执法模式，拆除违法建筑43.7万平方米。启动建设生活垃圾焚烧发电厂，实施西双湖景区、晶都大道周边楼体美化亮化，建成健康主题公园3个、健康步道10条，25个居民小区实施垃圾分类，71座公厕实行“一进一出”保洁。富华农贸市场投入使用，海陵路创建省级城市管理示范路，54个老旧小区完成改造提升，10个老旧小区实现物业进驻。开展城区非标三、四轮车集中整治，查处各类交通违法行为3200余起，市民文明习惯逐渐养成。卫生乡镇创建累计投入近3亿元，新改建道路62万平方米、农贸市场17个、公共厕所70个，提档升级公园、广场25个，温泉镇、安峰镇、山左口乡通过国家卫生乡镇技术评估，省级卫生乡镇实现全覆盖。农村人居环境三年行动计划稳步实施，完成90个村庄环境整治提升，交通干线沿线环境明显改观，实现区域供水“村村通”。城乡路网不断完善，268省道、张曲公路建成通车，新增农村公路200千米，“两站两员”交通安全经验在全市推广。

【社会事业】 2018年，东海县新增城镇就业1.1万人，转移农村劳动力8000人，扶持自主创业4000人。城乡居民基本养老、医疗保险参保率均达99%以上，发放低保资金6172万元、残疾人“两项”补贴3000万元、尊老金1759万元。扶贫项目管理模式全省推广，1.1万名建档立卡低收入人口实现脱贫，15个省定经济薄弱村达到新“八有”标准。新改建校舍5.3万平方米，朱自清小学建成投用，扩招政府购买服务教师300人。国家慢性病综合防控示范区创建通过复核，黎介寿院士工作站挂牌运行，建成省示范卫生室10家。建成档案馆暨好人馆、朱自清文化园，改扩建村社党群服务中心81个，成立“福”文化研究会。大型现代吕剧《英雄之铭》在南京保利大剧院上演，少儿版画优秀作品全国巡展，全国U17青少年篮球赛等文体活动丰富多彩。被评为省平安县和省法治建设示范县，实现省双拥模范县“七连冠”。

牛山街道

牛山街道位于东海县中部，为县城驻地。2018年，土地面积80.09平方千米，耕地面积32.19平方千米，辖17个行政村和15个社区，人口19.42万人。实现地区生产总值101.8亿元，一般公共预算收入3.06亿元，规模工业总产值26.93亿元，粮食总产量3.07万吨，农业总产值3.45亿元，完成进出口总额1.47亿美元，农民人均可支配收入2.56万元，社会消费品零售额增长18%。

党工委书记：刘大军
主　　任：陈　芳

国家地理标志保护产品——东海双店鲜切花　　东海县　供图

石榴街道

石榴街道位于东海县城北。2018年，总面积77.15平方千米，耕地面积46.39平方千米，下辖17个行政村，人口7.07万人。实现地区生产总值23.11亿元，一般公共预算收入6440万元，规模以上固定资产投资19.6亿元，实际利用外资及港澳台资200万美元，规模以上工业总产值8.98亿元。街道将“总部经济+园区”作为街道经济发展新引擎，规划面积33公顷，40余家企业申请入驻。街道生产石英玻璃、碳化硅、机械电子、建筑材料、照明器材、木工板材、熔融石英等7大系列130多种产品，远销10多个国家和地区，年出口供货额1亿多元。街道享有“硅工业重镇”“蔬菜之乡”“草莓之乡”“劳务之乡”等美誉。

党工委书记：邵　博

主　　任：马向阳（8月调出）

白塔埠镇

白塔埠镇位于东海县中东部。风景名胜有文昌塔、鲤鱼井、城后土城遗址、吕祥璧烈士陵园。主要特产“前营”牌西红柿是国家地理标志保护产品。2018年，土地面积103.29平方千米，耕地面积64.75平方千米，辖16个行政村，人口6.16万人。实现地区生产总值18.73亿元，规模以上固定资产投资8亿元，实现一般公共预算收入3886万元，实际利用外资及港澳台资200万美元，农民人均可支配收入2.11万元。获全国重点镇、省重点中心镇、省级创业型乡镇、省级信息化应用示范乡镇、省级卫生乡镇、省生态文明建设示范乡镇。

党委书记：孙振强

镇　　长：李跃文

黄川镇

黄川镇位于东海县东北部，东临市区，北靠赣榆。“黄川”草莓先后被评为国家绿色食品、国家地理标志保护产品。2018年，总面积94.38平方千米，耕地面积58.7平方千米，下辖22个行政村，人口6.51万人。实现地区生产总值20.86亿元，一般公共预算收入3074万元，规模以上工业企业总产值2.19亿元，农民人均可支配收入2.19万元。举办第五届东海·黄川草莓旅游文化节，获批国家农业产业强镇示范建设，入选全国“一村一品示范村镇”，被誉为“中国草莓第一镇”。

党委书记：相堂献

镇　　长：王建军

石梁河镇

石梁河镇位于苏鲁两省三县交界处，地处江苏省最大的水库——石梁河水库南岸。2018年，总面积101.94平方千米，耕地面积41.43平方千米，下辖24个行政村，人口6.67万人。拥有全省最大的葡萄种植基地、苏北知名的晚秋黄梨种植基地和淡水网箱养殖基地。实现地区生产总值17.24亿元，一般公共预算收入3018万元，规模以上工业总产值10.85亿元。全年新开工投资过5000万元工业项目16个，其中过亿元项目8个，竣工投产项目12个；连云港博云机械有限公司在江苏省股权交易中心挂牌。

党委书记：支跃兵

镇　　长：魏　伟

青湖镇

青湖镇位于东海县北部。2018年，总面积94.06平方千米，耕地面积62.48平方千米，辖20个行政村，人口6.16万人。实现地区生产总值18亿元，规模以上工业总产值10.09亿元，一般公共预算收入4065万元，居民人均可支配收入1.99万元。新开工超5000万元项目11个，其中过亿元项目6个。连续七年荣获全县目标绩效管理一等奖。

党委书记：张　锐

镇　　长：姬清君

温泉镇

温泉镇地处苏鲁交界羽山南麓，与山东省临沭县接壤。2018年，土地面积102.69平方千米，耕地面积59.94平方千米，下辖18个行政村，人口5.54万人。实现地区生产总值15.02亿元，一般公共预算收入3221万元，规模以上工业总产值4.57亿元，农民人均可支配收入2.01万元。承办省“三下乡”活动启动仪式、全市道路交通安全现场会等重大活动；通过国家级卫生镇技术评估，获评中国特色旅游小镇、江苏省生态文明建设示范镇。

党委书记：孙　健

镇　　长：潘婷婷

双店镇

双店镇位于东海县西部。辖区有四星级旅游示范区、鲜切花产业基地、代相古城、苗坦之故里等风景名胜。主要特产有鲜切花和花生等。2018年，土地面积117.1平方千米，耕地面积75.79平方千米，下辖15个行政村，人口5.4万人。实现地区生产总值13.01亿元，规模以上工业总产值3.2亿元，一般公共预算收入2537万元，农民人均可支配收入2.08万元。举办江苏（东海）花之秀插花大赛暨首届双店百合文化节，招引年产2万吨德鑫硅微粉项目、年产6万吨汽车轮辋技改项目、海澜之家年产200万件高档服装项目等过亿元项目5个。

党委书记：陈光明

镇　　长：王宜鑫

桃林镇

桃林镇位于连云港市最西部、苏鲁两省三县交界处，是全国重点镇、中国生态魅力镇、省文明乡镇、省科普示范镇、中国最美乡村旅游目的地、中国乡村振兴示范镇。2018年，总面积170.88平方千米，耕地面积108.42平方千米，辖21个行政村，人口7.89万人。实现地区生产总值24.18亿元，工业应税销售收入12.5亿元；全社会固定资产投资20.85亿元，其中工业投资18.5亿元；一般公共预算收入5061万元；农民人均可支配收入2.11万元。新开工超

5000万元工业项目7个，其中超亿元项目4个，纳税超1000万元企业4家。由桃林镇主抓建设的东海县循环经济产业园一期项目投入运营，园区被评为国家资源循环利用基地。

党委书记：陈新玲

镇　　长：居　锟

洪庄镇

洪庄镇地处东海县西南部，陇海铁路贯穿东西，是苏北鲁南地区的货场中转集散中心。2018年，土地面积67.13平方千米，耕地面积43.98平方千米，辖13个行政村，人口3.77万人。实现地区生产总值9.62亿元，一般公共预算收入1914万元，规模以上固定资产投资9.6亿元，规模以上工业总产值1.42亿元，实际利用外资及港澳台资150万美元。全年新开工过5000万元工业项目10个，其中过亿元项目2个；竣工投产过5000万元工业项目4个。

党委书记：单华昌

镇　　长：唐兴凯

安峰镇

安峰镇位于连云港、宿迁、徐州三市交界处，是江苏省20家“强镇扩权”试点镇之一，国家级生态镇、省卫生乡镇、全市综合经济实力十强乡镇。境内有亚洲科探第一井、江苏省第二大水库——安峰山水库、省爱国主义教育基地——安峰山烈士陵园、圆通寺及湖滨公园等风景名胜，素有“灵山秀水，魅力安峰”之称。主要特产有金红石、石榴子石、石英石、水晶、玄武岩等12种矿藏，其中金红石、石榴子石的储量及品位居全国前列。2018年，土地面积134.05平方千米，耕地面积75.06平方千米，下辖26个行政村，人口7.43万人。实现地区生产总值20.61亿元，规模以上工业总产值5.95亿元，一般公共预算收入7291万元。

党委书记：张义刚

镇　　长：周　建

房山镇

房山镇位于东海县城东南，是国家级生态乡镇、省创新型试点乡镇。连霍高速、245省道、236省道、张曲公路穿镇而过，淮沭新河、淮沭新渠、蔷薇河等河流经境内，房山水库是东海县第三大水库，是著名的水晶之乡、鱼米之乡、意杨之乡，存放在中国地质博物馆4.35吨的“水晶大王”即发掘于该镇。2018年，土地面积149.82平方千米，耕地面积94.38平方千米，辖25个村，人口8.02万人。实现地区生产总值26.34亿元，一般公共预算收入7233万元，农民人均可支配收入2.2万元。

党委书记：李　超

镇　　长：刘　斌

平明镇

平明镇位于东海县东南部，南与沭阳县、灌云县接壤，东与连云港市区相邻，是国家级生态镇。发展定位为打造全国知名的生态稻米生产区、建设产业链完备的硅材料研发制造重镇、建造环境优美的生态宜居福地，形成以江苏太平洋股份有限公司为龙头的硅资源深加工规模集群和以江苏得乐康食品有限公司为代表的1.07万公顷无公害稻米深加工规模集群。2018年，土地面积157.87平方千米，耕地面积109.23平方千米，辖24个行政村，总人口7.44万人。实现地区生产总值23.54亿元，规模以上工业总产值21.66亿元，一般公共预算收入5802万元，实际利用外资及港澳台资548万美元，农民人均可支配收入2.06万元。

党委书记：田　永

镇　　长：易海军

驼峰乡

驼峰乡是东海县城东大门，注重加快特色产业发展，培育甜瓜、葡萄、蓝莓、生态苗木四大产业基地，重点发展硅工业、机械制造等产业。2018年，土地面积104.61平方千米，耕地面积63.11平方千米，下辖22个行政村，人口6.5万人。实现地区生产总值18.66亿元，实现一般公共预算收入5031万元，农民人均可支配收入2.14万元，全社会固定资产投资完成18.5亿元，新开工投资过5000万元工业项目5个。

党委书记：牛　飞

乡　　长：陈　鹏

李埝乡

李埝乡位于东海县西北部，主要特产是桂柳双黄蛋、亨得利雪花牛肉、鸿禹山庄大樱桃、黄皮地瓜、七彩山芋等。获全国种鸭第一乡、黄牛之乡、农业产业化龙头企业先进乡镇、江苏省特色文化之乡等称号。2018年，总面积72.13平方千米，耕地面积46.91平方千米，下辖11个行政村，人口3.88万人。实现地区生产总值10.22亿元；一般公共预算收入1521万元；全社会固定资产投资6.42亿元，增长42.67%，其中工业投资5.97亿元，增长59.2%；实现规模以上工业企业销售收入7.9亿元；农民人均可支配收入1.47万元。民间舞蹈《打莲湘》、长诗《刘二姐赶会》入选市级“非遗”保护项目；长歌《房四姐》入选省级“非遗”保护项目。

党委书记：张　翔

乡　　长：张卫国

山左口乡

山左口乡地处苏鲁交界的马陵山东麓。2018年，土地面积88.89平方千米，耕地面积56.01平方千米，辖15个行政村，人口4.66万人。风景名胜有大贤庄遗址。主要特产是蛇纹石。实现地区生产总值10.1亿元，一般公共预算收入2448万元；实现规模以上固定资产投资13.55亿元，其中工业投资12.2亿元；新开工过5000万元项目8个，其中过亿元项目7个；农村居民人均可支配收入1.51万元。

党委书记：李　斌

乡　　长：崔　巍

石湖乡

石湖乡位于东海县城西。境内有东海县国际农业合作示范区、江苏省首家进境澳牛屠宰基地、苏北鲁南最大的香菇种植基地，素有“西瓜之乡”的美誉。2018年，土地面积78.29平方千米，耕地面积47.06平方千米，辖11个行政村，人口3.5万人。实现地区生产总值10.98亿元，一般公共预算收入2291万元，规模以上工业总产值6.11亿元，农民人均可支配收入1.91万元。签约投资过亿元项目5个，科航环保、归藏环保设备、芬茂汽车塑件等5个过5000万元项目建成投产。

党委书记：樊　平

乡　　长：尹爱兵

曲阳乡

曲阳乡位于东海县城西南。境内探明水晶、石英、金红石等矿藏22种。曲阳古城被评为国家级文物保护单位。2018年，土地面积74.95平方千米，耕地面积42.41平方千米，下辖12个行政村，人口3.67万人。实现地区生产总值10.93亿元，一般公共预算收入2025万元，增长41.34%；全社会固定资产投资额10.64亿元，增长36.06%；规模以上工业固定资产投资额9.9亿元，增长29.41%。

党委书记：常振华

乡　　长：韦自彪

张湾乡

张湾乡位于东海县东南部，与连云港市区相连。境内徐连、汾灌高速、204国道、连盐铁路贯穿，蔷薇河、淮沭新河交错纵横。2018年，土地面积91.28平方千米，耕地61.75平方千米，辖12个行政村，人口3.44万人。实现地区生产总值11.78亿元，一般公共预算收入1929万元，社会固定资产投资10.19亿元，其中工业投资9亿元；新开工过5000万元工业项目9个，其中过亿元项目5个。

党委书记：刘春水

乡　　长：解　泽

东海种畜场

国营江苏省东海种畜场位于东海县城西南，拥有规模达800只的华东最大鹿场、全国储量第二的特大型金红石矿。2018年，土地面积6.73平方千米，耕地面积4.04平方千米，下辖1个行政村，人口0.29万人。实现地区生产总值3.88亿元，农民人均可支配收入2.04万元。

党委书记、场长：马向群

李埝林场

李埝林场位于东海县西北部，辖区地处苏鲁两省三县交界处。2018年，土地面积30平方千米，生态公益林2600公顷。植物资源有黑松、侧柏、刺槐、麻栎、落羽杉、乌柏等70余种，野生动物资源有七彩山鸡、斑鸠、野兔等20余种。主要风景名胜有青松林温泉度假区、御园欢乐谷、金垦蓝莓采摘园、康缘万亩中草药种植园，年均接待游客30万人次。2018年，李埝林场下辖4个分场、1个行政村，总人口2900人。实现地区生产总值4.39亿元，全社会固定资产投资1.65亿元；旅游收入9000万元，进出口总额760万美元，农民人均可支配收入2.03万元。

党委书记、场长：刘　静

（徐　宁）

灌云县

【概况】 灌云建县于1912年，以南有灌河、北依云台山而得名。2018年，土地面积1538.33平方千米，人口103.74万人。境内拥有2条铁路、2条高速、5条国省干道、8条国家等级内河航道，有淮北第一神山大伊山和江苏唯一的海河联运港灌河港区，拥有39千米的黄金海岸线。地方特产有花果山风鹅、紫苏、蓝莓、食

4月28日，首届灌云发展大会召开　　灌云县　供图

用菌、豆丹等。2018年，灌云县实现地区生产总值375亿元，比2017年增长4%；规模以上固定资产投资210.13亿元，增长20.1%；其中工业固定资产投资153亿元，增长28%；社会消费品零售总额143.49亿元，增长8.1%；城镇和农村居民人均可支配收入分别为27086元、15493元，分别增长8.2%、8.9%。一般公共预算收入22.33亿元，增长8.6%。年内，灌云县先后获得全国投资潜力百强县市、科技创新百强县市、最具发展潜力电子商务县、中国十佳“一带一路”旅游特色城市等称号。

【工业】 2018年，灌云县实现工业应税销售收入105亿元，装备制造、轻工纺织、食品加工行业应税销售收入分别增长6.2%、36.9%、64%。完成工业技改投资72亿元，其中高新技术产业投资45亿元，分别增长14%、58%；全县新增规模以上工业企业13家，新培育税收过千万元企业3家。新开工投资过5000万元项目51

2018年灌云县国民经济发展情况主要指标一览表

表74

项 目	单位	2018年	比2017年增减（%）	项目	单位	2018年	比2017年增减（%）
人口	万人	103.74	-0.3	全社会规模以上固定资产投资总额	亿元	210.13	20.1
土地面积	平方千米	1538.33	0	外贸自营出口总额	万美元	18418.00	0.6
耕地面积	平方千米	916.86	0	实际利用外资及港澳台资	万美元	2117.00	-75.7
地区生产总值	亿元	375.00	4.0	社会消费品零售总额	亿元	143.49	8.1
第一产业增加值	亿元	69.15	2.9	财政总收入	亿元	70.21	2.3
第二产业增加值	亿元	159.06	0.4	公共财政预算收入	亿元	22.33	8.6
工业增加值	亿元	119.46	-2.8	财政支出	亿元	70.21	2.3
第三产业增加值	亿元	146.79	9.0	一般预算支出	亿元	56.57	3.1
人均地区生产总值	元	46296	2.0	城镇居民人均可支配收入	元	27086.00	8.2
规模以上工业产值	亿元	80.22	-53.0	农民人均可支配收入	元	15493.00	8.9
农业总产值	亿元	138.70	3.0	年末存款余额	亿元	320.06	3.8
粮食总产量	万吨	86.87	-1.9	年末贷款余额	亿元	244.12	15.2

2018年灌云县各乡镇经济社会发展基本情况一览表

表75

名称	土地面积（平方千米）	耕地面积（平方千米）	户籍人口（人）	地区生产总值（亿元）	工业总产值（万元）	地方一般预算收入（万元）	农民人均可支配收入（元）
伊山镇	82.33	43.47	158028	60.55	123400	15861	—
杨集镇	154.50	102.45	120941	27.26	76384	5266	—
侍庄街道	66.44	33.72	56311	50.83	236005	29981	—
东王集镇	91.92	57.33	68956	22.65	18425	7349	22783
小伊乡	84.21	56.34	63159	17.09	5004	2445	—
龙苴镇	128.01	91.94	89089	19.16	38825	3634	17190
南岗乡	140.50	97.96	108547	17.76	27008	4056	—
四队镇	88.62	66.88	69840	17.38	6738	3818	—
同兴镇	128.70	91.89	79000	19.48	10443	2558	17217
图河镇	108.21	71.49	62827	15.26	28505	4479	—
圩丰镇	76.42	57.67	47425	15.18	13872	2514	—
下车镇	126.61	86.43	92692	19.07	18015	4110	18397
燕尾港镇	23.53	0.41	9499	55.06	310545	22747	21800

个，新竣工投资过亿元项目 20 个，鹰游纺织一期、临海新材料一期、和风风电、光大热电联产等一批重大项目相继建成。

【农业】 2018 年，灌云县粮食总产量 86.87 万吨，新增高效农业 3333.33 公顷、高效渔业 666.67 公顷。新增绿色、有机农产品品牌 38 个，新增绿色食品企业 20 家、绿色食品 33 个。"灌云豆丹"获批农产品国家地理标志，银丰食用菌、彩光有机大米获批农业部中绿华夏有机食品认证，"伊山"牌五谷杂粮、"南岗"牌粉丝、东王集五彩米入选"江苏好杂粮十大金奖产品"。农业生产综合机械化水平 86%，畜禽粪污综合利用率 84.8%，创建美丽牧场 12 个，荣获省级畜牧业绿色发展示范县，并通过国家级创建初验。

【服务业】 2018 年，灌云县实现服务业增加值 146.79 亿元，比 2017 年增长 9%。全年接待游客突破 200 万人次，大伊山景区获批省级旅游度假区，伊甸园景区、伊芦山梅园景区获批国家 AAA 级旅游景区，潮河湾景区获评江苏省自驾游基地；举办首届旅游节，梅花节、梨花节等节庆活动精彩纷呈。全县活跃电商 6000 余家，培育淘宝村 6 个。东王集镇电子商务产业园、颐高电商产业园荣获江苏省乡镇电子商务特色产业园区，伊山镇成为全市唯一一家淘宝镇。

【城乡建设】 2018 年，灌云县通过国家卫生县城创建综合评审验收，新创省级卫生乡镇 10 个。县第二水厂二期、泰和家园保障房等基础设施主体竣工，幸福大道、产业大道、新民路、复兴路等 10 条城区道路改建完成，改造提升县城区公厕 150 座；伊山公园等绿化工程完工，县城区绿化覆盖率 41%。东城区嵩山路竣工通车，商务大厦完工交付，三里河风光带、伊云湖应急备用水源建设稳步推进。北部新城完成新城策划方案，乾锦大道建成通车，3.5 万平方米安置房建成封顶。完成旧城改造面积 128 万平方米、农村危房改造 395 户，启动新型农村社区试点 3 个。完成农村改厕 2.5 万座，龙苴镇杨范村通过省级美丽乡村验收，伊山镇川星村被评为 2018 中国最美村镇。江苏第三大枢纽机场——花果山国际机场开工建设；连盐铁路开通运营，连淮扬镇铁路灌云段线下工程基本完成，灌云站综合客运枢纽启动施工；233 国道灌云段工程被评为全省干线公路标准化建设示范项目。灌云港区 1 号、2 号码头吞吐量突破 1000 万吨，灌云口岸正式获批对外开放；港口物流园完成 33.33 公顷堆场以及配套路网、供电等设施建设。

【社会事业】 2018 年，灌云县投入扶贫资金 3.2 亿元，实施集体扶贫项目 223 个、入户项目 3800 个，1.39 万农村低收入人口脱贫。全年新增城镇就业和农村劳动力转移就业 1.46 万人，城镇登记失业率 1.8%。发放低保金、惠民殡葬补贴、临时救助金、医疗救助金等救助资金 1.06 亿元，发放重度残疾人两项补贴 1955.2 万元，发放残疾儿童康复救助资金 406 万元。新增参保单位 281 家，新增职工社会保险 7960 人，社保覆盖率 95% 以上。新建校舍 1.4 万平方米，县实验小学综合楼、新区实验小学综合楼顺利竣工；创成省优质幼儿园 8 所、建成市文明校园 19 所；灌云高级中学进入全国自主招生 500 强，全县 2018 年高考本科上线 2344 人。实施综合医改，公立医院药品和医用药材阳光采购全覆盖，连云港市第二人民医院灌云伊山分院挂牌成立，获评江苏省基层卫生十强县。举办第八届豆丹美食文化节、2018 中国灌云国际半程马拉松赛、中国砂板乒乓球超级联赛、全国青少年无线电测向锦标赛等重大文体活动。新的社会阶层人士统战工作经验被中央统战部推广。第三次全国土地调查灌云"4+"模式在全省推广。第四次全国经济普查工作有序开展。县工商联被评为全国"五好"县级工商联。全国"时代楷模"开山岛夫妻哨事迹陈列馆被批准为省级爱国主义教育基地。青苹果法治乐园被评为首批全市优秀法治实事项目，新增省级法治文化示范点 1 个、省级民主示范村（社区）16 个。开展"信访矛盾化解年"活动，创新多元融合社会矛盾纠纷调处模式，信访综合考核全市第一。

2018 年，灌云县被评为中国最美乡村旅游目的地。图为潮河湾景区骑行道
灌云县　供图

【全域旅游】 2018 年，灌云县以"伊山伊水伊甸园，真情真意真灌云"旅游品牌为主题，推进全域旅游产业发展。打造大伊山景区、伊芦山景区、潮河湾景区、伊甸园景区 4 大旅游板块，被评为中国最美乡村旅游目的地、中国最美特色旅游小城、中国十佳"一带一路"旅游特色城市称号。举办灌云首届旅游节、伊芦山梅花节、伊甸园梨花节、潮河湾油菜花节、葵花节、大伊山祈福节、国际半程马拉松赛、伊甸园万人徒步行等系

列活动。中央电视台《人民日报》、《光明日报》等国家级媒体宣传报道近30次，中央电视台《美丽乡村快乐行——走进灌云》在伊甸园景区录制。全年接待游客201万人次，比2017年增长142.2%；景区收入3405万元，是2017年的5倍；旅游业增加值8.4亿元，是2017年的2.9倍；占地区生产总值的2.2%。旅游业成为灌云最具魅力、最具活力、最具影响力的新增长点。

2018年，灌云豆丹获得农业部"农产品地理标志"授牌。图为豆丹养殖基地 司伟/视觉江苏网

伊山镇

伊山镇是灌云县经济、政治、文化中心。2018年，土地面积82.33平方千米，耕地面积43.47平方千米，下辖19个行政村、17个社区，15.8万人。实现地区生产总值60.55亿元，一般公共预算收入1.59亿元，工业总产值1.24亿元，规模以上固定资产投资10.13亿元，其中工业投资9.02亿元。农村居民人均收入11827元；城镇居民人均收入20638元。伊山镇入选2018年全国综合实力千强镇；获得"2018年中国淘宝镇"称号，所辖6个村（居）入选2018年中国淘宝村。全年新签约过5000万元项目7个，其中过亿元项目3个，新开工、新竣工项目6个，新建标准厂房1.7万平方米。投入2000多万元加大镇工业集中区消防、路灯等基础设施建设。新建污水处理厂1座；科技园二期启动北扩10.7公顷。推进农业综合体项目，完成26.67公顷光伏牡丹园项目建设；新建13.33公顷火龙果种植基地和果酒加工生产线项目，完成高效设施农业扩面93.33公顷，完成绿色优质农产品基地创建。

党委书记：赵　敬

镇　　长：孙卫伟

杨集镇

杨集镇位于灌云县城东。2018年，土地面积154.5平方千米，耕地面积102.45平方千米，辖39个行政村、1个社区，户籍人口12.09万人。实现地区生产总值27.26亿元，一般公共预算收入5266万元；工业应税销售收入6.9亿元；规模以上固定资产投资10.5亿元，其中工业投资9.2亿元。新签约过5000万元项目8个，其中过亿元项目4个；新开工、竣工过5000万元项目6个，其中过亿元项目3个。新增设施农业面积80公顷，新培育家庭农场5家，新上1000万元以上农产品深加工项目2个。建成利华现代农业园、安农循环农业科技园、乔圩千亩设施农业基地。新建2个居民小区8.4万平方米。高标准创成省级卫生乡镇，打造省级三化示范村1个。潮河湾景区被评为全国五星级乡村休闲示范企业、环保中国生态旅游示范区、省自驾游基地。举办第二届油菜花节、葵花节、首届捕鱼节、灯光节，承办灌云国际半程马拉松赛事、全国青少年无线电测向锦标赛等重大活动。年内，杨集镇被评为全国重点镇、省重点中心镇、省生态乡镇、省文明乡镇、省基层党员冬训示范乡镇、省创业型乡镇。

党委书记：李　勇

镇　　长：左平霞

侍庄街道

侍庄街道地处灌云县城南，是灌云新城建设核心区。2018年，土地面积66.44平方千米，耕地面积33.72平方千米，辖16个行政村、2个社区，户籍人口5.63万人。实现地区生产总值50.83亿元，一般公共预算收入3亿元；规模以上固定资产投资60.5亿元，其中工业投资42亿元。完成工业增值税7600万元。新开工工业项目2个，新签约工业项目1个。街道全年新增高效农业100公顷，其中设施农业73.33公顷。流转沂河淌土地373.33公顷，并实现生产全程机械化。新增规模农产品加工企业1个，新增33.33公顷设施栽培连片3个，新增家庭农场2个，土地股份合作社1个。侍庄街道建有豆丹文化产业园、万亩浅水藕侍荷园、瓦房果蔬采摘园、翠冠梨园、侍圩黄桃园、港丽合作联社蔬菜种植基地等产业基地。年内，侍庄街道被评为省级生态文明示范街道，获省级和谐社区建设示范单位。

党工委书记：朱礼家

街 道 主 任：曹　勇

东王集镇

2018年，东王集镇土地面积91.92平方千米，耕地面积57.33平方千米，辖21个行政村、1个社区，户籍人口6.89万人。实现地区生产总值22.65亿元，三次产业之比为1:5:4，完成固定资产投资9.21亿元，一般公共预算收入7349万元。

有规模以上工业企业3家，实现增加值2.35亿元，规模以上工业总产值1.84亿元，服务业投资2.19亿元；进出口额660万美元，农民人均可支配收入22783元。该镇按照“公司+合作社+农户”的生产模式和“品牌+电商”的统一销售模式，形成生产、精加工、包装、销售为一体的农产品产业体系。以中国主题服饰产业第一镇为目标，按照“一心一轴五板块”规划高标准推进衣趣小镇建设。年内，东王集镇获得江苏省卫生乡镇、江苏省农村电子商务特色产业园、江苏省创安工作魅力乡镇全市农产品质量安全先进单位等称号。

党委书记：汤景栋

镇　　长：陆　波

小伊乡

小伊乡位于灌云县城北，是花果山国际机场所在地。2018年，土地面积84.21平方千米，耕地面积56.34平方千米，辖19个行政村、1个果林场，户籍人口6.32万人。实现地区生产总值17.09亿元，完成全社会固定资产投资7.4亿元，一般公共预算收入2445万元。新签约亿元以上项目1个，新开工竣工5000万元以上工业项目4个，新开工竣工1000万元以上服务业项目4个，新竣工1000万元以上工业技改项目3个。启动连云港花果山国际机场213.33公顷土地及400多户房屋征迁工作；完成花果山机场500千伏、220千伏杆线拆迁和征收处理。建成全市规模最大、产能最高的藕虾共作区域。推广“无粮村”建设，集中种植经济蔬果。打造集豆丹种苗繁育、试验示范、技术推广于一体的连片豆丹产业园。完成占地13.33公顷的伊荷园一期建设；举办第二届荷花节。

党委书记：刘先仙

乡　　长：张玉平

龙苴镇

龙苴镇位于灌云县西北部，因楚汉战争中汉将韩信攻取齐地，西楚霸王项羽派遣大将司马龙苴在此筑城迎敌而得名。2018年，土地面积128.01平方千米，耕地面积91.94平方千米，辖28个行政村、1个居委会，户籍人口8.91万人。实现地区生产总值19.16亿元，一般公共预算收入3634万元；实现农民人均可支配收入17190元；规模以上工业产值3.88亿元，工业增加值7.27亿元。新签约5000万元以上工业项目8个，其中亿元以上工业项目2个；新开工5000万元以上工业项目5个。制定高效农业三年行动计划，推进“南果北粮中蔬”农业布局，建成经济林果、特粮特经等高效农业400公顷。全镇有家庭农场1163个，其中33.33公顷以上规模26个。推动“263”专项行动，完成中央环保督办的12家养殖场拆除清理工作。年内，创建省级卫生乡镇；杨范村通过省级美丽乡村验收，石门村入选江苏省乡村振兴战略规划实施典型案例。

党委书记：成善华

镇　　长：蒋桂美

南岗乡

南岗乡位于灌云县西南部，2018年，土地面积140.5平方千米，耕地面积97.96平方千米，辖33个行政村，户籍人口10.85万人。实现社会地区生产总值17.76亿元，完成规模以上固定资产总投资11.5亿元，其中规模以上工业固定资产投资8.3亿元，外贸进出口额2850万美元，有规模以上企业12家，规模以上工业总产值2.7亿元。一般公共预算收入4056万元。新签约过亿元项目2个，新签约5000万元以上项目3个，乡工业集中区入驻企业5家。南岗乡打造现代农业多元业态，银丰食用菌菌包出口白俄罗斯，与白俄罗斯莫吉廖夫州签约投资2000万美元建设蘑菇产业园项目1个，成为江苏省首家走进白俄罗斯的外贸型农业企业。新增陈楼村1.33公顷食用菌种植基地，新建许相村1.33公顷设施蔬菜示范园、陡沟农业园区32栋日光温室、岗东村30栋温室大棚。总投资2亿元的协鑫农光互补项目二期工程农

3月2日，占地104公顷、种植2万多株梅花的灌云县伊芦山梅园开园。图为梅园远景　　灌云县　供图

业部分项目建设和上海新农集团循环农业项目有序推进。

党委书记:吴海勇

乡　　长:浦汉春

四队镇

四队镇位于灌云县东北部,北接徐圩新区,东临灌云县临港开发区,南距连盐高速公路5千米,242省道穿境而过,善后河、车轴河、界圩河3条主要河流贯穿全境,水陆交通便利,是灌云县东北部文化、商贸中心。2018年,土地面积88.62平方千米,耕地面积66.88平方千米,辖26个行政村、2个社区,户籍人口6.98万人。实现地区生产总值17.38亿元,一般公共预算收入3818万元,规模以上固定资产投资9.46亿元,其中工业投资7.85亿元,工业应税销售额3.3亿元,工业增值税805万元,企业所得税240万元。全年新开工工业项目2个,新签约工业项目2个,新竣工工业项目2个。流转土地1093.33公顷,设计规划242沿线市级现代农业园区。建成8600平方米玻璃智能大棚、1.7万平方米日光温室大棚;完成兴三村200公顷国家级稻虾养殖项目前期基础配套工程。2018年,四队镇创成省级卫生乡镇,荣登江苏“味稻小镇”名录。

党委书记:朱高友

镇　　长:王海航

同兴镇

同兴镇位于灌云县城东北。2018年,土地面积128.7平方千米,耕地面积91.89平方千米,辖28个行政村、2个居委会,户籍人口7.9万人。实现地区生产总值19.48亿元,全部固定资产投资8.15亿元,其中工业投资6.5亿元,一般公共预算收入2558万元,农民人均可支配收入17217元。全年新开工5000万以上工业项目3个。伊芦山景区建设加快推进,新建梅园廉政园、盆景园进入收尾阶段,获批国家AAA级旅游景区。举办伊芦山风筝节、梅园传统文化拓展游、“梅园之夏”传承主题系列活动及“百年穿越”灯光实景秀等活动。景区枫园栽植枫树1.63万株。新增高效农业面积960公顷,成片造林面积210.67公顷,新建农田林网666.67公顷,完成山体绿化53.33公顷。

党委书记:郑奋翔

镇　　长:黄　宁

图河镇

图河镇位于灌云县东南部。2018年,土地面积108.21平方千米,耕地面积71.49平方千米,下辖19个行政村,1个社区,户籍人口6.28万人。实现地区生产总值15.26亿元,一般财政预算收入4479万元,规模以上固定资产投资9.2亿元,规模以上工业固定资产投资6.65亿元,实际利用外资及港澳台资101.8万美元。新开工重点项目7个,新建标准厂房2万平方米,云兴酿造项目、瑞特鸿电气开关项目完成土地征收。建成连栋大棚2万平方米,新增温棚养虾186.66公顷、稻田养虾266.67公顷、豆丹养殖53.33公顷。该镇开展污染专项治理,完成3650户农村改厕,拆除存量违建面积2.8万平方米。图河镇通过省级卫生镇和市级文明乡镇的验收。

党委书记:封小卫

镇　　长:王余亮

圩丰镇

圩丰镇位于灌云县东北部,北邻徐圩新区,东倚海滨大道,西接242省道,南靠324省道。2018年,土地面积76.42平方千米,耕地面积57.67平方千米,辖18个行政村、1个社区,户籍人口4.74万人。实现地区生产总值15.18亿元,一般公共预算收入2514万元,全社会规模以上固定资产投资8.35亿元,其中工业投资7.71亿元,进出口额200万美元。主要种植小麦、水稻、玉米,水产养殖以泥鳅、对虾、淡水鱼为主。新增“三品一标”农产品数量4个,培育农民专业合作社3个,家庭农场7个;新上1000万元以上农产品深加工项目2个,3个加工企业正在申报市级龙头企业。新建标准厂房6000平方米,新入驻5000万元以上项目两个,新铺设园区道路600米。新签约5000万元以上项目4个,其中过亿元项目1个;新开工5000万元以上项目4个;新竣工5000万元以上项目5个。

党委书记:杨乐武

镇　　长:任宏华

下车镇

下车镇位于灌云县城北部。2018年,土地面积126.61平方千米,耕地面积86.43平方千米,辖32个行政村,总人口9.27万人。实现地区生产总值19.07亿元,一般公共预算收入4110万元;完成规模以上固定资产投资16.37亿元,其中工业投资9.17亿元;规模以上工业总产值1.8亿元;实现农民人均可支配收入18397元。该镇投入资金2.5亿元,打造新城商务办公区、康养宜居区、培训教育区和临空制造区四大功能板块。以高端装备制造、电商物流两大产业为主导,规划建设4平方千米的现代产业园,全年新开工过5000万元项目6个,新签约过亿元项目1个。2018年,下车镇通过省级卫生镇考核验收;下车镇是首家市级扩权强镇试点镇,推动“五办一局一中心”履行职能,承接县级下放的58项行政审批事项。年内,下车镇被评为省级卫生乡镇、省级创业型乡镇。

党委书记:高加鸿

镇　　长:卓长勇

燕尾港镇

燕尾港镇东临黄海,北、西两面为灌西盐场,南面是新沂河与灌河口入海交汇处,是灌云县东部工业经济新兴镇,燕尾港港是江苏省唯一的海河联运港口。2018年,土地面积23.53平方千米,耕地面积4100平方千米,下辖3个社区和2个行政村,户籍人口9499人。实现地区生产总值55.06亿元(含临港产业区),工业总产值31.05亿元,一般公共预算收入2.27亿元,人均可支配收入21800

元。新签约亿元以上项目12个，在谈亿元以上项目15个，新开工过亿元工业项目6个，新竣工项目8个。燕尾港作业区吞吐量突破1000万吨，建成堆场及生活辅助设施22万平方米，10万平方米堆场、1万平方米仓库加快建设，燕尾港口岸获批正式开放。推进燕尾新城区建设，全面完成4.5万平方米的时代花园二期、10万平方米的名人广场；新铺、修建6.2千米沥青路面；新建、修复2100盏路灯。团港社区海产品加工厂全面竣工。

党委书记：李恒军

镇　　长：程　伟

（袁青山）

灌南县

【概况】 灌南县位于江苏省东北部，因地处灌河之南而得名。素有“杨木之乡”“苗猪之乡”“名优酒之乡”“花卉苗木之乡”“食用菌之乡”“中国魔术之乡”等称号，是国家科普示范县、农业生态县、优质棉基地县、优质粳稻生产县。风景名胜有国家AAAA级旅游景区二郎神文化遗迹公园、国家AAA级旅游景区灌南人民革命纪念馆、国家AA级旅游景区海西公园，以及7个星级乡村旅游

2018年灌南县国民经济发展情况主要指标一览表

表76

项　目	单位	2018年	比2017年增减（%）	项目	单位	2018年数量	比2017年增减（%）
人口	万人	82.04	0.14	全社会固定资产投资总额	亿元	125.46	-21.0
土地面积	平方千米	1028.41	—	外贸自营出口总额	万美元	14763.00	-30.2
耕地面积	平方千米	588.03	0.09	实际利用外资及港澳台资	万美元	8345.00	29.0
地区生产总值	亿元	352.99	4.00	社会消费品零售总额	亿元	112.08	8.1
第一产业增加值	亿元	57.24	3.50	财政总收入	亿元	69.96	27.1
第二产业增加值	亿元	162.12	-0.10	公共财政预算收入	亿元	22.50	2.8
工业增加值	亿元	140.07	-1.10	财政支出	亿元	96.85	33.2
第三产业增加值	亿元	133.63	9.90	一般预算支出	亿元	53.41	6.4
人均地区生产总值	元	55397.00	4.00	城镇居民人均可支配收	元	28819.00	8.2
规模以上工业产值	亿元	258.41	-20.73	农民人均可支配收入	元	14826.00	8.7
农业总产值	亿元	106.69	5.60	年末存款余额	亿元	270.65	18.6
粮食总产量	万吨	63.60	-2.11	年末贷款余额	亿元	215.51	36.4

2018年灌南县各乡镇经济社会发展基本情况一览表

表77

名称	土地面积（平方千米）	耕地面积（平方千米）	户籍人口（人）	地区生产总值（亿元）	工业总产值（万元）	农业总产值（万元）	地方一般预算收入（万元）	粮食总产量（吨）
新安镇	143.27	71.44	183939	77.72	72880	1214	17721	872166
堆沟港镇	140.82	64.67	91572	53.97	220006	154190	15722	86120
田楼镇	111.44	59.10	84690	33.32	87490	99395	6232	72548
张店镇	59.18	38.00	41876	19.26	36925	62400	3590	32330
孟兴庄镇	78.09	48.97	63347	25.47	49565	86368	3068	47225
汤沟镇	32.60	20.31	30299	20.81	82204	40193	3849	21218
李集镇	88.19	49.75	74799	26.45	93924	79125	5433	50041
三口镇	87.02	55.40	64377	27.90	61681	98471	4390	64041
百禄镇	105.16	63.94	66125	23.17	98333	71661	6711	58110
新集镇	127.38	82.02	76051	29.02	42298	126129	4855	81510
北陈集镇	55.26	34.43	43203	11.12	4432	37820	1616	35551

区。2018年，土地面积1028.41平方千米，辖11个镇，总人口82.04万人。实现地区生产总值352.99亿元，一般公共预算收入22.5亿元，完成全社会固定资产投资125.46亿元，其中工业投资71.08亿元；实现社会消费品零售总额112.08亿元，完成服务业增加值133.63亿元；实际利用外资及港澳台资8345万美元；城镇居民人均可支配收入2.88万元，农村居民人均可支配收入1.48万元。

灌南县城　　　　灌南县　供图

【工业】 2018年，灌南县实现规模工业总产值258.41亿元，规模工业增加值下降28.8%，工业用电量20.08亿千瓦时，工业应税销售收入314.9亿元，工业增值税8.59亿元，企业所得税6.35亿元。钢铁产业不断壮大，兴鑫钢铁、亚新钢铁推进“花园式工厂”建设，投入11亿元提升工艺水平和环保能力，实现销售收入170亿元。延展金属精加工启动建设，H钢项目签约落户，钢铁产业链向精深加工延伸。对化工企业进行整改，5家企业达标复产，16家企业兼并重组。光电信息、精密机械、绿色建材等新兴产业培育初见成效。新增规模以上企业12家，兴鑫钢铁、汤沟两相和酒业、银得隆木业入选全市首届自主工业品牌30强。重大项目提速增效，引进3D陶瓷后盖、金钴高新材料等超亿元项目30个，66个市级重大项目全面开工，利伟制造、赛源智能等35个项目实现当年投产。高标准推进化工园区21个问题整治并取得阶段性成效，邻里中心、金圆固废二期建成投用，危废处置有序推进，水环境治理得到提升。经济开发区获批为省级园区，两岸青年创业园建成8万平方米厂房，孵化创业类企业44家，二期8万平方米标准化厂房启动建设。临港产业区实现去产能与项目招引、基础设施完善同步提升，化解船舶产能25万载重吨，清理整合土地66.7公顷，为4个临港项目落户提供保障。太仓园区获省政府以奖代补资金1000万元，宏达循环经济产业园启动建设。27家企业落户乡镇工业集中区。李玉院士工作站被批准为省级院士工作站，中国林科院产学研基地加快成果转化，保丽森科研项目获教育部科技进步奖一等奖。新增省级研发机构3家，通过国家高新技术企业认定7家、国家科技型中小企业评价40家。

2018年，灌南县开展化工园区整治，建设生态园区。图为亚新钢铁花园式厂区　　灌南县　供图

【农业】 2018年，灌南县实现第一产业增加值57.24亿元，农业总产值106.69亿元。新增高标准农田1666.67公顷，发展稻田综合种养基地4000公顷，创成全省稻田综合种养示范县，三口镇被评为省“味稻小镇”。新增优质葡萄基地200公顷、淮山药基地333.33公顷，销售中高档盆栽130万盆、彩叶苗木260万株。食用菌年产值55亿元，裕灌食用菌收购世界菌种研发龙头企业美国施尔丰公司，成为全球单体投入最大、技术水平最高、产业链最全的食用菌企业。香如食用菌二期、裕灌食用菌二期、丽泽生物科技、牧原百禄旗舰猪场建成投产。“夏黑”牌葡萄获全国优质鲜食葡萄评比金奖，新增“连天下”品牌10个、绿色品牌31个。新增市级以上农业龙头企业8家、农民专业合作社52家、家庭农场55家。农机化综合水平达87.9%，创成省首批粮食生产全程机械化示范县。完成农村产权交易312宗、交易额3亿元。

【服务业】 2018年，灌南县实现第三产业增加值133.63亿元；社会消费品零售总额112.08亿元。硕项湖酒店建成运营，灌南农副产品批发市场交付使用，颐高广场主体完工，恒基广场、金融中心加快建设，洲业汽车城交易额突破2.8亿元。房地产市场稳健发展，商品房销售面积超130万平方米，建筑业产值超110亿元。完成港口年吞吐量1200万吨。电子商务创业园创成省级电子商务众创空间，三口镇大港村获批省级电商示范村。汤沟、百禄粮库建成投用。五龙口开发前期工作进展顺利，双鱼岛文旅开发入选全市旅游重点项目。万年达观光园创成省三星级乡村旅游区，4个旅游品牌跻身全市乡村旅游十佳行列。

【城乡建设】 2018年，灌南县开展专项行动，219条背街小巷、172个老旧小区、23个商业广场、5个农贸市场得到有效提升，建材市场、废品收购市场、大货车停车场规范运营，非标三四轮车治理成效明显。40个小区完成垃圾分类试点，生活垃圾无害化处理率达100%，城乡保洁高频次、全覆盖。加强建筑工地、拆迁现场、港口堆场、渣土运输规范化管理，城市环境日益整洁。推进棚户区改造，完成130万平方米房屋征收任务。推进新东路、苏州北路、人民路等片区整体开发、美化亮化。7条城区重点水体完成整治，北环河、悦来河等4条城区河道生态护坡、休闲步道同步实施；体育公园、人民东路游园建成开放，海西公园完成提档改造。新增城区绿地面积37万平方米。新改建道路18条，打通断头路7条，城区6路公交运行，更新镇村公交车50辆。铺设雨污管网53.5千米、燃气管网49千米，实施综合杆线入地50.1千米。345省道盐河三桥建成通车，连盐铁路开通运行，连镇铁路、235省道西延工程、灌河航道整治顺利推进。改造主干电网525千米、农村三级供水管网1025千米，保障城乡供电供水。交付保障房2051套，改造农村危旧房682户。全县新建提升精品村9个、重点村55个、村际干线11条，荣获全省农业农村政策创新成果奖。硕项湖美丽乡村示范片区创建考核全市第一，新集镇周庄村创建成全国"一村一品"示范村。李集乡新民村34个项目全面完成，"稻渔果"复合型田园特色鲜明，成为苏北乡村建设典范。完成绿化造林1600公顷，新增省级绿化示范村8个、省级水美乡村5个。

【社会事业】 2018年，灌南县获全市教育工作综合考评第一名，创成省平安校园建设示范县。惠泽路小学、硕项湖小学、树人实验学校建成投用，新增省市优质园7所。新获评省特级教师2人，灌南县中学高考本一达线率比2017年增长42.5%，县第二中学晋升省四星级高中，灌南中专获评省现代化示范性职业学校。新传染病院、妇幼保健院投入使用，堆沟港中心卫生院创成省基层特色医疗机构，新增省示范卫生室5家，85%的村卫生室达到省规范建设标准。创成省卫生乡镇9个，新集镇、堆沟港镇创成国家卫生乡镇。胥力浦当选第十八届中国世纪大采风年度表彰大会暨CCTV电视人物颁奖盛典"中国当代书画十大风云人物"，孙洪香剪纸作品巡展东南亚，《西游·降魔》入围中国杂技金菊奖评选，张店火雷艺术团多次走进央视。建成村级综合文化服务中心50个，组织文艺展演371场次。承办市级以上体育赛事6场，夺得省级以上赛事奖牌20枚。汤亚明入选"江苏好人榜"，高翔、李平、李晓云入选"中国好人榜"。设立2000万元返乡创业专项资金，引导自主创业2489人、返乡创业496人、创业带动就业1.25万人。保险参保率98%以上。提升低保标准，发放残疾人"两项"补贴2092万元，困境儿童生活保障实现全覆盖，"救急难"及时救助居民3019户次。实施产业帮扶项目45个，实现6个经济薄弱村达标、1.2万低收入人口脱贫。

新安镇

新安镇是全县政治、经济、文化中心，县政府驻地。南与淮安市涟水县灰墩镇接壤，北隔龙沟河与张店镇相望，东与三口镇、新集镇为邻，西临李集乡。2018年，土地面积143.27平方千米，其中城区面积15平方千米，耕地面积71.44平方千米；辖29个行政村、4个社区，户籍人口18.39万人。实现地区生产总值77.72亿元，一般公共预算收入1.77亿元。全镇有工业企业25家，三联化工等13家化工企业落户于连云港化工园区，中恒生物科技等11家企业坐落于县经济开发区。新引进总投资5000万元的中恒生物科技项目、总投资过亿元的弘达新型材料项目当年竣工投产，总投资3000万元的耀辉服饰项目当年开工。形成东部食用菌菇蔬菜，南部花卉苗木林果，西部鱼蟹水产养殖，北部优质稻米的农业格局。先后荣获"全国一村一品示范镇""全省一村一品

2018年，灌南县食用菌产业产值55亿元，成为富民大产业。图为9月29日，灌南菌菇美食节开幕
邵丹/视觉江苏网

灌南五龙口片区双鱼岛　　灌南县 供图

示范村镇”“国家生态乡镇”“全市十强乡镇”称号。

党委书记：周庆伟（3 月免）
　　　　　孙　宇（3 月任）
镇　　长：孙　宇（3 月免）
　　　　　丁成兵（3 月任）

堆沟港镇

堆沟港镇东濒黄海，南依灌河，北枕新沂河。2018 年，土地面积 140.82 平方千米，耕地面积 64.67 平方千米，辖 27 个行政村、4 个社区，户籍人口 9.16 万人。镇内有连云港化学产业园区、船舶物流园区、金属精加工园区和生态农业示范园区，是国家沿海发展重点镇、江苏省美丽乡村建设示范乡镇、苏北重点中心镇、国家级卫生镇。2018 年，实现地区生产总值 53.97 亿元，一般公共预算收入 1.57 亿元，农民人均可支配收入 1.75 万元。

党委书记：张卫峰
镇　　长：金兵亭（5 月免）

田楼镇

田楼镇东接堆沟港镇，西接三口镇，南与响水县接壤，北邻新沂河。2018 年，土地面积 111.44 平方千米，耕地面积 59.1 平方千米，辖 25 个行政村、1 个社区，户籍人口 8.47 万人。实现地区生产总值 33.32 亿元，一般公共预算收入 6232 万元。作为县城副中心，形成 4 平方千米、4 万人口的镇域中心区。中小企业园东区 10 万平方米标准化厂房建成招商，西区 1.5 万平方米多层标准化厂房主体竣工，8 家企业入驻，6 家企业实现投产达效。融盛葡萄、搭架西瓜、西兰花为特色品牌。灌河东庵旅游、新港大道观光采摘为田楼新名片。

党委书记：潘龙飞
镇　　长：朱耀汇

张店镇

张店镇北隔新沂河，与灌云县相望；南临龙沟河，对岸为新安镇；东与北陈集镇接壤，西及西南与孟兴庄镇毗邻。张店建镇历史悠久，是远近闻名的革命老区。2018 年，土地面积 59.18 平方千米，耕地面积 38 平方千米，辖 12 个行政村、1 个社区，户籍人口 4.19 万人。实现地区生产总值 19.26 亿元，一般公共预算收入 3590 万元。特色农产品有“锣鼓”牌西瓜、“阳光玫瑰”葡萄。新签约超亿元项目 5 个，赛源磁悬浮五轴加工项目竣工投产，润普食品技改等 4 个项目开工。快速推进镇区杆线入地工程，镇农贸市场建成使用，道路提档升级、市民文化广场建设、便民服务中心整合、危房改造、垃圾压缩处理站建设、自来水管网铺设等重点项目完成。年内，被评为省生态文明建设示范乡镇。

党委书记：朱晓文（2 月免 ）
　　　　　朱效漫（2 月任）
镇　　长：安学益

孟兴庄镇

孟兴庄镇地处新沂河南岸，北与灌云县隔河相望，西与沭阳县紧密相连。2018 年，土地面积 78.09 平方千米，耕地面积 48.97 平方千米，辖 20 个行政村，户籍人口 6.33 万人。盛产杨木、桐木，素有苏北“林木之乡”的美誉。实现地区生产总值 25.47 亿元，一般公共预算收入 3068 万元。发展稻渔混养、螃蟹养殖，建成 80 公顷东韩西兰花种植基地，533.33 公顷苗木基地。柴米河水稻机插秧专业合作社被农业部确定为全国农机合作社示范社。新引进项目7个，开工建设投资1.1亿元的宝缦新材料项目、投资2亿元的银得隆木业扩建项目、投资1.5亿元的布布道纺织项目、投资5000万元的德欣达精密机械加工项目、投资1.5亿元的梦庆木业家居项目；签约投资1亿元的配电箱及标准件项目、投资3000万元的雨衣生产项目。

党委书记：郑宏恩（3月免）
孟卫东（3月任）
镇　　长：孟卫东（3月免）
周　鹏（3月任）

汤沟镇

汤沟镇地处连云港、宿迁、淮安三市结合部。8个行政村，户籍人口3.03万人。汤沟镇是江苏百家名镇、全国重点镇、国家级生态乡镇。酿酒业是支柱产业，有知名企业汤沟两相和酒业有限公司。2018年，土地面积32.6平方千米，耕地面积20.31平方千米，下辖实现地区生产总值20.81亿元，工业总产值8.22亿元，农业总产值4.02亿元，一般公共预算收入3849万元。

党委书记：何昱君
镇　　长：鹿存梅

李集镇

李集镇位于灌南县城西郊，环抱县经济开发区，宁连高速、236省道纵贯南北，235省道、肖八路横贯东西，盐河、南六塘河、北六塘河穿境而过。2018年，土地面积88.19平方千米，耕地面积49.75平方千米，辖19个行政村、2个社区，户籍人口7.48万人。实现地区生产总值26.45亿元，一般公共预算收入5433万元。"万圩粉丝"等优质无公害农产品畅销省内外。创建"金海园林""易宝嵘成生态园林""六塘葡萄采摘园"等知名品牌项目。

党委书记：陈跃军
镇　　长：陈　涛

三口镇

三口镇素有"食用菌之乡""淮山药之乡"之称。2018年，三口镇土地面积87.02平方千米，耕地面积55.4平方千米，辖18个行政村、3个社区，户籍人口6.44万人。实现地区生产总值27.9亿元，一般公共预算收入4390万元。镇工业园区"七通一平"配套工程全部完成，完成6.67公顷土地挂牌、摘牌，4家企业进场施工。新签约金钻科技、江苏安燃、月辉环保、金江铜业等超亿元项目4个，超5000万元项目3个。覆盖大港、何庄等8个村的1066.67公顷稻渔综合种养示范区稳步实施，"5+2"产业富民项目全县第一，被省政府命名为"味稻小镇"。年内，三口镇被评为省级卫生文明乡镇、省级生态乡镇、省级创业型乡镇。

党委书记：吴发亮
镇　　长：王立权

百禄镇

百禄镇地处连云港、盐城、淮安三市交界处。2018年，土地面积105.16平方千米，耕地面积63.94平方千米，辖24个行政村，户籍人口6.61万人。实现地区生产总值23.17亿元，完成财政总收入1.23亿元，一般公共预算收入6711万元。新流转土地333.33公顷，扩种优质葡萄33.33公顷，杨桥、宋庄实施稻渔混养面积400公顷。招引总投资1.5亿元的中山环保科技项目、总投资6000万元的政铨金属防火库板项目、总投资1.1亿元的中来阀门项目、总投资5000万元的雪球箱包项目。通过省级生态示范乡镇、省级创业型示范乡镇、省级卫生乡镇验收，被省政府、省军区联合表彰为征兵工作先进单位，被省委、省政府表彰为社会治安综合治理先进集体。

党委书记：蒋国荣
镇　　长：朱洪军

新集镇

新集镇西、南分别与涟水县义兴、五港镇隔河相望，东与百禄镇为邻，北与三口镇接壤。2018年，土地面积127.38平方千米，耕地面积82.02平方千米，辖26个行政村、1个居委会，总户籍人口7.61万人。实现地区生产总值29.02亿元，一般公共预算收入4855万元。镇工业集中区交付使用。利伟智能制造、诺鼎金属投产达效。引进曼克顿木业、木纤维科技、兄弟金属等5个总投资超5000万元项目。全镇稻渔混合种养面积突破1000公顷，20公顷淮山药示范种植打响新集品牌。周庄村入选全国"一村一品"示范村，陡湾村入选全市"一村一品"示范村。新建6个基层综合性文化服务中心，举办首届新集文化艺术节。2.2万平方米农副产品交易中心投用，1万平方米健康主题公园落成。先后获评国家卫生乡镇、省级生态文明示范乡镇、市文明镇。

党委书记：张峻松
镇　　长：祝银伟

北陈集镇

北陈集镇东与田楼镇相接，西与张店镇毗邻，南临义泽河，北倚新沂河。2018年，土地面积55.26平方千米，耕地面积34.43平方千米，辖14个行政村、1个社区，户籍人口4.32万人。实现地区生产总值11.12亿元，一般公共预算收入3782万元。全镇新增稻田混养40公顷、苗木种植40公顷。建成2600平方米镇农贸市场，路面硬化7000平方米，绿化美化3000平方米，整治背街小巷10余条，创建省级卫生乡镇，陈集社区创成省级生态社区。开展海防等4个村庄美丽乡村建设，打造海防村村史民俗馆、村文化长廊建设。

党委书记：刘　峰
镇　　长：周倍良

（王　伟）

责任编辑　张卫怀

人物

新任市领导

项雪龙 男，汉族，1963年12月出生，江苏江阴人，省委党校大学学历。1984年12月入党，1984年6月参加工作。1983年8月至1986年5月任江阴县云亭乡团委书记（其间：1984年6月录用为国家干部）。1986年5月至1992年3月任共青团江阴县（市）委副书记（其间：1988年9月至1990年7月在江苏省青年管理干部学院干部专修科经济管理专业学习）。1992年3月至1995年2月任江阴市长寿镇党委副书记。1995年2月至1996年10月任江阴市长寿镇党委副书记、镇长。1996年10月至1997年2月任江阴市长寿镇党委书记、镇长。1997年2月至1998年11月任江阴市长寿镇党委书记、人大主席。1998年11月至2001年3月任江阴市青阳镇党委书记。2001年3月至6月任江阴市政府副市长，青阳镇党委书记、镇长。2001年6月至2002年7月任江阴市政府副市长（其间：1999年9月至2001年12月在河海大学经济技术管理专业研究生课程班学习并结业）。2002年7月至2005年7月任中共江阴市委副书记（正处级）、援疆任中共霍城县委书记（其间：2001年9月至2003年12月在江苏省委党校经济管理专业本科函授学习并毕业）。2005年7月至8月任无锡高新技术产业开发区党工委副书记、管委会副主任（正处级）。2005年8月至2011年10月任中共溧水县委书记、县人大常委会主任（南京市正局级）。2011年10月至2013年7月任中共南京市委常委、统战部部长。2013年7月至2015年12月任中共南京市委常委、秘书长。2015年12月至2016年1月任中共连云港市委副书记，市政府代市长、党组书记。2016年1月至2018年2月任中共连云港市委副书记，市政府市长、党组书记。2018年2月任中共连云港市委书记、市人大常委会党组书记。

方伟 男，汉族，1965年5月出生，江苏昆山人，大学学历，工商管理硕士。1986年6月入党，1987年7月参加工作。1983年9月至1987年7月，在南京大学哲学系哲学专业学习。1987年7月至1988年6月，任省社科院社科联编辑。1988年6月至1992年6月，任省人事厅科员。1992年6月至12月，任省人事厅副主任科员。1992年12月至1994年7月，任苏州新区经济贸易局副局长、苏州新区外商投资咨询中心主任。1994年7月至1996年4月，任苏州新区外贸公司总经理、党支部书记。1996年4月至1997年9月，任苏州新区管委会副主任、工委委员。1997年9月至1998年3月，任苏州新区管委会副主任、工委委员兼枫桥镇党委书记。1998年3月至11月，任苏州进出口（集团）有限公司董事长、党委书记、总经理、市外经委副主任、党委副书记。1998年11月至2001年7月，任苏州进出口（集团）有限公司党委书记、总经理、董事、市外经委副主任、党委副书记。2001年7月至2005年12月，任泰州市副市长，开发区管委会主任、党工委书记（其间：2002年11月至2004年6月，在复旦大学管理学院高级管理人员工商管理专业学习，获工商管理硕士学位）。2005年12月至2006年1月，任锡山经济开发区党工委书记。2006年1月至2008年1月，任无锡市市长助理、锡山经济开发区党工委书记。2008年1月至4月，任无锡市副市长、锡山经济开发区党工委书记。2008年4月至2013年3月，任无锡市副市长。2013年3月至2016年5月，任省政府副秘书长。2016年5月至2018年2月，任省政府副秘书长，省政务服务管理办公室主任、党组书记。2018年2月，任中共连云港市委副书记，市政府副市长、代理市长、党组书记。

缪毅 男，汉族，1967年3月出生，江苏如东人，大学学历，文学学士学位。1990年11月入党，1989年7月参加工作。1985年9月至1989年7月，在南京大学中文系汉语言文学专业本科学习。1989年7月至1990年7月，任江苏省连云港军分区见习排长。1990年7月至1992年7月，任南京军区守备第三十团守备第三连副连职排长。1992年7月至1993年2月，任南京军区守备第一团守备第二营步兵连副连长。1993年2月至6月，任南京军区海防第二团政治处组织干部股正连职干事。1993年6月至1996年1月，任江苏省军区政治部组织处正连职干事。1996年1月至1999年3月，任江苏省军区政治部组织处副营职干事。1999年3月至2000年9月，任江苏省军区政治部组织处正营职干事。2000年9月至2002年6月，任南京军区政治部干部部预备役干部处正营职干事。2002年6月至2003年2月，任南京军区政治部干部部预备役干部处副团职干事。2003年2月至2006年12月，任江苏省军区政治部干部处副处长（其间：2006年3月至12月，代理某旅政治部副主任）。2006年12月至2008年2月，任江苏省军区政治部组织处处长。2008年2月至2012年6月，任江苏省军区政治部干部处处长。2012年6月至2017年6月，任江苏省军区转业干部工作办公室主任（副师职，其间：2014年3月至2015年2月代理海军航空兵某师副政治委员）。2017年6月至2018年11月，任连云港警备区政委。2018年11月，任中共连云港市委常委、连云港警备区政委。

王家全 男，汉族，1963年10月出生，江苏连云港人，省委党校研究生学历，法学学士学位。1985年3月入党，1986年8月参加工作。1982年9月至1986年8月，在南京师范大学化学系、马列室系马列理论专业学习。1986年8月至1989年10月，任南京师范大学团委办公室秘书。1989年10月至1992年8月，任团市委学少部、组织部干事。1992年8月至1993年12月，任团市委组织部副部长。1993年12月至1996年7月，任团市委组织部部长（其间：1995年3月至1996年7月，挂职任江苏省华威电子集团公司副总经理）。1996年7月至8月，任中共新浦区委常委。1996年8月至2001年7月，任中共新浦区委常委、宣传部部长（其间：1996年1月至1998年1月，在南京师范大学工商管理专业研究生课程进修班学习）。2001年7月至2002年12月，任市委宣传部副部长。2002年12月至2003年1月，任中共连云港市委宣传部副部长，市哲学社会科学联合会主席、党组书记。2003年1月至2005年5月，任中共连云港市委宣传部副部长，市哲学社会科学联合会主席、党组书记，市政协学习文史资料委员会副主任。2005年5月至2006年7月，任中共连云港市委宣传部副部长，市文明办主任，市哲学社会科学联合会主席、党组书记，市政协学习文史资料委员会副主任（其间：2003年9月至2006年7月，在江苏省委党校科学社会主义专业在职研究生班学习并毕业）。2006年7月至2007年8月，任中共连云港市委宣传部副部长，市哲学社会科学联合会主席、党组书记，市政协学习文史资料委员会副主任。2007年8月至9月，任中共连云港市委新经济社会组织社区工委书记，市哲学社会科学联合会主席，市政协学习文史资料委员会副主任。2007年9月至12月，任中共连云港市委组织部副部长、市委新经济社会组织社区工委书记，市哲学社会科学联合会主席，市政协学习文史资料委员会副主任。2007年12月至2011年4月，任中共连云港市委组织部副部长、市委新经济社会组织社区工委书记。2011年4月至2012年1月，任连云港市政府副秘书长、办公室主任。2012年1月至2012年2月，任连云港市环境保护局党组副书记。2012年2月至2013年8月，任连云港市环境保护局局长、党组副书记。2013年8月至2013年9月，任连云港市教育局局长、市委教育工委书记。2013年9月至2017年2月，任连云港市教育局局长、市委教育工委书记，市科学技术协会副主席（不驻会）。2017年2月至3月，任连云港市政府党组成员、市教育局局长。2017年2月至2018年12月，任连云港市政府党组成员、秘书长。2018年12月，任连云港市人大常委会党组成员，市政府党组成员、秘书长。

陈书军 男，汉族，1963年1月出生，江苏泰州人，省委党校研究生学历。1985年1月入党，1980年9月参加工作。1980年9月至1983年9月，在南京炮兵学院指挥专业学习。1983年9月至1984年9月，任南京军区某师排长。1984年9月至1985年6月，任江苏省军区教导大队教员。1985年6月至1986年12月，任连云港警备区二团政治处干事。1986年12月至1992年4月，任连云港市人事局电大班教员、军转办秘书。1992年4月至1999年3月，任市委组织部干部二科干事、副科长、主任科员。1999年3月至2000年5月，任市委组织部调研科科长。2000年5月至2001年7月，任市委组织部企干科科长。2001年7月至2002年11月，任中共灌南县委常委、组织部部长。2002年11月至2003年4月，任中共灌南县委副书记、组织部部长。2003年4月至2004年1月，任中共灌南县委副书记、县政府代县长。2004年1月至2007年11月，任中共灌南县委副书记、县政府县长（其间：2001年9月至2004年7月，在江苏省委党校政治经济学专业研究生学习并毕业）。2007年11月至2009年1月，任连云港市政府副秘书长、办公室主任。2009年1月至2月，任市环保局党组书记。2009年2月至2012年1月，任市环保局局长、党组书记。2012年1月至2013年2月，任市连云新城开发建设指挥部指挥长、党组成员，市环保局党组书记，江苏金海投资有限公司党委书记。2013年2月至2014年1月，任市连云新城开发建设指挥部指挥长、党组书记，江苏金海投资有限公司董事长、党委书记，江苏连云发展集团有限公司董事长、总经理。2014年1月至2015年1月，任中共连云区委书记，区人大常委会主任候选人、党组书记，市连云新城开发建设指挥部指挥长。2015年1月至2015年6月，任中共连云区委书记，区人大常委会主任、党组书记，市连云新城开发建设指挥部指挥长。2015年6月至2015年12月，任中共连云区委书记，区人大常委会主任、党组书记。2015年12月至2018年11月，任中共连云区委书记。2018年11月至12月，为连云港市政府副市长提名人选，2018年12月，任连云港市政府副市长、党组成员。

（市委组织部）

江苏改革开放突出贡献人物

王继才 男，汉族，中共党员，1960年8月出生，灌云县开山岛民兵哨所原所长、开山岛村党支部原书记，革命烈士。他于1986年奉命守卫黄海前哨开山岛。32年中，始终抱定“守岛就是卫国、国安才能家宁”的信念，与妻子王仕花一起，用自己的双手修缮营房、建设哨所，坚持每天按时巡岛，护航标、写日志，与走私、偷渡等不法分子作斗争，为国家挽回巨额经济损失，有力捍卫国家利益，被称为“开山岛夫妻哨”。2014 年，王继才夫妇被评为“全国时代楷模”。2018 年 7 月，王继才在执勤时突发疾病去世。王继才去世后，习近平总书记作出重要指示，高度肯定其光辉事迹，要求大力倡导爱国奉献精神，使之成为新时代奋斗者的价值追求。2018 年，王继才入选江苏改革开放 40 年 40 人。（年　编）

中国“年度十大女性新闻人物”

王仕花　女，江苏省灌云县人，灌云县开山岛民兵哨所名誉所长。1986 年 7 月，王仕花的丈夫王继才成为灌云县开山岛的看岛人。王仕花毅然辞掉教师工作陪丈夫上岛，被人们称为“开山岛夫妻哨”。在 32 年的共同守护中，经历过即将断粮、连续台风、与外界失联的重重困难。2018 年 7 月 27 日，王继才守岛时因病去世。8 月 5 日，王仕花再一次向组织郑重递交守岛申请。申请中写道“只有在岛上，每天升旗、巡逻、查天象、看航标、记日志才觉得踏实安稳，这是老王的遗志，也是我的信仰，开山岛是我们的家，我要守护到底。”组织批准她担任开山岛民兵哨所名誉所长。王仕花入选《中国妇女报》“年度十大女性新闻人物”。（年　编）

江苏“时代楷模”

赣榆国税“爱心妈妈”团队　赣榆国税“爱心妈妈”团队自 1999 年由赣榆国税局 52 名女税官自发组成，累计捐款捐物 308 万元，先后帮助 284 名农村贫困学子解决入学难题，让 76 名特困孤儿和留守儿童完成九年义务教育；资助 157 名贫困高中学子完成学业，其中 74 人考入重点大学。“爱心妈妈”自发开展助学活动不久，赣榆税务局建立定期走访、结对帮扶、跟踪联系等一系列工作机制，建成税务“爱心妈妈”展厅，吸引大批志愿者加入爱心行动。“爱心妈妈”团队先后与多所学校建立结对帮扶计划，在赣榆葛埠小学设立“国税春蕾班”，帮助 50 名失学女童重返课堂；“蒲公英行动”资助 8 名农村特困儿童完成九年义务教育；“托孤行动”长年为孤儿和留守儿童送去温暖。“爱心妈妈”团队先后被授予“全国精神文明建设工作先进单位”“全国巾帼文明岗”“全国青年文明号”“江苏省十佳巾帼志愿服务队”等称号，团队涌现出“全国巾帼建功标兵”“全国维护妇女儿童权益先进个人”“中国好人”等先进个人。2018 年，“爱心妈妈”团队被省委宣传部授予江苏“时代楷模”称号。（年　编）

2018 年入选“中国好人榜”的连云港人

一、见义勇为好人

姚小兵　男，1980 年出生，赣榆区人，常州市华洋吊装公司职工。2018 年 1 月 3 日下午，常州一辆 111 路公交车不慎冲入河中，一旁休息的吊车司机姚小兵看到事故后，迅速开着吊车施救，成功将被困的司机和乘客 4 人救到岸上。

曹海滨　男，中共党员，1978 年 1 月出生，东海县前湾村人，海军北海舰队某部中校军官。2018 年 1 月 14 日，两名游客在青岛八大关海滨浴场因观海景入迷，忽视海水涨潮，被困在礁石上。曹海滨毅然跳进海水中，成功解救两名游客。

赣榆勇救遇险船员团队　由赣榆渔 14508 号渔船 9 名船员组成。2018 年 4 月 4 日清晨，一艘厦门商船在江苏省射阳县河口东北处海域遇险，船上 8 人被困在桅杆上，随时有生命危险。危情发生后，回港避风的赣榆渔船 14508 号毅然掉头，冒着十级大风、五米大浪赶赴现场展开救援，经过 5 个小时的努力，9 名船员成功救下商船上 8 名遇险人员。

李平　男，1980 年 9 月出生，灌南县三口镇人；**李晓云**　男，1980 年 9 月出生，灌南县孟兴庄镇人。2018 年 8 月 19 日，在新沂河游泳的 2 名村民因为体力不支，即将沉入水中，灌南县供电公司职工李平和李晓云冒着生命危险驾船将落水者成功救上岸。

二、助人为乐好人

瞿世刚　1968 年出生，江苏新海发电有限公司职工。2015 年，瞿世刚和朋友多方筹措资金，组建“爱福德”公益服务中心，为近百名自闭症儿童提供专业心理治疗。创立“为家长做心理康复”的服务理念，创办一支由自闭症青少年组成的足球队，经媒体报道后引起社会广泛关注。

张广娣　女，1964 年出生，连云区朝阳街道马山村村民。2005 年，张广娣收留一名流浪到自家小卖部有智力缺陷的孩子，悉心呵护 1 年多，直到孩子的父母前来认领。

王春雨　男，1942 年出生，中共党员，灌云县东王集镇关工委副主任。2002 退休后，打造“一碑四谱“三史一观”“永远的丰碑”“五里槐战役”等主题教育馆，受教育群众 16 万人次。“一碑四谱”主题教育入选中宣部“全国公民道德建设十大创新案例”。曾被评为“中国好人”“江苏好人”。

孙晓建　男，1975 年出生，灌云县文广体局工作人员。2018 年初，他捐献造血干细胞，成功挽救一名患白血病的 8 岁女孩生命。他无偿献血量累计 7600 毫升，2006 年 4 月加入中华骨髓库，先后三次与不同患者配型成功，前两次因患者身体原因没有实现捐献，第三次捐献成功。

袁立雨　男，1967 年出生，中共党员，灌云供电公司南岗供电所农电工。袁立雨坚持十四年如一日照顾一名聋哑老人，老人不能用话语表达，每次受到帮助后都会用粉笔在自家门板背面划上一条杠杠或圈记下次数，老人共记下袁立雨帮助近千次。

三、诚实守信好人

朱俊娥 女，1950年出生，东海县环卫处环卫工人。2017年8月14日、10月1日，家境贫困的朱俊娥先后两次捡到价值不菲的财物，全部主动交到当地派出所，归还失主，其中一次财物总价值16.87万元。

四、敬业奉献好人

高翔 男，1968年出生，中共党员，灌南县张店镇中心小学校长。他扎根乡村小学30年，推进农村教育现代化，关爱学生成长，为学校里的每个留守儿童建立彩色档案，先后资助多名贫困学生继续学业。推广乡村儿童阅读，先后自费3万余元为学生们购买图书。

张立祥 男，1967年出生，中共党员，连云区高公岛街道黄窝村党支部书记，十三届全国人大代表。2000年担任村书记以来，发展紫菜养殖加工产业，将全村近海养殖面积从0.3公顷扩大到2730公顷，村民人均年纯收入从几千元增长到3.1万元，将黄窝村建设成为“全国美丽乡村示范村”，被评为省劳动模范、市“十大最美村官”。

五、孝老爱亲好人

王江 男，1963年出生，中共党员，南京市公安局鼓楼分局民警；**王玲**，女，1966年出生，中共党员，连云港市东海县审计局审计所退休职工。2009年，妹妹王玲捐出骨髓成功挽救哥哥的生命；2017年，哥哥王江又用自己的骨髓成功挽救妹妹的生命。八年间兄妹互捐骨髓、冒死进行生命接力。

李冬 女，1967年出生，赣榆区沙河镇联合村村民。2004年，李冬女儿突患急性脊椎炎症，下半身瘫痪。李冬从女儿七岁起背着女儿上学，每天来回跑十几趟学校，课间背着女儿上厕所，多年来风雨无阻。

殷自玉 女，1996年出生，赣榆区厉庄镇山涧村人。父亲早年因癌症去世，母亲因患先天性软骨病无法站立。从四岁起，殷自玉就悉心照顾瘫痪母亲，面对贫困和艰难，坚守善良，乐观向上。出嫁时，她说“我的母亲就是我的嫁妆”，坚持带着母亲结婚。

（王　飞）

2018年入选“江苏好人榜”的连云港人

（中国好人中，除姚小兵为突发增补、未入选“江苏好人”，其余均入选江苏好人，事迹不再重复介绍。）

一、见义勇为好人

汤亚明 男，1982年出生，灌南县孟兴庄镇倪场村村民。2017年9月13日早晨，他看见一位老人落水，毫不犹豫跳入河中游到老人身边。由于水流太急，两人所处位置离岸边较远，他用尽力气将老人拉到桥墩旁，在水流中死死抓住桥墩，直到警察赶到将他们拉上岸。

乔珊 男，1989年出生，海州区宁海街道杨场村村民。2018年6月30日上午，乔珊看到一对母女落水，毫不犹豫跳入水中，先将小女孩托举到岸边，又返回去将女孩的母亲推到岸上。

郑余成 男，1945年出生，赣榆区黑林镇秦埠地村村民；**邱佃会** 男，1963年出生，赣榆区黑林镇新埠地村会计。2018年5月8日上午，郑余成看见一个老太太从堤坝跌进水库，立即跳入水库营救，在将其拖拽游到岸边时，体力耗尽无法上岸，便大声呼救，正在田里干活的邱佃会闻声赶来，将水中二人拖拽上岸。

二、助人为乐好人

王益松 男，1988年出生，连云港市中医院医生。王益松从大学开始参加无偿献血，义务宣传无偿献血知识。工作后加入赣榆义工协会，先后参与大病救助、关爱老人、捐资助学、环境保护等主题公益活动100余次。2016年6月为一名19岁白血病病人成功捐献造血干细胞。

三、敬业奉献好人

李大市 男，1980年出生，赣榆区欢墩中心小学德育处主任。他扎根乡村小学20年，推行动态分层式教学，倡导“教育完善品格、教学生成智慧”教育理念，促进学生综合素质提升，获2017年度“马云乡村教师奖”。

唐淮云 女，1978年出生，连云港市妇幼保健院生殖医学科副主任。唐淮云致力于生殖医学的发展和服务不孕症患者，为每位患者制定最优最经济的诊疗方案，为600多位患者实现孕育生命的心愿。

卢国强 男，1957年出生，连云港海事局“海巡0611”轮船长。卢国强累计参与海上应急处置30余起，成功救助150余人。2016年3月8日，卢国强在海上成功救起遇险船只上的7名船员，被联合国国际海事组织授予“海上特别勇敢奖”，央视《面对面》栏目对其进行专访。

李坤 男，1978年出生，海州区浦南镇中心小学教师。李坤曾因家庭贫困面临辍学，得到乡亲们帮助得以继续学业。毕业后，李坤毅然回到家乡草舍小学任教。15年来，他不断创新教育方法、关怀学生成长。

王桂华 女，1968年出生，连云区猴嘴街道台北盐场学校教师。2011年，王桂华被确诊为乳腺癌，手术出院后不顾家人劝阻，执意回到无比热爱的三尺讲台，7年中从未耽搁学生一节课。

四、孝老爱亲好人

张文芹 女，1971年出生，中共党员，赣榆区石桥镇窦沟村妇联主席、会计。她的父母、公公、丈夫相继身患重病，她悉心照顾，并不顾家人的反对，把离婚20多年的婆婆接回家照顾。她谢绝所有资助，自主创业并带动百余名留守妇女就业。　（王　飞）

江苏最美人物

李明　1984年出生，赣榆区城西镇人，海军"海口"号导弹驱逐舰对海部门主炮班班长兼技师，四级军士长。李明入伍15年，潜心钻研，多次参加实弹演习，从只有初中学历的普通士兵成长为一名主炮专业技师，创新多项战法训法，在各新型驱护舰上推广。在一次重大演习中，在李明的组织下，主炮连续无故障射击大量炮弹并击沉靶船，创造海军舰艇主炮长连射纪录。李明随舰先后完成3次亚丁湾护航，参加数次中外联演联训和多次海上战备值班以及南海阅兵等多项重大任务。先后立二等功1次、三等功4次，获全军优秀士官一等奖、全军优秀士官二等奖、海军优秀士官人才奖各1次。2018年，被省委宣传部授予"最美江苏兵"称号。

陈继祥　男，1968年出生，中共党员，东海供电公司运维检修部带电作业班班长。只有初中学历的他用常人难以想象的毅力投入到发明创新的领域，获批31项国家专利，为企业带来经济效益3亿元。曾获评"中国好人"、国家电网公司特等劳模。2018年，被省委宣传部授予"江苏最美职工"称号。　（年　编）

全国"五一劳动奖章"获得者

何锡忠　男，汉族，1969年12月出生，中共党员，连云港海通汽车服务有限公司班长，高级技师。何锡忠1997年参加工作，一直从事汽车喷漆工作。在工作中他毫无保留地将自己所学的知识传授给其他学员。2016年，创建漆艺工作室，针对各种车型，从作业工艺流程、喷涂漆料配方、产品技术参数均进行系统归纳和整理，形成一套系统和完整的汽车烤漆技术体系，培养10余名学员成长为企业技术骨干。2009年，获得"全国交通技术能手"称号；2017年，被授予省"五一劳动奖章"；2018年，被中华全国总工会授予全国"五一劳动奖章"。

于素梅　女，汉族，1966年6月出生，中共党员，大学本科学历，连云港鹰游工程技术研究院有限责任公司碳纤维设备研究所所长，研究员级高级工程师。2005年10月，作为主要研发人员，参与高品质PAN基碳纤维聚合纺丝和碳化成套设备与技术的研发，并研制出千吨级碳纤维成套装备，实现原丝、碳丝配套生产。参与的项目"干喷湿纺千吨级高强/百吨级中模碳纤维产业化关键技术及应用"获得国家科技进步奖一等奖；"千吨规模T300级碳纤维国产化关键技术与设备"获得中国纺织工业协会科学技术进步奖一等奖。2006年，于素梅被中国纺织工业协会授予"全国纺织工业劳动模范"称号；2014年4月，"于素梅劳模工作室"被中华全国总工会授予"工人先锋号"称号；2016年3月，被江苏省总工会授予"十佳女劳模工作室"称号。2018年，于素梅被中华全国总工会授予全国"五一劳动奖章"。

江苏省"五一劳动奖章"获得者

汪维桥　男，1967年出生，江苏联瑞新材料股份有限公司设备动力部经理、工程师。在他的带领下，部门高质量完成2万吨熔融硅微粉生产线技改项目、超细粉一期、二期工程生产线建设等项目。他所领导的部门对公司的生产设备进行技术改造近300项，为企业节能降耗。他先后获得市科技进步奖一等奖1个、二等奖2个。2018年被省总工会授予省"五一劳动奖章"。

杨慧　男，1989年出生，大陆汽车电子（连云港）有限公司操作工。他运用积累的工作经验及技术将产线3台橡胶套插入机通过设备合并优化，缩减空间并提高设备利用率及方便5S整理。在新项目机种生产过程中，发现垫片安装工序因材料自带垫片较小且是在豪颈骨内部，作业过程中容易出现漏装，提出对特性检查机连接器插入块进行增加探针改造，从而能够检测确认垫片插入是否到位。2018年被省总工会授予省"五一劳动奖章"。

王其芳　男，1982年出生，中共党员，连云港富安紫菜机械有限公司车工班班长。他提出"一单制"管理模式并率先在车工班推行，使班组高效运转，连续三年班组产品质量合格率处于公司基层班组前茅。协同公司生产部门完成全自动紫菜加工机组、圆饼紫菜加工机组的多项新型技术装置和新产品的试制和试验工作。2015年被评为市劳动模范，2018年被省总工会授予省"五一劳动奖章"。

范小涛　男，1985年出生，国电联合动力技术（连云港）有限公司物流发运班副段长。范小涛担任仓储配套班长期间，带领组员圆满完成仓储、配套、转运等工作，无错发、漏发，工作滞后等问题，班组被公司评为6S管理优秀班组、优秀质量班组等；担任物流发运工段长期间，由起初发运1.5兆瓦风力叶片发展到6兆瓦风力叶片，年累计吊装及发运2万余次，总吨位千万吨，做到安全无事故。2018年被省总工会授予省"五一劳动奖章"。

杨波　男，1965年出生，研究生学历，同科投资集团董事长、总裁，高级经济师。他参政议政，担任市政协常委，2篇政协提案分别于2014、2017年被评为市政协优秀提案，2018年当选省政协委员。注重公司管理创新，2015年创立的"无限合伙人制度"获得国家知识产权专利。集团党群工作处于全省非公企业前列，被省纪委、省委宣传部等八部门联合命名为省"廉政文化建设示范点"。2018年被省总工会授予省"五一劳动奖章"。

韩加好　男，1972年出生，中共党员，连云港职业技术学院机电学院党总支书记、副院长。他作为数控专业负责人，将专业建设成集省级实训基地、省高等教育优秀教学团队、省人才培养模式创新实验基地于一体的江苏省特色专业。是省青蓝工程中青年学术带头人和省"333工程"第三层次培养对象，获省优秀班主任、省青蓝工程优秀骨干青年教师等多项荣誉，获市科技进步奖和自然科学优秀学术成果奖励。2018年被省总工会授予省“五一劳动奖章”。

史家欣 男，1979年出生，中共党员，博士研究生，连云港市第一人民医院呼吸科主治医师。他任劳任怨，值班常常彻夜忙碌，始终如一地耐心仔细对待患者及家属。主持国家自然科学基金和江苏省自然科学基金各1项、中国博士后科学基金一等资助1项、江苏省卫计委面上科研课题1项、连云港市521高层次人才资助项目1项，参与多项国家和省级自然科学基金课题，研究成果获得第二届连云港市优秀自然科学学术成果一等奖。先后获得市“五一劳动奖章”、“五四”青年奖章、“新长征突击手”等荣誉。2018年被省总工会授予省“五一劳动奖章”。（市总工会）

享受国务院特殊津贴专家

王士华 男，1968年4月出生，博士，研究员级高级工程师，江苏奥神新材料股份有限公司董事长。他带领企业实现国家重点鼓励发展的战略性新材料聚酰亚胺纤维的产业化。主持20余项国家级、省市级科研项目。主持完成项目“干法纺聚酰亚胺纤维制备关键技术及产业化”，获2016年度国家科技进步奖二等奖。2017年，获第二届中国军民两用技术创新应用大赛优胜奖。研究成果获国家授权发明专利11项、实用新型专利12项、外观设计专利1项，其中“一种细旦/超细旦聚酰亚胺纤维的制备方法”获第十八届中国专利优秀奖、“一种工业化的聚酰亚胺纤维牵伸方法”获中国纺织行业专利金奖。他先后被授予“全国纺织科技创新领军人才”“江苏省有突出贡献中青年专家”“第十二届江苏省优秀科技工作者”称号。2018年，享受国务院特殊津贴。

吕爱锋 男，1976年9月出生，博士，研究员级高级工程师，江苏豪森药业集团有限公司总裁、研究院院长。他主持承担多项国家科技重大专项、国家863计划、省科技成果转化项目，累计研发抗肿瘤、精神、糖尿病等各类国家级新药100余项，其中1类新药近20项。实现重大品种药物国产化，降低药品价格，累计节约社会成本超过100亿元。2013年、2014年获国家科学技术进步奖二等奖2项；获江苏省科学技术进步奖二等奖、三等奖各1个。入选国家重大人才工程B类，被评为国家“百千万人才”、国家“中青年科技创新领军人才”、江苏省“有突出贡献的中青年专家”、江苏省“六大人才高峰”培养对象、江苏省新医药十大科技领军人才，获得江苏省“五一劳动奖章”。2018年，享受国务院特殊津贴。

张喜全 男，1969年3月出生，硕士，正大天晴药业集团股份有限公司副总裁，他带领科技人员完成10多个重点产品的研制工作，承担国家重点新产品计划3个、国家火炬计划项目2个、江苏省三药攻关项目2个、江苏省成果转化专项资金项目5个。主持国家“十一五”重大新药创制科技重大专项“甘草酸及其药物的技术改造”项目，在甘草酸药物的制剂技术和优对映异构体开发方面进行深入研究，申请授权10余项发明专利；主持国家“863”计划项目、江苏省成果转化专项资金项目“异甘草酸镁原料及制剂”，首创用于肝病治疗，获江苏省科技进步奖二等奖。2015年，“慢性乙型肝炎诊疗体系的创新及关键技术推广应用”获得国家科学进步奖二等奖。2018年，享受国务院特殊津贴。

蒋晓东 男，1970年3月出生，博士，连云港市第一人民医院主任医师、副院长。主持国家自然科学基金面上项目2项、江苏省重点研发计划（社会发展）项目1个、江苏省自然科学基金项目2个、卫生部课题基金项目1个、中华国际医学交流基金项目2个。科研成果获省卫生厅医学新技术引进二等奖5个，获连云港市科技进步奖一等奖、二等奖、三等奖各1个。他入选江苏省“六大人才高峰”培养对象、省“333工程”第三层次培养对象、江苏省百名“医德之星”、江苏省卫生拔尖人才，被评为中国肿瘤防治杰出科技工作者、江苏省有突出贡献中青年专家。2018年，享受国务院特殊津贴。（程继云）

江苏省有突出贡献中青年专家

周云曙 男，1971年10月出生，博士，江苏恒瑞医药股份有限公司总经理，高级工程师。他主持参与研发新药40余种，包括多个具有自主知识产权的国家1.1类新药，获得国家级新药证书20余个。其中，阿帕替尼是中国首个自主研发、全球首个在治疗晚期胃癌被证实安全有效的小分子抗血管生成靶向药物。科技开发项目中3项被国家科技部列为“863”计划项目。2018年，被省政府授予“江苏省有突出贡献中青年专家”称号。

夏春光 男，1971年6月出生，研究员级高级工程师，正大天晴药业集团股份有限公司研究院院长。他主持开发抗肿瘤领域新药8种、肝病领域新药4种、生物新药4种、抗生素领域新药5种、呼吸领域新药6种。其中，一类新药盐酸安罗替尼胶囊于2018年5月获得生产批件，是全球晚期非小细胞肺癌抗血管生产靶向药物中唯一的单药有效的口服制剂。获省科学技术进步奖二等奖2个项、三等奖1个，市科学技术进步奖一等奖2个、特等奖1个。2018年，被省政府授予“江苏省有突出贡献中青年专家”称号。

赵军军 男，1976年8月出生，博士，研究员级高级工程师，江苏豪森药业集团有限公司副总裁、生产事业部总经理。他主要从事创新药物研发、生产管理和国际化注册工作。主持研发国家1类创新药吗啉硝唑、白血病治疗药物甲磺酸伊马替尼。2个注射剂产品（长春瑞滨注射液、注射用盐酸吉西他滨）在美国上市，取得临床批件70余项，生产批件20余项。2010年、2011年，获连云港市科技进步奖一等奖2个；2013年、2014年，获国家科技进步奖二等奖2个；2011年，获江苏省科技进步奖二等奖1个。2018年，被省政府授予“江苏省有突出贡献中青年专家”称号。

刘芳 女，1970年2月出生，高级经济师，中复神鹰碳纤维有限责任公司总经理。主持中国纺织工业联合会面上项目2个、省部级以上科研项目3个。获中国纺织工业联合会科技进步一等奖、全国建材行业技术革新一等奖。作为主要完成人参与中复神鹰碳纤维有限责任公司“干喷湿纺千吨级高强/百吨级中模碳纤维产业化关键技术及应用”项目，获2017年度国家科技进步奖一等奖。2018年，被省政府授予“江苏省有突出贡献中青年专家”称号。

徐新建 男，1964年8月出生，硕士，高级工程师，日出东方太阳能股份有限公司董事长、全国工商联新能源商会副会长。他带领公司运营“太阳雨”“四季沐歌”2个品牌，在行业内首批获得“中国名牌产品”和“中国500个最具价值品牌”称号。主持和参与33项国家、行业及联盟标准的制定。承担“十三五”国家重点研发计划项目4个，主持实施10余个国家火炬计划、省市级科技项目产品的推广转化工作。2018年，被省政府授予“江苏省有突出贡献中青年专家”称号。

汪洪洋 男，1969年2月出生，东海县农业技术推广中心农业技术推广站长。他主持和参与国家星火计划、粮食丰产科技工程、江苏省农业“三新工程”等省、部级项目10余个。推广稻麦新品种20余个。创建石榴、平明2个省级稻麦科技综合示范基地，建立“示范基地+高产创建示范区+辐射区”的技术推广模式和对接家庭农场、种田大户等新型经营主体，带动周边农户的推广模式，培育家庭农场及专业化服务合作社22户(个)。主持完成的“江苏淮北地区粳稻丰产高效生产技术集成与推广”成果在全市推广40.77万公顷，获农业部丰收二等奖。2018年，被省政府授予“江苏省有突出贡献中青年专家”称号。

李宗岭 男，1964年11月出生，研究员级高级工程师，连云港市农机试验推广站总工程师。他主持编制《挖掘机驾驶员》国家职业标准，参与编制《装载机操作工》《推土机驾驶员》国家职业标准；主持《挖掘机驾驶员》国家题库开发，获特别贡献奖。主持和参与17个省、市科技项目，获中国机械工业科技进步二等奖1个，省科技进步奖三等奖1个、省政府农业技术推广三等奖1个，省机械工业科技进步奖一等奖1个，获得连云港市优秀科技人员一等奖。2018年，被省政府授予“江苏省有突出贡献中青年专家”称号。

刘兴法 男，1968年10月出生，正高级教师，江苏省海头高级中学校长。他率先深化课程改革，构建自主发展的蓝色课堂，打造的高效课堂为全市中小学课堂教学改革提供“样板”，在省内外产生强烈的社会反响。2017年，入选“江苏人民教育家培养工程培养对象”。《中学历史“人性化”课堂实践研究》获江苏省教学成果一等奖，《高中生史学素养的研究》获教育部教学成果二等奖。2018年，被省政府授予“江苏省有突出贡献中青年专家”称号。

（程继云）

何梁何利奖获得者

张国良 男，1956年9月出生，教授级高级工程师，博士。连云港鹰游纺机集团、中复神鹰碳纤维有限责任公司董事长、党委书记，国家重大人才工程B类科技创业领军人才，第十届、十一届全国人大代表，第十届、十一届江苏省党代表，全国工商联第十一届执委，江苏省第十二届人大常委、江苏省第十三届人大代表。享受国务院特殊津贴。

2005年，张国良带领中复神鹰科研团队攻关研制碳纤维，实现T300级碳纤维工业化生产，打破西方国家对中国的技术垄断；2009年，开始进行干喷湿纺技术攻关，攻克原液制备、设备生产，PAN(聚丙烯腈)纤维快速均质预氧化、高温碳化等集成技术，构建具有自主产权的干喷湿纺千吨级高强/百吨级中模碳纤维产业化生产体系，建成首套具有完全自主产权的成套装备，并于2012年在国内率先实现干喷湿纺技术产业化，中复神鹰成为中国唯一、世界第三个掌握该工艺的企业。以第一完成人身份完成的“干喷湿纺千吨级高强/百吨级中模碳纤维产业化关键技术及应用”项目获得2017年度国家科技进步奖一等奖。他先后获得全国首届杰出工程师奖、全国“五一劳动奖章”，被评为全国优秀科技工作者、中国纺织大工匠、全国优秀民营科技企业家、江苏省最美基层干部等。2018年，获得何梁何利基金“科学与技术创新奖”、俄罗斯国家工程院“格里什曼诺夫”最高材料金奖。

（年 编）

责任编辑 郭 云

组织机构及负责人名录

（截至 2018 年 12 月 31 日）

一、中国共产党连云港市委员会

书　记　杨省世（2 月免）
　　　　项雪龙（2 月任）
副书记　项雪龙（2 月免）
　　　　方　伟（2 月任）　万闻华
常　委　杨省世（2 月免）
　　　　项雪龙　方　伟（2 月任）
　　　　万闻华　关永健
　　　　王加培　滕　雯
　　　　刘海涛　曹卫东（7 月免）
　　　　王东升　王立斌
　　　　胡建军　尹哲强（11 月任）
　　　　周瑞峰（11 月免）
　　　　缪　毅（11 月任）
秘书长　王东升
副秘书长　胡广林
　　　　　徐毓敏（8 月免）
　　　　　程晓红　董　忠
　　　　　耿卫东　苏卫哲

中共连云港市纪律检查委员会、市监察委员会

书　记　刘海涛
副书记　苏士军　王奎杰
　　　　蒋彩霞
常　委　刘海涛　苏士军
　　　　王奎杰　蒋彩霞
　　　　鲍洪才　姚　超
　　　　郑云龙　戴　涛
　　　　赵广东
监委委员　鲍洪才　郑云龙
　　　　　赵广东　宋金玲
秘书长　姚　超
委室主任　蒋颂华　绳　艳
　　　　　李宝波（11 月免）
　　　　　张仲平　许超贤
　　　　　杨德成　万树早
　　　　　孟令山　梁　浩
　　　　　龚武成　黄　雯
　　　　　周　军
副调研员　孙　滨

市纪委派驻纪检组

组　长　徐加德　司彩霞
　　　　汪全炉　杨永龙
　　　　王海棠　苏学文
　　　　张　弛　孙咸好
　　　　王观甲　周燕宁
　　　　陈平夫　王笃和
　　　　李文林　宋　昆
　　　　闫伦锋　朱景胜
　　　　吴中严　高祝学
　　　　钱光杰　江云流

市委巡察工作领导小组办公室

主　任　苏士军
副主任　蒋　猛

市委巡察组

组　长　陆　华　刘明台
　　　　周文玲　房忠涛
　　　　卜东祥　宣　冰
副组长　李　剑（8 月免）
　　　　董淑贵　胡向鲁
　　　　鲍偕林　刘加新（8 月免）
　　　　韩玉彬　孟庆标
　　　　董德华　王广明
　　　　孟昭友　张　靖
　　　　姚启华（11 月任）
副调研员　李　剑（8 月任）
　　　　　刘加新（8 月任）

市委工作机构

市委办公室（市委研究室）

主　任　胡广林
副主任　李成林　杨立州　王万军
调研员　徐毓敏（8 月任）　崔　平
副调研员　康志高　董月方

市委研究室

主　任　段　东
副主任　董　旭　张　驰

全面深化改革领导小组办公室

专职副主任　刘成文

市委组织部（市委非公有制企业和社会组织工委）

部　长　胡建军
常务副部长　刘利峰

副部长 陈 岩(兼) 王玉祥
副调研员 齐庆磊
市委非公有制企业和社会组织工委
书 记 刘利峰
纪工委书记 李 佺
市委党的建设工作领导小组办公室
主 任 王玉祥
副主任 徐为怀
市委宣传部(市精神文明建设指导委员会办公室)
部 长 滕 雯
常务副部长 王修杰
副部长 李 超 李 武(兼)
惠 茜
市精神文明建设指导委员会办公室
主 任 李 超
副主任 吴克典
市委网络安全和信息化领导小组办公室(市互联网信息办公室)(新组建机构)
主 任 李 武(7月任)
副主任 薛 飞(7月任)
市委统一战线工作部
部 长 王东升
常务副部长 高艳军
副部长 范 江(兼) 孙振东
市委政法委员会(市社会治安综合治理委员会办公室)
书 记 王立斌
副书记 杨志成 王新林
政治部主任 朱 浩
副调研员 何 华 王发亮
付 杰
市社会治安综合治理委员会办公室
主 任 杨志成
副主任 杭夫阳
市依法治市领导小组办公室
专职副主任 邱金桓
市委农村工作办公室
副主任 苏卫哲(主持工作)
杨建瑞 孙立洲
王洪波
市委台湾工作办公室(市政府台湾事务办公室)
主 任 龚建华
副主任 王思远 吴立军
朱 瑞
市机构编制委员会办公室
主 任 陈中本
副主任 王文刘 胡 滨
孙 林
副调研员 乔运刚
市事业单位登记管理局
局 长 高 鹏
市委市级机关工作委员会
书 记 刘开山
副书记 郭光辉 刘顺学
纪工委书记 王运军

市委部门管理机构

市委老干部局
局 长 陈 岩
副局长 徐正平 吴绵梅
胥立武
市委离退休干部工委
书 记 陈 岩
副书记 高 俊
市信访局
局长、党组书记 董 忠
副局长、党组成员 乔 斌 王新林
党组成员、信访督查专员 邢于全
鲁 平
党组成员、副调研员
杨杜滨(10月免)
市委保密委员会办公室(市国家保密工作局)
主任(局长) 程晓玉
市委机要局(市国家密码管理局)
局 长 陈新军
专职密码督察员、副局长 田恒军

市委直属事业机构

市委党校(市行政学院、市社会主义学院)
校 长 万闻华(7月免)
胡建军(7月任)
常务副校长 徐浩佳
副校长 张淑萍 闫振华
王克法
教育长 马 骏
副处级组织员 金 艳
副调研员 陈世华(11月任)
市行政学院
院 长 王加培(兼)
副院长 徐浩佳(兼) 郝新跃(兼)
张淑萍(兼) 闫振华(兼)
王克法(兼)
市社会主义学院
院 长 王东升(兼)
副院长 徐浩佳(兼)
市接待办公室
主任、党组书记 程晓红
副主任、党组成员 朱岳泉 龙生波
副调研员、党组成员 张永进
市委党史工作办公室(市地方志编纂委员会办公室)
主 任 徐勤飞
副主任 张 斌 赵廷旗 陆瑞萍
副调研员 魏 鹏
市革命纪念馆
馆 长 白植明
市档案局(市档案馆)
局长、党组书记、馆长 王永士
副局长、副馆长、党组成员 韦林海
副调研员 葛新成
连云港报业传媒集团(连云港日报社)
党委书记、董事长、总经理 苏中保
党委副书记 周玉久
党委副书记、纪委书记 薛晓东
党委委员 谈 虹 吕慧东
副总经理、党委委员 施连山
吕建林
连云港日报社
社 长 苏中保
总编辑 周玉久
副总编辑 谈 虹 吕慧东
副社长 施连山 吕建林
苍梧晚报社
总编辑 谈 虹
连云港广电传媒集团(市广播电视台)
党委书记、董事长 高兰军
总经理、党委副书记 马富胜
党委副书记、纪委书记 高庆华
副总经理、党委委员 万自力
刘世敏 汤泠泠
副总经理 王 琰(挂职)
市广播电视台
台 长 高兰军
副台长 马富胜 万自力 刘世敏
汤泠泠 王 琰(挂职)
市社会科学院(省社会科学院连云港分院)
院长、党组书记 孙巨传
副院长、党组成员 朱巧玲
省社会科学院连云港分院
院 长 孙巨传
副院长 孙克强(兼) 朱巧玲

二、连云港市人民代表大会常务委员会

主　任　杨省世（2月免）
党组书记　杨省世（2月免）
　　　　　项雪龙（2月任）
副主任、党组副书记　杨　莉
副主任、党组成员
　郑　平（12月免）　于丽华
　董春科
党组成员　王家全（12月任）
党组成员（副市级）　王　鹏
党组成员、秘书长　戴咏寒
副秘书长　朱志祥　胡　宾
市人大常委会办公室
主　任　朱志祥
副主任　张新雨　姜　健
副调研员　王　冬　赵小普
市人大常委会研究室
主　任　唐中龙
副主任、调研员　李　智
市人大常委会法制工作委员会
主　任　陈福胤
副主任　李青春
市人大常委会内务司法委员会
主　任　陈　敏
副主任　王道阳
市人大常委会财政经济委员会
主　任　胡明生
副主任　孙迎春
市人大常委会预算工作委员会
主　任　王洪欣
副主任　于　伟
市人大常委会教科文卫委员会
主　任　李　强
副主任　韩加高
市人大常委会民族宗教侨务台务外事委员会
主　任　王　丽
副主任　胡云红
市人大常委会农业经济委员会
主　任　葛百权
副主任　渠敬华
市人大常委会环境资源城乡建设委员会
主　任　陈斌林
副主任　武晓敏
市人大常委会人事代表联络工作委员会
主　任　姚新和
副主任　杨　丽

三、连云港市人民政府

市长、党组书记　项雪龙（2月免）
代市长、党组书记　方　伟（2月任）
副市长、党组副书记　王加培
副市长、党组成员
　尹哲强（11月免副市长、12月免党组成员）
副市长　吴海云
副市长、党组成员
　徐家保　王永生　黄远征
　陈书军（12月任）
　华本太（挂职，6月任副市长、5月任党组成员）
党组成员、秘书长　王家全
副秘书长　徐岳听　刘江船（挂职）
　　　　　宋　波　崔恩山（挂职）
　　　　　张晓红　马　伟
　　　　　王友君　张国桥

市政府工作部门

市政府办公室（市政府研究室）
主　任　晏　辉
调研员　徐春霞　赵二宏
副调研员　宋江龙
副主任　赵　涛　韩建军　张名志
　　　　吴金恩
副调研员　赵斯英
市政府研究室
主　任　刘　沙
副主任　孙京海　马　东
市政府驻北京联络处
主　任　徐春霞
市政府驻南京办事处
主　任　赵二宏
市政府驻上海联络处
主　任　张　永
市发展和改革委员会（市经济协作办公室）
主任、党组书记　韦怀余
副主任、党组成员　李非非
党组成员　马红兵
副调研员、党组成员　梁同乐
副主任　杨　光
副主任、党组成员　朱伟哲
　陈　创　尹相伦
委员、党组成员　郭惠群（8月免）
　　　　　　　　王仁和
党组成员　童　巍（7月免）
副调研员　郭惠群（8月任）
市沿海地区发展办公室
主　任　李非非
副主任　童　巍（7月免）
市重大项目办公室
主　任　许彬山
新亚欧大陆桥国际信息中心（市信息中心）
主　任　马红兵
副主任　吴春雨　钱永志
市经济和信息化委员会（市小中企业局）
主任、党组书记　吕　洁（12月免）
副主任、党组成员　席世战
　谢方宝　严道连
　冯燕芹　卢忠宝
党组成员、副调研员　赵永生
副调研员　胡晓辉
市教育局（市委教育工作委员会）
局长、工委书记　陈　中
工委副书记　田文瑞
副局长、工委委员　李宏伟
　臧　雷　顾爱军　徐向阳
副局长　高　健
副调研员　韦九金
江苏省新海高级中学
校长、党委书记　韩金山
副校长、党委委员　程志坚
纪委书记、党委委员　马爱元
副校长、党委委员　陈继敏
　潘家永　张团思
连云港高级中学
校长、党委书记　蒋　捍
副校长、党委委员　李兴远
　赵士波　吴海军　张金如
连云港中等专业学校
副校长、党委副书记、纪委书记
　王广武（主持全面工作）
副校长、党委委员　刘永华
　丁　阳　陶卫东
江苏省海州高级中学
校长、党委副书记　周　艳
党委书记　宋治宝
市科学技术局（市知识产权局）
局　长　徐善明
党组书记、副局长　赵厚峰
副局长、党组成员　刘海峰

孙礼国 章云霓
副局长 郑 刚
党组成员、副调研员 李传志
副局长、党组成员 杨自军(5月任)
党组成员、副调研员 赵国师
副调研员 王璟祥
市公安局
局长、党委书记、督察长 王永生
党委副书记、副局长 蒋 林
党委委员 宋雅波
副局长、党委委员 茅中余
派驻纪检组组长、党委委员 钱光杰
副局长、党委委员 于治安
鲁 宏(4月免)
杨德祥(挂职)
孙曙明
政治部主任、党委委员
杨德成(7月任)
副局长、党委委员
公保扎西(5月任,挂职)
党委委员 王一兵 史 伟
副调研员 赵斯斌 田克前
程华北 张 军(8月任)
市公安局指挥中心
主 任 颜景硕
政 委 闵启东
市公安局交通警察支队
支队长 王一兵
政 委 苗战国
市公安局经济犯罪侦查支队
政 委 王中山
市公安局刑事警察支队
支队长 王其乐
政 委 张乃建
市公安局治安警察支队
支队长 吴大山
政 委 赵士标
市公安局水上警察支队(水上分局)
支队长(局长) 钱 锋
政 委 徐继超
市公安局技术侦察支队
支队长 关炳军
政 委 张振宇
市公安局巡特警支队(机构升格)
支队长 张永席(11月任)
政 委 仲崇秋(11月任)
市公安局网络安全保卫支队(机构升格)
支队长 曹 伟(11月任)
市维护稳定工作领导小组办公室
副主任 丁维永
市公安局盐场分局
政 委 张 军(8月免)
市民政局
局长、党委书记 王从金
党委委员 王 玲
副局长、党委委员
李应启(11月免) 李寒洁
钟 玲 叶劲松
党委委员、副调研员
吕从光 单维启(11月任)
市老龄工作委员会
专职副主任 王 玲
办公室副主任 董明义
市司法局
局长、党委书记 金建猛
副局长、党委委员 刘 红 王建明
秦 岭
副局长 吴西涛
党委委员、副调研员 谢佃钦
薛玉江
市财政局
局长、党组书记 孙宗凤
副局长、党组成员
顾雪君 陆效虎(1月免)
施为民 蒋 敏 陆 翔
党组成员、副调研员
韩加兵(11月任)
副调研员 王统峰
市国库集中支付中心
主 任 刘凤亭
市人力资源和社会保障局
局长、党组书记 郝新跃
党组副书记 孟昭静
副局长、党组成员 邵晓峰
李 洪 史洪松 张建慧
党组成员、副调研员 叶 超
副调研员 卢江华
市人才服务中心
主 任 李海东
市外国专家局
局 长 范亚松
市社会劳动保险管理处
主 任 金培骏
市劳动就业管理处
主 任 孙爱宝
市医疗保险管理处
主 任 王清华
市社会保险征缴中心
主 任 陈 岩
市环境保护局(已被省划转垂直管理)
局 长 韩尚富
党组书记 韩尚富(12月免)
唐光普(12月任)
党组副书记 房维东
总工程师、党组成员 黄宜鹤
副局长、党组成员 葛延波
副局长 徐传东
党组成员、副调研员 胡月武
党组成员 陆 杰
市环境监察局
局 长 陆 杰
副局长(副处级) 朱代树
连云港辐射环境监测管理站(江苏省辐射环境监测管理站连云港分站)
站 长 孙建明
市环境监测中心站
站 长 郭亚伟
市规划局
局长、党组书记 王学明
副局长 黄雁鸿
副局长、党组成员 宋建华
齐 文 陆 华
市城乡建设局(市园林局)
局长、党委书记 孙志伟
副局长、党委委员 王永昌
尤永江 胡顺波 滕秀元
副局长 王 琪
总工程师、党委委员 严欣春
党委委员、副调研员 施正新
王 华
党委委员 刘占强(挂职,5月任)
副调研员 汪建华
市住房保障和房产管理局
局长、党委书记 赵健康
副局长、党委委员 宋和景
蒋应柏 方兆富 叶磊明
党委委员、副调研员 时厚程
副调研员 王维有
市住房保障中心
主 任 张元伦
市城市管理局(市城市管理行政执法局)
局长、党组书记 苏 锋
副局长、党组成员 曲学武 程作龙
副调研员、党组成员 李 伟
副局长、党组成员 吴 杰
党组成员 祁德林
副调研员、党组成员 王恒云
陈为清

市城市管理行政执法支队
支队长　祁德林
市交通运输局
局长、党委书记　陈辉东
副局长、党委委员　蔺宁君
喻振东　周克明　薛采高
吴亚东　武　静（5月任）
党委委员、副调研员　杨旭东
市公路管理处
主　任　金立富
党委书记　王　雷
市航道管理处
主　任　黄继明
党总支书记　陈怀喜
市地方海事局
局　长　王　东
党总支书记　丁东方
市运输管理处
主任、党委书记　李永春
市铁路建设办公室（市交通工程建设处）
主　任　王广士
市港口管理局（市口岸管理委员会）
局长、党组书记　鲁　林（兼）
调研员、党组成员
臧玉臣（8月免党组成员）
副局长、总工程师、党组成员
沈雪松
党组成员　平浩生　崔万平
副局长、党组成员　蔡　辉　王国超
党组成员、副调研员　蒋孝纲
副调研员　周建中
党组成员　杜　磊
市口岸管理委员会
主　任　鲁　林（兼）
副主任　平浩生　崔万平
连云港引航站
副站长　曹恩广　潘高华
颜明海
市水利局
局长、党组书记　王建平
党组副书记、副局长　马忠标
副局长　董一洪
总工程师、党组成员　张鹏程
副局长、党组成员　戴振伟　毛善通
党组成员、副调研员　乔万金
陈会保
市临洪水利工程管理处
主任、党总支书记　尹德庆
市石梁河水库管理处
主任、党总支书　刘成高
市市区水工程管理处主任
主　任　颜　建
市通榆河北延送水工程管理处
主　任　蒋春祥
市农业委员会（市林业局）
主任、党组书记　王　靖
副主任、党组成员　李大祥　徐希娟
吴孟军（1月免）　孟凡恕
穆传鹏（1月免）　徐金凤（1月任）
副主任　李　筠
总畜牧师、党组成员　樊继刚
副主任、党组成员　史士成（1月任）
辛崇兴
党组成员、副调研员　胡彦贵
调研员　吴孟军（1月任）
副调研员　穆传鹏（1月任）
沈梦进（1月任）
市林业局
局长、党组书记　李大祥
副局长、党组成员　宫晓毅　朱海波
马文刚
党组成员、副调研员　李金照
王维锦
副调研员　谢庆宇
市绿化委员会办公室
主　任　李大祥
副主任　朱海波
市农业资源开发局
局长、党组书记　徐希娟
副局长、党组成员　周　俊（5月免）
成云飞
副调研员、党组成员　陈永富
市农业机械管理局（机构撤销）
局长、党组书记　吴孟军（1月免）
副局长、党组成员　薛　飞（1月免）
副局长、党组成员　徐金凤（1月免）
史士成（1月免）
副调研员　沈梦进（1月免）
市商务局
局长、党委书记　任　瑜（7月免）
商振江（7月任）
副局长、党委委员　徐贞柏（1月免）
王绪浦　张　磊　孙　瑾
赵　晖
副局长　丁再彬（挂职）
党委委员、副调研员
邢建军（11月任）
副调研员　陈　林
市文化广电新闻出版局（市版权局）
局长、党委书记　田　明
党委副书记、副局长　葛成立
副局长　周　霞
副局长、党委委员　朱其远　颜金娥
宋雅浪
党委委员、副调研员　毛志峰
市文化行政综合执法支队
支队长　王宏图（1月任）
市演艺集团
董事长　谢春芳
市图书馆
馆　长　沈军军
市卫生和计划生育委员会
主任、党委书记　周　伟
副主任、党委委员　仲建业　陈　方
副主任　董　青
副主任、党委委员　刘　蓉　陈　志
党委委员、副调研员　胡　灵
谢　炜　徐启和
副调研员　胡忠霞
市第一人民医院
院长、党委书记　李小民
副院长、党委副书记　李爱民
党委副书记、纪委书记　王乐平
副院长、党委委员　谈　笑　李家树
张海林　胡　蓉　李明星
副院长　蒋晓东
副院长、党委委员　刘　菁
市中医院
院长、党委副书记　李秀连
党委书记　李建军
党委副书记、纪委书记　杨　爽
副院长、党委委员　丰广魁　毛东军
李德勤
副院长　高　慧
市第二人民医院
院长、党委书记　施　辉
市妇幼保健院
院　长、党委委员　施庆喜
党委书记　邵亚玲
市东方医院
院　长　谈　笑
党委书记　杨红波
市疾病预防控制中心
主任、党总支书记　朱磷扬
市卫生监督所
所长、党支部书记　杨　东
市工商行政管理局
局长、党组书记　华宏铭

副局长、党组成员 孙 强 司彦博
汪 军 李春翔
党组成员、副调研员 张学高
副调研员 顾红军 孙 平

市质量技术监督局

局长、党组书记 陈 军
党组副书记、副局长 夏 阳
副局长、党组成员 贾曙东 张卫民
副调研员、党组成员 丁兆祥
副局长、党组成员 宋志飚
副调研员 田春丽 邹玉国

市食品药品监督管理局

局长、党组书记 周 炜
副局长、党组成员 刘宝萍
副调研员、党组成员 宋其德
副局长、党组成员 袁明朗
王惠明
张庆科
党组成员、副调研员 张祝宝

市体育局

局长、党组书记 张 斌
副调研员、党组成员 任大兵
副局长、党组成员 石 磊
副局长 袁桂阳
副局长、党组成员 邓金祥

市审计局

局长、党组书记 秦 洁
副局长、党组成员
杨成功 刘 林(8月免)
郑厚明
副局长 马 强
总审计师、党组成员 刘善法
副调研员 许翠娥
刘 林(8月任)

市经济责任审计局

局 长 郑厚明

市统计局

局长、党组书记 董作村
党组成员 曹应江(4月免)
党组成员、副调研员 于卫军
副局长、党组成员 崔长胜 刘 军
孟祥春
党组成员 曹 霞
总统计师、党组成员 郭增先
党组成员、副调研员 吴传松

市统计调查局

局 长 严天白

市安全生产监督管理局

局长、党组书记 方念军
副局长、党组成员 朱剑飞 树成旺
王建强 何守平
党组成员、副调研员 钱成勇
副调研员 顾永平

市安全生产监察支队

支队长 范文波

市粮食局

局长、党委书记 王以标
党委副书记、副局长 王 龙
党委副书记 欧严峻(8月免)
副局长、党委委员 任文革 王 磊
调研员 欧严峻

市海洋与渔业局

局长、党委书记 桂迎宝
党委副书记、副局长 李 明
副局长、党委委员 薛学坤
姚 宁
党委委员、副调研员 石卫东
副调研员 沈海星 周同庆

市海洋与渔业综合行政执法支队

支队长 陈德明
政 委 王 涛

市海洋与渔业发展促进中心

主 任 路吉坤

市海域使用保护动态管理中心

主 任 赵新生(7月免)

市物价局

局长、党组书记 王志慧
副局长、党组成员 祁建球 万兴军
丁元奎
党组成员、副调研员 毛智勇

市物价局检查执法分局

局 长 陈 波

市民族宗教事务局

局长、党组书记 范 江
副局长、党组成员 郁正言 蔡骥鸣

市民防局(市人民防空办公室)

局长、党组书记
史道友(8月免)
王友君(8月任党组书记,10月任局长)
副局长、党组成员 孙礼前
副局长、总工程师、党组成员
张以建
副局长、党组成员 杨维富
副调研员、党组成员 王 芳
陈耀宏 孙 健

市人民防空办公室

主 任 史道友(8月免)
王友君(8月任)

市旅游局

局长、党组书记 王 芬
党组副书记、副局长 许 明
副局长、党组成员 柏银枝 贺善铁
姜自成
党组成员、副调研员 刘吉光

市政府外事与侨务办公室(市政府港澳事务办公室)

主任、党组书记 李 亚
副主任、党组副书记 鞠建春
副主任、党组成员 于广举
张 妍
邹 琦
副主任 曹佳俊(挂职)
党组成员、副调研员 张开华
副调研员 李 媛 茆德跃

市政府法制办公室

主任、党组书记 秦国臣
副主任 杨晓红
副主任、党组成员 周 毓
党组成员、副调研员 冯正山

市机关事务管理局

局长、党组书记 赵建军
副局长、党组成员 朱玉环 孙 铜
邓志强 陈万海
党组成员、副调研员 段巨才

市政府国有资产监督管理委员会(5月撤销党组成立党委)

主任、党委书记
徐丙超(5月任党委书记)
副主任、党委委员
陆体洋(5月任党委委员)
许 峰(5月任党委委员)
刘重一(5月任党委委员)
党委委员、副调研员
王怀东(5月任党委委员)

市属国有企业监事会

主 席 陆其俊 孙桂伟
马春邦

市退役军人事务局(新组建机构)

局长、党组书记
王永士(11月任党组书记,12月任局长)
副局长、党组成员 李应启(11月任)

市政府派出机构

连云港经济技术开发区管委会

党工委书记 曹卫东(7月免)
尹哲强(11月任)
主 任 石海波

党工委副书记、常务副主任　胡传宏
副主任、党工委委员　张昭华
纪工委书记、党工委委员　王　波
副主任、党工委委员　王　成
　曹洪秋　张小海　王　森（挂职）
党工委委员、党群工作部部长
　万　军

国家东中西区域合作示范区（连云港徐圩新区）管委会

党工委书记、主任　石海波
党工委副书记、副主任　江行洲
副主任、党工委委员　王东亮
　封其山
副主任、纪工委书记、党工委委员
　马冬梅
副主任、党工委委员
　乔寿稳　朱　彬
　东　林（1月任，挂职）

连云港高新技术产业开发区管委会

党工委书记　陈佑龙
主任、党工委副书记　李　莉
副主任、党工委委员　商显福
　李　飞　江希路
纪工委书记、党工委委员　曹明朗
副主任、党工委委员　贺贵才
　徐　勇（挂职）
党工委委员、副调研员　齐华兵
党工委委员　张　勇（挂职）

江苏省云台山风景名胜区党工委

党工委书记　滕　雯
党工委副书记　王　芬　朱加刚
党工委委员　孙志伟　王学明
　王建平　李大祥

市云台山风景名胜区管委会

主任、党委书记　朱加刚
党委副书记、副主任　周成前
副主任、党委委员　黄忠良　张加志
　张永强　邓琳琳
纪委书记、党委委员　赵虎成
副主任、党委委员
　俄日项杰（5月任，挂职）
党群工作部部长　张义康

市科教创业园区建设管委会（筹）

副主任　周成前

市花果山风景区管理处

主任、党委书记　徐恒喜

市连岛海滨旅游度假区管委会

副主任、党组成员　张　昊　李洪联
纪检组长、党组成员　张共生

市政务服务管理办公室

主任、党组书记　周　鹏
副主任、党组成员　郭　昊　储嘉祥
副调研员、党组成员　钱　梅
副主任、党组成员　孔庆俭
副调研员、党组成员　胡利民

市政府直属事业机构

市政府金融工作办公室

主任、党组书记　潘元志
副主任、党组成员　张汝凯　车大兵
副调研员　邱洪建

市地震局

局长、党组书记　卢伟军
副局长、党组成员　夏新华　孙业志
　张建祥

市供销合作总社

主任、党委书记　卢西村
副主任、党委委员　徐同道
监事会主任、党委委员　朱孔桥
副主任、党委委员　纪　伟　张义贵
副调研员、党委委员　李沪宁
　李　冬

中国国际贸易促进会连云港市委员会

主　任、党组书记　杨保东
副主任、党组成员　郭家春　王之祥
　沈学柱
党组成员、副调研员　吴　静

四、中国人民政治协商会议连云港市委员会

主席、党组书记　张同生
副主席、党组副书记　方　韬
副主席　徐大勇　黄咏梅
副主席、党组成员　鲁　林　匡中远
　邸占山
副主席　龚成龙
党组成员、秘书长　刘玉君
副秘书长　张孝昌　钱　梅
　孙振东（兼）
　马　强（兼）
　黄雁鸿（兼）
　李开国（兼）
　孙传先（兼）
　徐传东（兼）
　陈　迅（兼）
　陈晓平（兼）
　孙桂才（兼）

市政协办公室

主　任　张孝昌
副主任　王统庠　章　磊

市政协研究室

主　任　孙银能
副主任　明　磊
副调研员　尹　侠

市政协提案委员会

主　任　钱　梅
副主任　王丛中

市政协学习文史资料委员会

主　任　李建平
副主任　孔　灏
调研员　钱　进

市政协经济科技委员会

主　任　杨向东
副主任　马军宁

市政协教育文化医卫体育委员会

主　任　陈　鹏
副主任　朱殿卿

市政协社会法制民族宗教委员会

主　任　张林海
副主任　王玉娟

市政协港澳台侨外事委员会

主　任　杨庆仁（7月免）
副主任　陶晓玲
调研员　杨庆仁（7月任）

市政协人口资源环境委员会

主　任　李建良
副主任　李志华

市政协联络委员会

主　任　王丙模
副主任　黄　颖

五、市各民主党派、工商联

中国国民党革命委员会连云港市委员会

主　委　李　萌
副主委　赵又晴　马　强（不驻会）
　刘玮玮（不驻会）

中国民主同盟连云港市委员会

主　委　龚成龙（不驻会）
副主委　黄雁鸿（不驻会）　王海虹
　刘旭光（不驻会）

中国民主建国会连云港市委员会

主　委　朱振亚
副主委　张克勤（不驻会）　李开国
　缪美华（不驻会）

中国民主促进会连云港市委员会
主　委　徐善明（不驻会）
副主委　刘　珺（不驻会）　孙传先
　　　　周　霞（不驻会）
中国农工民主党连云港市委员会
主　委　高　慧（不驻会）
副主委　许兴友（不驻会）
　　　　徐传东（不驻会）
　　　　王志坚（不驻会）
中国致公党连云港市委员会
主　委　高　健（不驻会）
副主委　陈　迅　周伦荣（不驻会）
　　　　王兴强（不驻会）
九三学社连云港市委员会
主　委　徐大勇（不驻会）
副主委　陈晓平　杨　光（不驻会）
　　　　蒋晓东（不驻会）
市工商业联合会（市总商会）
主　席　张家炯
党组书记、副主席　高艳军
副主席、党组成员　孙桂才　张继武
党组成员、副调研员　仇延东
副主席（不驻会）　孙飘扬　肖　伟
　卢明立　徐新建　钟慧娟
　陈士斌　王爱瑞　范建民
　汪勤友　杨　波　李海林
　白　玮

六、群众团体、事业团体

市总工会
主　席　郑　平（12月免）
党组书记、副主席　丁维杰
副主席、党组成员　张明富　秦　云
副调研员、党组成员　朱　斌
副主席、党组成员
　陈　健　孙月春（1月任，挂职）
副主席　史洪松（不驻会）
副主席（兼职）　唐　艳（1月任）
　　　　　　　　陈继祥（1月任）
共青团连云港市委员会
书记、党组书记　曹明丽
副书记、党组成员　孙培元
　仲伟德（4月免）　陆　叶
　王　雷（挂职）
副书记　权太琦（兼）
　刘　敏（兼）
　王　衍（兼）
市妇女联合会
主席、党组书记　孙小岚
副主席、党组成员　封海燕　周　华
副主席　李江蓉（不驻会）
　　　　魏　茳（不驻会）
副主席、党组成员　臧永明
副调研员　李春艳
市政府妇女儿童工作委员会办公室
主　任　杨林青
市科学技术协会
主席、党组书记　许东方
副主席　葛雄灿
党组成员、党组成员　褚士明
　　　　　　　　　　郭　强
副调研员　封士帅
副主席（不驻会）　舒小平　徐大林
　　　　　　　　　李　莉　陈　中
　　　　　　　　　周　伟　朱向阳
　　　　　　　　　王　靖　乔光辉
　　　　　　　　　崔方水　肖　伟
　　　　　　　　　陈德林
市文学艺术界联合会
主席、党组书记　王咏梅
副主席、党组成员　李敬伟　俞文文
副主席（不驻会）　张国良　陈　红
市哲学社会科学联合会
主席、党组书记　杨东升
副主席、党组成员
　周一云　韩冠旗（11月任）
副主席（不驻会）　舒小平　孙巨传
　　　　　　　　　王万军　朱伟哲
　　　　　　　　　张淑萍　臧　雷
　　　　　　　　　陈留生　张克勤
市残疾人联合会
理事长、党组书记　侍启顺
副理事长、党组成员　姜仁国
　程　苍　王铭丕
副调研员、党组成员　郭红兵
市归国华侨联合会
主　席　商晓东
副调研员　王立平
副主席（兼职）　杨庆祥　冯维希
市红十字会
常务副会长、党组书记　胡英浦
副会长、党组成员　贺美来（4月免）

七、法院、检察院

市中级人民法院
院长、党组书记　蔡绍刚
党组副书记、副院长　李江蓉
副院长、党组成员　顾长洲
政治部主任、党组成员　葛梦阳
派驻纪检组组长、党组成员　吴中严
副院长、党组成员　唐　涛　戴　涛
审判委员会专职委员　孙　玉
党组成员　周庆忠（8月免）
审判委员会专职委员　田　勇　张洪宝
副调研员　周庆忠（8月任）
市中级人民法院执行局
局　长　周庆忠（8月免）
连云港经济技术开发区人民法院
院长、党组书记　宋金林
纪检组组长、党组成员
　周华谋（8月免）
副院长、党组成员　胡雪梅　丁汝成
政治处主任、党组成员　孙　伟
副调研员　周华谋（8月任）
市人民检察院
检察长、党组书记　宋祥林
副检察长、党组副书记　李　翔
副检察长、党组成员　戴文浩
　　　　　　　　　　董月明
派驻纪检组组长、党组成员　高祝学
副检察长、党组成员
　张克晓（1月免副检察长）
政治部主任、党组成员
　周小纯（1月任）
检察委员会专职委员　李开球
　　　　　　　　　　李家涛
连云港经济技术开发区人民检察院
检察长、党组书记　史良成
党组副书记、副检察长　吴　明
派驻纪检组组长、党组成员
　陈海滨（8月免）
副检察长、党组成员　宋　华
职务犯罪预防侦查局局长、党组成员
　李永红（1月免）
副调研员　陈海滨（8月任）

八、省属部门

市国家税务局（2018年7月与连云港地方税务局合并）
局长、党组书记　殷洪君（7月免）
　　　　　　　　樊良生（3月任）
副局长、党组成员　王绪友（7月免）
　　　　　　　　　张　杰（7月免）
总经济师、党组成员
　杨树年（7月免）
纪检组长、党组成员

沈　虎（7月免）
连云港地方税务局（2018年7月与连云港市国家税务局合并）
局长、党组书记　项　明（7月免）
副局长、党组副书记
王传玮（7月免）
纪检组长、党组成员
汤景流（7月免）
副局长、党组成员
张剑虹（7月免）
武　琼（7月免）
总会计师、党组成员
张法德（7月免）
总经济师、党组成员
王中明（2月任，7月免）
国家税务总局连云港市税务局（2018年7月成立）
党委书记、局长　樊良生（10月任）
党委副书记、副局长
项　明（10月任）
党委委员、副局长　王传玮　汤景流
王绪友　张　杰
张剑虹
武　琼（10月任）
党委委员、纪检组长
沈　虎（10月任）
党委委员、总经济师
杨树年（10月任）
党委委员、总会计师
张法德（10月任）
党委委员、总经济师
王中明（10月任）
市国土资源局
局长、党组书记　孔令泰
副局长、党组成员　朱恒山
副局长、党组成员　于广浒　曹文斌
纪检组组长、党组成员　刘　涛
党组成员、副调研员　王孟年
副调研员　宋志宏
市国有土地储备中心
主　任　曹文斌
市土地和矿业权市场管理中心
主　任　辛　华
国家统计局连云港调查队
队长、党组书记　曹应江（6月免）
郭宗林（6月任）
副队长、党组成员　朱绍兵
纪检组长、党组成员　李福健
江苏省统计局连云港调查局
局　长　佟新宇
江苏省广播电视信息网络股份有限公司连云港分公司
总经理、党委书记　姚福平

九、高等院校

淮海工学院（正厅级）
党委书记　赵炳起（9月免）
王自力（9月任）
院长、党委副书记　宁晓明
党委副书记　史顺良
纪委书记　史顺良（9月免）
副院长　舒小平　许兴友
李梅英（9月任）
纪委副书记　陈先宏（9月任）
副院长　陈先宏（9月免）
金芙蓉（2月任）
严云洋（9月任）
连云港职业技术学院（副厅级）
党委书记　滕士涛
院长、党委副书记　杜长江
党委副书记　仲伟勇
副院长、党委委员　葛仁福　骆汝九
李小蔚
纪委书记、党委委员　叶如田
连云港师范高等专科学校（副厅级）
党委书记　杨　浩
校长、党委副书记　庞　波（9月免）
褚金星（9月任）
党委副书记　陈留生
副校长、党委委员　孙继才　吴其健
姚荣斌
纪委书记、党委委员　刘长虹
江苏财会职业学院（副厅级）
党委书记　章江益
院长、党委副书记　李梅英（9月免）
尹德树（10月任）
副院长、党委委员　王明高
副院长　张克勤
纪委书记、党委委员、党委副书记
费小岩（10月任）
副院长、党委委员　左文兵　王传斌
焦建平（10月任）

十、市管事业单位

市12345政府公共服务中心（市数字化城市管理监督指挥中心）（机构更名）
主任、党组书记　杨海灵（4月任）
副主任、党组成员　胡可晋（4月任）
石绪来（4月任）
邵付强（4月任）
市数字化城市管理监督指挥中心（4月撤销党组）
主　任　杨海灵
副主任　胡可晋　石绪来
邵付强
连云港开放大学
校长、党委书记　林振江
副校长、党委委员　金同实　孙茂新
纪委书记、党委委员　王振远
副校长、党委委员　张廷亮　王　峰
连云港中医药高等职业技术学校
校长、党委副书记　顾　强
副校长、党委委员　成　亮　谢捌骏
冯维希　袁荣高
纪委书记、党委委员　苏根林
江苏省连云港工贸高等职业技术学校
校长、党委书记　张建明
副校长、党委副书记　祁德新
副校长、党委委员　王　琳
纪委书记、党委委员　郭家明
副校长、党委委员　杨　健
市农业科学院
院　长　徐大勇
党组书记、副院长　陈　凤
副院长、党组成员　秦裕营　赵统利
副院长　缪美华
纪检组长、党组成员　范玲玲
市住房公积金管理中心
主任、党组书记　刘玉波

十一、市管国有企业

市工业投资集团有限公司
董事长、党委书记　杨　龙
总经理、党委副书记、副董事长
胡建明
常务副总经理、党委委员　杨国新
副总经理、党委委员　张其海
朱天松　王士华
党委副书记　戴鸿鸣
纪委书记、党委委员　汪　群
总会计师、党委委员　匡友本
工会主席、党委委员　刘承志
连云港港口控股集团有限公司（连云港港口集团有限公司）
董事长、党委书记　丁　锐
总裁、党委副书记、副董事长
朱向阳

常务副总裁、党委委员　李春宏
党委副书记、纪委书记　孙　明
总经济师、党委委员　陈光平
副总裁、党委委员　张永波
党委副书记、工会主席　冯　志
副总裁、党委委员　孙中华　张子扬
王新文
总会计师、党委委员　尚　锐
党委委员　魏学林

市金融控股集团有限公司

董事长、党委书记　陆普桂
总经理、党委副书记、副董事长
韩　旭
副总经理、党委委员　蒋华富
纪委书记、党委委员　张兴林
党委副书记　傅长乐
副总经理　李海英
副总经理、党委委员　张春流
总会计师、党委委员　延立强
工会主席、党委委员　杨如东

市城建控股集团有限公司

董事长、党委书记　周文军
总经理、党委副书记、副董事长
万宝平
党委副书记　张标远
副总经理　周瑞荣
副总经理、党委委员　吴　洋
纪委书记、党委委员　张　海
副总经理、党委委员　戚文忠
翟晓东
工会主席、党委委员　李广春
总会计师、党委委员　唐圣诗

市交通控股集团有限公司

董事长、党委书记　刘永能
总经理、党委副书记、副董事长
仲伟涛
副总经理、党委委员　孙　超
李树军　陈修习
工会主席、党委委员　王中永
纪委书记、党委委员　赵　洁
副总经理、党委委员　孟宪牛（9月免）
总会计师、党委委员　张广兵
副总经理、党委委员　吴心航
党委副书记　陈金师

市农业发展集团有限公司

董事长、党委书记　李建德
总经理、党委副书记、副董事长
邵泽勇
副总经理　魏　茳
副总经理、党委委员　张六林
纪委书记、党委委员　巢祥坤
工会主席、党委委员　李安富
副总经理、党委委员　马永飞
张明才
党委副书记　谷江林
副总经理、党委委员　蒋余利
总会计师、党委委员　陈士彬

江苏连云发展集团有限公司

董事长、总经理　周文军
党组书记、纪检组长、副总经理
张标远
副总经理、党组成员　陆普桂

江苏金海投资有限公司

董事长　周文军
总经理　周瑞荣
纪委书记、党委委员　张标远

市煤炭工业公司

党委书记、经理　马广明
党委副书记、副经理　孙乐喜
副经理、党委委员　武宜山
工会主席、党委委员　朱孔雷
副经理、党委委员　刘庆吉

连云港民航站（已被省划归东部机场集团有限公司）

站长、党委书记　王亚兵
副站长、党委副书记　吴　伟
副站长、党委委员　范　标
张民益
纪委书记、党委委员　段德娟
副站长、党委委员　王均龙
工会主席、党委委员　朱　明
副站长、党委委员　吴卫东
党委副书记　徐伟明
副站长、党委委员　蒋震海

连云港白塔埠机场有限责任公司（已被省划归东部机场集团有限公司）

董事长　王亚兵
总经理　吴　伟
副总经理　范　标　张民益
王均龙　蒋震海

连云港花果山机场建设投资有限公司（已被省划归东部机场集团有限公司）

董事长　王亚兵
总经理　吴　伟
副总经理　吴卫东

连云港碱业有限公司

董事长、党委书记　张卫民
总经理、党委副书记　李清菊
党委副书记　钮维社
副总经理、党委委员　刘　军
副总经理、党委委员、总工程师
黄建华
副总经理、党委委员　焦旺盛
刘守卫
纪委书记、工会主席、党委委员
黄建德

十二、专业系统及金融

中国船舶重工集团第七一六研究所

所长、党委副书记　顾　浩
党委书记、副所长　李　卡
副所长、党委委员　万　勤　潘冠华
徐大林　余晓江
党委委员、纪委书记、工会主席
王忠能
副所长、党委委员　司广宇　王松岩

中蓝连海设计研究院

院长、党委书记　黄振伟
副院长、党委委员　魏春城
党委副书记　田殿玉

连云港出入境检验检疫局

局长、党组书记　顾忠盈
副局长、党组成员　魏厚德　徐贵业
马彦忱　董　钧

连云港海事局

局长、党组书记　张　浩
副局长、党组成员　罗金一　丁　星
纪检组长、党组成员　杨　洋

连云港海关（连云港海关缉私分局）

关长、党组书记　罗来荣
副关长　魏厚德　徐贵业
马彦忱　董文剑
夏海明　杨玉华
南京海关驻连云港海关第八纪检组
组长　王　斌
副关长、海关缉私分局局长　黄　磊

中国化学工程连云港分公司

党委书记、董事长、经理　王银华
副经理　王维东
副经理、总工程师　张　超
副经理　朱锦荣
总会计师　张公胜

中国交通建设集团第三航务工程局有限公司江苏分公司

总经理、党委副书记　苏永奇
党委书记、副总经理　陈　雄
党委副书记、纪委书记、工会主席
王红卫
总工程师、党委委员　练学标

总会计师、党委委员　朱跃华
副总经理、党委委员　陈东振
　侯俊祥　陆士钊　张　耀
副总经理　韩福先
连云港上航局航道工程有限公司
总经理、党委书记　王玉东
副总经理、党委副书记、纪委书记、工
　会主席　张宪周
副总经理　张学军
连云港远洋运输有限公司
总经理、党委副书记　崔彦青
党委书记、副总经理　邢祚忠
副总经理　张明军　刘思成
财务总监　张向光
工会主席　杨旭光
中国外运陆桥运输有限公司
总经理、党委书记　赵　明
副总经理、党委委员　王统运
　王巨涛
财务总监　霍冰洲
市邮政管理局
局长、党组书记　鲍家碧
副局长、党组成员　李鸿山
党组成员　周中元
中国邮政集团公司连云港市分公司
总经理、党委书记　蒋家友
副总经理、纪委书记、党委委员
　鲍向阳
副总经理、工会主席　彭　晞
　刘　铭
中国电信股份有限公司连云港分公司
总经理、党委书记　刘祥光
副总经理、党委委员　陆　疆
副总经理、党委委员　印志国
副总经理、纪委书记、党委委员
　周　晓
副总经理、党委委员　王　胜
总经理助理　沈骏祥
中国移动通信集团江苏有限公司连云港分公司
总经理、党委书记　许兴盛
副总经理、纪委书记、党委委员
　段玉平
党委委员、副总经理　包建斌
党委委员、副总经理、工会主席
　周立芹
党委委员、副总经理　孔令舟
中国联合网络通信有限公司连云港市分公司
总经理、党委书记　丁徐和

副总经理、党委委员　穆世军
　孙江徽　陈　鹰
连云港供电公司
总经理、党委副书记
　李来福（10月免）
　程真何（10月任）
党委书记、副总经理　吴旺东
副总经理、党委委员　刘宇同
副总经理、工会主席、党委委员
　田德胜
副总经理、党委委员　郁正纲
纪委书记、党委委员　董淑健
总会计师、党委委员　邹磊平
副总经理　蔺　华（1月任）
江苏新海发电有限公司
总经理、党委副书记　陈德林
党委书记　朱家清
副总经理、总工程师、党委委员
　沈增明
副总经理、党委委员
　吴　江　赵　斌
纪委书记、工会主席、党委委员
　刘建忠
副总经理、党委委员　樊志明
市气象局
局长、党组书记　徐良谋
副局长、党组成员　杨庆宁　陈　飞
纪检组长、党组成员　张永军
市烟草专卖局（江苏省烟草公司连云港市公司）
副局长、党组副书记
　张礼伯（主持工作）
副局长、党组成员　李胜利
党组成员　郭庚光
江苏省烟草公司连云港市公司
副经理　张礼伯（主持工作）
　郭庚光
中国石油化工股份有限公司江苏连云港石油分公司
经理、党委书记　丁扣根
副经理、党委委员　吴建斌　纪　彬
　王　新
江苏省农垦集团有限公司连云港办事处
党委书记　孙　键
副主任　李　洪（主持工作）
党委副书记、纪委书记　唐兆成
党委副书记　江舜安

中国银行业监督管理委员会连云港监管分局
局长、党委书记　刘秀全
副局长、党委委员　张如冰　周文学
中国人民银行连云港市中心支行（国家外汇管理局连云港市中心支局）
行长、党委书记、局长
　刘　保（7月免）
　张　浩（7月任）
副行长、党委委员　蒋东利
工会主任、党委委员　武　江
副行长、党委委员　孙　亚　杨国清
纪委书记、党委委员　赵秋玲
中国银行股份有限公司连云港分行
行长、党委书记　王义明
副行长、党委委员　伏卫东　朱兆君
纪委书记、党委委员　刘小卫
副行长、党委委员　叶　军
副行长　黄　丽
高级分析师　冯春华
中国工商银行股份有限公司连云港分行
行长、党委书记　李治清
副行长、党委委员　彭越钦单颖
纪委书记、党委委员　陈兴华
中国建设银行股份有限公司连云港分行
行长、党委书记　张凯军
纪委书记、副行长、党委委员
　汪　海
副行长、党委委员　陶前程　张定现
中国农业银行股份有限公司连云港分行
党委书记、行长　朱炳忠　葛　儒
副行长、党委副书记、工会主席
　王立新
纪委书记、副行长、党委委员
　张　华
副行长、党委委员　张洪波　吕茂春
中国农业发展银行连云港分行
行长、党委书记　李全刚
副行长、党委委员　张桂善　李　坤
交通银行连云港分行
行长、党委书记　王　璐
副行长、党委委员　余迪南　韩树军
　汤旭东
党委委员、行长助理　操文伟
江苏银行股份有限公司连云港分行
行长、党委书记　周同恩
副行长、党委委员　赵海山

副行长、纪委书记、工会主席、党委委员　刘士清
行长助理、党委委员　包　洁
朱海泉

连云港东方农村商业银行股份有限公司
党委书记、董事长　冯　涛
行长、党委副书记　戴世全
监事长、纪委书记、党委委员　陈红兵
副行长、党委委员　张　波　胡　伟
王　勇　李永良　陈　峥

中国人寿保险股份有限公司连云港市分公司
总经理、党委书记　丁文清
副总经理、纪委书记、党委委员　孙传荣
副总经理、党委委员　刘锦源
胡志燕　李向东

中国人民财产保险股份有限公司连云港市分公司
总经理、党委书记　刘　亮
副总经理、纪委书记、党委委员　戴益军
副总经理、党委委员　卞森林
总经理助理、党委委员　孙正明

中国太平洋财产保险股份有限公司连云港中心支公司
总经理、党委书记　魏　欣
副总经理、党委委员　周新东
副总经理　秦泗平

中国太平洋人寿保险股份有限公司连云港中心支公司
党委书记　李　强
副总经理（主持工作）　金大文
副总经理　张金桥
高级顾问　刘　珍

紫金财产保险股份有限公司连云港中心支公司
党委书记、总经理　骆公旺
副总经理、党委委员　徐茂林
总经理助理、党委委员　张俊莹

江苏省信用再担保有限公司连云港分公司
总经理　何家棠

连云港江河机械制造有限责任公司
党委书记、总经理　关绍良
副总经理　蒋文滨　高林江

中央储备粮连云港直属库
主任、党委书记　乔春雷
党委副书记、工会主席　程　波
副主任　佟　燕　朱学军
主任助理　刘宏生
总会计师　郭方权

连云港粮油进出口接运总公司
总经理　乔春雷
副总经理　佟　燕　朱学军

东海航海保障中心连云港航标处
处长、党委副书记　程　鑫
党委书记、副处长　穆燕军
副处长、纪委书记、党委委员
副处长、纪委书记　王为庚
副处长　钱志勇

十三、县区

东海县

中共东海县委
书　记　朱国兵
副书记　高美峰　董桂军
谢方宝（扶贫，5月免）
辛崇兴（扶贫，5月任）
常　委　朱国兵　高美峰
董桂军
谢方宝（扶贫，5月免）
辛崇兴（扶贫，5月任）
朱崇慧　魏　岳
刘晓君　谢翠竹（4月免）
徐　冰　冯小宏
李　锋　郭　鹏（4月任）
季求飞（4月任）
彭　卓（挂职，4月任）

东海县人大常委会
主　任　陈启发
副主任　张继生　鲁　东
李　斌　范益春

东海县人民政府
县　长　高美峰
副县长　魏　岳　项　勇
李宝芹　孔繁清
章荣刚　薛　剑
张海斌
王　栋（挂职，11月免）
王红亮（挂职）
卢　兵（挂职）
王　芳（挂职，1月任）

东海县政协
主　席　何东明
副主席　赵洪刚（不驻会）　丁相玖
梁步显　王祥武（不驻会）

灌云县

中共灌云县委
书　记　左　军
副书记　朱兴波　伏开清
杨金国（扶贫，5月免）
严志明（扶贫，5月任）
常　委　左　军　朱兴波
伏开清
杨金国（扶贫，5月免）
严志明（扶贫，5月任）
谭树林　李永涛
刘　盾　掌文胜
马兆素　张启银（7月免）
童　巍（7月任）　何峥嵘
刘　军（4月任）
谢永敏（挂职，5月任）

灌云县人大常委会
主　任　汪　辉
副主任　谢兆英　郭家登
王从华　徐会传

灌云县人民政府
县　长　朱兴波
副县长　刘　盾　张友俊
李瑾伟　颜　东
张凌云　陈新洪
张立冬（挂职）
时祎翔（挂职）

灌云县政协
主　席　王庆嘉
副主席　张启银（7月提名任）
任　静（不驻会）　周建军

灌南县

中共灌南县委
书　记　李振峰
副书记　商振江（7月免）
任　瑜（7月任）　张　孟
蔡踊泓（扶贫，5月免）
徐志豪（挂职）
李　靖（扶贫，5月任）
常　委　李振峰　商振江（7月免）
任　瑜（7月任）　张　孟
蔡踊泓（扶贫，5月免）
徐志豪（挂职）
李　靖（扶贫，5月任）
朱晓春
李占超（12月免）　袁丽霞
陈永祥　臧国徽

刘　峰　廖朝兵
弋　胜（4月任）

灌南县人大常委会

主　任　夏苏明
副主任　邓玫玫　徐能如
高志强（不驻会）　王晓焰

灌南县人民政府

县　长　商振江（7月免）
任　瑜（7月提名任）
副县长　李占超（12月免）　张文艳
周文生　张友明
唐　波　殷旭明
谭海军（挂职，11月免）
王　钢（挂职）
严祥德（挂职，9月任）

灌南县政协

主　席　杨以波
副主席　崔玉梅　尚金柱
王苏东　尹文伟（不驻会）

赣榆区

中共赣榆区委

书　记　孙爱华
副书记　唐光普（12月免）
吕　洁（12月任）
戴振伟（扶贫）
常　委　孙爱华　唐光普（12月免）
吕　洁（12月任）
戴振伟（扶贫）　毛太乐
苏长晓　闵　浩
朱晓云　许思文
李　冰　邵长亮
邢建军

赣榆区人大常委会

主　任　孙　海
副主任　汪晓峰　许长忠
王学济　李启文

赣榆区人民政府

区　长　唐光普（12月免）
吕　洁（12月提名任）
副区长　毛太乐　成善全
宫　平　王　超
欧　伟　徐　健
李儒斌（挂职，11月免）
姜　海（挂职）
孙培元（挂职）
李晓坤（挂职，5月任）
任志远（挂职，11月任）

赣榆区政协

主　席　刘洪卫
副主席　朱崇珍（不驻会）　刘希聪
穆家莹（8月提名免）
张自强（不驻会）
马秀云（12月提名任）

海州区

中共海州区委

书　记　万闻华
副书记　单晓敏　江锦峰
孙　强（扶贫，5月任）
常　委　万闻华　单晓敏
江锦峰
孙　强（扶贫，5月任）
徐风良　卢　平
郑　斌　顾建华
徐雪峰　林田海
温以斌　韩方平（4月任）

海州区人大常委会

主　任　王建明
副主任　刘海林　刘振华
殷少卿　张　建

海州区人民政府

区　长　单晓敏
副区长　卢　平　史　伟
于　卉　蒋庆山
李　锋
刘　莹（挂职，11月任）
郭玉家（挂职）
邱　斌（挂职）
孔祥鸿（挂职，5月任）
陈　峥（挂职，9月任）
顾振中（挂职，11月任）

海州区政协

主　席　汤成元
副主席　于振强（6月提名免）
王兰芳　刘建春（不驻会）
苗永梅（不驻会）
石德学（12月提名任）

连云区

中共连云区委

书　记　陈书军（11月免）
杨新忠（11月任）
副书记　杨新忠（1—11月任）
李占超（12月任）　于洪雁
常　委　陈书军（11月免）　杨新忠
李占超（12月任）　于洪雁
费小岩（11月免）
李宝波（11月任）
孙克永　张其兵
张英涛　包　振
沈学柱（4月免）　汪建苇
刘章程（4月任）
马永燚（挂职，5月任）

连云区人大常委会

主　任　朱其松
副主任　夏信喜　史志伟（不驻会）
刘　毅　程　春

连云区人民政府

区　长　杨新忠（12月免）
李占超（12月提名任）
副区长　张其兵　孙晓兵
苏　军　王兴化
许威扬　嵇　铁
李百彦（挂职，11月免）
袁庆锋（挂职）
姜自成（挂职）
李　刚（挂职，9月任）
王庆林（挂职，11月任）

连云区政协

主　席　李君生
副主席　程　洪　周瑞荣（不驻会）
李　楠
任彦洁（12月提名任）

（市委组织部）

报告摘要

坚定信心 乘势而上
全力夺取“高质发展，后发先至”新胜利
——在市委十二届七次全会上的报告

项雪龙

（2018 年 12 月 28 日）

这次全会的主要任务是，深入学习贯彻习近平新时代中国特色社会主义思想和党的十九大精神，全面落实中央经济工作会议和省委十三届五次全会部署，认真总结今年经济社会发展和党的建设成绩，研究部署明年工作，动员全市各级党组织和广大干部群众，进一步坚定信心、乘势而上，全力夺取“高质发展、后发先至”新胜利。

一、“高质发展、后发先至”取得首战胜利

1.经济发展稳中有进。在错综复杂的宏观形势下，我们沉着应对、积极作为，坚定不移推进工业立市、产业强市，全力以赴抓项目、抓投入，经济运行稳的基础不断巩固、进的态势更加明显。重大项目实现新的突破。省委省政府在我市举行全省重大项目现场推进会议，盛虹炼化一体化等千亿项目集中开工，国家级石化产业基地建设迈出关键性步伐。中化循环经济产业园、卫星石化、东华能源等重点项目加快推进，临港产业加速集聚的态势正在形成。重点企业保持强劲增长。深入实施“三大行动计划”，“三新一高”、石化、冶金等主导产业增势明显，28 家强优企业预计实现工业应税销售收入 1490 亿元、增长 23%；5 家企业销售过百亿，10 家企业销售过 50 亿，骨干企业对全市的带动作用更加凸显。产业发展积聚更强后劲。牢牢扭住有效投入牛鼻子，千亿产业投资年度目标基本完成。全力推进 369 个重点产业项目建设，新建项目开工率和竣工率均创历史最好水平。130 个补短板项目完成投资 413 亿元，持续增长的基础更加扎实，加快发展的后劲越来越足。

2.转型升级步伐加快。积极践行新发展理念，对标高质量发展要求，主动抓创新、促转型，在大力淘汰落后产能、调整产业结构的情况下，经济保持了平稳较快增长，发展的质量效益大幅提升。新旧动能加速转换。高新技术产业蓬勃发展，产值占比达 40%，较去年提高 5.2 个百分点。“互联网+商贸”、邮轮旅游、文化创意、跨境电商等新业态加速涌现，全市网络零售额、旅游综合收入分别增长 30%、15%。现代农业加快发展，高效设施农业占耕地面积比重超 20%。大力改造提升传统产业，工业技改投资增长 11%。高耗能行业投资持续下降，低端落后产能加速出清，为经济高质量发展腾出了更大空间。质量效益显著提高。完成一般公共预算收入 234 亿元、增长 8%，工业应税销售收入突破 2700 亿元、增长 14%，企业所得税增长 40%。财政收入质量进一步提高，税收占比达 80%，同比提高约 5.8 个百分点。万元 GDP 能耗下降 3%，每度电产生的工业应税销售由去年的 19.8 元提高至 25.1 元。科技创新亮点纷呈。中复神鹰碳纤维项目荣获国家科技进步一等奖，22 个项目入围国家级、省级科学技术奖。恒瑞医药跻身全球创新百强，高效低碳燃气轮机试验装置国家重大科技基础设施项目获批建设。国家创新型城市、国家知识产权试点城市建设稳步推进，研发投入占比达 1.92%，创新红利持续释放，为转型升级注入源源不断的动力。

3.改革开放持续深入。积极抢抓“一带一路”机遇，以更实举措全面深化改革，以更强担当扩大对外开放，加快发展的动力活力进一步增强。深化改革取得新成效。统筹推进 10 个重点领域改革，68 项国家和省、市级重点改革项目取得扎实进展。持续深化“放管服”改革，委托和下放权力事项近 3400 项，90% 审批业务实现网上办理，营商环境显著改善。深入推动国有企业改革，有效激发了国企发展的内生动力。对外开放收获新成果。围绕“六个大”扎实推进支点城市建设，港口软硬件水平稳步提高，航线航班显著加密，汇聚资源、服务产业能力不断增强。港口全年预计完成货物吞吐量 2.36 亿吨、集装箱量 473 万标箱。综合交通枢纽加快构建，新机场迁建工程正式开工，铁路综合客运枢纽投入使用，连青、连盐铁路通车运营，在建高铁稳步推进，高速、内河航道改扩建等工作取得积极进展。扎实推进标杆

示范项目，中哈物流场站进出集装箱量、上合物流园物流量同比分别增长8.7%、65.7%。持续扩大东西双向开放，国内外经贸招商活动成果丰硕，连博会、国际医药技术大会、连云港论坛等重大展会成功举办，对外交流合作进一步深化。务实打造开放平台载体，综合保税区、国家海洋经济发展示范区成功获批，灌南经济开发区、东海高新区获批省级开发区。

4. *生态建设成效显著*。认真贯彻习近平生态文明思想，深入践行绿色发展理念，全力以赴抓好环境治理和生态保护。强力推进督察问题整改。严格落实中央环保督察"回头看"反馈问题整改要求，交办事项全部办结。坚持铁腕治污、综合施策、从严问责，彻底整治"两灌"化工园区，坚决依法关停取缔环保不达标企业，园区环保基础设施普遍提档升级，转型发展迈出坚实步伐。全面推进环境综合治理。扎实开展"263"专项行动，全年空气优良率排名全省第二。以"河长制""湾长制"为抓手，全面打响水环境治理攻坚战，城市和建制镇污水处理设施基本实现全覆盖，地表水国省考断面全面消除劣Ⅴ类，入海河流水质明显改善。科学推进生态保护修复。严格落实"三线一单"管理，在全省率先出台实施海洋生态红线保护规划。全面展开国家生态文明建设示范市创建，大力实施湿地保护、山体修复、海岸线整治等工程，新增造林面积20万亩，生态环境质量持续改善。

5. *民生福祉不断增进*。居民收入稳步提高。大力实施就业创业富民增收行动，新增城镇就业6.2万人，转移农村劳动力2.7万人，1.1万低收入户劳动力实现就业，年度脱贫任务圆满完成，全体居民人均可支配收入增长9%。城乡建设协同并进。以创建全国文明城市为主抓手，统筹推进"生态、智慧、健康、文明"连云港建设，国家级卫生城市实现县区全覆盖。中心城区功能不断完善，旧城改造稳步推进，全市棚改新开工2.6万套。深入实施乡村振兴战略，务实推动农民住房条件改善，完成农村危房改造1801户，新改建"四好农村路"810公里，农村人居环境加快提升。公共服务持续优化。扎实推进教育领域改革，在全省率先扩大四星级普高招生计划比例，教育现代化水平保持苏北领先。不断优化医疗卫生服务，医联体建设实现全覆盖，市妇幼保健院扩建、省海滨康复医院等工程有序推进。城乡低保标准稳步提高，社会保障底线进一步筑牢。社会大局更加和谐。法治连云港建设持续深化，"信访矛盾化解年行动"成效显著，进京集访同比下降69%。"最安全城市"创建扎实推进，扫黑除恶专项斗争深入开展，社区网格治理全面推行，安全生产形势总体平稳，社会大局保持和谐稳定。

6. *党的建设全面加强*。认真履行管党治党主体责任，全面从严治党取得新成效。深入学习宣传贯彻习近平新时代中国特色社会主义思想，紧紧抓牢意识形态工作，扎实开展解放思想大讨论活动，着力解决"七个不"等突出问题，党员干部"四个意识""四个自信"不断增强，践行"两个维护"更加坚决。认真落实习近平总书记重要批示精神，大力开展向王继才同志学习系列活动，爱国奉献精神进一步弘扬。按照"六个一"的要求，全面实施基层党建"堡垒工程"，基层党组织凝聚力战斗力显著增强，干群关系不断改善。认真落实"三项机制"，大力弘扬"四实四干"精神，各级班子和干部队伍人心思干、务实奋进的氛围更加浓厚。市委常委会坚持以身作则，带头强化自身建设，持续深化作风建设，全面加强党风廉政建设，认真抓好中央、省委巡视反馈意见整改落实，稳步推进监察体制改革，扎实有序开展巡察工作，始终保持惩治腐败高压态势，全市政治生态持续向好。坚持党的领导、人民当家作主和依法治市有机统一，支持市人大及其常委会和市政协履职尽责，统一战线、群团等工作得到全面加强，团结奋进的良好局面进一步巩固。坚持党管武装、军民融合，扎实推进"双拥"工作，军政军民关系更加密切。

在充分肯定成绩的同时，我们也要清醒看到存在的问题。主要表现在：发展不充分仍是主要矛盾，项目大突破、大集聚态势还不够强劲；服务企业效能还不够高，营商环境还需进一步优化；优质公共服务供给仍然不足，改善民生还需付出长期努力；部分党员干部精神状态还不够振奋，担当负责意识还不够强，能力素质还需进一步提升；"四风"问题尚未根治，全面从严治党仍需进一步加强等等。

二、准确把握明年发展的目标任务

经过市委常委会研究，把明年确定为"高质发展、后发先至"大突破之年。明年全市工作的总体要求是：坚持以习近平新时代中国特色社会主义思想为指导，深入贯彻党的十九大和十九届二中、三中全会精神，全面落实中央经济工作会议和省委十三届五次全会精神，统筹推进"五位一体"总体布局，协调推进"四个全面"战略布局，认真按照"五个坚持""六个稳"的工作要求，深入推进"五大战略"，坚决打好"三大攻坚战"，坚定不移推动既定部署落地落实，努力实现经济发展量质齐升、各项工作齐头并进，全力夺取"高质发展、后发先至"新胜利，为高水平全面建成小康社会收官打下决定性基础，以优异成绩庆祝中华人民共和国成立70周年。明年经济社会发展的主要预期目标是：GDP增长7%左右，产业投资力争完成1300亿，一般公共预算收入力争增长15%，工业应税销售收入增长20%，全体居民人均可支配收入力争增长9%，R&D占比力争达到2%；空气优良天数继续保持全省领先，节能减排完成省定任务；信访总量持续下降，金融市场、安全生产和社会大局保持稳定。重点要实现"八大突破"：

1. *在加快发展步伐、推动高质发展上实现大突破*。各地各部门要紧紧围绕全会提出的目标任务，突破思维定式、破除跟随心态，进一步提升工作标杆、树立更高追求，聚精会神办好自己的事，努力实现大踏步的跨越式增长，真正形成加速崛起的强劲态势。要坚持量质并举。要按照"产业层次高、产品质量高、科技含量高、投入产出高、环保安全标准高、人力素质高”的要求，加快提升亩均产出水平、降低资源能源消耗、提高要素配置效率，全面提升发展的质量效益，努力推动高质发展的步子走得更稳更实更好。对经济运行中出现的新变化、好趋势，各级党委政府要加强分析、正面引导，让大家更多地看到积极面，增强各方面的发展信心。

2. 在狠抓项目投入、增强发展后劲上实现大突破。大突破的核心在抓项目、抓投入。要全力完成1300亿产业投资。三年完成产业投资3500亿元，是实现“高质发展、后发先至”最根本的支撑。明年1300亿的产业投资目标，必须紧紧咬住，无论困难再多、压力再大，都要努力完成。要创新举措办法，加强督查推进，通过集中开工、逐月通报、季度观摩等形式，在全市大力营造重抓项目、比学赶超的浓厚氛围。各县区、板块要抬高标杆、自加压力，努力为全市多挑担子、多做贡献。各部门要聚焦中心、主动作为，集中力量、集中资源，为项目建设提供最优服务。对在项目建设中不作为、乱作为、慢作为的，要坚决查处、严肃问责。要千方百计服务现有企业。要深入推进强优企业培育等“三大行动计划”，全面落实支持民营经济发展各项政策，研究制定更加精准的措施，设身处地帮助企业解决实际困难，推动现有企业加快做大做强。要按照构建“亲”“清”新型政商关系的要求，进一步强化为企服务意识，既主动服务、靠前服务，又把好分寸、守住底线，促进企业多生产、多销售、多做贡献，为全市稳增长提供坚强支撑。要全力以赴突破招商引资。招商引资是扩大有效投入的重中之重。要在全市上下掀起新一轮招商热潮，全面打响招商大会战，确保明年招引项目和投资额增幅均超35%，过10亿元项目增长20%以上。要认真研究产业发展规律和转移趋势，瞄准重点地区、重点行业、重点企业，扎实开展产业链招商、专业招商、精准招商、以商引商，千方百计招引一批基地型、龙头型、标志性的重大项目。

3. 在促进转型升级、培育新的动能上实现大突破。要在培育新技术、新产业、新业态、新模式、新动能上持续攻坚、强力突破，加快构建具有连云港特色的现代产业体系。要加速崛起临港工业。严格按照“四个世界一流”标准，加快建设国家级石化产业基地，全力推进盛虹炼化、中化循环经济产业园、卫星石化、东华能源、新海石化等重大项目的建设，全力推动在谈项目签约落地、尽快开工建设，同时再签约一批高品质项目，真正实现石化产业大集聚、大发展、大崛起。要推动徐圩新区与相关园区协同发展，拉长延伸石化产业链条，实现清洁生产和资源循环利用，着力打造在国内具有标杆地位的生态示范园区。要积极引导市内钢铁企业加快转型，抢抓沿江地区钢铁产业转移契机，招引一批代表行业领先水平的优质钢铁企业，努力打造沿海精品钢基地。要做大做强战略性新兴产业。全面落实医药产业扶持政策，着力推动新医药产业集群集聚发展，确保明年新医药产业应税销售收入增长超30%。积极申报国家医药创新中心，扎实推进中药制造业创新中心试点、国家级原料药基地、生物医药产业园建设，加快打造“中华药港”。持续攻关新材料产业化应用，建成运营碳纤维复合材料实验公共服务平台，争创新材料国家技术创新中心，加快万吨碳纤维生产线、澳盛风电产业园等项目建设，推动新材料产业规模不断壮大、层次不断提升。大力发展新能源产业，加快推进燃气轮机产业园规划建设。扎实推动智能装备、工程装备等产业发展，引导领军企业加快信息化数字化改造，着力建设全国重要的高端装备制造业基地。要紧盯产业、项目、技术，更大力度实施“花果山英才计划”，为新兴产业发展提供强大智力支撑。要培育壮大特色服务业。抢抓高铁时代来临机遇，加快国家级旅游业改革创新先行区、全域旅游示范区建设，加强山海特色旅游开发，实施好花果山南大门等重点项目，推进连岛、东海水晶城等开展5A景区创建。重视旅游业补短板，加快拉长产业链条，努力把文旅产业培育成新的支柱产业。明年，全市接待游客力争突破4200万人次、实现旅游收入超600亿元。要顺应经济社会发展大趋势，积极发展现代物流、健康养老、信息技术等新兴服务业，打造更多新的增长点。要改造提升传统产业。按照“两化融合”要求，大力开展绿色制造、装备升级、工艺优化和互联网提升行动，深入实施“三千技改”等工程，加快推动冶金、化工、食品等传统行业改造提升。明年，实施重点技改项目300个，完成技改投资超300亿元。要加快“两灌”化工园区“腾笼换鸟”步伐，在坚决彻底整治环保不达标企业的前提下，各地各有关部门要依法依规推动达标企业尽快验收复产。要加快做强现代农业。坚持一、二、三产业融合发展，持续推进农业产业化、品牌化、外向化、科技化、基础设施现代化，加快建设国家农业对外开放合作试验区，推动农业大市向农业强市转变。明年，新上一批投资过10亿元的农业项目，新增市级龙头企业40家，农产品出口额超6亿美元，确保继续位居全省前列。

4. 在攻坚重点改革、营造良好环境上实现大突破。要以改革开放40周年为新的起点，以深化供给侧结构性改革为主线，统筹推进行政审批、国资国企、农业农村、生态环保、旅游体制等领域改革，不断激活发展新动能、营造发展好环境。改革试点要争先创优。全力抓好东中西区域合作示范、农村集体产权制度、创新型城市等国家、省改革试点，积极争取更多改革试点落户，努力试出亮点、试出实效，形成一批可复制、可推广的连云港经验。明年，全市承担的国家级改革试点累计超15个、省级改革试点超20个。“放管服”改革要动真碰硬。瞄准营商环境走在全省前列的目标，继续深化“不见面审批”改革，认真落实已出台的简政、减税、降费政策，能用的扶持政策用足用好，能缩减的环节坚决缩减，能不收的税费坚决不收，凡是市场能自主调节的就由市场来调节，凡是企业能干的就让企业干，加快把连云港打造成为审批事项最少、办事效率最高、服务质量最优、创新创业活力最强的区域之一。要全面推行“双随机一公开”监管，决不允许层层检查、重复执法、随意处罚。要聚焦支持民营经济发展，真正把民营企业作为平等的市场主体，一视同仁对待，营造简明有效的政策环境、公平竞争的市场环境、公正透明的法治环境，让广大民营企业家踏实办企业、安心谋发展。国企改革要持续深化。要坚持问题导向，聚焦提高运营质量、增强盈利能力、提升资本管理水平，加快健全现代企业制度，推动国有企业理顺体制、压缩层级，高效管理、激发活力，做大做强主业，树立新形象、展现新作为，不断提高对全市经济社会发展的贡献度。机构改革要蹄疾步稳。要坚决贯彻中央重大决策部署和省委、市委工作安排，按照既定的时间表和路线图，把握正确方向、细化改革方案，抓好统筹协调、强化工作举措，不折不扣完成好各项改革任务。涉改部门要树立大局意识、严明纪律规矩，引导党员干部正确对待“进退留转”，确保思想不乱、工作不断、干劲不减。

*5. 在打造标杆示范、建设支点城市上实现大突破。*一要加快建设东方大港。按照“枢纽港、产业港、物流港、贸易港”的定位，在基础设施、管理运营、业态升级、服务发展等方面对标先进、找准差距、提升水平，不断增强港口的综合竞争力和辐射带动力，力争在全国沿海主要港口中实现进位。加快推进30万吨级航道二期、铁路多式联运中心等重点工程建设，进一步加密航班航线、培育特色业态，不断完善综合集疏运体系和商贸功能，推动港口服务产业、服务发展的能力跨上新台阶。二要加快打造交通枢纽。高质量推进新机场、连镇、连徐铁路建设，加快连宿高速新建、连淮高速扩建等项目前期工作，积极推动连临铁路、徐宿连航道等关键工程尽快突破，不断提升全国性综合交通枢纽地位。加快推动城市组团、县区板块、交通枢纽之间的快速联通，开通市郊列车，畅通城乡道路公交微循环，着力打造运转高效、方便顺畅的活力城市。依托港口、铁路、空港枢纽，积极培育发展枢纽经济，加速汇聚更多人流、物流、资金流、信息流。三要加快推动双向开放。进一步巩固中哈物流合作龙头地位，完善陆桥物流节点布局，持续深化物流通关合作，精心打造国际班列品牌，加快集聚现代港航服务业，真正实现海陆无缝对接。同步抓好硬件互联互通、软件合作交融，确保综保区如期通过验收并封关运作，力争两翼港区口岸开放通过国家验收，进一步扩大空港口岸开放。做优连博会、国际医药技术大会、连云港论坛等开放平台，推动形成更多务实成果。深化与日本、韩国等国家交流合作，高质量开展一批经贸招商活动，力争招引更多高层次产业项目，把向东开放的文章做得更好更实。

*6. 在加强生态建设、改善环境质量上实现大突破。*一方面，要着力建设美丽的自然生态。不折不扣抓好中央环保督察“回头看”问题整改、“263”专项行动等工作，确保明年化工园区整治通过省级验收。在此基础上，要坚决打好“三大战役”：坚决打赢蓝天保卫战。坚持联防联治、综合治理，统筹推进控煤、管车、治气、降尘、禁烧等重点任务，确保空气优良率继续保持全省领先。坚决打赢水污染防治攻坚战。始终把水环境治理作为重中之重，一手抓集中整治、一手抓长效管理，加快实现“河道清洁、河水清澈、河岸美丽”。明年，确保全市49个工业集聚区实现污水集中处理达标排放，劣Ⅴ类地表水国省考断面、劣Ⅴ类入海河流、主城区和县城黑臭水体全面消除。坚决打赢生态保护修复持久战。稳步推进污染源头治理，加强山体绿化、宕口修复，加大各类湿地、林地保护力度，不断夯实绿色生态本底。明年，临洪河湿地公园建成开园。另一方面，要着力构建稳定的金融生态。金融生态是一个地方生态系统的重要组成部分，也是经济社会发展的重要支撑。当前，连云港金融风险、债务风险防控情况总体较好，但压力也不容忽视。各地各部门要高度重视，坚决打击非法集资等违法金融活动，切实做好政府债务特别是隐性债务防范化解工作，坚决守住不发生系统性金融风险的底线。要鼓励引导金融机构加大对民营企业、科技创新、乡村振兴的支持力度，组织开展各类投融资对接活动，提高金融体系服务实体经济能力，促进金融与实体经济良性循环。下大力气解决好企业融资难、融资贵等问题，不断提升金融惠民便民程度，加快建设富有活力的金融生态系统。

*7. 在统筹城乡发展、建设美好家园上实现大突破。*要坚持一手抓新型城镇化、一手抓城乡一体化，按照“组团发展、功能互补、提升品质、彰显特色、快速联通”的思路，全力建设宜居宜业宜游的现代化海滨城市。一要着力提升功能品质。全力以赴抓好全国文明城市创建，大力弘扬社会主义核心价值观，以百姓获得感为试金石，补齐设施短板、解决突出问题，引导群众参与、营造浓厚氛围，推动城市功能品质和市民文明素质同步大提升，确保明年文明城市测评成绩排在全省前列。统筹推进“生态、智慧、健康、文明”连云港和公园城市建设，高标准建造园博园、河滨公园等项目，持续完善“10分钟体育健身圈”“15分钟文化圈”，着力建设文明宜居、活力动感的新港城。打好“西游文化”特色牌，实施文脉整理和研究工程，推动历史文化名城申报工作取得实质性进展。扎实抓好海绵城市、综合管廊建设，稳步推进水电气、污水处理等市政设施改扩建，不断提升城市建设管理的科学化、精细化、人性化水平。二要着力彰显海滨特色。高水平推动连云新城规划建设，稳步推进蓝色海湾、海洋湿地公园等项目，着力集聚港航服务、休闲旅游、健康医养、国际商务等业态，加快构建现代化、国际化、智能化、生态化的城市新中心。海州区要抢抓高铁时代机遇，推进旧城改造、提升城市能级，展现中心城区全新形象。赣榆区要加速融入主城区步伐，积极拓展发展新空间。连云区要结合全域旅游示范区创建，持续完善基础配套、做优城市环境，当好连云港的“滨海客厅”。三要着力推动乡村振兴。深入实施乡村振兴“十项工程”，加快发展非农产业，大力培育乡村旅游、农村电商等新产业新业态，不断提升

镇村经济实力、促进百姓致富增收。持续推进精准扶贫、精准脱贫，重点解决好“病残孤老灾”特殊贫困人口和省定重点经济薄弱村脱贫问题，明年基本完成本轮脱贫攻坚任务。积极贯彻省委改善苏北地区农村群众居住条件的部署要求，按照“六个结合”的总体思路，加强新型农村社区规划建设，确保明年完成剩余1500户农村危房改造任务，试点建设47个新型社区。扎实开展新一轮农村环境综合整治，全面提升农村社会文明程度。加快推进特色田园乡村建设，力争明年再有一批村庄进入省级试点。

*8.在保障改善民生、增进群众福祉上实现大突破。*要大力促进就业创业。就业是民生之本。要把促进就业摆在重中之重的位置，认真落实稳就业政策举措，解决好高校毕业生、农民工、退役军人等重点群体就业，促进城乡居民稳定增收。明年，确保实现新增城镇就业6万人。创业是就业之源。要深入落实创业政策“28条”，扎实推进“创响港城”计划，不断丰富创业载体形式，努力让更多创业者有机会创业、有条件创业、有能力兴业。明年，确保新增自主创业1万人。要大力提升社会事业。紧扣全面建成小康社会指标体系，按照“七个更”的要求，深入落实基本公共服务清单和基层基本公共服务功能配置标准，着力攻难关、补短板、强弱项，加快提升公共服务优质化均等化标准化水平。要坚决贯彻省委决策部署，持续推进教育领域综合改革，着力扩大优质教育均衡供给，以“一流的办学理念、一流的师资队伍、一流的基础设施、一流的教育质量”，不断满足群众好上学、上好学的愿望。要高度重视人口老龄化趋势，在完善养老兜底保障体系的基础上，加快构建多元化、高水平社会养老服务体系，不断提高老年人的生活和生命质量。要聚焦群众在医疗、社保、住房、文化等方面的需求，扎实组织实施新一轮民生工程、惠民实事，让群众感受到更多真真切切的变化、享受到更多实实在在的福利。要大力维护安全稳定。以最严格的要求，全面压紧压实安全生产责任，深入推进重点行业领域专项整治和隐患排查治理，坚决防范和遏制重特大事故发生。认真开展“信访矛盾化解攻坚年”行动，积极化解信访积案和矛盾纠纷，确保信访总量持续下降、各类矛盾有效化解，努力形成更加和谐的干群关系。深入推进“最安全城市”创建，持续开展扫黑除恶专项斗争，积极创新网格化社会治理，加快构建现代化社会治安防控体系，切实维护好公平正义，确保社会大局和谐稳定。

三、切实强化“高质发展、后发先至”大突破之年的组织保障

*1.提高政治站位，坚定不移践行“两个维护”。*全市各级党组织要把党的政治建设放在首位，坚持旗帜鲜明讲政治，确保各项事业始终沿着正确的方向前进。一要站稳政治立场。习近平总书记反复强调，各级干部要善于从政治上看问题，站稳立场、把准方向。要充分发挥政治指南针作用，引导广大党员干部坚定理想信念、保持绝对忠诚，严守党的政治纪律和政治规矩，始终在政治立场、政治方向、政治原则、政治道路上同以习近平同志为核心的党中央保持高度一致。要严格执行新形势下党内政治生活若干准则、党的组织生活制度，让党员和干部经常接受政治体检，始终保持政治定力，不断增强政治判断力、政治执行力、政治免疫力。二要强化理论武装。政治上的坚定来自理论上的清醒。要把学习宣传贯彻习近平新时代中国特色社会主义思想作为首要政治任务，推动党的创新理论进企业、进农村、进机关、进校园、进社区、进网络，引导广大党员干部进一步强化“四个意识”、坚定“四个自信”，坚决维护习近平总书记在党中央、在全党的核心地位，坚决维护以习近平同志为核心的党中央权威和集中统一领导。三要增强大局观念。各地各部门要始终摆正在全局中的位置，自觉在大局下行动，做到一切服从大局、一切服务大局。要不折不扣贯彻落实中央和省委、市委的决策部署，绝不能搞上有政策、下有对策，更不能自行其是、阳奉阴违。要严格落实意识形态工作责任制，紧紧聚焦互联网主战场，密切关注高校、农村等重点领域，建好用好新时代文明实践中心、县级融媒体中心等宣传阵地，弘扬主旋律、传递正能量，把全市上下紧密团结在一起，为“高质发展、后发先至”共同奋斗。

*2.重抓基层基础，持之以恒推进“堡垒工程”。*今年，市委部署实施基层党建“堡垒工程”，明确了“六个一”的具体要求。全市各级党组织要将其作为一项关键工程、长期工程，始终牢牢抓在手上，持之以恒加以推进。重点在“三个强化”上下功夫：一是强化基层班子建设。明年，村（社区）“两委”将集中换届。要在全面研判的基础上，结合村（社区）干部涉黑涉恶问题专项治理，选优配强村（社区）“两委”班子。要坚持“双强”标准，注重从致富能人、回村任职大学生、复员退伍军人等群体中选任一批村（社区）书记，真正为基层党组织选出一个好的带头人。要立足基层实际，扎实组织专题培训，不断提升基层党组织书记推动发展、带民致富的能力本领。二是强化基层阵地建设。围绕“村社综合体、百姓会客厅、党建主阵地”定位，推动村（社区）党群服务中心提档升级。明年，确保完成349个不达标村阵地建设，街道社区阵地规范化建设达标率超80%。统筹抓好机关、高校、国有企事业单位党员活动阵地规范化建设，进一步增强党内政治生活的仪式感、庄重感和严肃性、实效性，引导广大党员强化党性意识、激发虔诚之心、务实担当使命。三是强化基层功能建设。要认真落实《中国共产党支部工作条例（试行）》，引导基层支部严格执行“三会一课”、党员集中活动日等组织生活制度。制定实施村（社区）合格党员具体标准和行为规范，探索创新党员管理方式，激励党员争当新时代先锋。大力推广“支部+产业”党建富民等模式，充分发挥好支部在乡村振兴、脱贫攻坚等重大任务中的引领作用。明年，力争全面消除集体经济“空壳村”。要扩大民营企业党的组织覆盖、工作覆盖，不断提升基层组织助推民营经济发展的实效。

3.提升能力素质，着力打造过硬

干部队伍。要深入贯彻习近平总书记关于“造就一支忠诚干净担当的高素质干部队伍”重要指示要求，坚持德才兼备、以德为先，切实增强各级党政干部的政治素质、道德素质，全面提升理论素养、业务能力、实干水平。打造过硬素质，要内炼精神、外修形象。个人素质发自于心、体现于行。每一名党员干部，都要主动加强世界观、人生观、价值观的自我改造，把好人生总开关，真正把个人命运、荣辱得失与国家富强、民族复兴、人民幸福、城市振兴紧密联系起来，树立远大志向、确立崇高追求、坚守公平正义。打造过硬能力，要加强学习、加强研究。坚持干什么学什么、缺什么补什么，系统学习政治、经济、文化、社会、生态、法律、科技、互联网等各方面知识，做到自觉学习、主动学习、终身学习。要注重把握上情、把握下情、把握规律性，加强思考、加强研究、加强总结，努力锤炼过硬专业素养，不断提升作决策、办事情、解难题的能力水平，努力把各项工作做到极致，在本职岗位创出一流业绩。

4.坚持求真务实，始终保持一流状态作风。要结合“不忘初心、牢记使命”主题教育，持续深入解放思想，坚决破除“七个不”等突出问题，推动各级党组织和广大党员干部的状态作风，实现新的更大提升。要始终保持奋发有为的精神状态。各级党员干部要积极向先进地区学习，向王继才等典型人物学习，始终做到永不懈怠、一心为民、忘我工作、拼搏进取。各县区、板块、部门要进一步抬高标杆、追求卓越，敢于对标先进、勇于争创一流，做到各项工作赶超先进、齐头并进，真正树立起连云港的崭新形象。要始终弘扬“四实四干”的工作作风。认真践行实事求是的思想路线，全面贯彻“稳准狠高”的工作要求，踏踏实实投入到“大突破之年”的各项工作中去。要持续深化作风建设，严格落实中央八项规定及其实施细则精神，扎实开展形式主义、官僚主义集中整治，以领导机关和领导干部为主要对象，以企业和群众反映强烈的突出问题为切入点，列出清单、明确责任、强化举措，确保整治工作推进有力、取得实效。要进一步改进和规范督查工作，加强对监督检查考核的统筹，从严控制总量和频次，为基层减负松绑，让基层干部腾出更多时间和精力抓落实。要进一步完善高质量发展考核指标体系，坚持一切从实际成效出发，坚决反对做表面文章、搞虚假政绩、玩数字游戏等行为，引导广大党员干部把心思集中到“想干事”上，把胆识体现在“敢干事”上，把能力展现到“会干事”上，把责任落实在“干成事”上，真正创造出经得起实践、人民、历史检验的业绩。

5.弘扬清风正气，切实营造良好政治生态。政治生态关乎党风政风、关乎党心民心。要始终保持自我革命的勇气和决心，持之以恒正风肃纪，下大力气激浊扬清，努力营造风清气正的良好政治生态。一要匡正选人用人之风。选人用人的风气，是一个地方最大的风气。要始终按照“坚持标准、公平公正、风清气正”的要求，坚持理论标准、实践标准、群众标准的有机统一，树立忠诚干净担当的鲜明导向，严把政治关、品行关、作风关、廉洁关，大力选任一批德才兼备、实绩突出、群众公认的优秀干部。要深入落实“三项机制”，旗帜鲜明地为担当实干的干部撑腰鼓劲，让勤勉尽责、干有实绩、群众公认的人有奔头，让不想干事、不会干事、干不成事的干部挪位置，真正做到能者上、平者让、庸者下、劣者汰。要加大年轻干部培养力度，健全完善年轻干部选拔培养机制，把更多综合素质好、培养潜力大、可塑性强的年轻干部，选派到重点项目、城乡建设、安全稳定、生态环保、脱贫攻坚等岗位墩苗历练，帮助他们加快成长，确保党的事业后继有人。要坚持严管与厚爱结合、激励和约束并重，狠抓干部日常管理，加强干部教育培训，完善干部综合考核，着力打造具有极强战斗力的过硬队伍。二要营造团结干事氛围。懂团结是大智慧，会团结是大本事，真团结是大境界。要始终聚焦主题主线，紧紧围绕“八大突破”，做到班子之间团结一致、条块之间团结协作、干群之间团结一心、政企之间团结拼搏，真正形成全市上下想在一处、干在一处的磅礴之力。各级党委要充分发挥总揽全局、协调各方的领导作用，支持同级人大、政府、政协和监委、法院、检察院依法依章程履行职能、开展工作，不断加强和改进对工青妇等群团组织的领导，坚持党管武装，深化双拥共建，巩固和发展军政军民团结，为“高质发展、后发先至”凝聚强大合力。各级党员干部特别是领导干部要带头讲团结、维护团结，不利于团结的话坚决不说，不利于团结的事坚决不做。对那些搞圈子文化、码头文化、热衷于评头论足甚至是诬告陷害的人，要严肃批评、严厉问责、坚决调整，绝不听之任之、姑息纵容。三要加大正风肃纪力度。严格按照中央和省委部署要求，坚决抓好中央巡视江苏反馈意见整改，逐条对标找差、逐项整改销号，以实实在在的整改成效，向省委和全市人民交上一份合格答卷。要认真执行党纪处分条例，全面贯彻国家监察法，着力强化党内监督，用好监督执纪“四种形态”，推动纪律监督、监察监督、派驻监督、巡察监督协调衔接，织牢织密全覆盖监督网络。要始终保持政治定力，严格落实“两个责任”，以永远在路上的恒心和韧劲，一如既往抓牢党风廉政建设，常态化开展纪律教育特别是警示教育，坚决查处领导干部违纪违法案件，严肃整治发生在民生资金、“三资”管理、征地拆迁、教育医疗等领域腐败问题，让干部清正、政府清廉、政治清明在全市上下蔚然成风。（市委办）

政府工作报告

——在连云港市第十四届人民代表大会第三次会议上

代市长 方 伟

（2019年1月8日）

2018年工作回顾

2018年，是我市发展进程中极不平凡的一年，我们积极应对宏观形势变化，咬定目标不放松，全力以赴破难题，一批重点工程加快推进，一批重大项目落地实施，一些关系全局和长远的事项取得突破，高质发展的有利条件更加具备，后发先至的跨越势能加快聚集，连云港正以全新姿态站在新的发展起点上。

——这一年，全省重大项目现场推进会在连隆重召开，总投资775亿元的盛虹炼化一体化项目正式开工，国际先进精细化工产业加速集结，世界一流石化基地翘首可期，这也标志着我们加速新旧动能转换、推进产业强市取得重大突破，标杆示范项目打造取得重要进展，“一带一路”强支点建设迈出关键步伐。

——这一年，吞吐能力千万人次的花果山国际机场实现开工，区域性航空枢纽建设拉开帷幕；连盐、连青铁路建成通车，港城人民阔步迈进高铁时代。

——这一年，恒瑞医药参加习总书记召开的全国民营企业座谈会，中科院高效低碳燃气轮机试验装置获批建设，中复神鹰荣获国家科技进步一等奖，康缘药业荣获国家技术发明二等奖，一大批科技创新项目蓄势待发，我市在新一轮科技革命大潮中向潮而立、踏浪前行。

——这一年，我们深入践行习近平生态文明思想，率先建立政府主要负责人直管环保工作机制，全面落实中央环保督察反馈问题整改要求，以壮士断腕的勇气魄力，彻底整治“两灌”化工园区，腾挪发展空间，促进重大项目落地，走出一条经济发展和生态文明相辅相成、相得益彰的“连云港路子”。

——这一年，我们坚持“刀刃向内”，深化“放管服”改革，推进国家东中西区域合作示范区相关政策落地，徐圩新区获得部分省级投资管理事项权限。在全省率先开展“强区放权、市区同权”改革，委托下放权力事项3395项，真正把指挥权交给一线“听得见炮声的人”。

——这一年，我们以空前力度推进旧城改造，棚改新开工2.6万套，征收房屋590万平方米，努力解决群众住房难的问题。我们带着感情抓信访，扎实细致化矛盾，进京非访、集访分别下降76%和69%，一大批与群众生活息息相关的急事难事得到有效解决。广大公务人员深入一线，务实工作，公开公正处理问题，倾力倾情服务群众，形成干群一心、同向发力的良好局面。

——这一年，让我们尤为感动的是，习总书记对“时代楷模”王继才先进事迹作出重要指示，孤岛夫妻哨32年的坚守感动中国，爱国奉献、爱岗敬业的精神激励着港城人民撸起袖子加油干，以不懈奋斗的精神书写新时代的“西游记”。

过去一年，全市预计实现地区生产总值2800亿元，增长5%左右；一般公共预算收入234.3亿元，增长9.1%，增幅位居全省第三；固定资产投资1860亿元，增长8%；社会消费品零售总额1132亿元，增长8.5%；城乡居民人均可支配收入均增长9%。居民消费价格指数、节能减排完成省定目标。50件民生实事基本完成。受多重因素影响，个别指标没有达到预期，但仍处在合理区间。

一年来，我们主要做了以下工作：

（一）致力高质发展，抓投入，调结构，经济运行稳中向好。坚定不移推进工业立市、产业强市，千亿产业投资年度目标基本实现，新建项目开工率和竣工率均创历史最好水平。财政收入质量提高，税收占比80%。单位GDP能耗下降3%、建设用地占用下降6.4%。高能耗产业增加值下降8.9%。工业经济快速发展，应税销售收入2676亿元，增长13.6%，28家优强企业增长23.4%。中化循环经济产业园建设全面启动，新海石化、卫星石化、东华能源等加快推进。中复神鹰T1000碳纤维、正崴新能源正式投产，田湾核电3、4号机组投入运营。中复连众、天明机械成为国家制造业单项冠军示范企业。现代服务业加快集聚，连云港入选国家物流枢纽布局承载城市，大伊山、连岛获批省级旅游度假区，全市游客量和旅游收入分别增长12%和15%。新增金融机构4家，社会融资规模增量600亿元。网络零售增长30%，快递业务增长44%。农业现代化稳步推进，粮食丰产丰收，高标准农田、高效设施农业占比分别达到59%和20%，农业机械化综合水平达82%。国家农业开放合作试验区启动建设，农产品出口超6亿美元。推进国家农产品质量安全市创建，“连天下”品牌影响力扩大。获批全国海洋经济发展示范区，农发集团获评国家级农业龙头企业。自主培育海水稻“连鉴5号”亩产近千斤。与中科院共建育种研究中心。非洲猪瘟疫情有效防控。

（二）致力开放发展，谋合作，树品牌，标杆示范项目有力推进。重大基础设施不断完善，30万吨级航道二期工程加快建设，徐圩港区防波堤全面建成，旗台作业区专用铁路试运行。铁路综合客运枢纽一期投用，连镇、连徐高铁快速推进。连淮、连宿高速加快实施，204、268等国省干线改造通车。"两基地"建设强力推进，中哈物流基地集装箱进出量增长10%，哈国东门无水港过境箱量突破10万标箱。上合物流园获批国家示范园，物流量和营收分别增长65.7%、53.7%。"大通道"功能显著提升，港口吞吐量2.36亿吨，集装箱运量473万标箱。新开至南非等集装箱航线6条，内河航线苏北全覆盖，海河联运突破千万吨。国际班列开行827列，东行货运量增长60%以上。机场旅客、货物吞吐量分别增长41%、80%。开放型经济结构优化，实际利用外资6亿美元，其中战略性新兴产业、现代服务业分别占比29.5%、24.2%，"一带一路"沿线国家投资占比20.7%。外贸进出口90亿美元，增长10%。国家级综合保税区获批，连云港口岸赣榆港区、徐圩港区和灌河港区获批开放。市开发区、东海县分别获批国家级新医药、新材料出口基地。灌南经济开发区、东海高新区升格为省级开发区。成功举办连博会、连云港论坛、农洽会和国际医药技术大会，在谈签约项目增长39.6%。

（三）致力创新发展，增动力，添活力，后发优势加快培植。10个重点领域改革统筹推进，68项市级以上重点改革扎实开展。深化供给侧改革，淘汰整合冶金及化工企业18家、化解船舶产能30万载重吨，商品住宅去化周期控制在合理范围。130个补短板项目加快实施。"放管服"改革成效明显，政务服务实现镇村全覆盖，90%以上业务网上办理，企业开办登记平均用时1.5天。贸易便利化水平提升，口岸提效降费取得实效。税收征管体制改革落地实施，行政执法三项制度试点、省经济发达镇行政管理体制改革稳步推进。公立医院综合改革全省领先，文化、教育等改革取得新进展。国企改革纵深推进，20户僵尸企业整合盘活，10户企业完成混改，"三供一业"分离移交基本完成。农村集体产权制度改革扎实开展，国有林场改革通过省级验收。创新驱动战略深入实施，国家创新型城市、国家知识产权试点城市建设稳步推进，研发投入占比1.92%，国家专利优秀奖数量苏北第一。新增国家高新技术企业37家。城市政务大数据中心投用。恒瑞、天晴、康缘位居中国创新力药企前三甲，新药创制获批国家科技重大专项16项。22个项目入围国家、省级科学技术奖。新引进重大人才工程A类专家6人，入选省"双创计划"人才47名。30万吨级航道一期工程荣获中国土木工程詹天佑奖。

（四）致力绿色发展，下决心，出实招，生态文明建设成效显著。中央环保督察"回头看"交办事项全部办结。化工园区环保设施提档升级，关停取缔企业75家。环境综合治理全面推进，"263"专项行动扎实开展，全年空气优良率达77.3%，位居全省前列。落实河长制、湾长制、断面长制，地表水国省考断面全面消除劣Ⅴ类，入海河流水质明显改善，近岸海域水质优良率达91.7%，县级以上水源地环境问题整治完成。加强生态保护修复，强化土地利用计划管理，严格落实"三线一单"，全省率先实施海洋生态红线保护规划，陆域生态红线保护面积占比达22.3%。开展国家生态文明建设示范市、国家森林城市创建，新增造林20万亩，林木覆盖率达28.3%。加强湿地保护，整治修复海域海岛岸线6公里，国家和省级生态乡镇覆盖率分别达25%、85%。花果山国家地质公园正式命名。

（五）致力协调发展，优布局，强功能，城乡融合得到新加强。城市组团加快发展，赣榆加速融入主城区，海州老城区加快改造更新，连云新城规划开发全面提速。县城发展能级稳步提升。242省道朝阳互通、环云台山大道等联通工程全面建成。城市配套不断完善，市区新改建主次干道50公里，新增供水、燃气、污水管道125公里。改造供电线路2211公里。调整优化公交线路11条，新增智慧站点100个。新开工海绵城市项目7个、地下综合管廊15.6公里。瀛洲公园、人文纪念园开工建设，新增公共绿地270公顷。国内首条生活垃圾干化生产线投用，162个小区实现垃圾分类。居住条件持续改善，整治危旧房5.2万平方米，改造老旧小区51个。开展既有住宅加装电梯试点。公租房分配率98.6%。存量房交易"四价合一"做法全国推广。农村基础设施得到加强，新改建农村公路810公里、桥梁30座。改造供水管网212公里，新增受益人口12.8万。农村改厕7.2万座。新增14个乡镇开通镇村公交。石梁河镇树墩村等8个省级美丽乡村、李集镇新民村等5个省级特色田园乡村加快建设。

（六）致力共享发展，办实事，惠民生，群众生活一年更比一年好。就业创业富民增收行动稳步实施，城镇新增就业6.3万人，自主创业1.5万人，转移农村劳动力2.5万人。新登记市场主体8.4万户，总数突破40万户。教育现代化保持苏北领先，新建中小学、幼儿园42所，改造中小学校舍45.9万平方米，71所学校试行"弹性离校"，普高扩招11%。校外培训机构办学进一步规范。健康城市建设有序推进，国家卫生县城和省级卫生乡镇实现全覆盖，医联体建设惠及基层百姓，灌云、赣榆创成全省基层卫生十强县区。"健康宝贝"工程全面实施，出生缺陷防治工作走在全国前列。首届全民健身运动会成功举办。中国排球博物馆建成开馆。红十字应急救护技能竞赛获省一等奖。全国文明城市创建深入开展。中国好人榜10月发布仪式在连举行。赣榆新乡贤文化建设获评全国宣传思想文化创新奖。《连云港年鉴（2017）》获全国特等奖。推进历史文化名城申建。建成420家基层综合性文化中心，开展文化惠民活动2万场次。8

家公共图书馆获评国家一级馆，居民综合阅读率苏北第一。成功举办中国（连云港）与中亚五国“丝路迎新年”晚会。社会保障水平持续提升，医保报销比例稳步提高，医疗救助比例达75%。农村低保标准提高到480元/月以上，残疾人“两项补贴”惠及5.8万人，残疾儿童康复机构规范化建设全国推广。每千名老人拥有养老床位38.1张。对8类老人提供助餐、助浴等20多项服务补贴。发放助学金、助学贷款2.7亿元。廉租房货币补贴1048户，发放价格补贴1440万元。改造1801户贫困户危房，5.4万低收入人口和53个省定薄弱村实现脱贫。推进“最安全城市”建设，扫黑除恶斗争深入开展，群众安全感提升至96.1%。“一委三会”和社区网格治理实现全覆盖，建成国家级“民主法治示范村（社区）”10个，法治连云港建设得到加强。诚信连云港建设持续深化。安全生产形势总体平稳。质量强市、食品药品监管扎实推进。非标三四轮车整治取得实效。殡葬改革和散葬乱埋治理成效明显。支持国防和军队建设，加强民族宗教、外事侨务、机关事务、“12345”在线、地震气象、邮政通讯等工作，审计、统计、民防、仲裁、档案、援疆、援外医疗等工作取得新成绩，妇女、儿童、青少年、老龄、慈善、职工维权、关心下一代、哲学社会科学等工作取得新发展。

过去一年，我们深入推进“五型”政府建设，持续转职能，改作风，提效能。修订政府工作规则，完善重大事项决策机制，坚持依法行政，推进政务公开，召开新闻发布会130场。自觉接受人大法律监督、工作监督和政协民主监督，办理人大代表议案建议221件、政协委员提案408件，办复率100%，满意率99.7%。

在总结成绩同时，我们也清醒地认识到：发展不充分仍是主要矛盾，新旧动能转换和产业升级步伐还不够快；城乡融合发展仍需持续发力，城市精细化管理水平有待提升；营商环境亟须大力改善，投资创业和企业经营还存在一些堵点痛点；优质服务供给仍然不足，群众在就业、看病、养老、出行等方面还存在一些困难，农村人居环境特别是在饮水安全、集中居住及环境卫生等方面还需改善；政府效能有待进一步提高，一些公务人员作风不实、缺乏担当、不作为等问题不同程度存在。对此，我们将高度重视，采取扎实措施，着力加以解决。

2019年主要任务

今年政府工作总体要求是：以习近平新时代中国特色社会主义思想为指导，全面贯彻党的十九大和十九届二中、三中全会精神，按照“五个坚持”“六个稳”工作要求，深入实施“五大战略”，坚决打好“三大攻坚战”，扎实推进经济转型、城市转型、社会转型，加快打造“一带一路”强支点，全力夺取“高质发展、后发先至”新胜利，为高水平全面建成小康社会收官打下决定性基础。

全市经济社会发展主要预期目标是：地区生产总值力争增长7%；一般公共预算收入增长8%，力争实现两位数增长；实际利用外资力争突破7亿美元；研发投入占比力争达到2%；固定资产投资、社会消费品零售总额和全体居民可支配收入均增长8%；空气优良天数保持全省领先，化工园区整治通过省级验收；居民消费价格指数、节能减排完成省定目标。

围绕市委确定的“八大突破”，重点抓好以下工作：

（一）深化改革扩大开放，加快集聚高质发展新动能。

全方位高水平扩大开放。发挥新亚欧大陆桥东方起点和中西部最便捷出海通道的优势，深入推进经贸、旅游、科技、文化等国际交流合作。扩大向东开放，打好“徐福”牌，以日韩、东盟为主要目标，密切经贸往来，探索建立日韩中转物流基地，进一步提升合作水平，携手打造利益共同体。加快向西开放，拓展“西游”路，以上合组织国家为重点，完善陆桥物流节点布局，持续深化通关合作，精心打造国际班列品牌，扩大两基地、出海口功能辐射面，拓展产能和商贸合作。构筑开放新平台，完善国际贸易“单一窗口”功能，综合保税区封关运作。集成创新自贸区试点经验，推进新一轮改革开放连云港“试验田”建设。积极申报自由贸易试验区。创新收益共享机制，将国家东中西区域合作示范区真正建成中西部地区的出海口和进出口产品加工基地。强力推进招商引资，锻造一支有“三头六臂”“七十二变”本领的专业招商队伍，瞄准重点地区、重点行业、重点企业，扎实开展产业链招商、精准招商、以商引商，加快招引基地型、龙头型、标志性重大项目。市开发区努力打造现代开发园区的“升级版”，徐圩新区加快形成石化产业新高地，高新区重点培育新兴产业增长极。各类开发园区明确主攻方向，加快形成千亿级、百亿级的“雁阵”梯队。大力拓展对外贸易，推广跨境电商“两平台、六体系”做法，推进货物贸易和服务贸易快速发展。全面整合展会资源，精心组织“连云港博览会”系列活动，打造“一带一路”交流合作高端平台。

宽领域深层次推进改革。坚持向改革要动力，精准推进供给侧改革，加强房地产市场监管，优化企业债务结构，落实降成本各项政策，继续实施一批补短板项目。进一步增强企业能动性，提升产业链水平，推行公平竞争审查，畅通经济循环。结合市县机构改革，深化交通、城管、文化等综合执法改革，抓好财税、金融、价格体制改革，稳步推进事业单位分类改革。坚持放到位、管到底、优服务，深入推进“放管服”改革，全面推行“双随机、一公开”监管模式，建立以信用承诺为基础的新型监管机制。推进政务服务标准化建设，实现“马上办、网上办、就近办、不见面办”，全面提升“一网通办”水平。加强国资国企改革，健全现代企业制度，提高管理水平，理顺体制，压缩层级，做强主业。推行PPP等模式，加快公共服务领域市场化改革。基本完成农村集体产权制度改革，深化集体林权制度改革，开展农业水价综合改革，重视农业保险和信贷担保体系建设，推行农田托管，进一步激活农业农村发展活力。

多主体大力度推动创新。建设重大创新载体，推进中科院大科学装置项目，规划燃气轮机产业园。增强企业创新能力，新增国家级高新技术企业30家、企业研发机构20个以上，大中型工业企业和规上高新技术企业85%以上建有研发机构。开展“三千”技改行动，实施重点项目328个，建设智能制造项目65个，新认定中小型科技企业100家。万人发明专利拥有量7件。提升科技服务水平，落实企业研发扶助政策，强化知识产权保护运用，推动众创空间发展。引导更多资本投向新兴产业和初创企业，发放“苏科贷”2亿元。新增省级以上两化融合贯标试点企业2家，引进培养高层次人才3000人、高技能人才4000人。

（二）突出工业立市产业强市，加快壮大实体经济。

全力突破临港产业。按照四个“世界一流”标准，高水平建设石化产业基地，重点抓好盛虹炼化、东华能源、中化国际、卫星石化等重大项目建设。推动石化产业链式发展，力争再开工一批千亿级项目。大力开展绿色制造、装备升级等行动，加快推动冶金、化工等行业转型升级。积极争取国家布点建设重点能源港，推动燃气、石油等能源产业发展。加快国家海洋经济发展示范区建设，积极培育海洋生物医药、海洋可再生能源、海洋高端装备等战略性新兴产业。

做大做强优势产业。规划建设生物医药产业园，推进恒瑞、天晴、康缘、豪森等重点项目，建设省级现代中药制造业创新中心，申报国家医药创新中心，争创国家原料药生产基地，全力打造“中华药港”。发展壮大东海硅材料产业基地，加快建设中复神鹰第二基地，美景荣生物基材料建成投产，推动联瑞新材料等企业上市，争创新材料国家技术创新中心。推动核电5、6号机组扩建，延伸核电、风电、光伏发电产业链，加快发展新能源产业。鼓励自主研发成套装备，推进大型矿产机械、智能机械、港口机械等专用产品生产，打造全国重要的高端装备制造业基地。培育发展信息产业，高新区创建省级软件园，推动与陆桥沿线物流节点数据交换，建设连云新城“一带一路”交汇点大数据产业园。

提升发展特色产业。把握高铁开通机遇，加快建设国家旅游改革创新先行区和全域旅游示范区，深度整合旅游资源，精心打造大花果山景区，开展连岛、东海水晶城AAAAA旅游景区创建，推动文化旅游融合发展，吸引更多人来“连”做客、留“连”忘返。积极推动大健康与大生态、大旅游深度融合，引入社会资本，加快培育健康养老、海滨疗养、中医药养生、健身休闲运动等健康产业。大力发展西游动漫、电子竞技、影视出版等文化创意产业。加快发展邮轮经济、会展经济，扶持发展电子商务、智慧物流。

大力发展民营经济。落实各项政策措施，切实解决民营企业不愿投、不能投、不敢投、不知道往哪里投等问题。加大民营企业和小微企业的支持力度，建立健全中小企业服务平台，设立中小企业发展资金，放大政府性投资基金效应，组织各类投融资对接活动，提高金融服务可及性，切实解决融资难融资贵问题。对新兴产业监管坚持包容审慎，鼓励民营企业加强模式、业态、品牌创新发展。构建“亲”“清”政商关系，做到敢“亲”、真“亲”，又品“清”、行“清”，围着企业转，跟着项目跑，多与企业家交朋友，积极帮助解决难题，推动民营企业做大做强。

（三）完善重大基础设施，加快打造“一带一路”强支点。

强化港口基础支撑。按照“枢纽港、产业港、物流港、贸易港”定位，加快建设东方大港。30万吨级航道二期建成连云港区段，启动徐圩港区段，推进铁路多式联运中心建设。加快建设盛虹炼化30万吨级码头和卫星石化等配套码头，完成赣榆港区LNG码头前期工作。推进液体散货区管廊及公共配套工程。“两翼”港口铁路专用线加快前期工作。大力提升航运能力，优化航线布局，新辟集装箱航线5条以上，港口吞吐量继续保持增长。

加快“两基地”提档升级。中哈物流基地优化作业流程，提升自动化生产水平，集装箱进出量突破30万标箱。深化与哈国铁、中远海运合作，继续推进东门无水港建设，力争完成换装量15万标箱。与沿线国家口岸建立合作机制，共建装卸场站、分拨中心、海外仓等载体，打通全程物流通道。上合物流园加快专用铁路等项目建设，物流量突破1500万吨。强化国际班列品牌，加强西向货物开发，稳定中亚东向货源，实现班列重去重回。

构建立体交通网络。开通连淮铁路，加快建设连徐高铁，推进综合客运枢纽二期工程。开展沿海高铁、连临高铁前期工作。加快连宿、连淮高速新扩建，实施311、242等国省干线改造。推进连宿徐航道启动建设。新机场土建工程基本完工。力争开通大阪、仁川等国际航线，全年旅客吞吐量突破200万人次。合理安排车船运力、班次航线，推动海陆空铁集成发展，为连云港发展装上“风火轮”。

（四）强化功能品质提升，加快“四个城市”建设。

建设特色海滨城市。坚定推进城市东进，调整优化规划设计，打造百里黄金海岸。连云新城加快建设现代化、国际化、智能化、生态化城市新中心，打造“一带一路”交汇点“外滩”。老港区加快退港还城，做美滨海“客厅”。赣榆城区深度融合，拓展发展空间。海州城区大力推进旧城改造，加快有机更新，展示中心城区全新形象。推进各区之间、高铁枢纽至新机场等快速通道建设，开通市郊列车，加快形成特色彰显、功能互补、快速联通、组团发展的城市格局。

建设美丽公园城市。注重生态建设和功能集成，促进“人城境业”和谐发展。继续开展国家森林城市创建，加强城市公园建设，推进园博园等重大项目，开工建设刘志洲山体育公园、河滨公园等8个大型公园，临洪河口湿地公园建成开放。强化可进入、可参与，打造城市绿道、城市绿岛、公园社区、公园街区，推进共建共享，让市民可亲可触。突出景观化、精致化，提升改造关键节点、重要道路、重点空间绿化美化，建设景观大道，打造蔷薇河、东盐河、玉带河等滨水生态廊道，做美城市空间。坚持集约化、系统化，复合提升城市功能，推进城市健康成长，形成生产、生活、生态协调统一的城市生命体。

建设活力动感城市。加快建设铁人三项等运动基地，推动建设游艇赛艇码头。高水平规划建设跨海索道，探索开发连岛至花果山直升机观光项目，建设一流的滑翔伞基地和独具特色的环云台山自行车道。大力发展水上运动、低空飞行、房车露营等业态，完善"10分钟体育健身圈"，增加健身站点，积极开展全民健身活动，常年参加体育锻炼人口达38%。举办徐圩国际马拉松、花果山国际越野挑战赛、首届"一带一路"国际铁人三项等有影响的体育赛事，塑造特色鲜明的城市性格，形成活力迸发的城市精气神。

建设宜居品质城市。统筹推进文明、生态、智慧、健康连云港建设。完善功能配套，补齐设施短板，合理布局生活、娱乐、购物设施，为市民提供触手可及的便利。实施华联广场、解放东路片区等27个棚改项目，推进沿街亮化、立面整治，全面消除城市无灯区，推进多层住宅加装电梯，提高市民生活舒适度。实施53项市政项目，扎实推进海绵城市、地下管廊等建设，加强水电气供应和市政设施配套，加快打通"断头路"，畅通城市血脉经络。加快5G试点部署，推进数据共享，完善城市管理信息系统，以智能化让城市变得"耳聪目明"。深入开展文明城市创建，组织实施"八大工程"，弘扬社会主义核心价值观，提升市民科学文化素养，推进公共服务体系建设。大力倡导全民阅读，以满城书香涵养城市，让城市由内而外散发出文明气质。

（五）推进乡村振兴战略，加快城乡融合发展。

发展现代农业。推进农业产业化，稳定粮食生产，壮大优势产业，创建国家级农村特色产业融合示范园1个，新增市级以上产业化联合体20个、农业龙头企业40家，新增观光农业示范村（点）60个。提升农业品牌化，突出优质、特色、绿色，加快结构调整，"三品一标"农产品达40%以上。创建农产品质量安全市，放大"连天下"品牌效应。农村电商销售增长50%以上。加快农业外向化，推进国家农业对外开放合作试验区建设，农产品出口保持全省前列。促进农业科技化，强化与科研院所合作，加快成果转化，农业科技进步贡献率达66%。大力推进农业基础设施现代化，推进土地整理项目，新建高标准农田21万亩，新增高效设施农业3万亩，农业机械化综合水平达84%、信息化率达59%。

推进新型城镇化。稳步提升城镇发展水平，构建"一横两纵、一核多极"城镇格局。加快县城中等城市建设，提高综合承载功能和公共服务能力，促进县城规模适度扩张。扎实推进重点中心镇建设，建成一批特色鲜明、独具格调的"小城"样板。依托产业特点、人文底蕴和生态禀赋，坚持特色化培育、差异化发展，打造一批国家级、省级特色小镇。高起点规划建设空港小镇、水晶小镇等产业小镇，促进区域发展转型升级。

改善农村人居环境。因地制宜推进村庄搬迁撤并，试点建设47个新型社区，引导农民进城入镇，加快改善农民群众住房条件。推进特色田园乡村建设，新增3个以上省级试点村庄。做好垃圾污水处理、厕所革命、村容村貌提升等工作。整治交通干线沿线环境、实施镇村道路提升行动，完成剩余650公里农村公路改造，镇村公交覆盖率90%以上。健全乡村治理体系，弘扬优秀乡土文化，推动形成文明乡风、良好家风、淳朴民风。

（六）坚决打好三大攻坚战，加快补齐发展短板。

打好防范化解重大风险攻坚战。坚持结构性去杠杆，有效防控金融风险，严厉打击非法集资、违规融资担保，推进互联网金融风险专项整治。完善地方金融监管体制，强化农民资金互助社运营监管，确保不发生区域性系统性风险。加强政府债务管理，化解存量，控制增量，做到坚定、可控、有序、适度。加强信息研判，排查化解矛盾，确保不发生有影响的重大事件。

打好精准脱贫攻坚战。对照国家脱贫标准和"两不愁三保障"要求，保持工作力度不减、帮扶标准不降，切实抓好"六个精准"。强化就业扶贫，让更多农民实现家门口就业。大力推进产业扶贫，省定经济薄弱村全部建有富民项目。深化行业扶贫，建立农村义务教育辍学防控机制，实施低收入人口大病专项救助，加快贫困片区道路、饮用水等设施建设。更加突出兜底保障，实现剩余贫困人口和省定薄弱村全部脱贫，确保不返贫。

打好污染防治攻坚战。坚持把化工园区彻底整治作为生态优先、绿色发展的重要拐点，坚决打赢生态保护持久战。深入抓好中央环保督察"回头看"反馈问题整改和"263"专项整治，切实提升污染物收集、处置、清洁能源利用及环境监测监控"四个能力"。深化"蓝天"行动，坚持联防联治、综合治理，统筹推进控煤、管车、治气、降尘、禁烧等工作，完成"散乱污"企业综合整治，4家钢铁厂全部实施超低排放改造，空气优良率保持全省领先。实施"碧水"行动，巩固整治成果，深化"一河一策"，国省考断面及入海河流全面消除劣Ⅴ类，城区黑臭水体全面消除，49个工业集聚区污水全部实现集中处理达标排放。加快镇村污水处理设施建设，规模化畜禽养殖场治理率达95%以上。开展"净土"行动，对530家重点行业企业土壤污染状况进行调查，稳步推进德邦原址等地块土壤治理，固危废规范化管理达标率80%以上。加强山体绿化、宕口修复，加大湿地、林地保护力度，严控各类开发活动，严守生态保护红线。

（七）坚持以人民为中心，加快提升民生福祉。

大力促进就业创业。实施积极就业政策，完善服务体系，优化就业结构，提高就业质量，统筹做好城乡困难人员、返乡农民等群体就业帮扶。新增城镇就业6万人，城镇失业人员再就业1.6万人，转移农村劳动力2.5万人，城镇零就业家庭、农村零转移家庭动态清零。建设一批实训见习基地，开展技能培训25万人次。扎实推进“创响港城”计划，落实创业政策“28条”，丰富创业形式，增加创业载体，重点扶持大学生等万人以上自主创业，带动就业4万人。鼓励支持各类人才返乡创业、下乡兴业，拓展农村就业空间和农民增收渠道。弘扬劳模精神和工匠精神，营造劳动光荣的社会风尚和精益求精的敬业风气。

健全公共服务体系。以“四个一流”标准，优先发展教育，新改扩建幼儿园、中小学36所，清理整顿无证幼儿园，规范校外培训。城区小学全面推行“弹性离校”，扩大午餐供应试点。增加高中学位供给。特教学校实现搬迁。提升中高职院校办学水平，加快创建江苏海洋大学，支持康达学院改善办学条件。大力发展民办教育。提高医疗服务水平，市妇幼保健中心新院区投用，加快市二院、中医院、康复医院等重点工程建设。建成国家级卫生乡镇20个。深化公立医院改革，推进“互联网+医疗”服务，加强全科医生培养，深入推进“健康宝贝工程”。坚持守正创新，繁荣文化事业，实施文脉整理工程，推进历史文化名城申建，推出淮海戏《孤岛夫妻哨》等精品力作，组织万场电影千场戏展映展演。创新举办载体，办好连云港之夏、西游记文化节、首届“一带一路”国际音乐节。

完善社会保障体系。实施全民参保计划，提升城乡居民基本医疗保险报销比例，提高养老保险基础养老金，保障被征地农民社保权益，对因病致贫对象实施医疗救助，对困难人员灵活就业发放社会保险补贴。完善社会救助、社会福利、慈善事业等制度，健全城乡居民低保、农村“五保”、城市“三无老人”和孤儿供养标准自然增长机制，关爱困境儿童、留守儿童。做好残疾人康复、托养服务。新建标准化居家养老服务中心30个，护理型床位占比45%以上。推动住房公积金归集扩面，分配各类保障性住房不低于1000套，住房租赁补贴惠及更多城镇困难家庭。加强退役军人和优抚对象服务保障，促进军民融合发展，争创全国双拥模范城“八连冠”。

加强社会治理创新。深入推进“最安全城市”创建，建立现代化社会治安防控体系。扎实开展“七五”普法，深化执法司法规范化建设。深入推进信访矛盾化解，确保信访总量持续下降。加强社区综合服务中心建设，深化“三社联动”和“一委三会”治理。完善社会信用体系。对不良房地产开发等企业实施惩戒，建立淘汰曝光机制。强化食品药品监管，保障群众舌尖上的安全。完善应急管理体制机制，做到警钟长鸣，坚决防范重特大事故发生。进一步做好民族宗教、外事侨务、地震、民防、气象、邮政、科普、档案、史志、关心下一代、老促会、老科协、红十字、援疆等工作。

全面加强政府自身建设

（一）旗帜鲜明讲政治。自觉以习近平新时代中国特色社会主义思想武装头脑、指导实践，强化“四个意识”，做到“两个维护”。对中央大政方针、省委省政府和市委决策部署，坚决贯彻落实，绝不走样，绝不变通，绝不打折扣。深刻认识我市在国家发展大局中的定位，全面把握“一带一路”强支点、标杆示范、东中西区域合作等丰富内涵，提高发展站位，增强战略定力，更加自信自觉肩负起时代赋予连云港的重大使命。

（二）务实高效优服务。结合机构改革，调整优化职能，使职责更加清晰，运转更加高效。倡导雷厉风行、急事急办、特事特办，做到立说立行、马上就办，切实提高政府执行力。始终心系群众，推动重心下移，面对面、心贴心、实打实地服务群众、服务基层。坚持问题导向，发挥市长信箱、“12345”在线平台作用，积极解决群众反映问题，对群众合理诉求绝不说“不”。

（三）勇于创新敢担当。弘扬创新精神，用创新思维谋划工作，用改革办法破解难题，想他人没有想到的招数，干他人想干而没有干成的事情。强化“四实四干”，主动担当作为，坚决整治遇事“踢皮球”、为了不出事宁可不干事等消极懈怠行为，勇挑最重担子，善接最烫山芋，敢啃最硬骨头。落实“三个区分开来”，健全“三项机制”，为创新者鼓劲，为改革者撑腰，为担当者担当。

（四）依法行政严规范。严格执行“三重一大”决策制度，政府重大决策出台前向人大及其常委会报告，邀请人大代表、政协委员和市民代表列席政府常务会议。自觉接受人大法律监督、工作监督和政协民主监督，高度重视社会和舆论监督，高质量办理人大代表议案建议和政协提案，广泛听取民主党派、工商联、无党派人士意见。加强行政执法监督。推进数字政府建设，整合发展政务新媒体，健全发布、解读、回应“三位一体”政务公开体系。

（五）永葆清廉守规矩。加强廉洁政府建设，推进审计监督全覆盖，强化重点领域、关键环节、重要岗位硬约束。常念“紧箍咒”，持续整“四风”，紧盯不敬畏、不在乎、喊口号、装样子问题，绝不允许表态好、调门高、落实差、搞“忽悠”。严格落实中央“八项规定”精神。加强纪律教育，让广大公务人员存戒惧、讲规矩、守底线，树立勤政廉政的良好形象。（市政府办）

文件选编

连云港市建设"一带一路"战略支点三年行动计划(2018—2020年)

连发〔2018〕8号

主要目标

(一)构建"一带一路"东方大港。突出港口龙头地位,着力推动航道深水化、船舶大型化、码头专业化、港航信息化建设,统筹港航路园建设,加快港口转型升级,进一步提升港口功能和服务质效,建设具有更强集聚辐射能力的枢纽港、产业港、物流港、贸易港,到2020年港口新增万吨级以上泊位22个,货物吞吐量达到3亿吨,中欧班列突破2000列,港口综合竞争力在全国沿海主要港口中实现进位。

(二)构建陆海联运综合交通枢纽。充分发挥综合交通和陆海联运特色优势,着力打通对外主要运输通道,完善内部综合交通网络,构建现代综合交通运输体系。到2020年公、铁、水、空、管立体综合交通运输网络基本建成,高铁里程达到396公里,干线公路里程达到1454公里,综合交通网络达到全国和全省平均水平以上,有力支撑服务港口功能提升,形成"大枢纽、大路网、大运输"的海陆空河多式联运综合交通运输新格局。

(三)构建东西双向开放重要门户。发挥新亚欧大陆桥经济走廊重要节点城市优势,扩大向东开放,引领向西开放,不断提升开放能级。到2020年实际利用外资、对外投资中方协议投资额较2017年"翻一番",外贸进出口突破百亿美元、实现苏北领先,全面建设与"一带一路"沿线国家和地区在更宽领域、更深层次的良性互动合作示范区,形成模式多元、区域更广、质量更优的全面开放新格局。

(四)构建沿海新型临港产业基地。深入实施"工业立市、产业强市"战略,主攻大项目、培育大企业、建设大园区、汇聚大产业,提升城市功能和服务配套能力,加快建设世界级的沿海新型临港产业基地、极具竞争力的区域性先进制造业基地。到2020年重点产业项目投资累计达到3500亿元,规上工业、服务业增加值年均保持两位数增长,培育千亿产业3个,百亿产业20个,产业经济总体规模进入全省第二方阵。

(五)构建山海相拥的西游文化名城。坚持港产城协调发展和国际化理念,以打造"干净、方便、顺畅、安全"连云港和"生态、智慧、健康、文明"连云港为抓手,全面挖掘西游文化内涵、塑造西游文化品牌,彰显海滨城市特色,不断提升城市的吸引力和承载能力,到2020年城镇化率达到68%,中心城区人口达到200万人左右,加快建成山海相拥、生态宜居的西游文化名城。

(六)构建区域发展新的增长极。紧紧围绕"高质发展、后发先至"目标要求,突出项目建设,狠抓要素投入,培育发展动能,推动连云港加快发展。到2020年全市一般公共预算收入达到330亿元以上,工业应税销售收入、工业增值税年均增长20%以上,分别达到4000亿元、180亿元左右,地区生产总值和城乡居民收入增幅高于全省平均水平,主要经济指标达到或超过全国平均水平,在"一带一路"节点城市、沿海开放城市和全省13个地级市中进位争先,人民生活的幸福感、获得感显著增强。

重点举措

(一)建设大港口

1. 建设区域性国际枢纽港。加快重大基础设施建设,提高综合航运能力,基本建成30万吨级航道二期工程,跻身世界级深水大港行列。加快建设以煤油矿箱四大骨干货种为代表的大型专业化泊位,完善公共支撑系统,提升两翼港口功能,到2020年综合通过能力达到2.7亿吨。完善港区内部集疏运系统,加快徐圩、赣榆和灌河港区等新建港区外围集疏运体系建设,构建辐射区域、联接陆桥的海铁联运体系。加快集装箱干线港建设,深化港航合作,力争到2020年航线总数达到70条,其中远洋干线达到6条。推进以多式联运综合管理为代表的示范工程建设,提高港口信息化、自动化水平。

2. 建设现代产业集聚港。突出以徐圩港区为重点的产业港建设,提高对临港产业的保障支撑作用。加快完成港口总体规划修编以及两翼港区控制性详细规划编制,制定实施岸线整合利用五年规划,为临港产业配套相应功能设施。加快建设盛虹炼化一体化配套码头、中石化30万吨级原油码头、东华能源产业配套码头、卫星石化产业配套码头、赣榆港区LNG码头等一批产业需求迫切的专业化码头,逐步满足石化基地建设需要。到2020年徐圩港区、赣榆港区、灌河港区综合通过能力分别达到1亿吨、4000万吨、2000万吨。深化港产互动融合,力争两翼港区本地临港产业货物比重平均达到40%以上。

3. 建设服务亚欧跨境运输的综

合物流港。建成启用中哈散粮筒仓项目，推进连云港中哈物流合作基地和哈国霍尔果斯（东门）场站提质增效。上合组织国际物流园建成一批物流设施，开发面积达到27平方公里，年物流量达到3000万吨。稳步推进中欧班列发展，日均运输达到6.4列，打造成为全国知名的中欧班列品牌。优化提升西安等内陆无水港布局，有序推进阿拉木图、阿克套等沿线物流合作，串联起沿线重要节点城市。加快大宗散货交易中心建设，培育多式联运全程物流运营商，与中远海运合作打造区域物流中转中心。加快推进铁路集装箱中心站、港航交易所建设。搭建港口共享共用信息平台，推动港口从传统装卸企业向供应链服务商转变。大力发展现代港航服务业，加快集聚航运新要素、新业态，提升港航物流发展水平。

4. 建设开放便捷的高效贸易港。推进口岸查验机构、查验设施整合，优化查验流程。全面建成国际贸易“单一窗口”，有效拓展口岸物流增值业务，实现口岸物流全程服务信息化。建立涵盖海港、班列及空港的大通关时间评估体系，完善大通关效率持续提升机制。提升港口“挂靠港”功能，促进商贸、物流等产业提档升级。落实推进口岸“放管服”改革，具备条件的事项全部实现“不见面审批”及网上办理。发挥指定口岸资质优势，提升港区服务水平，降低运输成本，培育以哈国小麦过境、澳洲肉牛项目和上合组织国际物流园海运快件跨境电商业务等为代表的特色物流业务。加大对高端航运服务企业和项目的扶持力度，切实增强主体港区揽货（客）能力和各类增值功能。创新口岸监管服务，争取东南亚水果过境运输，保障和促进我市特色水产品加工及优势农产品出口。

（二）构建大交通

1. 构筑高铁枢纽格局。加快推进“覆盖全市、功能完善、高效便捷、互联互通”的高速铁路建设，建成连盐铁路、连青铁路、连淮扬镇铁路和连徐高铁，力争开工建设连临铁路。加强连淮、沿海高铁前期方案研究，积极争取连临城际铁路纳入国家中长期铁路网规划，全面推进连云港铁路综合客运枢纽建设。到2020年全面迈进高铁时代，构筑支撑“一带一路”战略支点建设的高铁枢纽格局，新增铁路里程306公里，全面融入上海2小时、南京1.5小时交通圈。

2. 完善公路网络体系。实施连淮高速公路扩建工程，提升至南京、淮安方向高速公路通行保障能力。推进连宿高速公路规划建设，实现徐圩港区接入国家高速公路网，支撑港口功能提升。推进344省道、264省道建设，打通宿迁、淮安方向缺失通道。加快建设267省道、245省道、236省道，推动县际结点之间互联互通。加快盐河南路南延至新机场快速路、509省道机场段、赣榆至海州高铁枢纽快速通道等建设，加快完善机场和高铁枢纽集疏运体系。结合重要园区、景区、物流基地等规划建设，强化干线公路延伸服务，建设路网连接公路，实现一级公路全覆盖。围绕高铁和机场等大型交通枢纽，优化配套建设旅游交通专线。

3. 畅通内河水运通道。围绕“一体两翼”组合大港建设，加快建设内河疏港干线航道。建成灌河西段航道整治工程，打通连申线（连云港至上海）内河水运通道，实现沿海港口向南与长江的连通，推动江海联运。加快推进徐宿连航道规划建设，打通连云港至宿迁、徐州等地区的内河水运通道，实现沿海港口向西与京杭运河的连通，促进海河联运。加快推进海州板浦作业区码头、善后河鲁河乡北岸作业区码头等内河港口建设，充分发挥内河水运中转功能，支撑服务港口集疏运和沿线地方产业经济发展。

4. 促进航空运输发展。加快建成花果山新机场一期工程并实现一类口岸开放，同时研究推进按1000万人次/年吞吐量扩大规模，将新机场打造成为东西双向开放、连接辐射南北的区域性国际航空港。新辟优化航线布局，开通“一带一路”沿线城市及辐射区域城市航线，扩大对外开放，争取向东开通日韩、东南亚国际航线，争取向西开通哈萨克斯坦国际航线。到2020年旅客吞吐量达到200万人次，通航35个城市以上。积极推动通用航空发展，鼓励引导通用机场建设，发展通用航空运营服务，延伸发展通用航空产业。

5. 完善港口集疏运体系。围绕“一体两翼”港口集疏运需求，加快完善与港口功能匹配的集疏运体系。建成连盐铁路徐圩支线、赣榆支线，推进徐圩、赣榆港区及临港产业区、上合组织国际物流园等铁路专用线建设，加强港区与外围骨干铁路网衔接，打通铁路集疏运“最后一公里”。加快推进长深高速至连云港港区高速公路、509省道至徐圩港区和401省道、402省道、245省道至赣榆港区等疏港公路建设，打通公路集疏运“最后一公里”。依托连申线和徐宿连航道，积极构建覆盖苏、鲁、皖、豫四省的内河集装箱海河联运网络，争取2020年海河联运年吞吐量达到2800万吨，打通内河集疏运“最后一公里”。

6. 加快管道运输规划布局。重点规划布局日照—仪征复线连云港支线原油输送管道；规划布局连云港—徐州—商丘、连云港—淮安—南京成品油管道，打通石化基地成品油输出通道。加快推进中石化徐圩原油商业储备基地项目、徐圩新区产业配套天然气管道工程。鼓励和引导成品油经营企业构建港口中心库、区域配送库、县级分销库等多级储备体系。加快实施赣榆LNG接收站建设工程，推动中石油中俄东线我市境内工程建设，确立海外天然气与陆上管道气互补格局。到2020年力争形成300万吨以上海外天然气接收能力，实现天然气管网县区全覆盖，累计形成全市天然气主干管网300公里。

（三）推动大开放

1. 扩大双向开放。加强与“一带一路”沿线国家和地区贸易合作，招引中亚五国在连设立商务机构。建设“一带一路”国家商贸物流展示及大宗商品进口交易平台，构建“一带一路”沿线商务机构网络，打造“一带一路”沿线地区主要的产品交易中心。发挥向东开放优势，深化与日韩、美澳、东南亚地区的投资贸易合作。深入推进口岸“三互”改革，建设关检联合示范区，提升贸易便利化水平。推动连云港港两翼港区口岸正式开放，实现“一体两翼”全面开放格局。深化新亚欧大陆桥经济走廊沿线关检合作，建立口岸合作信息共享机制，推动跨区跨境口岸交流。围绕新机场规划建设空港产业园和空港物流园，打造服务“一带一路”的区域性空港枢纽。

2. 建设开放平台。放大国家东中西区域合作示范区的东西双向开放功能，建成服务中西部地区对外开放的重要门户、东中西产业合作示范基地。推动国家级开发区、省级开发区分别建成千亿级、500亿级特色产业集群，市开发区建成全国一流的生物医药产业园。提高开发区发展质量和效益，提升土地产出率、资源循环利用率，推动园区转型升级。深化园区管理体制改革，加大放权力度，实现“园内事园内办结”。推动连云港综保区建成运行。推进农业对外开放合作试验区建设，打造全国开放型农业排头兵。打造“一带一路”特色展会品牌，提升连博会、医药技术大会、农洽会、安博会等展会平台的影响力。

3. 推进产业合作。立足自身产业优势，注重精准化招商、专业化招商、产业链招商、以商引商，重点突破源头性重大产业项目。建立外贸企业梯次培育体系，加强重点出口基地建设，大幅提高自主品牌出口比重。加快国际商务中心建设，打造“丝绸之路经济带”企业总部集聚区和商贸办公服务集聚区。创新金融跨境服务，拓宽进出口企业融资渠道，鼓励使用跨境人民币开展国际结算。积极申建国家级跨境电子商务综合试验区，建设综合性跨境电商公共服务平台和跨境电商产业园。争取区域性大宗贸易中心落户，吸引国内名企、央企、世界500强企业以及“一带一路”沿线国家和地区来连投资兴业。实施重点跨国经营企业培育计划，支持重点优势企业“走出去”开拓国际市场。落实省政府与哈国铁路公司战略合作协议，推动“霍尔果斯—东门”工业区建设。

4. 加强人文交流。发挥我市资源优势，加强旅游、文化宣传推介，打造西游记、镜花缘、徐福、水晶、女子民族乐团等特色文化交流品牌。拓展交流合作，积极与“一带一路”沿线国家和地区开展公共外交、民间外交和民族文化交流，缔结友好城市。加强教育交流合作，打造“丝路东方留学连云港”品牌。积极开展汉语推广活动，共建中外人文交流基地。加强国际化人才培育，设立海外人才联络站，支持淮海工学院申报汉语国际教育硕士点。创建“一带一路”战略气象服务保障示范城市和关键节点城市气象服务联盟。组建“一带一路”企业法律服务团，为企业走出去提供涉外法律服务。

5. 深化国际执法合作。坚持“合作、创新、法治、共赢”，推动连云港论坛实体化运作。加快论坛永久会址等项目建设，着力打造能力建设对接、情报信息共享、联合行动协调、项目安保合作、安全学术交流“五大合作平台”，不断放大论坛综合效应，提升城市国际影响力。依托论坛，加强人员往来互访、情报信息融合交流、跨国联合执法、专项治理联合行动等措施，深化与“一带一路”沿线国家的执法安全合作，共筑“安全走廊”。探索建立海外利益安全保护工作机制，为我市企业、机构、项目和公民“走出去”提供有力的境外安全保障。

（四）发展大产业

1. 打造世界级的石化产业基地。依托徐圩新区建设世界级石化产业基地，大力推进盛虹石化炼化一体化、连云港石化有限公司320万吨/年轻烃综合加工利用项目、东华能源烷烃资源深加工基地和新材料项目、中化连云港循环经济产业园项目等一批千亿级项目，加快推进新海石化连续重整、三吉利化工扩产提质等重点项目，高标准打造千亿级石化产业集群，构建沿海开发新增长极。加快推进领先技术、先进工艺在石化基地的示范应用，打造绿色石化产业集聚区。到2020年石化产业产值突破1500亿元，培育年产值过100亿元企业3家，过50亿元企业6家。

2. 做大做强“三新一高”优势产业。打造中国“药港”，加快推动省原创化学药创新中心升级为国家医药创新中心，创建国家医药产业集群区域品牌示范区，争取设立国家原料药生产基地。加快推进江苏核电5、6号机组、华能海上风电、正崴新能源等一批重大项目建设，建设新能源特色产业园区，打造国家重要的新能源基地。加快推动高性能纤维、复合材料、生物基材料、新型无机非金属材料高端发展，推动T1000碳纤维实现产业化，打造航空复合材料产业园，建成万吨碳纤维生产及应用基地、千亿硅产业集群，打造国内一流新材料产业基地。加快三个省级装备制造业特色产业基地建设，引导领军企业以装备智能化、集成化创新研制为主攻方向，培育一批智能制造整体解决方案服务商。

3. 因地制宜发展特色产业。突出航运要素集聚，加快“两基地”建设，大力发展港航物流业，打造区域性国际物流服务中心。实施“大花果山景区”战略，加快西游文化产业园等重大工程建设，将大花果山景区建成国内一流、国际知名的旅游胜地。大力发展海滨旅游业，打造国际海滨休闲旅游目的地。大力发展海洋经济，发挥海洋空间集聚优势，推进海洋食品加工、海洋生物医药、深海养殖工船、海工装备产业发展，打造海洋全产业链集聚区。培育发展安防产业。启动市级现代农业产业示范园创建活动，到2020年实现全市涉农乡镇全覆盖。规划建设农业高新区，全面启动建设6大高效设施农业集聚区，发展设施蔬菜、海淡水养殖等五个全产业链产值超100亿元的特色产业和产值超10亿元特色产业基地，不断扩大“连天下”品牌影响力。

4. 着力培育战略性新兴产业。打造集成电路、物联网、软件和信息服务等电子信息领域百亿级产业集群。依托716研究所等重点骨干企业，建设中船重工连云港创新产业园，大力发展工业机器人及核心部件、智能制造系统、数字化车间及智慧工厂成套解决方案等，打造国内具有影响力的军民融合（结合）产业基地。支持衡所华威、中鹏新材、华海诚科、联瑞新材等企业做大做强，建设省内知名的电子信息产业基地、全国有一定影响力的集成电路封装材料基地。加快软件和信息服务业发展，建设高新区省级软件产业园、杰瑞省级互联网产业园，连云港大数据中心尽快投入运营，吸引“中”字头大企业来我市落地或合作共建特色园区、创新创业服务平台、云上软件园、虚拟软件园。

5. 加快推进传统产业转型升级。坚持运用高新技术和先进适用技术，改造提升冶金、食品、化工等传统产业，提高产品附加值，增强可持续发展能力。以优化布局、联合重组、结构调整和产业链延伸为重点，推动全市钢铁行业向绿色发展、高端发展迈进，着力发展高附加值产品。建设食品精深加工基地，推动产业规模化、有机化、绿色化发展，提升本土“老字号”品牌知名度和美誉度。加快培育深远海养殖业，持续建设海洋牧场示范区。深入实施“两减六治三提升”专项行动，持续开展化工企业“四个一批”行动，高标准完成“减化”目标任务，提升化工行业整体水平。

（五）提升大城建

1. 优化城市布局。按照“城市东进、拥抱大海”发展方向，加速城市组团发展、功能互补、提升品质、彰显特色、快速联通。以连云新城建设为重点，加强商贸商务、港航服务、高端居住等业态集聚发展，形成功能配套齐全、高端商务服务集聚的特色居住区。强化赣榆城区与主城区、连云老城区与连云新城融合对接，切实提升赣榆、连云两区海洋经济、商贸旅游、滨水居住等城市功能。按照“中心城区15分钟进入高速公路互通、县区和功能组团30分钟可达”的标准，开工建设城市快速通道，实施重要节点快速化改造。推进东西城区城市内环道路建设，打通断头路，提升内环道路档次，实现道路顺畅。

2. 提升功能品质。坚持“生态宜居、环境优美、绿色健康”理念，着力打造良好的城市品质。启动海州至连云轨道交通一号线建设。按照市民出行300米见绿、500米见园标准，切实提高城市公园绿地十分钟服务圈覆盖率。深入开展“三改一拆两清理”专项行动，用好用足棚改优惠政策，力争2020年基本完成全市棚户区改造任务。实施互联网+教育工程，促进优质教育、卫生事业均衡发展。加快新型智慧城市建设，持续推进老旧小区改造，改善市民居住条件。大力实施交通干线沿线环境综合整治，打造水美城乡、绿色轴线。全面推进黑臭水体整治，2020年市区建成区消除黑臭现象。

3. 彰显城市特色。突出山海特色，挖掘、整合、彰显城市各类资源，把海滨特色、西游文化、旅游城市等理念融入规划，加强对重要节点的景观设计，打造“显山、露水、见海、融绿”城市天际线，构建让居民看得见山、望得见海、记得住乡愁的城市特色空间体系。推进山体植被修复，建设港城大道等森林景观大道，建成东盐河等滨河生态廊道，建设长深高速等绿色生态廊道。稳步实施海州古城复兴。深入挖掘本土文化和民风民俗，深化保护性修复，加快特色文化街区建设。以海滨大道为发展轴，突出海滨海港特色，推进主港区退港还城，串联海岛、沙滩、湿地、岸线等资源，做优做美黄金海岸风光带，勾勒海州湾印象，着力打造具有个性魅力的滨海城市、港口城市和旅游城市。

4. 精细管理城市。巩固创卫、创文成果，推广城市家具标准化经验，做优城市环境、扮靓城市形象。绿化城市节点，按照“精致、生态、多彩”的目标，提升绿化景观水平。美化城市空间，清理规范城市标识标牌，实现水面清亮、路面整洁、立面清爽、空间通透。亮化城市夜景，对市区主次干道、重要节点进行打造，构建特色明显、协调美观的城市夜景。净化城市环境，建成市区生活垃圾分类小区242个，市区建成区生活垃圾分类投放设施覆盖率达到70%。建设徐圩新区大环卫工程体系。长效化治理城市，建设运营城市网格化综合管理平台，健全长效管理机制，全面提升城市精细化管理水平。

（六）推动大发展

1. 抬高目标定位引领发展。准确把握自身发展实际，以更高追求查找短板，用新发展理念和高质量发展要求引领发展，找准工作中存在的突出问题，找到发展不平衡不充分的突出表现和症结所在。围绕发展要求，结合发展实际，通过对标找差，选定追赶对象，确立更高目标追求，努力推动发展标杆再提升、压力再传导、位次再前移。着力做大做强县域经济，根据自身资源禀赋，选准发展方向，明确特色产业，形成“一县一业、一乡一品”发展格局，实现特色发展、绿色发展、跨越发展。

2. 完善体制机制促进发展。深入推进“放管服”改革，大力推进“互联网+政务服务”，扩大“不见面审批（服务）”覆盖率，全面突破“3550”改革目标。健全考核评价机制，形成紧扣高质量发展的考核评价体系。优化完善创新全链条服务管理体制，激励大众创业万众创新。全面落实国家和省各项减税降费政策，加快推进民营经济发展壮大。加强社会信用体系建设，深入推进企业信用管理贯标和示范创建工作。全力优化营商环境，杜绝懒政怠政不作为慢作为等不良作风，充分激发经济发展活力，着力打造陆桥沿线最优投资地区。

3. 加强要素保障支撑发展。创新产业用地利用管理方式，全面落实差别化供地政策、工业用地弹性年期出让制度和专项服务产业项目用地相关支持政策。创新金融支持方式，鼓励金融机构面向中小企业开展债权融资和科技贷款，支持符合条件的企业采取多种形式扩大企业直接融资规模。到2020年全市创业投资机构力争达到8家，管理资金规模达到3亿元。实施“港城英才集聚工程”，不断放大引进人才、发展企业、带动产业、催生经济增长点的链式效应。到2020年全市人才资源总量突破85万人，引进高层次创新创业人才总量达到1000人，引进培养急需紧缺人才6万人。

4. 强化项目建设推动发展。坚持以投资项目建设推动新旧动能转换，积极扩大有效投入，激发民间投资，一二三产业并举、大中小项目齐上，切实增强发展后劲。强化投资促进协调机制和重大项目综合协调推进机制，抓好项目招引储备，做好在谈、签约项目跟踪服务工作，促进在谈项目快签约、快落户。加强前瞻性研究，紧盯国家重点产业布局，在先导产业、战略性新兴产业、先进制造业、现代服务业和现代农业领域发掘、建设和储备一批重大项目。面向世界前沿科技，加快引进一批重大产业项目和科创载体项目。

关于营造企业家健康成长环境弘扬优秀企业家精神更好发挥企业家作用的实施意见

连发〔2018〕27 号

一、总体要求

以习近平新时代中国特色社会主义思想为指导，全面贯彻党的十九大精神，落实新发展理念，按照高质发展、后发先至的要求，坚持厉行法治、改革创新、遵循规律、正向激励、典型示范、弘扬传承的原则，着力营造有利于企业家创新创业的法治环境、市场环境和社会氛围，让企业家真正有地位、有荣誉、受尊重，切实增强企业家的安全感、使命感、自豪感，充分调动广大企业家的积极性、主动性、创造性，更好发挥企业家作用，推动高质量发展，争做全市建设“一带一路”战略支点的践行者，为加快建设强富美高新港城贡献力量。

二、重点任务

（一）营造良好法治环境

1. 依法保护企业家合法权益。严格落实《最高人民法院关于充分发挥审判职能作用切实加强产权司法保护的意见》，明确区分违法犯罪与经济纠纷的界限。依法审慎对企业家采取强制措施，依法审慎查封、扣押、冻结企业财产，严格区分个人财产和企业法人财产，严格区分涉案人员财产和家庭成员财产，严格区分违法所得和合法财产。严厉打击对企业家敲诈勒索、威胁恐吓等犯罪行为。对于因政府规划调整、政策变化造成企业家合法权益受损的，依法依规给予公平合理补偿。每年定期开展“执行月”活动，严厉打击“老赖”行为，切实维护企业合法权益。坚持宽严相济的刑事司法政策，规范自身司法行为，在深入查办案件中最大限度减少对企业正常生产经营活动的影响。

2. 依法保护企业家创新权益。加大对企业家产品创新、技术创新、商业模式创新的保护力度，综合运用民事、行政和刑事手段从严惩处各类知识产权侵权违法犯罪行为。提高知识产权网络侵权的查处力度，开展打击侵犯知识产权违法犯罪专项行动，定期梳理分析侵犯知识产权违法犯罪案例，持续形成严厉打击侵犯知识产权犯罪行为的高压态势。

3. 依法保护企业自主经营权。各级党委、政府和部门及其工作人员不得干预企业依法进行的自主经营活动。实施涉企收费目录清单动态管理，每年调整完善出台涉企收费目录清单，严格做到无清单之外收费。各相关部门、单位不得以评比、达标、表彰等任何形式向企业收取费用或变相收费。依法保障企业自主加入或退出行业协会商会的权利。依法清理和规范企业办理各类行政许可事项中需由中介机构出具的要件，加强对中介机构提供行政许可要件的规范管理和评价考核。

（二）营造公平竞争诚信经营的市场环境

4. 促进企业公平竞争诚信经营。研究建立市场准入负面清单制，推动国有企业、民营企业享受同等的市场准入条件。积极推广政府和社会资本合作（PPP）模式，推动更多行业、领域使用 PPP 模式，提升社会资本参与度。严格按照政府购买服务入围供应商管理办法，逐步加大基本公共服务领域及政府履职辅助性服务的政府购买服务力度，按年度向社会公开《连云港市政府购买服务指导目录》，以公开公正、竞争择优方式选择承接政府购买公共服务的社会力量，保障民办机构参与公平竞争。

5. 建立完善企业信用体系。建立以“红黑名单”为核心的联合激励与惩戒机制，健全诚信典型“红名单”和严重失信主体“黑名单”，将企业家良好信用状况作为各类行政许可的参考条件，对列入“黑名单”及失信被执行人等严重失信主体依法依规实施惩戒。

（三）营造有利于创新创业的社会氛围

6. 营造鼓励创新、宽容失败的文化和社会氛围。对企业家合法经营中出现的失误失败给予更多理解、宽容、帮助。树立对企业家的正向激励导向，充分调动企业家的主动性、积极性和创造性。对国有企业家本着专业审慎原则，出于公心、不谋私利、担当尽责、按程序决策、按制度办事、依法依规经营，确因难以预见的市场变化、创业创新风险、突发事件、不可抗力等因素，造成的未危及企业生存和持续经营的风险事件或资产损失，建立健全容错纠错机制。积极探索国有企业市场化选聘经营管理者工作，探索职业经理人制度，完善中长期激励机制，实行市场化选聘、契约化管理、市场化退出。

7. 选树优秀企业家典型。整理我市传统经商文化和改革开放以来企业从无到有、从小到大、从弱到强的珍贵足迹，浓缩我市企业家逐步走向成熟的经历，促进连云港优秀企业家文化传承。深入挖掘鲜活案例和典型样本，宣传企业和企业家先进事迹，讲好企业家故事，积极传递好声音，大力弘扬新时代连云港人文精神和优秀企业家精神，更好地在全社会形成优秀企业家和优秀企业经营者茁壮成长的浓厚氛围。

（四）更好发挥企业家作用

8. 培育优秀企业家队伍。发挥企业高层次人才的示范引领作用，打造企业领军人才队伍，大力推广“以才引才”“以才聚才”模式，形成企业家培育的“滚雪球”效应。将企业家培训纳入干部教育培训主体班次，加大党校、行政学院、社会主义学院等机构对企业家的培训力度，逐步形成健全的企业家培训体系。积极整合资源，搭建企业家相互学习交流平台，通过组织开展企业家活动日等形式多样的交流培训，促进优势互补、共同提高。以新生代企业家培养“新动力”计划为抓手，培养新生代企业家，引导新生代企业家继承发扬老一代企业家的创业精神和优良传统。

9. 引导企业家树立崇高理想信念。推动企业家认真学习贯彻党的十九大精神，高举习近平新时代中国特色社会主义思想伟大旗帜，在新时代的历史机遇下敢于担当、勇于作为，努力做到政治上自信、发展上自强、守法上自觉，坚定对新时代中国特色社会主义的信念，自觉践行社会主义核心价值观。

10. 引导企业家主动履行社会责任。提升企业家履行企业社会责任的主体意识，引导和促进企业家提高企业治理水平，在切实履行对员工、环境、市场、消费者和社区等的责任的同时，全力创建一批国家级、省级社会责任示范企业。鼓励和支持各类企业和企业家积极投身“一带一路”战略支点、沿海开发、军民融合、高质量发展等战略部署，推动企业家开展产业扶贫、商贸扶贫、智力扶贫、结对扶贫、公益扶贫，鼓励企业开展捐资助学、慈善公益、志愿服务、精准扶贫行动等。支持企业在农村、农业投入，完善利益联结机制，带动农民持续增收，共同推动乡村振兴。

11. 支持企业家创新创业。围绕全市临港石化、新医药、新材料、装备制造等重点产业链，突出创新药、硅材料、特种装备、碳纤维等重点方向，紧盯产业高端发展的重点领域，开展共性技术、关键技术、前沿技术的联合攻关，形成具有知识产权的核心技术和重点新产品。支持科技研发载体建设，在企业引进或新建研发机构、创新中心、研发平台、公共服务平台建设等方面给予重点扶持。深入实施“三千技改”行动计划，发挥国有平台产业发展基金引导作用，以合作参股等方式参与企业技改、扩能，支持企业更新生产装备和技术工艺，不断提高产品质量，增强市场竞争力。鼓励强优企业开展数字化车间或智能化工厂试点示范，发展产业链协同制造、个性化定制和电子商务等新业态。推动强优企业全面开展两化融合管理体系贯标，协助企业开展国家、省、市级互联网与工业融合创新示范试点认定。

12. 引导企业家打造“百年老店”。鼓励和支持企业家坚守实业、突出主业，走“专特优精”发展道路，打造具有国际竞争力的连云港企业集群，努力实现企业百年梦想和基业长青。实施工业品牌商标培育、企业商标管理规范标准化和技术标准战略，加强区域公共品牌、企业品牌建设，引导扶持强优企业参与国家标准、行业标准制（修）订，占领竞争制高点。切实加大对名牌产品、品牌企业扶持力度。推动弘扬“热爱本职、专心制造、精益求精、创造精良”的工匠精神。

（五）强化优质高效务实服务

13. 深化不见面审批（服务）改革。建立“网上办、集中批、联合审、区域评、代办制、不见面”审批（服务）模式，实现项目网上申报、并联审批、信息公开、协同监管，不断提升审批效率和服务质量。进一步简政放权，提高审批效能，把经济管理权放到园区，把社会管理权放到基层，把更多行政许可权相对集中起来；不断完善机制，规范行政行为，推进“不见面审批”标准化，推进“3550”常态化，推进审批事项和审批责任清单化，推进涉企收费和职业资格管理规范化。大力提升“互联网+政务服务”水平，积极扩展“承诺制”改革实施范围，大力拓展便民利企改革领域，加快推进12345一体化建设。

14. 当好服务企业发展的“店小二”。牢固树立宗旨意识、服务意识，坚持无事不扰、有求必应，全力当好服务企业的“店小二”。扎实推进强优企业培育、科技小巨人、上市企业培育三大“行动计划”，实施企业领导挂钩、联络员、难题交办等制度，切实帮助企业解决实际困难和问题。着力做好企业经营风险防范化解工作，深化创新多层次转贷基金，更好地为有市场有前景但暂时困难的企业提供贷款周转支持，引导全市金融机构创新信贷模式和信贷产品。积极鼓励金融机构发放信用（类信用）贷款、创新担保质押，加快推进建立多渠道融资机制，扎实有效降低全市企业担保贷款总量。建立落实“僵尸企业”分类处置系列工作机制，切实维护企业合法权益和有效生产力。

15. 全面实施“双随机、一公开”监管。在监管过程中随机抽取检查对象，随机选派执法检查人员，抽查情况及查处结果及时向社会公开“双随机、一公开”监管，对执法职能相近、执法对象相同、执法方式相似的执法部门进行机构和职能整合，做到市场监管及其它行政执法事项随机抽查全覆盖。

16. 构建“亲”“清”新型政商关系。优化政务服务，规范政商交往行为，着力营造尊重和激励企业家干事创业的社会氛围，使企业家安心经营、放心投资。加强对企业负担情况动态监测，推进行政许可和公共服务标准化，打造最优政务服务环境。建立企业交往利益冲突情形事先报告制度。健全政府重大经济决策主动向企业家征求意见的制度，相关经济政策、金融人才政策及产业规划等政策的制定要充分听取企业家意见。建立部门、县区（功能板块）主要负责人与民营企业家定期沟通、民营企业家列席市县两级经济工作会议制度，邀请在异地连云港商会会长列席人大、政协会议，充分听取企业家意见建议。守住法纪底线、把好交往分寸，引导企业家成为“亲”“清”新型政商关系的自觉维护者和奉公守法守纪、清正廉洁自律的模范。

（六）加强党对企业家队伍建设的领导

17. 坚持党对国有企业的领导。全面加强国有企业党的建设，发挥国有企业党组织领导作用。全面落实党建工作进章程，深入实施国有企业党建“强基提质”工程。推进“两学一做”学习教育常态化制度化，开展“不忘初心、牢记使命”主题教育，坚持党的建设与国企改革发展同步谋划、党的组织及工作机构同步设置、党组织负责人及党务工作人员同步配备、党建工作同步开展“四同步”，实现体制对接、机制对接、制度对接和工作对接“四对接”。

18. 教育引导民营企业家拥护党的领导。建立健全非公有制企业党建工作机制，积极探索党建工作多种方式，努力扩大非公有制企业党的组织和工作覆盖面。在拓展商会组织、完善商会网络过程中，进一步加强和改进商会党建工作，推进总商会党委建设，配备专职党务干部，推动党建和统战工作“双覆盖”。注重把企业家中的优秀分子，特别是年轻的新生代企业家吸收到党的队伍中来，不断壮大党在商会中的力量。

19. 发挥党员企业家先锋模范作用。民营企业主要出资人是党员的，优先推荐担任党组织书记，并配备专职副书记。引导党员企业家带头参加组织生活，带头推动党建和企业文化深度融合，带头发挥先锋模范作用，带动企业全体党员立足岗位作贡献。强化对党员企业家的日常教育管理，全面落实非公企业党组织书记调整、劳动合同变更、解除或终止前向市委两新工委备案制度。党员企业家要牢固树立政治意识、大局意识、核心意识、看齐意识，严明政治纪律和政治规矩，坚决执行党的基本路线和各项方针政策，把爱党、忧党、兴党、护党落实到经营管理各项工作中，率先垂范，用实际行动彰显党员先锋模范作用。

市委重要文件目录一览表

表 78

文件编号	文件标题
连发〔2018〕1号	中共连云港市委连云港市人民政府印发《关于实施乡村振兴战略的三年行动计划》的通知
连发〔2018〕5号	中共连云港市委印发《关于全面加强城市基层党建工作的实施意见》的通知
连发〔2018〕6号	中共连云港市委连云港市人民政府关于印发《连云港市生态环境保护工作责任规定（试行）》的通知
连发〔2018〕7号	中共连云港市委连云港市人民政府关于印发《连云港市“高质发展后发先至”三年行动计划（2018—2020年）》的通知
连发〔2018〕8号	中共连云港市委连云港市人民政府关于印发《连云港市建设“一带一路”战略支点三年行动计划（2018—2020年）》的通知
连发〔2018〕9号	中共连云港市委连云港市人民政府关于印发《连云港市创建全国文明城市三年行动计划（2018—2020年）》的通知
连发〔2018〕11号	中共连云港市委连云港市人民政府关于加快推进农村集体产权制度改革的意见
连发〔2018〕18号	中共连云港市委关于印发《连云港市党政干部鼓励激励实施细则（试行）》《连云港市容错纠错机制实施办法（试行）》《连云港市推进党政领导干部能上能下实施细则（试行）》的通知
连发〔2018〕19号	中共连云港市委连云港市人民政府关于推动金融服务实体经济加快地方金融改革发展的实施意见
连发〔2018〕22号	中共连云港市委关于开展向王继才同志学习活动的决定
连发〔2018〕23号	中共连云港市委连云港市人民政府关于印发《连云港市健康城市建设行动计划（2018—2020年）》的通知
连发〔2018〕24号	中共连云港市委连云港市人民政府印发《关于深化科技体制机制改革推动高质量发展若干政策》的通知
连发〔2018〕26号	中共连云港市委连云港市人民政府印发《关于深化投融资体制改革的实施方案》的通知
连发〔2018〕27号	中共连云港市委连云港市人民政府印发《关于营造企业家健康成长环境弘扬优秀企业家精神更好发挥企业家作用的实施意见》的通知
连发〔2018〕33号	中共连云港市委连云港市人民政府关于印发《连云港市全面加强生态环境保护坚决打好污染防治攻坚战的实施意见》的通知

市政府重要文件目录一览表

表 79

文件编号	文件标题
连政发〔2018〕2号	关于实施2018年连云港市十大重点民生工程50件实事的通知
连政发〔2018〕16号	关于印发连云港市建设旅游强市三年行动计划2018—2020的通知
连政发〔2018〕24号	关于公布第四届连云港市青少年科技创新市长奖的决定
连政发〔2018〕25号	关于授予首届连云港市专利奖的决定
连政发〔2018〕26号	关于颁发2017年度连云港市科学技术奖的决定
连政发〔2018〕37号	市政府关于授予2017年连云港市质量奖的决定
连政发〔2018〕40号	市政府关于表彰第二届连云港市农业技术推广奖的决定
连政发〔2018〕59号	市政府关于印发连云港市生态河湖高质发展后发先至三年行动计划（2018—2020年）的通知
连政发〔2018〕60号	市政府关于印发连云港市哲学社会科学优秀成果奖励办法的通知
连政发〔2018〕75号	市政府关于进一步规范政府举债融资行为防范化解地方债务风险的实施意见
连政发〔2018〕77号	市政府关于印发连云港市突发事件总体应急预案（修订稿）的通知
连政发〔2018〕89号	市政府关于印发连云港市普惠金融创新实验区建设实施意见的通知
连政发〔2018〕125号	市政府关于给中国（江苏）第13期援圭亚那援马耳他医疗队集体和个人记功的决定
连政发〔2018〕128号	市政府关于公布2018年度连云港市政府特殊津贴专家名单的通知
连政发〔2018〕134号	市政府关于进一步加强市区土地出让与储备工作的意见
连政发〔2018〕140号	市政府关于加快推进连云港农业对外开放合作试验区建设的意见
连政发〔2018〕141号	市政府关于公布连云港市第五批市级文物保护单位的通知
连政发〔2018〕151号	市政府关于给全市第二轮修志工作先进集体和个人记功的决定
连政发〔2018〕159号	市政府关于给市公安边防支队记集体二等功、王浩等15人个人二、三等功的决定
连政发〔2018〕162号	市政府关于表彰第四届连云港市自然科学优秀学术成果奖的决定
连委办发〔2018〕6号	市委办公室市政府办公室印发《关于创新网格化社会治理机制的实施意见》的通知
连委办发〔2018〕8号	中共连云港市委办公室印发《关于加强和改进社会组织党的建设工作的实施意见》的通知
连委办发〔2018〕34号	中共连云港市委办公室印发《关于开展“解决基层突出问题助力乡村振兴战略”专项行动的实施方案》的通知
连委办发〔2018〕36号	市委办公室市政府办公室印发《关于促进就业脱贫攻坚的实施方案》的通知
连委办发〔2018〕47号	市委办公室市政府办公室印发《关于加快推进农业绿色发展的实施意见》的通知
连委办发〔2018〕53号	市委办公室市政府办公室关于印发《连云港市强优企业高质发展三年行动计划（2018—2020年）》的通知
连委办发〔2018〕64号	市委办公室市政府办公室印发《关于控减村级债务发展集体经济的意见》的通知
连委办发〔2018〕74号	市委办公室市政府办公室印发《关于加强农村党群服务中心规范化建设的指导意见》的通知
连委办发〔2018〕75号	市委办公室市政府办公室印发《关于加强街道社区党群服务中心规范化建设的实施意见》的通知

续表 79

文件编号	文件标题
连委办发〔2018〕83号	市委办公室市政府办公室印发《关于进一步支持企事业单位聚才用才强化高质量发展人才引领的实施意见》的通知
连委办发〔2018〕88号	市委办公室市政府办公室印发《关于精准服务新型农业经营主体促进农村产业振兴的实施意见》的通知
连委办发〔2018〕101号	市委办公室市政府办公室关于印发《连云港市深化教育体制机制改革实施办法》的通知
连委办发〔2018〕102号	市委办公室市政府办公室印发《关于加强农村社区治理与服务的实施意见》的通知
连政办发〔2018〕10号	关于印发连云港市“十三五”时期基本公共服务清单的通知
连政办发〔2018〕27号	关于印发连云港市基层卫生人才队伍建设计划（2018—2020）的通知
连政办发〔2018〕34号	关于印发连云港市耕地保护补偿激励实施办法（暂行）的通知
连政办发〔2018〕38号	市政府办公室关于印发连云港市环境质量底线管理办法（试行）的通知
连政办发〔2018〕69号	市政府办公室关于印发连云港市自然灾害救助应急预案的通知
连政办发〔2018〕70号	市政府办公室关于印发连云港市公共文化场所和文化活动突发事件应急预案的通知
连政办发〔2018〕75号	市政府办公室关于进一步激发民间投资活力促进经济高质量发展的实施意见
连政办发〔2018〕79号	市政府办公室关于加快推进“12345”在线平台建设服务保障全市营商环境的实施意见
连政办发〔2018〕80号	市政府办公室关于开展“简政放权、强镇惠民”改革试点工作的实施意见
连政办发〔2018〕86号	市政府办公室关于印发实施“三千”技改工程推动工业高质发展三年行动方案的通知
连政办发〔2018〕92号	市政府办公室关于印发连云港市推进企业上市挂牌工作三年行动计划（2018—2020年）的通知
连政办发〔2018〕113号	市政府办公室关于印发连云港市化工园区（集中区）整治工作方案的通知
连政办发〔2018〕121号	市政府办公室关于印发《连云港市城乡污水处理“高质发展后发先至”三年行动方案》的通知
连政办发〔2018〕138号	市政府办公室关于印发连云港市推进科技与产业融合加快科技成果转化实施方案的通知
连政办发〔2018〕152号	市政府办公室关于印发连云港口岸提升跨境贸易便利化水平工作方案的通知
连政办发〔2018〕158号	市政府办公室关于进一步完善连云港城乡居民基本医疗保险政策的通知
连政办发〔2018〕163号	市政府办公室关于印发《连云港市复制推广自由贸易试验区第四批改革试点经验工作实施方案》的通知
连政办发〔2018〕164号	市政府办公室关于印发连云港市国家知识产权示范城市培育工作方案（2018—2020）年的通知
连政办发〔2018〕170号	市政府办公室关于印发深化“放管服”改革转政府职能重点任务分工方案的通知
连政办发〔2018〕183号	市政府办公室关于印发连云港市深化小微和民营企业金融服务实施方案的通知
连政办发〔2018〕189号	市政府办公室关于命名连云港市科普教育和示范基地的通知
连政办发〔2018〕190号	市政府办公室关于印发连云港市慢性病防治中长期规划（2018—2025）等疾病防治文件的通知

书目题录

2018 年连云港市部分作者出版著作一览表

表 80

书名	作者	出版社
《大学生职业心理与职业生涯规划研究》	包家官	天津科学技术出版社
《大学生创新思维与创业教育研究》	王秋玉	黑龙江教育出版社
《聚类分析在地球物理学研究中的应用》	孙佳龙	武汉大学出版社
《现代食品微生物学及其检测技术探究》	邱春江	四川大学出版社
《复杂通道中的传热强化问题的研究》	徐国想	南京大学出版社
《水下光视觉图像复原与增强研究》	杨　森	海洋出版社
《塑料成型工艺与模具设计》	贺毅强	哈尔滨工业大学出版社
《冲压模具设计与制造》	贺毅强	哈尔滨工业大学出版社
《面向机械制造过程的模糊多准则决策方法研究》	彭安华	合肥工业大学出版社
《欧洲风景写生作品集》	张冰冰	吉林大学出版社
《传承与创新：传统艺术与创意文化设计》	黄建军	吉林美术出版社
《风格与流变：明代绘画研究》	黄建军	黑龙江人民出版社
《图形符号与视像传播》	张青荣	中国书籍出版社
《民间皮影艺术在动画产业中的传承与创新》	闵元元	团结出版社
《海滨随想——潘美秀黑白画作品集》	潘美秀	东北师范大学出版社
《新亚欧大陆桥：从国际运输通道到经济走廊》	古　璇	吉林人民出版社
《设区的市立法的理论与实践》	李　敏	知识产权出版社
《硅基纳微米复合结构阵列高效太阳电池器件及物理》	黄增光	中国矿业大学出版社
《智慧工厂背景下生产运作管理创新研究》	陈国华	企业管理出版社
《消费者跨渠道购买行为形成机制研究》	郭　燕	南京大学出版社
《区域创新体系的构建及综合评价研究》	张宏远	东北财经大学出版社
《科技型中小企业知识产权质押融资问题研究》	肖　侠	中国矿业大学出版社
《运河迢迢洗铅华，画舫悠悠录文渊：扬州文化资源研究》	张兴龙	光明日报出版社
《大学生就业与创业教育理论研究》	王　海	吉林大学出版社
《大学生移动学习与教学管理》	贾润红	延边大学出版社
《食品营养与健康》	贾润红	科学出版社
《〈聊斋志异〉叙事艺术研究》	尚继武	南京大学出版社
《学前儿童游戏指导》	李　享	首都师范大学出版社

续表 80

书名	作者	出版社
《高等数学教学理论与应用能力研究》	赵丹	吉林出版集团股份有限公司
《连云港民间美术——美蕴港城、妙手拾遗》	周燕弟	辽宁美术出版社
《网络工程师考试同步辅导》	陈海峰	清华大学出版社
《网页设计与制作》	苏 文	上海交通大学出版社
《观自在》	孔 灏	中国书籍出版社
《最好的财富》	赵 航	江苏凤凰文艺出版
《血花红染胜男儿——张应春烈士传》	李建军	江苏凤凰文艺出版
《以身殉志——邓演达烈士传》	王成章	江苏凤凰文艺出版
《朱自清在江南的五年》	陈 武	古吴轩出版社
《朱自清在西南联大》	陈 武	古吴轩出版社
《朱自清的完美人格》	陈 武	广陵书社
《犹贤博弈斋的灯影》	陈 武	古吴轩出版社
《海魂》	刘晶林	江苏凤凰文艺出版社
《有人敲门》	刘晶林	中国书籍出版社
《逐梦者——刘亚生烈士传记》	李洁冰	江苏凤凰文艺出版社
《海西诗境》	武红兵	江苏文艺出版社

2018 年中央、省主要媒体报道连云港题录选编一览表

表 81

媒体名称	报道题目	刊播时间
人民日报	习近平对王继才同志先进事迹作出重要指示，强调要大力倡导爱国奉献精神使之成为新时代奋斗者的价值追求	2018.08.07
人民日报	连云港市委书记项雪龙谈开放	2018.03.07
人民日报	江苏连云港市强化监督效果，推动成果运用，做好巡察“后半篇文章”	2018.09.03
人民日报	连云港论坛连续 4 年探索国际安全发展新路径——开展执法合作，护卫国际安全	2018.09.17
人民日报	用好智囊团 树起活标杆——连云港赣榆区探路新乡贤文化建设	2018.06.24
人民日报	江苏东海通过 20 年的鲜花种植形成富民产业链美了村容、富了村民	2018.08.12
人民日报	守岛卫国，三十二年向海生——追记江苏省灌云县开山岛民兵哨所所长王继才	2018.09.14
人民日报	创新社区治理　激发乘数效应	2018.06.04
人民日报	共建平安港城　正义联盟在行动	2018.03.21
人民日报	江苏省灌南县：“党建+审务工作站” 有效化解矛盾纠纷	2018.07.18
人民日报	江苏灌南提升基层组织领导力，村书记上讲坛，撬动乡村振兴	2018.09.04
人民日报	江苏灌云巡察覆盖非常设临时机构	2018.05.25

续表 81

媒体名称	报道题目	刊播时间
人民日报	致敬“王继才们”	2018.08.20
人民日报	守岛卫国的王继才：32年，日日升旗不辍	2018.09.15
人民日报	开山岛上“活雷锋”	2018.09.17
人民日报	中共中央关于追授黄群、宋月才、姜开斌、王继才同志“全国优秀共产党员”称号的决定	2018.09.28
人民日报	新年汽车出口第一单	2018.01.03
人民日报	灌南菌菇发展成大产业	2018.12.02
人民日报	世界名校龙舟赛将举行	2018.04.12
人民日报	连云港市纪委工作人员正在通过阳光监督网络平台	2018.10.30
人民日报	中国开放的贸易政策为世界带来前所未有的机遇	2018.08.12
人民日报	国产大客车在连云港港口装船出口	2018.02.12
人民日报	江苏连云港市传统花灯市场吸引众多市民	2018.02.28
人民日报	江苏东海县多渠道筹措资金用于幼儿教育事业发展	2018.04.18
人民日报	江苏连云港市赣榆区政协组织开展医疗专家进村活动	2018.04.23
人民日报	上汽名爵汽车在连云港港装船出口智利	2018.05.28
人民日报	纪检干部核查棚改签约信息	2018.07.04
人民日报	国产客车在江苏连云港港口等待装船外运	2018.07.28
人民日报	“天恩”轮将从连云港出发取道“冰上丝绸之路”	2018.08.05
人民日报	一带一路，共筑美好未来	2018.08.20
人民日报	新南街道九龙社区“非遗”剪纸	2018.09.15
人民日报	江苏省东海县着力拓宽廉政教育阵地	2018.11.21
人民日报	江苏省灌云县小伊乡祝庄村，县纪委监委工作人员在向瓜蒌种植户询问精准扶贫政策落实情况	2018.11.27
人民日报	由国内上海汽车制造企业生产的1100辆大通牌汽车在连云港港整装待发，准备通过海运出口澳大利亚	2018.12.28
人民日报海外版	习近平对王继才同志先进事迹作出重要指示：使爱国奉献精神成为新时代奋斗者价值追求	2018.08.07
人民日报海外版	组歌音乐会唱响“中国梦·丝路情”	2018.03.29
人民日报海外版	连云港做强上合出海基地	2018.06.13
人民日报海外版	连云港朐阳街道：旧城蝶变 造福民生	2018.10.15
人民日报海外版	连云港：党建领航发展　服务擦亮品牌	2018.10.22
人民日报海外版	江苏灌南县南六塘河疏浚：小水利大民生	2018.05.07
人民日报海外版	中哈基地	2018.09.15
人民日报海外版	伍江数码生产电视	2018.05.25
人民日报海外版	连云港港口生产忙	2018.04.07

续表 81

媒体名称	报道题目	刊播时间
人民日报海外版	国产福田汽车从江苏连云港装船出口玻利维亚	2018.01.09
人民日报海外版	大批名爵汽车从连云港口岸首发出口沙特	2018.04.13
人民日报海外版	江苏开通首条国际邮轮航线	2018.05.06
人民日报海外版	国产汽车“驶向”智利	2018.05.23
人民日报海外版	江苏灌南张店镇品牌西瓜鼓起村民钱袋子	2018.06.04
人民日报海外版	中哈1—7月完成进出量259万吨	2018.08.03
人民日报海外版	灌南新集镇让党徽在村部闪闪发光	2018.08.05
人民日报海外版	从加入WTO到共建“一带一路”	2018.09.11
人民日报海外版	千辆国产汽车连云港“出海”	2018.12.27
央视新闻联播	习近平对王继才同志先进事迹作出重要指示，强调要大力倡导爱国奉献精神，使之成为新时代奋斗者的价值追求	2018.08.06
央视新闻联播	对接“一带一路”，深化上合务实合作	2018.06.05
央视新闻联播	黄坤明出席学习宣传王继才同志先进事迹座谈会	2018.09.12
央视新闻联播	王继才：守岛卫国32年，平凡中书写大爱	2018.09.13
央视新闻联播	第五届“丝绸之路”国际物流博览会开幕	2018.09.18
央视新闻联播	中共中央组织部、中共中央宣传部、国务院国资党委印发通知，广泛开展向黄群、宋月才、姜开斌同志为代表的抗灾抢险英雄群体和王继才同志学习活动	2018.09.30
央视新闻联播	“天恩号”连云港出发取道北极航道赴欧洲	2018.08.04
央视新闻联播	王继才：岛就是家 岛就是国	2018.08.14
中央电视台	哈小麦过境中国出口，全年12万吨	2018.02.06
中央电视台	电网技术突破改善海岛能源生态	2018.04.27
中央电视台	哈萨克斯坦驻华大使：平等互惠，打造“一带一路”合作典范	2018.05.01
中央电视台	新亚欧大陆桥安全走廊国际执法合作论坛：国际执法合作 共同应对安全威胁	2018.09.14
中央电视台	《上海合作组织青岛峰会特别报道》栏目介绍连云港国际物流园	2018.06.08
中央电视台	互联互通 物流通畅贸易活跃	2018.07.26
中央电视台	《大国智造》第二集《攻克碳纤维》	2018.05.01
中央电视台	《中国梦・丝路情》组歌专题音乐会在京上演	2018.04.11
中央电视台	圭亚那：援外医生余仔军——肝脏取子弹 拯救枪伤患者	2018.02.01
中央电视台	行走上合：“一带一路”推动务实合作	2018.06.05
中央电视台	连云港港口上半年集装箱吞吐量平稳向好，进出口结构优化	2018.08.08
中央电视台	港口物流提质增效 拉动“一带一路”贸易增长	2018.08.08
中央电视台	为大家舍小家 守岛夫妻的32年	2018.08.12
中央电视台	“一带一路”合作广 致富圈子大	2018.09.14
中央电视台	“一带一路”・走出去的不只是商品	2018.09.20

续表 81

媒体名称	报道题目	刊播时间
中央电视台	奋斗新时代 用一生去守护	2018.10.01
中央电视台	前沿明珠——连云港	2018.11.30
中央电视台	丝路迎新年晚会	2018.12.31
中央电视台	灌南封氏四姐妹	2018.06.01
中央电视台	东海世界名校龙舟赛	2018.06.18
中央电视台	习近平对王继才同志先进事迹作出重要指示强调要大力倡导爱国奉献精神 使之成为新时代奋斗者的价值追求	2018.08.07
中央电视台	全军和武警部队迅速兴起学习王继才同志先进事迹热潮	2018.08.08
中央电视台	王继才的儿子王志国：继承父亲遗志 守好国门	2018.08.09
中央电视台	守家守岛守国门——时代楷模王继才	2018.09.19
中央电视台	不平凡的奋斗者 时代楷模	2018.09.19
中央电视台	中共中央关于追授黄群 宋月才 姜开斌 王继才同志“全国优秀共产党员”称号的决定	2018.09.27
中央电视台	开山岛：家就是岛 岛就是国	2018.09.30
中央电视台	道德模范方敬去世 生前捐资助学 身后遗体捐赠	2018.11.05
中央电视台	丝路新花——连云港	2018.12.07
新华每日电讯	一个农民“导演”和他的20载“村晚”	2018.02.12
新华社通稿	高速检测列车首次在连盐铁路开跑	2018.08.31
光明日报	产业兴 景色美 居民乐 从江苏东海看县域发展	2018.08.17
光明日报	江苏连云港：促进科技创新产业发展（图）	2018.04.10
光明日报	坚守32年，王继才永远留在了开山岛	2018.07.30
光明日报	以王继才为榜样，在全社会大力弘扬爱国奉献奋斗精神	2018.09.13
光明日报	用32年执着坚守书写忠诚爱国	2018.09.14
光明日报	无怨无悔的“守岛英雄”——王继才、王仕花夫妇	2018.10.13
经济日报	碳纤维实现国产化应用，摘取材料领域皇冠上的明珠	2018.01.30
经济日报	东海县采摘国家地理标志保护产品	2018.01.01
工人日报	习近平对王继才同志先进事迹作出重要指示，强调要大力倡导爱国奉献精神 使之成为新时代奋斗者的价值追求	2018.08.07
科技日报	江苏连云港一家智能商用服务机器人制造公司的首批智能机器人正式下线	2018.12.05
农民日报	习近平对王继才同志先进事迹作出重要指示强调要大力倡导爱国奉献精神使之成为新时代奋斗者的价值追求	2018.08.07
农民日报	绿色革命显峥嵘——江苏灌云县大力推进乡村旅游产业发展	2018.08.29
农民日报	江苏灌南：农业示范园托起富民产业	2018.05.08
农民日报	江苏省东海县：石湖香菇漂洋过海“赚洋钱”	2018.05.09
农民日报	灌云县打造苏北全域旅游新高地	2018.05.25

续表 81

媒体名称	报道题目	刊播时间
农民日报	连云区委组织部科技镇长团，盐碱地变成“聚宝盆”	2018.06.09
农民日报	江苏灌南设施蔬菜丰富城市“菜篮子”	2018.07.03
农民日报	江苏省东海基层党员们学党史、感党恩，以丰富多彩的形式庆祝建党97周年	2018.07.07
农民日报	连云区：机关干部竞职村党组织带头人	2018.07.14
农民日报	江苏灌南小蘑菇成富民大产业	2018. 07.17
农民日报	驼峰乡：“星星结对”塑造好民风	2018.07.28
农民日报	党建铺就致富“阳关道”——江苏省东海县三铺村以党建示范引领土地规模流转	2018.08.04
中国艺术报	《中国梦·丝路情》组歌彰显“一带一路”倡议	2018.03.14
人民画报	“两基地”：“一带一路”新标杆	2018.10.09
新华日报	习近平总书记重要指示在我省广大干部群众中引起强烈反响：在平凡岗位上书写不平凡人生华章	2018.08.07
新华日报	娄勤俭在连云港调研时强调：扎实推进发展高质量，建好“一带一路”交汇点	2018.02.07
新华日报	连云港市委作出决定，号召党员干部学习王继才	2018.08.09
新华日报	绿色发展，“提纯”东海硅工业	2018.01.07
新华日报	连云区“三统筹”推动高质量发展	2018.02.27
新华日报	灌云全域旅游，这样下活“一盘棋”	2018.04.08
新华日报	灌南：城乡巨变引来“凤还巢”	2018.02.06
新华日报	赣榆税务局“爱心妈妈”团队荣获江苏“时代楷模”称号	2018.08.14
新华日报	史诗40年 改革再出发·新华报业大型全媒体行动走进连云港：后发先至建好“一带一路”支点城市	2018.08.22
新华日报	连云港医药企业创新力爆发	2018.08.23
新华日报	连云港：后发先至书写新时代“西游记”	2018.09.09
新华日报	海州重塑生态古城，助力高质量发展	2018.10.07
新华日报	以担当精神和惠民利民破解棚改难题——灌南让群众“忧居”变“优居”	2018.12.07
新华日报	连云港抓大项目“牛鼻子”	2018.12.13
新华日报	连云港开启“高质发展 后发先至”新征程 三大千亿级产业集群结伴飞	2018.12.14
新华日报	连云港首创“基层点菜”赋权机制	2018.12.23
新华日报	连云港港国际班列 运量居全国首位	2018.01.17
新华日报	中复神鹰碳纤维有限公司自主研发的干喷湿纺高性能碳纤维	2018.01.23
新华日报	灌南：昂首阔步迈入发展新时代	2018.01.26
新华日报	连云港经济技术开发区聚焦“一带一路”，打造“中国健康港”	2018.01.27
新华日报	连云港徐圩新区：以“绿色发展”引领临港产业崛起	2018.02.06
新华日报	百年书屋，因他香飘四方—— 记江苏“最美志愿者”、东海樊氏图书馆馆长樊振	2018.03.07

续表 81

媒体名称	报道题目	刊播时间
新华日报	连云港经济技术开发区加快建设创新型园区（图）	2018.04.10
新华日报	连云港日本航线开通	2018.04.30
新华日报	连徐高铁连云港段首片箱梁成功架设	2018.05.23
新华日报	连云港市近年采用“党支部+合作社+贫困户”模式，助力脱贫攻坚	2018.06.19
新华日报	连云港市海州区葵花社区“聆听革命故事，迎接党的生日”主题活动	2018.06.28
新华日报	徐圩新区上榜化工潜力园区十强	2018.07.11
新华日报	王继才：忠魂长守开山岛	2018.07.31
新华日报	从仿到创，恒瑞医药这样崛起	2018.08.02
新华日报	东海“放管服”惠企便民	2018.08.03
新华日报	习近平对王继才同志先进事迹作出重要指示，强调要大力倡导爱国奉献精神 使之成为新时代奋斗者的价值追求	2018.08.07
新华日报	苏企连续4年蝉联中国医药工业百强榜首	2018.08.08
新华日报	中共江苏省委、江苏省人民政府、江苏省军区关于向王继才同志学习的决定	2018.08.10
新华日报	开山岛32年来首次换岗	2018.08.11
新华日报	连云港医药企业创新力爆发	2018.08.23
新华日报	赣榆区近百家玩具企业接到来自欧美地区的玩具订单量猛增	2018.09.05
新华日报	中哈基地生产忙	2018.09.07
新华日报	《海魂：两个人的哨所 与一座小岛》首发	2018.09.11
新华日报	深耕国际执法合作朋友圈，第四届连云港论坛昨召开	2018.09.13
新华日报	守岛就是守国——记新时代的奋斗者王继才	2018.09.14
新华日报	徐圩新区奋力打造高端石化产业基地	2018.10.16
新华日报	为了“标杆和示范”的嘱托	2018.10.20
新华日报	连云港港首艘自主建造拖轮启用	2018.11.27
新华日报	中复神鹰碳纤维生产	2018.12.04
新华日报	连云港开启“高质发展后发先至”新征程	2018.12.14
新华日报	首个国产生物抗癌药获批上市	2018.12.18
新华日报	连云港石化产业基地千亿元项目日前集中开工	2018.12.20
江苏新时空	国产汽车首次从连云港港“驶向”沙特	2018.03.25
江苏新时空	连云港直达东南亚越泰航线开通	2018.03.31
江苏新时空	全国首个“一带一路”巡回法庭在连云港运行	2018.04.26
江苏新时空	国务院批复连云港综合保税区	2018.06.13
江苏新时空	连云港港开启“日中欧”国际运输海铁联运	2018.07.06
江苏新时空	连云港花果山正式命名国家地质公园	2018.07.10

续表 81

媒体名称	报道题目	刊播时间
江苏新时空	江苏三大港口入榜全球集装箱百强	2018.05.07
江苏新时空	全省首家生态环境犯罪侦查支队在连云港成立	2018.05.26
江苏新时空	国务院批复连云港综合保税区力争早日投用	2018.06.13
江苏新时空	我省两家园区获评国家级示范物流园区	2018.08.18
江苏新时空	四家医药行业院士专家工作站落户连云港	2018.08.24
江苏新时空	连云港、盐城入选国家级海洋经济发展示范区	2018.12.05
江苏新时空	连云港组建前三岛民兵哨所	2018.12.23
江苏新时空	最美人物：樊振	2018.03.20
江苏电视台	最美江苏兵——李明	2018.08.21
江苏电视台	哈萨克斯坦过境小麦开启常态化运作模式	2018.02.05
江苏电视台	娄勤俭连云港调研：推进发展高质量 建好"一带一路"交汇点	2018.02.06
江苏电视台	连云港港开启"日中欧"国际运输海铁联运	2018.07.06
江苏电视台	王继才：守岛为国32年	2018.08.18
扬子晚报	孙飘扬：让患者吃上便宜的国产好药	2018.03.10
扬子晚报	连云港汽车出口第一单	2018.01.03
扬子晚报	照顾瘫痪母亲18载，连云港22岁孝心女孩带着妈妈一起嫁	2018.08.15
现代快报	助学19年，赣榆国税爱心妈妈的大爱"开花结果"：回馈社会，受助学子续写爱的故事	2018.02.07
人民网	连云港港打通苏北四市黄金水道，海河联运上台阶	2018.06.04
人民网	连云港港将成为江苏第一个开通国际邮轮的港口	2018.04.29
人民网	连云港港落实一带一路集聚发展物流产业	2018.06.07
人民网	连云港成为江苏农洽会永久举办地	2018.09.16
人民网	国内首个"西游文化"主题越野赛在连云港举行	2018.10.16
新华网	连云港港中亚班列春运运量超历史 日均开行1.6列	2018.02.26
新华网	50多个国家和地区千余家企业共赴江苏农业国际合作洽谈会	2018.09.14
新华网	国家科技进步一等奖获得者张国良：碳纤维产业进入新阶段	2018.01.10
新华网	恒瑞医药：十年埋头创新，只为信仰的坚守	2018.07.16
央视网	40年改革开放，连云港后发先至谱写新篇章	2018.09.12
光明网	连云港医药企业包揽中国医药研发产品线前三强	2018.08.23
中国经济网	项雪龙代表：打造"一带一路"合作倡议标杆和示范项目	2018.03.08
中新网	对外开放的第一批城市，连云港为何要说后发先至	2018.09.12
凤凰网	连云港丝绸之路国际物流博览会开幕 共创多元物流新模式	2018.09.20
新浪网	第二届中国国际医药技术大会开幕	2018.08.24

续表 81

媒体名称	报道题目	刊播时间
新浪网	第二十届江苏农业国际合作洽谈会在连云港开幕	2018.09.16
新浪网	‘猴王争霸’西游文化嘉年华	2018.09.12
搜狐网	第五届国际港航合作论坛开幕，旨在共建亚欧跨境国际运输通道	2018.09.19
腾讯网	第四届连云港论坛成功召开	2018.09.12
网易网	中欧班列累计开行破万列，物流信息化受关注	2018.09.20
网易网	第四届连云港安博会上演“黑科技”PK大戏	2018.09.13
中国经济时报	连云港港前三季度吞吐量1.77亿吨	2018.10.11
长三角新闻	连云港医药企业包揽中国医药研发产品线前三强	2018.08.23
大公报	灌云“衣趣”产业	2018.08.27
CGTN	Lianyungang Port links Kazakhstan with Pacific	2018.06.04
CGTN	Fueling Connectivity:Young Kazakh man sees China as his second home	2018.09.07
澳门日报	连云港成上合出海基地	2018.09.21
澳门商报	物流合作助力连云港建“一带一路”开放高地	2018.09.20
北欧时报	高质发展，智造未来 华文媒体眼中的连云港高新技术开发区	2018.09.19
北欧时报	海陆联动，连云港港打通“一带一路”物流关键点	2018.09.21
大公网	创国际执法合作新路，“连云港论坛”护航“一带一路”	2018.09.12
俄罗斯龙报网	迎端午：东海世界名校龙舟赛开赛	2018.06.18
韩国中央日报	连云港高新区：高质量发展，创新园区谱新篇章	2018.09.27
韩国中央日报	中国连云港推动“一带一路”多元物流合作	2018.09.27
加拿大红枫林报	连云港高新区：高质发展 智造未来	2018.09.20
加拿大红枫林报	徐圩新区开启新征程，扛起新使命，打造全国临港产业高质量发展示范区	2018.09.20
美华商报	高新区：高质发展 创园区新篇章	2018.09.28
香港经济导报	高质发展的连云港打造“一带一路”支点城市	2018.10.08
香港商报	连云港港：打通一带一路物流主动脉	2018.09.26
香港商报	西游之源，大圣故里，山海连云港欢迎您	2018.04.20
香港商报	第五届国际港航合作论坛在连云港举行	2018.09.21
香港商报	连云港高新区协同创新科技创业打造国家级创新型特色园区	2018.09.22
香港商报	30余国执法部门共商各国安全发展蓝图，第四届连云港论坛成功召开	2018.09.12

（市委宣传部）

统计资料

2018 年江苏省辖市主要经济指标一览表

表 82

指 标	2018 年	比 2017 年增长（%）	增长位次	指 标	2018 年	比 2017 年增长（%）	增长位次
地区生产总值（亿元）	92595.40	6.7		第二产业增加值（亿元）	41248.52	5.8	
南京市	12820.40	8.0	1	南京市	4721.61	6.5	4
无锡市	11438.62	7.4	2	无锡市	5464.01	8.0	1
徐州市	6755.23	4.2	12	徐州市	2812.02	1.5	13
常州市	7050.27	7.0	4	常州市	3263.29	6.2	6
苏州市	18597.47	6.8	6	苏州市	8933.28	5.6	8
南通市	8427.00	7.2	3	南通市	3947.88	6.5	5
连云港市	2771.70	4.7	11	连云港市	1207.39	1.9	12
淮安市	3601.25	6.5	9	淮安市	1508.11	4.9	9
盐城市	5487.08	5.5	10	盐城市	2436.45	3.7	10
扬州市	5466.17	6.7	7	扬州市	2623.24	5.8	7
镇江市	4050.00	3.1	13	镇江市	1976.60	3.0	11
泰州市	5107.63	6.7	8	泰州市	2434.01	6.8	3
宿迁市	2750.72	6.8	5	宿迁市	1279.54	7.4	2
第一产业增加值（亿元）	4141.72	1.8		第三产业增加值（亿元）	47205.16	7.9	
南京市	273.42	0.6	9	南京市	7825.37	9.1	1
无锡市	125.07	-0.3	10	无锡市	5849.54	7.1	10
徐州市	631.39	2.4	7	徐州市	3311.82	7.0	11
常州市	156.25	-1.0	11	常州市	3630.73	8.1	6
苏州市	213.99	-4.6	13	苏州市	9450.20	8.1	6
南通市	397.77	2.2	8	南通市	4081.35	8.4	3
连云港市	325.57	2.6	6	连云港市	1238.74	8.2	4
淮安市	358.70	3.1	2	淮安市	1734.44	8.8	2
盐城市	573.40	3.2	1	盐城市	2477.23	8.1	6
扬州市	273.34	3.0	3	扬州市	2569.59	8.2	4
镇江市	138.40	-4.2	12	镇江市	1935.00	3.7	13
泰州市	280.05	2.7	5	泰州市	2393.57	7.0	11
宿迁市	300.84	3.0	3	宿迁市	1170.34	7.3	9

续表 82

指　标	2018 年	比 2017 年增长（%）	增长位次	指　标	2018 年	比 2017 年增长（%）	增长位次
规模以上工业增加值(亿元)	35117.44	7.5		规模以上工业主营业务收入(亿元)	128085.59	7.3	
南京市	3166.63	6.0	12	南京市	11945.91	13.9	1
无锡市	3382.77	8.6	4	无锡市	16576.71	9.8	4
徐州市	3112.42	9.0	2	徐州市	5030.28	-12.7	13
常州市	2966.68	7.8	7	常州市	11394.03	9.2	5
苏州市	6928.26	6.7	10	苏州市	33840.03	6.6	9
南通市	3318.43	7.8	7	南通市	14029.55	13.7	2
连云港市	1350.41	8.4	5	连云港市	2493.70	-8.0	12
淮安市	1389.71	7.8	7	淮安市	3866.77	10.9	3
盐城市	1792.33	3.6	13	盐城市	5815.97	7.7	7
扬州市	2084.66	8.0	6	扬州市	6803.15	7.8	6
镇江市	1658.75	6.6	11	镇江市	4162.10	0.4	11
泰州市	2775.53	9.3	1	泰州市	6979.70	7.1	8
宿迁市	903.02	8.9	3	宿迁市	2188.65	4.3	10
规模以上工业产销率（%）	98.8	0.3		规模以上工业利润(亿元)	8491.89	9.4	
南京市	98.2	-0.4	11	南京市	894.96	6.1	8
无锡市	98.8	0.1	6	无锡市	1204.94	18.6	4
徐州市	98.6	0.2	4	徐州市	292.71	-25.5	13
常州市	98.6	0.4	3	常州市	726.26	19.1	3
苏州市	99.3	0.6	2	苏州市	2034.08	1.4	10
南通市	99.3	0.2	4	南通市	1165.55	25.3	2
连云港市	98.0	-2.4	13	连云港市	230.47	-10.4	12
淮安市	98.5	-0.1	8	淮安市	213.40	9.2	6
盐城市	96.9	-0.7	12	盐城市	298.31	17.5	5
扬州市	97.8	-0.1	8	扬州市	424.88	46.6	1
镇江市	103.3	4.8	1	镇江市	233.36	-6.1	11
泰州市	98.0	0.0	7	泰州市	455.51	8.4	7
宿迁市	98.2	-0.1	8	宿迁市	271.83	4.2	9

续表 82

指　标	2018 年	比 2017 年增长（%）	增长位次	指　标	2018 年	比 2017 年增长（%）	增长位次
全社会用电量(亿千瓦时)	6128.27	5.5		社会消费品零售额(亿元)	33230.35	7.9	
南京市	606.40	8.9	3	南京市	5832.46	8.4	5
无锡市	732.81	6.7	7	无锡市	3672.70	9.0	3
徐州市	352.05	−2.5	13	徐州市	3102.00	7.5	8
常州市	489.72	7.6	6	常州市	2613.19	9.1	2
苏州市	1562.49	3.9	11	苏州市	5746.90	7.4	9
南通市	433.31	8.2	4	南通市	3088.77	9.0	3
连云港市	178.51	−2.3	12	连云港市	1121.31	8.3	6
淮安市	186.59	7.9	5	淮安市	1239.66	7.8	7
盐城市	320.93	11.7	2	盐城市	1778.74	6.8	11
扬州市	248.99	5.0	8	扬州市	1557.03	9.2	1
镇江市	255.24	4.7	9	镇江市	1360.92	5.0	13
泰州市	286.14	4.5	10	泰州市	1282.87	5.8	12
宿迁市	192.05	11.9	1	宿迁市	833.82	7.0	10
工业用电量(亿千瓦时)	4396.06	2.9		一般公共预算收入(亿元)	8630.16	5.6	
南京市	331.27	4.2	7	南京市	1470.02	15.6	1
无锡市	551.49	5.1	5	无锡市	1012.28	8.8	4
徐州市	219.91	−10.4	12	徐州市	526.21	4.9	11
常州市	373.05	6.2	4	常州市	560.33	8.0	5
苏州市	1227.77	2.1	8	苏州市	2119.99	11.1	2
南通市	295.86	7.3	3	南通市	606.19	2.6	13
连云港市	106.52	−11.7	13	连云港市	234.31	9.1	3
淮安市	115.97	4.5	6	淮安市	247.27	7.2	6
盐城市	212.54	11.8	1	盐城市	381.00	5.8	10
扬州市	165.64	2.1	9	扬州市	340.03	6.2	8
镇江市	183.42	2.0	10	镇江市	301.50	6.0	9
泰州市	205.74	1.9	11	泰州市	357.15	6.4	7
宿迁市	123.84	8.7	2	宿迁市	206.20	2.8	12

续表82

指　标	2018年	比2017年增长（%）	增长位次	指　标	2018年	比2017年增长（%）	增长位次
固定资产投资（亿元）	—	5.5		金融机构存款余额（人民币，亿元）	139717.98	7.5	
南京市	—	9.4	2	南京市	33740.63	12.7	1
无锡市	—	5.8	10	无锡市	15568.68	6.6	7
徐州市	—	2.0	12	徐州市	7107.39	11.1	2
常州市	—	7.5	7	常州市	9798.55	−0.8	13
苏州市	—	4.5	11	苏州市	28560.45	7.9	5
南通市	—	8.8	6	南通市	12001.61	4.4	10
连云港市	—	6.7	9	连云港市	3218.79	10.3	3
淮安市	—	9.0	5	淮安市	3638.01	6.0	8
盐城市	—	9.4	2	盐城市	6177.28	3.3	12
扬州市	—	11.0	1	扬州市	5997.55	5.2	9
镇江市	—	−26.5	13	镇江市	5042.97	3.4	11
泰州市	—	9.2	4	泰州市	6119.38	6.8	6
宿迁市	—	7.0	8	宿迁市	2746.69	9.2	4
工业投资（亿元）	—	8.0		金融机构贷款余额（人民币，亿元）	115719.00	13.3	
南京市	—	8.9	7	南京市	28402.34	15.6	4
无锡市	—	10.5	5	无锡市	11971.55	7.9	13
徐州市	—	4.0	11	徐州市	4912.47	17.7	3
常州市	—	7.1	10	常州市	7533.42	12.8	10
苏州市	—	0.0	12	苏州市	26546.23	10.7	12
南通市	—	8.0	9	南通市	8811.69	12.5	11
连云港市	—	13.7	4	连云港市	2921.36	20.1	1
淮安市	—	16.1	3	淮安市	3303.44	18.4	2
盐城市	—	16.2	1	盐城市	4887.74	14.4	9
扬州市	—	16.2	1	扬州市	4630.51	15.5	5
镇江市	—	−27.9	13	镇江市	4450.60	15.2	7
泰州市	—	8.5	8	泰州市	4784.04	14.6	8
宿迁市	—	10.3	6	宿迁市	2563.61	15.3	6

续表82

指　标	2018年	比2017年增长（%）	增长位次	指　标	2018年	比2017年增长（%）	增长位次
进出口总额（亿美元）	6640.43	12.4		实际到账注册外资（亿美元）	255.92	1.8	
南京市	654.91	7.6	13	南京市	38.53	4.9	6
无锡市	934.44	15.0	4	无锡市	36.91	0.7	9
徐州市	117.44	50.5	1	徐州市	18.98	14.4	2
常州市	343.86	10.0	11	常州市	24.22	9.3	4
苏州市	3541.14	12.0	7	苏州市	45.25	0.9	8
南通市	385.91	10.8	9	南通市	25.84	6.6	5
连云港市	95.51	16.3	3	连云港市	6.03	-11.0	12
淮安市	50.10	8.1	12	淮安市	11.82	0.3	10
盐城市	95.49	10.4	10	盐城市	9.13	15.8	1
扬州市	119.93	11.1	8	扬州市	12.20	12.3	3
镇江市	118.39	12.4	6	镇江市	8.68	-35.9	13
泰州市	147.30	13.8	5	泰州市	15.07	-6.8	11
宿迁市	36.01	22.1	2	宿迁市	3.77	3.7	7
出口（亿美元）	4040.44	11.3		全体居民人均可支配收入（元）	38096	8.8	
南京市	378.79	10.8	7	南京市	52916	9.1	3
无锡市	567.81	14.7	4	无锡市	50373	8.6	10
徐州市	97.08	53.2	1	徐州市	27385	9.0	5
常州市	250.72	9.3	9	常州市	45933	8.5	11
苏州市	2068.31	10.5	8	苏州市	55476	8.3	13
南通市	254.53	2.1	13	南通市	37071	9.3	2
连云港市	41.53	6.3	11	连云港市	25864	8.8	9
淮安市	33.67	12.1	6	淮安市	27696	9.5	1
盐城市	60.31	3.3	12	盐城市	29488	8.9	7
扬州市	85.42	8.6	10	扬州市	34076	8.9	7
镇江市	79.80	14.2	5	镇江市	40883	8.5	11
泰州市	95.31	16.0	3	泰州市	34642	9.0	5
宿迁市	27.17	25.1	2	宿迁市	22918	9.1	3

续表 82

指　标	2018 年	比 2017 年增长（%）	增长位次	指　标	2018 年	比 2017 年增长（%）	增长位次
城镇常住居民人均可支配收入（元）	47200	8.2		居民消费价格指数（%）	102.3		
南京市	59308	8.7	1	南京市	102.4		12
无锡市	56989	8.2	8	无锡市	102.3		8
徐州市	33586	8.4	4	徐州市	102.3		8
常州市	54000	8.1	10	常州市	102.2		6
苏州市	63481	8.0	12	苏州市	102.6		13
南通市	46321	8.3	6	南通市	102.3		8
连云港市	32749	8.1	10	连云港市	102.3		8
淮安市	35828	8.6	2	淮安市	102.1		4
盐城市	35896	8.4	4	盐城市	101.9		1
扬州市	41999	8.2	8	扬州市	102.2		6
镇江市	48903	7.7	13	镇江市	102.0		2
泰州市	43452	8.5	3	泰州市	102.0		2
宿迁市	28281	8.3	6	宿迁市	102.1		4
农村常住居民人均可支配收入（元）	20845	8.8					
南京市	25263	9.2	3				
无锡市	30787	8.6	10				
徐州市	18206	9.0	4				
常州市	28014	8.4	12				
苏州市	32420	8.1	13				
南通市	22369	9.3	1				
连云港市	16607	8.7	9				
淮安市	17058	9.3	1				
盐城市	20357	8.8	7				
扬州市	21457	8.9	6				
镇江市	24687	8.6	10				
泰州市	21219	8.8	7				
宿迁市	16639	9.0	4				

注：城市居民消费价格指数是逆排序。　　　（统计局）

2018 年连云港市、县、区经济社会主要统计指标

表 83

指标名称	单位	东海县		灌云县		灌南县	
		2018 年	增长%	2018 年	增长%	2018 年	增长%
土地面积	平方千米	2036.66		1538.33		1028.41	
年末常住人口	万人	97.10	0.0	80.83	-0.1	63.72	0.0
年末户籍人口	万人	124.62	0.6	103.74	-0.3	81.92	0.0
地区生产总值	亿元	494.42	4.9	375.00	4.0	352.99	4.0
#工业	亿元	176.92	-0.8	119.46	-2.8	140.07	-1.1
第一产业	亿元	73.46	2.80	69.15	2.90	57.24	3.50
第二产业	亿元	207.78	1.9	159.06	0.4	162.12	-0.1
第三产业	亿元	213.18	8.9	146.79	9.0	133.63	9.9
人均地区生产总值	元	50916	4.7	46374	3.8	55397	3.8
粮食产量	万吨	116.32	0.8	86.87	5.9	63.59	-0.2
棉花产量	吨	—	—	—	—	—	—
油料产量	万吨	4.96	0.0	0.06	-25.8	0.10	-43.1
农林牧渔业总产值	亿元	144.43	3.3	138.70	3.2	106.69	3.4
规模以上工业总产值	亿元	—	—	—	—	—	—
规模以上工业增加值	亿元	—	-20.5	—	-55.0	—	-28.8
规模以上工业利润总额	亿元	12.82	-31.2	-0.03	-100.3	4.40	-79.5
全社会用电量	亿千瓦时	26.83	5.7	13.56	-7.3	28.19	-13.1
#工业用电量	亿千瓦时	14.33	-3.3	5.00	-30.0	20.07	-20.5
固定资产投资	亿元	329.40	20.0	210.13	20.1	125.46	-21.0
#房地产投资	亿元	25.23	5.9	19.21	20.2	24.04	-26.4
#工业投资	亿元	252.61	34.0	143.17	35.4	71.08	-13.1
商品房销售面积	万平方米	73.90	-32.0	40.66	-56.5	104.91	30.5
社会消费品零售总额	亿元	211.88	8.3	143.49	8.1	112.08	8.1
进出口总额	万美元	47314	-2.6	20375	-0.9	19587	-26.2
进口	万美元	8401	-8.2	1958	-12.6	4824	-10.2
出口	万美元	38913	-1.4	18418	0.6	14763	-30.2
进出口总额（人民币）	万元	311672	-5.3	134215	-3.6	128713	-28.3
进口	万元	55288	-10.5	12820	-15.5	31840	-12.5
出口	万元	256384	-4.1	121395	-2.1	96872	-32.4
实际使用外资及港澳台资	万美元	9911	-3.2	2117	-75.7	8346	29.3
财政总收入	亿元						
#一般公共预算收入	亿元	23.00	8.9	22.33	8.6	22.50	2.8
#税收收入	亿元	17.76	13.6	16.42	14.7	18.63	9.6
一般公共预算支出	亿元	66.68	7.8	56.57	3.2	53.38	11.7
金融机构年末存款余额(人民币)	亿元	410.40	15.3	320.06	3.8	270.20	18.6
#住户存款	亿元	271.13	13.8	177.02	9.7	133.24	7.8
金融机构年末贷款余额(人民币)	亿元	333.00	13.0	244.12	15.2	215.51	36.5
居民人均可支配收入	元	24513	9.1	20802	9.1	21227	9.0
城镇	元	32228	8.3	27086	8.2	28819	8.2
农村	元	17291	8.9	15493	8.9	14826	8.7

续表 83

指 标 名 称	单位	连云		海州		赣榆	
		2018 年	增长%	2018 年	增长%	2018 年	增长%
土地面积	平方千米	707.52	—	700.71	—	1514.08	—
年末常住人口	万人	14.91	-0.3	72.90	0.1	96.90	0.0
年末户籍人口	万人	17.58	-1.9	79.15	1.5	119.97	0.3
地区生产总值	亿元	145.65	4.9	364.04	5.3	608.26	4.8
#工业	亿元	44.48	-0.2	77.54	1.9	206.44	-2.3
第一产业	亿元	5.38	-1.10	18.26	0.10	91.26	1.10
第二产业	亿元	52.69	0.3	97.50	-0.5	280.79	2.5
第三产业	亿元	87.58	8.4	248.28	8.3	236.21	9.1
人均地区生产总值	元	97555	5.0	52523	4.8	62775	4.6
粮食产量	万吨	0.29	0.3	30.06	-3.0	51.61	-9.2
棉花产量	吨	—	—	80	—	—	—
油料产量	万吨	—	—	0.01	-3.5	6.35	0.3
农林牧渔业总产值	亿元	10.40	-0.3	37.28	-0.5	178.32	0.9
规模以上工业总产值	亿元	—	—	—	—	—	—
规模以上工业增加值	亿元	—	-6.8	—	1.1	—	-31.2
规模以上工业利润总额	亿元	5.82	-6.0	48.49	14.3	19.39	-35.3
全社会用电量	亿千瓦时	—	—	—	—	36.11	-2.5
#工业用电量	亿千瓦时	—	—	—	—	22.98	-9.9
固定资产投资	亿元	178.83	10.1	352.75	20.3	234.56	-22.9
#房地产投资	亿元	27.70	40.2	102.15	-4.2	28.97	81.1
#工业投资	亿元	109.46	12.1	126.65	34.7	159.67	-30.9
商品房销售面积	万平方米	40.42	16.4	107.87	-19.3	84.06	-12.7
社会消费品零售总额	亿元	86.75	8.3	297.56	8.4	206.41	8.3
进出口总额	万美元	204758	22.3	102638	9.9	62254	5.1
进口	万美元	141889	21.5	15142	6.8	12401	22.6
出口	万美元	62869	24	87496	10.4	49853	1.5
进出口总额（人民币）	万元	1352559	19.3	676720	6.9	410259	2.2
进口	万元	937964	18.6	100415	4.7	82529	20.0
出口	万元	414595	20.7	576305	7.2	327730	-1.5
实际使用外资及港澳台资	万美元	7199	-4.1	8227	-3.2	9509	-7.1
财政总收入	亿元	—	—	—	—	—	—
#一般公共预算收入	亿元	12.26	19.6	36.39	15.1	25.81	11.4
#税收收入	亿元	10.39	18.9	33.03	11.8	22.10	32.8
一般公共预算支出	亿元	12.04	12.4	38.66	2.8	69.55	8.3
金融机构年末存款余额(人民币)	亿元	—	—	—	—	399.98	10.3
#住户存款	亿元	—	—	—	—	271.26	10.9
金融机构年末贷款余额(人民币)	亿元	—	—	—	—	356.16	21.1
居民人均可支配收入	元	—	—	33736	8.5	24742	8.8
城镇	元	40399	8.0	36353	8.1	31954	7.9
农村	元	—	—	17850	8.6	17524	8.6

续表 83

指标名称	单位	连云港经济技术开发区		高新区		徐圩新区	
		2018 年	增长%	2018 年	增长%	2018 年	增长%
土地面积	平方千米	115	—	—	—	—	—
年末常住人口	万人	7.29	0.4	13.90	1.1	4.45	0.0
年末户籍人口	万人	7.36	3.2	—	—	—	—
地区生产总值	亿元	325.98	8.2	56.3	8.7	48.43	14.2
#工业	亿元	259.17	9.4	12.01	9	26.9	13.8
第一产业	亿元	0.45	-8.90	0.47	0.00	9.22	18.20
第二产业	亿元	266.23	8.2	13.33	8.9	27	13.7
第三产业	亿元	59.30	8.4	42.50	8.8	12.21	12.4
人均地区生产总值	元	448082	6.1	40723	8.1	108831	14.0
粮食产量	万吨	0.82	-15.0	—	—	—	—
棉花产量	吨	—	—	—	—	—	—
油料产量	万吨	—	—	—	—	—	—
农林牧渔业总产值	亿元	0.86	-15.7	—	—	—	—
规模以上工业总产值	亿元	—		—	—	—	—
规模以上工业增加值	亿元	—	13.9	—	10	—	11.7
规模以上工业利润总额	亿元	107.43	17.2	5.04	14.4	6.00	-31.1
全社会用电量	亿千瓦时	—	—	—	—	—	—
#工业用电量	亿千瓦时	—	—	—	—	—	—
固定资产投资	亿元	248.84	10.2	77.94	70.1	101.38	26.5
#房地产投资	亿元	40.83	66.2	68.47	95	4.92	1194.7
#工业投资	亿元	161.50	11.1	4.72	11.4	45.05	43.5
商品房销售面积	万平方米	49.76	21.3	62.7	8.49	—	—
社会消费品零售总额	亿元	29.18	8.2	33.96	8	—	—
进出口总额	万美元	329149	18.7	50184	4.9	118405	46.4
进口	万美元	217701	26.5	20558	0	2500	35.9
出口	万美元	111448	6	29625	8.7	115905	46.6
进出口总额(人民币)	万元	2170341	15.7	330476	2.1	781529	42.8
进口	万元	1437072	23.3	135387	-2.8	765315	43.1
出口	万元	733269	3.1	195089	5.8	16214	30
实际使用外资及港澳台资	万美元	7743	-34.7	188	-48.63	6514	-6.94
财政总收入	亿元	—	—	—	—	—	—
#一般公共预算收入	亿元	41.65	14.4	12.35	25	3.78	-5.5
#税收收入	亿元	39.18	15.1	11.91	43.54	3.39	12.0
一般公共预算支出	亿元	23.17	19.6	4.97	17.7	5.16	-25.1

表 84

2018 年淮海经济区主要经济指标

指标名称	地区生产总值		社会消费品零售总额		规模以上工业增加值	规模以上固定资产投资
	亿元	比 2017 年增长（%）	亿元	比 2017 年增长（%）	比 2017 年增长（%）	比 2017 年增长（%）
徐州市	6755.23	4.2	3102.00	7.5	–9.9	2.0
连云港市	2771.70	4.7	1121.31	8.3	–6.7	6.7
淮安市	3601.25	6.5	1239.66	7.8	4.8	9.0
盐城市	5487.08	5.5	1778.74	6.8	4.0	9.4
宿迁市	2750.72	6.8	833.82	7.0	7.8	7.0
菏泽市	3078.78	8.0	1811.37	9.8	7.2	8.0
枣庄市	2402.38	4.3	950.30	8.6	4.0	–19.8
济宁市	4930.58	5.8	2288.07	8.3	6.1	7.1
泰安市	3651. 53	5. 7	1593. 80	8. 8	5.5	5. 8
日照市	2202.17	7.3	774.10	7.5	8.4	6.3
莱芜市	1005. 65	7. 2	373. 16	8.8	8.3	7. 2
临沂市	4717.80	7.3	2482.20	8.5	8.7	7.8
亳州市	1277.19	10.1	590.05	11.6	11.8	18.0
蚌埠市	1714.66	8.5	823.50	14.3	10.3	14.0
淮北市	985.19	3.6	324.48	11.6	0.3	9.2
阜阳市	1759.50	9.5	962.20	14.1	11.6	22.1
宿州市	1630.22	8.5	554.34	13.0	10.1	15.5
开封市	2002.23	7.0	980.60	11.0	7.7	5.8
周口市	2687.22	8.2	1322.57	10.7	8.2	9.7
商丘市	2389.04	8.70	1121.49	10.9	8.7	11.2

续表 84

指标名称	一般公共预算收入		进出口总额		出口总额	
	亿元	比 2017 年增长（%）	亿元	比 2017 年增长（%）	亿元	比 2017 年增长（%）
徐州市	526.21	4.9	773.69	46.8	638.35	49.1
连云港市	234.31	9.1	629.94	13.3	273.41	3.3
淮安市	247.27	7.2	330.28	5.4	222.12	9.1
盐城市	381.00	5.8	629.79	7.5	398.31	0.8
宿迁市	206.20	2.8	237.48	18.9	179.32	21.8
菏泽市	206.03	10.4	514.56	25.8	153.63	-4.3
枣庄市	146.70	1.0	106.07	5.0	99.02	11.2
济宁市	400.02	3.7	426.59	3.5	221.40	-7.3
泰安市	219.53	6.0	160.79	5.3	127.57	8.1
日照市	159.77	13.0	895.39	-1.5	406.15	16.1
莱芜市	62.57	11.7	111.39	4.1	72.40	2.9
临沂市	311.84	9.3	680.71	0.6	539.23	7.3
亳州市	112.00	18.3	8.34	25.4	7.18	19.0
蚌埠市	152.65	8.2	14.80	-16.4	7.10	-26.4
淮北市	70.33	16.2	7.18	18.1	6.62	18.7
阜阳市	187.14	18.7	13.80	24.0	11.90	23.2
宿州市	175.76	12.3	7.42	28.3	6.49	27.9
开封市	140.68	14.6	57.62	53.9	50.54	15.9
周口市	129.34	15.7	93.70	21.6	77.60	43.8
商丘市	153.66	19.3	23.60	19.50	19.70	7.4

续表 84

指标名称	金融机构人民币存款余额		金融机构人民币贷款余额		全体居民人均可支配收入	
	亿元	比 2017 年增长（%）	亿元	比 2017 年增长（%）	元	比 2017 年增长（%）
徐州市	7107.39	11.1	4912.47	17.7	27385	9.0
连云港市	3218.79	10.3	2921.36	20.1	25864	8.8
淮安市	3638.01	6.0	3303.44	18.4	27696	9.5
盐城市	6177.28	3.3	4887.74	14.4	29488	8.9
宿迁市	2746.69	9.2	2563.61	15.3	22918	9.1
菏泽市	3893.27	11.8	2255.47	13.1	18858	9.5
枣庄市	2028.19	11.4	1342.85	10.8	24334	8.5
济宁市	5444.66	9.6	3488.46	12.1	25902	8.6
泰安市	3647.70	9.7	2354.30	11.7	27389	8.5
日照市	2511.26	9.9	2343.30	6.0	25377	9.0
莱芜市	1028.23	8.4	815.25	12.3	29254	8.3
临沂市	6347..64	8.6	5088.32	13.8	25545	8.6
亳州市	2112.72	14.6	1662.84	24.4	18778	10.2
蚌埠市	2113.60	8.2	1801.95	15.1	24634	9.7
淮北市	1475.40	5.3	937.12	7.9	24143	9.1
阜阳市	4053.60	15.8	2643.10	28.6	18671	10.0
宿州市	2291.94	14.0	1552.26	24.4	18703	10.0
开封市	2059.48	8.1	1498.76	9.6	19985	9.3
周口市	3039.62	13.1	1237.49	12.6	16761	10.1
商丘市	2922.29	8.8	1620.31	13.1	18387	10.2

续表 84

指标名称	城镇居民人均可支配收入		农村居民人均可支配收入		城市居民消费价格指数
	元	比 2017 年增长（%）	元	比 2017 年增长（%）	比 2017 年增长（%）
徐州市	33586	8.4	18206	9.0	102.3
连云港市	32749	8.1	16607	8.7	102.3
淮安市	35828	8.6	17058	9.3	102.1
盐城市	35896	8.4	20357	8.8	101.9
宿迁市	28281	8.3	16639	9.0	102.1
菏泽市	26176	8.5	12848	9.3	101.5
枣庄市	32001	6.9	15345	8.3	101.7
济宁市	34796	7.3	16055	8.2	102.7
泰安市	35196	7.5	16959	8.2	102.9
日照市	33280	8.1	15785	8.6	102.4
莱芜市	37401	7.2	17468	8.2	101.7
临沂市	35727	7.4	13638	8.1	102.6
亳州市	29711	9.1	12756	10.1	102.0
蚌埠市	33855	8.7	15114	9.8	102.2
淮北市	31959	8.1	12745	9.8	102.2
阜阳市	30113	8.7	11830	10.1	101.9
宿州市	30100	8.7	11941	10.0	101.9
开封市	29094	8.3	13193	8.8	102.8
周口市	26404	8.6	11095	9.1	101.7
商丘市	29996	8.7	11506	9.4	101.9

（市统计局）

责任编辑 郭 云

索　引

本索引为综合性主题索引。包括正文部分11编、41个类目的内容。单位一般用全称。索引标目按汉语拼音字母顺序,同音字同声按第二字拼音字母顺序排列。标目后数字为页码,字母a为左栏,b为中栏,c为右栏。空一字起排的款目为上一主题的“附见”。

D

F

G

H

J

K

L

M

N

P

Q

R

S

T

W

X

Y

Z